国家社会科学基金项目

优秀成果选介汇编

COLLECTION OF EXCELLENT ACHIEVEMENTS OF
NSSFC PROJECTS (PART 2)

第 二 辑

全国哲学社会科学工作办公室　编

社会科学文献出版社
SOCIAL SCIENCES ACADEMIC PRESS (CHINA)

出版说明

为宣传和推介国家社科基金项目优秀成果，更好地促进成果转化和应用，全国哲学社会科学工作办公室编辑出版《国家社会科学基金项目优秀成果选介汇编》。本书是第二辑，收录了155篇以基础理论研究为主的优秀成果简介。各篇成果简介分别由项目负责人撰写而成，在体例结构、内容繁简、行文风格等方面不尽相同，供读者学习参考。

全国哲学社会科学工作办公室

2023 年 10 月

目　　录

马克思恩格斯生态思想的诠释与重构研究

山东师范大学崔永杰主持完成的国家社会科学基金项目"马克思恩格斯生态思想的诠释与重构研究"（项目批准号为：12BKS063），最终成果为同名专著。课题组成员有：崔若楠、郑鑫。

一　研究目的与意义

在对马克思恩格斯生态思想的诠释与重构方面，生态学马克思主义最为突出。其诠释与重构是建立在全球首先是西方发达资本主义国家生态危机日趋严峻、绿色运动蓬勃兴起，以及绿色理论对马克思恩格斯生态思想缺失指责的背景下。为适应时代对指导生态运动的正确理论的吁求，同时也为了回击环境主义、绿色理论对马克思"反生态"的攻击，生态学马克思主义从马克思的自然观、唯物史观及其对当代社会危机的原因和克服危机的途径等多方面系统全面地阐释了其生态思想。从这一意义上讲，生态学马克思主义关于马克思恩格斯生态思想的诠释与重构开了从生态学的角度深入研究马克思主义的先河。因此，在当下深入开展这方面的研究具有十分重要的意义：其一，该研究有助于克服环境理论家等对马克思恩格斯生态思想的否定，以及在新近出现的众多国别化的马克思主义思潮"再探讨"中出现的对马克思生态思想的忽视与误读，进而还马克思主义的本来面目；其二，深入开展这一研究，有助于我们进一步认识马克思主义生态文明思想的丰富内容，进而确立该思想在整个马克思主义理论体系中所处的地位，以及它在世界范围的生态运动尤其是在我国生态文明建设中的指导地位；其三，深入开展这一研究，客观地分析生态学马克思主义的理论得失，有助于我们进一步开展对马克思主义生态思想、习近平生态文明思想的研究，以保证我国生态文明建设的实践永远沿着正确的方向前行。

二　生态学马克思主义对马克思恩格斯生态思想的深刻揭示及当代审视

生态学马克思主义对马克思恩格斯生态思想的诠释与重构涉及的内容十分丰富，这既体现在他们对马克思恩格斯的自然观和历史观生态思想的深入挖掘与拓展方面，又体现在其对当今社会生态危机的原因、克服生态危机的途径等问题的生态分析上。作为一个整体性的研究，本项目主要从以下六个方面加以具体的探讨。

（一）　生态学马克思主义阐释与重构马克思恩格斯生态思想的背景分析

（1）社会背景。具体内容包括：一是始自 20 世纪 60 年代世界范围内蓬勃兴起的"绿色运动"，二是与此相关的"绿色理论"。（2）理论渊源。着重阐述以霍克海默、阿多诺为代表的法兰克福学派与生态学马克思主义之间的理论渊源关系。（3）来自环境主义理论家等（及生态学马克思主义内部的"否定派"）对马克思恩格斯生态思想的否定。通过以上历史的考察，旨在阐明生态学马克思主义着力于马克思恩格斯生态思想的阐释与重构的历史必然性与现实可能性。

（二）　生态学马克思主义对马克思恩格斯人与自然关系理论的生态学诠释

鉴于绿色理论及环境主义理论家对马克思恩格斯的攻击首先集中于对其"自然"及"控制自然"概念的诟病上，故集中分析生态学马克思主义对此所做的积极回应，以及他们对马克思恩格斯自然观中生态思想的深入挖掘及正面阐发。（1）生态学马克思主义对马克思"自然"概念的重新阐释与意义扩展，强调马克思的自然概念并非是反生态的，它是一个建立在唯物主义上的社会概念。（2）对马克思"控制自然"的新解释：莱斯主张控制自然在于控制人与自然的关系；认为人类无法控制自然而只能顺应自然；格伦德曼认为"控制自然"并不必然会导致生态问题；佩珀则主张所有与自然的关系都将在人类的控制之下。（3）福斯特以马克思的"土地异化"为例，肯定其人与自然关系理论是一种生态唯物主义世界观。生态学马克思主义者虽然对马克思恩格斯人与自然关系的理解不同，但他们无不在一定程度上肯定其中包含深刻的生态思想。

（三）历史唯物主义的批判精神及方法的生态意蕴

马克思主义的唯物史观同其"自然观"一样，备受绿色理论的攻击与指责，对此，生态学马克思主义者给予了有力的回击。该部分着重分析以下三个主要代表人物对历史唯物主义的生态分析及重构。（1）奥康纳在对马克思生态缺失提出严肃批评的同时，明确提出了对历史唯物主义的生态重构问题。他除了主张建立马克思主义的可信度以外，还突出强调并系统论证了生产力和生产关系的文化维度、生产力和生产关系的自然维度、"社会劳动"的文化维度和自然维度等重要思想。（2）针对环境理论家等对历史唯物主义生态内涵的否定，佩珀对历史唯物主义分析方法的生态意蕴做出了深刻的阐发。他认为，环境理论家对历史唯物主义的一切指责都是错误的，历史唯物主义为观察生态问题提供新视角，历史唯物主义的方法与生态保护之间具有内在的关联。（3）福斯特提出了历史唯物主义本质上就是生态唯物主义的观点。他从分析"什么是马克思主义"入手，深刻揭示了历史唯物主义的批判精神及其社会变革的方法与生态保护之间的内在关联，并由此提出了任何"移接"均不会产生现在需要的有机合成物，马克思不是一个支持技术进步的反生态论者，马克思真正系统的生态观来源于其唯物主义等重要思想。上述思想尤其是后二者对唯物史观生态意涵的揭示值得我们深刻地思考与借鉴。

（四）资本主义生产方式是导致生态危机的根本原因

对现代生态危机原因的揭示是生态学马克思主义关注的最重要问题之一，同时也是他们阐释与重构马克思恩格斯生态思想的集中体现。成果从以下方面具体分析生态学马克思主义重要代表人物既相互区别又相互关联的观点。（1）针对环境理论家的生态危机理论，高兹提出资本主义的危机从本质上说是生态危机的观点。（2）阿格尔关于异化消费与"期望破灭的辩证法"思想。（3）奥康纳关于资本主义的双重矛盾及其双重危机理论。

（4）佩珀关于"可持续发展的资本主义"的不可能，以及资本主义制度是生态危机的根本原因的理论。（5）福斯特关于资本主义条件下"新陈代谢的断裂"与生态危机，以及社会主义国家的环境问题及其解决等理论。把当代社会生态危机的根本原因归于资本主义的生产方式，则是生态学马克思主义的深刻而独到之处。

（五）生态社会主义是解决生态危机的根本出路

在如何解决生态危机的问题上，生态学马克思主义坚持了马克思主义的观点，他们把废除资本主义制度视为解决生态危机的唯一出路。围绕这一问题，他们提出了各自不同的主张。（1）高兹关于保护生态环境最佳选择是先进的社会主义，而未来的社会应是一个"守成"的社会。（2）莱易斯、阿格尔关于生态社会主义社会是民主的、非极权主义的，为此应将民粹主义与马克思主义结合起来。（3）奥康纳关于社会主义的污染不是系统性的，其生态问题并非其制度本身使然。（4）佩珀关于生态社会主义是一种人类中心主义，生态社会主义主张对人与自然的关系加以集体控制。（5）福斯特关于可持续发展本质上是"生态的可持续性"，社会主义社会是实现可持续性发展的必由之路。同时，他们还对建立未来生态社会主义的途径、策略等进行了设计，但均缺乏科学性和严谨性。

（六）生态学马克思主义诠释重构马克思恩格斯生态思想的当代审视

成果旨在客观地评价生态学马克思主义对马克思恩格斯唯物主义自然观、历史观，以及当代社会生态危机的深刻根源、克服的途径和对未来社会的构想等思想，一方面充分肯定它具有深化拓展马克思主义的生态内涵，恢复了马克思主义尊重自然、顺应自然和保护自然的本来面貌，确立了其在生态文明建设中的指导地位，进而为我们建设社会主义生态文明提供了理论与实践上的借鉴等积极意义；另一方面，还具体地分析了该探讨存在明显的理论局限性及不足。

该成果结语部分，进一步论述了我国生态文明建设必须坚持马克思主义，尤其是以21世纪中国的马克思主义为指导，并强调以此解决当前我们所面临的重大理论和实践问题。

总的来讲，该成果认为生态学马克思主义对马克思恩格斯生态思想的诠释与重构基本上坚持马克思主义的基本观点，他们对马克思主义生态思想的深入挖掘与拓展，有力地凸显了马克思主义的当代价值，进而为当前我国生态文明建设实践提供有意义的借鉴。但同时也应看到，他们更多的还是接受了西方马克思主义的观点，他们对某些问题的认识存在背离马克思主义基本观点的倾向，他们提出的某些主张带有很明显的偏颇性甚至是错误的。因此，对于生态学马克思主义的理论观点必须采取分析批判的态度。

三　成果的主要价值

诠释与重构马克思恩格斯的生态思想既是生态学马克思主义理论的重要组成部分，同时也是其受到人们高度关注并加以充分肯定的原因所在。在当今世界面临严重生态危机尤其是在我国"资源约束趋紧、环境污染严重、生态系统退化的形势依然严峻"的情况下，对生态学马克思主义关于马克思恩格斯生态思想的诠释与重构加以深入研究是必要的。具体到该项目研究成果，其学术价值和应用价值至少体现在以下三个方面。其一，本成果是国内首个关于生态学马克思主义对马克思恩格斯生态思想诠释与重构的较为系统、全面的研究成果，它将有助于克服环境理论家等对马克思恩格斯生态思想的否定，以及在新近出现的众多国别化的马克思主义思潮"再探讨"中真正的马克思恩格斯被繁复的话语所遮蔽、其原本形象变得日益模糊的现象，从而还马克思主义以本来面目。其二，本成果依据生态学马克思主义者的第一手资料，系统地梳理其对马克思恩格斯关于人与自然的关系、唯物史观等诸多方面内涵的生态思想的深入挖掘和深刻阐释，以及对生态思想在整个马克思主义理论体系中重要地位的确认，这有助于我们正视和克服以往马克思主义研究中忽视其生态保护理论方面的严重缺陷，从而进一步加强马克思主义生态文明思想体系的建立。其三，该研究成果客观地分析了生态学马克思主义的理论得失，在对其关于马克思恩格斯丰富生态思想的指认、对马克思主义在生态文明建设中指导地位的确立等合理成分进行充分肯定的同时，指出存在的严重问题与缺陷，这对于当前我国建设和谐、可持续发展的社会主义社会具有重要的借鉴价值。

马克思主义经典著作重要术语中国化渊流考证

广西师范大学靳书君主持完成的国家社会科学基金项目"马克思主义经典著作重要术语中国化的渊流与考证"（项目批准号为：12BKS001），最终成果为专著《马克思主义经典著作重要术语中国化渊流考释》。课题组成员有：李晔、李永杰、杨金海、黄振地、邓伯军、周子伦、陈红娟、谢辉、杨须爱、李恩来、林全民。

一 研究的目的和意义

（一）研究的目的

研究马克思主义经典著作在中国的翻译、传播、阅读、理解、应用和影响，既要站到马克思主义中国化、马克思主义发展史、社会主义思想史的高度，又要进入中国现代思想史、中华民族发展史乃至人类文明史的角度，才能把科学社会主义的理论逻辑与中国社会发展的历史逻辑有机结合。马克思主义在华传播与汉语白话文运动同步启动，马克思主义经典著作汉译产生的新术语，成为现代汉语体系的核心概念，为建构言文一致的中华民族通用国语奠定了基石，这是马克思主义"经典"在中国走进"现代"的深层逻辑。从1915年第一部汉语《词源》到现行《汉语大词典》，汉语术语渊流考证不足始终是一大短板，尚需几代人的努力才能全面溯清基本术语渊源，当务之急是将现代汉语中最重要的马克思主义概念，以经典著作汉译为线索追本穷源，达到取长补短的目的。该项目正是从这一目的出发，理解和遵行习近平总书记在哲学社会科学工作座谈会上发出的在"研究和考据马克思主义文本上"做功课的号召。

（二）研究的意义

该项目通过术语、概念、文本与马克思主义经典作家对话，在这种跨时空对话中使马克思主义经典走进中国特色社会主义新时代，因此，本项目研究的意义首先在于进一步开凿马克思主义经典著作思想富矿，让马克思主义为新时代中国特色社会主义提供更丰富的思想资源。其次，溯清汉语马克思主义术语的经典源头和中国元素，牢牢把握中国马克思主义概念定义权，也是为了进一步增强中国特色社会主义文化自信，进一步提升我国政治话语当代解释力和国际影响力。

二 成果的主要内容

（一）研究的主要内容

该成果围绕汉语马克思主义术语"哪里来""怎么来""哪里去""怎么用"四个问题展开，主要内容包括以下四个方面。

1. 哪里来：马克思主义经典著作诸汉语译文译本

汉语马克思主义术语是马克思主义经典著作经多人多次累译而成，该成果允分占有和捋顺以《共产党宣言》为代表的经典著作汉译使用的母本和译文译本，向学界呈现经典著作汉译的源头和线索。对照使用了《共产党宣言》1848年德语原版、1888年英文版、1882年俄文版、1904年幸德秋水和堺利彦日文版4个汉译母本。整理出1899年《宣言》首问中国到1929年红四军《共产党宣言》发布30年间10条摘译、10条节译、10件变译、10件译述，以及从首个全译本到2017年最新定译本10个全译本，50件译文译本是目前可见的《宣言》汉译集大成。以《宣言》汉译为主要线索的同时，在经济术语考证中辅以《资本论》诸译本，在政治术语中辅以《法兰西内战》《哥达纲领批判》《国家与革命》诸译本，在社会学术语考证中辅以《德意志意识形态》《资本论》诸译本，辅以《关于费尔巴哈的提纲》

《哲学的贫困》各译本考证哲学术语，辅以《共产主义信条草案》《共产主义原理》《家庭、私有制和国家的起源》《论民族自决权》《马克思主义与民族问题》各译本考证民族学术语等。

2. 怎么来：马克思主义原著术语中国化实现机制

该成果廓清了马克思主义经典著作重要术语中国化的环节和机制，翻译者通过配词、借词和组词整合汉字义素，为原著术语对译汉语马克思主义术语；汉语马克思主义术语在逐步容受中国实践经验的过程中，超越早期音译方式，运用意译方式发挥汉字拼义功能，随着术语译词迁衍扩大意义生产，定译词成为内涵外延精准的中国马克思主义概念；运用中国马克思主义概念去判断、推理，形成表述中国社会发展规律的马克思主义命题和语句、语段，构成中国马克思主义话语体系（见图1）。

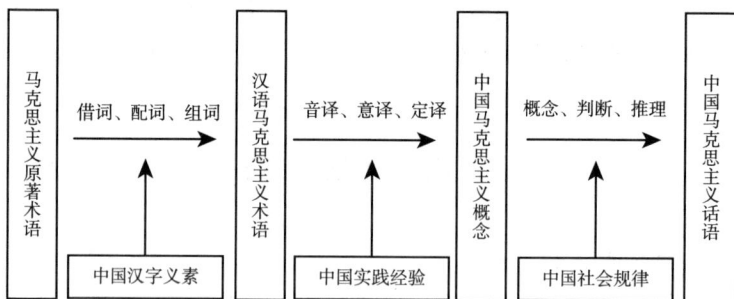

图1　中国马克思主义话语体系

3. 哪里去：中国马克思主义概念及各学科概念群

该成果共考证80个词语、50个术语、400余处译词变化，并选择其中30个重要术语提炼译词演变过程中的意义生产，注疏定译术语的概念含义和时代价值。每学科重点考释的约5个术语，不仅是该学科最重要的基本术语，而且各个术语之间具有关联性逻辑，5个术语总体反映出标志该学科形成的科学概念，30个术语整体呈现我国现代哲学社会科学形成的术语标志，构建起一个涵盖主要人文社会学科的中国马克思主义概念群。具体包括五个经济学概念：生产资料、所有制、资本、市场、生产方式；五个政治学概念：人民、共和、专政、阶级、法律；五个社会学概念：自由、平等、共同体、社会有机体、市民社会；五个哲学概念：实践、社会存在、人的本质、生产力、生产关系；三个民族学概念：民族、民族国家、民族融合；七个总体概念：社会主义、共产主义、无产阶级、意识形态、共产党、党内政治生活、马克思主义中国化。

4. 怎么用：中国马克思主义话语建构及概念基石

马克思主义术语进入现代汉语系统，生成中国马克思主义概念，成为构建中国马克思主义话语体系的基石。该成果最后阐述运用概念基石，构建中国马克思主义话语，特别是中国特色社会主义话语体系的具体路径，分析了中国马克思主义文艺话语、中国特色社会主义经济话语、中国特色社会主义道德话语特别是习近平新时代中国特色社会主义话语实现的话语创新。

（二）重要观点或对策建议

（1）马克思主义经典著作在德、英、法、俄等语言版本中不存在术语转换问题，但和汉语无法直接对译术语，几乎等于术语再造。这种语言张力不仅没有阻碍经典著作进入中国，反而成为马克思主义中国化的源头活水，中国人不是另造新术语，而是在术语翻译过程中借助汉字拼义功能进行意义生产和再生产，生成中国马克思主义概念。马克思主义经典著作汉译进程中产生的新术语，成为现代汉语体系的核心概念，为建构言文一致、南北互通、官民共用的中华民族通用国语奠定了基石，马克思主义以此深深熔铸于中华民族的生命力、凝聚力和创造力之中。

（2）考证马克思主义经典著作"译者·译文·译词"三位一体可见，许多原著术语译法从日常口语向固定词语，再向专用术语，最后译出汉语概念。如国粹→国民→人民→国情→国籍→民族；财产→所有→所有权→所有制；行动→实行→实际→实践；理想→思想方面→观念形态→意识形态；人情→人类→人类本性→人性→人的本质，等等。这些译词衍变不仅使术语词越来越规范，而且概念内涵外延越来越清晰。

（3）马克思主义经典著作汉译进程中，五四时期基本成型的现代汉语术语词大量进入马列经典著作，成为马克思主义术语，这些术语在生成马克思主义概念的过程中，存在三种情况。一是大多数术语词形不变，词义发生了转化，如实践、人民、阶级、资本、民族、自由、平等、共和、法律、共产党、无产阶级、意识形态等。二是有一定数量的中日同形术语词，早期借用日本社会主义用语翻译马克思主义术语，后来随着对马克思主义原著术语理解的深化，又改用汉语固有词对译原著术语，以表达更准确地概念含义，如"专政"代替"独裁"、"生产资料"代替"生产机关"、"生产方式"代替"生产方法"、"社会存在"代替"社会生活"。三是如果在中国马克思主义概念丰义过程中，原译词能指不足或歧义，而汉语古典词中也无能指相当的固有词可用的情况下，在重译过程中就利用汉字拼义，创造新的概念词，这种概念词比前面两种情况要少，如创设"所有制"作为政治经济学概念词，替代之前法律术语词"财产""所有物""所有权"，满足这个概念在马克思主义中国化进程中的视域转换，"共同体""人的本质"也是汉译新创词。

（4）在直接现实性上，马克思主义中国化就是让马克思主义说中国话，从文化的最深层看，就是马克思主义原著术语进入现代汉语系统，特别是生成中国马克思主义概念，以此为基石构建中国马克思主义话语体系。理论体系、价值体系都要由特定的话语体系承载并发生作用，以中国马克思主义概念为基石，打造中国马克思主义话语，特别是中国特色社会主义话语体系，是中国马克思主义最成熟、最巧妙、最恒久的载体，是马克思主义理论体系、社会主义核心价值体系中国化时代化大众化的基本形式。

（5）将方兴未艾的概念史研究引入马克思主义理论学科，应着力打造中国马克思主义概念史学术范式。概念史研究要科学化中国化，即一方面从社会历史实践的视野分析语境，汲取马克思主义历史语义学营养；另一方面创造性转化应用我国经学考据学传统，对译者、译文、译词"三位一体"进行知识考古，综合运用知识考古学、历史语义学、结构语言学方法和话语分析技术，追索马克思主义术语在母语原著中的意义发展，溯清汉语语境中术语传入、定名和普及的线索，考释何时、何人用何书、何词表达新概念。

三　成果的主要价值

（一）成果的学术价值

一是有助于转变马克思主义中国化研究方式。经过多年研究热潮，马克思主义中国化研究在宏观层面几乎穷尽了所有问题，要全面深化，就要向微观层面进军。在微观层面，借鉴传统考据学、现代解释学以及概念史研究方式方法，考证经典著作中国化的概念结晶，推动改变把思想内容和民族形式（核心是汉语术语、概念）当作两个层面的"马体中用"之虞，打破体用分离，推动形成思想和术语体用互动的研究方式。

二是有助于将中国马克思主义理论阐释置于历史基础之上。学术界对中国马克思主义的思想阐释，特别是对中国特色社会主义新鲜经验的理论提升，从数量和质量、广度和深度上都取得了丰硕成果。捋清中国人通过术语、概念、文本与经典作家跨时空对话的历史线索，使理论阐释立足马克思主义经典著作及其重要术语之上，这些阐释性的研究成果才能够经得起时代和实践的检验。

（二）成果的应用价值

一是为新时代中国特色社会主义提供话语支撑。我们是在与经典著作对话中思考新时代，关于中国特色社会主义的争论和疑惑，都与重要术语的翻译和运用有关，厘清这些术语，能够使我们言之有据、言之有理，让马克思主义思想富矿在新时代充分涌流。二是为汉语马克思主义辞典的考据和编纂提供术语准备。三是为新形势下意识形态工作提供方法论指导。话语是思想文化之砖，术语规制着思想活动的眼界和方向，加强和改进意识形态工作不是做宏大的理论灌输，而是通过中国马克思主义日常术语于生活细微处潜移默化。

网络环境下推进当代中国马克思主义大众化研究

中共山西省委党校张志芳主持完成的国家社会科学基金项目"网络环境下推进当代中国马克思主义大众化研究"（项目批准号为：14BKS020），最终成果为同名研究报告。课题组成员有：闫会心、张翠莉、谌春玲。

一 研究的目的和意义

网络环境给当代中国马克思主义传播带来了重大的挑战和机遇，运用现代网络巩固社会主义意识形态的主导地位，推进马克思主义大众化，是新形势下摆在党和国家面前一项重大而艰巨的历史任务。鉴此，该课题针对网络环境下推进当代中国马克思主义大众化面临的挑战与机遇，在对马克思主义运用现代传播方式推进大众化发展历史探索进行梳理总结的基础上，对网络环境下推进当代中国马克思主义大众化的现状、问题与成因，以及网络环境下推进当代中国马克思主义大众化的重点、难点与优势进行分析，由此为网络环境下推进当代中国马克思主义大众化，增强马克思主义在意识形态领域的吸引力、引领力提出实践路径与对策建议。

二 成果的主要内容

该成果结合对山西省中、南、北部四市9个县（区），19个乡、村、居民委员会，企业，高校 1869 余名干部群众进行的问卷与访谈调查结果，对以下内容进行了分析研究：关于网络环境下推进当代中国马克思主义大众化面临挑战与机遇的分析研究，关于运用现代传播方式推进马克思主义大众化发展的历史探索的分析研究，关于网络环境下推进当代中国马克思主义大众化的现状、问题与成因分析研究，关于网络环境下推进当代中国马克思主义大众化的重点、难点与优势分析研究，关于网络环境下推进当代中国马克思主义大众化的基本思路、科学方法、主要路径与对策建议的分析研究等。

该成果围绕推进网络环境下当代中国马克思主义大众化问题提出的重要观点主要包括：（1）网络阵地构成当代中国马克思主义大众化最重要的阵地，网络宣传教育效果直接影响大众化的传播广度与深度。（2）网络环境下马克思主义大众化重要性与网络宣传的针对性之间，网络环境下马克思主义大众化认知定位与具体落实的定位之间，网络环境下马克思主义大众化的创造性要求与实际工作的创造活力之间，网络环境下马克思主义大众化的紧迫性与强化责任的落实之间存在"四大明显落差"。（3）理论宣传话语与普通大众话语间，专业学术话语与通俗易懂话语间，领导、文件话语与现实实际话语间存在的"话沟"现象，直接影响网络环境下马克思主义大众化的传播效果。（4）网络环境下马克思主义大众化既要关注一般意义上的普通群众，又要特别关注以大学生为主的青年群体，新社会群体，特殊性、过渡性群体，以及活跃于网络空间和虚拟社会的网上"群"体等"新大众"。（5）网络环境中热点难点话题、话语转换呈现常态式转换、转移式转换和反转式转换等情形。（6）强化网络环境下马克思主义大众化的传播自信，增强主流意识形态吸引力、引领力，必须增强斗争意识、"地气"意识、"故事"意识、"品牌"意识和开拓意识。（7）网络引领要积极引导网民实现由"从众取向"向"理性选择"转换、"理论缺失"向"理论需求"转换的"两个转换"。（8）网络环境下马克思主义大众化队伍建设中理论人才缺乏网络传播专业技术，专业技术人才存在理论功底不够扎实的"短板互缺"现象。（9）要积极培育包括受众思维、参与思维、简约思维、跨界思维、分众思维和创新思维在内的网络环境下马克思主义大众化新思维。（10）推进中国特色社会主义实践发展，不断取得改革开放在"发展"意义和执政党建设意义上的双重成效，是网络环境下马克思主义大众化最厚实的实践支撑。

该成果提出的对策建议主要为：（1）加强当代中国网络环境下马克思主义大众化的顶层设计，制定网络环境下马克思主义大众化的中长期规划，推进网络环境下马克思主义大众化项目建设，组织开发创作网络环境下马克思主义大众化普及作品。（2）推进网络环境下当代中国马克思主义大众化工作进入法治化轨道，在社会科学普及地方性立法中突出网络环境下马克思主义大众化的重要地位，强化运用网络媒体、方式推进当代中国马克思主义大众化的法律职责与任务。（3）实施网络环境下马克思主义大众化示范引领工程，加强网络引领总体布局的战略转变，形成全媒体、全天候多元传播格局，营造马克思主义大众化"触电触网"、"上网上线"和宣传推介的强大"气场"，提升主流意识形态宣传教育的"颜值"。（4）把网络环境下当代中国马克思主义大众化小气候、小局域、小气场、"小空间"建设作为贯彻党委意识形态责任制的主要内容督导检查。（5）建立健全包括内容保障机制、载体传播机制、目标约束机制、网情研判机制、追踪管理机制、平等参与机制、创新管理机制和分析预警机制等在内的网络环境下马克思主义大众化运行机制。（6）推进网上马克思主义大众化"品牌"建设。规划"品牌"建设目标，确定"品牌"建设模式，推出"品牌"建设产品和服务，培育"品牌"团队领军人物，营造网络理论宣传的团队价值、团队理念、团队文化，形成网上马克思主义大众化"品牌"团队建设的集团优势。（7）汲取传统文化通俗化传播的有益经验，加快传统媒体与新型媒体推进马克思主义大众化的融合进程，扩大传统传播媒介的网络影响度，创新传统与网络传播的融入方式。（8）探索网上马克思主义大众化的新途径、新方式要扩大网络覆盖性的大众化阵地，推进网络多样式的大众化传播，实现网络通俗性的大众化话语转换，推出网络分众性的大众化主题，设置网络引领性的大众化议题。（9）实施马克思主义大众化网络人才建设工程，把网络环境下马克思主义大众化人才纳入各地人才发展规划当中，享受各类专业技术人才所享受的同等待遇，加强网络环境下马克思主义大众化骨干青年人才和人才梯队的培养。

三　成果的主要价值

该成果从学术上对网络环境下马克思主义大众化理论做了基础性论证，对网络环境下当代中国马克思主义大众化的内涵界定、认识与实践进程、现状分析及推进要求做了客观分析，对推进网络环境下马克思主义大众化的影响要素和机制建设做了具体论证。在理论上，为推进网络环境下当代中国马克思主义大众化提出了较为具体的研究思路与方法，探讨了网络环境下马克思主义大众化认识进程、实践经验、重点难点、思路方法的理论研究，为进一步深入研究提供了新的分析思路。在应用价值上，课题研究在问卷调查与访谈调查基础上，较为深入地分析了网络环境下当代中国马克思主义大众化的基本现状，对由网络技术变革对马克思主义大众化形成的机遇、挑战和相应引发的现实矛盾与问题，以及推进网络环境下马克思主义大众化的要求做了比较深入的分析，揭示了影响网络环境下马克思主义大众化的认知、实践、需求变化和制度机制等原因，从比较分析、制度分析和实践举措意义上为推进网络环境下马克思主义大众化提出了具体的对策建议，不仅对网络环境下马克思主义大众化实践的进一步探索提供了事实依据和数据支持，而且对积极化解网络环境下马克思主义大众化工作面临的矛盾与问题，逐步完善网络环境下马克思主义大众化制度机制，增强主流意识形态吸引力与引领力，提供了有益的思路论证和决策参考。

中国梦与凝聚社会改革共识研究

天津师范大学秦龙主持完成的国家社会科学基金项目"中国梦与凝聚社会改革共识研究"（项目批准号为：15BKS027），最终成果为同名专著。课题组成员有：曲建武、祁峰、田芯、赵闯、董震、高健、白苏婷、郭倩倩、高毅波、肖唤元、邓晶晶、毕长新、赵永帅。

一 研究的目的和意义

党的十一届三中全会开启的初级形态改革共识支持下的改革开放改变了国家面貌和人民生活。党的十八大提出的全面深化改革目标，标志着我国改革进入攻坚克难、纵深推进的新征程。党的十九大进一步明确提出，要坚持全面深化改革，坚持和完善中国特色社会主义制度，不断推进国家治理体系和治理能力现代化，迈出实现中华民族伟大复兴中国梦的坚定步伐。

党的二十大指出，新时代十年来，我们以巨大的政治勇气全面深化改革，打响改革攻坚战，加强改革顶层设计，敢于突进深水区，敢于啃硬骨头，敢于涉险滩，敢于面对新矛盾新挑战，冲破思想观念束缚，突破利益固化藩篱，坚决破除各方面体制机制弊端。这十年间，各领域基础性制度框架基本建立，许多领域实现历史性变革、系统性重塑、整体性重构，新一轮党和国家机构改革全面完成，中国特色社会主义制度更加成熟、更加定型，国家治理体系和治理能力现代化水平明显提高。

同时，还应看到，我国是一个发展中大国，仍处于社会主义初级阶段，正在经历广泛而深刻的社会变革，重点领域改革还有不少硬骨头要啃，全面深化改革的任务还十分艰巨。推进改革发展、调整利益关系往往牵一发而动全身，必须充分发挥亿万人民的创造伟力，以同心共圆中国梦的强大合力凝聚全面深化改革的强大共识。聚焦中国梦，阐释改革共识凝聚是全面深化改革深入推进的逻辑使然、时代必然与现实要求，也是强国建设、民族复兴的题中之义。

二 成果的主要内容

该成果旨在厘清中国梦与改革共识的内在多维逻辑关联，梳理改革开放以来凝聚改革共识的基本经验，系统考察全面改革期社会共同体改革共识的障碍，科学谋划新时代凝聚改革共识的战略设计，系统构建中国梦与改革共识协同共享的凝聚实践策略与运行机制，搭建新时代中国特色社会共同体改革共识凝聚平台，加快中国梦与改革共识问题的理论构建，推进中国梦凝聚社会改革共识实践的具体展开。

一方面，"中国梦凝聚社会改革共识研究"是一个综合的系统性研究，需要从历史逻辑、理论逻辑和现实逻辑等方面对"中国梦凝聚社会改革共识"进行系统的理论建构与实践谋划。这对于在新的历史方位凝聚社会改革共识、汇聚改革力量、推进全面深化改革与实现中华民族伟大复兴意义重大。新时代新征程全面深化改革的深入推进必须继续凝聚改革共识。从改革初期共识到当下改革共识的发展并非破裂后的重新凝聚，亦非原来改革共识离散后的进一步聚合，更不是以一种新共识取代旧共识，而是具有时代性、战略性和引领性改革共识的升级凝聚，即从初始形态改革共识升级为当代形态改革共识。有无改革共识，关键要看改革是否坚持人民至上方向，是否着眼于服务于强国建设与民族复兴的伟大目标。

另一方面，"中国梦凝聚社会改革共识研究"是一个系统的综合性研究，要采用逻辑与历史相统一的方法，阐释改革共识的历史事实与当下社会现实的相互关系，分析社会共识自身演变的逻辑规律；采用综合比较法，通过对当代社会思想意识在不同领域、不同阶层、不同向度上的综合比较分析，探寻社会改革共识构建的规律与趋势；综合采用解释结构模型法和共识性质研究方法，对改革全过程中的共同体结构以及政治、经济、社会、文化、生态等领域情况进行全面分析，得出凝聚改革共识、推进民族复兴中国梦需要契合重构社会共同体的基本结论。

在理论篇，廓清与厘定了中国梦与改革共识的理论内涵与逻辑关联。注重"中国梦-改革共识"之间的逻辑链条及关系研究，提出中国梦对共同体价值重塑的观点，即中国梦澄清了个人与共同体的时代关系，共同体的持存是个人利益实现的前提，共同体的发展状态从根本上决定了个人利益实现的程度。构建多维多元样态的符合中华民族伟大复兴根本利益和长远利益的共同体，搭建基于不同群体合作的共同体运行平台，凝聚更强的改革信心和改革动力。

在历史篇，回顾与思索了改革历程与凝聚社会改革共识的基本经验。每一次社会改革都伴有一定的社会矛盾与思想分歧，最终能引导社会发展正确方向的必定是能够透彻把握时代课题、解决时代问题的确定性的共识。对改革开放以来社会改革共识形成发展与内在逻辑的研究，深入挖掘和阐释初始形态改革共识的形成、基本内涵、争论及其化解、价值承载、特殊的历史禀赋等，彰显了中国共产党善于总结经验、教训，坚持运用中国化时代化的科学思维与方法寻求共识，以包容态度来对待多元化社会思想差异的精神品质。新时代改革共识的核心逻辑没有变，依然是把马克思主义普遍原理同中国具体实际相结合、同中华优秀传统文化相结合，运用辩证唯物主义和历史唯物主义回答时代和实践提出的重大问题。

在现实篇，对全面深化改革的现实障碍与内在逻辑进行建构。改革共识与改革动力问题研究不能仅停留在"经济基础决定上层建筑"的单一性理论阐释上，也不能仅停滞在"社会现象总结经验教训"的表象式研讨上，要敢于直面深层次的价值判断困惑问题，探究阻碍社会共识形成的内在根源。凝聚改革共识要注重社会共同体价值，整合与改革共识凝聚平台建设。在关于中国梦对共同价值的凝聚与全面深化改革时期重塑改革观念的战略设计的研究基础上，提出价值整合模式重构与改革共识凝聚平台建设的双重任务。

在实践篇，对中国梦凝聚社会改革共识的实践方略进行解题。秉持"中国梦-改革共识"一体化的价值前提，通过对社会共同体改革共识"临界点质变协同效应"、改革"分歧"中因价值引领而形成的"稳定结构"效应的研究分析，阐释中国梦凝聚改革共识的内在机理，推动中国梦凝聚改革共识的实践体系建设，实现中国梦、社会共同体与改革共识的整体串联，打造改革共识共同体、改革共识聚合平台，推进凝聚改革共识的实践落地。

中国梦彰显全方位、全方位的磅礴力量，具有引领、凝聚、激发的巨大能量。中国梦凝聚社会改革共识的接续实践中，应当以强国建设、民族复兴为共同牵引，以社会主义核心价值观为共同精神，以中华民族全体成员共同参与为共同路径，以实现每一个中华儿女自由全面发展为共同追求。中国梦凝聚社会改革共识过程中，要坚持以习近平新时代中国特色社会主义思想为根本遵循，注意把握好习近平新时代中国特色社会主义思想的世界观和方法论，坚持好、运用好贯穿其中的立场观点方法。坚持人民至上、站稳人民立场、把握人民愿望、尊重人民创造、集中人民智慧。坚持自信自立，坚持从中国基本国情出发，既不能刻舟求剑、封闭僵化，也不能照抄照搬、食洋不化。坚持守正创新，不断拓展认识的广度和深度，敢于说前人没有说过的新话，敢于干前人没有干过的事情。坚持问题导向，聚焦实践遇到的新问题、改革发展稳定存在的深层次问题、人民群众急难愁盼问题。坚持系统观念，善于通过历史看现实、透过现象看本质，把握好全局和局部、当前和长远、宏观和微观、主要矛盾和次要矛盾、特殊和一般的关系。坚持胸怀天下，拓展世界眼光，深刻洞察人类发展进步潮流，以海纳百川的宽阔胸襟借鉴吸收人类一切优秀文明成果。全面服务新时代新征程中国共产党的使命任务，为全面建成社会主义现代化强国、实现第二个百年奋斗目标，以中国式现代化全面推进中华民族伟大复兴提供理论和实践支撑。

三　成果的主要价值

学术价值方面，一是廓清了中国梦凝聚社会改革共识的理论与逻辑。从中国梦的本质规定与价值意蕴阐明中国梦的理论基础，从改革共识的本质规定与价值意蕴阐明改革共识的基本思想，从共同价值导向、共同话语建构、共同现实关切厘定中国梦与社会改革的关联逻辑。二是梳理了中国梦凝聚社会改革共识的凝聚历程与基本经验。剖析改革起步期的争论中心和凝聚的共识，回顾改革探索期的分歧焦点和达成的共识，梳理发展调整期反思的重点和确立的共识。从思维前提、组织力量、价值遵循和现实保障四个方面梳理了凝聚社会改革共识的经验与启示。三是厘清了中国梦凝聚社会改革共识的现实障碍与逻辑。从改革意愿诉求不一、改革内容看法不一和改革方式见解不一分析全面深化改革期改革的不同声音；从"认知差""利益差""个体差""空间差"考察全面深化改革期改革共识形成的困境；从共同价值导向、共同话语建构、共同精神凝聚和共同现实关切等方面对全面深化改革期改革共识进行逻辑梳理。四是构建了中国梦凝聚社会改革共识的时代回应与实施方案。以"解题与前行"为主题，从理论分析层面进入实践层面，提出中国梦回应改革新要求重塑改革共识、中国梦化解改革困境生成改革共同体、中国梦升级改革逻辑整合改革动力、中国梦立足新时代贡献智慧力量的思想观点。

应用价值方面，一是在中华民族伟大复兴战略全局和世界百年未有之大变局相互交汇中推动社会改革共识凝聚，整合改革力量，推进国家治理体系和治理能力现代化。从改革开放和社会主义现代化建设出发，以中国梦为导向，保障和改善人民最关心最直接的现实利益问题，突出重点、完善制度、引导预期，发挥社会治理效能，构建良好的社会秩序。二是着眼于中国梦在凝聚改革共识中的整体串联功能发挥，深化对中国梦的价值凝练，为民族复兴凝聚力量。研究着重勾连中国梦的历史演进逻辑，阐发中国梦与中国特色社会主义事业成就的必然联系，以中国梦为牵引，以共识凝聚为抓手，为强国建设提供支撑。三是在打造具有实际可操作性的改革共识凝聚实践系统基础上画好共识凝聚施工图，推进中国梦凝聚社会改革共识实践的具体展开。研究敢于突进深水区，敢于啃硬骨头，敢于涉险滩，敢于面对新矛盾新挑战，从改革主体、依托、场域、步骤、原则和价值方面阐明社会共同体的建构路径，以政治、经济、文化、社会和生态五大功能阐明改革实践的整合路径，以期为实现中华民族伟大复兴提供战略支撑，为人类进步事业做出中国贡献。

中国特色社会主义协商制度研究

江苏省委党校布成良主持完成的国家社会科学基金项目"中国特色社会主义协商制度研究"（项目批准号为：13AKS004），最终成果为同名专著。课题组成员有：张文翠、鲍春燕、曹达全、刘伟、李小珊、成晓叶。

一 研究的目的和意义

在民主问题上，以导师自居的西方发达国家，对世界各国指指点点。我国的民主制度也不断受到西方发达国家诟病。但西方国家撒播的西方民主之花，在很多发展中国家不仅没有结出美妙的果实，反而带来无数的灾难。中国自古以来就走着不同于西方的道路，未来发展也不会照搬西方民主制度。本研究坚持辩证唯物主义和历史唯物主义的根本方法，采取历史和逻辑相统一、理论和现实相结合的方法研究中国式民主制度的特点和路径，一方面，注重从基础理论的层面研究协商民主。对西方协商民主为何兴起、中国为何不能走西方民主的道路进行比较分析；对协商民主在中国发展的历史阶段、协商民主是我国人民民主的重要形式进行学理研究，从而深刻认识和把握社会主义协商民主制度的建设和发展规律；另一方面，对当代中国协商民主实践进程分别从政治协商、立法协商、行政协商、社会协商、基层民主协商等层面进行研究。通过对中国协商民主取得的成就、存在的问题及原因进行分析，推进协商民主广泛、多层、制度化发展。基本思路是，从民主思想文化渊源和中华民族兼容并蓄的优秀文化传统及革命历史传统发掘中国协商民主的理论资源，从民主过程视角分析中国协商民主制度的结构和功能，坚持人民主体地位，用中国改革创新的实践经验对比、反思、补充西方自由民主制度，从而拓展中国式民主的发展空间，也为发展中国家发展政治现代化提供可参考的方案，以在世界文明多样性、发展道路多样化中推动人类文明进步。

二　成果的主要内容

中国共产党坚持从国情出发、从实际出发，开创了一种不同于西方民主理论与实践的中国式民主新路。中国式民主是在中国大地上生成兴起和发展壮大的民主，是中国共产党的领导、人民当家做主、依法治国有机统一的民主，是选举民主和协商民主相结合的新型民主制度。"在中国社会主义制度下，有事好商量，众人的事情由众人商量，找到全社会意愿和要求的最大公约数，是人民民主的真谛。"中国协商民主既坚持社会主义制度，又继承和发扬中国优秀政治文化传统；既坚持中国共产党的领导，又发挥各党派团体、社会组织、知名人士和广大民众的作用，必将对人类政治文明发展做出重要贡献。

该成果内容分三个部分，主要有八章。第一部分是协商民主基础理论研究。第一章，走向协商的西方民主理论。对西方协商民主的内涵、特征，协商民主兴起、对自由民主的批判与超越等展开论述。第二章，协商民主是中国社会主义民主政治的特有形式。对中国为何不能走西方民主道路进行分析，对协商民主在中国发展的历史阶段、协商民主是我国人民民主的重要形式进行论述，在此基础上分析中国协商民主的历史文化。第二部分是主体部分。第三章，政治协商。首先研究人民政协在协商民主体系中的地位、政治协商制度的结构与功能形式。第四、五、六、七章分别对立法协商、行政协商、社会协商、基层民主协商进行研究。对中国协商民主取得的成就、存在的问题以及原因进行分析，以推进协商民主制度化、规范化、程序化。第三部分，结语。即第八章，推进社会主义协商民主制度化发展。协商民主适应了我国经济社会发展不同历史时期的实际需要，是中国共产党和中国人民的伟大创造，是当代中国不断实践、持续探索的产物，在理论、实践、制度和文化等方面都形成了具有自身特色的优势。

该成果的重要观点和主要建树，主要有以下四点。

（1）关于中国协商民主的起点。一般认为，中国协商民主萌芽于中国共产党领导的"三三制"实践。课题组认为，抗日战争关乎中国的前途和命运，它不是单纯的军事战争，而是与争取民主、党派合作始终相连，"三三制"政权建设是抗日战争的大背景下的局部性成果。陕甘宁边区是中国协商民主的成功"试验区"。但1938年成立的国民参政会应是"中国协商民主的胚胎"或"萌芽"。尽管国民参政会是一场不成功的协商民主实践，但失败乃成功之母。正是汲取国民参政会的教训，中国共产党才在根据地创设了一种新型民主制度，并最终建立起具有中国特色的社会主义协商民主制度。

（2）毛泽东的中间阶级论是中国协商民主制度的理论基础。除了马克思主义民主理论和统一战线理论外，毛泽东关于中间阶级的理论是形成中国共产党领导的多党合作与政治协商制度的理论基础。毛泽东认为，中国社会是"两头小中间大"的阶级结构。中间阶级并非指一切介于无产阶级和地主、大资产阶级之间的所有阶级，而是指那些具有两重性的阶级，是动摇于革命与反革命的阶级。农民不是中间阶级，是民主革命的主力军，小资产阶级是无产阶级可靠的同盟军，也不能作为中间阶级来看待。在中国，中间阶级主要指民族资产阶级和富农。而中间阶级不是一个固定不变的阵营，本质上属于人民的范畴。要争取团结中间阶级使之成为无产阶级同盟军的一部分，党在民主革命时期和各民主党派的良好合作关系在新中国成立后发展为在国家政权内的继续合作，形成了多党合作的政治制度。

（3）新时代参政党理论是中国协商民主理论的重大创新。中国共产党成为执政党后，对其他政党如何定位，既是一个理论问题，也是多党合作制度能否坚持的重要实践问题。我国各民主党派大多是20世纪40年代前后成立的。但一些党派却没有把自己当作政党，或者不希望被民众视为政党。改革开放后，把民主党派规定为参政党是马克思主义政党理论的丰富和发展，一方面，中国参政党不以夺取政权为目的，明确接受另一个政党即中国共产党的领导，与西方竞争性体制下的政党有明显差异。另一方面，参政党的发展也要遵循政党发展的基本规律。民主党派在国家政治生活中的地位有质的规定性，它是一种地位明确、稳定的政党制度，是一种党派之间广泛合作的政党制度，是一种以政治协商方式实现的友党关系，是一种党派之间互相监督的政党制度。它是共产党领导、民主党派合作，共产党执政、民主党派参政。当然，与中共较为完备的党建理论相比，对参政党理论较少自觉思考，应加强对参政党的理论研究。

（4）关于中国协商民主的层次和主体。中国协商民主是广泛、多层、制度化发展的，处于最高层次的是在国家政治生活层面的政治协商，主要是中国共产党同各民主党派的协商和各界代表人士的协商，协商的内容主要是关系国家全局和地方事务的一些重大问题等。低于这一层次的是政府协商，在党的领导下，以经济社会发展重大问题开展协商，坚持协商于决策之前和决策实施之中。再低一层次的是人民团体的协商，主要发生在政府治理领域，是就涉及群众切身利益的实际问题为内容进行协商，是我们党所要"建立的社会协商对话制度"。最低层次的是基层协商，主要存在于社会自治领域，如乡村基层民主和城市社区自治。由乡、村干部面对面与村民共同商讨和决定村务大事。

关于协商的主体，在西方国家是公民，平等公民自由而理性的参与是协商民主的基础，没有参与，所有的协商就无从谈起。而在中国，有民众之间的协商，民众与政党之间的协商，民众与政府之间的协商，协商民主的主体涵盖各党派、各民族、各团体、各阶层等社会各界、各方面人士。中国协商民主的协商参与者还是一种间接参与。政治协商在社会主义协商民主体系中占据较大空间和比重，协商的主导者、推动者多是执政党。

三　成果的主要价值

该成果不仅比较全面客观地阐释和梳理了协商民主的基本理论，汲取了学术界近年来民主理论前沿成果，具有较高的学术价值；而且从政治领域寻求破解"中国模式"的密码，认为中国取得巨大经济成就的最主要原因是将基本政治制度的优势与市场经济的优势有机结合起来，为发展中国家走向现代化提供了"中国方案"。该成果不仅对增强政党认同、增强制度自信和文化自信有重要意义，而且对促进社会主义民主政治建设，促进中国共产党的"有效执政"和人民大众的"有效参与"也有重要的推动作用。

思想政治教育的主客体关系研究

武汉大学项久雨主持完成的国家社会科学基金项目"思想政治教育的主客体关系研究"（项目批准号为：13AKS011），最终成果为同名专著。课题组成员有：张耀灿、刘建军、骆郁廷、徐春艳、谭泽春、张业振、石海君、姚兰、项敬尧、王依依、樊家军、张畅、杨婷、丁秋、倪雪、马鑫可、潘一坡。

一 研究的目的与意义

"思想政治教育的主客体关系研究"以马克思主义哲学为理论基础，以"什么是思想政治教育的主客体关系；如何优化思想政治教育的主客体关系"为首要基本理论问题，围绕思想政治教育主客体关系的研究概述问题、理论基础问题、历史发展问题、确认标准问题、体系构建问题、当代境遇问题和具体优化问题等所展开的七个方面，揭示了思想政治教育主客体的内在关联，初步建构了思想政治教育主客体关系的理论体系，指出思想政治教育主客体关系具有历史性与发展性、普遍性与特殊性、整体性与多维性、内生性与外显性、静态性与动态性等特点。这些特点决定了思想政治教育主客体关系是认识关系、实践关系、价值关系、审美关系的统一结构。成果凸显理论与实践相结合的研究方法，提出必须从注重人文关怀、加强情感体验、完善制度管理、探究互动模式、确立评估反馈五个方面，在实践层面具体优化思想政治教育的主客体关系，为思想政治教育主客体关系的深入研究提供了方法论意义上的文本，对思想政治教育价值的实现具有较深刻的启发意义。

二　成果的主要内容

从研究内容上看，成果建构了较为全面、系统的研究体系，包括八个方面的主要内容，遵循由浅入深、环环相扣、层层递进的写作逻辑，致力于回答关于思想政治教育主客体关系诸多理论与实践问题。

哲学视域中主客体关系的跨世纪讨论。自笛卡尔提出"我思故我在"命题确立主客体分析框架以来，主体与客体及其关系的争论已经跨越了几个世纪。通过对西方哲学史的系统梳理，我们可以看到，主体经历了一个从无到有，从确认到死亡，再到寻回的过程，客体更多地被理解为自然或物。因此，主客体关系就被定义为人与物的关系，并被哲学界普遍认同且当作一种法则确立下来。然而，随着哲学本身的深入发展，我们发现，前人所定义下来的主客体关系概念和命题需要与时俱进、发展创新。

自 20 世纪 80 年代起，国内掀起了对于主客体关系的激烈争论，这在某种程度上推动了思想政治教育学科开启了有关思想政治教育主客体关系研究的进程。1983 年，肖前在参加全国主体和客体问题讨论时指出，"主客体关系问题，是一个有着现实意义和理论意义的问题"，并根据中共中央关于思想政治工作的论断，得出了"主客体问题，也是我们政治思想工作当中的一个很重要的问题"的重要结论。在一定意义上讲，思想政治教育主客体关系研究正是对于哲学视域中主体与客体关系研究的延续与深化。作为一个理论问题，思想政治教育主客体及其关系命题从提出到论证，从质疑到回应，经历了一个长期的发展过程。回顾思想政治教育主客体关系研究基本历程，我们可以发现，现有的研究结论主要集中在"单主体说"、"双主体说"、"主体间性说"、"抛弃说"、"统一说"和"破解说"等六个方面，争论的症结或者说焦点无非两个，一是我们是否能将人理解为客体，二是客体能否安顿主体性。通过研究发现，思想政治教育在实践中是一种复杂的活动，在理论上是一个复杂概念，思想政治教育自身具有不同层次、不同形态，这决定了思想政治教育主体、客体及其关系在不同层次、不同形态中会具有不同的体现。因此，解答思想政治教育主客体关系理论难题，突破现有思想政治教育主客体关系的争论，最根本的是要全面把握思想政治教育自身的层次与形态。

每一门学科都有自己的理论基础，每一门学科的具体内容也有自身的理论基础。作为马克思主义理论学科下的二级学科，思想政治教育无疑应坚持马克思主义理论的指导地位。首先，哲学是对普遍而基本问题的研究，其研究任务是对现实世界的元理层面的把握，即"元知识"或者"元理学"。思想政治教育是以马克思主义为理论基础的，研究思想政治教育主体与客体的关系，也必须从其"元理"层面进行，从马克思主义哲学当中寻找理论支撑。其次，思想政治教育主客体关系的实质是人与人的关系，围绕着"人"的研究必然离不开马克思主义人学这一科学理论的指导，其中"以人为本"思想、马克思主义主体理论和人的自由全面发展理论构成了思想政治教育主客体关系的理论基础。最后，思想政治教育作为一种社会性活动，主体与客体的形成与发展都受到一定的社会因素的影响和制约。因此，我们要以马克思主义社会交往理论、主体间性理论以及社会学习理论作为思想政治教育主客体关系研究的理论指南。

从历史的视角来探讨思想政治教育主客体关系，可以清楚地认识和了解思想政治教育主客体关系的源流以及发展脉络，进而为反思当前主客体关系的矛盾与缺陷、促进未来主客体关系的和谐发展提供借鉴与参照，进一步提升思想政治教育活动有效性。只有通过对古代中国道德主客体关系、近现代中国德育主客体关系的变迁、近代西方主体性德育思想的深入探讨，才能展现思想政治教育在古今中外历史发展中的主客体关系全貌。

思想政治教育主体从广义上讲是一个复合的概念，包括个体主体、群体主体、社会主体和类主体四个形态，从狭义上讲是指具体参与到思想政治教育的实践活动之中，并在实践活动中能动地进行思想观念、政治观念和道德观念输出和输入的个人、群体或阶级，其表现出能动性与实践性、多样性与交互性、历史性与客观性、社会性与阶级性的特征。思想政治教育客体从本质上来说，就是被主体认识和实践的对象，它以精神为表现形式，以多种方式为载体而存在，其表现出客观性、动态性、历史性、多样性与主体性五大特征。思想政治教育主体与客体之间的辩证发展关系，主要体现在相互依存、相互制约、相互发展和相互转化。思想政治教育主客体辩证关系表现出历史性与发展性、普遍性与特殊性、整体性与多维性、内生性与外显性四个方面的特征。

思想政治教育主客体关系的体系构建是思想政治教育基础理论研究的重要任务。构建思想政治教育主客体关系体系既是对过去的总结和反思，同时也是对未来学科发展的展望。思想政治教育作为一门学科，其发展一直就是一项重要而且基础的工作，对思想政治教育主客体关系的研究不仅要关注其实际应用价值，也同样需要明确其基础理论价值，从基础理论、实践应用和教育教学三个角度来构建思想政治教育学科发展价值。思想政治教育内在的基本要素是构建思想政治教育主客体关系的基础，"现实的个人"是构建思想政治教育主客体关系的核心要素，"环境的改变"是构建思想政治教育主客体关系的背景要素，教育媒介和内容是构建思想政治教育主客体关系的补充要素。构建思想政治教育主客体关系必然要考虑层次性，即从人类普遍的社会实践活动中的主客体关系、阶级的意识形态传播活动中的主客体关系、课堂教学为主的教育活动中的主客体关系、网络思想政治教育活动中的主客体关系四个方面构建具有层次性的主客体关系。思想政治教育主客体关系有不同的形态结构，要在正确把握思想政治教育认识主客体、实践主客体、价值主客体、审美主客体以及各主客体形态间的关系中来构建不同形态的思想政治教育主客体关系。

当代思想政治教育是在全球化、现代化、多元化、互联网的时代背景下展开的。全球化使得思想政治教育以一种更加开放的姿态来应对更为复杂的环境；现代化进程给思想政治教育带来了新的体制、观念、内容、方法；多元化伴随着世界经济科技全球化、一体化而生，为思想政治教育提供了多样化的选择；互联网给传统思想政治教育带来了根本性变革，推动了网络思想政治教育的诞生。因此，思想政治教育主客体关系呈现出鲜明的时代性特征：一是在全球化背景下，思想政治教育更加重视社会主义核心价值观教育，挖掘中国传统文化的育人功能，融入全球公民教育理念。二是在多元化背景下，思想政治教育主客体选择多样化，更加注重理解与交流，走向开放和自由。三是在互联网条件下，思想政治教育主客体打破了二元对立，走向平等与互动的关系，并在一定条件下可以相互转化。然而，新的特征却也反映出一系列新的问题，具体体现在：网络思想政治教育主客体彼此信任匮乏、网络思想政治教育主体地位弱化、网络思想政治教育主体性畸变。这些新问题对思想政治教育主客体关系的研究提出了新的要求，因此，优化互联网条件下的思想政治教育主客体关系，需要增强思想政治教育吸引力，需要提高高校教师思想政治素质，需要构建网络思想政治教育新机制。

思想政治教育主客体关系如何，直接影响着思想政治教育能否顺利开展、能否实现预期目标。优化思想政治教育主客体关系，就是解决主客体之间的矛盾与冲突，促进主客体关系和谐发展。思想政治教育主客体关系的优化，不是无据可循、随意而为的，而是有需要坚持和遵循的基本准则，有需要实现和追求的特定目标，有能够达到最优成效的科学路径。思想政治教育主客体关系优化的原则，即以人为本原则，就是要同时确认思想政治教育者和受教育者的主体性，使二者平等对话、共生共赢；动态性原则，是要依据思想政治教育过程的动态性、思想政治教育主客体需要的发展性进行动态调整；协调发展原则，就是要协调各方面因素，使思想政治教育主客体素质协调发展，使思想政治教育主客体利益统筹发展，使思想政治教育主客体关系和谐发展。思想政治教育主客体关系优化的目标，就是要立足推动思想政治教育系统顺利运转，着眼于提高思想政治教育的有效性，促进思想政治教育的人性化，增强思想政治教育的认同度。思想政治教育主客体关系优化的路径，就是要在以人为本原则的指导下，注重人文关怀、加强情感体验，并且积极推动内容完善、制度管理、评估反馈等各个环节的协调与配合，做到完善制度管理、探究互动模式、确立评估反馈的有机统一。

思想政治教育主客体及其关系问题，是思想政治教育理论研究中一个基础的、关键的难点问题，也是一个常谈常新的老问题。因此，以思想政治教育的主客体关系为研究对象，在确认思想政治教育主体、客体的基础上，遵循历史逻辑、理论逻辑和现实逻辑，着力探讨思想政治教育主客体关系的新变化、新特点和新要求，必将成为今后思想政治教育主客体关系研究的未来性向度。

焦裕禄精神及其当代价值研究

江西师范大学康凤云主持完成的国家社会科学基金项目"焦裕禄精神及其当代价值研究"（项目批准号为：15BKS103），最终成果为同名专著。课题组成员有：黄仁森、刘超、朱秀菁、蔡萌。

一　研究的目的和意义

首先，进一步深化对焦裕禄精神的研究。从 1966 年至今，虽然出现过几次学习和研究焦裕禄精神的高潮，但学习和研究的成果大多是关于焦裕禄的回忆录或人物传记或文学作品等，对焦裕禄和焦裕禄精神的研究还不够深入，还缺乏学术层面的挖掘和研究。本课题响应习近平总书记提出的学习弘扬焦裕禄精神的号召，将焦裕禄精神的研究推向深入，既从整体的角度出发，也从个体的角度出发，对焦裕禄精神及其当代价值进行探讨，取得全面系统的研究成果。

其次，丰富对中华民族精神的研究。焦裕禄精神，同井冈山精神、延安精神、雷锋精神、红旗渠精神等一样，都是民族精神的重要组成部分。中华民族任何时候都需要有这样的民族精神，这样的精神无论时代发展到哪一步都不会过时。对焦裕禄精神的学术研究，填补在民族精神之焦裕禄精神研究方面的"真空"地带，从而丰富民族精神研究。

最后，丰富中国特色社会主义文化研究。焦裕禄精神与中国特色社会主义文化密不可分，焦裕禄精神是中国特色社会主义文化的重要组成部分。掀起研究焦裕禄精神的热潮，号召全社会弘扬传承焦裕禄精神，对坚定中国特色社会主义文化自信，建设文化强国，具有重要的意义。本课题为中国特色社会主义文化研究和文化软实力的建设提供了新的研究视角。

此外，还有一定的现实意义。第一，以焦裕禄精神为研究对象，深入挖掘焦裕禄精神及其当代价值，有利于党员干部以焦裕禄同志为标杆，进一步改进工作作风，做为民、务实、清廉的表率。第二，通过挖掘焦裕禄身上为了公众利益而牺牲自我的精神，不怕困难、勇于进取的精神，越挫越勇、隐忍顽强的奋斗拼搏精神，帮助普通民众树立进取向上的积极的人生态度。

二　成果的主要内容

（一）研究内容

该课题在充分借鉴吸收已有的研究成果和充分挖掘相关档案资料的基础上，综合运用了哲学、伦理学、政治学、传播学等多学科的理论，以"当代价值"为研究视角，对焦裕禄精神的形成条件及发展历程、内涵特征、焦裕禄精神与社会主义核心价值观、焦裕禄精神与党的作风建设、焦裕禄家风、焦裕禄公仆思想、焦裕禄治贫思想、焦裕禄精神的传承机制等内容进行了系统的分析论述，深刻揭示了焦裕禄精神与其当代价值之间的内在逻辑关联。

（二）重要观点

焦裕禄精神的形成，深受中华传统文化的影响，深受马克思主义和毛泽东思想的影响，深受英雄模范人物的影响，深受家庭和社会的影响。可以说，焦裕禄精神的产生，是时代发展到一定历史阶段的产物，是多种因素共同造就的伟大精神文化财富。焦裕禄生长于齐鲁大地，自小接受优秀传统文化的熏陶和培养；年少时的多灾多难造就了焦裕禄坚忍不拔的优秀个人品质；投身革命后学习马克思主义和毛泽东思想并付诸社会主义建设实践；良好的家庭教育和社会风尚等都为焦裕禄精神的形成奠定了思想基础。

课题组从学术角度将焦裕禄精神的内涵概括为亲民爱民、执政为民的公仆情怀；矢志不移、心中有党的理想信念；实事求是、求真务实的工作作风；无私奉献、廉洁自律的高尚品德；艰苦奋斗、迎难而上的精神状态。

同时认为焦裕禄精神具有民族性与时代性相统一、个体性与社会性相统一、抽象性与实践性相统一、偶然性与必然性相统一的特征。

焦裕禄精神作为宝贵的精神财富，在社会主义核心价值观建设中也起着重要作用。可以说，焦裕禄精神是社会主义核心价值观的具体体现；社会主义核心价值观是弘扬传承焦裕禄精神的重要载体。焦裕禄精神是社会主义核心价值观在国家、个人与社会三个层面的具体体现；弘扬和学习焦裕禄精神，是加强社会主义核心价值观建设的重要契机和载体。

弘扬焦裕禄精神，号召广大党员干部以焦裕禄为价值标杆和榜样，对于加强党员干部队伍建设及淳正党风起着重要作用。焦裕禄在兰考工作期间，带领人民群众治贫脱贫，就是凭借加强党的作风建设尤其是基层党组织的作风建设，打造了一支敢于担当、敢于奋斗拼搏的廉洁党员干部队伍。抓典型、立样板是焦裕禄在工作期间尤为注重的工作方法，这一工作方法在当代也是加强党的作风建设的有效武器。可以说，学习和弘扬焦裕禄精神，对于加强党的作风建设具有立榜样、树风标、增内涵的作用。

焦裕禄关于家庭建设的理念对于当代党员干部的家庭建设具有重要的指导性意义。焦裕禄家风是中国家庭教育史上优秀家风代表之一，体现了焦裕禄作为一名共产党人的严谨品格。焦裕禄家风具有一心为民的家国情怀、任何时候不搞特殊化的清廉本色、从严治家的责任与担当、艰苦朴素的生活态度等内涵，对于淳正家风、民风、社风具有重要的价值意义。

焦裕禄是人民公仆的优秀典范。他用自己的实际行动，书写了乐为公仆、善为公仆的一生；塑造了先进党员、优秀干部的光辉形象；铸就了伟大、崇高的焦裕禄公仆思想。在吸收中国优秀传统文化精华、继承毛泽东思想精髓的基础上，焦裕禄逐渐在实践中形成了以民为本、人民至上，为民服务、廉洁奉公，勤俭节约、舍己为民的公仆思想。其中，以民为本、人民至上是焦裕禄公仆思想的第一要义；为民服务、廉洁奉公是焦裕禄公仆思想的核心内容；勤俭节约、舍己为民是焦裕禄公仆思想的精髓所在。

焦裕禄受马克思主义经典作家反贫困理论和中华优秀传统文化的影响，对贫困的治理有了思想理论上的建构；在投身社会主义建设的实践中，焦裕禄积累了丰富的治贫经验，为治贫思想的形成奠定了实践基础。在治贫过程中，焦裕禄依据兰考的现状，秉承"为人民服务"的宗旨理念，以思想教育为突破口，坚定党员干部和人民群众的治贫信念；以政治建设为保障，加强党的组织和作风建设；以经济建设为根本，加强农业建设，发展兰考特色产业；以文化建设为引领，满足人民群众对于文化娱乐的要求；以生态建设为支撑，开展植树造林运动以实现"绿色革命"。尽管焦裕禄在兰考工作的时间短暂，但他所形成的多方位多层次的治贫理念对于指导兰考县摆脱贫困的斗争起着至关重要的作用。

焦裕禄精神传承具有时代性、意识形态性、价值道德性等特点。焦裕禄精神从产生到发展50多年的过程中，初步形成以党和国家领导人的号召为传承主体的、以政府宣传为主导的、以实物和艺术形式为主要载体的传承方式。在构建焦裕禄精神的传承机制中，要着重建立焦裕禄精神传承的长期有效的激励机制，鼓励广大文艺创造者和广大人民群众以焦裕禄精神为主体积极创造；要着重建立焦裕禄精神传承的现代化的媒体宣传机制，以现代传媒方式正确传播焦裕禄精神，让广大人民群众真知、真信、真学；要着重建立焦裕禄精神传承的科学健全的制度化机制，避免焦裕禄精神的传承出现阶段性；要着重建立焦裕禄精神传承的多层次教育机制。积极构建全员全社会的学习机制，实现将焦裕禄精神的本质内涵面向广大党员干部和人民群众的广泛传播。

总的来说，焦裕禄精神虽产生于20世纪60年代，但其思想内涵至今仍熠熠闪光，并对当代中国的价值理念、文化建设和党的建设具有重要的指导意义和借鉴作用。从整体的角度看，焦裕禄精神作为中华民族精神不可或缺的组成部分，学习和探讨焦裕禄精神，对于加强民族精神的研究、坚定文化自信起着至关重要的作用。当今时代，国际实力的比拼是国家综合国力的比拼，综合国力既看"硬实力"也看"软实力"。"软实力"即执政党软实力、社会软实力和文化软实力。因此，以弘扬焦裕禄精神为契机，在加强执政党软实力建设、社会软实力建设和文化软实力建设上开拓新的研究视野。从个体的角度看，焦裕禄作为一名基层县委书记，在工作实践中展现了人民公仆的伟大形象，带领兰考人民为实现脱贫致富呕心沥血。从这两个方面而言，对于当今党员干部队伍建设和打赢脱贫攻坚战具有重要的引导意义。

三 成果的主要价值

焦裕禄精神是党和国家的宝贵精神财富，是中华民族精神和中国共产党革命精神的重要体现，是社会主义核心价值观建设的重要抓手。学习和弘扬焦裕禄精神，在推进社会主义核心价值观建设、加强党的作风建设、党员干部家风建设、党员干部公仆理念建设、精准扶贫建设及培育焦裕禄式县委书记等方面发挥着重要作用。成果的学术价值主要体现在以下几个方面。

首先，有利于丰富马克思主义价值学说。该成果顺应党和国家在新时代提出的新任务、新要求，从整体视域、理论视域、学术视域等多方面积极探索焦裕禄精神及其当代价值，为社会主义核心价值观建设提供有益的新观点、新思路，进一步丰富马克思主义价值学说的理论和方法研究。

其次，拓展了焦裕禄精神研究的视野。该成果系统梳理了焦裕禄精神的形成条件和发展过程，全面剖析了焦裕禄精神的内涵和本质特征，深刻挖掘了焦裕禄精神与社会主义核心价值观、焦裕禄精神与党的作风建设的逻辑关联，延伸拓展了对焦裕禄家风、焦裕禄公仆思想、焦裕禄治贫思想的考证和研究，形成了系统的研究成果。以往的研究成果很少拓展焦裕禄精神的研究视野，该成果在一定程度上弥补了一些不足。

最后，运用了新的档案资料，可以为相似研究提供方法论上的启迪。课题组成员往来于焦裕禄出生地山东省淄博市博山县，焦裕禄工作地河南省洛阳市、河南省尉氏县、河南省兰考县十余次进行考察调研，查阅焦裕禄工作档案、焦裕禄日记等第一手资料，并运用到本研究成果中，实现了研究焦裕禄精神在资料运用上的创新和突破。

当代英美关于马克思主义
与道德关系的论争研究

辽宁大学吕梁山主持完成的国家社会科学基金项目"当代英美关于马克思主义与道德关系的论争研究"（项目批准号为：14BKS071），最终成果为论文集《当代英美关于马克思主义与道德关系论争研究》及译著《马克思与道德》。课题组成员有：郝淑华、田世锭、刘立东、王延辉、姜庆丹、董凡铭。

一 研究的目的和意义

该成果通过深入研究和剖析尼尔森、伍德、佩弗等人对马克思主义与道德关系的探讨以及对马克思道德理论所涉及的道德相对主义、非道德论、意识形态等问题的澄清和辩护，丰富了马克思主义道德理论的逻辑内涵，为我们正确看待马克思主义与道德之间的关系提供了新的切入点和方法，更为我们广大学者研究马克思主义提供了更多的理论出发点和研究课题。与此同时，研究当代国外马克思主义道德理论能够使我们注意到与道德哲学相关联的社会正义、平等、自由以及自我实现等问题并且对其进行研究，这就更加扩展和丰富了我们的研究领域。

该成果为实现马克思主义道德理论与中国传统文化相结合提供了方法论的借鉴，同时也对我国在社会主义建设中解决一些社会现实问题具有积极的指导作用。面对当今社会，我们所面临的许多棘手问题，例如由道德价值本体的丧失而引发的社会伦理的失衡越发严重，道德失范和道德相对主义泛滥；诚信、公平的缺失也让道德底线失存等，都使得全社会面临着严峻的道德危机。该成果为解决这些由道德丧失引发的社会失衡问题提供了积极的方法论指导和支持。通过对国外马克思主义道德理论的深入研究，挖掘出一种适合现代社会发展的客观的具有普遍必然性的道德标准，并且能够经得起社会现实考验的普遍真理，把这个作为我们社会实践的准则。

二　成果的主要内容

自 20 世纪七八十年代开始，英美等传统上的英语国家围绕马克思主义与道德关系上的一些重大理论问题展开了一场争论，这场争论主要是通过澄清马克思主义道德的许多核心问题而展开的。本课题针对马克思主义道德观争论中的代表性观点予以梳理，在此基础上对马克思主义道德观问题做出全面的澄清和辩护，从而深入理解和把握马克思主义道德，具有重大的学术价值。总体上，本课题所梳理、澄清并论述的争论论题主要有以下几项。

1. 关于马克思主义及社会主义的基础问题

在马克思主义的发展过程中，围绕以科学还是以道德作为马克思主义及社会主义的立论基础的争论长期持续。这一论题亦是哲学界长期以来针对事实性描述与价值性评价，即实然与应然关系问题争论的延续。一些马克思主义思想家接受这种以"事实与价值二元论"为出发点来阐述事实与价值的关系以及道德的自主性，认为真正的科学必须是价值无涉的，即我们永远无法从陈述语气的前提下得出祈使语气所得出的结论。有学者认为，一些社会主义者过于抬高价值观问题而忽略了马克思主义经典作家把社会主义政治理论提升为科学的努力，社会主义运动的成败与否也取决于工人阶级对社会的客观理解。而马克思坚决反对任何把社会主义建立在道德价值基础上，因此，没有必要且实际上不应该试图申明一套独有的"社会主义价值观"，或者试图构建一种马克思主义的道德理论，而是应该发展一种内在一致的基于科学的社会理论。本项目研究认为，从马克思主义立场看，实然和应然不存在任何明确的、一成不变的界限，把社会科学看作价值无涉的来思考是一种对社会科学的扭曲，完全没有理解马克思著作中理论与实践的统一性。马克思作为一位伟大的批判者，其科学性和价值观之间的关系必须用辩证法来理解和把握。换言之，科学揭示与价值评价在马克思主义的理论中是辩证统一的。

2. 关于马克思主义道德与意识形态问题

过去一个世纪，关于马克思主义、道德与意识形态的关系常常引起探讨和激烈的争论。争论双方的关键在于：马克思把道德看作是一种意识形态，而意识形态是产生于阶级社会的特有现象，特定的阶级尤其是统治阶级通过提出并灌输一种虚假的或歪曲的思想观念，通过以一种误导的方式改变或掩盖某种事实来服务于自己特定的阶级利益，却把这种思想观念说成是服务于所有人的利益。而道德是一种意识形态，所以马克思反对一切道德。然而，我们同样发现在马克思的著作中充满着对资本主义的道德批判。这似乎存在逻辑矛盾。因此，马克思主义道德与意识形态的关系问题，不仅是马克思主义研究的一个重点，也是一个难题。对于这个问题的深入分析和探讨，彻底澄清马克思主义道德与意识形态的关系，从而确立马克思主义与道德之间的融贯性乃至确立一种特定的马克思主义道德理论，对于我国社会坚定树立社会主义核心价值观具有重大的现实意义。针对这种基于意识形态论的马克思主义非道德论，有多位学者提出见解。如罗德尼·佩弗以区分意识形态的总体性概念和非总体性概念来为马克思主义道德观辩护；道格拉斯·凯尔纳认为，学界围绕马克思主义道德与意识形态关系争论的原因是学者们忽视了辩证法在马克思主义思想中的作用。马克思主义思想是一个整体，它是"事实"与"价值"、道德与科学的辩证结合。

本文通过深入研究，明确了并非阶级社会所有的思想观念都是代表特定阶级利益的意识形态，在此基础上进一步澄清颠倒性、蒙蔽性和欺骗性并非是意识形态的根本特征，只是那些用以掩盖社会矛盾的意识形态才是颠倒性、蒙蔽性和欺骗性的。因为在资本主义社会，并非所有的意识形态都是资产阶级意识形态，还存在被统治阶级的意识形态，特别是无产阶级的意识形态，在无产阶级同资产阶级的斗争中，无产阶级的观念能够把资产阶级意识形态所造成的对世界的扭曲模糊予以澄清，揭示那些在资本主义社会中看起来永恒的社会关系，本质上是历史的、暂时的，可以通过人民群众的革命来废除并建立新的生产方式。这一观点最终形成论文《马克思的道德与意识形态关系探考》。

3. 关于马克思主义非道德论问题

我们可以在马克思、恩格斯的著作中找到大量对道德观念加以蔑视的词句，一些学者据此认为马克思是非道德论者。例如，伍德认为马克思的非道德论是与马克思主义的历史唯物主义相符合的，一旦接受历史唯物主义，就会得出非道德论的结论。因为，历史唯物主义不是把社会秩序作为一种精神形式来构想而是作为一种交往或生产方式来构想。作为一位著名的马克思学家，伍德的观点在西方马克思主义研究领域是具有一定代表性的。因此这种马克思主义非道德论的观点必须予以澄清，否则就会影响到人们对马克思主义道德观的正确理解。本课题研究认为，对伍德的观点并不能简单地反对，澄清这个问题必须要放到马克思的唯物史观的大背景中才能正确解决。马克思所揭露的资本主义的道德堕落是资本主义生产关系和上层建筑本身的不合理性、与生产力发展存在根本矛盾对立的结果。因此，马克思对资本主义的批判不是建立在道德批判的基础上，而是基于唯物史观和劳动价值论对资本主义生产方式的科学分析。马克思固然对资本主义制度做了大量的道德谴责，但在他看来，重要的是使工人阶级清醒地意识到自己的利益同资产阶级的利益的对立，而不是向工人阶级灌输那种直接针对资产阶级的道德谴责。任何思想观念的构建都受到现存社会阶级关系的影响，不可能完全在思想中超出一个人所处的时代。马克思正是在反对把抽象的道德原则作为批判资本主义的指导原则的意义上是非道德论者。因此，马克思不是反对道德本身，而是反对在资本主义制度下把道德作为批判资本主义的基础。这一观点最终形成论文《辨析与辩护——马克思主义"非道德论"探考》并发表。

4. 关于马克思的正义观问题

在关于马克思与道德的分析著述中，对正义的探讨毫无意外地占有很大的篇幅。1972 年，艾伦·W. 伍德发表的《马克思对正义的批判》在学界产生极大影响，他通过对马克思的《资本论》等文本的研究得出这样的结论，即在马克思看来，占有剩余价值是正义的，或者至少不是不正义的。这种观点后被称为伍德命题或塔克-伍德命题，即"马克思并不认为资本主义是不正义的"。这种观点在学界产生很大影响，进而围绕马克思的正义观展开探讨。例如，杰弗里·H. 莱曼力图将马克思的理论与罗尔斯的正义观"合作"来构建一种马克思主义的正义理论。他认为，马克思和罗尔斯都致力于消除现代资本主义社会的病状。马克思理论和罗尔斯正义论之间存在一种"合作"的可能性。他通过两个步骤来论证这种"合作"的可能性。第一个步骤是力图消除学界存在的对马克思正义思想和共产主义思想及罗尔斯正义论的误解。在此基础上勾勒出马克思正义理论的基本形态。莱曼认为马克思正义思想必须包含三个特点：承载人类社会对正义要求的一种真正的物质性倾向；必须涉及生产结构；具有历史维度。而罗尔斯的方法都满足这三个特点，因此展现了与马克思正义思想结合的可能。

加里·杨对马克思使用正义概念所指代的不同内容做了区分。他强调，在马克思那里，资本主义的交换过程，特别是劳动力作为商品的买卖环节与剩余价值的生产过程是两个不同的过程，马克思在上述段落中谈到工人时，只是谈论他们作为劳动力所有者和出卖者的角色，而不是作为生产过程中的一个要素。因为在劳动力卖者的角色中，工人是以法律上自由人的身份与资本家平等地讨价还价，以工资的形式得到了他们出卖劳动力的价值，所以工人受到了"公平的"对待。而在资本主义剩余价值的生产阶段则完全是"资本本身的活的组成部分"，是资本家获取利润即剩余价值的工具，工人处于受剥削的从属地位，其所创造的剩余价值被资本家所无偿占有。这一过程被马克思称为"盗窃"或"剥取"，因此，资本主义的生产过程即资本家获取剩余价值的过程是不正义的。

该成果通过对上述基本内容的剖析来揭示马克思道德观的实质内涵，启发我们辩证地看待马克思主义的非道德论、意识形态和正义等问题，消除对马克思主义道德所产生的误解。在此基础上为进一步研究马克思主义，特别是马克思主义中国化找到了新的理论视阈和突破口。本成果可以为深化马克思主义道德的研究提供新的研究范式和知识资源，并为揭示马克思主义道德观的研究的当代价值即对于发展中国化的马克思主义理论提供思路上和内容上的启发与借鉴意义。

东欧新马克思主义历史观研究

黑龙江大学李宝文主持完成的国家社会科学基金项目"东欧新马克思主义历史观研究"（项目批准号为：13BKS068），最终成果为同名专著。课题组成员有：孙建茵、王秀敏、胡雪萍、刘振怡、孙芳。

一 研究的目的和意义

东欧新马克思主义是一笔巨大的财富和遗产，他们关于马克思主义的创造性阐释、关于社会主义的理论探索、关于人类普遍命运的总体关注，为我们留下了极其宝贵的经验和教训。本项目旨在深入挖掘东欧新马克思主义思想家关于马克思主义历史思想、社会主义历史理论以及一般性历史问题的主要观点、思想方法和理论贡献，为当代中国马克思主义历史理论的创新与发展提供学术资源，为加快构建新时代中国特色社会主义历史理论体系提供重要的思想资源。东欧新马克思主义在不断追问"历史是何以可能的"这个根本问题过程中，通过重新阐释马克思的思想理论，发现了历史的本质和人类个体的重要性，从而确立了马克思主义人道主义的历史目标，对于我们理解和认识历史问题具有重要的思想意义和价值。东欧新马克思主义思想家在研究马克思主义历史理论的过程中，构建了许多理论和方法，突破了原有的错误观念和理论体系，并且将他们的理论与社会主义实践和时代问题紧密结合，形成了具有自身特征的本土化的马克思主义历史观。对于当代中国推动马克思主义理论创新、方法创新具有启示意义，对于我们推进当代中国马克思主义历史理论研究的创新与发展具有借鉴意义。

此外，本研究有助于我们加深马克思主义关于历史的本质、历史的意义、历史的目的、历史规律等基本问题的认识与理解；有助于我们深化和拓展马克思主义历史观的深层内涵和理论视野；有助于我们学习和借鉴东欧新马克思主义历史观思想的研究方式和方法，提升自身的理论水平和研究能力；有助于我们丰富和完善国外马克思主义学科关于马克思主义历史观专门性问题的研究成果；有助于我们研究和发展中国化的马克思主义历史理论体系及其历史阐释方式；有助于我们深刻认识和把握习近平新时代中国特色社会主义思想理论体系；有助于我们推进和发展新时代中国特色社会主义伟大事业的历史进程，开创中国特色社会主义历史发展的新时代。

二　成果的主要内容

本成果以东欧新马克思主义为研究领域，以东欧新马克思主义历史观为研究对象，以历史是何以可能的为研究的总问题，以马克思主义人道主义为研究主线，以东欧新马克思主义历史观的独特性、理论主题、批判维度、理论方法、代表性观点等为重点研究内容，运用文化哲学、文本学、历史唯物主义等研究方法对整个东欧新马克思主义的历史理论进行深入系统的研究。整个研究分为绪论、总论、分论、结语四个部分，其中，总论部分，站在整体性的角度，对东欧新马克思主义思想家的历史观思想进行分析、综合，形成东欧新马克思主义历史观的总体性概括和一般性特征；分论部分，采用个案分析的方式，重点阐释东欧新马克思主义历史观主要代表人物的思想和理论，尽可能客观地展现具有代表性的东欧新马克思主义思想家的历史理论、观点和方法。从而通过总体与具体相结合的研究方式，比较全面系统地揭示东欧新马克思主义历史观的本质、特征及其理论创新与理论贡献。

（一）本成果主要内容

1. 阐明东欧新马克思主义历史观的主要定位和价值意义

主要阐明当代新马克思主义发展格局中东欧新马克思主义历史理论所处的地位；东欧新马克思主义总体概念及其历史分期对于历史观研究的影响；本课题的研究思路、方法及其价值意义等。

2. 概括东欧新马克思主义历史观的独特性

（1）东欧新马克思主义历史观是一种既亲身经历社会主义又对现存社会主义历史进程进行反思批判的马克思主义历史观；（2）是一种既坚持马克思主义历史话语又重新构造其话语解释力的马克思主义历史观；（3）是一种既具有强烈民族精神又具有高度本土化特征的马克思主义历史观；（4）是一种既具有国际理论视野又不断寻求超越的马克思主义历史观。

3. 概括形成东欧新马克思主义历史观的总问题

阐明东欧新马克思主义在历史观问题上的根本表现与实质特点：直面历史问题形式，追问历史存在方式；直面历史反思意识，追问历史叙事逻辑；直面历史时间本源，追问历史生成向度；直面历史内在基底，追问历史本真意义；据此，阐明"历史是何以可能的"这一根本性问题构成了东欧新马克思主义历史观的总问题。

4. 阐述东欧新马克思主义历史观的理论主题

重点揭示东欧新马克思主义历史观的核心主题，即马克思主义人道主义；分析东欧新马克思主义人道主义历史观的生成机制、理论内涵、基本特征及其历史可能性问题。进而阐述历史唯物主义、个体与历史、历史与自由、历史与实践、历史与真理、日常生活与历史、文化与历史、历史与责任、历史与历史哲学、历史与后现代等基本主题和相关主题，呈现东欧新马克思主义历史观理论主题的丰富性、多样性与深刻性。

5. 揭示东欧新马克思主义历史观的批判维度

围绕"历史何以可能"这个总问题展开反思与追问，东欧新马克思主义思想家们进行了一系列批判活动，从而构成了对教条主义、异化、历史哲学、虚假总体、实证主义、现代主义、决定论、宏大叙事等诸多历史观的多维批判。

6. 揭示东欧新马克思主义历史观的理论方法

东欧新马克思主义历史观始终坚持从自身现实、文化、政治、经济等社会历史状况的综合因素出发，坚持马克思主义的基本方法，结合西方马克思主义和西方哲学的历史学、语言学、解释学、现象学等方法形成具有自身特点的历史研究方法。主要包括文化哲学、实践哲学、历史主义、具体总体的辩证法、社会科学解释学、语义学、社会批判、范式批判、后现代、微观史学等诸多研究方法。

7. 阐释阿格妮丝·赫勒的作为反思性历史意识的历史观

在东欧新马克思主义中，赫勒的历史思想最丰富、最集中，时间跨度最大，思想变化最突出，反思批判也最激进。她的历史思想经历了从历史理论到碎片化的历史哲学、从批判历史哲学到主张后现代历史意识的理论过程，全部历史思想都是围绕反思性历史意识这根红线而建构起来。我们把赫勒的历史思想概括为作为反思性历史意识的历史观，并从以历史意识为架构的历史理论、走向碎片化的历史哲学、后现代视角中的现代性历史等几个方面展开分析。

8. 阐释乔治·马尔库什关于现代性历史何以可能的思想

马尔库什的历史思想主要探讨现代性历史何以可能的问题，围绕这个根本问题，本课题着重探讨了他关于唯物主义历史观视域下的人的本质、作为生产范式的唯物主义、作为文化范式的现代性等思想，揭示了马尔库什为人类社会历史发展寻求文化可能的深层问题。

9. 阐释米哈伊洛·马尔科维奇的社会批判的历史观

马尔科维奇坚持从哲学出发构建他的历史观。在他看来，任何哲学都内在地包含着社会性，任何哲学都具有社会批判的属性和功能。马克思哲学的精神实质就在于社会历史批判。本课题分别从马尔科维奇社会批判历史观的哲学前提、社会批判历史观的基本原则、社会批判历史观的逻辑构架等方面揭示了马尔科维奇的社会批判的历史观。

10. 阐释卡莱尔·科西克的具体总体的历史观

科西克把历史理解为一个具体的、结构性的、不断发展着的、自我形成的总体，在东欧新马克思主义领域建构了一种独特的具体总体的历史观。本课题围绕这个基本观点，分别展开了具体总体与虚假总体批判、作为人与世界历史性统一的实在概念、平日与历史、历史与自由等理论问题的研究阐释，揭示了科西克关于"历史是如何可能的"这一问题的基本回答。

11. 阐释亚当·沙夫关于历史真理何以可能的思想

沙夫思想理论的形成与展开过程表现出明显的马克思的论战式特质，其有关历史本身的观点和看法以及思想主张主要是在同存在主义、结构主义、相对主义、教条主义等各种非马克思主义思潮和运动的论战中表现出来的。根据这一特点，本部分主要围绕真理问题的本体论争论、认识论争论以及真理的客观性何以可能等为题展开阐释分析，揭示沙夫关于历史真理可能性的深刻思想。

12. 对东欧新马克思主义历史观做出总体评价

主要是阐明东欧新马克思主义历史观的主要贡献；东欧新马克思主义历史观的缺陷与不足；东欧新马克思主义历史观的重要意义等内容。

（二）本成果的重要观点

（1）本成果认为东欧新马克思主义历史观是一种既亲身经历社会主义又对现存社会主义历史进程进行反思批判的马克思主义历史观，是一种既坚持马克思主义历史话语又重新构造其话语解释力的马克思主义历史观，是一种既具有强烈民族精神又具有高度本土化特征的马克思主义历史观，是一种既具有国际理论视野又不断寻求超越的马克思主义历史观。

（2）本成果将"历史是何以可能的"确立为东欧新马克思主义历史观的总问题；东欧新马克思主义关于历史本质的追问是一种深深植根于社会现实的追问，关于历史意义的追问是一种直面历史本身的追问，关于历史未来的追问是一种立足于哲学的追问。"历史是何以可能"构成了东欧新马克思主义历史观的总问题。

（3）本成果提出东欧新马克思主义历史观的理论诉求或根本宗旨是马克思主义人道主义；人道主义是东欧新马克思主义的基本理论诉求和社会主张，但是，就历史观而言，东欧新马克思主义关于历史本身的追问更为根本、更加普遍，也更加符合实际。

（4）本成果认为东欧新马克思主义历史观开创了一系列理论和方法，突破了一系列领域和界限，东欧新马克思主义历史观具有超越东欧地域范围的世界性意义。

（5）本成果认为东欧新马克思主义历史观对于当代中国推动马克思主义理论创新、方法创新，推进马克思主义中国化历史进程具有重要的启示意义和价值。

三 成果的学术价值、应用价值

（1）本成果在国内首次对东欧新马克思主义历史观问题进行了全面系统研究，使整个东欧新马克思主义的历史思想和理论比较清晰地呈现出来，有助于我们丰富和完善国外马克思主义研究领域有关东欧新马克思主义的研究成果，填补东欧新马克思主义历史观研究的学术空白。

（2）本成果立足东欧新马克思主义文本著作，对东欧新马克思主义历史观的问题展开深层解读，将"历史是何以可能的"确立为东欧新马克思主义历史观的总问题，将人道主义定位为东欧新马克思主义历史观的理论宗旨，进而围绕总问题展开了理论主题、批判维度和理论方法等方面的系统研究，并客观阐释了主要代表人物的重要历史观思想，这对于我们改进和创新马克思主义历史理论研究具有重要的学术借鉴意义。

（3）本成果系统研究并概括提炼了东欧新马克思主义历史观的一系列理论观点和研究方法，其中关于历史本质、历史意义、历史可能性等问题的思想观点以及文化哲学、实践哲学、历史唯物论、历史主义等理论方法对于我们从事马克思主义历史研究具有特别重要的应用价值。

苏区乡村社会改造及历史经验研究

江西省社会科学院吴晓荣主持完成的国家社会科学基金项目"苏区乡村社会改造及历史经验研究"（项目批准号为：13CDJ001），最终成果为同名专著。课题组成员有：彭庆鸿、卫平光。

一 研究的目的和意义

五四以来，各种救国方案和道路涌现。先进的知识分子将改造中国的基本路径定位于农村，将中国农民的解放落实于中华民族解放的这一认识，在 20 世纪 20 年代末已取得广泛共识，并由此引发了"改造乡村、复兴乡村"的社会运动，来寻找国家和民族的复兴之路。一直以来，学术界对南京国民政府和乡村建设派主导下的乡村改造运动的研究成果较多，而将中国共产党领导的苏区革命作为改造中国和乡村社会的一种道路和路径选择的成果，却不常见。苏区革命将中国共产党改造中国、建立新社会的革命理想付诸实施。在革命过程中，共产党通过社会的重组来实现社会的再造，因此，苏区革命的过程，也是中国共产党对社会进行改造的过程。把苏区革命作为中国共产党改造国家社会的路径选择，放在整个中国现代化进程中去思考，为探究革命与乡村社会关系提供了一个新途径，对深化苏区革命研究、深化中国乡村现代化研究都具有重要的学术价值。

从现实价值来讲，苏区时期，中国共产党运用马克思主义认识中国、改造中国，对乡村社会进行了一系列的革故鼎新，使乡村的经济、政治、文化、思想等得到前所未有的发展，苏区的乡村社会面貌一新。在对乡村社会改造的过程中，中共形成了一系列促进中华民族不断进步和发展的社会经验，同时也有一些惨痛的教训。该成果通过对这一时期中共领导的社会改造进行较为全面系统的研究，尤其是对苏区乡村社会改造历史经验的梳理，有助于进一步揭示中国革命进程和社会进步的深刻内涵，认识中国共产党领导中国革命和致力社会改造的思考与贡献，总结富有久远价值的精神财富，探讨农村社会改造与治理的路径和方法，为中国特色社会主义新时代我国乡村建设和社会治理的推进提供有益的历史借鉴。

二　成果的主要内容

（一）主要内容

该成果把苏区乡村社会改造，放在中国共产党人寻求解决中国社会问题和民族复兴而探寻中国道路的进程中进行综合考察。首先，从中国共产党乡村改造思想的理论渊源、共产国际的指导和影响及苏维埃在中国的兴起，由此引出中国共产党领导的以土地革命和苏维埃运动为中心的乡村改造思想和实践。然后，全面阐述苏区时期中国共产党对农村的改造运动。因为社会改造是一个系统的工程，涵盖的内容非常广泛。该成果主要以苏区一系列重大事件来探讨中国共产党是如何深入乡村改造乡村并对乡村社会产生影响，从土地革命、社会秩序重建、思想重塑三个方面对苏区乡村社会改造进行阐述，并与民国时期其他派别的乡村建设运动进行比较，最后总结共产党这一时期在苏区社会改造方面的历史经验与启示。

一是苏区乡村社会改造的理论来源。论述"社会改造"的渊源与流变，它来源于马列主义的阶级理论和社会革命思想，来源于马克思主义在中国的兴起和传播，以及中国传统文化中的民本和平等思想，中国共产党在成长过程中对这些理论进行领会、接受并重新阐述，以形成自己的改造中国和社会的理论与思想。

二是苏区乡村社会改造的社会背景。全面阐述中国共产党苏区乡村社会改造的地缘生态和政治大背景，勾勒出苏区革命前乡村社会的基本图景，尤其是重点梳理在共产国际指导下，中国共产党的工农运动的革命实践以及由此导致的农民革命意识的觉醒，国共两党因意识形态的不同和选择的革命路径的分歧而导致联合战线破裂后，中国共产党被迫将革命重心转入乡村，也由此开始了其领导的苏维埃运动和以土地革命为中心的乡村社会改造实践。

三是土地革命。土地革命是苏维埃革命最重要的乡村社会改造运动，是国家强势主导下乡村经济社会的重大革命。该成果将打土豪分田地看作土地革命的准备，主要通过梳理土地革命具体的过程，对其政策的制定、实施过程和效果进行分析，并论述土地革命后乡村经济关系的变化，进而分析它对乡村土地制度和经济关系的冲击，以及它对农民经济和农村生产方式的影响，探讨土地革命后新的阶级关系与苏维埃革命的相互关系。

四是秩序重建。包括乡村宗族的瓦解、乡村政权的建设、社会组织的重构等方面。通过对文献资料的分析，考察中国共产党是如何发动下层民众掀起一场针对传统乡村上层权力系统的阶级革命，推翻国民党基层政权，破坏豪绅和宗族的权力文化网络；以及形成了具有独特形态的苏维埃政权结构和更具效率的基层苏维埃政权，实现国家与社会的一体化运作机制，从而为乡村社会的进一步改造奠定了政治基础和组织保证。

五是思想重塑。主要考察文化建设、传统社会习俗的变革以及社会风气的重塑、妇女角色的重构和儿童的政治社会化，以说明苏区中国共产党在乡村开展的社会改造是全方位的；中国共产党利用文化—教育—政治社会化途径，利用和改造乡村原有的象征性符号，对苏区农民灌输革命话语体系，以塑造新农民。虽然在文化重塑过程中出现了很多问题，但长远地看，这些社会改造的措施奠定了此后中国乡村社会发展进步的基础，在乡村社会从传统向现代的转变中起到了积极的作用。当然，传统观念形态与文化习俗的变革是一个随着生产方式、生活方式的改变而逐步变化的过程，不是通过一场运动就能改变的。历史地看，苏区社会改造运动除了在政治信仰和政治意识形态上实现了转变外，传统的观念形态和习俗等文化根基并没有发生相应的变化，思想重塑任重道远。

六是与民国时期乡村建设运动的比较。在中共对苏区进行社会改造的同时，国民党政府、地方实力派以及乡村建设派也在纷纷进行社会改造性的实践活动，试图形成一种变革农村的理论与实践体系。这些活动虽风靡一时，也取得一定的成就，但无不中途夭折。国民政府以及地方实力派们，它们不愿意触及封建地主经济，更不愿意触及自身政权，去对旧有的政治和经济体制进行改造。而乡村建设派们则是没有能力去触及封建地主经济和地主政权，所以不可能从根本上探索出一条适合中国国情的解决农村贫困问题的根本途径。

七是总结苏区时期中共乡村改造的基本经验及历史启示。苏区乡村社会改造的历史经验，概括如下。（1）坚持党的坚强领导是苏区乡村社会改造成功的根本保证；（2）彻底变革以土地为中心的封建旧制是苏区乡村社会改造的根本举措；（3）群众参与是苏区乡村社会改造的有力手段；（4）维护和实现人民权益是苏区乡村社会改造得以开展的动力源泉。苏区乡村社会改造中存在的问题与局限性，体现在错误的工作方法和工作态度，照搬苏联模式不顾其错误政策，等等。苏区乡村社会改造的历史启示：（1）社会改造必须坚持实事求是，一切从实际出发，走自己的路；（2）社会改造必须以人民的利益为中心，一切从人民的利益出发；（3）必须大力发展农村生产力，以人的全面发展为终极目标。

（二）重要观点

（1）苏区乡村社会改造是中国第一代从事社会革命的马克思主义者基于国际形势、社会现实和历史文化价值所进行的选择与创造。

（2）共产国际、联共（布）始终关注苏维埃运动的发展，在土地政策、阶级分析、教育事业、妇女问题等方面提供政策与实践的指导，对苏区的社会改造产生极大的影响。

（3）苏区的社会改造，是中国共产党将马列主义的社会改造理论与中国革命的具体实际相结合的过程。这一过程实际上也是马克思主义中国化的重要内容。

（4）坚持中国共产党的领导是苏区乡村社会得以改造的根本保证。正是在中国共产党及其领导下的苏维埃政权领导下，苏区实行了全面的社会改造，并能在十分艰苦卓绝的环境中顽强地生存下来，并得以发展。

（5）苏区乡村社会改造，涉及农村社会的所有领域和全体民众，致力于全面重建社会新结构、新秩序和新观念，实现了对传统农村社会的彻底改造，成为中国共产党领导的整体性社会变革的重要起点。

（6）以切实维护和实现农民土地权益为核心开展土地革命和土地制度改革是中国共产党动员和领导广大农民参与革命运动和开展社会改造的动力源泉。

（7）苏区社会的运作是在群众团体和苏维埃政权纵横交织的网络中进行的。群众团体和苏维埃政权相互配合，猛烈地冲击封建势力对农民的束缚，推进了农村的政治、经济、文化教育等各方面的建设，社会结构和社会秩序也开始向着现代化的方向转型和发展。

（8）苏区乡村社会改造是在严酷激烈的战争环境下进行的，是在蒋介石国民党南京政府军事"围剿"和经济封锁背景下进行的，是深深烙上苏俄模式印记的，是在广大工农民众拥戴和支持下的社会改造，这就决定了苏区乡村社会改造的艰巨性、复杂性、依附性和合理性。

（9）中共苏区乡村社会改造的实践经验和理论创新，增添和丰富了马克思主义中国化的最初成果、党的指导思想基础——毛泽东思想的理论架构和科学内涵。

（10）与同时期国民政府、地方实力派、乡村建设派们的社会改良相比较，苏区的社会改造更显全面、更具可行性。

（11）中国共产党领导的苏区社会改造，初步展示了中国共产党改造中国的基本理念、道义追求、社会目标和实际努力，开辟了变革近代中国社会形态、实现人民解放的新路，为之后更为广大的社会重建进行了预演，推动着农村社会向着现代化转型和发展。

（12）苏区社会改造过程中的经验教训，对中国特色社会主义社会的乡村治理具有重要的借鉴启示意义。

三　创新之处

一是在研究视角上，该成果不仅将苏区社会改造放在苏区史、革命史视野里进行研究，还将其放在民国史和中国现代化进程的大背景下进行研究，与同时期的乡村建设派运动进行比较，从而得出苏区乡村社会改造在整个中国大历史进程中的作用和地位以及影响。

二是在研究内容上，该成果在关注政策、制度的同时，更多是采取专题的形式，以点为中心，或以点带面，研究党和苏维埃各种方针政策的制定，更要关注乡村社会对此的落实与执行。

三是在研究方法上，该成果在遵循革命史研究基本规律的同时，借助于历史学、社会学、政治学、心理学等多种学科的知识，在国家与社会的理论框架下，从革命和社会、国家政权和民间社会双重互动的视角，并将其与乡村史结合起来，研究苏区社会改造，关注国家与社会之间复杂的互动关系。

基于文本探究马克思复杂的思想世界

北京大学聂锦芳主持完成的国家社会科学基金项目"基于最新文献的马克思重要文本再研究"（项目批准号为：14AZX002），最终成果为论文集《基于文本探究马克思复杂的思想世界》。

"熟知未必是真知。"马克思的名字人人皆知，但真正能进入其心灵和思想的世界却绝非易事；20世纪以来跌宕起伏的共产主义运动、资本主义变迁和全球化态势，以及对马克思主义毁誉不一的评论，表明"重新理解马克思"仍是我们时代最重要的理论和实践课题。该项目在申请人长期专注于马克思文本、文献及其思想研究的基础上，从三个方面进行了深入探究。

一 马克思主义研究方式的回顾与反思

置身于21世纪新的时代境遇，重新观照和解读马克思在19世纪所写作的文本，显然绕不开20世纪所奠定的基础和积累。然而，我们今天仍感到有重新研究这些文本的必要，暗含的一个前提是，过去的文本研究方式及其所取得的成就并不能完全令我们满意。鉴于过去的特殊情形，今天的重新解读必须突出强调如下几点：回到学术层面进行探讨；尽可能详尽地占有文献资料，填补研究空白；甄别属于马克思自己的问题、思路、论证方式和理论架构，准确把握其思想；客观而公正地评估马克思学说的价值，为其合理定位。

该成果分析了目前构成马克思主义研究水平进一步提升的内在阻碍，说明在历史性与现实性、学术性与思想性、本真性与主体性、公度性与个性化等矛盾之间既应保持融同与提升，又当有合理的区分与"必要的张力"；当过分强调现实性、思想性、主体性、个性化已经成为一种潮流的时候，为矫枉过正，我们何妨呼唤对历史性、学术性、本真性与公度性的重视。

同时认为，在新的时代境遇下进行的马克思研究，要真正超越过去的工作，就需要把其文本作为一个专门的领域，在通盘考虑的基础上，渐次展开如下几个方面的工作：一是文本研究的前提性工作，即学术基础清理与方法论省思；二是重要文本的具体解读，包括文本的个案研究、微观研究和整体研究、宏观研究；三是对马克思思想的重新阐释和评价。同时需要以文本为本位、从文本出发，先对其产生背景、写作过程、版本渊流、文体结构、思想内容、理论体系、研究历史与最新动态等多个方面一一进行翔实的梳理、考证、分析和阐发。在此基础上再从文本中抽象、提炼出重要思想与问题，呈现马克思经典作家思想的原初状况和整体面貌，只有这样，才能厘清马克思主义现实价值，更好地指导并且参与对现时代的"塑造"。

二 马克思重要文本、文献的考证和解读

按照以上的方法论思考，课题组在翻阅大量资料的基础上，对马克思一系列重要文献重新展开详尽的文献考证、内容解读和思想阐释，在以往研究的基础上均取得新的突破和进展。

诸如，课题组在翻阅大量资料的基础上甄别出马克思中学时期 9 份相关文献，梳理了它们的主要内容及其刊布情况，特别是对迄今为止马克思最早的作品进行了考证和推断，探讨了其成长的宗教背景，以及在这一背景下马克思对人生职业的考虑和对历史事件的评论，分析了当时德国中学教育体系的发达和完善状况、马克思身上开始显现的作为一个思想家所具有的基资、意向和思路以及以少年之眼看世界所达及的有限程度。

还比如，"博士论文"是马克思登上德国思想论坛的"亮相之作"，在其献词中有一句话"Idealismus 不是幻想，而是真理"，其中的 Idealismus，贺麟和《马克思恩格斯全集》中文第一版译为"理想主义"，第二版改为"唯心主义"。尽管在中文语境中这两个概念的意思有很大的差别，但在德文中其含义确实是相通或者一致的。作者认为，过去我们对 Idealismus 的解

释加入了十分复杂的考量，乃至于将其作为一个贬义词来使用，甚至与政治上的落后和反动相联系，实际上，在马克思那里，它与"唯物主义"一样，只是思考世界不同的思维方式。而在博士论文中马克思认为这种思维方式凸显了人的自我意识，在对客体的认识、解释甚至改变中来发挥作为主体的意志、功能、力量和特质。"幻想""真理"云云，不是认识论层面的，而是价值论和人性论意义上的；举凡在观照和理解世界的诸多思维方式中，只有 Idealismus 在与物的对立和纠结中把人的价值和意义彰显出来了。

在马克思早期思想演变中，"犹太人问题"是解构其与青年黑格尔派思想因缘关系的导火索。但长期以来，由于不注重对原始文献资料的搜集、翻译和辨析，我们对这一复杂的思想纠葛的了解和把握，基本上都是单纯根据马克思的概括和论述来推测其批判对象乃至当时的理论图景的。作者根据新挖掘的文献资料，"复原"了170年前那场"有关犹太人的问题的讨论"的复杂情形，重新梳理和审视了作为这场讨论主角的鲍威尔与马克思的观点、思路及其论证逻辑，探究了二者的差异、得失与互补和融通的可能性，同时，凭借犹太人问题这面"棱镜"探究了认识复杂的社会历史问题的方法、重新思考了马克思哲学变革的意义和界域。

过去由于过于功利的"现实"考量，再加上原始文献资料的欠缺，影响了对马克思旅居"巴黎时期"复杂思想的全面性、客观性的理解；现在需要重新根据写作方式、思想表述的差异，重新划分马克思当时的著述、厘清其复杂的关系并进行内容释读，这将有助于我们更加客观地把握当时刚刚由对"副本"的批判转向对"正本"的批判的马克思的原始思想状况、进展和走向。与单纯摘录和抄写同时代人以及前人著作的"巴黎笔记"相区别的是，该成果将大量正面阐述和论证其思想的著述称谓为"巴黎手稿"，它包括通常被称为《1844年经济学哲学手稿》的"三个笔记本"和《詹姆斯·穆勒〈政治经济学原理〉一书摘要》，并提出将其作为一个文本个案进行深度研究，从文献疏证、内容释读、专题探究、历史定位等方面给予悉心研读和分析，再现其手稿原貌、深邃意蕴和思想史价值，勾勒了一幅由上述环节组成的重新研究"巴黎手稿"的"路线图"。

《德意志意识形态》是表征马克思主义理论最重要的文本之一，但长期以来它并没有被归入"经典"之列，受到与其思想分量相匹配的关注和重视。迄今为止，国内外还没有一部全面解读这一论著的书问世，因而本成果的出版具有填补这一领域研究空白的意义。课题组依据《德意志意识形态》原始手稿、新的《马克思恩格斯全集》历史考证版（MEGA2）编辑的最新进展和研究动态，从文献学的角度，对这一文本的产生背景、写作过程、版本源流进行了翔实的梳理和考证；按照原书写作的先后顺序，对其各个组成部分，特别是学界研究非常薄弱而又占全书绝大部分篇幅的第一卷中的《圣麦克斯》《圣布鲁诺》部分以及第二卷进行了详尽的释读，对过去相对来说较为熟悉的"费尔巴哈"章的内容重新进行了认真的辨析；根据作者自己的理解，对其中各章节关涉的重要问题和思想一一进行了深入的讨论，从总体上重构了整部文本的理论视界和逻辑架构，勾勒出马克思透过观念世界和意识形态的层层迷雾，"从现实出发"观照和理解人、社会和历史的致思路向，并将其置于人类思想史的进程和当代社会实践的图景中，阐明其现实价值与意义，对其予以客观的历史定位。

《资本论》是马克思一生最重要的著述，是诠释马克思思想最重要的文本依据。在当代新的境遇下要把马克思主义研究推向新的高度和层次，仍然绕不开这座"思想高峰"。第一，必须站在世界学术研究的前沿领域，以权威、完整和准确的文献资料、版本作为重新研究《资本论》的基础。第二，必须突破把《资本论》仅仅看作是单纯的政治经济学著作和哲学上只是对唯物史观的运用与检验的传统而狭窄的研究思路，而要在扎实的文本、文献解读的基础之上将其宽广的思想视野、深邃的历史意识和深刻的哲学蕴涵全面地展示、提炼出来。第三，必须结合对 20 世纪资本批判史的梳理、结合目前资本全球化的发展态势来重新理解和评价《资本论》中的资本理论及其对资本逻辑的批判，确立其思想史地位和当代意义。

三 马克思重要思想及其当代意义的辨析

该成果不是纯粹的文献学考证，不是"为文本而文本""为学术而学术"，而是有强烈的现实旨归和元理论的自觉。作者试图"回到马克思"寻找思想资源，在对文本中的一系列重要问题做出客观的梳理、解读和阐释的基础上，深入探究其思想内涵的历史变迁及其在当代实践中的表征和效应。

比如，由于特殊的时代境遇、实践发展和学科分界，无论是在东方还是西方，不在少数的论者倾向于把马克思的思想从西方文化传统中剥离出来，将其作为一种独特的理论建构和价值取向予以理解和阐释。该成果悉心梳理了马克思思想起源期西方文化传统因子的渗透和影响，进而阐明马克思与西方文化传统的关系不是弃之不顾、彻底打碎、颠覆重来，而是在对西方文化传统进行深刻剖析、反思基础上的扬弃和超越。

还比如，观照和思考世界必须有与对象相匹配的认识框架和能够透视本质的认识能力。作者认为，马克思早期对古希腊–罗马哲学的研究，呈现出从实体性思维到"实体的观念性转化"再到主体精神的嬗变轨迹，体现了人类哲学思维方式变革的内在逻辑和必然趋势，同时也昭示出主体自身永恒的矛盾和"纠结"。现实世界的真正存在不是实体、物质和生命体，而是人的应有、愿望、观念在其中的实现和落实；将两者连接起来的是人的实践活动。哲学思维就是在从观念与实体、精神与物质、主体与实践、内在与外化的关联中观照和思考世界，在矛盾总体的结构和运动中把握现实。马克思思想起源期的上述思考，奠定了他以后思想变革的方向、价值和基本架构，两者之间不是"断裂"和否定的关系，而是一种传承、延展、深化和超越。

"唯物史观"或"历史唯物主义"已经成为当代思想界讨论最多、分歧最大，甚至可以说表述最混乱的议题之一，在相当多的论者那里，它已经脱离了其创立者——马克思、恩格斯和其阐释载体——那些蕴涵深邃但非常散乱的文本，独立而抽象地成为一种可以随意掺杂、涵摄和剔除任何内容的"大口袋"或"大熔炉"。鉴于此，该成果回到马克思的文本序列中追溯其不同阶段的思想运演、具体阐发和论证逻辑，详细地梳理了《德意志意识形态·费尔巴哈》中"两个誊清稿"对这一问题的论述，从中不难看出，马克思主义哲学是在什么意义和基础上推进唯物主义，又是怎样扬弃和超越唯心主义的。

"历史向'世界历史'的转变"是马克思、恩格斯论证"唯物史观"或"历史唯物主义"最重要的论据之一，在《德意志意识形态·费尔巴哈》章"未誊清稿Ⅲ"开头的两个片段中，他们详尽地描述了由城乡分离→行会制度的建立→商人作为一个特殊阶层的出现→工场手工业的产生→人口跨国度的迁徙和"流浪"→"商业和工场手工业集中于一个国家的现象"→大工业的发展与垄断等各个环节次第过渡的历史进程。正是对这些细节的描摹和勾勒昭示出"唯物史观"或"历史唯物主义"的思维主线、思考重点、擅长领域和诠释界域。因此，不应该把"唯物史观"或"历史唯物主义"对历史的解释简单化、极端化。

　　"现实的个人"与"共同体"的关系是马克思、恩格斯在《德意志意识形态》中论述的重要问题，在其以后的思想发展中也没有停止对这一问题的思考。近年文献学的研究成果表明，《德意志意识形态》中现在被组合在一起进而形成一个相对独立的章节的各个单元并不是连续写作的。因此对《德意志意识形态》的研究也要打破笼统而不涉及细节的研究方式，必须深入微观和细节，把握马克思、恩格斯文本中的论证思路和逻辑体系，只有这样才能展现其思想的丰富性和完整性。基于此，该成果试图在原有研究的基础上，以对文本中反复出现的核心范畴"现实的个人"与"共同体"及其相互关系的辨析为线索，重点解读"费尔巴哈"章最后一部分的 18 个段落，试图运用文献学研究的丰富成果重组马克思、恩格斯对这一问题的论证层次和逻辑结构。

历史主义专题研究

中共中央党校焦佩锋主持完成的国家社会科学基金项目"唯物史观与历史主义关系研究"（项目批准号为：13CZX015），最终成果为专著《历史主义专题研究》。课题组成员有：林青、黄学胜、唐爱军、吴辉。

一 研究的目的和意义

该研究的意义主要在于：（1）区别了一般意义的历史主义（主要指思维方法和历史理论的历史主义）与特殊意义的历史主义（主要指德国历史主义）；（2）拓展了历史主义的思想史谱系，主要表现为对历史主义与自然法传统、历史主义与保守主义之间关系的研究；（3）深化了历史主义研究的问题导向，主要表现为对历史主义与历史科学、历史主义与相对主义、历史主义与纳粹主义的关系的研究。

二 成果的主要内容

从整体上说，历史主义问题的确非常复杂。为了解析这种复杂性，该成果首先从 19 世纪以来西方启蒙与反启蒙的传统中对历史主义与唯物史观的关系进行了针对性的研究，这主要是为了廓清历史主义产生的思想史和问题史背景。在此基础上，以问题导向为依托，借助五个大的专题对历史主义问题进行更为广阔而精深的研究，其研究逻辑是：以历史主义所透显的历史意识为指引，以历史主义与历史科学的基本关联为基础，分别对其所关涉和衍生的哲学领域的相对主义问题、政治领域的纳粹主义问题、思想领域的保守主义问题进行分门别类的研究，以求整体而全面地呈现历史主义问题的跨学科特征。其主要内容和重要观点如下。

1. 在"历史主义与历史科学"专题

作为一项对人类生产和交往活动的记载，历史学的发生发展源远流长，在这个意义上，古人对于神话、诗歌、音乐、建筑、战争、英雄的记载都属于历史记忆的基本形式，经中世纪基督教的浸淫之后，历史成了彰显上帝荣光和人自身命运的一种手段，但是，历史学真正获得科学化的面孔和身份则是近代科学主义的产物，维柯的《新科学》便是在这个意义上提出的。此后，经过科学主义和人文主义强化之后，19世纪的实证主义思潮使人们对历史的理解上升到了新的高度，这便是，历史学不仅仅是一种对客观事实的记载，而是包含着对人的活动规律和历史发展规律的提炼和总结。在此转向过程中，德国历史主义实质上从本体论和方法论意义上强化了这一思潮。和之前朴素的历史意识和泛神论的历史观念相比，历史主义更注重历史的本体论维度。在德国历史主义这里，一切事物都是历史事物，一切问题都是历史问题，它特别强调特殊性、个体性甚至一次性历史事件的价值相对主义意义。因而，历史科学的萌芽和发展要早于历史主义，历史主义只不过是从观念论层面强化了历史科学，此乃历史主义对于历史科学发展的积极意义。

2. 在"历史主义与自然主义"专题

在近代以来的理性主义和科学主义传统中，历史似乎变成了实证问题，物理学、化学和生物学等诸多自然科学的兴起对这一传统的形成和巩固起到了巨大作用，于是，包括狄尔泰和马克思在内的许多思想家似乎都愿意借助自然科学的方法来研究历史问题，实际上，反观西方的思想史传统，自然和历史从来都不是一对冤家，狭义的自然或历史都不能代表对二者的全部理解。所以，尽管历史主义源于19世纪与自然科学相对抗的背景，但是很显然，这种对抗性并不是问题的全部，人们或许更多关注的是二者的对立性，而缺少对二者统一性的系统考察，这是基于思想史深化历史主义研究的必要工作。此外，本专题还特意对西方的自然法传统进行了梳理，并基于此对"自然逻辑"和"历史逻辑"进行了关联性研究。

3. 在"历史主义与相对主义"专题

在历史主义这里，一切事物都具有无可替代性，正所谓"具体问题具体分析"其实强调的就是这个意识。因而，尽管历史学和科学之间有着某种深刻的联系，但是，自然科学方法和历史学方法之间存在某种根本区别。对于自然科学来说，其研究的是相对固定、可以累积甚至是反复出现的现象，按照近代科学主义原则，所谓科学的东西一定意味着有规律可循，对于相对稳定的科学事实，我们可以借助特定的实验条件进行比对和验证，但是，历史学显然做不到这一点，原因是：一方面，历史事件往往不会重复发生，使这些历史事件得以可能的各种因素和条件不会重复出现；另一方面，史学家在选取历史事实并进行历史叙述时，往往难以避免自身的主观色彩或者自身认识的局限性。源于这一认识，作者力图在本专题对历史主义与相对主义的复杂关系进行深入探讨。

4. 在"历史主义与纳粹主义"专题

作为特殊形态的历史主义是德国反抗启蒙运动的产物，讨论历史主义必须顾及德国历史，尤其是其对德意志第二帝国和第三帝国的陆续崛起的思想支撑意义。所以，尽管若干历史主义者们有普遍主义的情怀，也信奉客观主义立场，但是，在催生德意志第二帝国降生的过程中，从早期的兰克、赫尔德、黑格尔到后期的"普鲁士历史学派"，没有一个德国哲学家和史学家愿意放弃自己的国家主义立场，尤其是在"普鲁士历史学派"这里，历史研究的直接目的就是为"小德意志方案"进行政治辩护，当德意志第二帝国变成现实之后，这一学派可谓志得意满。可是，第一次世界大战之后，德国变成了战败国，基于《凡尔赛和约》而新生的魏玛共和国让很多德意志思想家大失所望甚至惶惶不安，这份和约通过领土划拨、巨额赔款、裁减军队等诸多严苛限制使德国人的民族感情受到了伤害，这份和约并没有为和平铺路，反而在德意志催生了一种屈辱、隐忍和复仇交织在一起的复杂心态。与此相伴的是，"一战"之后，德国的通货膨胀极为严重，食品供应和民众就业严重不足，政治生活极不平稳，各种反抗和暴动此起彼伏，在这个风潮中，以希特勒为代表的"右翼"分子逐渐抬头并最终终结了魏玛共和国，此后，纳粹分子逐渐独揽大权并于1939年发动了第二次世界大战。因而，通过这段历史（尤其是基于历史意识对德意志民族情感和社会心理的梳理），作者意在表明，德意志民族主义是德意志第二帝国和第三帝国得以可能的思想底色，历史主义对于德意志民族主义运动的发生发展起到了推波助澜的作用，这是讨论历史主义问题时所必须重视的方面。

5. 在"历史主义与保守主义"专题

在反启蒙的意义上，历史主义最初与英法的保守主义思潮属于同一门类。实际上，在启蒙的开端处，反启蒙的各类潮流就在欧洲蔓延，以1789年法国大革命为基点，保守主义思潮应运而生，在此一谱系中，英国的埃德蒙·伯克对法国大革命的反思，法国的德·迈斯特对法国大革命反宗教性质的省察，德国的赫尔德、费希特、黑格尔以及后来的法兰克福学派对启蒙主义展开了持续性批判，这无不从整体上反映出启蒙主义逻辑对于构建现代性文明的先天局限性。当然，保守主义和历史主义既有共同点也有差异性，其共同点在于反理性主义和批判法国大革命的暴力逻辑和激进政治，尤其是这些东西对历史传统的破坏作用；其差异性在于，保守主义思潮沿袭的"向后看"的逻辑，而历史主义思潮既涵盖了保守主义又不单纯地等同于保守主义，历史是历史主义得以可能的本体论前提。当然，历史主义也有"向前看"的历史瞻望和预设的维度，它反对对历史的片段式和局部性理解。

总体而言，将历史主义与历史科学放在一起讨论，是为了给全书奠定一个基本的分析基础，因为无论怎么讲，历史主义是历史学的命脉，没有这个观念论作支撑，历史学的合法性会很成问题；将历史主义与相对主义放在一起讨论，是为了从哲学层面对历史主义的现实效用加以探讨，无疑，我们并不否认历史主义的积极意义，但是，在使历史得以可能的那个本体论前提未被质疑和消解之前，历史主义与相对主义的关系并未得到历史主义谱系自身的高度重视和有效清理；将历史主义与纳粹主义放在一起讨论，是为了凸显历史主义的现实政治效用，从一种日常化的历史意识出发，我们信奉历史似乎无可厚非，但是，当人类的政治活动被冠以历史目的论或者拒斥历史合理性之后，其所造成的灾难也需要引起我们充分的警惕；将历史主义与保守主义放在一起讨论，是为了凸显历史主义连同保守主义一起对欧洲自由主义的遏制和批判，进而彰显现代性自身的复杂性及其对近代欧洲思想史的某种扬弃意义。

更需要注意的是，西方近当代的历史主义并未超出马克思的问题域，唯心主义和相对主义是古典历史主义主要的理论困境，而当代历史主义实际上也局限于这一困境。尤其是对于后者来讲，尽管其大量采取了近当代自然科学和社会科学的新的研究方法来对待历史，但是，在根本上，其对历史和现实持一种无批判的立场，当代历史主义将更多的精力放在了如何认识和理解历史，以求最大限度地还原历史，而缺少了对历史和现实中人类学和价值论的理解，毋宁说，其长处在于事实分析，其软肋在于缺乏价值分析，他们的眼光既是历史的，也是当下的，但就不是未来的，所以，如果文德尔班关于历史的价值分析能被当代西方史学传承下来情况是否会好一点？当然，这种传承也需要从事实分析和价值分析相结合的视角来整体推进，并且，这个价值分析必须是以对全人类历史命运的整体关注才得以可能的，很遗憾，近当代的西方历史主义在此问题上缺课太多，这使我们对唯物史观与当代历史主义的关系的探讨成为可能，质言之，马克思的唯物史观依然具有理论的科学性和丰富的实践性。

三 成果的主要价值

该成果的学术价值体现在：（1）有利于我们整体地把握西方近当代历史理论和史学理论的基本脉络与走向；（2）有利于从更为广阔的思想史谱系中定位和阐释历史主义；（3）有利于我们本质地领会唯物史观创立的理论意义和科学性质；（4）有利于我们洞察唯物史观在西方当代历史理论中的理论处境和话语空间。

资本与自由：马克思政治哲学研究

吉林大学白刚主持完成的国家社会科学基金项目"资本与自由：马克思政治哲学研究"（项目批准号为：14BZX021），最终成果为同名专著。课题组成员有：吕鹏、李娟、李德炎、吴留戈、付秀荣。

随着资本的全球化迅速发展，政治哲学也随之重新兴起。作为对资本主义进行无情的反省和批判的马克思政治哲学之重要性也日益凸显，这使得对马克思政治哲学的研究成为值得关注的重要课题。但在对马克思政治哲学的研究和阐释中，也存在许多误解、歧解和肤浅之解，这就需要我们在"回归传统"、"解读文本"和"反思现实"的基础上，特别是结合马克思"倾其一生"的巨著——《资本论》，对其政治哲学进行深入、细致、全面的解读和研究，力求在"资本和自由"的"张力关系"中，对其本质和内涵做出合理的阐释和澄明。在今天"资本逻辑"全球拓展的"资本时代"，对这位最关注人类苦难和追求人之自由的"千年伟人"——马克思的政治哲学思想进行专门研究，为当代政治哲学提供有效的马克思理论资源，在"人类文明新形态的建构"中促进政治进步和人的自由解放，无疑具有重要的理论价值和现实意义。

一　马克思政治哲学的兴起

在古希腊，政治哲学作为实践哲学，处理的是城邦事务，它追求和反思的是如何建构最佳政治秩序和过最幸福生活的问题。所以，政治哲学在本义上就是对政治事务的哲学关注，或者说是以哲学的方式反思和处理政治事务，它在本质上是"规范性的"而非"描述性的"。政治哲学发挥和凸显的是哲学的"批判性"、"规范性"和"引导性"意义。应该说，政治哲学自诞生之初的这一"本义"直到今天并没有发生根本性的变化，虽然其具体表现形式有所变化。

在 20 世纪后期当代西方政治哲学的复兴中，特别是进入 21 世纪，随着"哲学的政治转向"及理论与现实的双重诉求凸显，国内政治哲学也逐渐兴起，以致政治哲学在今天变得如此重要，哲学正在走向"政治哲学"。而马克思作为"漫长的政治哲学史上最具争议性的人物"，其政治哲学也越来越受到关注并逐渐成为显学，从而一条对马克思主义哲学的"政治哲学"阐释道路也开辟出来。实际上，随着政治哲学研究的推进和深入，我们绝不能也无法忽视和绕过的，仍然是"骨子里"就是一位政治哲学家的马克思及其作为"政治经济学批判"的政治哲学。有两项广泛的运动影响了当代政治哲学的发展：一是对正义和权利的讨论，二是对马克思重新表现出兴趣。当代政治哲学无论是探讨商品、货币、资本等问题，还是研究阶级、国家、革命等问题，以及关注自由、正义、解放等问题，都无法也不能"绕开"或"无视"马克思的存在。可以说，作为"政治经济学批判"的马克思政治哲学，实际上创建了一种解放的和普世的政治，这种"政治"开辟了一条从"观念政治论"到"劳动政治论"、从"解释的政治"到"批判的政治"转变的新道路。在此意义上，可以说不是罗尔斯而是马克思真正实现了当代政治哲学的"轴心式的转折"——从"主观主义"到"客观主义"的转向。虽说马克思对自己的政治哲学并未特别精雕细刻，只有一些"结论性论断"，但他的这些"结论性论断"所产生的冲击力，要比那些精心论述的理论产生的影响的总和还要大，甚至"直接左右政治的发展"。所以，当代任何有吸引力的政治哲学都必须解释政治埋论和政治规划应该如何面对社会现实的问题，而朝这个方向迈进的第一步，就是去发展和完善一种马克思主义的"政治哲学"。

二 突破"资本牢笼"的马克思政治哲学

马克思的政治哲学，在根本上就是突破"资本牢笼"而走向"自由之途"的过程。马克思政治哲学所面临的问题，外在表现为"庞大的商品堆积"，而实际上是"资本"代替上帝作为"非神圣形象"的一统天下。作为以资本增值为最终目的的资本主义社会的总体性统治力量，资本逻辑在根本上主宰和控制着资本主义社会的发展和命运。在资本逻辑的具体展开和现实运作中，它既体现为"实体性"的资本主义私有制，又体现为"关系性"的资本主义生产关系，还体现为"观念性"的资本主义意识形态。所以说，资本逻辑本质上就是"实体形态—关系形态—观念形态"的"新三位一体"。马克思政治哲学所展开的"政治经济学批判"，也就是最彻底的"资本逻辑批判"。而对"资本逻辑"的批判，就是从破解"资本之谜"开始的。

在古典经济学这里，资本主要是作为"可感觉物"而存在的，这实际上是对资本的"物质化"和"实体化"理解，它只抓住了资本的"躯体"，而忽略了资本之为资本的"灵魂"——物质表象背后的社会关系。在古典经济学的基础上，作为"政治经济学批判"的《资本论》深入历史当中，既抓住了资本的"躯体"（内容），又抓住了资本的"灵魂"（形式），最终把握了资本作为"可感觉而又超感觉物"的充满张力的人与人之间的社会关系本质，进而破解了"资本拜物教"之谜，揭示出在资本主义社会里资本由"自体"到"自反"的发展趋势，从而开辟了一条"超越资本"而走向"自由"的现实性道路。"资本"就是资产阶级统治无产阶级的"政治形式"，"革命"是无产阶级摆脱资本作为政治形式对人的统治和奴役的手段。因此，马克思政治哲学就是反抗"资本统治劳动"的"最高级自由革命"。

古典政治经济学提出了以"劳动创造财富"和"等量劳动获取等量财富"为核心内容的"劳动价值论"，这构成了古典政治经济学劳动价值论自身难以逾越的"两个教条"。马克思通过《资本论》的"政治经济学批判"，在"劳动的二重性"的基础上完成了对古典政治经济学劳动价值论"两个教条"的富有内容的批判和超越，使"资本和劳动的关系"第一次得到了科学的说明，从而实现了从"劳动价值论"向"剩余价值论"的转变，最终找到了解开资本主义生产方式之谜和经济学最复杂问题的"钥匙"。在此意义上，马克思不是用"劳动价值论的逻辑"来解释"剩余价值论"，而是用"剩余价值论的逻辑"来解释"劳动价值论"。正是借助"剩余价值论的逻辑"，《资本论》才实现了"政治经济学"的伟大革命，也实现了"政治哲学"的革命。马克思的"政治经济学批判"，不是"关于价值的劳动理论"，而是"关于劳动的价值理论"，因此它就是通过"劳动解放"而实现

"人之自由"的政治哲学。

在古典政治经济学的发展史上，虽然斯密真正把劳动与财富联系起来，提出了劳动价值论，赋予了劳动以现实性维度，但斯密仅将劳动当作实现资本增值的手段，故把劳动区分为"生产性劳动"和"非生产性劳动"。在"陶冶事物"的意义上，黑格尔完全站在国民经济学的立场继承了斯密的劳动观，但黑格尔唯一承认的只是"精神劳动"，他的劳动观只是对斯密之劳动价值论的"观念性模仿"，虽然他赋予了劳动以超越性维度，却把劳动的客观性仅看作是其绝对精神自我运动的一个环节，所以他只看到了"劳动的积极方面"而看不到"劳动的消极方面"。马克思通过哲学与经济学相统一的"政治经济学批判"，既看到了斯密劳动创造价值的现实性，又借鉴了黑格尔作为推动原则和创造原则的精神劳动的超越性，在现实性与超越性相结合的基础上，通过解剖和分析资本主义的经济现实而揭示和论证了从"异化劳动"到"自由劳动"的"劳动解放"的全面意义，从而建构了取代"财产政治经济学"和"精神现象学"而实现人之自由个性的"劳动政治经济学"。马克思的"劳动政治经济学"，也就是马克思突破"资本牢笼"而走向"自由之途"的政治哲学。

三 走向"自由之途"的马克思政治哲学

"自由"是政治哲学的核心。作为终生都在为自由而斗争的"自由之子"，马克思对"自由"及其实现有着相互关联的"三步曲"。在博士论文时期，马克思追求的是摆脱"宗教神权"统治的抽象的"精神自由"，也即通过"服务哲学"来唤醒"自我意识"而实现的"哲学自由"；在《莱茵报》时期，马克思追求的是摆脱"封建王权"统治的具体的"新闻出版自由"，也即通过"出版立法"来保障政治权利而实现的"政治自由"；在《资本论》时期，马克思认识到仅仅摆脱"神权"和"王权"的统治是不够的，还必须追求彻底摆脱"资本"这一支配一切的"经济权力"统治的人之"个性自由"，也即通过"政治经济学批判"来消灭资本主义的私有制而重建"个人所有制"，从而实现人之个性全面发展的"最高级自由革命"。

作为马克思思想直接理论来源的德国古典哲学和英国古典政治经济学，它们共同的理论取向就是追求人之为人的"理性自由"。但古典哲学受其

"观念论"影响，看重的是"精神自由"，其自由仍然是"虚化"的；古典经济学受其"经验论"影响，看重的是"经济自由"，其自由仍然是"物化"的。在二者之间自由还存在一个需要弥合和超越的"张力"。通过"政治经济学批判"，马克思政治哲学既超越了自由的"虚化"，又超越了自由的"物化"，进而建构了每个人全面发展的"自由王国"，最终走向了自由的"现实化"。

在走向"自由之途"的过程中，作为"政治经济学批判"的马克思政治哲学，揭示了资本主义社会正义原则与其生产方式之间的"四个悖论"——劳动价值论悖论、私有制度悖论、自由平等悖论和功利主义悖论。资本主义的这些社会基本正义原则会随着历史的发展，与资本主义生产方式之间不断产生矛盾与对立。而资本主义剥削的"非正义性"，恰恰是从这些"悖论"之中逐步展开自身的，资本主义的剥削并非天然合理。马克思是借助资产阶级所宣扬的所谓"资本正义"来揭示和论证雇佣劳动制的非正义，并主张废除雇佣劳动制，把劳动时间及其产品还给劳动者来实现"劳动正义"——"劳动政治经济学"对"资本政治经济学"的胜利。在此基础上，马克思的政治哲学实现了从"资本正义"到"劳动正义"的"正义转向"。

在马克思政治哲学这里，作为"关于现实的人及其历史发展"的历史唯物主义与作为"国民经济学语言的救赎史"的政治哲学，都是通过"政治经济学批判"来否定和批判资本主义，为每个人的自由而全面发展创造条件和开辟道路。在此意义上，历史唯物主义与政治哲学都是现实性与规范性、科学性与批判性的统一，二者走的是同一条道路：历史唯物主义是政治哲学的开启，政治哲学是历史唯物主义的深入。历史唯物主义与政治哲学的统一，在马克思这里表现为《资本论》所实现的从价值规律到剩余价值规律、从商品交换到阶级斗争的转变，而这一转变也就是马克思哲学自身从历史唯物主义到政治哲学的"内在转向"。这体现的实际上正是马克思辩证法的自由批判精神。

在实质而重要的政治哲学意义上，马克思确实是"一位不知疲倦的社会政治剧变的守夜人"，为之牺牲了自己的"家庭、健康和幸福"的《资本论》就是马克思的"正义论"和"守夜明灯"，它仍然是雇佣劳动阶级的"圣经"和未来共产主义的"助产婆"。在资本全球化的今天，马克思真正为我们开辟了一条通向解放和自由之路，他值得"拥有人们对他的所有期待"。

该成果的学术价值总结如下。

其一，还原和凸显了马克思真实的"政治形象"。在西方政治思想传统中，揭示和论证马克思所实现的"政治哲学转向"，并在与当代西方政治哲学的比较中，澄清和消除对马克思政治思想的误解，还原和凸显马克思真实的"政治形象"。其二，推进和深化了马克思政治哲学的理论研究。借鉴西方政治哲学史上追寻"自由"的丰富理论资源，发挥马克思"政治经济学批判"对"资本"本质的揭示和对当代资本主义"病症"的"诊断"，在"资本与自由"、"资本与劳动"、"资本与正义"、历史唯物主义与政治哲学的张力关系中揭示和展现马克思政治哲学对"自由问题的政治经济学解答"的独特理论贡献。其三，推动和促进了当代政治实践的发展。在马克思对"资本"的批判和对"自由"的追寻中，为当代政治实践提供有效的马克思政治哲学理论资源，保持理论与实践之间的张力，在"构建人类文明新形态"中促进政治进步和人的自由解放。

实践哲学：马克思与传统

黑龙江大学丁立群主持完成的国家社会科学基金项目"西方实践哲学传统与马克思实践哲学重建研究"（项目批准号为：14AZX003），最终成果为专著《实践哲学：马克思与传统》。课题组成员有：马成慧、齐勇、耿菲菲、罗跃军、高来源、张彭松、陈莹、尹金萍。

一 研究的目的和意义

（1）梳理了西方实践哲学传统，廓清了传统实践哲学理论与实践、理论哲学与实践哲学、生态伦理学的性质等一些主要问题，使西方实践哲学传统形象逐渐清晰。

（2）对西方实践哲学传统进行了前提性批判和反思，挖掘其潜在的另一种前提，克服了实践哲学理论中的内在矛盾，使实践哲学的确立更具合理性。

（3）确立了马克思思想被通常忽略的一个重要来源：古希腊哲学，特别明确了马克思思想与亚里士多德实践哲学的承继关系。

（4）在确立马克思思想与亚里士多德实践哲学的承继关系的基础上，探究了马克思实践哲学在实践哲学传统中的革命，明确了马克思"劳动-社会"的实践哲学性质和意义。

（5）该成果研究了西方马克思主义和当代西方实践哲学家阿伦特和哈贝马斯的实践哲学及其对马克思实践哲学的质疑，这种质疑在当代西方具有典型意义。回答这种质疑，对于正确理解马克思实践哲学具有重要意义。

二 成果的主要内容

该成果按内容逻辑来说，共分四个部分。第一部分为澄清实践哲学传统部分；第二部分为理解马克思实践哲学部分；第三部分为批判当代著名实践哲学家阿伦特的马克思思想研究部分；第四部分为批判当代西方马克思主义的代表人物哈贝马斯的实践哲学以及对马克思的质疑部分。其中第一部分和第二部分为全书的立论部分。

第一部分主要是对传统实践哲学的反思批判，以重新理解实践哲学。

（1）本部分首先从恢复理论和实践的本真含义与本真关系，澄清由于工具理性和技术理性主义的侵袭而在思想史上产生的误解。提出了理论与实践的三重关系：不同的生活方式、知识类型和不同的存在论的关系，论述了这三重关系的引申意义。

（2）进一步从思想史上梳理实践哲学的基本意旨，厘清实践哲学的理论分野及其研究内涵。该成果提出，实践哲学是关于社会历史之目的、意义以及人的生存及其意义的理论；实践哲学是人文科学的哲学，它把人的行为看作一个整体，其中人与自然的关系只能是一种为"善"所设定的关系。实践哲学又是一种立足于人的现实和未来存在而对整个世界的理解理论。

（3）对传统实践哲学的前提——理论、制作和实践的对峙关系批判性重建，挖掘三者的内在联系及其统一性，在一个更高的整体中理解三者的关系。解决对峙引起的理论自身的矛盾和现实的生态危机。从而从理论、实践的统一性出发，以实践哲学"覆盖"理论哲学，完整地理解人类的实践行为。

（4）在此基础上，进一步论述理论哲学与实践哲学的关系。从亚里士多德的矛盾论述出发，结合哲学史上的消解形而上学倾向，一反传统哲学把理论哲学当作第一哲学的思想，提出以实践哲学为第一哲学的思想。在形而上学统治哲学史的背景下，这一思想具有对真理的"解蔽"意义。

（5）传统实践哲学是关于人与人交往的哲学思考，人与自然的关系不在实践哲学（善）的规约范围内。这是理论、实践和制作的三分对峙的自然结果。对此本研究对把人与自然的关系纳入实践哲学做了初步探索。考察了哲学史上"理论"的自然观的演变，提出建立人与自然的包括功利、伦理、审美和神圣价值为一体的完整的人与自然的关系，克服价值与自然的二元分裂，使自然在另一重意义上"复魅"。

第二部分主要论述马克思与实践哲学传统的继承关系和革命性转换。

（1）该成果把马克思的思想与古希腊文化联系起来。提出希腊思想特别是亚里士多德的实践哲学是马克思思想的一个重要来源。本研究分析了马克思对理论哲学的批判和实践哲学的立场，马克思的理论概念、实践概念的来源以及马克思思想的基本精神等方面，确定了马克思思想对亚里士多德实践哲学的继承关系。

（2）在上述基础上，进一步探究了马克思实践哲学对实践哲学传统的超越。提出马克思实践哲学本质上是一种"劳动-社会"的实践哲学。马克思以劳动代替传统的"伦理-政治"实践，以社会领域代替政治领域，把实践哲学拓展到政治之外广大的、基础性的社会领域，从而构建了与传统实践哲学不同的，以"劳动→社会共同体→人的社会本质→社会革命→社会解放（人类解放）"系列概念为骨架的"劳动-社会"的实践哲学。

（3）"劳动-社会"的实践哲学回答了西方哲学家对马克思"劳动"和"社会"实践理论的质疑，使实践哲学由原来的伦理政治领域，深入伦理政治的基础-总体性层面（社会领域，把人类实践活动拓展到人类的基本活动）生产劳动之中，具有超越政治领域和政治革命的彻底性；其社会革命既有全面的社会关系变革也有人与自然关系的重建，既是夺取政权的革命也包括渐进的社会改革，既包括宏大的社会变革也包括微观日常生活的文化革命，具有传统实践哲学政治革命所不具备的广泛性；同时，马克思实践哲学具有传统实践哲学及其政治革命不具备的革命目标的远大性。

第三部分主要论述阿伦特实践哲学思想中的马克思因素，尝试通过分析两者跨越时代的思想交锋，澄清双方思想的分歧根源与内在的一致性，批判阿伦特对马克思实践哲学的质疑。

（1）阿伦特对马克思思想的研究，经历了"批评"、"还原"与"转向"三个阶段。本研究认为，阿伦特与马克思的分歧主要在于，阿伦特秉持希腊的古典"政治"概念，重视公共领域与私人领域划分的意义，反对现代"社会"将政治和经济问题融为一体的思考方式。具体而言，她反对以解析"劳动"作为构建政治哲学的关键，而这正是马克思政治经济学的起点。基于此，她在自由观、革命观以及"进步论"方面的观点，迥异于马克思。

（2）阿伦特意识到马克思思想在终结形而上学传统、把握时代变动方面的重要价值。她指出，马克思思想与亚里士多德的哲学传统有着密切的联系。因此，她对马克思思想的现代性、革命性进行了论证，剔除了理论杂声对马克思研究的干扰，旨在还原马克思哲学的本来面貌。更为重要的是，她在这个过程中，逐步确立了自己实践哲学的基本特征，即主张复多性、"朝向生"并观照特殊性的哲学。

（3）阿伦特对马克思的宏观政治经济学缺少足够的信任，转而重视个体的政治判断能力的实践价值。因此，阿伦特由马克思转向康德，认为康德是实践哲学传统的关键人物。她从政治哲学的角度理解康德的审美判断力，指出基于"共通性"的审美判断力是最具政治性的，因而是人在"无依凭"时代重拾公共生活的重要能力。我们认为，这是阿伦特思想对当代实践哲学的重要贡献。

（4）就阿伦特与马克思的分歧而言，她对马克思的理解是存在偏差的。例如，她仅仅从希腊哲学的语境理解劳动概念，进而忽视了马克思劳动概念的双重内涵。她略带精英主义的政治哲学观，缺少马克思那种对时代变化的准确把握，也缺少马克思从社会结构根基出发去解决现代政治危机的理论视野。同时，我们也要认识到，两者存在共同的理论指向，即对现代政治价值进行重估，使之切实地服务于人的一种朝向有自由、有尊严的生活方式。

第四部分主要分析当代西方马克思主义的代表人物哈贝马斯的实践哲学及其对马克思的质疑，并对之加以回应和批判。

（1）该成果提出，哈贝马斯以经典的实践哲学问题（公共领域）开启学术生涯，其后的所有学术思考，都始终贯穿着"亚里士多德对实践与技术的区分"这条主线。依据实践哲学的基本特点和基本问题框架，可以肯定地判断，哈贝马斯是地道的实践哲学家。他认为当今世界的诸多危机，根源在于人们"对实践与技术的混淆"。

（2）哈贝马斯对"理论与实践""实践与制作"的关系问题进行了积极的思索。他明确地说"交往就是实践"，以交往理性作为"实践智慧"，确立了实践对理论的优先地位，重申了实践与技术的区分，力图在时下恢复亚里士多德的古典实践哲学传统，对实践哲学的发展做出重要贡献。

（3）哈贝马斯认为马克思的实践哲学是"生产范式"的实践哲学，生产劳动仅仅是一种目的行为，而非"实践"，进而从"劳动"概念到历史唯物主义的整个体系，他都加以质疑和批判，试图"重建"历史唯物主义。

（4）该成果对"作为实践"的劳动与交往进行对比，对哈贝马斯的历史唯物主义重建条分缕析，揭示出哈贝马斯对马克思实践哲学存在误读，导致了后者对于实践哲学传统的超越作用和革命意义被取消。通过"解蔽"，彰显马克思实践哲学的真理力量和伟大意义。

三　成果的主要价值

（1）西方实践哲学是一个十分复杂的领域，至今未能确定一个规范性内容。该成果致力于对西方实践哲学传统进行梳理，对实践哲学的内涵进行澄清，以期形成一个规范性的、清晰的"形象"。

（2）西方实践哲学自亚里士多德把理论、实践和制作分离后正式形成独立领域，但是，一者在实践哲学的内部存在一定的矛盾，在与理论哲学的关系上存在一定的混乱；二者在实践哲学的社会效应上，存在把人与自然的关系摒弃于实践哲学之外的弊端，引发了人与自然关系的危机。本课题研究对传统实践哲学的前提进行了批判，重建了理论、实践和制作的关系，为重建马克思实践哲学提供了前提条件。

（3）马克思实践哲学的性质和基本内涵一直是学术界分歧颇多的问题。该成果通过深入研究，提出马克思的实践哲学是一种"劳动-社会"的实践哲学。它以劳动代替实践，从而在社会层面而不是在政治层面构建了一种更为彻底的实践哲学。

（4）该成果进一步研究了现代西方实践哲学的两位主要代表人物——阿伦特和哈贝马斯的实践哲学思想，特别研究了二人对马克思实践哲学的质疑——这种质疑在现代西方具有典型性。回应了他们对马克思以劳动代替实践、以社会代替政治的诘难。

该成果也具有重要的现实意义。

（1）该成果对马克思主义哲学的本质和基本性质提出了一种新的理解，这是对马克思主义哲学的重建，它对马克思主义中国化具有重要的指导意义，从而也对中国特色社会主义建设具有重要的建设性意义。

（2）该成果对马克思的革命理论的探索，对政治革命和社会革命的界定，在一定程度上，对改革开放和现代化建设的实践具有理论支撑作用。

管子学史

山东理工大学巩曰国主持完成的国家社会科学基金项目"管子学史"（项目批准号为：12BZX037），最终成果为同名专著。课题组成员有：张杰、张艳丽。

一　研究的目的和意义

管仲是春秋历史舞台上的重要人物。管仲身后，管仲学派成员继承并发挥管仲的思想学说，完成了《管子》的编撰，构建了管学思想体系。《管子》是我国古代重要子书，在哲学史、思想文化史上具有重要地位，其思想学说或隐或显地影响了历代封建王朝。管仲富国安民、尊王攘夷思想，在历代产生了重要影响。该项目研究管学的形成史和管学的流传研究史，探讨管子学术史上的疑难问题，总结历代研究成果，梳理管仲与《管子》历史地位变化的轨迹，以推动管于学研究的深入，为古代哲学史、思想文化史研究做一基础性工作。《管子》为先秦诸子之巨帙，以内容宏富著称，其中可见各家各派学说之踪迹。该项目的研究，有助于丰富我们对诸子学派的认识，探究各学派相互交融影响的轨迹。优秀传统文化是我们的宝贵财富。管学的一些思想诸如以民为本、工商并重、百年树人、人与自然和谐相处等，与我们的时代精神若合符节。该项目的研究，对于充分发掘管学的思想价值，弘扬优秀民族文化，具有积极的现实意义。

二　成果的主要内容

该成果以时间为线索，全面系统研究管学的形成史和流传研究史，主要内容如下。

（一）管学的奠基

管学思想体系形成于战国时期，以《管子》书为载体，而其奠基则在公元前 7 世纪的春秋前期。管学思想体系非常复杂，其核心是治国学，富国强兵是其目标。诸子百家学说均"务为治"，管学在这一方面尤为突出。这是由管仲的身份和地位所决定的。春秋时期，管仲相齐，继承和发展开国之君姜太公的治国方针，对内进行改革，对外"尊王攘夷"，辅佐齐桓公"九合诸侯，一匡天下"，成为春秋第一位霸主。管仲治国方略是管学体系的基石，直接影响了管学的面貌。管仲做人不拘小节，做事不拘常法，灵活务实，通权达变。后人继承并发扬管仲的这一精神，将之贯穿于管学体系之中。礼法并用是管学不同于邹鲁儒学和三晋法家的重要特点，这一特点是从管仲的尊礼重法继承而来的。管仲的顺民富民、尊贤尚功是管学以人为本思想的源头。

（二）《管子》的编撰与管学的形成

《管子》是管仲学派成员代代累积的文章汇总。稷下学宫的建立，为管仲学派的形成创造了条件。早期管仲学派成员结合时代要求，对管仲的思想事迹进行整理总结与阐发，编撰了"经言""内言"诸篇。"经言"主要是理论的总结，"内言"侧重于事功的整理，二者构成了《管子》最基础的部分。齐宣王到湣王后期是稷下学宫的兴盛期，来自各诸侯国的学者，各家各派在这里讲学、争鸣，互相交流，使之成为"学术思想大交流的'熔炉'"。在这个熔炉中，管仲学派受到其他各派的影响。"外言""短语""区言""杂篇"中，有的偏重论法，有的偏重论兵，有的论道家黄老，有的讲阴阳五行，有的有儒家倾向，有的论经济，还有的论土壤水利。它们是管仲学派内部各支派继承并发展"经言"思想、吸收外来学说编撰而成的。齐湣王后期，骄横独断，稷下先生纷纷离去，齐襄王、齐王建时期，稷下学宫再也不能恢复往日的盛况。这一时期，讲学授业成了管仲学派的主要内容，"管子解"就是在这种背景下产生的。管仲学派继承管仲的思想，注重经济问题。管仲学派后期，发展形成了专门研究经济财政问题的一派"轻重派"。"管子轻重"就是轻重派的理论贡献。管仲学派编撰《管子》，构建出管学思想体系。管学思想体系根植于齐文化沃土，以务实变通为基本精神，呈现出与孔孟儒学不同的文化风貌。

（三）战国秦汉管学的流传与影响

管仲是春秋历史舞台上的风云人物。他不朽的功业为人所敬仰，他传奇般的人生经历也为人津津乐道。春秋末年至战国，诸子蜂起，管仲是各家各派关注的对象。对于管仲尊王攘夷的功业，各家都给予了肯定，但由于时代和立场的不同，各家称述管仲的角度不同，对管仲的评价也不尽一致。各家对管仲的不同评价，反映出管仲历史影响的多元性。自战国末年，《管子》就已经广泛流传。但与其他古籍一样，当时《管子》的各种传本篇章分合无定。直到西汉末年，刘向校定《管子》86篇，才确立了今本《管子》的面貌。《管子》融汇各家学说，具有明显综合性，符合汉人对道家的认识，由此《汉书·艺文志》将其列入道家。

（四）魏晋至宋元管学的流传与影响

魏晋至宋元间，《管子》以写本和刻本的形式广泛流传。人们在研习借鉴《管子》学说的同时，也多就其著作年代、作者及治国理论进行探讨，并提出了自己的观点，对《管子》的探讨往往与对管仲的评价交织在一起。魏晋至宋元时期，人们对管仲的生平、功业、思想与人格进行了多方面的评价。魏晋至隋唐时期，人们对管仲的传奇人生经历和伟大功业多有赞颂，虽然有人指摘管仲的品格，但总体上对管仲持肯定态度，认为管仲是一流人物。宋元时期，管仲的治国方略与功业依然受到人们的重视，但也有很多人对管仲提出强烈批评，乃至认为管仲是不忠不信、不仁不义之人。对管仲否定评价的大量出现，与宋代理学的兴起有直接关系。宋元时期很多学者对管仲极力批评，但官方的武城庙中，管仲的地位却日益提高，这反映出对管仲评价的复杂与多元。

（五）明清时期管学流传与《管子》研究

明清时期，图书出版业繁荣，《管子》出现了众多刊刻整理本，有白文本，有注本，有评点本，还有众多的节选本，清代还出现了大量校释考辨著作。相关文献的刊布，大大促进了《管子》的传播。明代学者对《管子》思想进行了深入阐发，朱长春《管子権》援道释管，梅士享《诠叙管子成书》以儒论管，最有代表性。清代学者在《管子》整理与研究方面用力很多。清代《管子》研究上承宋明，下启近代，在文字考据、训诂方面成果丰硕；而学者对《管子》治道思想多所阐发，思想义理的解释远超前代；《管子》的分篇研究特别是《弟子职》的研究也成为学术发展的一大亮点。明清时期，人们围绕"管仲器小""管子不死子纠""四维论""轻重论"展开了热烈讨论。虽然有些学者依儒家正统观念对管仲提出批评，但较宋代要温和许多。明清时期，管仲形象出现在小说中，促进了管仲形象在民间的传播。

（六）《管子》在海外的传播——以日本为中心

中国和日本一衣带水，自古文化交流频繁。奈良至平安时代前期，《管子》及《管子治要》写本随遣唐使东传日本。后来，《管子》的刻本也传入日本，并被各藏书机构收藏。江户时代以后，日本又出现了诸多新的《管子》印本，《管子》在日本广为流布。《管子》东传日本，使得部分《管子》珍贵版本得以保存，为《管子》校理提供了重要参考；日本的《管子》翻刻本及新的注释著作，也成为《管子》研究及日本汉学研究的重要文献。

晚清以来《管子》研究的范式与方法发生巨大转变，该成果对此进行了总结。一是西学影响下人们以现代学科划分对《管子》思想进行多维度阐发，二是《管子》著作年代研究经历了从疑古到走出疑古时代的变迁，三是考古发现为《管子》研究提供了新的视野，四是《管子》研究走向国际化，成为国际汉学研究的重要内容。

三 成果的主要价值

该成果对管子学术史的一些重要问题进行了深入探讨，推动了相关问题的研究。

第一，《管子》的成书是学界关注的重点问题，该成果提出《管子》成书"三阶段说"："经言"与"内言"是早期管仲学派成员对管仲思想功业的整理与总结，"外言""短语""区言""杂篇"是稷下学宫兴盛时期管仲学派成员借鉴吸收其他学派的思想编撰而成，"管子解"和"管子轻重"出自后期管仲学派成员之手。管学思想体系内容复杂，其中既保存有春秋时代管仲遗说，也存在秦汉时代的痕迹，但其主体应该形成于战国时期的齐国。

第二，学界对《管子》思想体系有不同的认识，该成果认为《管子》以管仲的思想为主导，有着统一的思想体系：从纵向看，管学思想体系是以管仲思想和功业为源头，根据战国时代需要，在稷下学宫熔炉中不断融汇吸收儒、道、法、兵、农、阴阳等各家各派思想而形成；从横向看，管学思想体系是以管仲思想理念为核心，围绕政治、经济、军事、教育、科技等领域而展开的富国安民的治国方略。管学思想体系根植于齐文化沃土，以务实变通为基本精神，呈现出与孔孟儒学不同的文化风貌。

第三，《管子》的学派归属学界一直存在争议，该成果认为《管子》应属于道家。《管子》以道论为理论基础，以富国安民为目标，吸收儒、法、兵、名、农、阴阳等各家思想精华，顺应时变人情，融汇众家学说，是黄老道家的代表著作，《汉书·艺文志》将《管子》归入道家是完全合理的。后人以《管子》为法家、为杂家、为齐法家，或不属于任何一家，均由不明道家发展流变、不明汉代学术背景所致。

第四，汉代至清代，士人对管仲与《管子》多有评说，该成果将散见于各类文献中的相关资料进行了全面梳理，总结各家对管仲与《管子》的不同评价，分析不同评价背后的时代背景和学术背景，指出宋代部分学者对管仲与《管子》多有贬抑，除了受到孟子的影响，还与宋代理学思想的成熟有直接关系。明清时期，《管子》研究成果众多，该成果对该时期学者对《管子》的考辨、校勘训诂、解读与评点进行总结，指出朱长春《管子榷》援道入管的特色。

第五，《管子》在海外的传播，学界关注不够。该成果考证《管子》至迟在奈良时代（710～794）早期即唐玄宗开元初年传入日本，在新罗统一三国之前《管子》传入朝鲜半岛，并对《管子》在日本及朝鲜半岛的收藏与刊布情况进行了梳理探讨。

第六，学术史的写作有"学案式"和"通论式"，前者注重个案分析，后者注重学术演变。该成果努力将这两种方式结合起来，先列举分析文献中关于管学发展流传的记载和学者文人的相关论述，再在此基础上梳理管学的流传和影响，并结合时代学术思想探索管学发展流传的规律，努力做到微观研究与宏观研究的结合。

孔门后学与儒学的早期诠释研究

曲阜师范大学宋立林主持完成的国家社会科学基金项目"孔门后学与儒学的早期诠释研究"（项目批准号为：12CZX029），最终成果为同名专著。课题组成员有：杨少涵、董卫国、周海生、刘光胜、魏衍华。

儒学之为儒学，关键当然在于孔子之思想创造。但是，平心而论，儒学生命力之所在，端在于孔子之后历代儒者对孔子与儒学思想的不断诠释。可以说，一部儒学史便是一部诠释史，其中既包括对四书五经的经典诠释，也包含对孔子思想的义理诠释。以孔门后学为代表的先秦早期儒学正是这一阐释、诠释历程的开端，也是孔子思想得到第一次深化的阶段。可以说，孔门后学构成了早期儒学在孔子之后的第一次诠释主体。但是，以往的早期儒学史研究基本呈现出"孔—孟—荀"三段论的化约式论述格局，将丰富多彩的孔门后学的思想诠释成果遗漏掉了。这不能不说是早期儒学研究的一大缺憾。

新出土简帛文献的问世为我们提供了弥补这一儒学发展链条重要环节的契机。很多学者提出了"重写学术史"的建议，这确实是在简帛文献问世后，以往所不得见的先秦文献的出土激活了大量传世文献，诸多学术史疑案渐渐得以破解，使得学术界开始反思以往学术史的研究思路、方法和视野的必然要求。但是，关于简帛文献的研究，以文本编联和释读为主，通过文本进行思想诠释的虽日渐增多，但是仍然停留在对具体问题的阐释上，尚未能够系统地用来构建整个早期儒学史，这也是有待开展的研究工作。

因此，充分利用简帛文献资料，重新厘清传世文献，对孔门后学这一被忽略的早期儒学发展链环予以研究，给予新的定位，这是该项目研究的目的。通过这一梳理、诠释工作，为重写早期儒学史奠定坚实的基础，则是该项目研究的意义所在。

该成果利用二重证据法，对有关孔门后学的文献予以综合分析，研究文本的时代及学派属性，进而在此基础上进行义理层面的分析和研究；借用诠释学理论的视角，对孔门后学在不同层面对孔子儒学思想的多元诠释予以辨析、梳理；采用学术史与哲学史、社会史相互为用的方法，研究孔门后学在对孔子儒家思想进行诠释时何以出现多元嬗变的背景问题，以正确把握儒学发展的内在理路和外在背景的互动关系。

该成果主要从三大角度，分三大部分共计六章内容予以展开。

第一个是从文本学文献学的角度，探究孔门弟子后学对儒学所做出的贡献和产生的影响，这一部分即第一章的内容，主要考察孔门后学与孔子言行文献的整理。立意和思路是基于这样一个观察：孔门弟子后学，对于儒学的形成与发展做出了基础性的贡献。孔门后学对儒学的早期诠释，首先就体现在他们是"逼显"出孔子"儒学思想"的"提问者"，塑造和建构孔子"儒学思想"的"记录者"与"整理者"。孔子创立儒学，其实是在与弟子的互动中完成的。孔子的思想创造和阐释，离不开孔门弟子的"参与"。孔子本人志在弘道救世，如果没有了孔门弟子的"提问"，很难说孔子会留下这么多为后人所珍视的思想表达。孔门弟子后学对儒学的早期诠释，首先就体现在他们是孔子儒学思想的直接催生者和直接参与者。进一步讲，如果没有作为"记录者""整理者"的孔门弟子后学，世人所能见到的孔子言行文献也不会是这样的面貌。孔子言行文献有赖于孔子弟子的记录而留存，但是如果要更好地保存、传播孔子的思想、言论和事迹，就不得不对所记录下来的大量资料做进一步的整理、汇编乃至精选加工。作为"记录者"和"整理者"的孔门后学框定了后世理解孔子和儒学的文献内容，很大程度上框空了儒学的论述框架，影响着后世对孔子、儒学的理解。通过考察《论语》的成书问题，可以看出《论语》是孔门弟子后学出于纪念恩师、传播孔子思想而编纂的孔子言行文献集，这些文献根据一定的编辑原则进行了选择、加工，并不是原始的笔记文献，这就警示人们，对于孔子思想的理解需要充分考虑文献编纂者的立场、用意及其水平。这一视角是以往的研究所未能真正措意的，可以视为该课题在研究视角上的创新。

第二个是从孔门弟子对孔子思想的体知、体证和践履的角度，来把握孔门弟子作为孔子思想的亲见亲力亲为者如何通过生命践履来"诠释"儒学。这一部分主要体现在第二章中。儒学与西方哲学最大的差异，便是它并不是知识性、思辨性的哲学，而是"生命的学问"，属于引导性哲学，强调体知和体证。因此，对于儒学的诠释，就不能仅仅停留在理论诠释这一个层面，而有必要转换视域，从"生命诠释"这一新的视角，通过作为"践履者"的孔门弟子颜子和曾子如何在孔子思想和人格影响下，以自我生命去实践、诠释儒学精蕴的两个个案的考察，来突出儒学的生命化、实践化特征，呈现孔门弟子后学在为己之学、内圣践履方面取得的成就。西哲利科认为："诠释学的任务就是重建全部各种活动，通过这些活动使作品从生活体验、实际行动与痛苦经历的暗淡背景中脱颖而出，由作者赠给读者，后者接受了作品，因此改变其实际行动。"我们将之转换到早期儒学中去，则孔子所开创的儒学，正是他在对六经的诠释中，将六经所蕴含的意义"赠给读者"，孔门弟子作为"读者"，"接受了作品，因此改变其实际行动"，体现出来的就不仅是孔门弟子后学对六经及孔子儒学思想的不断诠释与创新，更多的是直接影响到孔门弟子后学的生命理解和生命践履。而这一点恰恰是以往的儒家哲学研究所忽视的。本课题根据儒学本身特质，结合诠释学理论，创造性地提出了"生命诠释"的概念，以彰显中国诠释史的特点，这是我们所做的一次理论提炼的尝试。其成立与否，有待于学术界的验证。

第三个角度则是重点考察孔门后学在义理层面对孔子思想所展开的哲学诠释，进而把握早期儒家哲学发展和演变的内在理路。这一部分包括了第三至第六章的内容，首先对孔子在天道观、人性论、修养论和政治论等四个理论领域所确立的儒学基本内涵进行了梳理和辨正，廓清了长期以来存在的误解和曲解，使孔子思想得以更为体系化地得到理解，进而利用传世文献与出土简帛文献相结合的方法，对孔门弟子后学在上述四个领域所做的进一步发展、诠释进行了重点梳理。众所周知，哲学史家张岱年曾将中国哲学内容划分为五个部分，即宇宙论或天道论、人生论或人道论、致知论或方法论、修养论、政治论，而同时指出中国哲学中知识论即方法论颇不发达。显然这是一个非常准确的判断。我们对早期儒学的探究，就主要从天道论、人性论、修养论和政治论等四个层面入手。天道论作为形上的根据，人性论作为人性的依据为修养论、政治论奠基。修养论关乎内圣，政治论涉及外王。而儒学作为一种"内圣外王"的体系，恰恰是涵括这四大领域的学理探究与实践的。

作为儒学的奠立者，作为儒学之源，孔子思想博大精深，然而又具有初创者的复杂性和混沌性、丰富性和多歧性，这就为其孔门后学朝向不同路径发展提供了更大可能。从另一个角度看，上述四个领域在孔子思想中虽然都有体现，但也呈现出圆润而混沌的特征，需要后来者从各个层面予以诠释。换句话说，如果没有孔门弟子后学的不断诠释，儒学也就无法得以真正展开。

过去学界普遍质疑孔子存在天道观念，这是一大误解。其实，孔子对天道观和天命论都有论说，后者偏重继承，前者属于创新，二者既有联系又有所不同，不能混为一谈。孔门后学分别在两个方向上进行了发展：一个是《易传》《中庸》等作者对天道观的诠释，另一个是郭店楚简《穷达以时》和思孟学派对天命论的新诠释，前者可以称之为"时命观"，后者则可以名之曰"性命观"，都极大丰富了孔子在这方面的思想。

人性论是儒学的核心性话题，但是学界一直强调，孔子对人性论尚未有深入思考，其实抛开偏见，全盘考察，系统辨析，就会明白孔子是"隐性的性善论者"。孔子的人性论具有模糊性，导致其后学对人性论的理解颇具多元化色彩。从郭店楚简等所呈现出来的儒家早期人性论是复杂的，但这并不表明其论述是深入的。其实，只有到了思孟学派尤其是孟子才真正地对人性论问题较为成功地做了诠释，为儒家内圣外王思想提供了人性依据。

修养论是儒家内圣之学的中心。孔子的修养论主要体现在其仁学、礼学和君子观、圣人观等方面。对照大小戴《礼记》等传世文献及郭店楚简等出土简帛文献所记录的孔门后学的修养论资料，可以发现在孔门后学之中，曾子学派和思孟学派在这一论域的成就最大，对后来儒学的发展影响也最巨。这从一个层面说明宋儒对道统的认识，对曾子学派和思孟学派为儒学正脉的肯认和推崇，是有一定道理的。

如果说内圣是儒学的基础，那么外王则是儒学的鹄的。修身并不是儒家的归宿，天下的太平有序、和谐安宁才是孔子所关注的。孔子的政治哲学涵括王道思想、教化主义、礼治主义、德治主义、民本主义等若干层面，而孔门后学对此有继承有发展，通过传世文献大小戴《礼记》、《四书》和出土简帛文献如郭店楚简《尊德义》《成之闻之》《六德》《唐虞之道》等的细致剖析，可见孔门后学身处春秋战国之际那种动荡、失序、无道的现实，在与诸子百家思想的互动互竞过程中，对孔子政治思想在不同侧面进行因革损益、创造性诠释的努力。

贯通"天人之际"，辨别"人性善恶"，重在"修己安人"，这就是儒学的内在结构。通过对孔门后学在这四个领域的不断诠释和演变，我们可以把握早期儒学的主要精神特质。

该成果属于中国哲学史的基础研究，其成果价值主要体现在学术方面。其学术价值可以概括为如下两点：第一，该课题通过全面搜集、重点梳理，揭示早期儒家哲学的复杂面向、多元嬗变的内在脉络，进而把握其多重"分化—整合"的发展理路，以及不同学派之间互竞互融的网状关系，对于孔门后学在对孔子思想的继承、发展等方面所取得的成就进行了系统研究，使得早期儒学的面貌更加清晰，这对厘清先秦哲学、学术的整体演变具有极为重要的意义，为重写早期儒学史打下了坚实的基础；第二，通过对早期儒学多元诠释的考察，有利于学术界和理论界更加开放地理解儒学、理解中国文化，积极推动思想与当下社会的互动，充分汲取各家优秀思想成果，实现传统文化的创造性转化和创新性发展，构建适应时代需求的中华新文化。

元代易学研究

山东大学李秋丽主持完成的国家社科基金项目"元代易学研究"（项目批准号为：13CZX040），最终成果为同名专著。课题组成员有：张鑫、蒋承伟、李磊等。

一 研究的目的和意义

自《周易》经传成书，易学家对于经传的解读与研究构成了易学发展史的丰富内容。元代易学前承宋代易学之遗绪，下启明清易学，不仅对明代官方易学的形成颇有影响，还在从宋代易学到清代朴学发展过程中，起到了承前启后的关键作用，是易学发展史上不可忽视的阶段。元代易学内容繁多，易学著作丰富。易学家面貌各异，皆有其自身特色，他们的易学贡献呈现出元代易学发展的生生不息的面貌。元代时，由于官学推崇，易学承袭两宋，奉程朱为易学正宗，易学家以治宋易为主，尤其是治程朱易学居多，重在解释和阐发程朱易学，阐发和完善儒家义理。在程朱易学流行的同时，也有其他易学流派在逐渐发展。

该成果的意义主要有四方面。一是对于从整体上透彻理解和准确把握易学本身学理具有基础性意义。《周易》本身有其自身的学理内涵，元代易学对这些易学基本问题的把握和解释有其独特的地方，为我们今天重新诠释《周易》经传、建立一个兼顾象数义理、具有方法论意义的诠释学体系，能够提供资料和方法的借鉴。二是对于进一步把握和理解整体易学史具有不可或缺的意义。将元代易学重新置于当代学术视野之下，专门从易学史角度总结和检讨其所取得的成果、使用的方法和所彰显的求实学风，揭示其内涵、特点及其对于今天易学研究的意义，有助于整体易学史的研究。三是对于深入理解元代经学、元代思想史具有根源性意义。易学是一门复杂的专门之学，它是思想史和经学史的重要组成部分，元代易学中的理学问题也都是思想史和经学史的核心问题，本课题从易学角度阐明理学问题，更深入地认识易学的发展史，对于全面深入地开展此时期的思想史和经学史研究，具有重要的学术意义。四是具有现实意义。元代易学内容丰富，尤其是在象数易学研究方面关于天人关系的诠释对于今天的传统文化复兴与文化建设具有指导意义。

二　成果的主要内容

该成果对元代易学的发展历史和特点进行了总结。元代易学的发展既是易学自身发展的必然，也是经学发展史中的重要内容。百年元代易学薪火相传，其成就虽不及宋代易学之辉煌，但是直接关系到中华学术慧命的传续。该成果从易学发展史的整体视野出发，择取 20 位有代表性的易学家作为研究对象，通过对其易学思想的把握，梳理了元代易学产生、发展、演变的脉络，揭示了元代易学的基本精神，阐明了其在易学发展史上的价值与意义。

该成果借鉴知识社会学的视野，易学在象数和义理上的不同思想的提出不仅仅是易学家个人的主观研究结晶，还有社会场域对其的制约。场域不同形成了不同易学家共同体。首先面对宋元易代、蒙古入主的历史情势，有着积极促进与不愿合作的差异；其次随着程朱理学被尊为国家意识形态，朱熹后学以及故里易学研究队伍被凸显，尤其图书易学研究被发扬；最后还有着奉持蒙古与汉、儒和道等不同文化的差异。根据这三方面，元代易学家可分为七种类型的共同体。

第一是元代理学家易学。许衡易学义理与象数兼综，对程朱易学皆有继承与发展。其易学开始于王弼易学，后又程颐易学，再又朱熹易学，体现出一种对义理易学与先天象数易学的综合创新。刘因对象数易学尤其是对图书易学的推重，当对整个元代兴盛的图书象数之学有助推之功。不同于许衡的"私言"研究，吴澄"纂言"具有对程朱易学尤其是朱熹易学之正统尊崇的自觉，通过象数而入于义理。故易象学用力颇深，取得较大成就。吴澄对于《周易》经传所做的义理诠释也是有目共睹，对于易学术数慧命的传承功不可没。吴澄弟子鲍恂继承了吴澄的易学，对朱熹易学做了提纲挈领的解说。

第二是元代隐士易学。面对宋元易代、蒙古入主的境遇，注重气节的宋末读书人中有部分采取了与蒙古政权不合作的态度。特别是那些以"南人"为主的士人并不接受元朝统治的合法性地位。因此在易代之后，往往隐居山林或书院，避世读书，著述以传世。王申子易学汇通象数与义理，一方面推动了图书之学的发展，另一方面也丰富和完善了朱熹之学。丁易东以易象为核心，以易图为线索，既继承发扬了汉易，也吸取了宋代易图学的营养，从象数学的角度来解读和解释《周易》经传，是元代易学家群体中比较有特色的。黄泽易学提倡立足于《易》之本，因象以明理，于象数易学和义理易学皆有发挥，关注象学本源，是元代象数易学的代表性人物。

第三是元代朱子后学易学。与程朱理学被尊崇相应，程朱易学尤其是朱熹易学研究进路和思想被继承，形成了一种宗朱、述朱和翼朱易学研究思潮。其中，元代朱子后学的易学研究是这种思潮的发轫。对于朱熹《易学启蒙》《周易本义》的解读与诠释是核心内容。胡方平通过朱子及后学诸家之说，对《易学启蒙》中的象数易学进行了全面系统的解说。熊禾以阴阳进退之理以明卦画阴阳之进退。著策阴阳之进退、变占阴阳之进退。熊禾多年授徒讲学，对朱子易学的传播做了很大贡献。熊良辅旨在羽翼《周易本义》，有集合众说、保存散佚文献之功绩。

第四是明官方易学之先声。作为朱子后学的胡一桂、胡炳文、董真卿等人的易学在明代被收录进《周易大全》，成为官学。胡一桂易学思想基本避免了对朱子易学本来面目和思想精义的遮蔽和歪曲，主观上实现了他弘扬朱子易学的为学目标，客观上也造成了不仅对明代官方易学形成有着重大影响，而且他在《易》学文献搜集和整理等方面所做的工作以及图书之学、易象说等方面思想，也对清代易学发展产生了深远影响。胡炳文坚守朱熹易学，在儒家视野下诠释、理解《周易》，在注《易》过程中折射而出的充满忧患精神的人文品格，呈现出身处易代之际的思想家独特的思想品格。董真卿是元代会通程朱易学的代表人物，由《周易会通》对明代官学《周易大全》编纂的影响可见其书本身之价值与意义。

第五是元代汉化易学。随着元灭辽、南宋，实现了中国大一统。在其大一统过程中和之前后，北方少数民族就开始了其接受汉化的过程。由于北方少数民族大都仍处于原始宗教信仰时期，都重视占筮文化。蒙古征服中原后对《周易》也十分重视，正是看重其所具有的卜筮功能。随着汉化程度加深，《周易》的人文易的层面被越发重视，出现了汉化易学形态。其中，以金人耶律楚材、蒙古人保巴堪为代表。耶律楚材对于《周易》中的术数文化有深入的研究。保巴易学作为元代易学研究的少数民族代表之一，其易学既重义理阐发，在象数学研究上也有独到之处，是对程朱易学的继承与发展。

第六是元代图书易学。由宋至元，图书易学日渐繁盛，各种图式迭出，易学家们围绕着河洛、太极图、先天图等诸多图式，反复演说，使图书易学成为元代象数易学的主流。在图书易学发展的同时，亦有易学家开始对图书易学进行反思与批判。张理总结了宋代的图书之学，他创制了诸多形式复杂的图式，以图说理，他的易学为元代易学增添了更为浓重的图书易学的色彩。钱义方以图式解说《周易》，在程朱理学定于一尊的情况下，能够突破权威束缚，检讨《河图》作《易》之非，表现出了强烈的求真精神。陈应润易学的主体是其对卦爻变化的理解及在此基础上的文本解释，然而对后世影响最大的，应是其对图书易学的批评。

第七是元代道教易学。南宋灭亡后，经历了国破家亡、朝代更迭的耻辱，很多知识分子由儒入道，推进了元代道家道教文化发展。全真教与易学有密切的关系。雷思齐提出"河图四十"说，是图书之学的新发展。俞琰于易学发明象数学，并援易入道，借易道来推明内丹学。他的易学思想不仅有功于易学，还推动了道教内丹学理论的发展。

该成果的重要观点如下。

（1）元朝作为一个蒙古族入主华夏的时代，其政权首先面对一个被中华文化接受、认同的问题。在许衡、吴澄等硕儒们的推动下，蒙古族开始了由游牧文化向理学文化转向。（2）元代程朱理学虽然被尊崇，上升为官方学术地位，但因为牵扯宋元易代、蒙古入主带来的士人气节问题，心性儒学的创新性不如宋明两代充分，元代理学家们对理学之义理层面多是承继。然而，"约礼"层面不足，"博文"层面却得以充分发挥，元代经学研究蔚为大观。《易》为群经之"首"，对该经的解读成了元代士人的重要课题。与理学成为官学相应，元代易学形成了一种宗朱、述朱和翼朱易学研究思潮。元代朱子后学胡方平、熊禾的易学研究是这种思潮的发轫。其中，胡一桂、胡炳文都是朱熹故里徽州学者，董真卿是胡一桂弟子，他们作为朱子后学，对明代官方易学的形成做出贡献。（3）契丹、蒙古等北方少数民族中的精英有着汉化自觉，在这个汉化过程中，他们的易学研究实现着民族自身原始游牧文化中由重占筮发展到重视人文易的转型，耶律楚材、保巴易学体现着接续程朱易学、高扬易学中人文精神的特色。（4）宗朱是元代易学的基调。无论是理学家易学、朱子后学易学还是汉化易学，都体现出宗朱的特点。朱熹《易学启蒙》《周易本义》成为元代易学诠释焦点，形成了大量对文本的注解，对两著作研究提供了丰富的文献材料。（5）图书易学是元代易学的重要内容。易学家们不仅对朱子先天学有所继承、发展，还创制了多幅易图对易道进行多维度、更深入的解释，丰富了图书易学的内容。当然，图书易学盛行也带来了新的学术流弊，元代钱义方和陈应润对图书易学的反思与批判，引发了后世对图书易学的更客观认识和评价。（6）随着宋元时期图书之学盛行，不少易学家借鉴道教文化，将《系辞》的天地之数和大衍数与河图洛书相配，创制不同的解《易》图书、构建不同的易学体系，又促进了道教易学的发展。

"通义"的形成——汉代经学的思想与话语

南京大学徐兴无主持完成的国家社会科学基金项目"'五经总义'类文献与经学史研究"（项目批准号为：12BZX047），最终成果为论文集《"通义"的形成——汉代经学的思想与话语》。课题组成员有：张宗友。

经学文献是中国思想文化典籍文献的核心组成部分，而"五经总义"类的文献对考察经学史、思想史等具有重要的价值。对这类文献进行思想史和经学史意义上的研讨是一个全新的课题。

"五经总义"类文献大多以"通经释义"为主要内容，肇始于《礼记·经解》，其后有《汉书·艺文志·六艺略》"孝经类"中的《五经杂议》类的杂说。受汉代今古之学、章句之学辩难等因素的影响，东汉通论经义和辩论异同的经学文献层出不穷，如班固《白虎通义》、马融《春秋三传异同说》、沛王辅《五经通论》、许慎《五经异义》等，《隋书·经籍志》总称为"五经总义"，附于《论语》类之末。至《旧唐书·经籍志》列"七经杂解"，此类文献始著录为"经解类"文献，为后世诸多书目沿用。清代纳兰成德、徐乾学编《通志堂经解》、朱彝尊《经义考》等又分别名为"总经解"和"群经"类；《四库全书总目》仍以"五经总义"为目；民国孙殿起《贩书偶记》于"诸经总义"之内别立"诸经目录""诸经授受源流""诸经文字音义"等子目。1959年上海图书馆编《中国丛书综录》立"群经总义"之目，内分"传说""图""文字音义""群经授受源流""序录""摘句""石经"等7小类，目录的细化说明"五经总义"文献的发展过程。

清初朱彝尊《经义考》中著录"群经"类著作达 400 多种，其中自注存者仅 90 多种；《四库全书提要》"五经总义类"，著录东汉至清代著作 31部，存目 43 部。由于清代经学和文献学极为发达，考辑诸多亡佚古书，至《中国丛书综录》"群经总义"类已著录约 360 种。其中或为原帙，或为辑佚，蔚为大观。自宋代郑樵《通志》、王应麟《玉海》、元代马端临《文献通考》，至清代朱彝尊《经义考》《四库总目》等均对此类文献在著录时加以辑考，一些公私书目亦对其版本加以著录，奠定了目录版本研究的基础。清代的辑佚和校注成果丰富，如《玉函山房辑佚书》《黄氏逸书考》等清代辑佚丛书皆对"五经总义"类文献加以钩稽；陈立《白虎通疏证》、皮锡瑞《驳五经异义疏证》等皆是在辑佚的基础上再加校注的力作，为进一步整理此类文献树立了范式。近年来，台湾编译馆主持编纂出版了"十三经著述考"丛书，其中《群经总义著述考》（上、下册，季旭昇编著，2003）著录先秦至民国初年此类存、佚文献 2082 部并汇辑、考辨相关著录与考证文字，堪称此类文献目录和叙录的集大成。但分类过宽，如将一些群经的注疏汇刻和纬书一并纳入，且著录既有繁多又有遗漏。

"五经总义"类文献的研究大多处于文献整理阶段，经学史与思想学术史的研究，国内外学界尚待深入，缺乏系统的描述与阐论，是一个亟待进行整体或深入考察的文献类别。

该成果集中对汉代"五经总义"类文献与经学制度和思想史展开了研究。包括两个方面。

第一方面是"五经总义"与经学制度关系的研究，涉及五经通义类文献与经籍制度、学官制度、讲习制度、选举制度等方面，属于该项目的外部研究，由《东汉古学与许慎〈五经异义〉》（约 21000 多字）、《议郎与汉代经学》（约 28000 多字）两篇论文组成。《东汉古学与许慎〈五经异义〉》一文发明了经学目录学中"通义"一词在汉代经学中的定义，指出通行的、由《隋志》发明的"五经总义"的文献概念受到佛教的影响；分析了"通义"类文献在东汉出现的主要原因在于东汉经学辩论的兴盛，进而从汉代经学"求同存异"的文献学原则出发，考察了官方博士经学与古学等学官体系外的民间经学之间通过比较"异同"而并存的现象；基于对《五经异义》这样的东汉"五经总义"类文献的归纳分析，纠正了自清代以来，经学史认为今、古学互相排斥，古文不讲章句、专守学术的观点；指出今、古之学多数经义皆相同，且古文为争得学术话语权，亦多效仿博士经学的学术制度，撰写章句，建构师法。《议郎与汉代经学》一文在归纳两汉史料的基础上，讨论了汉代中央职官的郎官系统内的议郎制度，以此展示了汉代经学史研究中从未涉及的经学团体，分析了这个博士经学体系之外的经学特征，特别是其中不拘守师法家法的风格，揭示了汉代经学古、今之学融合辩论并形成通义的一个重要的制度因素。

第二方面是"五经总义"与学术思想史的研究，属于该项目的内部研究，由六篇既独立又相互呼应的论文组成，结为书稿《"通义"的形成——汉代经学的思想与话语》，约14万字。在细绎传统经学解释的前提下，通过选取具体的问题与角度，运用文本分析、话语分析，知识归纳等思想史研究方法，深入讨论汉代经学的"通义"，发掘汉代经学的"公共话语"体系及其生成机制。六篇论文既有关于整个经典体系中义理结构的剖析，又有关于贯通五经的通义的研究，还有对"五经通义"的形成做出的开创性讨论，为推进"五经总义"类文献的研究提供了创新性的尝试与示范。

第一篇《从"六经"到"七经"——先秦两汉经学文献体系的思想史考察》，对唐陆德明《经典释文》中首列的经学纲目——"六经次第"进行了历史与逻辑的分析，认为其中"以《诗》为首"的次第是早期经学的"六经次第"，代表着先秦君子教育传统中的《诗》《书》《礼》《乐》之学与巫史系统中的《易》与《春秋》在先秦儒学中的结合，反映了先秦儒学基于自身的思想体系吸纳其他文化资源，建构适应时代变化的天人之学的努力；"用《易》居前"的次第是汉代经学以《易》与《春秋》作为主轴建构得更加体系化、抽象化的"六经次第"，其中包含着汉代阴阳五行学说的宇宙论框架，是汉代经学整合统一学术文化的话语体系；"《孝经》为初"则是东汉以《孝经》和《春秋》为主轴的"六经次第"，其中反映出东汉士族兴起，经学重视社会伦理秩序建构的趋势。在这样的思潮当中，《孝经》上升为经典，与"六经"合称"七经"。三种形式既是先秦、西汉、东汉三个时期经学思想建构的过程，又充分表明了先秦两汉经学所特别具备的建构经典体系中义理结构的自觉意识，体现了经学文献体系和思想纲领形成的历史脉络与逻辑层次。"六经次第"是中国历代经学通论、经学历史首先要论述的内容，也是中国经学的第一通义。该文的创新之处在于运用思想史的研究方法，首次揭示了"六经次第"观念中的历史场景及其作为经学"通义"的价值和意义。

第二篇《〈春秋繁露〉的文本与话语——"三统""文质"诸说新论》，

对有关《春秋繁露》文献与作者真伪的考证工作进行了反思，指出这部被认为由西汉《公羊春秋》学的开创者、最具创发性的思想家董仲舒撰写的通论《春秋》经传的文献是经过不同时代编辑的文本，只有在清儒的学术工作基础上，将扎实细致的文献疏证的工作转化为文本与话语研究，考察文本的历史语境，确定话语特征与时代归属。通过与《汉书·董仲舒传》所载《天人三策》以及汉代诸多思想文献的比较，分析了《春秋繁露》运用六经和数术两套话语体系进一步建构了"《春秋》之道"，其中的"三统""文质"等历史周期说主张变革与损益前代制度，以孔子作《春秋》寄托的"王道"作为具有指导意义的"新王之法"，以汉代周；而西汉中后期兴起的新"三统"说，以《春秋左传》为根据，主张天、地、人"三统"递相继承，主张继承传统礼乐文化，以汉继周，这标志着西汉中后期政治思想的重大转折。自东汉《白虎通义》即以"三统"说与"文质"说为两说，但是通过对《春秋繁露》的分析，揭示出"文质"说的礼制结构，与"三统"说相辅相成，并非两说，从而由话语的特征确定了《春秋繁露》的思想与时代归属。"三统""文质"是由西汉《公羊春秋》学创发的，贯穿于汉代各家经说中的"微言大义"，历代经学歧说纷纭，该文运用史料比较与话语分析的方法，提出了一系列新说。

第三篇《释"诗者天地之心"》，深入考察贯穿于汉代齐《诗》和《诗纬》中的通义。汉儒自董仲舒起，改造战国以来道家等诸子学说中的"天心""天地之心"等宇宙观念，赋予宇宙以道德禀性，开创了用儒家经典配合阴阳五行等思想与数术知识推算天道、占测天心、言说灾异，使六经转变为政治、道德与文化的数术话语。传统的《诗经》学主张"《诗》言志"，是人内心情感的抒发，而汉代齐《诗》与《诗纬》创发出"诗者天地之心"的宇宙论命题，赋予《诗经》三百篇以天道的内涵；在此命题下建构了"四始""五际""六情"等贯通《诗经》中的"通义"，其方法依仿孟京《易》学，将《诗经》三百篇作为律历中的一年日数周期，占测《诗》中的"天心"，推测社会风俗和人民的性情。在经学的影响下，"天心""天地之心"渐而流为两汉以降政治、学术、宗教的话语，而南朝刘勰《文心雕龙》又以"天地之心"作为"道心"，建构起"文心"之观念，汉儒提出的命题转而为中国古代文学的形上学理论提供了资源。齐《诗》与《诗纬》的经说已经不存，清儒做过文献辑佚与解释工作，该文首次对其做了经学思想史和文学思想史的综合研究。

第四篇《"三科之条，五家之教"诸说辨析》，从唐代《尚书正义》中寻求汉代《尚书》学的思想的纲领；从解释史的角度推考、分析东汉经学家郑玄提出的《尚书》家"三科之条，五家之教"的经义内容。此说自汉唐至清代，诸说分歧，含混不清。清儒段玉裁《说文解字注》始创新说，认为是汉代古文《尚书》和今文《尚书》的判教纲领，所谓"'三科'者，古文家说；'五家'者，今文家说"。段说影响甚大，至现当代经学史研究多以此为定说。但清代、民国以来，也有学者表示反对，诸家的考辨和结论体现出不同的学术方法和学术立场。本文综合汉代经学史料与诸家之说，在一一辨析诸家解释的背景、方法的基础上，指出清代今文经学家魏源的考释最接近汉代经学的历史语境，郑玄之说当为汉代今文学派，即博士经学的《尚书》学观点，体现了董仲舒《公羊春秋》的经义，因此成为汉代《尚书》学的"通义"。本文的创新之处在于将解释史的结论与语境分析结合起来，还原汉代经学通义的内涵。

第五篇《论汉儒"太平乃制礼作乐"的思想》，以《白虎通义》中"太平乃制礼乐"作为透视汉代经学与汉代政治制度关系的角度，梳理源自先秦道家、法家的"太平"思想以及战国秦汉间逐步儒学化的过程，进而辨析董仲舒《公羊春秋》提出的"改制作乐"与"制礼作乐"观念的历史语境和二者之间的界限与差异，总结出儒家实现政治理想的条件与规定：新的王朝应该改正朔以应天命，但不可制礼作乐；必须首先运用以人性为基础的先王之乐教化人民，等到政治太平、天下大治之后，才能兴作一代礼乐。兴作新的王朝礼乐，乐须更新创作，而礼只能损益前代，不可更新。制礼作乐的重心，汉儒专注于兴文教、移风俗，将明堂、辟雍、庠序三事作为"制礼"的主要内容；而以雅乐作为"作乐"的主要内容。与儒家的理想不同，秦汉王朝现实政治中的制礼作乐则专注于封禅、巡狩等国家典礼建构，宣示权威和帝王统治的长久。两汉经学凭此经义与汉制之间形成了既合作又紧张的关系，经义在汉代政治现实中得以创发，形成汉代奏议与经说两种表达思想的话语形式。该文的创新之处在于将历史语境与文本语境进行比较，揭示了汉代经学"通义"的时代特征。

第六篇《通义的形成——〈白虎通义〉的话语机制》，回顾了东汉"五经通义"类文献中的代表性文献《白虎通义》的研究历史和现状，就思想史研究与文献学研究两方面进行了方法论的反思，提出应该研究经学"通义"的历史含义及其话语生成的问题。通过分析、回顾清代今文经学从礼制入手研究汉代《公羊春秋》学，又从《白虎通义》的礼制结构入手通治五经的现象，借鉴、回归他们的治学方法，从三个角度归纳出《白虎通义》文本的历史语境和"通义"形成的话语机制。首先是汉代经学内部存在的求同存异的学术制度，包括校雠学的原则和经学融合制度。通过分析，总结出汉代民间古学与博士今学大同小异的现象，并在《白虎通义》的文本中得到印证。其次是礼制结构下的话语场域，包括礼学在传统经学中的意识形态化倾向、《王制》的礼乐政教体系、《公羊春秋》学寻求礼义的思想倾向、《礼记》类文献的通论形式、《通义》《异义》的文本形式皆以礼制为纲等因素。最后是宇宙论框架下的数术知识构成的话语权威和常识证明，指出《白虎通义》中缺乏儒家经典依据的经义多运用数术知识加以阐说的现象，由此分析《白虎通义》援引谶纬文献证成经义的历史原因。该文的创新之处在于从"五经通义"的角度提出了新的经学研究视域，在方法上既吸收传统经学的解释方法，又运用文本和话语解读的方式深化了经典解释中的问题意识，从而深化了《白虎通义》的研究。

明清徽州礼学的转型与建构研究

　　安徽大学徐道彬主持完成的国家社会科学基金项目"明清徽州礼学的转型与建构研究"（项目批准号为：13BZX045），最终成果为同名专著。课题组成员有：王献松、许璐、苏正道、张文、杨哲、李富侠。

　　在人类社会文明发展的进程中，礼制和礼仪是人伦道德水准的显著标志。中华民族是"礼仪之邦"，历代的礼学研究成果便是构成传统礼仪文化的重要组成部分。它既包括国家治理层面的政治典章制度，也富含民众社会生活层面的行为规范。古人所谓"不学礼，无以立"，"导之以德，齐之以礼"，"视听言动，非礼不为"，充分显示出儒家的"制礼作乐"对于维系华夏文明持续稳定和发展的重要性。

　　皖南的徽州为江南大郡，自古儒风独茂、人文荟萃，世称"东南邹鲁"。从宋代的朱熹、程大昌，到明代的朱升、程敏政，清代的江永、戴震，乃至民国的胡适和陶行知，清晰地显现着儒家主流思想发展的一脉相承。作为典范的宗法家族制基层社会，徽州其地"比屋诗书，衣冠鼎盛"，其民则"人习诗书，家崇礼让"，"动容周旋中礼"。乡贤的《朱子家礼》与村落的乡规民约，使徽州一地蔚然形成一种"村无稗俗，里存俭让"的普遍礼仪生态，处处显露着彬彬诗礼家风。可以说，千年徽州宗法制家族秩序的超稳定结构，与传统礼学思想在乡土社会的切实施行有着密不可分的关系。据道光《徽州府志》和相关州县地方志所载，明清两代徽州地区的礼学著作和礼用类书达200种之多。众多的礼学士绅及其著述的出现，既可以反映先王制礼作乐与乡村礼仪习俗之间的关系，也可以窥见士大夫之学与民间世俗文化之间的诸多链节。这就为传统礼学与地域文化的关系研究，留下了一片极为富庶的学术空间。有鉴于此，课题组从学术思想史和社会文化史的角度，选取明清时期徽州礼学思想由"理学"到"礼学"的嬗变作为切入点，通过发掘和梳理其中的学者、乡宦和士绅对于典章制度和地域礼仪风俗的研讨与推动，总结出地域社会礼制礼俗的施行、调整和变革，及其与整个明清时代礼学思想的转型与建构之间所存在的密切关系，借以考察和弘扬中华优秀传统文化，鉴古而知今，为构建现代伦理规范和社会秩序，提供有益的历史参考和理论支持。

朱元璋在建立明朝政权过程中，曾获得徽州大儒朱升"九字箴言"（高筑墙，广积粮，缓称王）的切实指导。此后，朱明王朝在意识形态上即以儒家礼制和程朱理学为道统而治国安邦，深知"修礼可以寡过，肆欲必至灭身"（朱元璋语）。永乐年间，《文公家礼》被编入《性理大全》，成为官方意识形态的重要组成部分，促使了明代礼学研究的关注点，也部分地随之下移至世俗礼仪的实践层面。作为朱熹的乡邦后学，明初休宁朱升与同郡学者歙县郑玉、祁门汪克宽、休宁赵汸等，以《三礼》原典和朱熹《仪礼经传通解》为学理路径，而以朱子《家礼》为实践目标，在礼学研究的旨趣上完全承续了程朱一脉。朱升《三礼旁注》、汪克宽《经礼补逸》，就是承续《仪礼经传通解》之说而在新的历史时期所作的经典诠释。赵汸的《葬书问对》依据《家礼》，化民成俗，摈斥佛道，欲"酌古今之谊，以礼救俗"，对濡染释道之学的世俗化礼仪予以纠谬补正。此外，祁门的汪禔、休宁的程敏政和汪循、歙县的吴士奇和汪道昆等乡绅仕宦的礼学思想，皆遵循朱子"礼即是理"的旨趣，恪守冠婚丧祭、乡射朝聘的礼仪秩序，对世俗礼乐的混乱无序予以批判和改进，以此来坚守和维护儒家"天理人伦"礼制的纯正性。但是，在朱子"以理释礼"和"存天理，灭人欲"的思想覆盖下，明前期徽州的礼学研究多为因循理学路径而缺乏对经典文本的深度诠释，重在朝廷律令和乡村礼俗的实践，尤以"三纲五常"为礼用之核心，提升和加强了礼学的教化性，从而使"礼学的理学化"倾向变得十分明显。

明代中叶以后，因阳明心学的兴起及"大礼议"事件的触发等原因，朝廷更为重视礼仪研究与礼乐教化。徽州诸儒的礼学研究也与时俱进，既有维护和"皈依紫阳"的一面，也有染指"良知"和"内省"的成分。他们都有传承儒家礼仪的职责和焦虑，也有对新时代生活方式的向往和诉求。

从其学术著作的刊出角度来看，大多缺乏扎实的文献考证与阐释，在礼学思想上并无多少建树，而是撮抄、节录或沿袭宋元旧说而已，因而《明儒学案》中出现的徽州学者就极少。也正是因为在学术与思想层面上了无建树，无法突破程朱理学之囿，有些学者便另辟蹊径，倡言回归"求真是"和"索本真"，已然"透露出古学复兴的曙光"。其具体表现为以上溯先秦，考证礼经文本为突破点，"以古礼证今俗"为实践目的，陆续出现了金瑶《周礼述注》、程明哲《考工记纂注》、姚应仁《檀弓原》等考证礼学的萌动，"考经以求礼"，"循器以明礼"，借用经史典籍的文献梳理与礼义考证以"回归原典"，追溯古礼之本源。特别是明末黄生《三礼会龠》、《字诂》和《义府》诸书，专注于古代制度秩序与人伦规范的实物和故实的考证，对《三礼》经义从文字声韵训诂方面探索幽微、发掘新义，"稽之度数，制之礼仪"，充分显示出学术因"物极必反"而诉求"复古"的发展趋势，由此启导了百年之后如段玉裁《周礼汉读考》《仪礼汉读考》之类礼学著述全新的方法与风格，拉开了清代考据学兴盛的序幕，徽州礼学的研究也由此进入新的发展时期。

清初朝廷崇儒重道，稽古右文，推崇经术实学。徽州学者，无论本土或寄籍，都能得风气之先，顺应时事，确知"学必原本于经术，而后不为蹈虚；必证明于史籍，而后足以应务"，笃信"圣人之道，惟礼存之"。于是有姚际恒、黄叔琳、汪基、潘继善、江永、程廷祚等，通过对儒家经典文本的探讨，从考证典章制度入手而汲取修齐治平的人伦道理，"以经典为法式"，重新思考和探索礼秩重建问题。如黄叔琳的《周礼节训》和《夏小正注》，荟萃先儒成说，旁采时贤新义，对礼经文字音训乃至于礼义诠释皆有一定的参考价值，显示出浓厚笃实的考证之风。姚际恒的《三礼通论》溯源古礼原本，剔除历代附会，既"崇古"又"疑古"，意在回归元典，重建礼学正统；江永的《周礼疑义举要》《礼记训义择言》《仪礼释例》《礼书纲目》等，则以文字声训手段阐释名物，复原先王制度，遵循朱子"道问学"之路而避而不谈"尊德性"，绕过宋明，"弃理言礼"，以此消解"天理人欲"思想，开启了从"理学"到"礼学"的过渡和转型。同时，汇编《三礼约编》的汪基和撰述《圣学辑要》的潘继善等乡村塾师及其门生弟子，皆究心于礼制礼仪的深度研究，专注于礼书的搜集、校勘与编次，蔚然形成了清初徽州礼学研究的一大群体。其他如程廷祚《礼说》和《禘祫辨误》皆博及乎经史，溯之于礼乐，"率天下以立人道"，上承颜李之实学，下开戴震新理学；汪绂《礼记章句》《读礼参志疑》《六礼或问》等皆以礼经为本、礼仪为用，视《五经》为本源、《家礼》为门户，传承乡贤，开拓新途。休宁士绅吴翟家族曾以一族之力，历时百年而成《茗洲吴氏家典》，以大量的文献理据及绘制礼图，诠释和贯通了《朱子家礼》"礼即是理"的内在理路与冠婚丧祭的礼仪秩序。如果说《家礼》是朱子实践儒家人伦的规划章程，那么《家典》则是明清底层社会"礼下庶人"的真实记录。

乾嘉时期徽州礼学研究的兴盛，江永当为居中执要的关键人物，其学以矫正理学和心学的空疏之弊，而溯求于典章制度的礼学考证，由虚理转向实证，由宋学转向汉学，有破有立，开创了"皖派"学术的一代新风。在江永的启示和引导下，徽州出现了一批杰出学者和礼学传世之作，如戴震、程瑶田、金榜、汪肇龙、洪榜、凌廷堪等前赴后继，显示出徽州传统礼学研究的深厚积淀和精深造诣。他们用"由词以通其道"的治学方略，建构起"理存于礼"和"以礼代理"的思想体系，深为后世学者所普遍接受和推崇。如戴震论礼，秉持"人伦日用行之无失，谓之礼"，认为理学和心学上所谓的"性与天道"，乃"舍圣人立言之本旨，而以己说为圣人所言"，是诬圣而欺学。故其主张"为学须先读《礼》，读《礼》要知得圣人礼意"，"士生千载后，求道于典章制度"。"理义非他，存乎典章制度也"，"理义不存乎典章制度，势必流入异学曲说而不自知"。其《考工记图》和《学礼篇》等，虽"稽之于典籍，证之以器数"，但意在从"器数之微"看"仪节之细"，以及"弥纶其间之精义"，进而论证"理存于礼"的哲理根本所在。由此而上承江永的"弃理言礼"，下启凌廷堪的"以礼代理"，在清代礼学发展史上具有承上启下的里程碑意义。程瑶田自号"让堂老人"，故其《宗法小记》《考工创物小记》《仪礼丧服文足征记》等著作，皆以"礼让"为核心，"非退让，无以言礼"，在深究古代宫室井田建制、冠婚丧祭制度、礼乐教化理念问题上，皆以类相求，阐述详明，充分体现出淹博、识断与精审的"皖派"风格。金榜所著《礼笺》，"博稽而精思，慎求而能断"，既重视典制器物之考证，更以躬行践履革除释道之侵蚀，借"仪文器数"而"由器以明道"，重整儒家礼秩规范，不愧为"通人之用心，烈士之明志也"。尤其是凌廷堪的《礼经释例》和《复礼》三篇，"以通例而明礼"，主张"舍礼而言道则空无所附，舍礼而复性则茫无所从"，从而阐释了"圣人之道，一礼而已矣"的学术理念，极大地推进了清代礼学研究在文本体例考证和思想发展方面的进程。

清季，以胡培翚、程恩泽和俞正燮为代表的徽州礼学家，通过对"理欲之辨"的学理考证和"敦品正俗"的切实施行，从而将江、戴之学发扬光大。胡培翚出身于"绩溪金紫三胡"（胡匡衷、胡秉虔、胡培翚）礼学世家，祖父辈就有《仪礼释官》《周礼井田图考》《礼记官职考》等著作问世，加之其能涵濡先泽，博闻笃志，又秉承其师凌廷堪"礼之外，别无所谓学"的治学宗旨而矢志于礼学研究，历数十年而成《仪礼正义》《燕寝考》《禘祫问答》等。其中，《仪礼正义》四十卷对礼学经典加以补注、申注、附注、订注，"以古礼证今俗"，由研治古礼而倡导"立保甲以卫乡，建义仓以赡孤寡"，尊亲收族，恤党赒里。俞正燮长期坐馆或入幕，热心于国计民生，追求思想情感的解放，排斥烦琐的理学礼教束缚。其《癸巳类稿》和《癸巳存稿》以经典考证为切入，意在"存古"而志在"开新"，引领了周围学者把目光由内在礼学思想和伦理道德的争论，逐渐转向对外在社会制度和人性优劣的密切关注，为晚清的社会变革提供了思想准备和理论支持。

综上所述可知，明清徽州礼学作为中华礼学在一定时期和特定地域内的特殊表现，首先反映出在两个朝代之间，徽州学者的礼学研究随着朝代的更替而逐步转型的脉络；及至乾嘉时代，则完成了从"新安理学"到"皖派礼学"的思想建构。其中，明代的特色比较复杂，既有恪守和传承程朱理学而以"理"代"礼"者，也有少部分"惩于主观的冥想而趋于客观的考实"，走向"道问学"，疏离"尊德性"。其次，随着徽商的四处经营，徽州学者能得风气之先。他们处在理学、心学与考证学三者齐头并进的复合状态中而各展才智，已清醒地意识到：欲取代宋明理学，必由形而上的"内省"，转向形而下的"外礼"，由上古典章制度的考证，来探求圣贤理气心性之学。清初，以潘继善、江永等为主体的本土学者，以其传世之作和躬行践履，建构起一个前后连贯而又具有很大影响力的礼学研究群体。随着戴震、程瑶田等一批有思想有作为的中坚力量推波助澜，并带动了金榜、凌廷堪等旅外学者的学术传播和延伸，及至嘉道以后胡培翚、俞正燮等人的奋力前行，代代相传，先河后海，兴起一片内外相通而又彼此连贯的礼学研究思潮，既覆盖了徽州本土，也驱动了江浙及京师地区的考证礼学的兴起，终至成为一个时代学术的主旋律。故近世章太炎、刘师培、钱穆等对此现象皆有一致的评价，认为徽州学者于礼学素有专攻，黄生、姚际恒、江永、戴震等于礼经咸有著述，影响波及后学。至东原出而徽学遂大，一时学者多以治礼见称。而任大椿作《释缯》《弁服释例》，阮元作《车制考》，朱彬作《礼记训纂》，张惠言《仪礼图》颇精，也为徽州学派也（刘师培语）。

与明代徽州礼学的"少而空"不同，在有清一代则显著地表现出"多而实"。究其原因，是鉴于前朝的空疏学风而力求"回归原典"，加之礼学不擅空言玄谈，又与政治规范、社会秩序和民俗礼仪息息相关，故而清代的徽州学者以考证礼学为主体，努力回归传统，在考据实学的范式中重建新的礼学模式。若就意识形态层面而言，这是"以经学济理学之穷"，破"理"而立"礼"，完成由"新安理学"向"皖派礼学"的学术转型，并建构起一种时代思潮与地域学风紧密联系的学术范式。若从社会生活层面而言，徽州礼学家也是深负经世致用的职责与使命，通过揭示由明至清的礼制礼仪在特定区域内的显著变迁轨迹，来促进礼学研究与当时社会协同发展的进程，引领一个时代的地域观念与民众的价值取向，并逐渐向周边地区扩展，进而对近代以来江浙和京师地区的社会生活和学术发展产生了深远的影响。若能够对此问题予以持续的关注与探索，这对当下社会重视传统人文修养、讲求礼仪之道、提倡道德廉政建设诸方面，都具有重要的历史借鉴和现实启示意义。

廖平经学思想与近代儒学转型

四川大学杨世文主持完成的国家社会科学基金项目"廖平经学思想与近代儒学转型"（项目批准号为：15BZX054），最终成果为专著《廖平经学思想与近代儒学转型》。课题组成员有：吴龙灿、黄俊棚。

（一）

廖平（1852~1932年）是晚清著名的经学大师，其经学思想以"六变"著称，久负盛名，被冯友兰《中国哲学史》称为"经学的终结"。廖平经学自成体系，自从其提出"今古学"主张以来，即引起学界的重视。不过迄今学界的研究主要集中在廖平的早期经学思想（即今古学），可以说是局部的，或专注于某个方面，或侧重于某部经典，而对于廖平经学思想的整体建构、廖平经学思想与近代西学、廖平经学思想的丰富内涵、廖平经学与近代儒学转型等问题重视不够。课题组在开展研究之前，首先对廖平经学文献进行了搜集、点校和整理，出版了《廖平全集》，为课题的开展做了充分的文献准备。

对廖平经学思想的研究，需要着力挖掘其在经学史、哲学史、思想史上的意义。研究方法上应当注意提炼廖平经学思想的问题意识，以其早、中、晚期变化过程为纲，通过"知人论世"的方式，对其进行全方位的关照。以廖平经学思想为个案，探讨近代"古今中西"之争背景下传统儒学面临的普遍问题及其应对方式，着力阐发其时代价值和在近代儒学转型过程中的意义，克服以往研究的片面性，以"同情理解"的立场，对其思想价值与时代意义做出符合实际的客观地评估。

（二）

廖平经学多变，时风与世风的影响不容忽视。近代思想文化上的争论，概而言之，其最大者无非"古今中西"之争。深入分析廖平所置身的学术传统和学术背景，对于全面准确地认识其经学思想至关重要。廖平身处近代"古今中西"冲突的大时代中，他所浸润的学术传统，除了蜀学之外，还包括宋明理学、乾嘉汉学以及晚清今文经学。而他身处的学术背景，则是西学东渐及近代新学。廖平试图构建自己的孔经哲学思想体系，因此他对汉唐以来的学术多有针砭，在批评旧经学的同时，提出自己的新经学建构。他强调治经学的任务并不在于训诂、小学，也不在于考据、义理，而在于"明经例""通制度"。正如王汎森所说："（廖平经学）超越个别名物度数或一部一部经典，对各经之间相互关系作跨文本的综览与比较。"廖平特别强调："经学之要在制度，不在名物。"对制度的重视，这是他揭橥的新经学与宋学、清代汉学的根本区别所在。这一点上，即使与他治经异趣的刘师培也承认，廖平"长于《春秋》，善说礼制。洞彻汉师经例，自魏晋以来未之有也"。廖平于光绪二十年甲午（1894）致康有为信中说："经学有经学之根柢门径，史学亦然。"如果说"明经例"是进入经学殿堂的钥匙，那么在廖平眼里，"通制度"无疑是经学的根柢与核心。尽管廖平经学多变，这一主旨则是他反复强调、始终坚持的。如果追溯近代"制度儒学"的源流，廖平无疑有"导夫先路"之功。

廖平经学思想在晚清独树一帜，还有一个重要标志是他建构了一套特有的话语体系。诸如"新经俟后""空言垂教""验小推大""遗貌取神""小统大统""人学天学""进化退化"，都是极具创新性的话语，对于理解廖平经学思想至关重要。随着西方新学术思想的传入，廖平也把西学中民主、人权、自由、宗教、信仰、地球等话语纳入自己的经学体系中，力图构建一个兼容古今、包罗中西、放之四海的经学新体系。廖平经学话语体系，既有传统汉学、宋学的影响，也有清代考据学的影响；既有对中国传统经学话语的继承，也有对西方传入新知识、新思想的吸收，表现出比较复杂的形态。廖平在建立其经学话语体系的同时，也形成了他所独有的经学诠释方法。

（三）

廖平经学思想经历"六变"。如果归纳"经学六变"，又可以浓缩为三个核心问题：今学与古学（今古学）、小统与大统（小大学）、天学与人学（天人学）。以往重视对廖平经学前两变的今古学研究，实际上是片面的。廖平经学思想层层转进，每变愈上，极富时代色彩，应当放在近代儒学转型的背景下来进行观照。相应地，对于廖平经学思想的演变脉络，需要做出新的诠释；对于廖平早期、中期、晚期的经学思想及其价值，应当重新加以评估。

综观廖平经学思想，可以用"今古、小大、天人"三大主题来加以概括。需要指出，廖平经学思想体系中这三大主题并非彼此孤立，而是互融涵摄、层层转进、每况愈上的，从而构成其尊孔尊经、首尾一贯的孔经哲学思想体系。在这个思想体系中，"今古学"是对经学史的重新厘定，意在解决学术史上今古文之争的问题。"小大学"则通过化"古今"为"小大"，将历史上的"大九州"说与"地球"新义结合，探讨"大统"世界与孔子经制，以"王道"与"帝德"区分"小统"与"大统"，通过验小推大，以孔子经典规划全球治理。"天人学"则是面向未来的经学，将六经分天人，分别面向人类社会和未来宇宙。通过对"今古→小大→天人"三大主题的阐发，廖平不仅完成了经学史的重构，而且把整个世界、人类社会以及宇宙太空都纳入了孔经哲学的解释体系。孔经不仅适用于中土禹域，而且适用于瀛海全球；孔经不仅规定了人类社会的发展方向，而且也蕴含了宇宙未来的密码。"今古、小大、天人"三大主题，无疑是廖平经学思想体系的主干和经线。在这三大主题统摄之下，廖平广泛讨论了经学与史学、六艺与诸子、中学与西学等重大的学术与理论问题。

备受学界关注的"今古学"，其实只是廖平早期的经学主张，大体上不出传统经学学术研究范围，"今古学"不能代表廖平经学思想的全部。今学、古学之争，既与两汉经学学术史相关，也是乾嘉汉学与晚清今文学两大学术阵营论争的重点。廖平早期对"今古学"的考辨，将2000年前汉代经学史上的一段公案进行重新检视，提出以礼制分今、古，的确具有廓清迷雾之功。然而不可否认的是，廖平提出的这个区分标准，也存在不少需要检讨的地方，廖平本人也不能完全自坚其说，因此才有始而"平分今古"，继而"尊今抑古"的变化。究其原因，除了学界外来的质疑之外，其"今古学"本身也包含着一些无法弥合的矛盾，并非放之四海而皆准。因此到戊戌（1898）之后，廖平不得不放弃"今古学"，拟将"化同今古"，泯灭今、古界限，提出"大统小统"说替代"今古学"。这正是廖平经学思想的一次重大转向，标志着他从传统经学的学术考辨转向着重阐发新经学思想的转折。然而吊诡的是，学界似乎对廖平早年的"今古学"情有独钟，而对三变之后的学说则关注不多，甚至以为其"无价值"而有意忽视或贬斥，这既有违"知人论世"的学术要求，也不符合廖平经学思想的实际。

事实上，廖平戊戌之后的经学思想，更能够体现出在"古今中西"之争这个大时代下他对中华文化主体性的认识和对儒学近代转型的探索。廖平经学的第三变、第四变，由"今古学"转向"小大"、"天人"之学，代表了其思想发展的中期阶段。这时他突破了传统经学的学术范式，阐发以政治哲学为主要内容的经学思想，从而由经学学者转型为经学思想家。通过对经典的重新诠释，他以进化史观为理论武器，将六经分小、大，"以《易》《诗》《书》《春秋》分配皇、帝、王、伯"，将儒家王道政治理想的适用范围，通过"验小推大"的方法，从中国拓展到全球，从而证明"孔子乃得为全球之神圣，六艺乃得为宇宙之公言"。

在当时"中西古今"之争愈演愈烈的大背景下，廖平关心的是以儒学（孔学）为核心的中华文化的命运及未来走向。他坚信孔经的价值，以孔子及六经（孔经）为核心，把中国文化各个领域融会贯通，统归孔门，认为无论中学、西学皆以孔经为源头，孔子不仅为中国立法，而且为全球立法、为宇宙立法，从而创立惊世骇俗的"大统小统"说和"天学人学"，确立了其思想家、哲学家的地位。廖平也是中国近代最早使用"哲学"一词来建立自己思想体系的学人之一。

辛亥革命之后，廖平经学思想发生第五变、第六变，标志着其经学思想进入晚期阶段。他在综合完善自己早、中期经学学术和思想成果基础上，将"大小"说与"天人"说做了新的综合，创立了"天人大小"说，以凸显中国文化的主体性，开出天人圆满的宇宙新境界。至此，廖平的孔经哲学思想体系得以圆成。

（四）

"经史之辨"是廖平讨论的一个重点，也是其建构孔经哲学思想体系的一个基石。既然六经是孔子对人类社会发展方向的伦理规划与制度安排，它就不是以往历史的真实记录，而是对于未来的设计。对于经典，廖平认为是神圣的，所谓"秦火经残"之说不可信，经典是完美自足的系统，孔经并没有残缺，每个字都有微言大义。基于这样的认识，廖平围绕经与史的分界问题，做了相当多的阐发，广泛讨论了尊经与知圣、旧史与新经、大义与微言、述古与俟圣、退化与进化等问题，并提出经学改良的主张。廖平非常认同进化论，认为人类文明"先野后文，进化公理，人事所必经，天道不能易"，因此他不赞成所谓尧舜三代"黄金时代"之说。人类社会的发展一定遵循从野蛮到文明的进化规律，同时文明开化的疆域也会由小到大，由中国推向全球，由人类社会推向整个宇宙；孔子为后世所做的"立法"会在未来逐步实现。其进化的文明史观在当时具有先进性。

诸子学在廖平经学思想体系中的重要地位，为以往研究者所忽视。事实上，廖平为了凸显孔子及六经的地位，用了许多篇幅论述六艺与诸子的关系问题。廖平的一个核心论述是，诸子源于六经，百家出自孔学。廖平以"九流"皆出于孔门"四科"：道家出于德行科，儒家出自文学科。诸子之学既然都出自孔学，当然也体现了孔子的制法。以此论述为前提，他建构起自己的诸子学理论体系。廖平认为，儒家只是诸子中的一派，孔学可以兼包儒家。至于道家，廖平给予其特殊的地位。在大统、小统学说中，道家的地位最为重要，儒家治中国，道家治全球。通过将道家收归孔门，廖平凸显了孔子的至圣地位，以为六艺、诸子，本来同源共贯，故善学者无论六经、诸子，皆可为治世之具。要对治当今世界之病，六经之外，还应当辅以诸子。将来世界大同，必然以学术大同为先导。学术大同之后，再推之于治法，才能"化不同为大同"。廖平的诸子学思想体现了其孔经哲学思想体系的包容性。

中学与西学，是廖平经学思想体系中的又一个重要话题。廖平与其他某些持保守立场对西方文明"深闭固拒"的儒生不同，他试图站在儒学的立场上去理解西方，诠释西学。这在其经学三变之后，尤其明显。廖平提倡"西书尤资讲习"，认为只有了解西学，才能知晓彼此的长短。甲午之后，他接触到大量介绍翻译西学、西教、西政的著作。所谓"新理""新学"，是当时人们对西学的称呼，相对而言，中学则往往被看成"旧学"。在时人眼里，中学主要指"八比"（八股文），西学主要指"格致"（科学技术）。廖平认为不能以中外发展不同的阶段来区分新与旧；西学之新，未必非中国之旧，它有待我们的慧眼在中国的旧传统中去发现它，旧学中也有新思想，这个所谓"新思想"，正是他所提倡的孔经哲学。廖平认为，判断文明程度的标准在于伦理，而不在于物质；中西之间的差异，在于文明程度的不同。他告诫，对待西学，不能盲从，必须树立正确的态度。

（五）

由上述可见，廖平经学思想涵盖面极为广大，远非"今古学"所能范围。我们要重视廖平经学思想的问题意识，以及其在近代"古今中西"冲突中的价值意义，准确评估其在儒学转型中的作用。近代西学东渐，对廖平这样的传统知识分子冲击很大。面对真实存在的西方世界和西方文化，廖平不像有些守旧派那样视而不见，或者深闭固拒。相反，他站在儒家文化主体的立场上，希望通过发掘儒家经典和中国传统学术资源，努力对其做出合乎经义的解释。廖平借助于古代经典、诸子百家文献（包括邹衍、《山海经》、《淮南子》、先秦诸子、谶纬、星宿分野等）和西方天文地理、历史知识（如《海国图志》《出使四国日记》《采风记》等），倡言大统、小统，对传统的"天下"观作了重新诠释，希望证明中国不仅仍然是世界地理的中心，而且依然是人类文明的中心，从而从地理位置与文明程度两个方面解释了中国与世界的关系。对此，我们应当站在"同情理解"的立场，将廖平经学思想视为近代儒学面临内外挑战所发生的转型过程中的一个环节。面对当时"人才猥琐，受侮强邻""守旧者空疏支离，维新者废经非圣"的现实以及儒学面临的危机，廖平主张必须"保教"，而"保教"必须尊孔、崇经。要达至此目的，就必须将孔子与普通著述家相区别，将六经与旧史相区别，尊孔子为全球圣人，六经为万世大法。廖平经学辨今古、别大小、分天人，屡变其说，其最终归宿，即在于是。

因此，廖平经学研究的新开展，需要更加全面、系统、深入地进行，克服以往的廖平研究仅仅注重其某一个方面、对其整个经学思想体系重视不足的短板，实现研究上的突破。廖平经学思想有其特有的变化的脉络，正如他本人所言，多变之中，有不变存焉。做孔经的守护者、儒学辩护人，是他一生的追求。本课题对廖平经学思想的演变提出了"分期新说"，在此基础上，我们对廖平经学思想进行了新的融合，提出廖平虽然"经学六变"，但其核心思想可以浓缩为三个问题：今学与古学、小统与大统、天学与人学。"平分今古"解决两汉经学的分派问题，学术意义自有定论；"尊今抑古"虽然说极力抬高了孔子的地位，但以古文为伪经，容易造成儒学内部今古文之间的争讼互斗，终有割裂六经、分裂儒学之嫌。故他另辟路径，最后泯灭今古界限，打通今学古学，实现了"群经大同"，将孔经看成统一的整体，尝试探寻孔学的世界意义及其未来价值，从而达到凸显儒学文化的主体性、增强民族文化自信的目的。通过对廖平经学思想发展演变的逻辑梳理，我们对廖平在经学思想上屡变其说，自有同情之理解。

与一些学者的判断不同，该成果发现廖平经学思想并非纯粹"书斋中的学问"，而有非常强烈的弘道意识和十分明确的"经世"倾向。"经世"是儒家文化最重要的传统之一。所谓"经世"，内涵非常丰富，其应有之义可含以下几个层面：一是积极入世的价值取向，二是经邦治国的用世理想，三是的追求正义的批判意识，四是悲天悯人的救世情怀，五是以天下为己任的担当精神。儒者有一于此，即可谓有"经世"情怀。故我们不能仅仅把廖平看成是一位不通时务的腐儒，而是具有强烈经世意识的近代大儒。

冯友兰写于20世纪30年代的《中国哲学史》以廖平为经学时代的殿军。事实上，即使廖平经学已经成为历史的陈迹，但作为中国传统学术的表现形式之一的经学还将继续传承和延续。廖平生活于晚清、民国之际，这是近代"古今中西"之争最烈的时代，传统儒学面临着十分严峻的挑战。廖氏一生为孔经辩护，面对儒学的危机，希望通过自己的阐发，凸显儒学的价值，并努力使儒学与时代合拍。廖平经学思想的变迁实际上是儒学在近代转型的一个缩影。面对新的世局、新的时代，儒学如何走出困境寻求新生，当时许多像廖平这样的知识分子都在思考、在探索，甚至在行动。廖氏经学，既是旧经学的终结，又未尝不是20世纪新儒学的先声。20世纪新儒学的崛起，与他们这些人的努力是一脉相承的。他所面对的问题，在当今依然存在。在"天下一家"的全球化时代，如何延续自己的文化传统，保持自身的文化特性，珍视固有的传统资源，正确处理本土文化与外来文化的关系，都是需要认真对待的课题。而廖平所提出的解决之道，虽然"徒托空言"，也未尝不值得我们研究反思，这正是研究廖平经学思想的意义所在。

廖平经学思想比较复杂。廖平曾说："为学须善变，十年一大变，三年一小变，每变愈上，不可限量"；"变不贵在枝叶，而贵在主宰，但修饰整齐，无益也。若三年不变，已属庸才，十年不变，则更为弃才矣。然非苦心经营，力求上进者，固不能一变也。"① 廖平经学以多变著称，这无疑增加了研究其经学思想的难度。如何从其复杂多变的经学思想中提炼出其一以贯之的核心，并对其经学变迁做出合乎逻辑的诠释，清理其与近代儒学转型之间的必然联系，这是一个难点，也是今后研究需要继续努力的方向。

---

① 廖平：《经话》甲编卷 1。

日韩朱子学的传承与创新研究

　　复旦大学吴震主持完成的国家社会科学基金项目"日韩朱子学的传承与创新研究"（项目批准号为：13AZD024），最终成果为专著《东亚朱子学新探——中日韩朱子学的传承与创新》。课题组成员有：黄俊杰、蔡振丰、杨儒宾、陈立胜、东方朔、郭晓东、土田健次郎、山本正身、藤井伦明、傅锡洪、吾妻重二、永富青地、张崑将、崔英辰、李红军、井上厚史、邢丽菊、崔在穆、蔡家和、谢晓东、林月惠、李明辉、川原秀城、吴伟明、金培懿、韩东育、杨祖汉、艾文贺、陈佳铭、洪军、陈晓杰。

一　研究的目的和意义

　　该研究的主要目的是推动儒学研究的国际化。课题组成员包括中日韩以及我国台湾地区学者，开拓了跨学科、跨地域的协同创新研究的新方向，使研究具有国际化和开放性的特色，打破朱子学作为中国哲学史或中国思想史的固有分支的局限。该成果在朱子学研究领域具有学术创新性。该成果突破了以往就朱子学而谈朱子学的模式，而将朱子学放在东亚儒学的视域中进行了多方位、多视角的立体考察，并推动了东亚地域的儒学资源、研究资源的积极互动。该成果的学术意义还表现为：对于同属汉字文化圈的日韩两国儒学文献资料的开拓性运用，从而使得本项目研究在理论与文献两个方面得到了有机的结合。相信该成果对于中国学界乃至东亚学术共同体将产生积极的影响。

二　成果的主要内容

该成果分为四篇："东亚儒学与中国朱子学""日本朱子学的传承与创新""韩国朱子学的传承与创新""比较研究与回顾综述"。

第一篇"东亚儒学与中国朱子学"。其中关于东亚儒学的两章以特殊性与普遍性、视野与方法为中心，对"东亚儒学"这一研究新领域的各种学术问题进行了深入的理论探讨，指出东亚不是一个"实体"性的存在，而是指具有多元文化特征的"文化东亚"，其内部带有民族性及地域性等多元特征，故有必要打破前近代或近代帝国时期的"中心一元论"的自我设限，并将东亚儒学视作"文化认同"意义上的一种文化传统，而儒学作为一套文化价值系统也必然具有普遍性价值，例如"仁心"与"良知"、"王道"与"仁政"等。东亚儒学又有"多元一体论"的特征，从理论上看，这也符合中国哲学的"理一分殊"观念。我们主张以中国"原生态"的朱子学为审视坐标，去考察经本土化转向或思想再生产而形成的日韩朱子学具有重要的方法论意义，故"中国朱子学"各章分别从朱子的仁学思想、功夫论系统、"德性之知"、"真知"理论、慎独思想、气学论述等视角出发，以朱子哲学内部的某些关键问题为导向，进行了深入而有创见的思想考察和理论阐发，代表了近年来朱子学研究领域的最新成就。

日韩朱子学的开展虽不能游离于朱子学之外，然不必受中国本土朱子学的局限，相反，经过日韩本土文化的汲取与转化，朱子学在异域的发展便会展露出异彩纷呈的景象。朱子学东传日本大致在 13 世纪镰仓末期，但在日本社会各界开始广受关注则是在 17 世纪以后德川幕府的江户时代（1603～1868）。第二篇"日本朱子学的传承与创新"中"近世日本朱子学与反朱子学"一章，指出日本朱子学的开山祖师藤原惺窝其实"并非纯粹的朱子学者"，其思想不免有儒释道三教合流之趋向；而其大弟子林罗山虽深受幕府赏识，被委以"大学头"重任，似乎意味着朱子学在德川时代占有主流地位，然而他对朱子学是否有正确的理解和把握却受到后世的质疑，更为重要的是，就在江户初期，朱子学开始流行之初，几乎同时就出现了一股"反朱子学"的思想运动，这就表明江户儒学呈现出多元、交错的样态，朱子学也难以被认定为德川幕府的政治意识形态，这与日本社会是武士阶层构成的特殊形态以及缺乏中国和韩国的科举制度有着密切的关联。"仁斋学的'天人合一'理论"一章则深入探讨了仁斋学"天人合一"的思想，认为其正是通过对"天人合一"的独到理解和重新定义，将"天人合一"转化为实践命题，认为"天"的世界就是"人伦世界"而不是权力阶层独占的"政治世界"。再看"徂徕学对形上学的颠覆"讨论了古学派重要人物获生徂徕对朱子学的批判及其独特的经典诠释方法，指出徂徕学思想内部所存在的问题可能比仁斋学更为严重，因为在其所谓的"以古言征古义"这套方法论的促使下，反而导致"以今言视古言"的相反结果，走向"以古言视今言"的另一极端，因此，徂徕学竭力复归原典、重现孔子之道，实质上，却有非常浓厚的价值判断，不免忽视了历史文化发展的连续性。此外，"崎门学的'智藏'论"关注崎门学的独家密义——"智藏"说，"智藏"一说虽源自朱子，然在中韩两国朱子学的传统中却从未引起朱子后学的足够重视，日本崎门学却对此展开了独特的诠释，构成了崎门学的一大特色，同时也是日本朱子学的重要特色之一。

第三篇"韩国朱子学的传承与创新"，分量较大。其中"高丽末期韩国对朱子学的吸收"一章指出高丽朝末期由朝鲜儒者安珦自元朝携带朱子书籍回国，成为朱子学传入朝鲜的重要标志。及至高丽朝末期李穑的出现，对朱子学的思想义理产生了浓厚的兴趣，理论研究的水平也有了明显的提升，并在新旧两派的政治势力当中，朱子学成为两派共同的思想基础。关于韩国的朱子学史，"韩国儒学史上的退溪学与栗谷学"从思想史的角度，梳理了16世纪李退溪与奇高峰的"四端七情"之争、17~18世纪栗谷学派内部的"未发论争"以及19世纪退溪学派与栗谷学派的"心说论争"的三大思想辩论。"栗谷学派的儒家'图像学'构想"探讨李退溪撰《圣学十图》进呈宣祖，宣祖命儒臣进行注释而出现了"圣学"之图的解释学动向以及韩国儒林编写"圣学"图说的新潮流，构成了韩国朱子学"图像学"的奇特现象，这是不同于中国朱子学的一个重要方面。"宋时烈的方法论及四七之辩""栗谷后学田愚的四端七情论"两章为李退溪与奇高峰、李栗谷与成牛溪之间发生的两场"四七之辩"，进而对17及18世纪末两位大儒宋时烈与田愚进行思想考察，为我们揭示出"四七之辩"的丰富哲学意涵以及韩国朱子学在理论上的独特发展。此外，"韩儒实学思想与朱子学"关注朝鲜朝后期出现的"朱子学相对化"这一新现象，具体表现为朝鲜实学两大学派的代表人物李瀷与洪大容的思想缠斗，出现了"宗朱与攻朱的奇妙混合"，发人深思。"韩儒崔象龙的经学思想"探讨18~19世纪之交的韩儒崔象龙的独特经学思想，揭示了岭南退溪学派四书注释学的面相，同时也提醒我们有必要重视研究韩国性理学传统中的经学思想。

东亚文化的多元性决定其研究内在地具有比较视野，在研究韩国或日本朱子学的过程中，会自觉或不自觉地与中国本土进行比较，展示出朱子学在东亚地域的理论新发展。第四篇"比较研究与回顾综述"中"近世中日儒者的'制心'问题"一章通过跨文化比较，对近世中日儒学史上如何应对"制心"问题进行全方位、多角度考察，其中涉及朱子学对"制心"问题的独特思考，并对江户时代"以礼制心"说的思想特色及其理论盲点进行了仔细缜密的考察与剖析，富有创见。"田艮斋的朱子学理解与牟宗三"通过对田愚与牟宗三有关朱子学理解的比较，发现牟宗三对朱子学的两项基本判定竟在19世纪韩儒田愚及其上几代祖师栗谷当中可以找到异国的"知音"，但田愚等栗谷学派却坚持认为，他们的理解是符合朱子学之本意的，由此推论，则朱子不但不是别子，反而是儒家的正宗，这就与牟宗三的判断形成了有趣的对照，值得深思。"仁斋、戴震与茶山的比较研究"一章将中日韩的三位重要儒者置于同台竞争的比较平台，18世纪互不相识的三位儒者却不约而同地对朱子学提出了尖锐的批评，他们的多数批评具有内在的合理性和自洽性，展示了儒学发展的"独特面向"，对于我们重新理解儒学传统在当代的丰富性、多样性具有重要意义。最后四章，则从不同的角度对日本、韩国、我国台湾地区以及大陆的儒学与朱子学研究进行学术史的回顾与方法论的反思，进而对朱子学研究的未来发展提出了新的期望。附录两篇则是有关近十年来日本和韩国朱子学研究著述的简目，可为学界提供必要的参考。

三　成果的主要价值

首先，从总体上看，推动东亚儒学或东亚朱子学的研究是以中国为"主体"，以东亚为"视角"，因为"东亚"并不是一个实体存在，而是一个文化交涉的"场"，在当今多元文化的世界，我们的研究立场为：立足中国、放眼世界，既要厘清朱子学在东亚的历史脉络，又要展示朱子学在逻辑上的发展可能性，通过回顾东亚儒学历史来思考儒学的当下性，这是本项研究不同于以往研究的问题意识之所在。

其次，具体而言，我们所要做的工作大致有三点：其一，从跨文化研究的角度出发，在中国朱子学研究的基础上，推动东亚朱子学的协同创新研究；其二，以日本朱子学和韩国朱子学作为问题的切入点，对朱子学在东亚地域文化传统的历史"承传"及思想"创新"做一番多视野、多方位的跨文化考察；其三，对 21 世纪以来世界各国的东亚朱子学研究成果做一番综述，也即目录索引学的工作。

再次，历史上存在将朱子学视作一种书本知识的倾向，而与社会实践完全脱节，这在当今日本学界尤其明显。我们的东亚朱子学研究的关怀并不在于单纯的传统知识追求，而在于运用知识以进一步思考和展示如何将传统文化落实为实践的可能性，因为"回顾"传统的目的正在于"展望"未来，通过探讨儒学价值在当今社会的当代转化以便使其重新获得符合新时代的社会意义。

最后，儒学是中国的，曾经是东亚的，今后则是世界的，"世界儒学"也完全可能从学理上进行多方位、跨国界的探讨，由东亚出发来审视朱子学则是为了达此目标而跨出的重要一步。通过东亚朱子学研究，可以更清楚地了解中国儒学其实是一个开放的多元系统，进而增进东亚文化之间的相互了解，我们这项研究的社会影响也正在于此。

心身关系问题研究

山西大学费多益主持完成的国家社会科学基金项目"心身关系的哲学研究"（项目批准号为：13AZX008），最终成果为研究报告《心身关系问题研究》。课题组成员有：孙岩、郭欣恺、蔡立庆、孟彦文、李晶。

一　研究的目的和意义

心身关系是始终伴随着人类、深入探讨人类自身存在的一个古老而基本的命题。两千多年来，心灵的本质一直困扰着人们，时至今日，它仍然吸引着一代代的哲人们不断地探讨。对心身关系的体察显现了人的本性之谜。对此问题的不同回答，区别出不同学者的哲学倾向。尽管当代关于心身关系的讨论仍然处于"众说纷纭"的阶段，但是旧的问题已注入了新的内容。最近 30 年来，生命科学、认知科学和人工智能研究的发展，为重新理解心灵与肉体问题提供了一个更为广阔的空间，心身问题研究受到先进技术的直接促动，其重心也发生了一系列新的转向及变化。现代科学为解释心身关系问题提供了新的手段和途径，也对因袭多年的、传统的关于心身关系的看法产生了剧烈的冲击。21 世纪的科学发现给身心问题的解决提供了更多的实证基础，也给心灵与身体的研究提出了新的课题。回顾当代心身问题的演变历程、总结其成败得失、把握其演进趋向，研究总结身心关系问题研究的焦点、主题及其新趋向，既是推动心智哲学进步的基础性工作，也对我国当前正在深入展开的心智哲学研究具有重要的启发意义。

二 成果的主要内容

该成果汇集了笔者 15 年来对心身关系的心得，立足当代哲学重新审视心身难题，从本体论、认识论与知识论、价值论三个方面探讨了相关的纷争与实质。值得一提的是，不同于时下时髦的以神经科学或认知科学方式讨论问题的途径，该成果注重形而上学层面的追问、考查和剖析，呈现出一种清新而厚重的古典气质。

（1）在本体论层面，该成果探讨了心身难题的概念羁绊，认为：我们遭遇心身关系问题的症结，源自作为基础的本体论层面的困境——从概念的种类来看，用以把握心灵的主观层面的形式与用来了解大脑的客观层面的形式似乎是不可通约的，体现为：经验表述受到语言限制，心理事件无法纳入严格的规律，主体对于自己的心智状态拥有某种与别人不可分享的通路。为了在心身难题上有所进展，笔者试图摆脱这样的假设，即"心理"和"物理"具有相互排斥性，二者是互不相容的存在论范畴。"心"与"身"被看作互换而不共存的两种视角，身体中的事件以心灵中的观念来表现，并且具有表现性的对应关系，而实现这种对应的途径已经包含在实体之中——机体进行目的性活动的能力构成它们内在活动的源泉，通过生命范畴的联结，心灵与身体保持了可共同实现的机制。同时对意识何以成为"有意识的"进行了深入探索，即意识的高阶表征理论试图寻找心理状态中的"主动意识"得以形成的必要条件，作者对其核心观点和主张进行阐释，呈现并分析了它所遭遇的困境与反驳，进而针对最为棘手的无目标状况问题及其应对策略加以解析并给予回应，以期为进一步探索"通达意识"提供可能的视角与思路。

（2）在认识论与知识论层面，该成果探讨了他心感知问题，认为：推测他人心理状态与知觉自我具有内在的联系，借助自动的、无意识的模仿，我们可能直接体验到他人的内心状态，这得益于观察者和被观察者之间相似的神经通路。这一发现揭示了感知他人动作意图的关联机制。笔者在分析由此带来的启示的同时，通过因果性考察谨慎指出，（神经）相关性并未提供关于他心理解的完备解释，并且它们仅仅在最低限度发挥作用。笔者由此进一步探讨了他心知识的知识论特征，即作为一种具有私人性质的知识，他心经验能够通过公共的表达方式以及对各自心灵状态性质的描述，达成相对一致的体认和交流。然而，从根本上读懂他心又是不可能的，因为意识经验存在于其严格意义下的拥有者，经验主体内部呈现出来的独特的感受质无法从第三人称角度得到测量。就此而言，所谓的感知他心不是寻求对他人行动方式的因果性说明，而是阅读他人特定情境中的意义表达。另外，探索了个人同一性。神经科技的发展使得直接人为地操控大脑和心智变得可能，这对个人同一性的判定构成挑战。笔者以情感为进路，探讨了同一性遭受干预的可能途径，分别从自我认同中的情感标准、真实的自我感受、自我的客体化、选择的潜能与选择的独立性四个方面进行论证。同一性并非仅仅借助大脑就能得到解释，而必须依赖于它与主体所拥有的经验之间的关系；身份的认同不是单独个体主观的选择和决定，还包括他人对自己的选择和行动的确认与肯定；作为法则使意志得到服从的意识源于，行动不仅仅是在快乐舒适的基础上合乎义务地发生，而且在根本上就是出自义务而发生的。

在当代知识论中，内在主义与外在主义一直被视为两个重要而又对立的范畴，本研究从心灵哲学的视角分析了二者的理论困境及其破产症结，即无论知识的确证取决于使其为真的外部世界还是主体的内在状态，都暗含了一个预设——它们是先天预成的，其特性不会随着信念的改变而发生变化，于是似乎我们只能在两者之间做非此即彼的选择。但这个预设本身就是有问题的，它静态地看待认知的某些结果，而完整的知识确证需要从原初形式的认识开始，考察它们的起源并追踪它们的发展层次和趋向。从某种意义上说，我们关于外界的感知是一种始于内心信念的世界模型，但模型会根据预测状况与实际情形的偏差不断进行调整和修正。经验是对我们的感觉的自然的现实化，而概念性能力不可或缺地包含在我们的感觉的自然中。按照这样的思路，如果我们找出内/外在论在认知过程的不同层级和脉络里得以运作的那些方式，那么它们在很多方面不再是相互排斥的，而是可以实现融合或达成一致。

（3）在价值论层面，该成果探讨了意义的来源：在洛克的意义理论中，意义是心中观念的标记，语词通过对观念的表达而获得意义。这一理论明确了人对意识中的那个被建构起来的表象的可感性的特征的语言陈述及逻辑演绎，然而它也预设了那些恰恰需要我们对之进行解释的心理意象。20世纪对此进路的质疑与反思显示出：语言表达式的意义是语言使用者所诉诸的所有证据的联合产物，并由制约着各种表达式的共同规则所给予。尽管如此，语言借助意向传达出意义，而意向是被众多心理状态以及非表征能力共同决定的；言说的意义与"理解"和"解释"能力紧密相连，而解释又是一种信念赋予。

理性思考与情绪感觉（情感体验）相互交织，有限理性产生的结果比按逻辑和计算方法行动更加合理。作为进化遗产的一部分，情绪优化了人的互动方式，并起到动机和知觉的作用。情绪在心理功能与神经机制两个层面影响推理：在心理功能层面，情绪把人引向需优先关注的问题，从而使记忆、注意、言语、决策等认知过程变得更具选择性，并规定了认知的策略与风格；在神经机制层面，认知脑与情绪脑分离的假设被大量研究证据所否定，即使被视为情感中心的"边缘系统"也参与认知加工过程。情感经验具有非概念的内容，其作用在于填补纯粹理性决定行为和信念所留下的空隙。作为一种评价式的诠释，情绪引导着经验模式或场景。情绪的判断系统本身并不构成观点或观察的框架，它作为一种景象或情境，使事物在其中以某种方式被看作或想象为某个样子。

现代神经科学的实验结果显示，在我们意识到行动之前，大脑已经做出行动的决定。这无疑向常识和传统的哲学提出挑战：所谓的自由只是一种幻觉。面对由此引发的激烈争议，我们需要对相关概念的误读进行剖析，并澄清自由意志的内涵及其本质性规定。事实上，由于未对个体层面的经验与亚个体层面的神经活动做出根本区分，一些认知神经科学家在概念层次间做了不恰当的跨越。而实验中违反日常直觉的现象蕴含了意识经验近年来被发现并越来越得到关注的重要特质——事后阐释与建构整合，意识的这种改写无意识心灵预置行为的能力，正是意志自由的心灵根基；这启发人们对自由意志的开启和运行机理重新反思，并在新的起点上理解统一的理性主体的独特行为品质。作为进化道路上选择出来的精神力量，自由意志的心灵基础事关人类的生存和繁衍，并构成其人生中一个有意义的部分，同时，也成为人类一切争端和矛盾的源头，理解这一点，对于不同价值体系的人们和睦相处尤为关键。

柏拉图与古典幸福论研究

　　浙江大学包利民主持完成的国家社会科学基金项目"柏拉图与古典幸福论研究"（项目批准号为：12BZX050），最终成果为同名专著。课题组成员有：孙仲、金建伟、林志猛、包大为、张波波、陈郑双。

　　该成果是对以柏拉图为代表的西方古典幸福论的一个研究，重点放在柏拉图的幸福论上，同时考察柏拉图之后的亚里士多德和希腊化罗马主要三派新哲学的幸福论。本课题力图立足当代视野和有关学术研究传统，做到在问题意识上、思路上和成果上都有所创新和深化。课题组利用了大量古典文献和中外文最新研究资料，在立足文本的基础上大胆进行理论创新，不断精练理论框架和更新核心概念。

　　首先，成果将柏拉图的幸福论的主题定位在幸福论上。传统以来，柏拉图幸福论被归入柏拉图的伦理学。然而成果在研究的开始就确定，"幸福论"与"伦理学"既密切相关又有各自相对的独立性。古典幸福论确实属于广义伦理学，甚至被用于命名伦理学的一个派别，与道义论和后果论并列。但是同时，幸福论的内涵外延又超出了狭义的道德学，它有自己的主题：即什么是人生的意义，什么样的生活值得过，个人的人生终极目的是什么，历史有没有最终任务要完成，以至于完成后可以宣布历史的终结。如果说现代幸福论往往和伦理学紧密融合，那么古典幸福论的独立性就更为明显，它属于某种"为己之学"，而不是仅仅服务于"利他主义"。希腊化罗马哲学虽然被称为"伦理学中心的"，其实都是"治疗型哲学"，即关心的是个体自己的心灵健康。这种区分引导我们考察柏拉图及古典幸福论。

成果一方面小心分析柏拉图幸福论与正义论（狭义伦理学主题）的紧密纠缠，另一方面又仔细梳理他的独立的幸福论关切，后者并非他解决前者的工具而已。这有助于解释柏拉图的幸福论的许多特色或独特缺陷，这也有助于人们理解柏拉图伦理学和幸福论的研究传统。

其次，成果系统梳理了各种关于柏拉图的幸福论的研究传统。古代的中期柏拉图主义和新柏拉图主义就强调柏拉图幸福论的超越性乃至宗教性一面，从哲学或神学的角度论述如何成为一个真正的人。这让许多现代民主派古典学家感到尴尬和不满（比如 Vlastos 和 Cooper），但是有的学者比如 Annas 认为不必避讳，因为这些古人离柏拉图更近、态度更虔诚，所以也许认识得更为准确。到了基督教时代早期，奥古斯丁受到新柏拉图主义大师普罗提诺的深刻影响。然而同时，基督教教父认为幸福之事属于信仰，哲学只应该承担准备工作。这可能导致了古代热闹的哲学人生学说的消逝（Cooper）。在近代，施莱尔马赫对柏拉图哲学形成了自己独特的理解：（1）将柏拉图作品视为一个有机整体，以思想上的内在关联确定各篇对话的先后时序并剔除伪篇；（2）柏拉图的全部思想皆可在其对话作品中得知。也就是说，不存在口头内传和书面外传之间的差别；（3）柏拉图哲学是一种处于转变过程中的哲学，而不是一种到达终点的哲学，"爱智慧"不等同于"智慧"，哲学乃是对智慧的永恒追求。

在现代，许多学者对古典幸福论做出了有益的探讨，分析哲学的古典学研究成果累累。尤其值得一提的是纳斯鲍姆的《善的脆弱性》详细探讨了哲学家包括柏拉图对消灭生活中的悲剧性的努力，在此当中的得失。此外的分析哲学派古典研究代表比如 Vlastos、安娜思、弗雷德、Cooper、安东尼·郎等也都提出了有益问题和研究。之外，施特劳斯派，包括施特劳斯、伯纳德特和布鲁姆、Bolotin 等人，也对柏拉图幸福论做过非常富于启发的研究。他们强调展现在对话录和古代人物的真实生活中的价值观。此外，海德格尔、阿伦特和沃格林的古典学研究也从宏观角度出发让我们看到了柏拉图幸福论的历史意义。

再次，该成果还有一个特色，就是时代敏感性强。今天人类面对的是第三次科技革命，这是一次以人为中心或主题的革命。它对人类的自我理解和实践可以从两个方面看，一个是学理上的自然主义，另一个是更为重要的技术上的突破。它对人类的幸福论的影响的最终形态，因为还是进行时，所以并无确定答案，但是一些主要的方向却很明确：从手段上说，新科技革命很可能带来无法想象的物质富裕，这意味着人们将从必然性劳作中彻底脱身，人的作为与能力在人工智能和互联网面前几乎可以忽略不计，被彻底"代工"。于是，如何在不必从事谋生劳动之后追求和享受终极幸福的问题，可能很快会来到每个人的面前。换句话说，古典幸福论即将复兴。从终极目的上说，新科技可能直接介入"终极目的"，通过无法想象的新技术大规模、全方位制造地球上从未出现的"超级幸福"。这包括通过基因增强术、脑科学增强术和人机接口技术等造出超人，也包括通过 VR 和刺激下丘脑技术制造闻所未闻的高强度快乐。此时此刻，是否接受这样的"幸福"，是否认可这是"历史的终结"，是一个非常紧迫的现实问题。

最后，该成果研究的特色是积极进行理论建设。为了使得研究深入，课题组首先提出了几个理论模式。第一个是主观价值与客观价值的区分，第二个是强者政治学和弱者政治学的异同，第三个是价值 ABC 维度（自我-行动-对象）的展开。在建模阶段，我们探究的主要古典思想主要是柏拉图的《吕西斯》、《尤昔底莫斯》、《菲丽布》和《理想国》等对话录，以及亚里士多德的《尼各马克伦理学》。

在这些理论模式的指导下，课题组分别深入考察了柏拉图幸福论中的三个维度。

首先，课题组用了专门的一章探讨柏拉图对于自我（主体、行动者、位格）的"好"是怎么看的，这主要涉及他的"德性"（人的卓越）和"内在正义"（理性主导欲望，形成真正的内在强者）学说。为此课题组主要考察了《理想国》前面 4 卷以及"苏格拉底对话"诸篇对话录，包括《高尔吉亚》。在此当中，讨论了柏拉图的灵魂学说。

其次，课题组还专门用第四章考察柏拉图的哲学爱欲学说，即他的对象好之学说。这涉及柏拉图的客观价值本位即理念论和至善学说怎么理解，也涉及他对一种独特的对象好即快乐的系统批判是如何进行的，以及是否有道理。课题组主要分析的是《理想国》第 5~7 卷、《会饮》、《吕西斯》、《高尔吉亚》、《菲德罗》等对话录。

最后，第五章讨论了柏拉图是怎样看待"行动"和个体生活的价值的。作为一位客观价值信仰者，柏拉图能接受行动作为他的幸福论的一个不可或缺的部分吗？课题组主要考察了《理想国》第 8~10 卷、《会饮》、《普罗泰格拉》和《高尔吉亚》等篇对话录。在考察中，课题组分析并处理了思辨与行动的对立，哲学生活与其他生活的关系，并指出了以安东尼·阿多和 Cooper 等人为代表的哲学生活论在今天是如何试图复兴古典幸福论的。

在第六章中，课题组对柏拉图三个维度的价值论进行了一个综观式的总结。研究结论是：柏拉图是一个非常丰富复杂的思想家，他的"幸福"图景是一个打开的存在论和价值论世界，他既严肃对待主体自我的价值，又认真重视客观世界的价值，他不回避不同的价值维度必然带来的内在张力。同时，在每个维度上，他都尽量升华、向上、超越，开出了全新的客观价值大序。他一方面建立了堪与现代浪漫派抗衡的"古典主义"价值范式，比如《菲丽布》，但是同时又论证了相当成熟和美好的浪漫主义价值理念，比如《菲德罗》。

课题组研究了柏拉图之后古代幸福论哲学的发展。随着晚期希腊现实政治的失败，"晚期希腊-罗马哲学家"如伊壁鸠鲁、斯多亚派和怀疑论纷纷指出"公共大序"的幸福论路径完全错了。以"自足强悍"为核心的幸福不能依靠政治技艺达到。新的哲人通过开掘内心的力量和哲学认识的力量对抗命运，在更高的层次上回答"强者政治学"的经典问题："什么是真正的强者，什么是终极幸福？什么是真正的自由、真正的'自足'"？希腊各种幸福论沿着对柏拉图的批评建构自己的新理论，但是其实也可以视为是集中地、极端地发展柏拉图思想中的某个维度，比如亚里士多德集中发展了柏拉图的行动论，反对柏拉图对于理念幸福论的过分强调；晚期希腊哲学更是发展了柏拉图的主体内部自足幸福论，反对柏拉图和亚里士多德的客观价值论。这种西方古典幸福论的发展逻辑，与中国古典幸福论的发展既有相同之处，又有许多有意义的差异。另外研究结果表明，虽然希腊化罗马时期的"伦理学"非常清晰地、毫不动摇地以个体幸福或治疗哲学为第一重要的主题，但是它们也都同时认为自己的个人幸福论与人际道德不矛盾；或者说，能够更稳妥地帮助建立人际关系的德性，只不过后者是第二性的关切。比如伊壁鸠鲁虽然否认古典哲学的"内在正义"或"正义自身"的存在，但是认为根据自己所观察到的快乐与痛苦与人类行为动机的关系，可以采取严密法制来达到本来靠德性和知识达到的人际互不伤害的效果。

课题组在第八章回到时代问题上，强调今天对柏拉图幸福论的研究不仅有理论意义，而且具有刻不容缓的现实意义。古典学者应该积极利用新科技革命带来的机缘，充分展开古典哲学家已经展开的人类自我认识和了解的历程。其实，古典幸福论是当时的哲人对人的存在方式、生活形式、价值性存在和目的论存在等的认识。因为这些研究的全面性和深刻性，它们对我们今天的人来说是非常宝贵的资源。在本章当中，从自我价值、行动价值、对象价值等三个维度考察了新科技革命的可能影响和柏拉图幸福论对于回应这些变化的各种可能启发。

中世纪逻辑及其现代性

浙江大学胡龙彪主持完成的国家社会科学基金项目"中世纪自然逻辑语义学及其现代重建研究"（项目批准号为：14BZX079），最终成果为专著《中世纪逻辑及其现代性》。课题组成员有：薛磊。

一　研究的目的和意义

毫不夸张地说，中世纪逻辑是逻辑科学研究的最薄弱环节，也是中世纪哲学研究的最薄弱环节。很长时间以来，中世纪哲学研究基本不讨论逻辑问题，而只有研究中世纪逻辑的人才去讨论中世纪哲学，国内外均如此。这种情况与中世纪哲学家彼得·达米安的"哲学是神学的婢女，与哲学和其他学科相比，逻辑甚至连为神学服务的资格都没有"这一谬论之消极后果的惯性不无关系。

然而最近20多年，这种情况发生了变化。随着中世纪逻辑原始文献被不断发掘，越来越多的古代语言版本逻辑著作被翻译为英文、法文、德文甚至中文，中世纪逻辑研究呈现出较为繁荣的局面。但就中国学界而言，虽然此前也有不少具有影响的介绍中世纪逻辑的著作，但主要是以逻辑通史的方式讨论，对于中世纪重大逻辑问题的专题研究明显不足，而且所依据的文献比较陈旧。因此，对中世纪逻辑研究的更新势在必行。《中世纪逻辑及其现代性》就是在这一背景下完成的系统研究中世纪逻辑（包括哲学）的中文著作之一。

二 成果的主要内容

该成果不仅涵盖了几乎所有学界公认最具中世纪特色的逻辑理论，同时以大量篇幅对中世纪逻辑与现代逻辑相关理论的关联（即中世纪逻辑的现代性）进行研究与评价。全书既不以时间为序，也不以人物为序，而是以问题为序，一个章节就是一个论题。

首先考察的是从亚里士多德到亚氏的古代拉丁注释家（包括西塞罗、阿普列乌斯、盖伦、阿弗罗迪西亚斯的亚历山大、波菲利、维克多里努斯、奥古斯丁、卡培拉以及波爱修斯）的逻辑理论，以及斯多亚学派的命题逻辑理论，所有这些成为中世纪逻辑的主要历史渊源。著作同时讨论了古代与中世纪关于逻辑究竟是什么，以及逻辑学在各门科学中的地位，也就是逻辑观的问题，以分析中世纪逻辑的发展走向。这对我们今天树立正确的逻辑观同样具有一定的借鉴意义。

我们称亚里士多德的逻辑学为词项逻辑，乃因为其核心是三段论，而三段论主要就是研究词项。但是"词项逻辑"这一概念也被逻辑史家用来定义中世纪早期与中期逻辑，他们认为这一时期的逻辑理论保持着词项逻辑传统（terminist logic tradition），因此，大部分逻辑学家都被称为词项逻辑学家。虽然所研究的都是词项，但中世纪词项逻辑与亚氏逻辑讨论的内容与研究方法存在非常明显的差异。

中世纪词项逻辑包括两个部分，一是词项区分理论，二是词项属性理论。

逻辑学家根据不同标准把词项分为单称词项与普遍词项、绝对词项与内涵词项、简单词项与复合词项、范畴词项与助范畴词项。这就是词项区分理论。其中最具特色的是：助范畴词理论，这一理论是逻辑真正形式化的开端；内涵词理论，涉及词项的不同意谓方式；单称词理论，已经涉及现代逻辑摹状词理论的大部分内容。罗素的专名与摹状词理论，与布里丹等中世纪逻辑学家的词项区分理论有着极大的相似之处。

词项属性理论关注的是语言（语词）、思想（概念）与现实（具体事物）之间的关系。具体地说，主要是研究一个词项表示（指称）什么，具有何种语义，以及它们对于命题的真假与推论的有效性产生何种影响。为了讨论这些问题，中世纪逻辑学家提出了一系列术语，包括意义或意谓、指代、联结、称呼或命名，以及当它们出现在命题中时，词项的扩张与限制、关系等。对这些问题的研究形成了中世纪以指代理论为核心的词项属性理论。这一理论所研究的几乎全部问题都被现代逻辑以不同的方式重新讨论。成果以充分的证据证明：指代理论和指称理论本质上没有区别，都是关于词项的属性或词项与命题的语义问题，具体地说，其目标对象都是命题或具有真值的语言表达式，用以确立语言表达式与对象世界之间的关系，而目的都是澄清语言表达式的真值，特别是在具体语境下的真值。因此，中世纪指代理论与现代逻辑的指称理论只是意义理论发展的不同阶段，不严格地说，可以把指代理论看作是指称理论的中世纪形式，或者其前身，也可以反过来说，现代指称理论正是中世纪指代理论的延续，是对后者的现代转型。

以上两种理论分别就是第二、三章的研究内容。

第四章研究不可解命题。中世纪称说谎者类型悖论及其一切变种为不可解命题（insolubles）。说谎者悖论由麦加拉学派首创，但既有文献证明中世纪对这种悖论的研究与古代没有直接关联，因此，不可解命题理论同样是中世纪的独特逻辑理论。中世纪逻辑学家对不可解命题的处理前后变化较大，直到 14 世纪布拉德沃丁第一次提出破解不可解命题的关键步骤：消除不可解命题的最终策略必须依赖于对"真"之严格定义，这种定义必须有别于经典符合论，而他本人的定义是：命题蕴涵了自身的真。这被认为是悖论研究的分水岭，此后所有破解方案都是首先给出真之理论。中世纪高峰时期逻辑学家布里丹基于其语义封闭和虚拟蕴涵理论，把布拉德沃丁的定义改造为：一个命题 p（用 A 表示命题的名称）是真的，当且仅当命题形式上意谓的如所意谓的那样（即是 p），而且虚拟蕴涵的命题（"A 是真的"）为真，并据此对说谎者类型悖论提供了一种无须附加诸如现代逻辑那样人为添加的规则的自然破解方案，成为中世纪后期解决不可解命题的基本策略。

威尼斯的保罗提出了不可解命题的 12 种变种，并总结了 15 种破解方案。这些变种包含了现代逻辑所讨论的此类悖论的全部模式，而现代逻辑学家提出的解决方案几乎都可以在中世纪找到渊源。成果集中讨论了罗素、塔斯基和克里普克的现代解决方案，关注他们理论中的中世纪逻辑元素，特别是克里普克的自然逻辑倾向与布拉德沃丁、布里丹的方案之间的关联。最后讨论了两类悖论消解方案可能带来的不同方法论意义。

　　推论学说是中世纪逻辑的主要成就之一，第五章就是讨论这一问题。这一理论与现代逻辑的推理理论总体上没有分别，但还涉及一些其他东西，例如一个推论成立与否与命题语境有无关联？一个推论是否有效，与前后件本身的意谓方式、命题句法结构有无关系以及有何关系？是否应该有不同类型的有效推论？等等。中世纪逻辑把推论分为形式推论和实质推论。柏力、奥卡姆与布里丹是形式推论的主要代表。推论学说还包括模态命题推理，例如布里丹、萨克森的阿尔伯特、威尼斯的保罗等对模态三段论的研究。中世纪逻辑学家论证了包括模态词在内的 60 多条推论规则。

　　与推论直接相关的是逻辑有效性的问题，布里丹提出了非常有创造性的有效推论定义：一个推论是有效的，当且仅当，不论前件以何种方式意谓事物是它所意谓的那样，事物都不可能是前件所意谓的那样，而不在后件中以与前件同样的方式意谓事物是它所意谓的那样。这对经典逻辑仅仅根据前提与结论的真假去定义有效性提出了严重质疑，成果认为，这可能是布里丹对于推论理论的最大贡献。

　　中世纪的推论理论同样具有深刻的现代性。例如，它们所讨论的诸多推论规则已经成为现代逻辑的重要定理或者公理；现代逻辑所谓的实质蕴涵和严格蕴涵怪论也在中世纪得到了充分的研究。该成果还特别证明了中世纪建立在"模态标准"与"替换标准"下的有效推论思想及其模态逻辑，已经有了现代模态逻辑可能世界语义学的概念。

　　第六章讨论对中世纪自然逻辑语义理论的现代形式重建，是本成果核心内容之一。以西班牙的彼得为代表的实在论语义学和以布里丹为代表的唯名论语义学，是中世纪两种最具代表性的自然逻辑语义学。两者的不同在于建构语义学的不同方法与思路。成果应用现代逻辑工具，通过"副词化"处理策略，消除了实在论语义学中不必要的本体预设，并对唯名论语义学进行了合理的形式建构，形成了 NLS 系统。NLS 包括词项的意谓模型；词项与命题的指代，即 NLS 的真值赋值。在此基础上，对命题进行 NLS 形式化，并分析其语义。

　　成果证明，这一重建思路不是无源之水，而是源于中世纪逻辑对命题的标准"编制化"处理，即把具有不同句法形式的拉丁语句子，编制成一种标准化的逻辑句法，以最大限度地使命题的句法结构直接反映逻辑语法结构。NLS 系统仍然属于自然逻辑，但可以为现代逻辑某些没有很好解决的问题（比如悖论等问题）提供一种"新的"解决思路。

该成果最后一章讨论中世纪神学研究中的逻辑。

首先是波爱修斯对三位一体、基督论、上帝的预知与人的自由意志一致性的证明。这些证明有的是直接根据亚里士多德的词项逻辑（三一论与基督论），有些同时使用了斯多亚学派的命题逻辑（基督论），有些则是基于古代的模态理论（自由意志论）。

其次是加罗林文化复兴时期阿尔琴及其学生弗雷德基修斯分别对上帝话语的意谓以及"无物"（nihilo/nothing）的解释，这种解释体现了语法学、逻辑学与形而上学的一致性。

再次是安瑟伦对上帝存在的本体论证明。安瑟伦从上帝具有一种必然存在的性质，推出了上帝存在的结论。近代哲学家笛卡尔也以类似的方式证明了上帝的存在。但是本体论证明面临许多问题。该成果除了讨论这些证明本身，还分析了近代哲学家伽桑狄与康德、现代逻辑学家与分析哲学家对这种证明的质疑及其合理性问题。

最后讨论了托马斯·阿奎那对上帝存在的证明。鉴于阿奎那的证明是根据一些范畴及其意谓推出上帝的存在，因此该成果称这种证明为范畴论或范畴逻辑证明，而在逻辑进程上，这种证明类似于溯因推理。

对上帝存在的证明体现了古代逻辑理论在中世纪神学研究中的具体应用与影响。从思维和学术研究角度看，它极大地丰富了逻辑本身，开拓了中世纪逻辑研究的新领域，也为中世纪哲学甚至神学研究提供了新的视角。这也是这一问题在今天仍然值得我们关注的原因。

三　成果的主要价值

该成果对所有论题的讨论都不是泛泛而谈，也不是通史式研究，而是尽可能深入地分析相关理论的内在实质，以及各理论之间的相关性，从而体现完整的中世纪逻辑理论结构。该成果最大限度地基于原始文献，并对之进行了充分的解析，力求准确性。这些原始文献不仅包括现代语言版本，也包括古代拉丁文版本。该成果对任何问题的解释所引用的文献都力求代表最新成果或观点。这对于有志于了解中世纪逻辑的人们来说，起到了抛砖引玉的作用。

中世纪逻辑与现代逻辑的对比研究是该成果最清晰的研究方法与鲜明特色，力图反映我们对中世纪逻辑的研究不仅具有逻辑史的意义，更具有现实意义。虽然这些问题甚至这种方法目前仍然存在争议，但至少该成果的所有对比研究均建立在严肃文本与负责任的理性分析之上，不轻易做出任何推测或者想象或者夸大的结论。

应该看到，虽然中世纪逻辑属于自然逻辑，但其中很多理论相对于现代逻辑来言，对于人们的日常思维具有更为直接与直观的影响，更具有实用性。该成果对于这些问题都进行了充分的讨论，显示了一定的应用价值。

量子力学的语境论解释

山西大学赵丹主持完成的国家社会科学基金项目"量子力学的语境论解释"（项目批准号为：13CZX023），最终成果为同名专著。课题组成员有：贺天平、程瑞、刘杰、王凯宁。

形而上学是关于存在的研究，存在并不能脱离开物理世界。当代的许多形而上学研究是依靠直觉进行的，是"扶手椅"式的哲学，它所依赖的许多假设是未经批判的，与当代物理学的结论相悖。与此同时，相对论和量子力学等物理学的研究成果为形而上学提供了丰富的灵感和源泉。如何借助量子力学所提供的形而上学灵感，为量子力学的解释服务，是本研究的宗旨。国外的物理学哲学有时也称作物理学基础研究，许多是由物理学家来完成的，从而使得物理学哲学的研究能够密切关注物理学的最新动态，能够及时地将新的思路和新的证据用于哲学分析中，完成从物理学到形而上学的转化。

本研究关注量子力学研究的新成果——非定域性和语境性，并将其进行形而上学的吸收和升华——提出语境论解释，再用语境论求解测量问题、解释波函数、解释量子力学的本体论。研究的意义体现在：（1）关注 20 多年来量子力学哲学研究的焦点，包括波函数本体与认识的争论、非定域性和语境性内涵的分析、退相干理论的应用、量子本体论的追寻，基于此透彻理解量子力学基础的原理与论题；（2）以量子力学中普遍接受的非定域性和语境性为出发点构建新的解释体系，回避了先前诸多解释立足点不同引起的争论，是一种新的尝试；（3）语境论解释建立在本体论与认识论的哲学层面，避免了不同解释在不同本体论承诺与认识论态度上对问题争论的盲目性与混淆性。

与量子力学形式体系取得的巨大成功形成鲜明对比的是，量子力学始终缺乏一致的解释，在理论的预言与经验现象之间存在不可逾越的鸿沟。按照量子力学的预言，通过这种装置可以把处于叠加装置的电子与宏观的猫的状态联系起来，在薛定谔方程描述的演化之后，电子与猫处于纠缠态，此时猫就处于一种既死又活的叠加状态，可事实上我们进行测量只得到活或死的确定状态。对于这一冲突，我们可以像玻尔那样，只关注经验层面的内容，不去谈论电子这样的对象究竟是什么；我们也可以选择反实在论的立场，把量子力学看作是一种计算或预言的工具，把波函数看作是一种主体的信念，对量子力学是否描述了物理世界的问题不置可否，回避诸如薛定谔的猫、维格纳的朋友等量子测量问题。但我们并不满足于此，我们想要弄清楚为什么量子理论的预言的叠加性和实验结果的确定性之间存在冲突，想要知道量子力学中的波函数究竟是不是对某个实在对象的描述，想要弄明白电子这样的量子对象究竟是什么，为什么在双缝实验中表现出波粒二象性。

对于上述问题，玻姆给出了他的回答，量子力学并不是所有的故事，仅是决定论世界在某个更高层次的统计表象，粒子在任意时候都拥有确定的位置，粒子的其他特性均是其轨迹的副产物，测量到的是粒子沿着量子势所允许的路径的结果，波函数在测量中没有坍缩，仅是"有效坍缩"。埃弗雷特及其后继者们则认为测量中每一个可能的结果都真实地存在，只不过是在平行的宇宙中，处于这一个宇宙中的我们看不到而已。吉拉迪、瑞米尼和韦伯给出的坍缩解释则认为薛定谔方程仅是本质上随机非线性坍缩方程在微观层面的近似，坍缩的速度取决于粒子数的大小，对于粒子数巨大的宏观对象而言坍缩是超级快的。玻姆解释要回到经典的本体论，多世界解释在本体论上是冗余的，坍缩解释存在尾巴，坍缩并不完全。

我们要进行自然化的形而上学研究，要应用量子力学研究的成果来解释量子力学本身。不同于玻姆理论的原初本体论，其中粒子及其位置是最为基本的本体图像，这是源自经典力学的自然化的形而上学结果，虽然引入了非定域性和语境性，但需要引入粒子位置这一附加变量。结构实在论是从量子力学出发的自然化的形而上学结果，但作为量子力学的解释并不完整，需要补充本体论图像。我们在结构实在论的基础之上，用语境实在作为其本体论图像。贝尔定理及阿斯佩克特实验表明，量子力学是非定域性的，在空间上分离的两个量子系统间存在远程关联，在一端的测量结果会影响到在另一端的测量结果。柯诚-斯佩克定理表明，在希尔伯特空间大于3时，量子系统并不能同时赋予不相容的可观测量以确定的值，再加上斯佩肯斯的制备语境性，表明量子力学中存在语境性，即测量结果不仅依赖于系统的态，还依赖于包括测量仪器在内的整个语境。在非定域性和语境性的基础上进行形而上学升华，该成果提出了量子力学的语境论解释，在本体论上给出的语境实在论，在认识论上认为测量具有语境性，在方法论上认为需要应用语境分析方法。

语境论的量子力学解释由波函数的实在性分析、经典与量子的关系、不确定关系的语境解释、测量问题的求解、语境论在量子场论和量子引力中的推广五部分组成。波函数在量子力学解释中至关重要，2012年底PBR（Pusey-Barrett-Rudolph）定理（一种ψ-本体论定理）的发表将波函数的本体与认识之争推向了高潮。在本体论模型中，如果波函数是认识的，那么同一本体态可以与不同的波函数相容，我们应该能够检测到两个不同的波函数之间的重叠。波函数的认识观点能够将测量时发生的坍缩看作是关于量子系统知识的更新，不受测量问题的困扰。但PBR定理等表明波函数是本体的。波函数是本体的，那它是什么？高维空间中的场？三维空间中的多场？时空态？希尔伯特空间中的向量？或是像玻姆理论那样把波函数看作是类似定律那样的东西？语境论解释将波函数看作是语境要素之间的结构关系，是一种结构性质的本体存在，从而非定域性和语境性能由波函数自然地体现出来。

语境论解释承认量子力学的普适性，认为从理论发展的历史来看，从经典力学到量子力学的发展是应用对应原理和量子化等理论构建方法的过程，而基于量子力学的基本性，经典的表象是由退相干理论来说明的。退相干理论在系统与仪器之外引入了环境，环境自由度的参与使得局限于系统与仪器的小语境时发生退相干，相干项消失，得到确定的测量指针读数。

不确定关系的解释也是语境依赖的，是与量子力学的解释分不开的。尤其是在能量—时间不确定关系中，量子力学中并不存在时间可观测量，按照海森堡最初论文中引入的斯特恩-盖拉赫实验，不确定关系表示实际测量过程中得到物理量测量结果精确度之间的限制。当从量子力学体系用标准方差来推出不确定关系时，需要将外部的时间参量转换到量子体系间或内部，此时的不确定关系反映的是系统能量的变化与相互作用进程或存在或演化的关系。此外还存在语义学的能量-时间不确定关系，是在构造时间可观测量的基础之上做出的。

量子测量问题是量子测量中的核心内容，因而求解量子测量问题也成为语境论解释的重要论题之一。在语境论下求解测量问题，需要以语境实在为本体论基础、以测量的语境性为认识论平台，通过放弃本征态—本征值关联的语义规则，给测量结果的确定性以一个说明，从而以一种非坍缩的方式消解测量问题。测量前后波函数的不同形式，并非是坍缩的结果，而是语境边界移动的结果，就像退相干理论中对环境自由度求迹，只关注系统和仪器得到混合态一样。语境论解释承认主体的作用，但并不认为理论是主观的。语境论是建立在语境实在基础上的实在论解释，把语境作为基本的本体，将物理客体及其间的关系、主体及其背景信念等作为语境要素，语境要素间的结构关系通过波函数描述，语境是测量与客体呈现的必要平台，语境的边界随着测量的不同而不同，导致客体的不同呈现。

量子力学解释一般针对的是非相对论的量子力学。相对论的量子力学是指把狭义相对论与量子力学相结合而形成的理论，即量子场论。量子场论框架下的粒子物理学标准模型在实验上得到了成功的检验，而将广义相对论与量子力学结合起来的量子引力理论目前尚存在巨大的困难。作为更大框架下的量子理论，量子场论和量子引力理论对于量子力学的解释也起着重要的约束作用。语境论解释如何直面这些量子理论的约束与挑战，如何引申与推广到更为广泛的量子理论中，是量子力学的语境论解释未来发展的关键。

"语境论"在量子力学中并非第一次提出，玻尔在1938年引入"现象"描述量子实验的完备配置时，"他头脑中激进的修正似乎是一种语境主义"，玻姆的量子势表述的也是环境对粒子的非定域性影响。量子力学的语境论解释是把量子力学中的非定域性和语境性进行形而上学化的结果，在对量子力学进行实在论解释的基础上避免了附加变量或多余本体的引入，同时语境实在论是结构主义实在论哲学的进一步发展，语境的实在超越了传统的实体实在，引入结构实在，又用语境中的要素避免了本体的结构实在论中关系的空洞性。

当前，在有限的经验下尚不能根据经验判定哪一种量子力学的解释体系是正确的，在此情形下，语境论解释作为一种实在论的解释，与量子力学所揭示的非定域性和语境性保持了一致，且不需要引入其他附加的变量或本体，是具有一定优势的。未来，与量子力学的开放性相一致，语境论解释也是开放的，我们将始终保持开放的心态，随时准备着吸纳科学理论新的成果，调整语境论解释。

该成果的学术价值和应用价值如下。（1）把关注点集中于近年来讨论的核心论题上，并且国外最新研究的模式和成果的引介及批判性分析，是对国内物理学哲学研究视野和内容的拓展，有利于国内与国际同步开展研究和讨论，对原创性的语境论解释进行论证和构建，这是一种积极的尝试，是对国内研究立足物理学中的原生问题、进行原创性哲学思考并提出原创性哲学观念的鼓舞；（2）该成果是在充分理解物理学成果的基础上展开的哲学分析，是把量子力学理论"玄之又玄"的预言与现实经验发生在三维空间中的确定结果相联系起来的研究，有利于利用物理学哲学研究的成果丰富科学哲学乃至一般哲学，同时哲学分析的高度又把包括量子场论和量子引力在内的量子理论置于全面的视野中审视，便于形成完整的理解；（3）以量子力学中普遍接受的非定域性和语境性为出发点构建新的解释体系，是应用科学成果进行形而上学研究的结果，以语境作为量子本体的基础，将波函数看作语境元素间的结构关系，回避了先前诸多解释立足点不同引起的争论，避免了不同解释在不同本体论承诺与认识论态度上对问题争论的盲目性与混淆性，是一种新的实在论解释途径。

新卢德主义技术文化批判思想研究

东北大学陈红兵主持完成的国家社会科学基金项目"新卢德主义技术文化批判思想研究"（项目批准号为：13BXZ022），最终成果为同名专著。课题组成员有：武青、薛孚、高华、周建民、吴俊杰、王峰、王聪、孙涛等。

一　研究的目的和意义

作为以继承历史上卢德主义而闻名的新卢德主义，在以往的研究中，学界仅停留于将新卢德主义理解为一种技术批判思想，忽略了新卢德主义技术批判背后的文化旨趣和文化追求，缺乏对新卢德主义思想更深层次的认识。本研究从文化批判的视角解读新卢德主义技术哲学思想，深化了对新卢德主义技术批判思想的认识，丰富了技术文化批判研究。

二　成果的主要内容

（一）　从文化批判视角对新卢德主义技术批判思想的审视

新卢德主义的技术文化批判思想以摆脱控制、走向自由为文化旨趣和文化诉求，从文化层面批判了现代社会各种桎梏人的技术的文化力量和社会力量。在他们看来，技术允诺了一个将人们从异己的外在力量中解放出来，促使人走向全面发展的"美好世界"，但是这一允诺非但没有实现，反而使人陷入更深的异化之中，不仅作为人工物的技术自身成为统治人的异己力量，围绕着技术的观念文化更是在文化层次上成为统治人的异己的文化力量，人从外至内面临着深刻的生存困境和文化危机。

（二）新卢德主义技术文化批判思想的特征

一是经验层面的文化批判。新卢德主义技术文化批判与法兰克福学派技术文化批判之间既有共同点也存在显著差异。虽然他们都是对技术的异己的文化力量的揭示与批判，但二者是从不同的层次或切入点进行分析论证。新卢德主义对技术理性、技术的文化意识形态的批判大多是从日常经验层次入手，许多新卢德分子甚至自始至终没有提及技术理性这个词，但是对技术理性的批判处处体现在他们的经验批判中。与新卢德主义注重经验批判不同，法兰克福学派更注重哲学思辨层次的分析，从理论层面批判技术理性。

二是适度的技术悲观主义。与埃吕尔极端悲观的技术文化批判思想比较，新卢德主义技术文化批判思想呈现适度的技术悲观主义特征。埃吕尔的技术理性的批判，强调技术理性所具有的控制人的文化力量，这是新卢德主义和埃吕尔的共同特征。但是两种文化批判理论存在很大差别，主要表现在对技术理性认识的程度差别上。埃吕尔对技术理性的存在范围做出的极端论断使得他持有一种技术悲观主义和人类在解决方案上完全被动的立场。而大部分新卢德分子都强调人能够具有拯救自身的途径，体现了新卢德分子在面临技术及其异己的文化力量时，强调进行积极的人的自我拯救。

三是怀念传统文化的浪漫主义立场。与适度技术运动注重技术解决方案的技术文化批判思想比较，新卢德主义与之有一些共同之处。他们均是对发达的工业社会尤其是美国社会的文化批判，都寄希望于通过技术选择和技术变革从而促使社会改良，批判的旨趣和最终目的都是消除妨碍人之主体性的异化力量，确立人自身的自由、个人权利和自主性。但是两者之间的不同也显而易见。新卢德分子更多的是怀着一种批判当下的技术文化、怀念逝去的传统文化的浪漫主义立场来批判技术的异己文化力量，因此，在批判当下的另一面，总是伴随着一种拒斥技术社会、回顾田园生活的怀旧心态存在。适度技术运动的技术狂们认为个人技术能够给人们带来从巨型技术控制下获得摆脱，进而走向个人自由解放的曙光，因而坚定地追求技术解决途径。

四是抵抗控制与诉求自由的文化追求。这一特征具体表现在，新卢德主义不断地揭示和拒斥控制人之主体性的各种异己的技术文化力量，从而确立人自身的自由、个人权利和自主性，使之把握人的前途命运。这一文化旨趣不仅体现在新卢德主义拒斥技术化文化的霸权地位，也蕴含在对作为人之异己力量的技术理性和技术的文化意识形态的批判中。在面对技术问题上，新卢德主义总是在控制与自由的张力之间寻求平衡，并进而在异己的技术文化力量的控制之下寻求通往自由的可能途径。

（三）新卢德主义技术文化批判思想的主题

主题一：技术化文化批判

新卢德主义考察了技术化文化在当代的具体表现形式及其所造成的消极后果，而其技术化文化批判的基本预设在于对传统文化的捍卫，在新卢德主义者看来，传统文化和技术化文化是根本对立不可调和的，正是对传统文化的留恋和对当代的技术化文化的不满，促使新卢德主义立足于传统文化中人与人、人与自然和人与社会的和谐与诗意的家园关系，批判技术化文化所造成的人的生活方式的技术化、单一化和去经验化。此外，新卢德主义还考察了传统文化被迫向技术化文化转变过程中的具体机制，在这一过程中，文化符号的意义被技术所重构，人的自主性逐渐让位于服从性和控制性。

主题二：技术理性批判

新卢德主义批判了作为认识形式和思维方式的技术理性在社会生活中的具体表现形态，即消费主义、数学思维和效率思维在当代的过度张扬。技术理性思维方式在当代的膨胀，使得人存在的目的指向外在的消费、可计算或者效率的目标而非人本身。解析新卢德主义揭露技术理性得以实现其控制旨趣的具体机制，即技术理性对自然的控制、唯科学主义剥夺人的自主性和消费主义定义人生活的目的。挖掘新卢德主义对技术理性的批判是立足于人文主义的价值诉求：倡导人的自由、推崇非理性因素的蓬勃生命力以及强调人类经验的重要作用。

主题三：技术的文化意识形态批判

技术的文化意识形态批判。基于伊格尔顿关于意识形态是"话语和权力的连接"的内涵理解，解读新卢德主义的文化意识形态理论，指出其文化意识形态批判思想的主要内容是对作为文化意识形态的技术话语进行去蔽，具体表现为解构技术进步观、祛魅信息崇拜神话和揭露工业主义世界观的破坏性。通过解析新卢德主义关于技术具有内在的政治属性和工人阶级技术的文化意识形态的缺失的思想，澄清新卢德主义技术的文化意识形态的运行机制的思考理路。新卢德主义对技术话语进行解蔽，是立足于技术民主化的政治诉求和文学自然主义的文化诉求的社会理想对现实观照的结果。

（四）新卢德主义的技术文化批判思想评价

新卢德主义的技术文化批判思想具有一定的合理性，但也存在明显的局限性和逻辑困境。新卢德主义批判技术化文化、留恋传统文化，实际上是站在文化保守主义立场上拒斥新兴文化，具有文化精英主义倾向，同时也过度强调技术对文化的负面作用，夸大技术的可能影响，表现出技术决定论的特质。在对技术理性批判的过程中，相对于法兰克福学派哲学思辨层面的批判，二者共同点是致力于揭露技术理性的控制旨趣，不同点在于新卢德主义着眼于经验层面的实践批判。新卢德主义对技术理性思维方式的批判和对人文主义价值的呼唤，表现出对更深层次的极端个人主义价值观的追求，这种内在立场的合理性值得推敲。本研究提出对待技术理性应持一种承认技术理性对人类文明进步所做的贡献，警惕技术理性所导致的异化问题的适度立场。在技术的文化意识形态批判主题上，法兰克福学派曾做过影响颇大的"作为意识形态的科学技术"的论述，二者的共同点在于，都批判意识形态服务于统治阶级的社会功能，都是对发达工业社会出现问题的思考，但相对于霍克海默作为意识形态的科学、马尔库塞作为意识形态的物质性的技术和哈贝马斯作为新意识形态的技术理性等论点，新卢德主义开辟出新的研究对象——技术话语。新卢德主义过度强调技术的意识形态功能和政治属性而忽略技术自身的生产力功能，这是其又一个局限。

（五）新卢德主义技术文化批判思想研究的启示意义

新卢德主义技术文化批判虽然是对西方发达国家的技术与文化冲突现象的反思，但对解决当前我国建设新时代中国特色社会主义现代化强国过程中面临的技术与文化冲突问题具有启示意义。

新卢德主义技术文化批判研究有助于对当代社会发展中技术文化现实问题的深度思考，追问人类社会发展中的文化危机和人的生存问题，超越人类技术化生存状态的狭隘视界，服务于人类美好生活的追求和人类的自由与解放。新卢德主义技术文化批判思想有助于在全面深刻揭示技术与文化冲突问题的基础上，做好技术治理工作。新一轮科技革命迅猛发展，大数据、信息技术、网络技术、人工智能、机器人、生物技术等新兴科技蓬勃兴起，给人类的生产、生活和文化观念带来深刻的影响。新科技挑战了原有的行为方式、思想文化观念，带来了恐惧、焦虑、压力和伦理的困惑。随着我国走向世界科技强国，新科技革命带来的文化冲击可能加剧，新卢德主义技术文化批判思想研究，有助于深刻认识新科技发展带来的文化方面的异化问题，警示我们做好预防和规避科技发展带来的文化问题、促进科技文化健康发展。

三　成果的主要价值

该成果将文化批判维度作为切入点实现对新卢德主义技术批判理论的重新认识，实现了对新卢德主义技术批判思想的深层认识，丰富了技术文化批判研究。

新卢德主义技术文化批判思想肇始于发达的资本主义国家，是对当代资本主义社会的技术异化和文化异化的深入批判，通过对其研究，对于我们冷静客观审视新一轮科技革命可能引发的科技与文化冲突问题、预防和规避科技文化异化问题、促进社会主义文化健康发展具有应用价值。

需要结构的生产和经济空间的扩张

复旦大学马拥军主持完成的国家社会科学基金项目"需要结构的生产和经济空间的扩张研究"（项目批准号为：14BZX014），最终成果为专著《需要结构的生产和经济空间的扩张》。课题组成员有：刘珍英、孙健。

一　研究的目的和意义

该研究的问题意识来自党的十八大以后出现的"经济新常态"，它表明，中国社会的主要矛盾正在发生变化。主要矛盾变化所蕴含的经济结构升级和社会结构转型的客观要求使"需要结构的生产"和"经济空间的扩张"之间的关系这一枢纽问题凸显。但党的十八大报告的提法仍然是三个"没有变"。在这种情况下，为了澄清问题，课题组首先研究了何为"需要结构"，何为"经济空间"，两者的关系在经济新常态下又如何演化。在这一基础上，课题组确定该课题的研究定位既不是哲学，也不是经济学，而是"经济哲学"。该课题论证的框架就是在经济哲学的学科定位中确立的。

狭义的经济是指物质生产，广义的经济却是指服务的增长所带来的需要的满足，而人的需要不仅包括物质需要，还包括政治需要、文化需要、社会需要、生态需要等，就如个人需要除了生理需要和安全需要外，还有归属与爱的需要、尊重的需要、自我塑造和自我实现的需要等。如果说，社会的物质需要或个人的生理需要、安全需要通过物质生产来满足，那么，其他的需要即所谓"高级需要"，则必须通过马克思所说的"全面生产"包括社会关系的生产和个性的生产等加以满足。该成果是要研究在经济进入新常态以后，随着需要结构的变化和不平衡不充分的发展的矛盾的出现，如何进一步扩展经济空间，实现新时代的经济结构升级和社会结构转型。

二　成果的主要内容

要把握需要结构的生产和经济空间的扩张，首先必须了解"需要结构"和"经济空间"的概念。

（一）研究成果的主要内容

1. 研究对象：对需要结构和经济空间概念的澄清

（1）需要结构

马克思把需要分为三个层次，即自然需要（或物质需要、肉体需要）、社会需要和个性需要。马斯洛把需要分为五个层次，即生理需要、安全需要、归属与爱的需要、尊重的需要、自我实现的需要。这些需要的组合导致不同的需要结构。其他各种各样的需要理论都没有超出马克思和马斯洛。但马克思与马斯洛不同，马斯洛主要是从个人角度研究需要的层次和结构，而马克思则从历史角度研究需要的层次和结构的生成。从历史角度看，需要层次和结构有一个从增长到异化再到人化的过程。尤其是人的全面发展和自由发展的需要，在短缺经济时代异化为权力和资本的需要，到过剩经济时代则重新为经济空间的扩张提供条件。

（2）经济空间

狭义的经济就是"以最少的投入获得最多的产出"，其核心是节约原则。但在"经世济民"的意义上，经济有其宏观存在。这就决定了经济有其增长的空间。经济增长空间包括自然空间和社会空间。在自然经济条件下，实现经济空间的扩张必须以处理好土地与人口的关系为前提，因为自然经济条件下的经济增长是使用价值即物质财富的增长。在市场经济条件下，实现经济空间的扩张必须以处理好资本与劳动的关系为前提，因为市场经济条件下的经济增长是价值量即货币和资本财富的增长。货币和资本是以物的形态出现的人与人的关系，即物化的社会关系，由此决定了其增长空间属于社会空间。

除了自然空间和社会空间这两种增长空间以外，满足人的全面发展和自由发展需要的全面生产还提供了全面发展的空间和自由发展的空间这两种经济的发展空间。但是，随着社会关系财富和个性财富的出现，"经济"的含义也由物质生产扩展到社会关系生产和个性生产。财富的衡量标准不再是体现在货币和资本中的抽象劳动时间，而是自由时间。谋生的时间越短，自由时间越长，人越富裕。但自由时间本身是有限的，如何充分利用它就成为新时代的经济问题的中心。经济空间由自然空间和社会空间向全面发展空间和自由发展空间的扩张，则是这一问题得到成功解决的外在表现。

2. 研究方法：唯物辩证法的跨学科应用

该课题属于经济哲学研究。经济哲学要突出的是，任何经济学无不代表一定的世界观、价值观和人生观。马克思的政治经济学批判以唯物史观作为指导思想，以唯物辩证法作为方法论原则。历史条件变化并未改变这些规定性，但确实提出了新的要求。特别是改革开放以来中国经济的发展对人们的财富观造成巨大冲击，一方面为经济空间的扩张提供了条件，另一方面又为进一步扩张设定了界限。必须深入研究这些变化，努力探索在新的历史条件下解决问题的新的学科视野。

3. 成果的三段式结构

除了绪论部分之外，该成果分三篇，即理论篇、历史篇和实践篇，以及一个结语。

理论篇在澄清该课题的研究目的、研究对象和研究方法的基础上，进一步从世界观、价值观、人生观的高度，展开需要结构的生产和经济空间的扩张之间的内在逻辑。马克思和恩格斯是从人的全部生命活动即"生活"出发的。在马克思看来，人的生命活动本质上是人的对象性活动。由此，他不仅超越了哲学上的主观主义和客观主义的对立，而且超越了唯灵主义与唯物主义的对立、伦理学中的义务论与效用论的对立。遗憾的是，尽管恩格斯明确指出"现代唯物主义……已经根本不再是哲学，而只是世界观"，"现代唯物主义把历史看作人类的发展过程，而它的任务就在于发现这个过程的运动规律"，长期以来人们主要关注的仍然是马克思和恩格斯的哲学世界观，忽略了他们的情感论世界观和意志论世界观。这必然导致把需要肢解为求知的需要、情感的需要和意志的需要，并把求知的需要（纯粹的"好奇"）凌驾于其他需要之上。

历史篇中涉及的历史不是通常的含义，即不是仅仅指与"过去"联系在一起的"历史",而是马克思和恩格斯的含义,即"历史不过是追求着自己目的的人的活动而已"。在这一部分既概括和分析了作为经济增长空间的自然空间和社会空间及其自我扩张、自我否定和自我扬弃的基本规律,又展望了作为经济发展空间的全面发展空间和自由发展空间的萌芽产生和被经济增长空间所抑制的过程,从而展现了经济空间的扩张所蕴含的内在结构的自我矛盾以及这种自我矛盾所内含着的自我扬弃、自我超越的可能性。

实践篇中讲的"实践"不仅是一般意义上的"实践"即"人类能动的改造客观世界的物质活动",而且是马克思、恩格斯意义上的"革命的实践"即"环境的改变和人的自我改变的一致的活动"。这一部分从经济空间的扩张所蕴含的内在矛盾出发,从多角度、多侧面探讨需要层次的提升和需要结构的改变对经济空间由增长空间向发展空间的扩张所产生的各种影响,研究在中国特色社会主义进入新时代的历史背景下如何通过经济空间的扩张实现经济结构的升级和社会结构的转型。它要求实现世界观、价值观和人生观的根本变革,其中由货币价值观和资本价值观向人本价值观的转型具有根本的意义。

在实践篇中,课题组除了考察改革开放以来中国经济的发展历程,勾勒出从社会主义计划经济走向社会主义市场经济的历程外,重点研究产业升级中所表现出的产品过剩和资本过剩,以及由此决定的社会主要矛盾的变化,考察由这种变化带来的经济形态的变化,在此基础上提出政策建议。

(二) 重要观点

第一,人的所有需要都是历史地生成的。社会关系将人的自然需要转化与升华为社会性需要,这才是真正意义的"人的需要"。所以尽管人的自然需要(饮食男女)基本保持不变,但人的需要结构随着社会的发展而不断变化。由此可探索人的需要体系的内在结构及其生成与演化的逻辑。马克思揭示了"需要产生需要"的逻辑,由此可考察需要体系的生成与演化。

第二,人的需要是一个有层次、有结构的整体。从需要的主体看,可以把需要划分为社会需要和个体需要,从需要的水平看,分为生存需要、发展需要和享受需要;从需要的层次看,分为生理需要、完全需要、归属和爱的需要、尊重的需要、自我实现的需要。所有这些需要都是在社会关系结构中生产与发展的。

第三,当代中国社会关系变革带来的需要结构的变化,特别是城镇化

（从农村社会关系到城镇社会关系）、社会主义市场化（从传统人情社会到市场关系与法制关系）、对外开放（国际关系变化对中国社会关系及其需要结构的影响）、反腐败中建立的新型官民关系等社会关系的深刻变化，必然对经济空间的扩张带来影响，需要高度重视。

第四，现代科学技术发展所引起的新的交往形式对人的需要结构产生巨大影响。一是现代通信网络（如手机通信、互联网、物联网、微信、博客等），二是现代高速交通工具（如高铁、城际铁路、私家车等），三是将要出现的第四次工业革命（微能源体系）等，深刻地影响人与人的交往方式与生活方式，从而深刻改变人与社会的需要结构，并且生成了人类社会的新的公共生活空间。

第五，新时代必须关注对人的需要的异化形态的批判与扬弃。西方学者特别是西方马克思主义者们对需要异化的批判值得认真研究，并在此基础上建立新时代的政治经济学批判。

第六，遵循需要结构生产的逻辑，把潜在的需要结构变成经济空间的社会关系结构。资本积累所产生的贫困积累扼杀大众消费空间，社会主义市场经济立足于社会主义的生产目的，建立合理的收入分配体系，把人与社会的健康的潜在需要变成有购买力的需要，由此开拓社会生活的广阔经济空间。只有用需要结构的升级带动经济结构的升级，扬弃资本的空间逻辑，才能超越"市场乌托邦"，为人自身的全面再生产奠定基础。

（三）政策建议

第一，21世纪中叶要全面建成富强民主文明和谐美丽的社会主义现代化强国，就必须把过剩产能和过剩资本转移到满足更高级需要的非物质生产中去，超越单纯从自然空间和社会空间角度理解经济空间的狭隘性，把它扩展到全面发展空间和自由发展空间。

第二，要关注长期的短缺经济对人们社会关系的影响，尤其是它所造成的心理惯性，否则全面发展空间和自由发展空间将得不到关注，从而把经济新常态变为西方发达国家式的长期停滞的经济病态。

第三，加强社会关系的生产和人自身的再生产体系的建构，要像重视科技创新和制度一样重视新的生产方式的创新。

《资本论》研究的研究

南京大学葛扬主持完成的国家社会科学基金项目"《资本论》研究的研究"（项目批准号为：12AJL001），最终成果为同名专著。课题组成员有：侯祥鹏、严紫翔、张建平、孙睿、张薛梅。

《资本论》是一部划时代的伟大著作，是马克思主义的百科全书。习近平在2018年5月4日纪念马克思200周年诞辰大会上的讲话中指出，"1867年问世的《资本论》是马克思主义最厚重、最丰富的著作，被誉为'工人阶级的圣经'"。《资本论》自其20世纪初在中国开始传播、运用和发展以来，对中国社会的政治、经济发展产生了极其重要的积极影响。在以马克思主义为理论指导的社会主义中国，学习和研究《资本论》是学术理论界面对的重要课题，而梳理、总结、展示这些研究成果则是其中的重要一环。该项目在建立我国《资本论》文献数据库的基础上，利用文献计量分析方法等，对新中国成立以来我国《资本论》研究状况进行了较为全面的量化分析，廓清了我国《资本论》研究成果面貌，讨论了我国《资本论》研究中的重大理论问题，总结了我国《资本论》研究特征的演进，从而对新中国成立以来我国《资本论》研究状况有了总体的、深入的、客观的、科学的把握。

该成果通过中国知网（CNKI）下的期刊文献数据库、会议文献数据库、学位文献数据库，以及通过书目工具书和大型图书馆检索著作，建立了1949~2016年我国《资本论》研究文献数据库，其中，期刊文献数据库包含6282篇期刊论文和28629条引文；会议文献数据库包含398篇会议论文和1782条引文；学位文献数据库包含291篇博硕士学位论文和17751条引文；著作文献数据库包含 720 部图书。基于这些基础数据，本文运用文献计量分析方法，分析了我国《资本论》研究状况。

（1）从研究数量来看，我国《资本论》研究文献总量呈现较为明显的指数化增长态势，同时也表现出较为明显的阶段性特征：第一阶段 1949～1977 年为起步期，文献数量在缓慢增长后随即陷入停滞状态；第二阶段 1978～1991 年复苏期，迎来我国《资本论》研究的第一个高峰；第三阶段 1992～2016 年发展期，文献数量平稳增长，特别是近年增长加速，迎来了我国《资本论》研究的第二个高峰。

（2）从研究队伍来看，我国已经形成了颇具规模的《资本论》研究作者群体。这一作者群体主要以具有高级学术职称和博士学位的学者为主，体现了较高的专业化水平；年龄（这里是指发表或出版文献时的年龄）分布广泛，既有 20 岁左右的青年学子，亦有年逾九旬的学界前辈。整体来看，我国《资本论》研究队伍比较稳定，处于老作者能持续、新作者能加入的良好的动态平衡状态。其中不乏具有较高学术产出水平和较高学术影响力的核心作者。这些核心作者也呈现出一定程度的动态更替，或者是前一阶段的核心作者在下一阶段继续保持为核心作者，或者是前一阶段潜在核心作者成长起来成为下一阶段的核心作者，或者是在新的阶段迅速成长起来的核心作者。

（3）从研究机构来看，我国《资本论》研究的学术机构分布广泛，包括高等院校、党校系统、党政部门、解放军系统、社会科学院系统等。特别是高等院校是我国《资本论》研究的主要基地，其中形成了一批学术成果丰富、学术影响力大的核心研究机构。

（4）从研究媒介来看，我国《资本论》研究已形成了包括学术期刊、学术会议、高校研究生教育、出版社、基金等多方参与的格局。

学术期刊是学术成果的重要载体。1949～2016 年，我国涉足《资本论》研究领域的学术期刊共有 1113 种。在这些期刊中，那些刊载相关论文数量多而又具有较高利用率的少数重要期刊就成为我国《资本论》研究领域的核心期刊。

学术会议是最新学术成果的交流平台。2000 年以来我国《资本论》学术会议数量明显增多。从会议延续性来看，既有一次性主题研讨，也有系列化制度化学术年会；从会议级别来看，既有在国内举办的国际性学术会议，也有全国性学术会议，还有地方性学术会议。

高校研究生教育特别是博士生教育对于我国《资本论》研究的传承与未来发展具有十分重要的意义。经过最初几年的缓慢增长之后，我国《资本论》研究学位论文数量在 2010 年前后明显增多。这些博士、硕士生的来源分布既广泛又相对集中，大部分院校只发表了一两篇博硕士学位论文，而个别院校则发表了大部分博硕士学位论文。

出版社是《资本论》研究著作出版的重要平台。我国出版社对于《资本论》研究著作有着较为广泛的参与，从隶属关系来看，既有全国性出版社，也有地方性出版社；从业务范围来看，既有综合性出版社，也有专业性出版社；从地域分布来看，除西藏外的全国大陆 30 个省级行政区都有出版社出版《资本论》相关著作。其中又有若干家出版数量居前的出版社，它们是我国《资本论》研究著作的核心出版机构。

基金作为一种制度性的科研资助形式，对激励、支持《资本论》研究人员进行高水平研究、促进学科发展起着重要的作用。目前，我国《资本论》研究已得到了从中央到地方乃至高校各级制度化基金支持。国家社科基金项目是国家级基金项目的主体，教育部经费资助是省部级基金项目的主体，校级基金也资助了与《资本论》教学密切相关的研究项目。这些基金对《资本论》研究的资助具有多方位、广覆盖、大力度的特点。

（5）从学科视角和研究主题来看，我国《资本论》研究已形成了以经济学、马克思主义、哲学等为主的多学科视角研究体系，其中以经济学研究为主，所涉领域非常广泛，主要体现在具体的研究主题范围不断扩大。这些研究主题既有对《资本论》基本问题的长期坚持，也保持了对新生事物的高度关注；在牢牢把握《资本论》基本研究主题的同时，既紧密结合我国社会主义建设实践，也密切联系国际重大发展趋势与变化。具体体现出四大特征：一是基本主题的长期延续；二是同一主题的逐步细化；三是新兴主题的不断拓展；四是主题状态的动态调整，新的社会实践可能会成为热点研究主题或新兴研究主题，边缘研究主题可能会逐步淡出研究领域或是由于新事物的催生而成为下一个研究热点主题。

（6）从引文来看，我国《资本论》研究文献的学术规范性不断提高，参考文献的引用和标注日趋规范。这些参考文献以图书文献为主，其次是期刊论文，近年来参考文献类型逐渐呈多样化趋势，包括会议论文、学位论文以及报告、法规、汇编乃至电子文献等。图书文献主要体现为马克思恩格斯著作文献。

（7）从重大理论问题来看，主要包括《资本论》的逻辑、方法、内容与体系、唯物史观，劳动价值理论，价值规律，资本主义生产方式，虚拟经济与经济危机，以及社会主义基本经济制度、社会主义市场经济理论、产权制度与国有企业改革、人的全面发展，中国特色社会主义政治经济学构建等。

（8）从研究特点来看，主要体现在研究范围、研究方法和原理运用形式的变化方面。

从研究主题的变化来看：一是研究范围不断扩大，包括对《资本论》基础理论的探讨，运用《资本论》分析经济问题，对《资本论》体系结构的分析等；二是研究程度不断加深，或者运用《资本论》中的不同理论去解释同一个经济问题，或者运用《资本论》中的同一个理论去解释不同的经济问题；三是研究主题在不同阶段各有侧重，2001～2006 年主要是《资本论》基础理论探讨，2007～2013 年主要是《资本论》理论的应用阶段，2014 年开始着重于《资本论》理论的拓展。

从研究方法的变化来看：一是从形式逻辑转向辩证逻辑，早期研究主要采用的是"形式逻辑法"，即在《资本论》的概念、范畴基础上探索各概念之间的内在联系，近期更多采用"辩证逻辑法"，即研究《资本论》的理论体系与现实经济运行的关系；二是从"抽象—具体"转向"具体—抽象"，这是马克思主义经济研究逐步走向成熟的标志；三是从逻辑论证转向数学建模，数学建模主要是为了解决逻辑论证中出现的争论，是对《资本论》逻辑论证方法的重要补充。

从原理运用形式的变化来看：一是从文本研究转向应用研究，国内加强《资本论》应用方面的研究，一方面是根据国内经济发展的需要，另一方面也反过来证实《资本论》理论的正确性；二是从国内研究转向国际研究，国际形势的变化要求国内《资本论》研究拓展国际视野，为中国全面融入世界经济体系服务；三是从完善理论转向发展理论，特别是构建中国特色社会主义政治经济学体系。

同时也要看到，我国《资本论》研究中还存在一些不足。一是人才队伍有老化迹象，青年学者的培养亟待加强。期刊论文作者的平均年龄为45.5 岁，会议论文作者的平均年龄为49.9 岁，著作作者的平均年龄为54.5岁。60 岁以上作者人数占到作者群的30% 左右，很多年逾八旬的作者仍笔耕不辍，而崭露头角的青年学者尚凤毛麟角。二是学术传承存在隐忧。这主要体现在我国高校研究生教育师生之间的学术传承脉络尚未成形。在我国研究生教育领域，已经形成了博导—博士生、硕导—硕士生这种两代学术传承现象，但尚没有三代学术传承现象，即形成这样一条学术传承脉络：博导指导博士生，而后博士生成长为硕导，再后硕导指导自己的硕士生。再考虑到样本文献中第一篇《资本论》研究博士学位论文出现于 1998 年，在前后 20 年的时间段中尚没有一例这样的传承链出现，一方面说明在《资本论》研究领域做出卓著的学术成果确实需要殚精竭虑，另一方面也表明这种学术传承确实尚未清晰可见。三是对外文文献尤其是马克思恩格斯著作的外文文献参考引用不多，所参考引用的马恩著作 99% 为译文，即便是博士研究生对于《资本论》外文文献的掌握程度也极其有限。这不利于我国展开对《资本论》的深入研究。四是对国外相关研究成果的引介不足。引进文献的缺乏必然导致对世界范围内《资本论》研究状况的无知，更遑论领先世界研究水平。

总之，该成果以量化的方式对新中国成立以来我国《资本论》研究状况进行了较为全面的分析，对于推动我国《资本论》研究的不断深入和马克思主义经济学的发展，具有重大的学术价值和现实意义：一是拓展了《资本论》的研究思路。课题以《资本论》研究的文献计量分析为基础，把新中国成立以来 60 多年作为时间跨度，对中国学者在新中国经济建设和改革开放过程中关于《资本论》研究的文献进行客观研究，把握《资本论》研究的历史脉络和总体特征。二是展示了《资本论》的当代价值。中国学者关于《资本论》的研究，体现出《资本论》在新中国经济建设特别是改革开放过程中的核心作用，也体现出中国学者对《资本论》的创造性研究，是《资本论》在当代中国重要价值的展示。三是有助于推进马克思主义经济学学科建设。经过 60 多年的发展，马克思主义经济学已经成为中国的主流学科。通过该课题研究，对 60 多年来中国《资本论》的研究有一个宏观整体认识，从而推动马克思主义经济学的学科建设。

坚持和完善中国特色社会主义基本经济制度研究

安徽工业大学洪功翔主持完成的国家社会科学基金项目"坚持和完善中国特色社会主义基本经济制度研究"（项目批准号为：14AJL001），最终成果为同名专著。课题组成员有：董梅生、查会琼、贾兴梅、顾青青。

一 研究的目的和意义

深入研究与拓展公有制为主体、多种所有制经济共同发展理论，是深刻理解中国特色社会主义市场经济发展道路的重要基础，也是坚持和完善基本经济制度的重要基础。2013年11月党的十八届三中全会通过的《关于全面深化改革若干重大问题的决定》指出，"国有企业总体上已经同市场经济相融合"，"公有制为主体、多种所有制经济共同发展的基本经济制度，是中国特色社会主义制度的重要支柱，也是社会主义市场经济体制的根基。公有制经济和非公有制经济都是社会主义市场经济的重要组成部分，都是中国经济社会发展的重要基础。必须毫不动摇巩固和发展公有制经济，坚持公有制主体地位，发挥国有经济主导作用，不断增强国有经济活力、控制力、影响力。必须毫不动摇鼓励、支持、引导非公有制经济发展，激发非公有制经济活力和创造力"。党的十九大报告进一步强调坚持"两个毫不动摇"。

然而，在这样重要原则问题上，却存在不同声音。如有学者以"国有企业低效率"为理由，认为国有企业与市场经济不相容，主张国有经济要全面退出竞争性领域；有学者照搬西方国家国有经济比重论，把国有经济存在的依据归结为弥补"市场失灵"，主张把"国企"卖光；有学者对国有经济与民营经济之间互为补充、互为促进的关系熟视无睹，对我国多种所有制经济共同发展所取得的成绩视而不见，顽固地坚持"与民争利"论、"挤压"民营经济发展空间论、不公平竞争论和"增长拖累"论，宣扬国有经济与民营经济之间是对立的，国有经济与市场经济之间是矛盾的、不相容的，主张实行"国退民进"，等等。

显然，国有企业与市场经济不相容的种种观点，对基本经济制度来说无疑是釜底抽薪。任此种"话语"传播、扩散，无疑会动摇对中国特色社会主义道路的信念和根基。道路决定命运，方向决定成败。习近平总书记多次强调，不改革没有出路，改革必须坚持正确方向和道路，"中国是一个大国，不能出现颠覆性错误"。因此，必须要加大对坚持中国特色社会主义基本经济制度的研究、阐发和宣传力度。

二 成果的主要内容

该成果包括上、中、下三篇。上篇"理论述评"，分别就国有经济在社会主义市场经济中的地位和作用的研究文献、国有企业效率高低的研究文献和国有经济与民营经济之间关系的研究文献进行梳理和分析。通过对这些文献的分析我们发现，无论是照搬"西方国有经济比重论"，还是宣扬"社会主义与否跟国有经济无关"，以及否定"国有经济是中国共产党执政基础"；无论是国有企业"低效率论""增长拖累论""挤压民营经济发展空间论"，还是国有企业利润的"垄断来源论""政府利益输送论"，以及否定国有企业具有"宏观效率论"；无论是国有企业的"与民争利论"，"妨碍公平竞争论"，以及"拖累民营经济增长论"，都是把国有经济与民营经济发展对立起来，都是违背"宪法"、"党章"、历届中央有关文件，马恩列毛的理论和中国特色社会主义理论，以及习近平新时代中国特色社会主义思想，都是为"国退民进""国有经济退出竞争性领域"提供理论依据，为全面否定国有经济在社会主义市场经济的基础地位和主导作用，营造推动国有企业大规模私有化的舆论压力。尽管这些人是少数派，但这些学者的社会影响大，有的是以改革派自居，具有一定的迷惑性，这就需要我们马克思主义理论工作者，要在坚持马克思主义的立场、观点和分析方法的基础上，坚持用事实说话，坚守马克思主义理论阵地，旗帜鲜明地批驳在"基本经济制度"问题认识上的种种错误论证和观点。这是巩固主流意识形态的需要，确保改革正确方向的需要，确保改革不犯颠覆性错误的需要。如果任这些诸如此类观点传播、扩散，无疑会动摇对中国特色社会主义道路的信念和根基，我们既要高度重视，更要加强理论宣传。当然，我们更需要做强做优做大国有企业，这是坚持、发展和完善中国特色社会主义基本经济制度的根本。

要旗帜鲜明地批驳在"基本经济制度"问题认识上的种种错误认识和观点，确保改革不犯颠覆性错误，需要以实证研究为支撑，用事实说话，用数据说话。中篇"实证研究"，分别将生物学中的共生理论引入国有经济与民营经济互动关系的研究中，通过实证研究证明了中国的国有经济与民营经济之间存在非对称性互惠的共生发展关系；利用 1952~2015 年的时间序列数据分析国有经济、集体经济、其他经济对经济增长的影响，发现国有经济、其他经济在长期内对经济增长产生正向影响；运用 2001~2015 年各地区的相关数据，通过构建两者之间的空间计量模型，对我国 31 省（市、自治区）国有企业投入产出对区域经济增长的影响进行实证研究发现，国有企业发展具有空间依赖性和正的空间溢出性。通过对国有企业效率再研究表明，国有企业的宏观效率很高，国有企业的微观效率并不低下。本篇的实证研究，用最新的数字证明了国有经济与民营经济的共生发展关系，国有经济并非低效率，以及公有制为主体的多种所有制结构和国有经济，对经济增长产生正向影响。因此，我们要理直气壮地宣传坚持中国特色社会主义基本经济制度。

下篇"对策研究"，分别就如何增强国有企业活力、控制力、影响力和抗风险能力，如何通过改革和完善国有资产管理体制来推动国有企业改革深化，如何促进非公有制经济发展，如何推动混合所有制经济发展，如何做强做优做大国有企业进行了理论探讨，提出了具体的对策建议。

坚持和完善中国特色社会主义基本经济制度的关键在于，既要毫不动摇地巩固和发展公有制经济，又要毫不动摇地鼓励、支持和引导非公有制经济发展。从国内发展来看，旧中国实行的是多种私有制经济，但发展缓慢，并直接导致中国长期积贫积弱。因为经济发展落后，旧中国频遭列强侵略。从国际情况来看，许多经济落后的原殖民地国家在独立后纷纷走上了资本主义道路，而中国却由半殖民地半封建社会的落后国家走上了社会主义道路。中国以公有制为基础或为主体的经济发展，大大超过了前一类国家，也超过了一切实行私有制的发展中国家。特别是改革开放40多年来，按照可比价格计算，中国国内生产总值年均增长约9.5%，以美元计算，中国对外贸易额年均增长14.5%，已经成为世界第二大经济体、第一大工业国、第一大货物贸易国、第一大外汇储备国。中国人民生活从短缺走向充裕、从贫困走向小康。我们用几十年时间完成了其他国家几百年走过的发展历程，超过了从古至今一切实行私有制的国家和社会。

坚持和完善中国特色社会主义基本经济制度，需要为多种所有制经济共同发展创造公平竞争环境。自然界的生生不息源自其适者生存的淘汰机制，公平的竞争环境是优胜劣汰机制发挥作用的前提。为多种所有制经济创造公平竞争的共生环境，可以使共生体和环境之间的相互作用在更加高效的物质、信息、能量交流中得以实现。我们既要解决民营经济发展中的"玻璃门""弹簧门""旋转门"问题，又要解决国有经济发展中的负担过重、不公平竞争问题。

坚持和完善中国特色社会主义基本经济制度，需要在做强做优做大国有企业上下功夫。党的十五大报告指出，"公有制为主体、多种所有制经济共同发展，是我国社会主义初级阶段的一项基本经济制度"。"公有制的主体地位主要体现在：公有资产在社会总资产中占优势；国有经济控制国民经济命脉，对经济发展起主导作用。""公有资产占优势，要有量的优势，更要注重质的提高。国有经济起主导作用，主要体现在控制力上。要从战略上调整国有经济布局。对关系国民经济命脉的重要行业和关键领域，国有经济必须占支配地位。"随着国有企业的退出，国有经济在国民经济中的比重也在不断下降。以工业为例，2016年国有控股工业企业的总资产、主营收入、利润总额、用工人数分别占规模以上工业企业的38.47%、20.62%、17.14%和17.90%。另外，国有经济控制国家经济命脉的控制力下降，已下降到只控制五六个行业，只占国家经济命脉行业的1/3，以资产计也不到一半。2012年，在属于国家经济命脉16个行业的资产总额（实收资本）中，国有资产所占比重为46.7%；在属于国家安全、自然垄断5个行业的资产中，国有资产所占比重为52.1%；在属于重要基础性的11个行业的资产中，国有资产所占比重为37.3%。党的十八届三中全会通过的

《关于全面深化改革若干重大问题的决定》指出，公有制为主体、多种所有制经济共同发展的基本经济制度，是中国特色社会主义制度的重要支柱，也是社会主义市场经济体制的根基。国有经济所占比例与控制力的下降，是有悖于坚持公有制为主体基本经济制度的，在政府不再作为投资主体直接创办国有企业的背景下，做强做优做大国有企业是加强和巩固社会主义基本经济制度的必然选择。

三　成果的主要价值

1. 在理论层面说清楚了坚持公有制为主体基本经济制度的必要性和意义

通过回答国有经济在社会主义市场经济中的地位和作用、国有企业效率的高低和国有经济与民营经济之间关系，辩驳清楚了为什么要坚持基本经济制度。

2. 通过实证研究证明了为什么能够坚持公有制为主体的基本经济制度

通过对所有制结构的经济效应分析，国有企业发展对区域经济增长的影响，以及国有企业效率的再研究，证明了国有企业并非天然低效率，多种所有制经济共同发展有利于促进经济增长，国有企业发展对区域经济增长具有促进效应。

3. 通过实证研究证明了为什么多种所有制经济能够更好地共同发展

通过引入生物学中的"共生理论"来分析多种所有制之间的竞争与合作关系，从共生单元、共生模式和共生环境的角度，探究多种所有制经济共同发展的机理，并通过实证研究加以证明。

4. 提出了如何完善和发展中国特色社会主义基本经济制度

从做强做优做大国有企业确保公有制主体地位，大力发展混合所有制经济和非公有制经济，不断增强国有经济活力、控制力、影响力和抗风险能力等方面提出了具有针对性、前瞻性的对策建议。这些研究将为全面深化经济体制改革和建设中国特色社会主义制度提供理论支撑，对国企改革和所有制结构调整有指导意义，有利于推动更加成熟定型经济制度的构建，有利于增强"四个自信"和巩固主流意识形态阵地，有利于构建世界方位中的中国学术话语体系。

1920～1929：从民国著作看马克思主义经济学的传播

上海财经大学谈敏主持完成的国家社会科学基金项目"从民国经济学著作看马克思主义经济学的传播（1920～1929）"（项目批准号为：16BJL003），最终成果为专著《1920～1929：从民国著作看马克思主义经济学的传播》。

通过1920～1929年的民国著作来研究马克思主义经济学的传播状况，从国内外已有的学术成果看，很少有人涉足。该成果的总体框架，同项目负责已经完成的前两个历史阶段的研究相衔接，体现一定的延续性，同时具有自身的个性特征。前面的研究，属于传播的早期阶段，相关的史料，尤其与马克思经济学说直接相关的系统性理论性资料，比较珍稀少见，于是搜集资料的范围也颇为广泛，凡是与引进马克思经济学说相关的史料，不论涉及马克思及其一般学说，或涉及社会主义的史料，一并汇总整理，以期了解其背景，发现其线索，追踪其源流，而且以新闻报道和报刊文章或论文为主。进入20年代，情况发生较大变化。这个阶段，国内中国共产党从筹备、成立到初步发展，国外苏俄政府战胜内部反革命叛乱和外国武装干涉后各项事业开始取得明显成效，都为包括马克思经济学说和列宁经济学说在内的马克思主义在中国的传播，创造了前所未有的良好契机，与此相关的各类系统性著述，亦随之而兴，数量明显增多。在这种情况下，考察马克思主义经济学在中国的传播，具备了更好的文献资料条件，同时凭一己之功，像以往那样广为搜集浩如烟海般的著述资料并进行周详的分析研究，并非易事。因此在研究的总体框架上，收缩资料范围，集中于这10年间国内出版的各种社会科学类著作或译本，既可以突出考察的重点，又有利于从更具系统论述的核心理论脉络上，显示马克思主义经济学传播的轨迹和特征。

该成果系统考察20世纪20年代民国期间以马克思主义经济学的原著译本和阐释类著作为主、兼及社会主义和经济学与其他社会科学等各类著作，达240余种。主要的考察方式，一是鉴于资料量多面广的多样性和复杂性，纵然收缩到以著作为主，仍需在广泛收集的基础上进行大量的发掘、整理和分类工作，十分烦琐。资料的收集起步较早，历时颇久，从1992年开始着手，最初重点放在经济学著作方面，为此专门编辑了《中国经济学图书目录（1900~1949年）》，以供收集著作资料的索引之用。后来发现若严格在民国经济学著作的范围内考察马克思主义经济学的传播，就20年代而言，不仅涉及面较狭窄，而且界线也不是很清晰。于是将原来撰写的民国经济学著作范围，扩展为民国著作，从更广阔的民国社会科学著作范围内加以考察。范围扩展后的资料收集过程，虽然后来出现了古籍网等网络工具，汇集了众多的民国著作，提供了更为便捷的检索方式，但仍然存在分散、模糊、遗漏且时有缺损的状况。因此，从1920~1929年10年间的众多著作里，围绕马克思主义经济学的传播主题，大致挑选出具有各类代表性的240余种著作（含译著和自撰著作），以此奠立整个研究的史料基础，这本身就是一个重要特色。

二是选择20年代的民国著作作为考察的重点，进行断代研究，这是一个适宜的切入点，可与持续考察30年代和40年代的史料相衔接，又不必摊子铺得太大，以便深入考察、循序渐进和控制篇幅。然而20年代的民国著作，就其整体而论，很难现成拿来做分析研究，需要事先花一番工夫，对各类代表性著作涉及马克思主义经济学的有关内容，逐一进行爬梳、考证、辨析、解读、比较和剖释。其必要性，一则在于确认各种著作或译著及其作者或译者的来历，这种考据对于认识当时颇为陌生的著译作，以及了解相关作者或译者的意图，不可或缺；二则在于其时许多著译作的质量存在问题，或者用文言表达或文言与白话混用带来一些障碍，或者译文不佳，或者对舶来经济理论的叙述还比较生疏，只有经过解读而能够理解后，才便于分析；三则在于这些著译作的内容相互之间或交织或借用或未说明引用出处，需要加以辨析方可鉴别、澄清和比较。诸如此类对文献资料的分类、考据和解析，作为研究中最为复杂和繁难的基础性工作，虽然在厘清过程中尚有缺憾，但已是目前国内可以看到的对于此类著作资料最为详细和深入的梳理，也可以说是本项目的一个鲜明特色。

三是根据各个年份的著作资料所显示的不同特征，将 20 年代马克思主义经济学在中国的传播，细分为五个阶段。五个阶段既是持续递进的连贯发展关系，也是时有跌宕起伏的复杂曲折过程，不仅表明马克思主义经济学的传播进入 20 世纪 20 年代，其时代背景、论述内容、重点对象、分析方法和态度取向等，比较以往发生了很大变化，而且其中最突出的变化并成为基本线索者，即马克思主义经济学与资本主义经济学的斗争，上升为政治经济学领域的主要内容，同时其他许多争论，实质上也都同这个斗争有关，由此反映了那个时期经济思想领域的发展动态。通过这个分期研究来揭示 20 年代马克思主义经济学的传播轨迹和整体进程，同样是本项目与众不同的创新之处。

四是采用逐个分析、相互比较与综合概括相结合的研究方法，对每本著作特别是那些代表作，逐个分类、梳理和剖析，重点是围绕翻译、阐释、引用和涉及马克思主义经济学的相关内容、评介方式、基本水准、认识态度等，归纳各自的特点与倾向，等于将所选择的 240 余种著作，深入细致地筛查了一遍；同时在各种相关联的著作之间进行横向与纵向的比较分析，发现它们的源流关系、地位影响、推动作用和独到之处等；在此基础上，先对不同类型和不同时期的著作内容与特征，逐节、逐章或逐编进行概括，然后综述 20 年代各个阶段的传播概况与特征，最后对各类著作在整个传播过程中的主导路径与阶段性特征，延续此前传播进程的发展演变线索，为此后传播继续开辟道路的各种新趋向等，做出基本判断。这种建立在翔实文献史料基础上的系统性理论解析，把分散而繁杂的著作资料贯串起来，理出其中的传播线索，尽管仍有可能疏漏个别著作，但已能把握著作整体的代表性特征，从而为全面深入地考察 20 世纪 20 年代马克思主义经济学的传播进程，打下了良好的学术基础。

五是根据以上考察，总结出 20 年代传播的若干启示：马克思主义经济学的传播从量变到质变，从启蒙到结出硕果，集中体现在共产党人的积极推动上；马克思主义经济学的传播借力苏俄模式，理论与实际结合，开始摸索社会主义的实现路径与方式；马克思主义经济学的传播深化过程，伴随着与本国实际相结合的中国化进程，二者互为依存，不可分割；马克思主义经济学与正统经济学在国内经济学领域的理论斗争，有一个逐步发展的过程，随着前者传播的深入而日益显露；马克思主义经济学在 20 年代的传播进程，以其指南意义和丰富内涵，为 1919 年以后的中国近代经济思想史研究，勾勒出一条基本线索。这些启示，比较传播前史和传播启蒙阶段的启示，既有先后相承的延续关系，体现了传播的历史脉络及其发展逻辑的一致性，又有演进升华的明显不同，表现出传播在各个阶段不断扩展与深化所累积显示的推进过程和变化趋势，也为民国后 20 年的传播，提示了基本发展取向和主要演进特征。将中国近代各个历史阶段的传播启示贯通起来，便构成经过马克思主义经济学的启迪和指导而走向新中国建设的一幅完整画图。

该成果以 1920~1929 年间的民国各类著作为范围，系统考察马克思主义经济学在 20 年代 10 年内的传播历史，其学术价值，不仅在于挖掘、梳理、考证、分类和汇总本时期各类著作文献的史料价值，也不仅在于以史料为基础对 240 余种著作逐一分析、互为比较、划分阶段、综合概括和提炼总结所开创的研究体例，还在于由此形成了两个独特的研究视角。一是从马克思主义在中国的传播研究方面看，形成马克思主义经济学传播的一个独特研究视角，进而发掘出一系列以往未曾接触或未曾深入分析的代表著作、代表人物和代表观点，丰富并深化了中国马克思主义的传播史研究。二是从中国近代经济思想史的研究方面看，形成 20 年代马克思主义经济学传播的另一个独特研究视角，从而进入中国经济思想史学科领域素来被认为是相对薄弱而又十分重要的 1919~1949 年的研究时段；这是一条承上启下的研究线索，通过梳理 20 年代民国著作中围绕马克思主义经济学的各种评价内容和变化，上承马克思主义经济学在中国传播的前史与启蒙阶段的发展趋势和轨迹，下启这一传播在经济理论层面的发展、演变并结合中国自身实际而形成其特征，直至新中国成立后成为占据支配地位的经济指导思想，也就是从这个新的视角切入，开辟了研究 1919 年以后中国近代经济思想发展演变历史的新的探索路径。其应用价值，可供中国经济思想史学科及马克思主义传播史领域的学术研究和研究生教学参考。

论体制转轨

东北财经大学张凤林主持完成的国家社会科学基金项目"当代西方不同学派的体制转轨理论比较研究"（项目批准号为：14AJL004），最终成果为专著《论体制转轨》。

一 研究的目的和意义

该研究的主题是体制转轨，主要研究当代的计划经济体制向市场经济体制转变的运动。这场制度大变迁运动是 20 世纪后半期国际政治、经济发展中的最重要事件，也堪称自近代以来人类社会制度变迁史上最重要的事件之一。该项目旨在综合吸收和借鉴各派经济学家的长期学术思想积淀，对此一主题做进一步的深入探讨。

当代的体制转轨进程复杂多样，不同国家遵循着不同的转轨路线，也产生了具有显著差异的社会经济后果。这就为经济学特别是其制度分析理论提出了严峻挑战。如何科学地揭示制度变迁的内在机理，已成为当代经济学亟待解决的热点和难点问题。国内外诸多学者虽然提出了许多不同的理论解说，但是就目前情况而言依然众说纷纭，有待于深入。因此，进一步探讨体制转轨问题具有重要的学术理论意义。

中国是当代最先启动体制转轨的国家，也是近 40 年来所有转轨国家中社会经济绩效最显著、同时也颇引争议的国家。中国渐进式的改革思路丰富了人们对于体制变革的复杂多样性的认识，也展示了发展中的大国体制转型的若干特点。紧密结合中国改革与开放的经验来探讨体制转轨的规律，将有助于系统地揭示中国的实践及其特点所具有的普遍性意义。另外，中国的转轨仍处于进行时态，当前在"改革的深水区"面临着一系列新的矛盾和困难，如何依据严谨的理论分析解剖现实矛盾，明确改革思路，预测未来改革与发展的前景，也具有重要的现实意义。

二　成果的主要内容

（一）主要内容

第一部分，在有分析地吸收、有批判地借鉴以往各种制度与制度变迁理论的基础上，尝试对制度以及体制转轨问题进行新的理论探讨。具体体现在三个方面。

第一，关于制度的本质与功能的重新阐述。根据马克思关于经济关系本质上反映的是人们社会关系的基本思想，借鉴现代经济学关于人性假定以及人际关系矛盾的各种观点，从人际关系内在矛盾及其治理的角度，系统阐述了人类社会为什么要有制度、制度的本质是什么、制度的社会功能是什么等问题。指出制度乃是源自人际关系治理的社会要求，其本质属于一种社会建构，基本的功能就在于调节人际关系矛盾以实现互利合作。无论是微观的治理结构安排还是社会的基本制度框架，无论是柔性约束的非正规制度还是强制约束的正规制度，都是如此。

第二，关于制度形成内在机制的重新解释。主要从人的意识与制度形成之关系以及个体行为与集体行为在制度形成中的作用两个方面，解释制度生成与发展的机理。强调指出，人们的自发意识活动与自觉的刻意行为都对社会的制度发展具有重要作用，前者主要决定了非正规制度，后者主要决定了正规的制度，并且二者在历史的长河中又总是相互产生着影响。在制度形成与发展的过程中，个体行为与集体行动也是相互关联的，虽然微小的治理可以通过个体的互动行为来实现，但社会中大多数重要的制度安排主要是集体行动的结果。上述分析，超出了现代制度经济文献经常出现的或者强调自发主义或者强调理性建构的偏颇倾向，也较好地将个人主义与整体主义的分析方法融合起来。

第三，关于制度变迁影响因素的深入分析。继承马克思经济学对经济制度进行动态分析的科学遗产，并借鉴诺斯等人关于制度变迁的若干理论，进一步深入探讨制度变迁的动因、过程、路径特征及其影响因素。将马克思的生产关系必须适应生产力的宏大历史分析框架，置于现代经济学关于社会经济绩效要求实现生产成本与交易成本总和最小化的微观基础之上，进而从资源稀缺程度、要素相对重要程度、生产工具技术能量、交通通信与信息技术等方面的变化，阐述导致制度非均衡从而形成制度变迁的主要原因。同时采用动态分析方法揭示制度变迁过程中几种可能的非均衡状态及其相应的成本，以及制度变迁路径的多样性。关于制度变迁多样性问题，跳出了单纯拘泥于形式逻辑分析的狭窄方法，运用辩证逻辑的方法着重从不同国家的制度体系内部各种制度构成要素或组成部分之间的相互关联中，来考察其制度安排及其变迁的差异性。

第二部分，对经济学有史以来重要的制度经济思想特别是当代的制度经济学及其制度变迁与转轨经济理论，进行全面系统的梳理与综合比较的分析，勾勒出经济思想史上制度经济分析发展的主要脉络，概括出不同时期标志性人物的主要思想成就，厘清不同学派若干观点纷争的学术症结及其理论模糊之处。具体体现在三个方面。

第一，关于古典与早期制度经济思想的评析。主要对亚当·斯密、J.S. 穆勒、马克思以及凡勃伦、康芒斯的制度经济思想进行发掘、梳理与重新解释。系统地阐发了斯密等古典学者的制度经济思想遗产，进一步肯定了马克思宏观动态制度分析的巨大历史价值，并对凡勃伦与康芒斯等人在制度经济思想发展中的历史地位给予了中肯的评价。总体来看，早期的制度经济分析虽然失之于微观精细化分析，但是却奠定了宏观动态分析的重要基础。

第二，对于当代新制度经济学主要理论与方法的评析。当代新制度经济学有关制度与制度变迁等问题的研究可谓成果众多、纷繁复杂，既取得了突出成就，也面临着许多问题。本部分紧密围绕体制转轨的主线，对新制度经济学各主要理论分支与分析范式进行全面的重新审视与深入的比较分析，充分肯定其在理论分析方面的巨大成就，同时也指出其若干欠缺之处。具体来说，明确肯定了交易成本研究范式对于经济学制度分析的重大意义，但同时也指出交易成本概念在解释企业产生以及比较制度分析中的局限性；深入评析了产权与合约经济学的理论实质及其在经济制度分析中的核心地位；深入评析了公共选择理论关于社会政治体制形成机制分析的重要意义及其面临的理论困局；深入评析了诺斯等人近年来新发展的国家理论以及阿西莫格鲁等人的新政治经济学理论，指出了这些理论对于揭示有关国家政治体制形成与发展的复杂机制所具有的重要价值；全面梳理并深入评析了诺斯等人的制度变迁理论，指出了这一理论与马克思的动态历史性分析的某种相似之处，充分肯定了其超越新古典静态均衡分析范式去探讨真实世界的制度变迁过程内涵规律所取得的重大成就。

第三，对于当代转轨经济研究的不同学派的比较分析。转轨经济学作为当代制度研究在体制转轨领域的延伸，是伴随转轨运动兴起而出现的一个新经济学分支，其发展虽然异常活跃，但转轨过程尚未完成，客观实践并未充分展开，理论的积累自然难免相对薄弱。因此，如何将不同学者之间纷争激烈且繁杂散乱的理论观点与政策主张加以科学的提炼，梳理成有逻辑层次的、条理化的思想发展脉络，既是准确把握转轨经济学的发展现状、所面临的难点与挑战的需要，也是推进当代转轨经济研究的需要。本项目结合当代不同国家体制转轨的多样化经验，在占有大量文献的基础上，对不同学派的转轨理论与政策主张进行了较深入的开掘、较系统的比较分析与评价。具体来说，分析比较当代体制转轨研究中的两大基本范式——新古典主义（华盛顿共识）与制度-演化主义，详细考察两大基本研究范式在理论基础、分析方法、政策主张等方面的基本差别，以及每种范式内部不同学者之间在具体理论观点与转轨战略方面的异同点；深入解析当代不同学派或学者之间关于体制转轨的若干重要问题的纷争，诸如如何理解市场经济制度，如何理解体制变革过程中制度构件的协调与互补关系，如何理解体制转轨过程的统一性与多样性，如何理解政府在转轨过程中的作用等，并挖掘这些争论的深层理论与方法论原因；尝试提炼转轨经济学对于当代制度经济学乃至整个经济学贡献的新成果、提供的新启示。

第三部分，关于转轨国家实践经验的探讨，主要在与苏联和东欧等普遍实行体制转轨的国家参照与对比的背景下，对中国近 40 年来波澜壮阔的改革与开放历史进程进行经验实证分析，从理论上系统地解读中国体制转轨的成功经验，展示中国体制转轨过程的若干特点及其社会历史原因，揭示中国的体制转轨方式可能包含的缺陷、矛盾，及其未来的发展趋势。具体包括四方面内容。

第一，通过分析我国传统计划经济体制功能的嬗变，从理论与实践相结合的角度系统论证了新中国成立后实行计划经济体制的某种历史必然性，以及 70 年代末实行改革开放政策、向市场经济体制转变的历史必然性。

第二，通过全面回顾与反思中国近 40 年改革与开放的历程，从制度博弈的视角将中国的体制转轨视为共产党领导与广大群众上下互动的结果，这种互动过程导致中国的体制变迁基本上是在政府指导下，按照由点到面、先易后难、循序渐进的方式逐步展开，使得中国能够在转轨期间较好地保持改革与发展的关系，维系了转轨期基本的社会利益关系平衡与社会运行秩序稳定。

第三，结合经验数据，对中国市场经济体制发育程度给予客观的分析和判定。分别从非国有经济占比、价格开放度、要素市场开放度、资本与货币市场发展程度、政府直接干预度等方面，充分肯定中国市场化调节已经达到较高程度；同时又根据公平竞争程度、市场信用状况、行政权力越位、社会泛市场化等，明确指出中国市场体制发育质量仍然不够高，与理想的市场体制形态还有较大差距。

第四，尝试对中国体制转轨的实践加以理论概括，旨在阐明中国的改革实践证明了马克思经济学关于生产关系一定要适应生产力要求的基本原理，证明了现代制度经济学特别是其关于制度变迁以及政治经济分析的若干原理，而基本证伪了现代西方曾经流行的极端自由主义的"原教旨主义市场理论"。

（二）重要观点

第一，从更一般的意义上看，制度的产生与发展源自人际关系治理的社会需求。制度作为适应这一需求的社会结构，是在人类集体行动的过程中由自发意识与自觉行为综合作用的结果。

第二，从动态非均衡角度看，体制变革与转轨过程本是人类对于不适宜人际关系治理的旧体制的调整过程。体制转轨过程必然涉及利益关系变动，从而引发新的矛盾，因此转轨既是对于原有制度非均衡的调整，本身也将处于非均衡状态。

第三，历史上与现实中，不同学派关于制度与制度变迁的学说在其特定的分析视角下都包含某些科学因素，需要在有关制度分析的不同具体场合恰当地予以吸收和应用，避免以偏概全。对不同学派的学说总体上应当坚持有分析地借鉴和兼容并蓄的态度。

第四，交易费用研究范式既具有重要的经济学开拓意义，也存在某些明显的理论瑕疵，需要更为精细化的发展。

第五，总体来看，基于静态均衡与严格理性假说的新古典主义范式，在考察社会经济体制变迁问题上具有较大的局限性，而马克思的历史性分析以及其他超越新古典传统的制度变迁或新政治经济学理论则具有更大的优越性。

第六，中国在转轨期所形成的经济体制，具有行政垄断型市场体制的重要特征。这种体制属于市场经济的范畴是没有什么疑义的，但显然还是一种不够成熟和完善的市场经济体制。这种体制对于过去几十年中国经济的高速增长功不可没，但是也孕育着一系列矛盾和问题，故亟待向公平竞争型的市场体制目标全面推进和深化改革。

国有林区生态经济模式建设研究

东北林业大学曹玉昆主持完成的国家社会科学基金项目"国有林区生态经济模式建设研究"（项目批准号为：13BJY032），最终成果为同名研究报告。课题组成员有：朱震锋、朱洪革、王玉芳、刘向越、任月、周丹、王珊珊、李朝洪、崔慕华。

一　研究的目的和意义

进入 21 世纪，全球不同国家和地区都面临着积极探索包含了社会、经济、生态环境等要素在内的全面协调、可持续发展的现实挑战。其重中之重是要加快创新经济发展模式，从根本上打破传统的环境、经济对立的二元化经济模式，建立一种真正将环境与经济内在统一起来的生态经济模式，将经济发展和生态保护的双赢目标建立在自然环境的可承受范围内，实现自然、生态、社会三者的良性循环，从而创建出一个复合型的生态经济系统。

国有林区是我国林业发展过程中形成的一个典型区域，除了林区的地理空间分布特征之外，同时又有着在资源、经济、社会乃至企业等多个层面上的一系列复杂内涵。纵观国有林区半个多世纪的发展历程，森林资源在其中可谓扮演着"牵一发而动全身"的关键角色。国有林区在森林资源采伐利用和经营保护等方面的政策变动对"依林而生、以林为继"的国有林区"生态、经济、社会"复合系统都将造成重大影响。这种冲击和影响的作用机理与西方发达国家早期工业化过程中出现的老工业区、老基地等资源型"问题区域"所承受的"资源诅咒"类似，但不同的是，造成国有林区诅咒之殇的森林资源属于可恢复的、具有生态功能的特殊资源，这种特殊性赋予了森林资源和国有林区在改善生态环境、寻求资源型经济可持续发展以及建立战略资源储备等方面的重大使命。

2015 年国有林区开始进入全面深化改革的重要阶段，伴随全面停伐政策落地，一方面，林区承担着资源保护和生态建设的重大使命；另一方面，林区又担负着加快产业转型升级、持续改善民生的重要职责。借助全面深化体制机制改革的政策机遇，横亘在国有林区经济和资源、产业和环境之间的巨大阻碍成为现阶段林区社会、生态、经济复合系统可持续发展的严峻挑战。为了适应新的发展形势，加快破解林区发展困境，探索将林区天然的自然资源禀赋与产业转型升级的迫切需求建立紧密联系，积极构建符合生态经济模式发展内涵、兼顾林区生态资源保护与经济转型发展的产业生态化发展机制不失为一种国有林区发展模式创新的有益尝试。本课题正是基于上述考虑，专门选择以黑龙江森工林区为典型案例，系统探究在国有林区当前面临的一系列复杂形势下，如何依托生态经济发展模式引领林区全面深化改革背景下的社会经济转型发展。

该成果基于上述研究背景，以黑龙江森工林区为例，通过系统了解和掌握近年来国有林区生态经济发展的总体状况，并对林区产业生态转型发展实践进行具体分析和客观评价，构建了国有林区生态经济发展模式设计的理论框架，并提出生态资本市场化、产业结构生态化、产业组织生态化等不同生态经济发展模式，最后，构建了国有林区生态经济模式有效运行的支撑保障体系。

二 成果的主要内容

（一）该成果的主要内容

（1）系统掌握以黑龙江森工林区为代表的国有林区产业生态转型发展状况。课题组成员凭借长期以来针对国有林区生态经济社会系统可持续发展的研究优势、成果积淀及持续跟踪调研，收集了大量林区林业产业生态转型方面的第一手资料，涉及生态产业投资、非木质林业产业发展、生态资源开发利用等领域；结合中央对国有林区全面深化改革的顶层设计，以黑龙江森工林区为例，系统描述了林区产业生态转型及生态经济发展的总体概况，并对具体实践做出客观评价，认为林区产业生态转型效率一般，同时明确提出实践过程中存在的主要问题，包括创新能力不足、缺乏资金保障、基础实力薄弱及改革滞后等。

（2）应用灰色关联分析方法，揭示了国有林区产业生态转型发展的影响因素，并分别从产业结构生态化、产业组织生态化等方面专门阐述了有关因素对国有林区产业生态转型的作用机理。结合对国有林区产业生态转型发展的深刻了解，建立从高级到低级的双层影响因素体系，第一层包括产业结构生态化因素和产业组织生态化因素，第二层因素分别隶属于第一层因素的两类指标。借助灰色关联分析方法的测算结果，从产业结构生态化的角度出发，得到：产业发展格局、资源消耗水平、劳动生产率等因素对国有林区产业生态转型发展具有直接影响；从产业组织生态化的角度出发，得到：劳动力就业结构、产业集聚水平等对国有林区产业生态转型发展具有重要影响。此外，国有林区发展生态经济，不应只注重产业结构生态化调整，还需有效发挥产业结构与产业组织间的关联互动效应，协调全面发展，这样才能更好地促进国有林区产业生态转型发展，为进一步探索设计国有林区生态经济模式提供支持和启发。

（3）综合国内外关于生态经济发展评价的研究成果，因地制宜构建国有林区产业生态发展的评价指标体系。严格遵循全面性、科学性、系统性、独立性与可比性相结合及定性指标和定量指标相结合等基本原则，充分参考国内外关于生态经济发展评价的专门研究成果，并结合国有林区社会构成、产业结构、资源监督管理以及生态建设等方面的特殊情况，构建了国有林区产业生态化发展水平的三层评价指标体系，包括目标层、准则层及操作层。深刻分析构建的评价指标体系中不同指标的基本内涵，特别是对三级评价指标的计算过程及正（+）逆（-）关系进行具体呈现。

（4）运用熵权法及 TOPSIS 模型对国有林区产业生态发展水平进行科学评价。根据已经构建的国有林区产业生态发展水平的评价指标体系，综合运用熵权法及 TOPSIS 模型，采用 2007~2016 年的相关统计数据，以黑龙江森工林区为例对国有林区产业生态发展水平进行科学评价，2007~2012 年林区产业生态发展水平处在初级成熟发展阶段，2012~2016 年则达到中等成熟水平，反映了国有林区生态经济发展水平不断提升的基本现状。

（二）成果的重要观点

（1）科学构建了国有林区产业生态化发展水平的评价指标体系。通过对国有林区下属林业局、黑龙江森工总局等重要单位的调研走访，基于对国有林区产业生态化转型现状的系统了解和认识，结合国有林区生态经济发展影响因素的实证分析，以产业结构生态化、产业组织生态化为切入点，构建了由"国有林区产业生态化发展水平（目标层）—产业结构生态化发展水平、产业组织生态化发展水平（准则层）—三次产业比重、全员劳动生产率、单位 GDP 能耗、能源消耗弹性系数、固体废物综合利用率、废水排放达标率、就业区位商等 16 个评价指标（操作层）"构成的三层评价指标体系。本体系将国有林区生态资源及林业产业发展的客观情况纳入其中，有别于一般的区域生态经济发展的评价体系，更加具有针对性和适用性，符合课题研究需求。

（2）提出了国有林区生态经济发展的 3 种典型模式。充分考虑国有林区生态建设、产业转型及体制机制改革的新形势和新要求，综合林区社会经济发展的客观情况及产业生态化发展水平、影响因素等研究分析结果，提出了国有林区生态经济发展的 3 种典型模式：一是生态资本市场化的生态经济发展模式，将国有林区生态资本融入市场化运营过程当中，并确保生态资本所代表的生态系统以及市场所代表的经济系统之间的协同发展，过程中需要持续优化森林资源向生态资产和生态资本过渡的条件、强化国有林区生态资本市场化的关键构成要素。二是产业结构生态化的生态经济模式，积极构建符合生态经济发展要求的生态型产业结构，这种产业结构是相对于传统的粗放型产业结构而言，这种产业结构对国有林区高质量的绿色发展形态进行了集中体现，该模式在实践过程中需要创新林区经济生态转型发展的基本理念、加快林区产业结构调整和优化布局、优化产业部门间生产方式及能源消费结构等。三是产业组织生态化的生态经济发展模式，强调产业组织的行为特征与环境、资源和生态要素之间所存在的关联关系及影响。通过不断地优化和改善产业组织形态以及行为特征，使得国有林区产业系统能够在一定的条件下进行自我组织和自我调节，这种组织和调节以符合生态系统可持续发展的要求而展开，在特定的约束条件下实现生态经济快速发展。

中国地方政府债务管理和风险预警机制

上海财经大学金洪飞主持完成的国家社会科学基金项目"中国地方政府债务管理与风险预警机制研究"（项目批准号为：14AZD036），最终成果为研究报告《中国地方政府债务管理和风险预警机制研究》。课题组成员有：沈雨婷、葛璐澜、程小庆、周金飞、郑春荣。

一 研究的目的和意义

随着中国地方政府债务的集聚，地方政府债务风险凸显，防范和化解地方政府债务风险成为近几年中国所面临的急需解决的重要问题。然而，中国政府会计体系、政府财政透明以及地方政府举债方式等方面存在问题，使得中国地方政府债务管理困难重重。本项目的研究目的，就是通过对政府会计制度、财政透明度、举债方式和地方政府债务管理进行理论研究和经验分析，在构建理论模型阐述地方政府债务的相关机理，以及解决理论问题的同时，提出关于中国地方政府债务管理和风险预警方面的，在理论上科学严谨、实践中可行的政策建议，为政府决策提供科学支撑，以便有效防范和缓解中国地方政府债务风险。因此，本项目研究具有重要的理论意义和现实意义。

二 成果的主要内容

该成果的主要研究内容有四部分。

（1）政府会计制度和地方政府债务管理。该成果的第二章将系统地分析目前中国政府会计制度以及对地方政府债务的确认、核算和计量现状，并结合西方发达国家经验和中国国情，探索中国地方政府会计制度改革的科学进程，提出中国政府会计改革目标和具体实施步骤。

（2）地方政府的举债方式。该成果的第三章对地方政府举债方式的发展和演变进行了回顾，通过构建理论模型对地方政府过度举债的动因进行了分析，并重点研究了近年来地方政府的主要举债方式。通过构建理论模型对地方政府过度举债的动因进行分析，并根据所构建的模型对现有地方政府债务的管理政策的作用机制和效果进行了分析。通过使用博弈论和计量方法，对融资平台公司的举债行为进行了分析。该成果的第三章还用回归模型对地方政府债券发行利率进行了经验研究。

（3）财政透明度和地方政府债务管理。该成果的第三章中，以地方政府财政透明度为切入点，从政府债务"借、用、还"三个方面展开对地方政府债务管理的研究。首先，比较系统地介绍了国内外对财政透明度研究的现状，并指出当前中国地方政府财政透明度的现状；通过动态博弈模型研究了地方政府自主发债过程中的最优财政透明度，并通过计量方法对财政透明度在地方政府债务限额管理中的中介效应进行了经验分析；还研究了财政透明度与地方政府债务置换的关系，通过博弈模型研究了地方政府债务置换过程中可能引发道德风险，以及财政透明度在防范道德风险中的作用；研究了财政透明度与地方政府债务募集资金使用的关系，通过构建多任务委托代理模型，研究了在财政透明度不高的背景下，如何提高地方政府债务资金的使用效率。

（4）中国地方政府债务风险预警机制研究。该成果的第五章首先对地方政府债务在长期及短期中的可持续性进行了理论研究。通过构建地方政府债务累积过程的可持续性理论模型分析地方政府在长期中的偿债风险，以及不同的政策背景下地方政府债务可持续性情况；然后通过对地方政府债券投资模型中的均衡状态分析，进一步分析了地方政府流动性风险的影响因素。另外，在报告中构建了中国地方政府债务风险预警体系并对目前情况进行经验分析。围绕地方政府债务风险的发生过程，基于债务现状、偿债能力、举债压力及外部宏观环境风险因素等方面构建了债务风险评估与预警体系，使用了层次分析法和熵值法结合的综合赋权方法确定该指标权重，根据风险警戒值判断预警区间，最终计算风险评估指数并确定风险水平，实现地方政府债务的评估、预警和分析。

三　成果的主要观点和建议

该成果主要观点如下。

（1）中国的会计核算报表对地方政府债务的核算范围较窄，只反映了地方政府债务中直接显性的部分，直接隐性债务和或有负债并没有反映在资产负债表中，财务报表附注中也没有披露相关信息。中国地方政府负债种类繁多且具有一定的特殊性，应综合考虑政府债务的本质、风险的实际承担者、偿还金额的可靠估计性等因素来衡量一项债务是否属于政府负债，同时适当采用多种计量属性进行债务计量，提高债务会计信息的有效性。就地方政府债务信息管理而言，还存在地方政府债务定义不够明确、地方政府披露信息不全面、地方政府公开的会计报表完整性不高、政府和所属的事业单位及社团缺乏统一的会计准则和制度体系、缺乏公开披露的政府财务报告等问题。

（2）对于地方政府过度举债成因的研究表明，中央政府和地方政府在最优地方债务水平的选择上是有差异的，地方政府举债时只会考虑本地区的债务风险，另外再加上晋升激励因素，使得其最优地方债务水平要高于中央政府所设定的相应水平，导致地方政府过度举债。首先，地方政府和融资平台之间存在的委托代理问题，使得资金的使用效率降低；其次，也会造成二者在债务问题上的权责不清，使得地方财政负担上升；最后，地方政府通过融资平台举债会在很大程度上增加中央政府对于地方政府债务的监管成本。

（3）公开发行的地方政府债券发行利率相对较合理地体现了财政状况之好坏，财政状况较差、金融市场发展程度不高的地方政府其融资成本很高，反过来又会进一步恶化其财政状况。这也意味着，为了以较低的成本获得融资，地方政府必须改善其财政状况，降低财政风险。所以成熟的地方政府债券市场，可以帮助地方政府加强财政自律，降低地方政府财政风险。

（4）当前中国地方政府的财政透明度还不太高，中央政府可以将地方政府自行发债额度大小作为一种激励措施，来引导地方政府真实地披露财政信息，从而提高地方政府财政透明度；对于地方政府新增债务限额分配，要积极利用财政透明度的中介效应，发挥财政透明度的信号作用。

（5）影响地方政府债务长期可持续性的主要因素为经济增长率、利率、财政赤字率以及初始债务水平，而经济增长率是最为核心的因素。中国目前经济进入新常态意味着经济增长率已经从高速增长模式进入较低水平，并且未来还有继续下降的可能，给中国地方政府债务风险增加了更多的可持续性压力。影响地方政府债务中短期可持续性的主要因素为现存债务规模、市场对低风险债券的投资需求水平以及地方政府间经济基本面的相对强弱水平。从风险预警的经验分析结果来看，由于隐性债务风险以及难以化解的融资压力，中国地方政府债务平均风险水平有上升趋势，多个省级地方政府风险等级提高；北上广以及长三角地区等各个省份因为经济发展水平高、增长潜力大、偿债能力稳定，具有最低的风险等级，而北部地区以及中部地区的部分省份，面临较为严重的债务风险。

根据以上观点，该成果建议如下。

第一，在政府会计改革方面，应当首先明确改革的目标是促进健全的政府财务管理，帮助政府履行公众受托责任。建议先开展地方政府债券复式预算的试编工作，积累工作经验，逐步完善地方政府预算管理模式。需要建立统一的会计准则和制度体系，全面覆盖地方政府债务。另外，要加快政府综合财务报告编制，并完善地方债务信息披露。

第二，就地方政府的举债而言，严格的问责制可以使地方政府重视债务风险，因此要完善地方官员在债务管理上的问责与考核，切断融资平台与地方政府之间的隐性担保，并加快地方政府债券市场建设，促进地方政府信用评估和地方政府债券定价市场化。要鼓励发展有效的第三方评级体系，完善金融市场环境，使地方政府债券能够在市场交易中体现政府信用价值。

第三，财政透明度的提高不仅可以提高地方政府债务资金的使用效率，也可以让地方债券利率反映出政府的财政风险，有利于地方政府债券市场的健康发展。因此，需要完善顶层设计，加强财政透明度制度建设，并规范财政信息公开程度，加大政府审计力度。就目前而言，财政部可以将地方政府自行发债额度大小作为一种激励措施，来引导地方政府真实地披露财政信息，并设置政府债务专栏，规范债务信息披露。

第四，为了对地方政府债务风险进行预警，当前急需解决的重要问题，是厘清各级地方政府隐性债务水平以及当前债务关联项目的运行情况，获得或估算出较为准确的债务水平及债务结构的数据。建议各个地方政府在加快综合财务报告编制的同时，建立动态的债务风险预警模型，以及各级政府财政状况、债务情况的具体数据，估算不同经济条件下的政府债务相关预警指标等，实时跟踪指标情况，对于风险点提出针对性预案。

第五，鉴于部分省份和地区近几年的债务风险处于高位，并有继续上升趋势，需要做好应对措施。短期内要尽快甄别各级地方政府隐性债务规模及风险暴露水平，提出不同等级的风险事件应对预案，包括债务违约后的过渡与处置方案；中期内根据地方政府债务风险预警体系建立风险预警机制，定期监测债务风险水平、风险结构及发展趋势，对于不同等级的地方政府采取不同等级的行政管制措施与监管力度，对高风险地区的债务发展状况进行严密监控；长期中需要改善中央与地方政府间的财政关系，调整财权与事权分配结构，从债务累积的根源上降低债务风险发生的可能性。

新常态背景下中国经济增长质量的演化趋势与对策研究

南京林业大学范金主持完成的国家社会科学基金项目"新常态背景下中国经济增长质量的演化趋势与对策研究"（项目批准号为：14AZD085），最终成果为同名专著及研究报告。课题组成员有：张晓兰、刘瑞翔、姜卫民、张晖、陈元媛、万伟、陈敏、张润磊、徐小换、郑庆武、赵彤、杨中伟、华彦玲、孟芊汝。

针对自 2012 年以来中国经济增长、社会变迁和体制改革等发生的新变化，发现、解释和解决问题对于丰富中国特色社会主义政治经济学以及推进中国新时代高质量发展提供科学的决策咨询建议具有重要的理论价值和现实意义。

该成果以新常态背景下中国经济增长质量演化趋势为主线，按照规范分析的研究范式展开分析，认为：第一，新常态体现在经济的增速变化、结构调整、动力转换三方面，且具有换挡性、叠加性、风险性和开放性等基本特征。以 2012 年为分界，将改革开放 40 年以来，特别是 2002 年以来，中国经济发展阶段划分为以下阶段，其中，2012～2017 年为新常态第一阶段，2018～2050 年为新常态第二阶段，即新时代阶段。第二，经济增长质量内涵分为狭义和广义概念，前者一般就是指经济增长效率，最主要的代表性指标包括人均 GDP、全要素生产率（TFP）和增加值率，而后者则概括为强盛性、有效性、稳定性、协调性、持续性、包容性、开放性等方面，同时，经济增长质量测度评价具有规范性、综合性、动态性和争议性等基本特征。第三，机理分析和实证检验显示出 GDP、TFP 和增加值率分别反映着经济增长质量的不同属性，系统研究该主题需要综合考量。

为探寻研究主题，按照规范分析的研究范式，循着"提出问题—解释问题—解决问题"路径、体现"机理分析—数理分析—哲理分析"三个层次，该成果分别从 GDP 核算、TFP 测算和增加值率测度角度分别进行了分析，主要研究结论如下。

第一，基于 GDP 核算的新常态背景下中国经济增长质量演化趋势表现为：一是 GDP 的增长降速换挡：由旧常态的高速增长到新常态的中高速增长；二是 GDP 的结构主角换位：由旧常态的工业主导到新常态的服务业主导；三是 GDP 的国际关联拓展：由自身供给能力提升引发内需市场和外需市场的深度拓展；四是 GDP 的生态效果初现：由旧常态的高污染到新常态的绿色增加值指数的持续提高。

基于 GDP 核算分析对新时代推进高质量发展的启示：一是稳增长有助于具有换挡性特征的新时代背景下经济增长质量保持强盛性和稳定性；二是上台阶有助于具有叠加性特征的新时代背景下经济增长质量保持有效性和协调性；三是促开放有助于具有风险性特征的新时代背景下经济增长质量实现开放性和包容性；四是保生态有助于具有叠加性特征的新时代背景下经济增长质量保持协调性和可持续性。

第二，基于 TFP 测算的新常态背景下中国经济增长质量演化趋势表现为：一是 TFP 增长降速换挡：由旧常态的高速增长到新常态的中高速增长；二是 TFP 区域差异特征显著：东部和东北地区 TFP 增长率较高，而中部和西部相对较低；三是 TFP 增长的主导角色更迭：由旧常态的技术进步主导逐步到新常态的技术效率主导；四是 TFP 的要素资源错配：配置效率改进对 TFP 的拉动作用在下降。

基于 TFP 测算分析对新时代推进高质量发展的启示：一是稳增长有助于具有换挡性特征的新时代背景下经济增长质量保持强盛性和有效性；二是拓潜力有助于具有开放性特征的新时代背景下经济增长质量实现开放性和包容性；三是增效率有助于具有叠加性特征的新时代背景下经济增长质量保持有效性和协调性；四是优配置有助于具有风险性特征的新时代背景下经济增长质量保持有效性和协调性。

第三，基于增加值率测度的新常态背景下中国经济增长质量演化趋势表现为：一是以实际增加值率为评价标准的经济增长质量呈现出演化趋势在旧常态第一阶段的持续下滑到第二阶段和新常态第一阶段的稳定；二是以增加值率门槛上限为经济增长质量测度标准的演化趋势表现为发展环境稳步中缓慢提高；三是以实际增加值率与门槛值的差距为评价标准的经济增长质量表现出演化趋势在旧常态第一阶段的持续下滑到第二阶段和新常态第一阶段的稳定。

基于增加值率测度分析对新时代推进高质量发展的启示：一是优化资本市场将有助于具有风险性特征的新时代背景下经济增长质量保持稳定性和协调性；二是完善人口政策将有助于具有换挡性特征的新时代背景下经济增长质量保持稳定性和包容性；三是突出创新发展将有助于具有叠加性特征的新时代背景下经济增长质量保持有效性和开放性。

从他山之石角度，该成果针对性地选择 20 世纪 20 年代以来美国经济发展、一战前德国工业化、20 世纪 70~80 年代日本经济转型、20 世纪 80~90 年代拉美国家经济转型作为比较案例，对标经济体的成功经验和失败镜鉴对我国新时代推进高质量发展的启示：一是采取适度的宏观调控手段，保持货币政策的相对稳定性；二是努力推动技术创新，促进经济转型升级；三是增加人力资本投入，提高劳动者素质；四是继续推进供给侧结构性改革，注重供给侧与需求侧均衡发展；五是大力推进市场化改革，提升制度性红利；六是及时做好风险管理，应对外部冲击需转"危"为"机"。

为实现新时代背景下提升中国经济增长质量目标，该成果分别进行动态计量经济分析、情景预测，得到以下主要结论：一是准确认识中国的经济增长质量现状。中国经济增长质量的国际比较虽表现出"大快不强"的严峻现实，但蕴含着"刚柔并济"的特殊潜质。"大快不强"体现在经济规模大、增长速度快，但人均水平低、门槛值低。"刚柔并济"体现在经济增长质量的核心指标默默地稳步持续提升。二是客观认识党的十九大制订的新时代发展目标。情景预测显示出党的十九大报告提出的三个阶段性目标是务实且可以实现的。2020 年达到全面小康社会的目标，中国经济增长必须保持中高速，重点和难点是人均收入水平。预计到 2035 年，中国 GDP 规模将是同期美国的 1.3 倍，排名世界首位；人均 GDP 为同期美国的 0.3 倍，排名世界第 51 位，相当于当前波兰、匈牙利等国家和地区在国际上的相对水平；全球创新指数排名世界第 10 位。预计到 2050 年，中国 GDP 规模将是同期美国的 1.7 倍，排名世界首位；人均 GDP 为同期美国的 0.5 倍，排名世界第 37 位，相当于当前韩国、斯洛文尼亚等国在国际上的相对水平；

全球创新指数排名位于世界第 8 位，有相当数量的领域已经与美国进入并跑，甚至领先阶段。三是中美竞合关系是未来不确定的最重要因素。一方面，中美贸易摩擦会影响中国现代化建设进程，尤其是 2020~2035 年基本实现社会主义现代化建设期。中国只有通过提高自主创新能力，通过改革开放对冲负面影响，从而实现党的十九大报告所制订的新时代的奋斗目标。另一方面，中美合作发展显然会有利于实现党的十九大报告所制订的新时代奋斗目标，从而加快中国现代化建设进程。

综上所述，该成果提出以下对策性建议。

第一，顺应高质量发展的经济规律，提升经济发展潜力和韧性。一是加强宏观政策的逆周期调节，确保经济健康稳定发展；二是提高居民收入水平，释放内需增长空间；三是做大做强实体经济，增强抵御风险能力；四是聚焦绿色发展路径，强化生态环境保障。

第二，重新审视各类风险的相互联系，有效防范不同领域风险交叉传染。一是集中力量练好内功，积极主动应对内外风险；二是建立房地产逆周期监管机制，有效抑制去库存风险；三是完善海外投资法律体系，有效管控对外投资风险；四是守住系统性风险底线，切实防范化解重大风险。

第三，加快发展开放型经济，推动形成全面开放新格局。一是以"一带一路"倡议为契机，建设高水平自贸区网络体系；二是加强双多边和区域贸易合作，反对和遏制贸易保护主义；三是准确预判全球化发展的新内涵和新趋势，着力推进多元合作的新型全球化经济格局；四是对标国际经贸规则变化，加快"引进来"和"走出去"。

第四，加快培育经济增长新动能，激发宏观经济运行活力。一是深化供给侧结构性改革，建立供给与需求相结合的宏观调控模式；二是推动货物贸易与服务贸易融合，提高对外贸易发展质量；三是积极参与国际分工，着力提升在全球价值链分工中的位置；四是加快培育产业竞争新优势，全面构建全球性生产网络。

第五，不断创新和完善宏观调控，着力提高新时代经济治理能力。一是正确处理政府与市场关系，选择合适的宏观调控方式；二是审时度势，灵活选择宏观调控目标和手段；三是与时俱进，适度调整宏观调控政策组合；四是选择适度的调控力度，制定适时进退机制。

公允价值信息及其采集和指数构建研究

厦门大学曲晓辉主持完成的国家社会科学基金项目"公允价值信息采集及指数构建研究"（项目批准号为：13AJY005），最终成果为同名研究报告。课题组成员有：张国华、张瑞丽、卢煜、王为、汪健、李莹、陈林、黄炳艺。

一 研究的目的和意义

该成果旨在探索公允价值的科学属性、经济影响、信息采集和指数构建。

国际会计准则理事会（IASB）发布的国际财务报告准则《IFRS 13——公允价值计量》于 2013 年生效。我国财政部 2014 年 1 月发布并于 7 月开始实行《企业会计准则第 39 号——公允价值计量》。我国第 39 号准则，是与 IFRS 趋同度极高的一项准则，也是公允价值在我国全面应用的里程碑，引发了很多理论和实际应用问题。

公允价值计量属性的广泛运用，不可避免地导致更多的会计判断和盈余管理。新兴市场经济国家公允价值应用的主要难点在于相关资产和负债的公允价值难以采集。由于我国市场发育程度和信息整合条件的限制，尚未建立起企业公允价值计量信息收集和定价系统，因此迫切需要一套可供操作的、专用与通用并重、分层级的公允价值采集指引。

该成果在广泛调研的基础上，探讨公允价值及其影响，研究公允价值信息的采集问题，探讨公允价值指数的形成机理并尝试构建公允价值指数，为企业编报财务信息和投资及经营决策提供公允价值判断依据，为国家有关部门宏观经济调控和市场监管提供估值和评价基础，以促进我国市场经济的发展和机制的完善。

二　成果的主要内容

该成果由八篇共二十四章及两个附录组成，主要内容包括公允价值及其指数篇、会计信息质量与定价功能篇、公允价值信息价值相关性研究篇、公允价值经济后果研究篇、公允价值计量与管理层心理研究篇、金融工具公允价值研究篇、投资性房地产公允价值研究篇、商誉公允价值研究篇。两个附录，其一是公允价值信息采集及指数构建的调查分析，其二是公允价值会计适用性研究（英文）。

该成果在指数研究方面紧密贴近现实，基于实地调研和文献及情况检索，进行公允价值信息采集、数据库和指数设计；在学术层面力求探索前沿性选题和开展创新性研究，丰富公允价值领域文献，实现理论创新，并提供政策借鉴。

现将该成果的主要内容及创新概述如下。

第一篇，公允价值及其指数。

关于公允价值及其指数，课题组探讨了一系列基本概念和理论问题，并设计了公允价值数据库和指数及其平台。首先，对公允价值概念进行了讨论，继而进行了经济学分析。课题组认为，公允价值应该从市场基础、价格基础、公允性和可获性几个方面来理解。在讨论了马克思的价值理论后，课题组提出公允价值可以理解为是资产或负债交换价值的货币表现，是资产或负债在交易日的市场价格。但是，正如马克思所阐述的，同一商品生产者或消费者不可兼得同一商品的使用价值和价值。那么，同一资产或负债也不能同时具有使用价值和价值。商品生产者或者拥有使用价值，或者通过让渡使用价值而换取价值。从这一意义上讲，没有交换作为参照而获取的公允价值输入值是不具有经济意义的，因而我们构建的公允价值指数将之排除。

课题组还从公允价值赖以应用的市场及市场环境出发，探讨了公允价值的输入值层次及其所适用的估值技术。我们从存货、长期股权投资、投资性房地产、固定资产、金融资产与金融负债等方面探讨了公允价值信息采集和数据库算法构想。课题组回顾了指数研究，探讨了公允价值指数及其平台建设问题。课题组认为，公允价值指数适合采取指数平台的方式，主要利用现有成熟的指数，并适当开发专用指数。公允价值信息采集及指数构建的工作重点在于对相关指数进行整合和改进，以形成综合的信息查询平台。

第二篇，会计信息质量与定价功能。

课题组实证检验了会计准则与会计信息质量的相关性，发现对于基础性信息质量特征而言，国际趋同的会计准则的价值相关性得到了显著提高；然而原则导向、引入公允价值的准则赋予管理层更多的选择和判断空间，以致在降低盈余平滑和增强中立性的同时，也加大了操纵性利润规模和降低了稳健性。关于财务报告与会计信息定价功能，课题组认为受托责任观下，财务报告通过反馈可靠的业绩信息，降低事后评估过程中的信息不对称，发挥着治理功能；决策有用观下，财务报告通过提供相关的决策信息，降低事前决策过程中的信息不对称，发挥着定价功能，对后者公允价值至关重要。

第三篇，公允价值信息价值相关性研究。

关于公允价值信息价值相关性，首先，课题组检验了公允价值变动信息的价值相关性，发现可供出售金融资产公允价值变动信息之于股票收益率存在显著的正向价值相关关系，投资者情绪对可供出售金融资产公允价值变动信息之于股票收益率的价值相关性存在显著的正向影响作用，控股股东利用可供出售金融资产项目谋取控制权私利的行为对可供出售金融资产公允价值变动信息之于股票收益率的价值相关性存在显著的负面影响作用。其次，检验分析师评级和投资者情绪与公允价值的价值相关性，发现长期股权投资重分类为可供出售金融资产而确认的公允价值与股票价格具有显著的价值相关性，证券分析师关于买入和增持的评级，对绩优公司的可供出售金融资产公允价值确认信息之价值相关性具有显著的正向影响。课题组还检验了投资者情绪和资产证券化与公允价值信息含量，发现 IPO 核准公告具有显著的信息含量，而且与 IPO 公允价值信息显著正相关。由于我国资本市场的特殊性，散户在 IPO 市场中具有重要的影响作用，机构投资者行为对 IPO 核准公告信息含量的影响并不显著，但投资者情绪与 IPO 核准公告的信息含量正相关，而且显著影响 IPO 公允价值信息的价值相关性。

第四篇，公允价值经济后果研究。

关于公允价值经济后果，课题组首先检验了会计信息与分析师的信息解释行为的相关性，发现分析师更倾向于解读非操控性应计利润含量较高的财务报告、解读会计信息可比性程度较高的财务报告、解读利润表的公允价值信息。其次，课题组检验了公允价值计量与 IPO 投资者情绪定价之关系，发现公允价值计量提高了会计信息质量，抑制了会计信息不对称驱动的 IPO 投资者情绪定价，提升了会计信息的决策有用性；市场发展水平越高，公允价值计量项目的盈余管理空间越小，市场发展水平的提升对于公允价值会计信息决策有用性具有正向的促进作用；公允价值计量提升了会计信息的决策有用性，抑制了 IPO 定价的非理性成分，提升了市场的 IPO 定价效率。

第五篇，公允价值计量与管理层心理研究。

关于公允价值计量与管理层心理研究，课题组首先检验了管理层嫉妒心理、薪酬水平与公允价值计量问题，发现公允价值变动引起的盈余波动导致管理层嫉妒心理增加，以追求更高的薪酬；而公允价值损失会导致具有嫉妒心理的管理层降低薪酬；在国企中，管理层权力与公允价值计量和嫉妒心理正相关，在非国企样本中，管理层权力与公允价值计量导致的嫉妒心理负相关，说明产权性质不同，管理层权力表现出不同的特性。其次，课题组检验了公允价值计量、管理者过度自信与公司融资决策的关系，发现采用公允价值计量的公司，其过度自信的管理层会选择更为激进的负债结构；公司是否持有公允价值计量的债券、资产等对过度自信的管理者是否会选择更为激进的短期负债和长期负债无关；公允价值计量资产的盈余波动与过度自信的管理者提高短期借款比率的行为正相关，与长期借款比率无关；持有公允价值计量的资产会增加过度自信的大股东股权质押的概率，同时增加股权质押的比例。

第六篇，金融工具公允价值研究。

关于金融工具公允价值研究，课题组首先以交易性金融工具公允价值对未来收益的预测模型的回归残差，代理公允价值的预测能力，检验公允价值的预测能力对公允价值的价值相关性的影响，发现交易性金融工具公允价值的预测能力对其价值相关性有正向影响，后者随着公允价值预测能力的提高而增强。其次，课题组基于制度经济学的制度变迁理论，探讨了金融工具会计准则的国际发展，认为新的金融工具准则导致主观判断增加，将影响会计信息可靠性并加大监管难度，新金融工具准则对公允价值的广泛应用将降低会计信息的可比性。

第七篇，投资性房地产公允价值研究。

关于投资性房地产公允价值的研究，课题组首先检验了投资性房地产计量模式选择的动机及影响因素，发现资产负债率高、管理层持股比例高、投资性房地产比重高的非国有上市公司倾向于选择公允价值模式；投资性房地产在总资产中所占比重越大，投资性房地产采用公允价值模式的可能性越大；实际控制人为非国有的公司采用公允价值模式的可能性更高，实际控制人为国有的公司更愿意采用成本模式以便在需要时通过处置投资性房地产进行盈余操纵；房地产市场是否活跃对计量模式选择没有显著影响。其次，课题组检验了投资性房地产公允价值计量层次的适用性，发现公允价值计量的三个层次并不完全适用于我国投资性房地产公允价值的计量；公允价值的应用具有明显的行业特征，以金融业和房地产业为主；公允价值估值方式和估值方法的选择都与市场化程度密切相关；我国投资性房地产全面应用公允价值的市场环境尚不成熟。最后，课题组检验了投资性房地产公允价值计量与股价同步性，发现投资性房地产项目的公允价值计量扩大了管理层的盈余管理空间，投资性房地产项目的真实公允价值成为管理层控制的私有信息，私有信息融入股票价格，降低了股价同步性，但公允价值计量的投资性房地产项目金额与股价同步性显著负相关；会计信息透明度提高了投资者挖掘投资性房地产的公允价值私有信息的边际成本，抑制了投资性房地产公允价值披露金额与股价同步性之间的负相关关系。

第八篇，商誉公允价值研究。

关于商誉公允价值研究，课题组首先检验了商誉减值的价值相关性，发现商誉减值与股价和股票收益均显著负相关；亏损公司由于存在大清洗动机，其商誉减值的价值相关性较低，高质量内部控制和高质量内部审计则显著加强了商誉减值的价值相关性。其次，课题组检验了商誉减值与分析师盈余预测之关系，发现上市公司是否发生商誉减值以及减值的规模均与分析师盈余预测显著相关，即商誉减值降低了分析师盈余预测的准确性，提高了分析师盈余预测的分歧度，并且减值规模越大，不利影响越显著；商誉减值对分析师盈余预测的不利影响仅存在于负向盈余管理行为的公司中。最后，课题组检验了商誉减值的盈余管理动机并取得了证据，具体表现为盈余平滑和"洗大澡"；公司业绩、CEO 特征、债务与薪酬契约以及外部监督机制均会对商誉减值造成影响；审计质量和股权集中度抑制了管理层盈余管理动机下的商誉减值行为；商誉减值的确认存在不及时的问题，且平均滞后一到两年。

附录一，公允价值信息采集及指数构建的调查分析。

本课题组为考察不同行业主要产品的公允价值获取途径和征询公允价值指数设计建议，组织了课题组成员先后到五省区典型行业的多家企业进行实地走访调研，不但搜集到大量第一手数据和资料，而且通过访谈了解到公允价值计量和公允价值指数构建面临的实际问题和实务界人士的期待和忠告。

附录二，公允价值会计适用性研究。

关于公允价值会计在转型经济国家的适用性，课题组从制度变迁角度实证检验我国上市公司盈余和账面价值的价值相关性，发现较之成熟市场，上市公司的盈余和账面价值的价值相关性随着会计规范的改进和市场机制的发展显著提高，盈余的增量价值相关性保持稳定并且显示轻度降低的趋势；账面价值的增量价值相关性显著增加；未发现由于会计准则与 IFRS 趋同及之后的公允价值会计采用，公允价值会计对盈余和账面价值的价值相关性的改善有贡献。

植物新品种保护制度激励种业创新发展

　　济南大学张彩霞主持完成的国家社会科学基金项目"植物新品种保护制度对种业企业创新行为的作用机理研究"（项目批准号为：16BJY114），最终成果为同名研究报告及多篇论文。课题组成员有：周衍平、张振鹏、韦雨晨、张鲁秀、吴学花、于海燕。

　　种业技术制度创新关系农业发展、粮食安全和国计民生。随着生物育种技术的发展，处于产业转型期的中国种业，科研与生产脱节、研发资源分散、商业化育种运行低效，缺少具有重大应用前景和自主知识产权的突破性优良品种，种业持续创新能力亟待提升。植物新品种保护制度为育种创新提供专门的知识产权保护，对种业企业育种创新行为具有激励作用，引致农业技术进步和经济增长。

　　该成果综合创新经济学、知识产权经济学、农业技术经济理论，以中国植物新品种保护制度实施 20 年间的植物新品种权数据为基础，利用统计分析、计量回归分析、博弈分析、社会网络分析、案例分析等研究方法，以中国种业企业创新行为为总体研究对象，分析植物新品种保护制度对种子企业植物新品种权创造、运用、维持、保护等育种创新行为激励的动态作用过程、成效及存在的问题，明晰了植物新品种保护制度的微观作用机理，提出中国种业自主创新能力的提升路径与制度优化对策。

一　创新驱动种业发展

　　植物新品种保护制度作用于种业技术创新和扩散活动。新品种商业化需要大量的知识积累、资本投入和较高的风险承受能力,与技术创新相适应的植物新品种保护制度帮助创新者以更低成本把握新的盈利机会,在一定时期内独占创新利润,使创新资源向有创新能力和创新意愿的主体集中,提升整个社会生产要素的配置效率。实证分析表明,种子企业植物新品种权申请对粮食产量产生负向影响,植物新品种权授权量对粮食产量增长具有显著正向影响,植物新品种保护对种业经济发展起到强有力的支撑作用。

二 植物新品种保护制度对种业企业创新行为的作用机理

(一) 种子企业成为植物新品种权创造主体

种子企业植物新品种权创造行为活跃,占比大幅度提高,商业育种创新能力不断增强,逐步成为植物新品种权创造主体。与农科院所等部门相比,种子企业植物新品种权申请起步晚,授权率低,但增速快,对植物新品种保护持有积极态度,与其他育种者合作申请提高了种子企业植物新品种授权的数量和比例。植物新品种保护制度不但影响种子企业育种创新的速度,对育种方向也具有重要调节作用。种子公司发挥自身技术比较优势,将研发资源投向更能获得创新收益的植物种类,主要包括玉米、水稻、辣椒、黄瓜、蝴蝶兰、菊属等。以植物新品种权衡量的育种创新地区集中度、品种集中度有所提高,但仍较为分散。

(二) 种子企业植物新品种权运用助推品种技术扩散

种子企业的植物新品种权运用行为包括植物新品种权合作研发、转让、许可、植物新品种权联盟等形式。种子企业与其他机构联合申请植物新品种权,通过共同声誉机制实现种子产业链上下游整合。种子公司对玉米、水稻、普通小麦、棉属倾向转让申请权,对谷子、高粱等品种倾向转让品种权;蔬菜品种申请权的转让活动比较频繁,但很少进行花卉品种申请权的转让,更愿意转让已经获得授权的花卉品种。植物新品种权许可实施可以消除由于新品种技术质量带来的信息不对称问题。当种子企业既是品种权人,同时也是种子生产者,其最优许可对象策略是以差别提成率将植物新品种权同时许可给两家企业,形成许可联盟,许可收益效能够抵消竞争产生的租金耗散效应,保持在位厂商的竞争优势地位。

（三）种子企业植物新品种权维持时间显示新品种质量

种企植物新品种权维持时间显示新品种质量。植物新品种权维持制度理论模型分析表明，植物新品种保护收费制度形成过滤、终结机制。植物新品种权权利人的维持决策决定了植物新品种权的有效保护期限，可以筛选高质量、高价值植物新品种权，显示授权品种的价值信息，引导创新主体提高资源配置效率，平衡私人利益和公共利益。植物新品种权维持时间受品种权人类型、审查周期及共同品种权人、培育人数量等因素影响，总体平均维持时间仅有 3.72 年，植物新品种权价值呈偏态分布，价值高的植物新品种数量非常少。中国是第一个，也是唯一一个停止征收植物新品种权费用的国家。在目前情况下，停征植物新品种权申请费、审查费和维持年费虽然可以降低育种者保护成本，但也会使植物新品种权法定保护期限形同虚设，毫无价值的植物新品种权无法退出创新市场，有悖于植物新品种保护制度设立的初衷。

（四）原始品种保护不力是植物新品种权纠纷诉讼的根本原因

植物育种具有序贯性、累积性特点。派生品种规则加强了对原始品种育种者权利的保护，直接增加种子企业植物新品种权许可费支出，间接改变商业化育种路线，提高突破性品种的研发概率。派生品种规则提高了原始品种权人的谈判能力，产生双重边际效应，使得侵权诉讼风险加剧，品种权实施成本增加，阻碍后续创新。因此，在加入 UPOV91 文本，引入实质性派生品种制度的同时，还需平衡累积育种创新原始品种权人和派生品种权人之间利益冲突，根据先期和后续创新者的贡献，采用公平合理的分配方法对创新收益进行分割，解决代际创新外部性，构建利益共享的种业创新共同体，确保植物新品种保护制度绩效得到充分发挥。

三　对策及建议

在经历 20 多年的持续快速发展之后，中国种业已进入一个依靠创新驱动的转型发展的新时代，植物新品种知识产权保护是加快促进种业技术、品种创新发展的重要制度基础设施，对种子企业植物新品种权创造、运用、维持和保护行为产生深远影响。加快提升中国种业供种保障能力和国际市场竞争力，优化种业格局，还需做好植物新品种保护制度顶层设计。

第一，完善植物新品种保护制度体系。及时修订关于要求优先权、遗传资源惠益分享条款的规定，适时升级《中华人民共和国植物新品种保护条例》的立法位阶，完善《条例》与《专利法》《商标法》《合同法》《刑法》等其他法律制度的衔接，协调《植物新品种保护条例实施细则（农业部分）》与《植物新品种保护条例实施细则（林业部分）》不一致的条款，结合种子产业链、植物育种创新价值链的现实特征，构筑全面、立体的植物新品种保护制度体系。

第二，注重植物新品种权质量提升。种子企业植物新品种权申请、授权数量猛增，过度研发出现"品种井喷"现象，但植物新品种权申请撤回率高，授权率较低，品种权视为放弃比例高，大多数有效寿命较短，种子企业植物新品种权重数量、轻质量，重创造、轻维持，重事后保护、轻转化利用。政府可以参照专利年费制度，针对不同类型品种权人符合一定条件的给予维持年费减免，对国内申请人向国外申请植物新品种保护的机构或个人给予补贴，鼓励具有商业价值的品种权维持。审批机构应调节植物新品种保护高度、宽度组合，收紧过量植物新品种的特异性授权要求，抑制模仿育种，扩大植物新品种权保护的权利范围，增设植物新品种权质量管理部门，以提高植物新品种权质量为创新政策导向，发挥植物新品种保护制度高效配育种创新资源的激励作用。

第三，适度提高植物新品种权保护强度。植物育种是特殊的创新活动，具有生物性、序贯性、累积性，既包括种质资源的开发、原始品种的筛选，又包括商业化品种的应用和推广。与之相适应，植物新品种保护应当循序渐进、逐步调整，不能企图在短时间内实现发达国家的知识产权保护模式和强度，应依据我国植物新品种技术自主创新能力水平和提升速度进行逐步调整。首先，顺应种子产业发展需求扩充农业、林业植物品种保护名录，面向社会公开征集列入植物品种保护名录的植物属（种），分阶段扩大受保护的植物品种属（种）范围，逐步实现对所有植物品种的保护，激励更多领域的育种创新。其次，提高植物新品种权审查效率，缩短审查周期，延长植物新品种权的有效寿命。最后，在全国统一立法框架下对不同植物品种区别对待，缩短过度研发品种的法定保护期限，保护期限达到后允许续展延长植物新品种权，实施差异化植物新品种权保护；设立更多专业的知识产权法院，增加知识产权法院的高素质工作人员，建立中国特色植物新品种权案例指导制度，统一司法裁判理念和标准，对植物新品种权侵权诉讼实行举证责任倒置，加大对侵权行为惩罚力度，解决植物新品种权侵权成本低、维权成本高的问题。

第四，强化种子企业植物新品种自主创新能力。种子企业植物新品种权集中度低，90%以上的种子企业根本不具备科技创新能力。育繁推一体化种子企业研发投入严重不足，种子企业自主知识产权品种多为派生品种、购入品种，而原始品种、育种资源和研发人员高度集中在科研单位，公共部门的技术溢出有利于种子企业发展，不宜过快引入 UPOV91 文本，应遵循引进技术—消化吸收—自主创新的发展方向，整合种业创新激励政策和产业发展政策。短期内，鼓励植物新品种权转让、许可交易，完善中介服务，规范上市种业公司兼并收购；长期而言，应继续加大育种研发投入，发展种业全产业链创新模式，推动大型种子企业与农科院所联合开展良种培育，深化融合产学研用合作创新，鼓励种子企业参与种质资源鉴定创制与开发利用，并且平衡原始品种与派生品种育种者的利益，公平、合理地分配创新收益，使植物新品种保护制度成为实现创新驱动种业发展的新动能，提升品种质量和供种保障能力，支撑中国种业长期稳定发展。

该成果进行了植物品种权申请、授权、事务数据库建设，涵盖种子企业、农科院所等单位 1997～2017 年全部植物新品种权信息。构建授权率、撤回率、维持时间等统计指标，借助数据可视化工具，进行大量翔实、细致的描述性统计分析和比较，使得到的结论更为客观、真实、可靠。将中国种子产业链、创新价值链、植物新品种保护链动态耦合，完善植物新品种保护制度对转型期发展中国家市场化主体创新行为影响经济效应的实证研究，对其他发展中国家建立、完善植物新品种保护制度具有借鉴价值。分析结论为市场经济条件下种业企业选择知识产权保护策略提供决策信息；为种子产业结构调整，激励种业技术持续创新，促进种业技术进步提供支持；为政府部门制定种子产业政策，修订植物新品种保护相关法律、法规提供科学依据。

要素价格扭曲与中国出口产品质量

山东财经大学王明益主持完成的国家社会科学基金项目"要素价格扭曲对我国出口产品质量影响机理与升级路径研究"（项目批准号为：15BJY120），最终成果为同名研究报告。课题组成员有：王明益、毕红毅、滕晖、陈利霞、Hee Seok Bang、李真、李善海。

一 研究的目的和意义

要素价格扭曲是我国改革开放以来要素市场的典型特征事实，是我国改革开放 40 多年来遗留下来的产物，我国各要素市场均存在不同程度的价格扭曲。不可否认，要素价格扭曲对我国出口的扩大具有很重要的促进作用。但伴随着我国经济发展进入"新常态"时期，包括劳动力、原材料等在内的生产成本在迅速上涨，传统依靠成本优势的出口模式难以为继。在这种背景下，企业出口产品质量升级是众多企业必须面临的重大挑战。那么，要素价格扭曲与企业出口产品质量之间是否存在某种内在关联？如果存在，要素价格扭曲如何影响产品质量？其作用机制如何？如何从要素价格扭曲的视角去寻求我国企业出口产品质量升级的解决路径？

显然，对上述问题的回答与解决具有重要的理论和实践意义。在理论层面，该问题的解决无疑拓展了出口产品质量决定因素的研究维度和视角，也会在一定程度上丰富了出口产品质量升级的研究内容。在实践层面，上述问题的回答和解决对我国当前企业的转型升级会提供较明确的方向和转型思路，对政府未来一段较长时间内出口产品质量升级、出口结构转型及出口可持续发展等一系列问题均能够提供重要的决策依据和理论依据。

二 要素价格扭曲对产品质量的作用机制

由于各要素在生产过程中的角色和作用并不尽相同，因此，各要素的价格扭曲对产品质量的作用机制也会存在异质性。我们分别阐述劳动力、资本、中间品及能源价格扭曲对产品质量的作用机制。

（一）劳动力价格扭曲对产品质量的影响机制

1. 成本效应

劳动力价格扭曲能够带来企业产品生产成本的显著下降，从而会使得企业具有明显的价格优势。这时企业往往不会过度关注产品质量升级问题，或者说此时企业产品质量很可能会下降。产品质量下降的程度很可能会与产品要素密集型密切相关：如果最终产品属于劳动密集型，则劳动力价格扭曲会导致产品质量发生明显的下降；如果最终产品属于资本或技术密集型，则劳动力价格扭曲对产品质量的冲击可能会轻一些。

2. 生产率效应和经验累积效应

劳动力价格扭曲会刺激企业招募大量的劳动力。新引进的劳动力由于对产品生产流程和工艺缺乏了解，这在短期内会降低企业生产率。但每个企业在引进劳动力后都会进行上岗基本技能培训，因此，引进劳动力的生产技能会随着时间的推移逐渐得到提升。当这些非熟练劳动力逐渐掌握了部分生产技能后，产品的生产率会跟着提升。而生产率的这种非线性的变化对产品质量会造成一些影响：在非熟练劳动力引进初期，企业生产率下降时，产品质量也会跟着下降；当非熟练劳动力逐渐掌握部分生产技能时，生产率会得到提升，此时产品质量也可能会得到一定程度的提升，即存在经验累积效应。

3. 研发效应

当劳动力价格发生负向扭曲后，研发人员的工资也会产生缩水现象，这显然会打击研发人员的研发积极性，可能会使得部分研发人员辞职或使得研发人员的工作热情减退，从而会抑制企业研发水平的提升。但另一方面，劳动力价格扭曲又会刺激企业增加研发人员的投入，使得研发规模扩大，从而有助于研发水平的提升。而企业研发水平的变化会对产品质量产生直接的影响。

4. 要素配置效应

劳动力价格扭曲会降低劳动力的使用成本，这可能会改变各要素的生产投入比例，即企业可能会增大劳动力投入比例而减少其他要素的投入比例，从而降低总的生产成本。那么，要素投入比例的变化对要素配置效率会产生怎样的影响呢？这需要看在劳动力价格扭曲之前各要素配置状况：如果劳动力价格扭曲之前，各要素配置是合理的（即存在帕累托最优状态），则劳动力价格扭曲会恶化要素配置效率；如果劳动力价格扭曲之前，各要素配置是不合理的（即存在帕累托改进状态），则劳动力价格扭曲可能会优化各要素配置效率。

5. 规模效应

劳动力价格扭曲会扩大企业规模（对劳动密集型企业尤其如此）。而企业规模的扩大可能会产生两种结果：规模经济和规模不经济。如果劳动力价格扭曲产生了规模经济，则规模经济的存在可能会使企业加强对产品的管理（包括产品质量管理），从而有助于产品质量升级。此外，如果企业实现了规模经济，则它所带来的成本节约可能会使企业加大对产品的研发投入，从而提升产品质量。如果劳动力价格扭曲导致产生了规模不经济，规模不经济会使得企业运营成本大幅提升，企业利润空间变小，它可能没有财力加大对产品的研发投入，从而会抑制产品质量升级。

综合上述几个方面，课题组认为，劳动力价格扭曲对产品质量的影响可以综合体现在促进和抑制两个方面：扭曲所引起的经验累积效应、规模效应等可以促进产品质量提升；而扭曲所引起的成本下降效应、要素配置效应、研发效应及生产率效应等则会抑制产品质量升级。因此，劳动力价格扭曲对产品质量的最终影响取决于上述两方面因素的综合作用，如果上述促进因素作用程度大于抑制因素的作用程度，则产品质量会升级，反之产品质量会下降。

（二）资本价格扭曲对产品质量的作用机制

1. 要素配置效应

当资本要素发生价格扭曲后，资本要素使用成本会下降（对资本密集型产品尤其如此），会刺激企业加大资本要素的投入而可能并没有增加其他要素同比例的投入，这使得资本要素的投入比例会提高，而其他要素的投入比例会下降，从而引起各要素投入比例的改变。而要素投入比例的改变会影响要素的配置效率。从理论层面看，资本价格扭曲对要素配置效率的影响可能体现在两个方面：一方面，如果资本价格扭曲前各要素配置并不合理（如资本投入比例相对不足），则资本价格扭曲所引起的资本投入的增加会优化资本要素与其他要素的配置比例，从而改善了要素配置效率。而要素配置效率的改善有助于产品质量的提高。如果资本价格扭曲前各要素的配置是合理的（如实现了帕累托最优配置），则资本价格扭曲引起的要素投入比例的改变则会破坏原有的各要素的配置比例，从而引起要素配置效率的下降，最终不利于产品质量升级。

2. 规模效应/成本效应

资本价格负向扭曲使得资本要素的使用成本下降，这会刺激企业投入更多的资本要素，从而引起企业规模的扩大。而企业规模的不断扩大则会引起规模效应：规模经济效应和规模不经济效应。如果企业规模的扩大并没有引起企业运营、管理等层面成本的大幅上升，而带来了企业生产平均成本的不断下降，则资本价格扭曲就引起了规模经济效应。规模经济效应的实现使得企业有财力加大对产品的研发力度、质量升级力度和质量监管水平。需要指出的是，规模经济的实现也并不必然带来产品质量的升级。因为在某些时候，产品成本的下降所带来的价格优势可能会抑制企业的研发积极性，使得它们并没有压力进行产品质量升级。因此，我们认为，资本价格扭曲如果能够产生规模经济效应，它最终对产品质量的影响还与企业的产品发展战略有关。如改革开放以来，特别是在 20 世纪 90 年代中期的人民币汇率改革以后，中国出口产品的价格优势非常明显，于是大多企业凭借其显著的价格优势抢占了大量的国际市场份额，但产品质量并未出现同步的提升。

（三）中间品价格扭曲对产品质量的作用机制

进口中间品往往具有较高的技术含量或附加值，这很可能会导致进口中间品存在价格正向扭曲。由于发达国家具备更先进的技术或更强的研发升级能力，因此它们在高附加值产品的研发和制造上往往具备技术垄断优势。而提供这些包含较高技术含量的中间投入品的发达经济体为了保持其对中间品生产的技术垄断优势（旨在赚取超额垄断利润），它们在出口该类产品时，往往会实施成本"过度加成"战略，从而造成了中间品贸易过程中会出现"价格正向扭曲"现象。理论上，如果某一种中间品附加值越高（或包含越先进的技术），发达国家（地区）对它实施成本"过度加成"的意愿就会越强烈，从而赚取更多的超额垄断利润。但从另一方面来看，进口中间品价格正向扭曲会使企业进口中间品的成本上涨，从而使得企业减少对中间品的进口。

（四）能源价格扭曲对产品质量的作用机制

能源要素（包括煤、石油、电等能源）的价格扭曲会对企业的生产产生直接影响，它对产品质量的影响相对比较简单，主要体现在成本效应和规模效应上。

能源要素发生价格扭曲后，它会显著降低能源投入密集型企业的生产成本，在市场经济环境下，生产成本的下降会带来产品价格的下降。如果价格优势明显，企业不会有动力进行产品质量升级。如果我们结合中国的实际情况，我们会发现，我国大多能源密集型企业都是国有企业，民营企业相对较少。而国有企业或多或少会受到政府的一些保护，如财政补贴或政策优惠等待遇。在这种情形下，企业规模扩张后，其市场垄断力会得到进一步加强。这时，企业可能并没有动力进行产品质量升级。

三 实证研究发现与我国出口产品质量升级路径

（一）实证研究发现

课题组基于 1999~2007 年中国工业企业数据库与海关数据库的合并数据，对上述作用机制进行了检验，并得到如下重要发现。

劳动力价格扭曲存在显著的成本下降效应、要素错配效应、研发抑制效应和经验累积效应，即劳动力价格扭曲通过降低我国出口产品的成本、增强出口产品的价格优势降低了我国出口产品质量；劳动力价格扭曲通过增加劳动力要素的投入比例、降低资本等其他要素的投入比例降低了各要素的配置效率，使得各要素难以发挥其对产品质量应有的贡献从而降低了我国出口产品质量；劳动力价格扭曲通过降低从事产品研发人员的工资，抑制了他们的研发积极性，从而抑制了我国出口产品质量升级；劳动力价格扭曲使得企业大量招进非熟练劳动力，在引进初期缺乏生产经验，产品质量会下降，但随着劳动力生产经验的不断累积，它会促使产品质量不断升级。

资本价格扭曲存在显著的成本下降效应、要素错配效应和研发抑制效应，即资本价格扭曲通过资本使用成本的下降刺激企业扩大规模，降低了产品的成本，增加了价格优势，从而抑制了产品质量升级；资本价格扭曲使得企业投入更多的资本要素，使得资本投入比例偏高，其他要素投入比例偏低，引起了要素配置效率的降低，使得各要素难以有效发挥其对产品质量升级的贡献，从而降低了产品质量；资本价格扭曲使得企业研发积极性受到显著削弱，从而降低了产品质量。

中间品价格扭曲存在显著的成本上涨效应、研发抑制效应、要素错配效应和技术溢出效应，即中间投入品价格扭曲使得我国中间品进口成本上涨，企业减少了对中间品的进口规模和种类，从而不利于产品质量升级；中间投入品价格扭曲使得企业的研发积极性受到了抑制，对产品质量升级不利；中间投入品价格正向扭曲使得进口中间品投入比例下降，其他要素投入比例提高，恶化了各要素的配置效率，从而不利于产品质量升级；中间投入品价格扭曲会通过技术溢出效应提升我国出口产品质量。

能源价格扭曲较轻时，它会显著抑制我国出口产品质量升级但作用程度较为轻微，而当能源价格扭曲较重时，它显著抑制了我国出口产品质量升级。能源要素相关微观数据存在大量缺失，这使得我们无法检验能源要素对产品质量的作用机制。

需要指出的是，上述经验考察并没有考虑各要素价格扭曲同时存在时的情形。基于此，我们通过构建各要素价格扭曲的交互项，考察了它们的交互作用对我国出口产品质量的影响，我们发现，劳动力价格扭曲与资本价格扭曲的交互作用以及资本价格扭曲与中间品价格扭曲的交互作用均会在一定程度上促进我国出口产品质量升级，而其他要素的交互作用对我国出口产品质量的影响并不显著。

（二）我国出口产品质量升级路径

1. 基于劳动力价格扭曲的视角

第一，劳动力要素的市场化改革是一个必然的过程，这个过程必然使得劳动力价格扭曲度会逐渐减轻，这会倒逼企业注意并加强产品质量升级。第二，继续稳步推进各城市的最低工资标准制度，这对我国劳动力价格扭曲起到明显的缓解作用。第三，对劳动力要素的市场化改革要注意区分地区差异、行业差异及所有制差异：中部地区劳动力价格扭曲对产品质量的抑制程度最大，应该加快对中部地区的劳动力市场化改革，其次是东部地区，最后是西部地区；民营企业劳动力价格扭曲对产品质量抑制程度最大，应优先对民营企业劳动力价格扭曲进行调整，其次是国有企业和外资企业；劳动力价格扭曲对劳动密集型企业出口产品质量的抑制程度最大，应首先开展对劳动密集型企业劳动力价格的市场化改革，从而有助于劳动密集型企业实现快速转型。第四，改进对企业、科研院所及高校等研发人员的奖励机制，提高他们的工资待遇，这对于研发积极性的提升、研发实力的增强都会起到显著的推动作用，最终会促进产品质量升级。第五，当前，劳动力价格扭曲比较严重的劳动力大都是缺乏知识、技术或没有经验的人群，应注意加强对各类人力资本的培育，增大对劳动力的岗前培训力度、绩效考核，这不但会提高他们的薪酬待遇，还会显著提升产品质量。

2. 基于资本价格扭曲的视角

第一，应稳步推进对资本要素的市场化改革，这对资本与其他要素配置效率的改善，化解产能过剩及抑制企业盲目扩张规模等都具有好处，从而刺激中国出口产品质量升级。第二，应逐步消除资本要素使用报酬的所有制歧视政策。目前中国资本要素价格扭曲最大的问题是它存在显著的所有制歧视政策。应适当放宽对民营企业融资的体制性障碍，这会刺激它们加强研发、提升生产率，进而对产品质量升级很有好处。同时，应适度收紧对国有及外资企业的融资便利和优惠政策，这对于减轻它们对市场的垄断、产品质量的提升都有促进作用。第三，由于我国东部、中部、西部各地区资本价格扭曲度不同，资本要素对每个地区的经济发展作用也并不相同，因此，资本要素的市场化改革应该适当区分地区差异，防止一刀切。第四，对不同要素密集型行业的资本要素市场化改革也应区别对待。

3. 基于中间投入品价格扭曲的视角

第一，要进口适宜的中间品，尽量少进口价格扭曲度较为严重的中间品，包含过高或过低附加值的中间品可能对我国出口产品质量升级都不利。

所谓适宜的中间品，就是指现在引进可以显著促进我国出口产品质量升级，未来一段时间仍能使用，发挥其对产品质量升级的作用。第二，要扩大对中间品进口的渠道和来源地，防止少部分发达国家对中间品市场价格的垄断，从而有利于抑制进口中间品价格扭曲程度过大。第三，要进一步规范进口中间品市场，尽快出台明确对进口中间品的相关规定细则，旨在规范国内中间品生产企业的行为，使其减轻对进口中间品的抵制，这样既便于降低进口中间品价格扭曲度，同时又有助于进口一些种类和数量的中间品，这样本土企业就能在进口中间品的适度竞争压力下，快速提升自己生产中间品的质量，形成良性竞争局面，从而能够快速提升我国出口产品质量。第四，加大对国内中间品生产企业的研发补贴力度，并增强对其研发补贴资金去向的监督和管理，使其专款专用，这对于我国企业研发能力的提升，以及减少对进口中间品的依赖是非常关键的。第五，处理好企业研发与进口中间品的关系，既不能封闭自己搞研发，又不能一味依赖进口中间品，可以鼓励企业强强联合，壮大研发队伍；同时鼓励企业开展战略资产寻求型境外投资，从而为快速缩短与发达国家关于中间品生产技术的差距创造条件。

4. 基于能源价格扭曲的视角

第一，稳步推进我国能源要素的市场化改革。应该基于各要素密集型行业的实际情况进行梯度化改革。如对能源要素密集型行业（如钢铁行业、水泥行业、陶瓷行业、黑色金属冶炼行业等）的能源要素市场化改革要更快、更稳健一些，通过把能源要素使用价格逐步回归到市场供求均衡所需要的水平，来控制这些资源投入型、环境污染型行业的发展规模，这样能源要素使用成本提升了，规模控制住了，企业会被倒逼进行产品质量升级。而对能源要素投入相对较低行业的能源要素市场化改革，可以适度放慢节奏，市场化改革力度也可以酌情减轻。这样便于这些企业逐步适应能源要素价格上涨给它们带来的冲击。第二，对能源要素的市场化改革要注意适当区别对待各所有制企业的实际情况。如国有企业虽然部分属于能源要素密集型行业，但国有企业对我国国家经济安全、能源供给、就业等起到了不可替代的作用。因此，我们认为对国有企业能源要素的市场化改革不可力度过大，应该稳步推进，适度、动态地进行市场化改革，给国有企业比较充分的时间去调整，从而实现其从粗放到集约、从效益差到效益好的转变，而这个过程有助于产品质量升级。而对于众多能源要素密集型民营企业而言，应该对其加大力度进行能源要素的市场化改革。这样做的意义在于：不仅控制了能源要素的过度使用、污染源的扩散；更重要的是，通过对能源要素的市场化改革，客观上会倒逼这些中小型企业加快进行转型，减少对能源要素的投入比例，改善要素配置效率，加快产品质量的升级进程。

农民工市民化进程中的金融排斥治理研究

山东交通学院侯凯主持完成的国家社会科学基金项目"农民工市民化进程中的金融排斥治理研究"（项目批准号为：15BJY036），最终成果为同名研究报告。课题组成员有：吕彦昭、白云、姜国忠、杨海英、侯薇、楚金华。

一　研究的目的和意义

本研究目的在于探究金融排斥对农民工市民化的影响程度、农民工金融排斥形成的机理，从而合理选择金融排斥治理目标、治理主体及进行相应的机制设计，为农民工市民化的普惠金融有效供给提供对策建议。研究意义表现为，以农民工的金融排斥为研究对象，细化了弱势群体金融供给的研究领域，既为普惠金融研究提供了新思路，又为三农研究的金融要素供给提供了参考，同时相应对策也有助于政府职能部门、金融部门、城市社区等部门合力完善社会治理。

二　成果的主要内容

（一）成果的主要内容

该成果首先基于金融服务的渗透、使用度、效用度、承受度指标，实证研究了金融排斥前提下农民工表征出的"基本素质、经济状况、社会接纳、心理认知"的城市融入的影响。在"金融排斥与市民化的深度发展具有显著负相关性"结论下,从新旧体制转换、金融安排与伦理观形成、社会排斥、企业社会责任等方面分析了金融排斥形成的机理。然后,在对国内外针对弱势群体金融排斥治理得到的关于注重法制建设、公共服务供给、金融基础设施建设、微型金融建设与小额信贷投放等经验的基础上,提出了针对农民工金融排斥的治理目标与机制设计路径。认为应设置金融排斥治理的多重目标体系,分别满足治理对象、治理主体及其协同方以及相应金融产品与服务的要求;在将银行系统作为农民工金融排斥治理的主导力量的同时,注重农民工行为失范治理机制、外部协同和企业内部控制机制、针对性的金融产品和服务营销机制,以及农民工损失的市场补偿机制的设计。最后在宏观和中微观层面提出了相应的治理对策。

(二) 重要观点与对策建议

1. 农民工社会网络结构洞要求构建银行主导的治理模式

农民工的普惠金融诉求嵌入农民工社会网络之中,需要利用网络中的各种强联结和弱联结关系发掘高效治理主体和治理关系。应遵循"金融部门—普惠金融—内生性普惠金融"供给路径,由普惠金融部门填充农民工社会网络的结构洞,构造内生性普惠金融主导的供给治理模式。这样有利于充分利用普惠金融部门与传统银行部门和新兴互联网科技金融部门存在强关系联结、传统和新兴银行部门与农民工子系统的强关系联结,同时有利于通过与各子系统建立新的非重复关系的弱联结,获取通路(access)和先机(timing)方面的创新"信息利益"(information benefits)。这一治理模式的前提是搭建普惠金融组织架构,包括融汇城乡的共生银行治理系统、深入城市底端的农民工社区银行、农民工政策与开发性银行以及普惠金融监管系统;与其匹配的治理机制包括农民工行为治理、企业控制机制、银行营销机制、体制性市场补偿机制。

2. 应针对农民工自身禀赋特点创新开发普惠性金融产品

农民工独特的自身禀赋表现为,相对于没有土地的市民其在农村有土地资产,相对于缺乏城市社会资本的农民其在城市有依托于务工组织(企业)的社会资本。要充分利用土地和社会资本为农民工研发适当的金融产品。"带土进城"金融产品主要考虑在农民工所在农村组织与信托公司共同打造土地信托产品的前提下,开发基于农民工农村承包经营用地、集体土地和宅基地的城市农民工金融产品，在政府等机构增信条件下，农民工按信托份额获取融资支持；企业媒介式融资是一种间接性为农民工融资的金融产品设计，以涉农企业为媒介，当其直接或间接利用农村土地资产时，通过将农民工农村的土地资产内化到企业整体资产内部，开发以企业整体资产为抵押的链式金融产品，盘活流动性弱的农民工土地资产。除此之外，还应千方百计针对农民工自身禀赋开发创业金融产品、社区金融产品、保障性金融产品、异质性金融产品等。

3. 要创造适应农民工城乡资源禀赋的租金并避免其耗散

农民工虽然是弱势群体，但是其独特的人力资本特点和城乡资源禀赋，具有"垄断性"资本潜力。可以通过权力部门的干预"创造"出独特的经济租——城市租、农村租和城乡融合租，凭借租值获取普惠金融支持。城市租包括农民工职业教育租、农民工城市工作生活带来的城市社会资本租、农民工独特技能与吃苦耐劳的工作机会租等；农村租包括乡村振兴过程中农民工才能参与的乡村振兴租、农民工独有的农村土地租等；城乡融合租包括城乡资源价值链转化租城乡土地置换——"地票"租等。在一段时限内采取措施避免和减弱上述农民工租值耗散，是农民工获得普惠金融服务保障的重要手段。应通过设计偏重农民工的成本补偿、农民工信息透明化保障、利益输送和组织创新机制，延缓农民工租值耗散。

4. 应完善农村土地制度以保障农民工市民化的金融普惠

农地改革方向是弱化所有权强化使用权，不断增加土地的流转能力，并在增加流转的过程中提升土地价值，使得具有升值预期的可流转土地真正成为农民工财产的体现。这样就能够为金融部门向农民工提供普惠金融服务缓释风险，从而抑制金融排斥。要以土地流转性的增强增加农民工土地财产权能，完善农地承包权退出补偿法律制度，在"经营权"的安排方面，明晰和扩大经营权的金融功能；要通过提高征地补偿政策预期、改变土地双轨制实现"同地、同价、同权"预期，来增加农村土地价值预期；要探索宅基地复垦型城市"住房券"制度，使农民工可将"住房券"转化成现金或者社保基金，增加资产流动性。

5. 要强化农民工农村集体资产产权功能以抑制金融排斥

农民工在农村以共同共有的形式持有集体经济资产，作为其财产性资产的组成部门，在一定程度上可以缓释金融排斥影响。应该通过合理有效的制度安排，在壮大集体资产的同时，保证农民工合理获得资产份额，并以其流动性的增加来增强其城市化金融属性。在明确农民工集体股的资格认定、做好股权量化的基础之上，完善农民工参与的多种股份合作制制度。考虑将在城市有一定社会保障"积累"的农民工的乡村土地资本聚集成土地合作社的内核，依托这类农民工的城市社会资本，引入龙头企业整合土地、技术、销售渠道等，以一二三产业融合发展增加集体经济收益和农民工股份收益。

6. 应培育农民工城市社会组织与信用资本增加信用背书

丰富农民工的社会资本和提高农民工信用水平，可以使农民工依托主要从事关系型贷款的普惠金融部门（特别是社区银行）获得较好的融资改善。因此，一方面要大力发展城市社区融合型农民工组织和城乡融合型农民工组织，包括组织城市社区组织资源以及"城市农民工＋农村专业合作社"的城乡融合型组织，开展农民工与原住民的生产生活互动；以强制性和诱致性组织制度创新保证农民工组织规模和可持续性。另一方面，基于社区活动和积分制完善农民工征信法律体系，包括完善农民工征信信息采集制度、完善针对农民工信用信息评级、完善农民工征信责任相关法律制度等。

7. 应创新人力资本型财政体制适度增加农民工金融价值

新型城镇化下农民工市民化需要调整财政体制，形成支持农民工融入城市的公共财政分配格局，继而以增加农民工人力资本型社会保障支出来增加农民工的人力资本，即更加关注农民工的教育、培训、健康、康复以及就业激励等的财政支出。这需要逐步形成城市财政因向农民工提供服务而获得正向激励的机制，构建中央—地方、流入地—流出地合理的农民工市民化成本分担机制，以实际发生额确定针对农民工转移支付的支持方式。同时，基于农民工向泛珠三角、泛长三角和大环渤海流动的情况，构建三大横向财税区，使工业服务业及相关的税收财力向三大财税区集中。三大财税区利用财力优势试点推出"土地住房券"，引导实行农民工积分制的城市率先试点建立健全相应的社保体系，进而完善农民工人力资本型财政体制。

三　成果的主要价值

学术价值：一是在一定程度上弥补了普惠金融研究对象单一问题，将中国特色的"农民工"增添为普惠金融研究对象，细化了普惠金融研究领域；二是开阔了农民工市民化制度供给方面的研究视野，从"金融市民化"制度供给层面更新了保障体制，丰富了"金融别"农民工市民化的公共服务均等化研究。应用价值：一是能够为各类金融机构研发针对农民工的普惠金融产品提供参考，且有利于监管规制；二是为各级政府及社会力量合力破解金融排斥提供了实操性建议。社会效益：有助于农民工凭借普惠金融获得公平的发展机会，保障城镇化进程中社会的和谐稳定。

城市资本化结构错配的供给侧结构性改革研究

郑州大学李燕燕主持完成的国家社会科学基金项目"城市资本化结构错配的供给侧结构性改革研究"（项目批准号为：17BJY050），最终成果为同名研究报告。课题组成员有：刘涛、曹阳、杜晓帆、朱消非、李琴英、杨昊天、宋辰豪。

就城市本身而言与结构错配产生的系统性风险无关，但城市作为一国经济增长最有力的支撑，也是各种资本最活跃的空间区域，使得各种问题在城市的平台上也是表现得最为直接。纵观我国城镇化发展路径，首先面临空间拓展，着眼于如何解决城市基础设施资金短缺问题，迫使我国城镇化从一开始建构了一条以土地为核心的城市资本化路径。城市资本化是使纳入城市的资产以货币化形式进行运作，应是土地资本、金融资本、产业资本以及公共服务资本等高度耦合健康循环发展的模式。以土地资本作为推动城市发展的核心资本引致的资本扩张的冲动，直接表现出来的土地资本和金融资本的虚高，尤其是在新常态下势必对产业资本、公共服务资本等产生极大的挤出效应，不利于我国进入高质量发展阶段要求，同时也给宏观政策调控造成困境，增加难度。本研究重在分析资本结构错配的逻辑机理，目的在于通过供给侧结构性改革，使得政策调控更加有效，以便推动新一轮经济增长。

该成果本着拨开纷繁复杂的现象看本质，对研究对象所涉及的资本、城市、货币、金融等基础性核心概念首先进行了深入分析，明晰其本源的性质和功能，然后基于各类资本的演变轨迹，衍生出不同的经济业态，各类资本之间的影响和作用，引致资源重新配置及财富结构调整，在此基础上，构建多目标多因素影响下的最优城市资本结构模型，最终根据结构错配状况，提出供给侧结构性改革措施。

导论部分讨论了资本的功能和形成机制。资本是社会物质财富的一部分，具有社会属性。资本流通是为卖而买，目的是要得到增殖了的价值。而城市，究其根源，城市是与乡村相对的概念，城市提供了农村所没有的多种公共服务和大规模的非农产业，而多种公共服务和大规模的非农产业需要实实在在地落在地上，需要城市物理空间的拓展，以此引致出城市化初期需要大规模基础设施投资。城市资本化前面已提到是使纳入城市的资产以货币化形式进行运作，文中分别研究了土地资本、产业资本、金融资本及公共服务资本在城镇化进程中以及经济增长过程中发挥的作用和结构上的变化。

通常说，城市化是工业化发展的结果。新中国成立以来，通过工农业产品的剪刀差，不断将农业的积累转移到工业部门，但薄弱的农业基础无法持续地为工业化和城市化转移积累，同时，经济结构偏向于重化工业，使生产和消费无法实现有效的循环，国民收入无法支撑城市化大型公共设施的建设和基础设施巨大的集中性投资。改革开放以来，特别是 20 世纪 90 年代城市建设进入快速发展时期，投融资平台应运而生，投融资平台可谓是中国城市化的附属品，土地资本帮助地方政府以前所未有的速度积累起原始资本，无论城市化的速度还是规模，都超过了改革之初最大胆的想象。发展到今天，遇到了很多的问题，需要构建有效的多元主体参与的城市融资渠道，解决城市运营及经济增长的持久动力。

产业资本无疑是经济增长最主要的动力，也是城市发展的基础动力。产业资本更多地表现为产业集聚而形成的产业资本规模效应，由于投入产业的资本很难衡量，文中用制造业的集聚水平来替代。该成果并没有停留在产业集聚对城市规模的一般影响分析上，而是试图通过比较制造业的集聚水平差异以及城市多样化程度，研究它们对城市规模及功能的影响。在城市发展初期，制造业分布通常会选择市辖区内，随着城市经济发展和城市建城区的扩张，地租成本提高导致制造业向城市外围转移，可能会导致市辖区就业规模缩小。同时，城市专业化程度的高低，也会影响城市的人口数量。

随着经济进入新常态，虚高的金融资本对产业资本的挤出效应更加凸显，产业结构优化成为供给侧结构性改革的重要内容。金融资本除了具有提高多元化消费资本的财富效应，目前主要面临着以房地产价格高企为代表的土地资本以及央行扩表带来的巨额货币量投放，导致的"脱实向虚"成为现阶段资本结构错配的集中表现。文中从资本结构的供需函数入手，以制造业为代表的产业资本的生产周期、产品销售等环节相对稳定，其资金需求线相对平缓。土地资本在超额利润和刚需以及投资保值的追逐下，其需求量居高不下，对利率成本的敏感度相对产业资本要小，使土地资本的需求曲线在产业资本需求曲线的上方且较之陡峭。而金融资本，由于中国是一个以银行间接融资占主导地位的金融体系，银行体系本身对利率变动不像资本市场那么敏感，同时，在经济下行期，金融机构资金投放实体的安全性及利润压缩，往往通过多重的"类信贷"同业交易使大量资金沉淀在金融机构同业市场中，金融资本的总需求量反而对利率的敏感程度大打折扣。所以，金融资本的需求曲线在土地资本之上，甚至更加陡峭。结果导致了紧缩性的货币政策虽然可以冲销金融资本和土地资本的过度膨胀，但是，对产业资本的影响则更大，产业资本"雪上加霜"，进一步加剧"产业空心化"。而扩张性的货币政策对产业资本的增加效应，会被金融资本和土地资本进一步扩张的挤出效应所抵消，却能放大虚拟资本的乘数效应，导致城市资本的进一步错配。显然，无论是紧缩性还是扩张性调控，货币政策传导效应受阻，无法解决实体经济的紧缩困境；特别是经济下行实体经济萎缩的情况下，紧缩的货币政策更加不适宜。目前面临的问题是迫切需要将淤积在银行同业间市场的巨量货币顺畅地传导到实体经济。针对货币传导机制不顺畅的关键症结，央行将定向结构性操作工具作为实施货币政策的重要抓手，改善资本对银行投放信贷的实质性约束，真正起到定向调控、精准滴灌的作用。同时，配合资管新规，压缩商业银行在同业市场追逐流动性的空间。此外，发挥财政政策作用，分担央行货币政策逆周期调节的重担。总之，这种结构失衡要求产业资本必须要与多重资本耦合，培育新兴产业，文中还专门分析了发展新经济带来的投资潮涌效应，实现资本运营和产业经营的互动融合、双轮驱动，积极推动产城融合共同推动产业转型升级，探索和完善产业资本运营平台运作机制和配套制度，培育和壮大优势产业，推动快速轨道交通连接，提供高水平公共服务均衡配置，促使聚集效应和要素生产率得到进一步提高，土地资本、产业资本与公共服务资本更加融合。

在探讨城市公共服务产品供给机制时，根据财政资金收入与支出状况，科学评估和测算政府提供的公共服务，提高公共服务资本的正溢出效应。同时，理顺各层级政府之间的事权和财权划分责任，建立与国家治理体系和治理能力现代化相匹配的现代政府体系和现代财政制度。最后，本研究提出了供给侧结构性改革必须作为主攻方向。第一，供给侧结构性改革应着力于矫正供需结构错配和要素配置扭曲，引领新经济发展。第二，激发新动力，提升技术进步对经济增长的贡献。第三，服务实体经济，推动金融改革。第四，培育创新主体，健全现代市场经济体系。

在分析方法上，从理论层面，基于宏观层面的制度演进、微观层面的交易机制，分析实体经济与虚拟经济的结构配置状况以及错配的逻辑机理；然后再通过实证数据计量测算结构错配程度，加以分析原因和结果。基于城市资本结构是一个受到多因素交互影响的复杂问题，文中利用随机森林多目标粒子群优化算法，构建多目标多因素影响下的城市最优资本结构模型。在分析经济问题上借鉴工科的优化算法并不多见。首先利用随机森林的拟合回归特性，对历史数据进行拟合，从中找到历史数据特征之间的关系，随后采用多目标粒子群优化算法，根据已有的关系特征去寻找使目标同时达到最好效果的特征值，再根据这些效果最好的特征值从历史数据中寻找相关性最高的数据，从而分析出资本结构配置相对较优的城市以及年份。通过不断学习这些较优的结构配置，可以对各个城市的发展起到良好的借鉴作用。

综上所述，城镇化过程不仅是中国经济发展路径的缩影，而且透视了中国社会的变迁。该成果从资本的角度，以城市作为研究平台，以探讨城市结构变迁中资本有效配置为主线，贯穿城市空间拓展以及内部结构调整和功能提升。经济社会发展到今天，问题的产生都已无法从单一因素的线性关系中得以很好的解释。经济增长理论的发展演化脉络是不断将影响经济增长的因素加入生产函数中去，该成果将投融资平台、产业资本、土地资本、金融资本以及公共服务资本纳入新经济增长理论框架，但又不局限于经济增长理论演化过程中分别侧重于某一特定因素的贡献，试图通过资本耦合，探究城市资本化结构错配的根源及解决办法，这为供给侧结构性改革提供了新的视角和思路。同时，将城市资本化置于中国整个宏观经济背景下去研究，对探讨中国经济社会演进的路径具有理论和实践价值。

我国城市流通产业空间结构优化研究

　　湖南商学院柳思维主持完成的国家社会科学基金项目"我国城市流通产业空间结构优化研究"（项目批准号为：13AJY015），最终成果为同名研究报告。课题组成员有：唐红涛、徐志耀、吴忠才、朱艳春、杜焱、尹元元、王娟、熊曦、杨水根、周洪洋、杜蓉。

一　研究的目的和意义

　　流通产业是我国国民经济的基础和先导产业。流通产业发展可以有效促进经济繁荣，是我国经济发展进入关键时期培育壮大新动能，加快发展新经济的重要组成部分。因此，在新时代主要矛盾转化、新阶段我国经济发展转入高质量发展环境下，就必须要合理构建流通产业的空间格局，基本目标是形成覆盖全国的安全畅通、竞争有序、区域协调、城乡一体、高效惠民的流通产业网络格局。

二　成果的主要内容

（一）城市流通产业空间结构现状及其优化必要性

　　该成果从流通产业的整体性、结构性、竞争性和成长性四个维度刻画城市流通产业空间结构，选取了发展水平、增长速度、行业结构、要素投入、资源分布、利润率等6个指标，分别对2001~2015年我国东中西三大区域、30 个省份、城镇与乡村进行空间差异分析。在此基础上，认为我国城市流通产业空间结构还有很大的提升空间，并进一步认为，提升城镇化质量是我国城镇化新阶段的战略重点，而优化城市流通产业空间结构是提升城镇化质量的重要途径。

（二）中国城市流通产业空间结构优化的理论与实证研究

本部分分别从经济学、地理学与计算机科学三个视角对城市流通产业空间结构的优化进行理论探讨与实证研究。首先，融合若干经济学主要观点，以均衡分析为主线，充分考虑系统性、复杂性、动态性，设计了一个包括效率优先、兼顾公平、绿色生态和文化传承等多目标的指标体系，提出一个城市流通产业空间结构优化的理论框架，对我国 300 多个地级城市的流通产业空间结构进行量化评价，并据此提出了我国城市流通产业空间结构优化的路径。其次，在借鉴 Hotelling 空间竞争模型、Reilly 法则、Ghosh 和 Rushton 零售重力模型的基础上，建立了城市流通产业在空间结构优化的地理学模型，应用 GIS 技术和高德地图导航服务数据，以长沙为例研究了城市商圈的空间分异特征及优化路径。最后，构建了一个基于商业空间区位、包含商业企业和消费者的一般均衡模型，它们为了获取商业空间外部性而出现空间集聚，并对消费者购买力不断出现商圈空间分裂与新商圈形成，并利用计算机仿真对商业空间演进过程进行了模拟。

（三）中国城市流通产业空间结构优化的案例研究

选取了相对具有代表性的中部地区长沙市为例，对中国城市流通产业空间结构的优化进程与经验进行了微观层面的实证研究。长沙作为湖南省省会城市和长江中游重要节点城市，城镇化发展非常迅速，在人民群众消费力快速增长、交通网络通畅度较快改善、行政中心合理变迁、电子商务发展迅速的情况下，按照国家商务部的要求、根据城市流通产业发展的实际情况，先后完成了多次城市商业网点的规划及修编工作。研究从优化战略、优化目标、优化实施及主要问题等多个方面介绍了长沙市流通产业空间结构优化的基本情况与主要经验，为了解其他城市的优化提供了模板。

三　对策建议

（一）突出解决区域间流通空间结构失衡的问题

1. 加快新型城市群的建设与发展

目前东部地区几大城市群体系较完善，大中小城市之间层级清晰，基础建设完善，功能配套，国际化的步伐进一步加快，城市经济空间进一步扩大，一些国际化中心城市已经占据大区域的主导地位。因而东部地区流通产业网点空间密度较高，大、中、小流通网点协调性好，专业市场与综合市场错位发展，商流与物流专业化程度高，流通效率高。而中西部地区许多城市群的发展尚处于初始阶段，与东部地区相比，流通空间格局失衡问题突出。为解决这一问题必须从加快城市群发展入手。

2. 合理构筑我国商贸流通业的空间格局

首先要进一步发挥国家级流通节点中心城市、区域性流通节点中心城市的聚集作用，加快形成有利于促进全国统一市场体系完善的流通网络。其次在流通节点中心城市流通实力不断增强、区域流通关联效应不断优化的基础上，加强区域性流通节点中心城市对周边区域流通的扩散、辐射及带动作用，不断拓展区域流通的广度和深度。最后形成由全国性的区域性节点城市再到地区性节点城市，然后是县城到城镇、到乡村组成的多层级的网络商贸流通业空间结构。

3. 努力形成全方位开放的空间区域流通格局

要以"一带一路"建设为重点，坚持"引进来"和"走出去"并重，遵循共商共建共享原则，加强创新能力开放合作，形成陆海内外联动、东西双向互济的开放格局。中西部内陆和沿边地区劳动力充裕，自然资源富集，随着基础设施不断改善，特别是随着"一带一路"建设加快推进，开放型经济发展空间广阔。在深化沿海开放的同时，推动内陆和沿边地区从开放的洼地变为开放的高地，形成陆海内外联动、东西双向互济的开放格局，可以加快形成东中西部区域流通协调发展新格局。

（二）努力推动城市间流通业的合作共赢

1. 发挥流通节点城市的集散与中转功能

进一步在流通节点城市布局大宗商品交易市场、重要商品和物资储备中心、物流园区以及配套的物流设施，加大物流信号平台建设，增强流通节点城市对区域内和区域间的商品集散能力。进一步发挥流通节点城市的生产服务功能，流通与生产是紧密相连的，流通节点城市往往也具有某些生产要素聚集地的优势，比如加工贸易、原材料生产等，作为流通节点城市就要发挥其沟通生产与流通的功能，提升城市流通服务和引导生产的功能发挥，提高产地市场流通效率。

2. 积极推动城市间区域间流通业的合作共赢

一方面要推进城市间流通业的分工协作，引导区域品流通业资源的优化配置，形成城市与城市之间流通业相互依托、错位发展、分工协作、功能互补的局面。推进城市间流通业资源共享、信息平台共建，最大程度发挥协同效应，引导相邻城市实现合作共赢。另一方面，要全面清理和取消妨碍公平竞争、设置行政壁垒、排斥外地产品和服务进入本地市场的规定，建立健全统一的市场准入和检验检测标准体系。

3. 建设区域与城市之间高效、安全、畅通的实体物流网络体系

加强区域之间、城市之间流通协作的基础是建设高效、安全、畅通的实体物流网络体系，切实解决好商品货物在区域之间的倒流运输、相向运输、迂回运输、重复运输及货车空驶等不合理运输。对于实体物流网的建设可以采用多式联运的方式，包括集装箱运输、散货运输等，同时对不同的运输方式进行有效衔接，并为此提供体系完备的运输网络与完善的仓储配送设施，从而提高现代综合运输网的整体速度和流通效率。

（三）突出解决城乡之间流通空间结构失衡的问题

1. 城乡空间的融合关键在于城乡商贸流通一体化

要以统筹城乡的商品市场发展为突破口，利用互联网+，加大流通商贸业态、商业服务模式创新，通过积极建立网上网下相结合、功能以及分类完善、齐全的流通商贸服务模式，加快城乡商贸一体化体系建设。可因地制宜采取以下各种模式：对于经济发达与城市化工业进程较快的地区而言，应努力完善地域的信息与网络化以及连锁化水平；对于城市化水平较低的地区，主要通过商贸流通业和相关产业的融合与发展互动进而实现各产业间的及时交流和合作；对城市化与工业化水平一般的地区，采用供应链空间联结模式，把制造商、零售商、供应商以及批发商广大用户有效联结成有机的流通网络体系。

2. 重视农村空间重点或中心小城镇的市场流通体系建设

在进一步完善农村重点、中心小城镇基础设施建设基础上将与城市工业配套的产品零部件生产项目转移扩散到有条件的重点小城镇，或考虑就近原料基地将某些农产品终端产品的加工项目布局在农村重点小城镇。与此同时，努力将小城镇建成一定农村区域内的综合性流通服务中心，即农产品流通交易中心、农村消费品流通交易中心、农业生产资料流通交易中心、农村再生资源回收交易中心、农村物流服务业中心、农村各种生产生活服务业网点聚集中心。

3. 打造乡村网店升级版，重建农村流通体系的空间终端

如何在农村电商发展基础上，开发乡村中小型零售网点，建设网上网下结合的新型农村实体零售店可考虑以下几点：一是积极支持和鼓励大型零售企业大力开发乡村中小型网点，要把发展农村电商网点与发展农村便利店有机结合起来；二是培育新一代农村职业商人，打造农村网店升级版，从根本上重建现代农村流通体系空间终端。总之在广大的乡村空间依托农村电商网络，加快农村新型流通体系的重构，才能有效促进城乡商贸的大融合与协调发展。

（四）突出解决城市零售业空间结构失衡的问题

1. 形成城市实体零售商圈错位发展的空间布局

一是城市中心成熟商圈，进一步聚焦市内外中高端目标消费人群，尤其是要吸引境内外商务会展旅游消费人群，为消费者提供更多国际化、个性化、定制化的商品和服务。二是一些城市新兴商圈要提升配套功能。要正确判断供需比例，解决好交通和动线问题。三是社区零售商圈则要顺应不同社区居民群体需求和个性化需求，合理配置多层次商业供给，充分考虑休闲、社交和娱乐等服务功能，防止因未合理分析消费情况带来的布点凌乱、业态不匹配、体量不对称问题。

2. 城市实体零售精准对接互联网，积极加大服务业态创新

鼓励和支持实体零售业积极由线下向线上发展，实现线上线下协同，创新实体零售业新模式和新方法。但实体零售对接互联网要实现转型升级要从实际出发，力求精准适用。要努力培育适应消费变化的新型服务业态，推进物联网、互联网等技术的应用，推动线上线下融合发展，促进"互联网+""新零售"等新业态发展，大力发展冷链物流模式，进一步提高流通

效率和服务水平。

3. 实施城市实体购物场所品质和功能提升工程

要制定实施标准，引导大型商场提升商品和服务的供给能力和效率。要看到零售业已从一个单纯商品交易的时代，进入交换关系和人际关系重叠的时代。只有顺应互联网时代变革开拓和提升零售场所功能，实体零售业才有出路。可以将"娱乐""教育""购物"完美结合，全面融入居民生活；可以将高科技实验室、大学研究所、品牌博物馆、创客空间、汽车主题馆、科技体验馆、展廊空间、沙龙空间等融为一体，营造出种种耳目一新的消费场景，向消费者提供独特的消费体验，以充分显示实体店优于电商的比较优势，提升对消费者的吸引力。

4. 在时间和空间两个维度上开拓城市实体零售新天地

一是有条件的城市应进一步顺应人民群众的要求与期待放开对城市早市、夜市的限制，特别是要在交通便利、群众聚散方便的街口、社区商圈内划定早市与夜市的空间范围，允许农民、市民设立自产蔬菜、水果等产品临时性销售网点、服务网点，允许流动摊贩摆摊设点经营小吃、水果及其他小商品，增加非正规就业岗位；二是拓展城市实体零售业发展空间。

（五）努力以科学技术创新提升流通产业空间效率

1. 积极采用适合商业发展的新技术

一方面要积极发展电子商务、智慧门店等流通新业态，支持大数据、云计算、人工智能、无人科技等在流通领域的研发和应用。另一方面鼓励互联网企业发挥技术优势，赋能传统流通企业，推动"互联网+流通"全面升级。目前无人送货飞机、无人配送车、无人柜等智慧物流新技术新应用已经出现，这也是今后的发展方向，此外区块链技术也已在互联网经济与电子商务中应用。

2. 加大制度创新推动流通技术发展及应用

创新是发展的第一动力。要加快流通技术创新及新技术的运用，必须要打破传统观念、体制、习惯的束缚，加大流通技术创新的制度供给，包括正式制度与非正式制度供给。要通过出台和实施人才新政，加大人力资本投入，吸引优秀人才，留住骨干人才，形成人才聚集干事业的优势，才能让科技创新成果喷发，加快新型技术的市场化产业化，进一步释放流通生产力，向科技创新要质量要效益。

3. 要特别重视流通业的信息化技术改造

信息化是商贸流通业提高现代化发展水平的黏合剂和催化剂，同时是商贸流通业实现规模化、集约化、连锁化和一体化的必由之路。如要加强商贸流通业内部与外部环境的信息交流，需促进四个方面的协同进步：一是信息化建设首先要实现物流网、信息网与营销网的三网融合；二是通过建立高效的信息化平台将全国地区的商贸流通业发展信息进行整合；三是通过信息资源的整合对各空间区域的行业发展方向、资金流、物流进行调度，促进商贸流通业的协调发展；四是加强商贸流通企业自身的信息化建设，包括硬件设施建设和软件装备建设，通过信息化提高流通企业的管理效率。

4. 要大力发展绿色流通技术，推动流通业绿色发展

特别要在商品的绿色包装技术、商品仓储运输装卸中的绿色物流技术及商店店容美化、亮化、绿化中进行环境技术创新，加大节能节水节电节地技术在流通中的应用，降低流通中的污染排放，扩大绿色流通空间，推动流通的绿色发展和可持续发展，推动城市商品流通空间格局的升华。要加大商业与新兴消费需求崇尚的 VR、AR、电子竞技等潮流科技融合，使商圈商业永葆活力与新意。要精细化地完善商圈商业规划，合理布局配比各种商业服务网点，有效引导提高商业的空间产出效率。

（六）通过保障措施创新促进城市流通产业空间结构优化

1. 坚持以人为本，搞好城市流通产业的规划保障

科学的规划是城市流通产业空间布局的依据，也是优化城市流通产业空间结构的基础。在进入经济新常态高质量发展阶段，面临新技术变革迅速和消费革命与升级的新机遇，"十三五"末期应着手思考"十四五"城市流通产业空间布局的规划或新一轮规划修编。要坚持发挥政府对规划制定的主导作用。新的一轮城市流通产业空间规划修编要认真落实好习近平总书记关于优化城市空间布局的思想，即关于城市生活空间、生产及产业空间、生态空间的协调发展，使城市的总体规划、城市国土利用规划、城市生态环保规划、城市的商贸流通网点规划做到四规合一、四规协调。

2. 强化城市流通产业的基础设施保障

优化城市流通产业空间布局需要有强大便利的设施支撑，如专业市场、物流设施、仓储基地以及服务平台等，通过完善流通基础设施建设布局优

化、增强设施配套和资源利用，引导城市流通空间结构不断合理化。对此，强化城市流通基础设施的支撑需要从三方面着手：一是调整优化流通基础设施空间布局，二是构建便捷高效的流通综合服务体系，三是加强金融电信设施配套，确保城市流通产业可持续发展。

3. 提供城市流通产业空间优化的政策保障

政府对流通产业的空间优化主要通过政策变量的调整去引导和支持，以体现政府对流通产业空间发展目标的调整，即鼓励什么，限制什么，禁止什么。为了支持城市流通产业的空间优化，政府应从以下几个方面提供政策保障，包括：用地政策的支持与保障、财政金融支持政策、人才政策支持与保障等方面。

4. 加强城市流通业发展的组织保障

建议国务院及有关部门、各省市区政府从提高城镇化质量和进一步激活消费动能、促进经济增长的高度重视城市流通产业空间结构的优化，加强对这一工作的领导，并由一位负责人分管此事，并建立政府各有关部门齐抓共管的协调机制。各地区和各有关部门在城市流通业发展的空间布局结构上，要站在优化城市总体功能的高度，加强组织领导，建立健全协调机制，完善配套政策。同时要深化行政管理制度改革，最大限度取消和下放流通领域行政审批，强化公共服务和市场监管，提高行政效率。

长江经济带商贸流通协调发展研究

重庆工商大学曾庆均主持完成的国家社会科学基金项目"长江经济带商贸流通协调发展研究"（项目批准号为：15BJY110），最终成果为同名研究报告。课题组成员有：曾蓼、张驰、孙畅、王宁、徐丽、张桂君、杨洋。

一　研究的目的和意义

改革开放以来，长江经济带已发展成为我国综合实力最强、战略支撑作用最大的区域之一，在国民经济发展中具有极其重要的作用。

2014 年，国务院发布《关于依托黄金水道推动长江经济带发展的指导意见》和《长江经济带综合立体交通走廊规划》，两份文件旨在依托长江黄金水道，构建长江经济带综合立体交通走廊，将长江经济带打造为具有全球影响力的内河经济带，东、中、西互动合作的协调发展带以及沿海、沿江、沿边全面推进的对内对外开放带。2016 年 6 月国务院又印发了《长江经济带发展规划纲要》，作为推动长江经济带发展重大国家战略的纲领性文件，确立了长江经济带"一轴、两翼、三极、多点"的发展格局，要求在大力保障长江生态环境基础上，加快构建综合立体交通走廊，创新驱动产业转型升级，努力构建全方位开放新格局，创新区域协调发展体制机制等。

商贸流通业作为国民经济的先导性和基础性产业，在依托黄金水道推动长江经济带发展中的作用是不可或缺的。大力发展商贸流通产业对长江经济带以及我国经济增长具有重要价值。长江经济带商贸流通业协调发展，是国家发展战略的客观需要，是"五大"发展理念的必然要求。

目前长江经济带各省市间商贸流通业发展存在较大差距，不利于长江经济带的协调发展，难以发挥长江经济带内需潜力。在这种情况下，如何缩小长江经济带各省市商贸流通业区域差异，构建长江经济带商贸流通业协调发展机制，促进区域商贸流通业协调发展，提高长江经济带整体竞争力，是一个具有现实意义的研究课题。

二　成果的主要内容

（一）研究对象与基本思路

该成果是以长江经济带商贸流通发展为研究对象，重点研究长江经济带各区域商贸流通业之协调发展。长江经济带，东起上海、西至云南，包括上海、江苏、浙江、安徽、湖北、江西、湖南、重庆、四川、云南、贵州9个省2个直辖市，涉及长江三角洲城市群、长江中游地区城市群、长江上游地区城市群、滇中地区、黔中地区。本报告研究时段为2007～2016年，相关指标数据源于《中国统计年鉴》（2007～2017）、各省市年鉴和中国宏观经济数据库等。

该成果以长江经济带国家重大战略为背景，在研究长江经济带商贸流通发展现实基础、评析长江经济带商贸流通发展区域差异基础上，设计长江经济带商贸流通业协调发展指标，测算长江经济带商贸流通业协调发展度以及影响因素，构建长江经济带商贸流通业协调发展机制框架，提出推动长江经济带商贸流通协调发展的路径与政策。整个研究遵循从"理论—实证—对策"的一般研究过程。

（二）主要内容与基本观点

1. 确定衡量长江经济带商贸流通业协调发展的标准或标志

根据学者们对协调发展的研究，对商贸流通业协调发展进行了界定，即商贸流通业协调发展是区域间商贸流通产业市场开放度不断加强，商贸流通产业联系日益密切，既保证区域商贸流通产业整体持续增长，又使区域间商贸流通产业差距逐步缩小，达到区域间商贸流通产业正向促进、良性互动的过程和状态。

商贸流通业协调发展也可从三方面理解：一是区域间的市场开放是商贸流通产业协调发展的前提，任何封闭和孤立的区域是不存在协调的；二是区域间商贸流通产业的联系日益密切，联系是区域间商贸流通产业协调发展的基点，只有有了联系才会形成相互依赖的关系，从而产生协调的内在需要；三是商贸流通产业协调发展形成的是一种正向促进、良性互动的过程或状态，在这个过程中实现局部和整体的持续增长，以及缩小区域间差距的目的。这三点是一种递进的逻辑关系。据此，确定衡量商贸流通业协调发展的四点标准或标志：一是区域间商贸流通产业市场是否开放；二是区域间商贸流通产业是否存在联系；三是区域间商贸流通产业是否整体增长；四是区域间商贸流通产业之间的差距是否在逐步缩小。

2. 构建长江经济带商贸流通业协调发展评价指标体系

在分析长江经济带商贸流通业发展现状以及区域差异基础上，根据确定的长江经济带商贸流通业协调发展的四个标志，构建了长江经济带商贸流通业协调发展的评价指标体系，对每一个标志的测度和分析就是协调度发展的测度和分析。因此，从衡量四个标志的角度，选取能够代表四个标志的评价指标，对协调发展的四个方面进行单独测度，最后通过综合评价方法构建协调度的测度模型，对长江经济带商贸流通产业协调发展进行分析。

构建的商贸流通业协调发展指标体系包括四个方面：一是商贸流通业市场开放性，选取贸易保护指数进行测度；二是商贸流通业市场联系，选取相对价格方差指数进行测度；三是商贸流通业增长状态，选取社会消费品零售总额增长率变异系数指数进行测度；四是商贸流通业区域间差异，选取人均社会消费品零售总额增长率变异系数进行测度。

3. 测算评价长江经济带商贸流通业协调发展度

从商贸流通业市场开放度、商贸流通业市场联系度、商贸流通业增长状态和商贸流通业区域间差异四个方面，对长江经济带商贸流通业协调发展进行了定量评价分析和综合评价，测定长江经济带商贸流通业协调发展的基本趋势。通过对四个评价指标的无量纲化处理，运用加权算术平均法对长江经济带商贸流通业协调发展指标进行测算，采用隶属度函数法计算商贸流通业协调发展度 U。基本结论：长江经济带商贸流通业协调发展度波动幅度整体较大；区域间商贸流通产业市场联系度整体不断加强；区域间市场开放度基本稳定；区域间商贸流通产业的正向促进作用向好；区域间商贸流通产业差距整体逐渐缩小。针对上述结论，通过面板数据的回归分析模型探讨了长江经济带商贸流通业协调发展的影响因素，结果表明对外贸易、连锁经营、货运周转量、固定资产投资、信息化水平对商贸流通产业协调发展具有正向促进作用，人均收入水平则具有反向阻碍作用。

4. 确定长江经济带商贸流通业协调发展影响因素

以测算的长江经济带商贸流通业协调发展度 U 值作为因变量，以对外贸易、连锁经营、货运周转量、客运周转量、人均收入水平、固定资产投资、信息化水平为自变量，构建 2007~2016 年长江经济带 11 省市商贸流通业协调发展影响因素面板数据，通过对面板数据的处理，选取面板数据固定效应混合数据回归模型对长江经济带商贸流通业协调发展的影响因素进行回归分析，探讨各因素的影响方向和影响程度。基本结论：回归分析结果表明，对外贸易、连锁经营、货运周转量、人均收入水平、固定资产投资和信息化水平表现显著。其中对外贸易、连锁经营、货运周转量、固定资产投资、信息化水平对长江经济带商贸流通产业协调发展具有正向促进作用；人均收入水平对长江经济带商贸流通产业协调发展具有反向阻碍作用；客运周转量没有通过显著性检验，不能做影响因素分析。

5. 构建长江经济带商贸流通协调发展机制

针对长江经济带商贸流通业协调发展度不稳定态势以及长江经济带商贸流通业发展中存在的新问题新矛盾，围绕新时代长江经济带商贸流通发展的新要求，把握长江经济带商贸流通发展新特点，建立了长江经济带商贸流通协调发展的六大机制，即由宏入微、战略叠加的战略协调机制；层级架构、权责分明的组织协调机制；成本分担、互利共赢的利益协调机制；布局合理、功能错位的产业协调机制；自由流动、配置有效的要素协调机制；软硬兼备、支撑有力的设施协调机制。协调发展机制的发挥，对于整体提升长江经济带商贸流通业高质量一体化发展具有重要的作用。

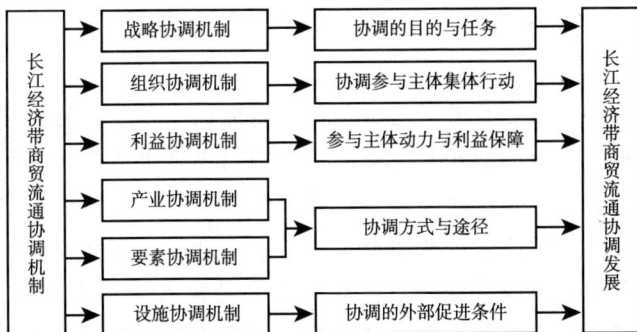

图 1　协调机制框架

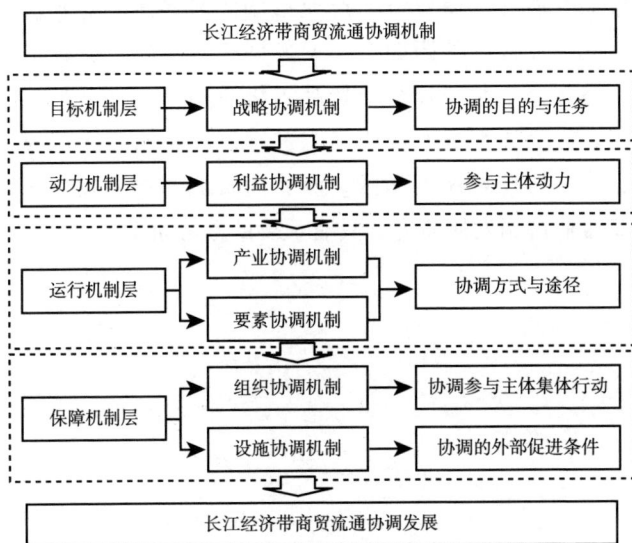

图 2　协调机制框架

6. 提出长江经济带商贸流通协调发展路径

长江经济带商贸流通业协调发展，在坚持"区域一体、优势互补、良性互动、合作共赢"原则基础上，从基础平台布局与建设、流通体系与流通网络、主体培育与业态优化、产业支撑与产业联动、制度设计与商业环境、交通网络与流通现代化等方面，提出长江经济带商贸流通协调发展的路径及对策。

三 成果的主要价值

该成果弥补了商贸流通产业协调发展研究的不足。通过搜索、整理和归纳商贸流通产业发展的相关文献，发现国内学者极少有针对区域间商贸流通产业协调发展的专项研究，只有部分学者在研究商贸流通产业区域差异时会提出促进商贸流通产业协调发展的对策建议，但并没有做进一步的深入研究。因此，该成果以长江经济带商贸流通业协调发展为研究对象，对长江经济带商贸流通业协调发展进行较为全面的分析，能够弥补商贸流通业协调发展研究不足的问题。

该成果构建的商贸流通业协调发展评价方法具有重要的借鉴性。从商贸流通产业市场开放性、商贸流通产业市场间联系度、商贸流通产业增长状态和商贸流通产业区域差距四个协调发展标志出发，分别运用贸易保护指数、相对价格方差指数、社会消费品零售总额增长率变异系数、人均社会消费品零售总额变异系数对四个标志进行测度，然后运用模糊数学中的隶属度方法，建立协调发展度函数，测算商贸流通协调发展度，这对进一步深化商贸流通业协调发展研究，具有重要的参考价值。

推进西南民族地区森林碳汇
扶贫的政策研究

四川农业大学曾维忠主持完成的国家社会科学基金项目"推进西南民族地区森林碳汇扶贫的政策研究"（项目批准号为：15BJY093），最终成果为同名研究报告及论文集。课题组成员有：杨帆、庄天慧、杨浩、程荣竺、龚荣发、漆雁斌、戴小文、邱玲玲、胡原。

一 研究的目的和意义

森林碳汇源于国际间的市场化生态补偿，其典型特征是通过经济激励，实现应对气候变化和减贫的共赢。然而，不容忽视的问题是，尽管我国当前森林碳汇项目开展主要集中在边远贫困地区，但作为市场机制主导的项目开发，其核心目标与关键是实现碳交易，很难自动关注和达成贫困人口受益和发展机会创造的社会扶贫目标。因此，发挥政策的支持和干预作用，促进森林碳汇项目在规划设计、组织建设、持续经营、监测评估等环节中突出扶贫的内容和行动，确保目标减贫农户能够真正从项目开发中受益，防止出现贫困地区自然资源外部化和去贫困农户化的现象就显得极为重要，对更好地发挥西南民族地区开发森林碳汇项目得天独厚的优势，推进绿水青山"变现"金山银山，实现新时代生态文明、民族团结、社会和谐、乡村振兴等均具有特殊、重大的现实意义。

二 成果的主要内容

该成果立足实现应对气候变化与扶贫双赢的战略高度，主旨是从项目实施社区农户视角揭示其参与意愿、参与障碍、行为选择、扶贫效应感知及其关键影响因素，定量测评典型项目开发的阶段性综合扶贫绩效，提出立足西南民族地区，强调以关注贫困人口受益和发展机会创造为核心理念的森林碳汇扶贫发展思路、政策框架及其政策建议。主要观点或对策建议如下。

第一，森林碳汇扶贫是以贫困人口受益和发展机会创造为宗旨的森林碳汇产业发展方式。森林碳汇扶贫是中国在参与和引领世界应对气候变化行动中催生的一种新兴开发式、参与式、造血式扶贫形式，具有扶贫客体明确性、主体多元性、效应多维性以及鲜明的政策性等典型特征，形成的内生动力包括减排义务驱使、经济利益牵动和企业公共形象提升，外生动力包括减排标准约束、政府政策推动和社会需求拉动。其作为一项系统工程，仅仅依靠应对气候变化及其森林碳汇产业政策自身的引导是远远不够的，必须通过政府的适度干预，尤其是与各种产业扶贫、生态建设等政策相互融合，促进森林碳汇扶贫主体协同、扶贫资源整合、扶贫方式集成，才能为达成贫困人口受益和发展机会创造注入新动力与新活力。应坚持"政府引导、企业主导、农户参与、第三方评估"的基本原则，不断建立和完善以贫困农户获益为核心的益贫机制，在推进森林碳汇市场繁荣、产业可持续发展及其项目可持续经营的进程中，以政府政策推动下的市场化路径，达成贫困人口受益和发展机会创造的扶贫目标。

第二，制定和推广凸显"扶真贫、真扶贫"的中国森林碳汇自愿减排规则是森林碳汇扶贫转型发展的基础。与森林碳汇项目试点相伴而行的森林碳汇扶贫获得了长足发展，但简单地将在贫困地区实施森林碳汇项目等同于森林碳汇扶贫、片面地将森林碳汇项目等同于一般产业扶贫项目的认识仍普遍存在。把贫困人口受益和发展机会创造扶贫目标纳入森林碳汇项目规划设计、认证注册、组织建设、监测评估等各个环节的格局尚未形成，局部以"扶真贫、真扶贫"为导向的森林碳汇扶贫实践尚处于政府主导下的探索性试验阶段，政策出台更多是地方政府为契合当前精准扶贫精准脱贫紧迫要求、破解森林碳汇开发实践难题而进行的强制性制度变迁，制度安排具有典型的短期性、突击性、碎片化特征，实践的延续性、可持续性不强。推动森林碳汇扶贫可持续发展的宏观管理制度供给不足，具有决定性作用、凸显扶贫功能的森林碳汇标准和方法学等规范性制度，及其与之关系重大的碳税、碳汇权抵押贴息贷款、碳汇林保险、碳汇林间伐采伐等特惠性政策亟待建立，与产业扶贫、生态建设相关的财税、金融、投资、森林生态补偿、技术援助等普惠性政策亟待整合。如何因地制宜制定和推广凸显"扶真贫、真扶贫"的中国森林碳汇自愿减排规则，不断强化森林碳汇扶贫配套政策供给侧改革，是推动森林碳汇扶贫由瞄准贫困地区的"单轮驱动"型向既瞄准区域整体又更加锚定贫困人口的"双轮驱动"型变革与转型的基础。

第三，强化扶贫功能应成为中国森林碳汇制度变迁的一个重要选择。在西南民族贫困地区实施的大规模碳汇造林再造林项目开发已经取得了多重客观扶贫效应，随着时间推移，扶贫绩效呈上升趋势，但即便是同一森林碳汇项目在不同实施区域的扶贫绩效也存在显著差异。72.56%的样本农户认为森林碳汇扶贫开发利大于弊，利大于弊的森林碳汇项目开发扶贫效应感知价值对农户支持项目后期可持续运营的意愿具有显著正向作用，影响路径系数为0.61。表明强化森林碳汇扶贫功能，不仅是提升森林碳汇市场吸引力、降低森林碳汇产业发展不确定性的客观要求，更是降低项目交易成本和实践风险，赢得项目社区农户广泛合作、长期支持，确保森林碳汇项目可持续经营的重要保障。因此，强化扶贫功能应成为中国森林碳汇制度变迁的一个重要选择。

第四，切实提高贫困人口参与度和获得感是推进森林碳汇项目可持续运营的有效路径。研究结果显示，社区农户持续参与森林碳汇项目开发的意愿不强，46.35%的样本农户持中立态度，24.69%的样本农户不愿意继续参与项目运营，其中，年龄、参与土地面积、家庭收入水平、兼业化程度、项目组织模式、前期收益满意度、后期收益预期、政府扶持力度、林业信息获取难易度、道路交通状况等因素对农户持续参与意愿具有显著影响。表明在林地相对细碎化的西南民族贫困地区实施大规模碳汇造林再造林项目，密切关注收入水平低、参与林地面积小、更加依赖传统农业生计的贫困家庭的参与机会、参与程度和参与风险，扶助其公平合理地获得参与收益，有利于降低农户退出项目开发风险、巩固前期造林成果，对实现项目长期可持续运营及其固碳量的建设目标至关重要。

第五，尽管森林碳汇项目扶贫开发存在精英俘获现象，但社区精英参与森林碳汇项目的组织意愿依然不高。研究结果表明，现阶段的森林碳汇项目开发过程存在精英俘获现象，精英俘获程度总体为 0.2544，其中，经济精英>体制内精英>传统精英，经济精英俘获程度占比最大。与此同时，仅有五成以上（55.3%）的社区精英愿意动员组织、示范带动农户参与森林碳汇项目扶贫开发，其中，年龄、是否从事（过）林业相关工作、家庭收入主要来源、对森林碳汇项目的收益认知、对项目建设的难易认知、与村民的关系、对森林碳汇政策的认知、精英类别等因素显著影响农村精英的组织意愿。表明推进森林碳汇扶贫实践，不仅取决于体制内精英的担当作为，而且与社区德高望重的老者、文化程度较高的农户、宗族头人等体制外精英作用发挥程度密切相关。森林碳汇扶贫开发既要注意避免和防范精英俘获，但也不能把社区经济精英个人合理、合情、合规的利益排除在外。

第六，发挥非正式制度和村民自治的作用是推动西南民族地区森林碳汇扶贫开发的重要策略。实证结果显示，四川凉山彝族聚居项目实施区农户对传统文化认同显著高于以森林碳汇项目为载体的现代商业文化认同。整合和分离是农户对待传统文化和商业文化采取的两种主要适应策略，其中，女性、中年人、受教育程度越高、参与项目土地面积越大的农户的文化适应程度越强。这表明在边远贫困地区，尤其是少数民族贫困地区实施市场机制主导下的森林碳汇项目，仅仅依靠合同规范、经济激励和行政手段等是不明智的，应充分关注项目社区本土文化、传统习俗，尤其是传统农耕文化中朴素的生态理念、生态意识，发挥非正式制度和村民自治的作用，不断强化正式制度与非正式制度的有效融合。

第七，降低情境风险是推进西南民族地区森林碳汇扶贫开发的重要抓手。研究结果显示，农户感知利益和感知风险直接影响其森林碳汇扶贫效应感知价值。其中，感知经济、社会和生态利益对感知价值均具有显著正向影响，影响程度依次为感知经济利益>感知社会利益>感知生态利益；感知经济、心理和情境风险对感知价值均具有显著负向影响，影响程度依次为感知情境风险>感知心理风险>感知经济风险。由此可见，保障项目社区农户经济利益最大化，积极降低林业生态建设所带来的衍生负面影响，是提高农户参与项目开发获得感，推动应对气候变化和减贫双赢的重要策略。

青海藏区重要生态功能区
保护和建设问题研究

青海大学张爱儒主持完成的国家社会科学基金项目"青海藏区重要生态功能区保护和建设问题研究"（项目批准号为：13XJY005），最终成果为同名研究报告。课题组成员有：赵玲、姜刚、杨芳、吉敏全、陈建红、徐畅、李泰、韩坤。

一　研究的目的和意义

建立青海藏区重要生态功能区是党中央基于全局高度做出的战略决策，是国家生态文明建设的具体实践，是青海省践行服务国家重大战略需求，落实中央重大决策要求，实施"一优两高"区域战略，促进藏区生态功能区人与自然和谐发展的重要途径。青海藏区重要生态功能区生态地位十分重要，对保障国家乃至全球生态安全，维护民族团结和边疆稳定具有独特和不可替代的作用。在青海藏区重要生态功能区转变经济发展方式，仿照自然系统构造生态产业系统，创新生态保护体制机制，根据生态承载力构造产业生态化发展模式，实现产业生态化，对促进青海藏区重要生态功能区生态保护、民生改善、经济发展和社会进步具有重要的现实意义和深远的历史意义。因此，在青海藏区重要生态功能区保护和建设构想中，根据生态承载力大小选择产业生态化发展模式，实现产业生态化，不仅直接影响当地经济社会稳定和生态文明建设，也必将影响下游地区的生态安全、经济发展、社会稳定和生态环境的可持续发展。在青海藏区重要生态功能区保护和建设中优先选择发展生态产业，构造产业生态体系，选择符合当地实际的产业生态化发展模式，构造生态产业发展体系，是推进青海藏区重要生态功能区生态经济绿色发展、可持续发展的重要途径，对实现青海藏区重要生态功能区生态经济社会协调发展具有重要的理论意义和现实意义。

二　成果的主要内容

在青海藏区重要生态功能区保护和建设中，根据生态承载力大小，选择产业生态化发展模式，实现产业生态化是产业发展的必然选择。20 世纪90 年代，可持续发展战略在全球范围内普遍实施，循环经济、产业生态化发展在发达国家广泛推广。产业生态化是以产业生态学理论为指导的新型产业发展观和产业发展模式，随着生态危机不断加剧，产业生态化的重要地位和作用日益凸显，推进产业生态化在发达国家渐成潮流，现已成为国际产业发展的主导趋势。产业生态化的实质是产业系统生态化，按照自然生态规律和经济发展规律统筹产业活动，仿照自然生态系统循环模式构造产业生态系统，实现产业全程生态化，旨在提高资源利用效率，降低废物排放，循环利用资源，使资源能源在产业生态化系统内实现最优循环和废弃物的最小排放，促进产业生态系统与自然生态系统耦合发展的生态化过程。产业生态化模式在微观层面体现为企业清洁生产，中观层面体现为生态工业园区的构建，宏观层面体现为国家生态产业模式发展战略选择和管理立法，生态化绿色化发展理念始终贯穿其中。产业生态化模式要求通过环境友好方式利用自然生态资源，充分发挥生态第三只手的巨大作用，实现产业经济活动生态化。

在学术界，国外学者主要针对产业生态化理论和实践进行研究，国内学者的现有研究仅针对产业生态化概念、内涵、实现路径等方面进行探讨。本研究针对现有研究的不足，主要选取青海藏区极具代表性的三江源和青海湖两大重要生态功能区作为研究对象，以生态承载力为视角，在全面梳理和归纳相关文献的基础上，以生态承载力理论、产业生态理论、生态经济理论和循环经济理论等为支撑，深入青海藏区三江源生态功能区所辖的21 个县域和青海湖生态功能区所辖的 6 个县域进行实地调查研究，通过田野访谈、座谈访问、调查问卷等方式方法，在全面搜集自 2000 年以来本研究所需的 2000～2016 年青海藏区重要生态功能区 27 个县连续 17 年时间序列长度的所有第一手大量珍贵的原始数据和图片资料的基础上，首先对青海藏区重要生态功能区自然生态现状特征、经济社会发展现状特征和存在的主要问题进行分析，基于生态承载力视角，应用层次分析模型（AHP）、系统协调度模型、综合指数模型和生态足迹模型对青海藏区重要生态功能区 27 个县连续 17 年的生态承载力进行实际测算，分析青海藏区重要生态功能区生态承载力的变化趋势，以生态承载力为标准进行聚类分析，构想提出青海藏区重要生态功能区不同生态类型的区域划分及其可选择的产业生态化保护模式，应用系统动力学 SD 模型，再切入生态承载力视角，对青海藏区重要生态功能区产业生态化模式选择下的各区域生态承载力进行 Vensim 模型仿真，通过比较产业生态化保护模式选择后和现有产业模式下的生态承载力变化趋势，验证青海藏区重要生态功能区产业生态化保护模式选择的正确性，并对产业生态化模式进行评价，得出主要结论与对策建议。

生态作为制约经济发展的第三只手，虽然决定不了产业经济的增长速度，但能控制产业经济的增长速度。生态的好坏可直接决定产业链长度和经济总量，因为经济总量不仅取决于政府和市场两只手的力量和能量，更受制于生态承载力和生态容量。在青海藏区这样一个生态极其脆弱、生物多样性独特的生态功能区，生态承载力有限，构造生态产业系统，选择产业生态化发展模式，必须尊重发挥自然生产力比较优势和生态第三只手的控制性作用，按照生态承载力大小，将青海藏区生态功能区县域聚类，划分为重点保护区、一般保护区和承接转移发展区三类生态区域；重点选择三种产业生态化发展模式：畜牧业产业生态化发展模式、工业产业生态化发展模式和旅游业产业生态化发展模式。青海藏区生态功能区必须转变经济发展方式，在优先选择具有自然优势的畜牧业产业生态化发展模式和旅游业产业生态化发展模式的同时，在重点保护区，生态承载力较低，限制发展生态工业；一般保护区，具有一定的生态承载力，适度发展生态工业；承接转移发展区，生态承载力相对较高，允许发展生态工业。通过产业生态化发展模式选择，在限制社会生产力对生态破坏的前提下，实现产业生态化发展，充分发挥社会生产力对自然生产力的正效应作用，实现自然生产力和社会生产力正向耦合，使两种生产力形成合力，延长青海藏区生态功能区产业链长度，提高生态经济总量，促进青海藏区重要生态功能区经济社会文化与生态保护协调发展，构筑国家重要生态安全屏障，将青海藏区生态功能区建设为生态良好、经济发展、民生改善、生活富裕和社会进步的生态文明先行区和示范区。

三　成果的主要价值

该成果主要基于生态承载力视角对青海藏区重要生态功能区保护和建设中产业生态化模式进行研究，与已有研究不同，应用几种不同的生态承载力模型方法，计量测算 2000～2016 年青海藏区重要生态功能区即三江源与青海湖两大生态功能区所辖的各个县连续 17 年的生态承载力变动趋势，仿照青海藏区重要生态功能区特殊的高寒自然生态系统安排构造产业生态系统，构想提出青海藏区重要生态功能区生态区域类型划分及其可选择的产业生态化保护模式，借助系统动力学 SD 模型对青海藏区重要生态功能区选择的产业生态化保护模式进行参数假设、检验、仿真、分析和评价，得出相关结论。主要回答在生态承载力约束条件下的青海藏区重要生态功能区保护和建设中构建什么样的生态产业体系？应该选择什么样的产业生态化保护发展模式？应用系统动力学模型对构想选择的产业生态化保护模式下的生态承载力进行 Vensim 模型仿真，通过比较产业生态化模式选择后和现有产业模式下的生态承载力变化拟合趋势，验证构想选择的产业生态化保护模式的正确度、实用性和可操作性如何？产业生态化保护模式选择后对生态承载力的变化影响和现存产业模式下生态承载力相比是否改善了生态，提高了生态承载力，并提出相应的对策建议，为政府决策提供参考依据，具有一定的学术价值与应用价值。

四　对策建议

在青海藏区这样一个生态地位十分重要、生态极其脆弱的生态功能区，必须立足生态资源优势，牢固树立生态文明理念，保护生态环境，发展生态经济，培育生态文化，在限制社会生产力和人为因素对生态破坏的前提下，做好生态规划，充分发挥社会生产力对自然生产力的正效应作用，充分发挥生态第三只手的控制性作用，走生态绿色发展之路。青海藏区重要生态功能区要实现跨越发展、绿色发展、和谐发展和统筹发展目标，必须走产业生态化发展之路，因为生态的好坏直接决定产业链的长度和经济总量。实施产业生态化不仅要大力发展生态产业，还要对现有的传统产业进行生态化改造升级，仿照青海藏区重要生态功能区独特的高寒自然生态系统规律来安排和构造产业生态系统，转变生态经济发展方式，全面落实经济建设、政治建设、社会建设、文化建设和生态文明建设五位一体总体布局，按照先保护后开发、先规划后开发、整体保护局部开发和生态保护优先的原则，对青海藏区重要生态功能区的保护和发展提出如下建议。

一是转变畜牧产业生产发展方式，实现畜牧产业生态化。转变畜牧业生产发展方式，是实现畜牧业产业生态化模式的必然选择，本质上是实现畜牧业发展方式由依赖传统自然生产向现代生态畜牧业方式转变，是青海藏区重要生态功能区发展生态畜牧业的根本着力点。大力推进生态畜牧业发展，是实现畜牧业产业生态化的核心。在青海藏区重要生态功能区基于生态承载力大小，仿照自然生态系统规律，构造畜牧业生态化产业系统，实现畜牧业产业生态化，是实施生态产业发展战略的必然选择，也是青海藏区重要生态功能区实施生态保护和建设的有效手段。发展生态畜牧业就是转变传统畜牧业生产方式，实现畜牧业发展方式的根本性转变和畜牧业发展理念的根本性转变，是促进青海藏区重要生态功能区畜牧业产业生态化发展的必由之路。青海藏区重要生态功能区大力发展生态畜牧业的核心是打造特色鲜明、发展持续、安全生态的畜牧业产业生态化科学模式，引导生态畜牧业产业集群发展，在促进自然生态保护的同时促进经济发展，从而实现生态保护与经济发展共赢。在青海藏区重要生态功能区始终把生态保护放在首要位置，充分发挥生态第三只手的作用，坚持保护优先，推进绿色发展和集约发展，实现生态系统良性循环。在重点保护区，资源生态承载力低，按照牧草利用有余的原则核定载畜量，允许保护性生态放牧。一般保护区，该区域是高寒草甸草原、干旱半干旱草原的主要分布地区，生物多样性较为丰富，也是从事草地畜牧业等生产经营活动的传统地区，具有一定的生态承载能力，在优先保护好生态的前提下，根据生态承载能力适当发展生态畜牧业。承接转移发展区，该区域生态类型复杂多样，农牧交错，耕地相对集中，灌区开发条件较好，生态承载能力相对较高，根据草畜平衡要求核定载畜量，严禁超载过牧。

二是因地制宜选择发展生态工业，实现工业产业生态化。课题组认为青海藏区重要生态功能区地理位置特殊，生态十分脆弱，经济发展落后，社会发展封闭，自我发展能力弱，生态承载力有限。重点保护区的县域，生态承载力低，以生态保护和建设为核心，原则上禁止从事开发经营活动，严格限制生态工业发展；一般保护区，具有一定的生态承载力，可适度发展生态工业；承接转移发展区，生态承载力相对较高，允许发展生态工业。所以，只能通过运用现代科学技术，发展以节约资源、清洁生产和废弃物多层次循环利用为特征的生态工业，按照循环经济原理，仿照青海藏区重要生态功能区自然生态系统规律，构造清洁、低耗、高效、优质、绿色的生态工业产业体系，实现工业产业生态化。根据青海藏区重要生态功能区生态承载力要求，可以选择发展的工业生态化模式主要包括：农畜产品精深加工产业生态化模式、汉藏药材精深加工产业生态化模式、民族传统手工业产业生态化模式和清洁能源产业生态化模式。

三是发挥世界顶级旅游资源优势，实现旅游产业生态化。青海藏区重要生态功能区拥有世界顶级黄金旅游资源优势，具有极强的垄断性，不可复制、不可替代，神圣、神秘、神奇，在世界上独一无二，是实现旅游产业生态化的源泉。大力发展生态旅游业是青海藏区重要生态功能区旅游产业生态化发展的必然趋势和现实选择，旅游活动必须在保护自然生态环境的基础上，仿照自然生态规律，利用自然资源优势，发展生态旅游产业，实现旅游产业生态化。坚持发展生态旅游有利于实现青海藏区重要生态功能区生态保护和建设与经济发展共赢，是产业生态化模式的最佳选择。

产权视角下资源型地区政治
生态的优化机理研究

山西大学董江爱主持完成的国家社会科学基金项目"产权视角下资源型地区政治生态的优化机理研究"（项目批准号为：15AZZ005），最终成果为同名专著及研究报告。课题组成员有：慧斌、陈晓燕、刘铁军、张嘉凌。

一　研究的目的和意义

2014年，山西出现令人震惊的塌方式腐败，严重损害了党的形象和群众利益。中央领导同志尖锐指出，腐败源于山西省的政治生态。山西曾经是革命老区，缘何成为腐败重灾区？这与山西历史上的官商格局相关，更与资源开发中的产权结构及其官商关系构成的政治生态密切相关。从产权视角优化政治生态是一个全国性的普遍问题，资源型地区更为迫切。本课题选择资源型地区为研究对象，采用文献分析和实证调查的研究方法，从产权视角分析其官商一体政治生态的突出表现和生成逻辑，探索资源型地区政治生态的优化机理，在理论上为探索"资源—政治"关系提供学理思考，在实践上为政府及相关部门提供决策依据。

从研究意义来看，该成果围绕政治生态、资源产权、官商关系的互动关系，分析资源型地区各相关利益主体的行为逻辑，提炼"产权—政治生态"和"产权—治权"关系的相关理论，构建"资源—政治"的解释框架，在"资源政治学"学科建设方面做出贡献。本课题以解决实际问题为归宿，在探索产权与政治生态、产权与治权互动规律的基础上，创新资源管理和经营的体制机制，探索破解资源型地区官商一体难题的应对策略，并结合部分地区的探索实践改进完善，将应对策略转化为一种模式或可借鉴的经验，向资源型地区推广应用。

二　成果的主要内容

（一）资源型地区的政治生态本质上是一种资源（产权）生态

资源型地区的政治生态是围绕资源的开采和利用而形成的官商关系，而官商关系又是决定地方经济社会能否实现良好治理的重要因素。资源型地区政治的核心就是人们围绕着资源开采和利益分配而进行的权力争夺和权力运作。在这一政治过程中，资源配置是否合理、资源分配是否公正、资源利益能否为村民共享、村民是否有维护自身利益的制度化参与渠道等因素，决定着区域政治的发展方向和人民的命运。由于不完善的资源产权制度，产权权属不清晰，资源利益被地方和部门所分割，资源管理机制不完善为权力寻租制造空间，所有权虚置导致政府和煤企背离国家利益，异化了干群、政社、村企关系，恶化了区域政治生态。

（二）不合理的产权结构和产权关系导致了失衡的政治生态

该成果围绕产权与政治生态的关系，剖析了资源型村庄因资源开采而带来的干群关系、政社关系和村企关系演变。从产权视角尤其着重从国有产权视角分析资源型农村政治生态形成的制度原因、政策原因、经济原因及乡土文化原因等，剖析了企业、农民、村集体和政府围绕煤矿产权所形成的复杂主体结构，分析了资源型地区各相关利益主体的行为及逻辑，总结了资源型农村政治生态的生成机理，认为资源型地区不合理的产权结构和产权关系，造成产权功能失效、权责关系失序、产权约束机制失衡，出现利益失衡、责任缺位、权益失保等问题，干群关系、政社关系、村企关系恶化，乡村陷入不可治理的境地，政治生态发生恶化。

（三）产权与政治生态相互影响、互为条件

产权是形塑资源型地区政治生态的核心要素和关键变量，而政治生态

反过来也会影响产权变迁与功能实现；产权能否形塑风清气正的政治生态，关键在于产权结构及其官商关系（产权与治权能否良性互动）。也就是说，产权奠定治理基础，治权规定治理结构，二者的互动关系形塑资源型地区的政治形态。产权制度不科学和产权结构不合理造成了规则不公正和行为扭曲，进而导致治权凌驾于产权之上，为权钱交易和官商勾结提供土壤和条件。资源型乡村要避免"资源诅咒"，实现治理有效，就必须实现产权与治权的良性互动，构建互恰融合的产权利益结构与权力结构。

（四）产权与治权的良性互动是资源型地区政治生态优化的保障

产权与治权良性互动需要体制机制创新。首先，建立科学的利益分配与资源监管机制，厘清府际间产权关系。既要保证资源开发与地方利益的一致性，又要加强对地方政府及其官员的外部监管。其次，建立规范煤矿产权市场机制，推动资源市场去行政化。最后，建立规范的社会参与机制，确保群众共享资源利益。让矿区居民参与资源开采和分配的过程，使资源开采中的负外部成本内部化，也有利于监督煤企和政府行为。也就是说，资源型地区要通过产权制度改革，建立合理的产权明晰及资源补偿机制，完善相关法律法规，建立规范的民主机制和村企、政企合作机制，调整失衡的利益格局，扭转异化了的干群、政社和村企关系，进而优化政治生态。

三　成果的主要价值

（一）学术价值

在学术价值上，该成果在马克思主义产权理论的指导下，综合运用政治学、经济学、社会学、历史学等多学科综合理论，构建"资源—政治"的分析框架，总结产权与政治生态的内在关联，探索实现产权与治权有效衔接和良性互动的规律，拓宽政治学研究视野。在理论目标上，围绕资源产权与政治生态的互动关系，分析资源型地区各相关利益主体的行为逻辑，提炼"产权—政治生态"和"产权—治权"关系的相关理论，构建"资源—政治"的解释框架，在"资源政治学"学科建设方面做出贡献。

（二）应用价值

在应用价值上，该成果以解决实际问题为归宿，以期在探索产权与政治生态、产权与治权互动规律的基础上，创新资源管理和经营的体制机制，探索破解资源型农村因资源开采及产权纠纷而引发的干群矛盾、矿村矿民矛盾及官民矛盾，并提出相应的解决对策。

土地适度规模经营与农村治理结构创新

东北师范大学刘彤主持完成的国家社会科学基金项目"土地适度规模经营背景下农村治理结构创新研究"（项目批准号为：16AZZ009），最终成果为同名研究报告及相关论文集。课题组主要成员有：杨郁、刘英博、杨弘、李红权、张等文、管文行、呼连焦、杨超。

一　研究的目的和意义

土地与政治紧密相关，土地的占有状况和经营方式直接或间接地影响着农村的权力结构、组织管理体制、权威机制、政治动机与行为等诸多方面，是农村治理的基础。在传统社会它影响甚至决定着农村的权力结构和政治性质，在现代社会它同样对农村的治理基础和秩序稳定具有不可估量的作用。历史上土地经营模式经历了租佃、土改、集体化、家庭联产承包等数次变迁，在不同的土地经营模式基础上孕生出了不同的农民、农村与国家的关系，并形成了与之相匹配的迥然相异的农村治理方式。随着现代化的推进，人口流动和土地流转已势不可当，土地在流转过程中开始由细碎化向规模化经营格局转变，这一变化必将对农村治理的资源条件产生全面影响，成为现有农村治理模式的新挑战。

尽管土地适度规模经营尚在稳定发展的初级阶段，但原有的农村治理模式已经开始显现出新的适应性问题，这一方面表现在农村治理积蓄许久的旧疾进一步凸显，且呈现出加重之势，另一方面表现为土地适度规模经营引起了农村治理生态新一轮缓慢且持续的变迁，形成了对原有治理模式的挑战。治理的意义在于使一定区域条件下的公共事务得到有序处理，人们的行为受到规则的约束，社会秩序得到较好的维护。而从土地适度规模经营后的农村治理现状来看，实现这一意义还面临诸多的难题和困境，农村治理新旧问题的复杂交错已开始倒逼国家和农村治理层进行政策、机制和行为的调适。在挑战与机遇并存的重要转折点，正视并深入思考这些现实困境，探析创新农村治理的路径，使其与土地适度规模经营有效对接是农村治理在新的治理生态下寻求转型和创新的关键。

该成果以土地适度规模经营为研究背景，通过历史比较与实证研究，展现土地与农村治理之间的紧密联系，挖掘农村治理的内在根基和发展逻辑，以土地适度规模经营为背景重新审视农村的治理环境和现实困境，探索土地适度规模经营引起的农村社会和政治效应，结合土地经营的未来趋势，论证土地适度规模经营背景下农村治理的创新路径，为提升农村治理能力和水平，促进乡村振兴提供政策参考。

二　成果的主要内容

该成果将土地与治理的紧密关联作为理论基础，深入分析土地适度规模经营背景下农村治理环境的变化，重点研究农村治理的现实困境与创新路径。按照"是什么—什么样—为什么—需要什么—怎么做"的研究思路，进行理论分析与现象研究。研究结论主要建立在问卷调查、深度访谈等实证研究的基础上，通过获取真实可靠的信息，得出具有解释力和参考价值的研究结论。本研究共发放问卷 3000 份，收回有效问卷 2413 份，覆盖 21 个省、自治区、直辖市，其中河南省 258 份，福建省 59 份，江苏省 82 份，四川省 98 份，山西省 136 份，甘肃省 81 份，广西壮族自治区 60 份，河北省 88 份，内蒙古自治区 81 份，重庆市 40 份，黑龙江省 20 份，浙江省 37 份，辽宁省 42 份，云南省 58 份，海南省 79 份，贵州省 187 份，吉林省 891 份，湖南省 60 份，新疆维吾尔自治区 16 份，安徽省 20 份，山东省 20 份。通过问卷调查、深度访谈等方式全方位把握当前农村治理的困境，有针对性地提出创新农村治理的路径。本研究的主要内容和重要观点可以概括为以下几个方面。

第一，通过对土地经营模式变迁历程的回溯，研究发现虽然每个历史时期影响土地经营模式变迁的因素和决定性力量都不尽相同，但不难看出国家始终表现出较强的建构性，土地归谁所有、如何使用、收益如何分配等方面的制度规定与国家的发展战略、价值取向、行为偏好有直接的关系，某种意义上可以说土地经营模式的设定是国家意志的体现，承载着国家治理的意图和功能。通过建构土地经营模式，国家控制了农村最重要的土地资源，进而将整个农村纳入国家建设体系中，使其契合国家政治、经济上的发展需求。

第二，土地经营格局变迁对农村治理生态的影响是显著的。在土地适度规模经营之前即在细碎化的土地经营格局下，长期与被视为"命根子"的小块土地打交道一方面在微观上形塑了农民这一群体的群体性格及社会关系系统，另一方面在宏观上影响着农民与国家的关系。土地适度规模经营后正在塑造根本区别于小农的现代农民，他们不仅土地经营规模大于小农，土地经营方式更加先进、科学，而且具有较强的现代意识、参与意识、权利意识。同时土地适度规模经营促使一个新的精英阶层即适度规模经营主体迅速崛起，因土地他们既拥有外部国家权力自上而下的保护，也易得到村庄内在的认同，而这些都增加了这个新兴精英阶层与体制内外权威的博弈资本。作为现代的土地经营方式，土地适度规模经营从治理主体、对象、方式等诸多方面深刻改变着农村的治理生态。

第三，农村治理诸多的现实困境其实是农村治理新旧问题交织的外在展现，治理本身的复杂性和动态变迁的农村治理生态更增加了破解困境的难度，特别是乡土文化的传承与嬗变、乡村关系的复杂纠葛、村庄利益的转移与分化、村级公共结构的角色作用偏差已成为土地适度规模经营后农村治理调适的主要障碍。原有的植根于小块经营的治理基础、治理方式、组织体系将会遇到新的适应性问题，农村治理生态将发生缓慢且持续的变化，治理中的新旧问题交织，矛盾愈加凸显。

第四，该成果尝试从四个方面对土地适度规模经营后的农村治理进行创新性调适，即共同体调适、主体调适、方式调适、结构调适。在共同体调适上，国家权力应首先成为村庄共同体再建的重要助推力，转变农业税取消后一度出现的"悬浮化"现象，尝试以全新的姿态再次嵌入农村，在共同体再建中充当起价值引导者、制度供给者、利益调和者、服务提供者等角色。在主体调适上，关键就在于农民的组织化。通过系统整合村民自治组织、多元创新农民组织、加强农民组织对农村社会的协同共治，来推进土地适度规模经营背景下农民的群体融合和阶级同化，以内部的整合为依托推进农村治理的现代化。在方式调适上，通过社会发育，实现多元主体参与；通过制度完善，搭建平等协商平台；通过公共精神培养，促进共识达成；通过行政收缩，让渡协商空间，为自身内含的多元、平等、互惠等民主价值找到新的生长点。在结构调适上，推进治理主体由二元向多元转化、运作方式由管制向治理转换、价值取向由行政化向民本化转变，在内外力的推动下进行现代化调适。

该成果的突出特色和主要建树体现在以下三个方面。

一是从土地视角审视农村的治理问题，揭示土地与农村治理的紧密联系，在理论研究与现象研究的基础上，分析土地具有的潜在社会效应和政治效应，拓宽对农村治理问题的研究论域；

二是对土地适度规模经营进行类型化分析，探索不同类型土地适度规模经营形式的特点及对治理环境产生的差异性影响，全景式描述土地适度规模经营背景下农村治理的状况及现实困境；

三是融合土地经营的发展趋势和农村治理特点，初步形成与土地适度规模经营相契合的农村治理结构，提出理论预设和对策建议。

三 成果的主要价值

（1）学术价值：①以土地适度规模经营为背景重新审视农村的治理环境和现实困境，拓展农村政治的研究进路和研究内容，深化对农村治理和基层民主发展的认识。②在实证、深描的基础上，揭示土地与农村治理的深层关联，为土地适度规模经营过程中农村治理结构变革提供一种政治学阐释，增强该领域的学理色彩。③探索土地适度规模经营引起的农村社会和政治效应，论证土地适度规模经营背景下农村治理的创新路径，为破解农村治理的困局提供理论依据。

（2）应用价值：土地适度规模经营是农业发展的必然趋势，作为对这一趋势的回应，研究土地适度规模经营背景下的农村治理问题包含较强的现实关怀。该成果通过考察土地适度规模经营的现状及其产生的社会效应，分析农村治理的基础环境和创新转型的内在动力，使当前农村治理中存在的诸多问题得到本原性解释。同时探索土地适度规模经营形式下的农村治理有效结构，提升农村治理的实效，为农村发展的政策选择提供多元的参考和比较。

新制度主义政治学理论建构研究

吉林大学马雪松主持完成的国家社会科学基金项目"当代新制度主义政治学理论建构研究"（项目批准号为：14CZZ036），最终成果为论文集及研究报告《新制度主义政治学理论建构研究》。课题组成员有：刘乃源。

一 研究的目的和意义

一方面，在理论层面上检视相关研究文献和学术观点，考察蕴含在新制度主义政治学各流派之中制度理论建构的基本取向，跟踪研究当代新制度主义政治学的发展脉络、具体流派、主要内容、基本特征和发展趋势，并对其内在逻辑的自洽性及解释功能的深刻性进行政治学的理论阐释，有助于推动政治学研究内容的更新，为政治学研究领域的扩展提供有益条件，搭建同国外制度理论合理交流、有益对话的学术平台。另一方面，在现实层面上探讨新制度主义政治学不仅具有理论的形态和内容，同时也是指导政治实践的重要工具，有助于实现经济社会和政治生活的合理变革与良善发展。总体而言，积极借鉴、合理运用新制度主义政治学理论的有益成分，可以在创设制度性成果、发展制度性规范、更新制度性功能方面提供多角度、多层次的理论服务。

二 成果的主要内容

（一）社会科学视野下新制度主义政治学的起源及发展

这一部分主要基于社会科学整体演进与板块运动的视角，论证新制度主义政治学的兴起和演进反映了不同学科之间的分化重组以及边缘领域合并为新的研究路径的趋势，从而揭示社会科学中专门领域的碎片化与通过杂交形成的专业化，为新制度主义政治学的起源及发展赋予重要背景与关键动力。

新制度主义政治学当中至少包含理性选择制度主义、历史制度主义、社会学制度主义、建构制度主义四个流派，其在制度概念及特征、制度功能及作用方式、制度变迁类型及机制等议题上存在分歧，甚至在制度研究的本体性基础与方法论倾向上也彼此竞争，然而它们都积极借鉴其他学科与领域的成果并展开相互对话。新制度主义政治学较早期阶段而言，内部流派进一步细分，而且在文化转向、观念转向、认知转向、语言转向方面越来越受到社会科学整体演进背景的影响，其形态与格局虽然处于变动之中，但碎片化的演化轨迹确实为制度研究的专门化知识发展提供了动力。从社会科学发展趋势与内在分化角度来看，新制度主义政治学各个流派并未超越现代主义基石上的经验主义与新实证主义。就新制度主义政治学与经验主义及新实证主义的关系而言，需要注意两方面问题，其一是新制度主义同社会科学中更为广泛的制度研究传统的联系，其二是社会科学的现代主义与后现代主义的分野。从社会科学现实主义、实证主义及个体主义取向的研究背景来看，当前新制度主义政治学主要派别进一步跨越经济学、社会学与政治学的学科边界，更大程度上同社会科学的内在问题发生联系。

（二）新制度主义政治学的流派演进与领域延展

这一部分探讨新制度主义政治学流派演进这一议题，分别对理性选择制度主义、历史制度主义、社会学制度主义、建构制度主义四个流派展开分析，致力于理解新制度主义政治学演进中的多重焦点、层次分化与领域延展。

首先，理性选择制度主义是理性选择理论与制度分析结合的研究路径，代表着新实证主义政治学的主体部分，并同新制度经济学和关切微观行动领域的社会学共享相近的理论假定和解释逻辑。其次，历史制度主义的理论渊源并不仅仅限于政治科学，比较政治经济学、新制度经济学、历史社会学、组织社会学均构成其更新旧制度主义视角、继承结构功能主义工具、提炼新国家理论框架的基石。再次，社会学制度主义产生于社会学特别是组织分析的研究传统，重视文化因素对组织形式和实践活动的影响，基于适宜逻辑而非后果逻辑理解规范结构、意义体系、认知框架对人类行动的引导及限制作用。最后，建构制度主义作为新制度主义政治学的最新流派，动摇了长期以来历史制度主义、理性选择制度主义、社会学制度主义鼎峙的格局，反映了政治科学吸收社会学、语言学前沿成果并将观念和话语分析内化为自身组成部分。

（三）新制度主义政治学理论建构的动力

这一部分基于新制度主义对制度变迁问题的理论阐释与方法应用，探讨了从结构约束角度难以对变迁做出内生性解释，路径依赖与断续均衡理论、结构诱致均衡理论能够较好地解释制度形成及其功能发挥，却短于解释制度形成后的调适与演进，在解释制度变迁时往往从制度外部寻找根源，因此新制度主义政治学四个主要流派逐渐致力于就制度内生变迁问题展开有益探索。

首先，理性选择制度主义学者将博弈均衡分析运用于历史进程研究，从制度的自我实施机制考察变迁的内生根源，丰富了关于路径依赖机理的认识。理性选择制度主义在历史过程分析中纳入了制度强化与准参数这两个可操作性概念，指出短时段中对制度施加影响的某一类参数，从长时段来看受到制度的深远影响，因此准参数的值域发生变化时意味着制度维系或变迁的状况也随之调整，制度变迁在这个意义上是自我实施的结果。其次，历史制度主义学者提出渐进变迁包括替代、层叠、漂移、转换与枯竭这五种主要类型，根据政治背景与目标制度的相互作用将其提炼为四种变迁类型，但这一划分法仅是基于历史进程所得出的渐进变迁类型，并未对制度变迁本身做出深入理论解释。再次，社会学制度主义学者将制度变迁区分为重组与转化两种类型；并从观念的双重维度，亦即认知性和规范性维度与程式、范式、框架和公共情感维度，探讨观念类型对政策制定的影响，尝试揭示观念在制度变迁中的内生机制。最后，建构制度主义学者论述偏好与动机是行动者运用观念性及规范性因素建构而成的，利益并不具有物质性和客观性，也无法从制度的外在环境中确知行动者的偏好汇聚情况与行为倾向，在此意义上观念构成了制度的基础并使其形成路径依赖，并在制度变迁中发挥内生作用。

（四）新制度主义政治学方法更新的成果

这一部分跟踪了新制度主义政治学在分析性叙述、比较历史分析、修辞制度分析三个方面所积累的方法路径上的有益成果。

首先，分析性叙述由具有历史制度主义研究旨趣的理性选择制度主义学者加以应用。分析性叙述致力于兼顾跨学科研究中的实质问题与方法工具，注重运用理性选择理论特别是博弈论方法，从宏观维度探讨国际与国内政治的秩序和冲突起源问题以及国际与国内政治经济的交互作用问题。其方法论特色是容纳了经济学与政治学关注故事、解释与环境的分析工具，以及历史学注重推演过程与深入探讨的叙述方式，并将之结合起来对特定时期与特定环境的事件或案例展开深度分析。其次，比较历史分析作为社会科学中关注历史过程、时间序列、结构脉络与重大后果的学术传统，近年来得到复兴并取得长足进展，历史制度主义学者尤其做出了主要贡献。社会科学中的比较历史分析关切因果分析，强调时间中的过程，运用系统化和脉络化比较方法，致力于对具有实质性重大意义的结果进行解释，特别是从权力运行的自我强化机制入手，对制度脉络中的行动者何时选择维系稳定状态或延续变迁状态予以细致分析。最后，修辞制度分析发端于组织社会学与社会心理学研究，并在修辞组织理论中得到系统阐述与应用。修辞制度主义作为建构制度主义中最有潜力的发展取向，相较观念制度主义与话语制度主义而言更多受到当前语言学研究的影响，它主张政治生活中的人们所运用的修辞活动对制度具有建构性作用。这一研究路径分别质疑了结构取向的与能动取向的制度主义，认为应从语言的修辞运用角度理解结构与能动的真实关联。修辞制度主义试图保留制度变迁的内生解释途径，但不认为能动者有能力按照自己意图采取行动脱离内嵌约束并改变制度，并在此基础上从话语分析、比喻分析、叙事分析、框架分析角度论述了认知局限和说服活动如何让语言对行动产生约束性和使动性的效果。

三　成果的主要价值

新制度主义政治学不仅应当从自身学科的范式转换和新旧嬗变角度加以考察，而且其产生和发展历程还处于社会科学演进及各学科交融的脉络之中，多学科与多源流的分析视野有助于理解新制度主义在推进前沿发展、延展研究范围、更新研究方法方面的有益成果。现实主义取向的理性与经验的划分、实证主义取向的解释与诠释的划分、个体主义取向的结构与能动的划分构成了社会科学的研究背景，并在塑造新制度主义政治学形态和格局的同时为其提供了动力。通过考察经济学、社会学与政治学中新旧制度主义路径的演变历程，以及新制度主义四个主要流派在政治科学中的确立过程，可以就新制度主义政治学的议题深化、理论建构与方法更新进行跟踪及评价，并对其发展前景做出整体把握。

提升地方人大预算监督能力的
机制设计研究

西南政法大学周振超主持完成的国家社会科学基金项目"提升地方人大预算监督能力的机制设计研究"（项目批准号为：14XZZ009），最终成果为同名专著。课题组成员有：刘元贺、商爱玲、李英、孟威、陆杨洁、金灿灿、李玉运。

一 研究的目的和意义

预算是财政的核心。财政是国家治理的基础和重要支柱。在长期跟踪研究的基础上，该成果以提升地方人大的预算监督能力为研究对象，力图归纳健全人大预算监督权的经验、教训和一些规律性的内容。

提升地方人大预算监督能力是完善人民代表大会制度的有效途径，也是中国政治发展和法治中国建设的"生长点"。《中共中央关于全面深化改革若干重大问题的决定》提出：在推进国家治理体系和治理能力现代化进程中，要"实施全面规范、公开透明的预算制度""加强人大预算决算审查监督"。为落实党中央决策部署，各级人大努力推进预算监督的理论和实践创新，推动对预决算全口径的审查和监督。经过若干年的积极努力，如果能通过稳健的方式建立起公开、透明、负责任、受监督的公共预算制度，将成为我们这个时代最伟大的进步之一。

二　成果的主要内容

近年来，各地人大在推动政府预算公开、实行人大和政府共享财政信息、完善初步审查环节、改善预算权力结构等方面迈出坚实的步伐，法治建设、审计监督工作呈现新气象。同时也要看到，同"实施全面规范、公开透明的预算制度"的要求相比，目前还存在部分法律条文虚置、人大预算监督能力不强、相当一部分地方人大无法实质性审查政府账本等问题。

人大监督政府预算不仅仅是人大和政府之间的关系，也是国家治理体系各主要主体之间的关系。提升人大的预算监督能力涉及国家治理体系中各权力结构之间关系的重构，是一个长期的过程，需要坚持以时间换空间的思路。人大在监督政府"钱袋子"方面是否有效、有为和有位，取决于人大在政治生活中的总体定位、法律规则、预算权力结构、人大监督手段和方式、人大自身的组织和监督能力等诸多因素。

一个完整的政府预算流程包括预算编制—预算审查和批准—预算执行—预算调整—决算等五个主要环节。提升地方人大的预算监督能力要紧紧围绕上述五个环节展开，同时发力，但在不同环节又有所侧重。

（一）完善预算权力结构、建立健全法律法规制度

（1）党中央重视和地方党委支持。地方政府预算监督所取得的进展，主要得益于党中央的重视。党领导下的预算监督，是预算监督中最基本的一对关系。预算监督中涉及的几乎所有关系都是这一关系的展开。党委重视和支持是落实人大预算权力和提升预算监督能力的最重要的政治保障。

（2）建立健全预算审查监督的法律法规制度。为贯彻落实中央决策和预算法，需要在预算、决算的编制、审查、批准、监督，以及预算的执行和调整等各个环节明晰各行动主体的行为准则。在完善初步审查机制、人大代表可以提出本级预算草案修正案、推动预算公开、保证人大有足够的审查时间、联网监督等多个方面取得突破性进展。

（3）以预算机制调整推动人大预算监督能力提升。预算监督的本质是政治。提升地方人大预算监督能力一个可行的目标是争取党委重视和政府尊重、在政府部门预算中树立权威。人大监督政府预算不是为监督而监督，目的是在党的领导下推动现代化建设事业的发展。人大和政府总体上是相

互配合、相互支持、相互理解的关系。人大预算监督的角色定位是寓支持于监督。

地方人大的预算监督权有效运转，重要的是利用已有的制度空间进行创新，不断进行机制创新，用机制创新和一个个具体的行动推动预算权力结构逐步调整。从 1999 年预算改革开始，"钱袋子"权力开始兴起，预算过程中各个参与者的权力关系不断被重构。这既是制度安排的结果，更是行为实践的结果，是通过一个又一个对具体机制的探索和完善所实现的。提升地方人大预算监督能力的可行思路是，继续沿着以机制调整促进体制变革的实践路径，通过健全监督机制、做实监督程序、改进监督方式、规范权力关系，因时而变、随事而制，通过一个个微小调整、点滴改良，不断增强人大监督的刚性力。

（4）地方人大在预算监督方面的探索有赖于全国人大给予指导和支持。否则，地方人大自主创新的积极性和持续性很难保证。

（二）完善人大的工作机制

（1）改进地方人民代表大会的工作流程。将预算报告从书面报告回归口头报告；政府部门提交的预算要加上详细的说明，方便人大代表审议；在人代会期间，更好地收集整理和汇总各代表团的意见。

（2）完善预算报告审议表决的程序。在人代会期间，人大代表审议预算的时间短是不争的事实。人大代表在会议期间看懂和看完预算材料，并提出有针对性的审查意见，几乎不可能。但是，再增加审议时间的空间不大。即使增加一天，面对专业性很强的预算报告，多数人大代表还是很难提出高质量的审议意见。因此，可以改变的是监督方式、批准程序等。例如，对重大项目实行分项表决；引入审议辩论的程序。改变四本预算一起打捆表决的批准程序，四本预算逐个进行表决。

（3）提高人大代表的预算监督能力。在初审环节，尽可能安排更多的人大代表参与初审；在大会期间，更好地吸收人大代表的审议意见；举办人大代表预算审查专题培训班；组织人大代表与财政部门交流互动；利用微信群等手段定期向人大代表推送有关预算的信息和资料，在人大代表中普及预算审查和批准的知识；扩大财经委和预算工委的规模并提升其专业能力。

（4）进行跟踪问效，改变"文来文往"的现象。建立二次审议、满意度测评等制度。

（5）加强人大财经委（常委会预算工委）与人大各专门委员会、政府财政部门和审计部门的沟通协调机制；改进人大审议意见的反馈机制。

（6）通过充实预算监督机构的力量、提高专门委员会的专业能力、完善协调机制等各种方式提高监督绩效。看紧"钱袋子"是一项专业性、法律性很强的工作，需要专业人才承担监督任务。第一，提高人大财经委、人大常委会预算工委人员的专业能力，选拔专门人才充实到预算工委队伍，对现有预算工作人员和人大代表定期举办培训班。第二，继续加大力度购买第三方服务，有条件的地方建立预算监督智库。第三，加大调研力度。有效监督政府预算的基础是人大熟悉预算工作和实际情况，财经委、预算工委要进行多层次、多样化的周密调研，掌握现实情况尤其是第一手材料。第四，增加驻会人员的比例结构，提高财经委和预算工委的履职能力。

（7）加强人大干部与其他系统的交流，既要调入也要调出，进而增强人大工作的活力。

（8）充分发挥人大代表和各专门委员会的作用。第一，在初审环节尽可能安排更多的人大代表参与初审；在大会期间，更好地吸收人大代表的审议意见。"说了也白说"的现象主要是缺乏人大代表意见的反馈处理机制。人大代表审议预算报告的意见具有法律性，对其审议意见应该有一个完备的处理机制和工作流程。做好各组发言和审议意见的归纳整理，对人大代表在大会期间的发言，逐条进行书面答复。第二，人大初审政府预算时，邀请相关专门委员会参加并发表意见，预算编制部门做汇报，邀请预算资金相关方共同审议。通过面对面的沟通、交流，促进预算民主。地方人大各专门委员会每个季度分析形势，形成建议，把每个委员的发言汇总交给政府，助力政府工作。第三，提高人大代表和常委会组成人员的发言质量。发言要肯定成绩和指出问题相结合，能够提出自己独到的见解。

（9）"有效果比有道理更重要"，监督地方政府预算关键是要提高监督质量和效果。扩大对地方政府预算审查范围、提升审查的广度和深度，一个可行的思路是在技术手段上多下些功夫，充分激活和开发已有的制度安排和法律规则。利用互联网增强人大预算监督工作的效能和力度是近年来的一个亮点性工作。

（三）加大预算公开的力度

提高地方政府预算透明度、加大公开力度是建立负责任政府的关键。

（1）人大督查政府建立专门的网站，向公众提供在线访问收入、支出、预算等信息提高财政透明度。进一步推进预算公开。在人大网站上统一公布除涉密单位外的所有政府部门预算。每一财政年度都提供详细的收入和拨款支出表格。

（2）建立政府财务报告制度，是建设透明政府、法治政府的需要。人大能够掌握政府的收入、支出、负债、资产等各方面的情况，利于监督。

（3）人大监督与舆论监督相结合。鼓励群众通过网络进行提问，鼓励媒体通过现场报道、网络直播等方式进行报道。

（4）在人代会审议预算报告时，允许感兴趣的公众列席。对政府预算的监督不能仅靠事后的法律追责，还要有广泛的公众参与。在政府与民众的互动中增进相互理解。开门编预算，在预算初审环节，尽可能多地征求人大代表和社会公众的意见，或者组织部分人大代表进行预算初审。

（5）认真听取政协委员的意见。具体方式是，政协会议秘书处收集意见后集中向代表大会秘书处反馈。

三　成果的主要价值

该成果从地方人大预算监督能力的实践中提炼有价值的概念和分析框架，了解现实制度安排和政治现象背后的主要制约因素，进而揭示中国地方政治的内在逻辑，形成基于中国经验的本土理论。

（1）运用"整体（宏观）—结构（中观）—个体（微观）"三层次分析方法，立体式地开展研究。这一研究思路有利于预算监督研究从偏重"宏大叙事"的"大政治"研究向功能性问题研究转型。

（2）拓展了已有的研究范围和研究主题。在研究角度上，突破现有的权力视角和体制分析，走向另外一个重要的领域——预算监督能力研究。

（3）在研究内容上，较为全面、系统地研究地方人大的预算监督能力。目前，鲜有系统研究地方人大预算监督能力的成果。现有的人大预算监督能力的研究主要是人大作为一个整体，考察其与政府互动关系，本成果以地方人大的预算监督能力为研究对象，是中国政府与政治研究的细化、深化和具体化。

我国宪法总纲条款的规范属性与实施机制

北京航空航天大学王锴主持完成的国家社会科学基金项目"我国宪法总纲条款的规范属性与实施机制研究"（项目批准号为：12CFX016），最终成果为同名专著。课题组成员有：王书成、钱宁峰、王峰峰。

一 研究的目的和意义

宪法总纲条款占据了我国宪法条文总数的 22%，同时宪法总纲条款规定了国家的根本制度和根本任务，是中国特色社会主义在宪法中最集中、最突出的体现，也是我国宪法区别于其他国家宪法的重要特征之一。因此，研究宪法总纲条款的规范属性和实施机制对于建立中国特色的宪法学理论、推动我国宪法实施具有重要的理论和实践意义。

该成果旨在体系化地规范宪法总纲条款的规范属性以及实施机制。从理论层面来看，一是当前我国宪法学研究主要集中在基本权利和国家机构部分，而对于作为宪法正文重要组成部分的总纲条款研究较少，本课题研究将弥补这一不足；二是 2005 年《物权法（草案）》所引发的对于"社会主义公共财产神圣不可侵犯"的理解争议说明，由于总纲条款的政策属性，有必要发展出一种专门的解释方法来应对，这对于构建我国的宪法解释学具有积极意义；三是总纲条款起着连接宪法与部门法的作用，通过研究总纲条款规定的政策目标在部门法中的落实情况，可以构建起部门宪法，比如政治宪法、经济宪法、文化宪法等等，从而推动宪法学研究从总论走向分论，更加精细化和专业化。

从实践层面来看，一是总纲条款占据了我国历次修宪内容的一半以上，总纲条款成为影响我国宪法稳定性的重要因素；二是总纲条款的纲领性特点决定了它的实施机制不同于其他宪法条文，更加仰赖立法机关的作用，所以，研究宪法总纲条款的效力及其实施机制，有助于认识立法机关在宪法实施中的地位，建立中国特色社会主义的宪法实施制度。

二　成果的主要内容

（一）宪法总纲条款的规范属性

宪法总纲条款具有纲领性，即指明了国家未来发展的方向。这种纲领性条款也被称为基本国策，即宪法中的政策性条款。美国学者德沃金最早将法律规范区分为规则、原则与政策，其中政策主要是涉及公共利益的条款，政策进入宪法规范源自 1919 年的魏玛德国宪法，基本国策条款可以按照不同的标准来分类，例如可以依照其适用范围分为国内性基本国策和国际性基本国策，可以依其效力分为行为可能性的基本国策和行为强制性的基本国策，也可以依其是否在宪法中明文规定分为明示性的基本国策和未明示性的基本国策等等。关于基本国策的效力，德国学界经历了从方针条款到宪法委托的转变，目前的通说认为，基本国策是一种宪法对于立法者的有拘束力的命令，要求立法者来颁布法律，以贯彻宪法中的政策。我国宪法中的政策性条款源自 1949 年的《共同纲领》，当然，目前我国宪法总纲中除了政策性条款外，还有宪法规则和宪法原则的存在。

宪法总纲条款规定了一种国家未来要实现的目标，在德国法上被称为国家目标规定。国家目标规定不同于基本权利，它高度依赖立法的中介与形成。同时，它保护的不是个人利益，而是公共利益。但是，国家目标规定仍然对国家机关具有法律约束力，对于立法机关来说，国家目标规定赋予其一种立法义务去规定实现国家目标的方式。对于行政机关和司法机关，国家目标规定主要提供了一种解释标准。国家目标规定的规范性体现为两方面，一是作为具体规范的标准和界限，二是作为立法者的行为要求。前者表现为针对立法作为的合宪性审查（即立法违反了国家目标规定），后者表现为针对立法不作为的合宪性审查（即立法没有履行或者没有平等地履行国家目标规定所课予的立法作为义务)。

政策源自政党,我国宪法中之所以存在政策性条款,是基于我国的党治国家的现实。中国共产党的领导是中国特色社会主义的最本质特征。在我国,党治国家的背后有"以党建国"的支撑。孙中山"以党建国"的理由是中国老百姓是一盘散沙,所以要用"政党"这个黏合剂来凝聚之。所以,当近代中国这种国家与社会均"一盘散沙"的情况面临危机时,党治国家就成为应对这种危机的最终产物。

(二) 宪法总纲条款的内容

我国宪法总纲条款的内容可以分为抽象层面的国家目标和具体层面的国家任务。国家目标是国家未来的发展方向,国家目标不同于国家目的和国家任务,它比国家目的具体,同时又比国家任务抽象。国家目标可以根据它最终能否达到,分为最终型目标和努力接近型目标;根据适用范围,可以分为国际目标和国内目标;根据它的适用对象,可以分为对所有国家具有普遍效力的目标和仅仅针对特定类型国家适用的目标;根据它对共同体的意义,可以分为关系共同体生存的目标和促进共同体更好发展的目标;根据它与公共福祉是直接相关还是间接相关,可以分为初级目标和次级目标。根据习近平新时代中国特色社会主义思想中"五位一体"全面建设的构想,可以将我的国家目标确立为政治领域的法治国家目标、经济领域的社会主义国家目标、文化领域的文化强国目标、环境领域的美丽中国目标和外交领域的人类命运共同体目标。国家目标的实现需要考虑一国的实际情况和给付能力,宪法上针对不同类型的国家目标实行可能性保留,即国家目标的实现必须考虑事实上的可能性、功能上的可能性和政治上的可能性。

国家任务是国家为了实现国家目标而从事的具体工作。国家任务可以分为排他性的任务和并存性的任务、强制性的国家任务和任意性的国家任务、可代替的国家任务和不可代替的国家任务、最终性的国家任务和工具性的国家任务、完全的国家任务和部分的国家任务。联系我国的国家目标,我国的国家任务可以分为政治、经济、文化、生态、社会五个领域的具体任务。一些国家宪法之所以规定国家任务条款而非基本权利条款为国家设定义务,有三种原因: (1) 这些任务所反映的价值在道德上是有争议的,无论是对其性质的争议还是对其如何重要的争议; (2) 这些任务所反映的价值在信息上是敏感的，专家要求将其贯彻落实；（3）这些任务所反映的价值在资源上是敏感的，因为它对国家资源施加了实质的负担。国家任务在履行过程中要受到比例原则、辅助性原则和宪法中的根本决断的限制。

（三）宪法总纲条款的立法实施

我国宪法总纲条款的修改频繁，导致其内涵容易发生变迁。自1996年以来我国宪法学界所讨论的"良性违宪"的争论就反映了对宪法总纲条款的易变迁性的担心。"良性违宪"揭示了当政治现实与宪法规范不一致时如何评价的问题，要区分由宪法规范的问题导致的不一致和由政治现实的问题导致的不一致，前者是宪法变迁，体现了事实的规范力；后者是违宪，体现了规范的事实力。良性违宪不是违宪，而是宪法变迁。宪法变迁的直接原因是宪法缺乏实效性从而贬损宪法的规范力，根本原因是事实的变化而引起的规范内涵的变化。我国宪法总纲条款的易变迁性的原因就在于改革开放以来中国社会的转型迅速，从而导致宪法总纲条款的内涵无法及时跟上社会事实的变化。然而，事实虽然可以引起规范内涵的变化，却不能证明这种新的规范内涵的正当性。规范的正当性只能通过其他规范来证立。所以，确保良性违宪之"良性"的关键是让它接受宪法核心规范的检验。

宪法总纲条款主要是对立法者课予了立法作为义务，要求立法者采取适当的手段来落实宪法总纲条款中的国家目标和国家任务，由此，宪法总纲条款的立法实施的关键就在于判断是否存在立法委托以及立法机关是否违反了这种委托，从而构成了立法不作为。立法不作为是指立法者在宪法秩序要求下，不履行其应为的作为义务。根据立法作为义务的不同，可以将立法不作为分为绝对的立法不作为（完全立法不作为、真正的立法不作为）与相对的立法不作为（部分立法不作为、非真正的立法不作为）。立法者违反立法作为义务构成立法不作为，但并非所有的立法不作为都构成违宪审查的对象，构成违宪审查对象的立法不作为并非指"未为任何行为"，而是指"未为某种宪法期望发生的行为"。这是因为立法者对于立法的作为义务仍然享有立法的形成自由，这种立法形成自由主要来自以下两方面。第一，宪法的框架性和开放性。与一般法律规范相比，宪法规范的抽象性、概括性、原则性无非是有意留给国家机关必要的活动空间。所以，宪法是一种框架秩序。这一框架的作用在于界定国家机关政治活动的范围，而如何填充这个框架的内容，则是属于政治便宜性的问题，应由立法者斟酌时代精神、参与立法程序者的理念、政党纲领、党派协商以及现有的可资利用的预算手段来决定。第二，立法权的民主正当性和形成性。按照现代社会国民主权的原理，立法权是贯彻国民意志的主要途径。因此，立法权的主要功能在于：首先，对公共事务的基本问题，进行政治上的意志形成；其次，透过立法满足社会的基本需求，并致力于创设人民行使基本权利的事实条件；最后，立法权具有领导国家走向的功能。通过国会的定期改选来反映新的民意，而新的民意即意味着形成新的政策的可能性。第三，国家资源的有限性。人民的基本权利的行使需要物质条件的配合与支持，但由于国家资源的有限性，如果无限扩大政府对人民的给付，势必冲击国家财政预算的承载能力，并影响资源分配的优先顺序。因此，立法者对于资源和财产的分配，必须享有一定的形成空间和调控余地，以便因应社会的发展需要。

（四）宪法总纲条款的行政实施

我国宪法总纲条款中多处采用"国家保护……""国家保障……"的句式，这在宪法学上被称为国家保护义务，它是指国家负有保护其国民的法益及宪法上所承认的制度的义务。该理论最早是由德国联邦宪法法院在前后两次堕胎判决中提出。国家保护义务的履行首先要透过相关法律为之，当然，经由相关法律的制定，并非必然可以充分且终局地履行保护义务，特别是立法者所凭借的基础情况，例如科技或自然科学的知识水平，可能随着时代的演进而有所变迁。因此，立法者所为的保护措施，随时可能呈现不足的现象，从而有提升保护层次与程度的必要。在此情况下，立法者负有所谓"改善与试验的义务"。例如行政机关在适用相关法律规定时，如显示法律保护有遗漏者，立法者即负有填补与修复的义务。换言之，立法者应基于新获取的知识与资讯，制定新的法律规范，规定新的保护措施。行政机关也负有对宪法上的公益进行保护的义务，这种义务受到禁止保护不足的限制。不足禁止（Untermaßverbot）的概念最早由民法学者Canaris 提出，是作为过度禁止（Übermaßverbot）的对立概念。亦即国家不得过度干预其人民的自由，国家对于其人民自由的保护，也不得低于必要的标准。

财产位于宪法总纲部分而非位于公民基本权利部分是我国宪法的特色

之一。这源自马克思主义将财产视为制度而非权利的理解。因此，我国宪法总纲中的财产更多是一种制度性保障，即第一，无论是国家所有权还是国家所有制，都需要从权利和制度的本质入手进行界定。第二，宪法上的财产概念不能完全等同于民法，这是宪法的位阶和功能所决定的。宪法第13 条第 1 款"公民的合法的私有财产不受侵犯"中"合法的私有财产"成为宪法上私有财产概念的规范基础。宪法上私有财产概念的功能在于形成私有财产制度的核心。第三，宪法第 12 条的"公共财产"、第 9 和第 10 条的"国家所有"中都没有出现"权"的字眼，因此，从宪法第 12、9、10 条中能否解释出来基本权利性质的公共财产权、国家所有权，需要利用保护规范理论。第四，保护规范理论的核心在于区分个体利益和公共利益，"公共财产"和"国家所有"属于公共利益的范畴，不符合基本权利旨在保护个体利益的目的，否则将导致公产变成国家私产的后果。德国基本法第14 条的私有财产之所以具有制度性保障和权利保障的双重属性，就在于第14 条第 1 款第 2 句的"财产的内涵和限制由立法者确定"的条款。我国宪法上是否存在这样的规范基础？需要注意的是，宪法第 13 条第 1 款"公民的合法的私有财产不受侵犯"中并未使用"权"字，而宪法第 13 条第 2 款"国家依照法律规定保护公民的私有财产权和继承权"中则出现了"权"字。况且从保护规范理论出发，私有财产无疑具有保护个体利益的目的。第五，制度由立法者形成，但制度性保障却是对立法者形成自由的限制，即立法者在形成的时候不能掏空和废除该制度的核心。所以，公共财产和国家所有作为制度的规范力在于，该制度的核心对立法者在规定哪些是公共财产和国家所有的时候构成限制，从而避免立法者滥用其形成自由。第六，我国宪法对公有财产和私有财产采取二元保障模式，即公有财产采取制度性保障，而私有财产兼具制度性保障和权利保障。

（五）宪法总纲条款的司法实施

宪法总纲条款可以作为法院解释法律的依据，即所谓的合宪性解释。但是，合宪性解释与基于宪法的解释常易引起混淆。前者是规范审查中的一种特殊制度，它的根本目的是为了规范保全，即通过选择合宪的法律解释来避免规范被宣布违宪；后者是指在个案中用宪法的规定或精神来具体化法律中的一般条款或不确定法律概念。合宪性解释包括法律解释和法律解释的合宪性审查两部分，但合宪性解释并非独立的法律解释方法，只是法律解释结果的一种选择标准或优先规则。在德国，为了避免普通法院利用合宪性解释来架空联邦宪法法院的违宪审查权，学者建议采用一种分工模式，即普通法院发现有合宪性解释的必要时向联邦宪法法院提出申请。所以，企图用普通法院的合宪性解释来绕开全国人大常委会的违宪审查权显得不切实际。就增强中国宪法司法适用性而言，我国法院所能采取适用宪法总纲条款的路径应是基于宪法的解释。

宪法中的基本国策（国家目标规定）是构建部门宪法的基础。部门宪法的构建过程无外乎两个方向：一个是横向的、对宪法中的同一主题的内容进行整合；另一个是纵向的、对宪法中的某个主题以及具体化该主题所形成的法律的内容进行整合。并且无论横向还是纵向，国家目标规定在其中都发挥关键作用。对于横向的构建来说，国家目标规定和基本权利不仅分别代表着对国家作为的要求和不作为的要求，同时也分别反映出公共利益和个人利益的诉求；对于纵向的构建来说，国家目标规定主要发挥立法委托的效力，立法者负有通过立法来更好地实现国家目标的义务，从而使国家目标规定成为沟通宪法与法律之间的桥梁。

以文化宪法为例，文化宪法作为部门宪法，是文化问题在宪法上的具体表现，包括作为基本国策的文化和作为基本权利的文化，前者提出了文化国家目标，并通过宪法委托赋予立法者将其具体化的义务，后者包括学术自由和艺术自由，并具有自由权和社会权的双重属性。文化宪法要求在宪法的框架下去探讨文化，在此过程中，文化宪法也就成为一种宪法文化。

三　成果的主要价值

该成果从整体上对宪法总纲条款的规范属性和内容进行了界定，一方面其作为一种宪法上的政策性条款（基本国策），其法律效力主要在于课予立法机关立法的义务、行政机关保护的义务和司法机关解释的义务。并且对这种政策性条款之所以在我国宪法上出现的原因，即政党国家理论进行了阐述。另一方面，宪法总纲包括抽象层面的国家目标和具体层面的国家任务两部分，并且对国家目标和国家任务的类型、效力、实现方式以及界限进行了分析。同时，从立法、行政、司法三个层面对宪法总纲条款的实施进行了体系性构建，联系我国宪法总纲条款的特点，确立了宪法总纲条款的易变迁性、立法委托与立法不作为、国家保护义务、制度性保障、合宪性解释、部门宪法的解释等六种实施机制，并对每一种实施机制的内涵、机理，运用中外比较的方法进行了探讨。这对于宪法总纲条款在我国政治生活中的贯彻落实，对于加强宪法权威、健全宪法监督具有重要的应用价值。

大数据时代侵权责任法的理论
阐释与制度创新

吉林大学马新彦主持完成的国家社会科学基金项目"大数据时代侵权责任法的理论阐释与制度创新"（项目批准号为：13BFX092），最终成果为同名专著。课题组成员有：邓冰宁、姜昕、孙政伟、黄立嵘、吴晓晨。

数据已经渗透到当今每一个行业和业务的职能领域，成为重要的生产因素。经由网络空间技术和大数据分析技术催生出的大数据时代，创造了新型的财产样态、开启了人类交叉协作与连接的新纪元，也由此赋予了制度规则不同的角色和功能，为侵权责任法提出了挑战和新的研究命题，侵权责任法理应顺应大数据技术的发展，实现制度功能体系的重塑和制度创新。

在侵权法的不同历史阶段某一种功能会比其他功能更占据主导地位，每一种功能的历史地位都揭示了那个时代的某些社会经济与哲学的发展趋势。在人类社会早期，侵权法以惩罚功能为主，到近代法时期，以补偿功能取而代之成为基础性功能，现代侵权法依然秉持补偿功能在侵权法功能体系当中的核心性、基础性地位。这充分反映了现代侵权法上将侵权责任定义为损害赔偿责任的核心本质。大数据时代仅将侵权责任法的基本功能限定为补偿功能，将导致除损害赔偿责任以外的其他任何私法上的责任都不能被当作手段有效规制大数据时代的侵权行为。大数据时代侵权责任法的基本功能体系应当由围绕补偿功能展开的单核心构成模式转变为以补偿功能、惩罚功能及预防功能为共同核心的多核心构成模式，补偿功能依旧应当保持其核心基础性功能的地位，对制度的建构依旧起着最根本的指导作用；惩罚功能应当被确立为侵权法的基本功能，以此为基础构建包括惩罚性赔偿制度在内的私法上的惩罚制度，以有效遏制大数据侵权；预防功能应当成为具有独立制度支撑的功能，以一种更加显性的地位作为侵权法的基本功能之一而存在。大数据时代的侵权法补偿功能、惩罚功能和预防功能各司其职又相互配合，形成良好的互动关系，以提高对大数据时代侵权行为的规制效率。

大数据时代的侵权法基本功能体系的重新定位导致涉及侵权行为、因果关系、损害的地位、侵权法的本质，甚至侵权法建构的理念等方面的诸多改变，为法学研究提出了新的研究命题。在定义侵权行为时所包含的"过错"、"损害"以及"违法性"等要素于大数据时代新的基本功能体系的定位下都应当予以新的考量，过多地强调主观过错和客观损害，预防功能下即发性侵权行为等行为则无法界定。大数据时代惩罚功能和预防功能的相对独立性决定了侵权责任法不再仅仅被定义为损害赔偿法，损害概念在惩罚功能及预防功能下制度的构成要件当中不再具有优位性，甚至不再是必需要件。侵权责任的本质不应当再仅仅限定在损害赔偿责任上，而是应当由损害赔偿责任与惩罚性责任和预防性责任共同构成。与此同时，大数据本身就需要通过对大量数据的分析从各个侧面去印证原因和结果之间存在关系的高度可能性，亦即大数据本身的价值就在于其对因果关系的抛弃和对相关关系的证明，相关关系的证明即可认定为存在法律上的因果关系。

归则原则作为侵权法的核心与基础，其内涵亦因数据技术的发展与革新而修正嬗变，为侵权责任法注入了新的灵魂。补偿功能下大数据侵权责任的归责原则呈现的特殊性源于大数据直接侵权与间接侵权的区分。大数据时代的直接侵权与间接侵权因侵权行为的作为与不作为，以及侵权行为主体的不同，归责原则当有不同。对于大数据直接侵权来说，过错责任原则仍然是坚守的归责原则，但鉴于不具备专业技能的受害人难以证明加害人的过错，大数据侵权应当采取过错责任原则下的过错推定原则。在过错的证明上将举证责任配置给加害人一方，同时，对过错的认定应当采用客观判断标准，以对损害于受害人和加害人之间的转移提供明确的依据。对于大数据间接侵权而言，《信息网络传播保护条例》与

《侵权责任法》关于归责原则的规定有冲突，前者为过错推定责任，后者为过错责任。《民法典（侵权责任编）》应当借鉴美国等国家的有利经验，实现条例与《侵权责任法》的有效衔接，对于利用大数据实施知识产权侵权的，应以条例适用为主，《侵权责任法》为辅。而对于人格权和财产权的侵权行为，适用《侵权责任法》规定的归责原则。将顺不同侵权情境下侵权责任的归责原则，有利于解决归责原则的混乱，并为立法和司法解释提供根据。

网络服务提供者间接侵权是大数据时代特有的侵权行为形态，学者以过错理论作为该种侵权责任的理论基础，在侵权责任法的补偿功能下，任何侵权责任均需以侵权人的过错为要件，但"过错"能解决的问题仅限于将责任和行为映射出来的主观状态联系起来，无法解释网络服务提供者为第三人侵权行为承担责任的正当性，这需要我们对法律为网络服务提供者设定的义务及遵守义务标准的理论根据进行阐释。网络服务提供者为第三人侵权行为承担责任的理论根据应当是：控制力理论、社会总成本控制理论和报偿理论。三种理论的结合共同构成责任的理论基础，控制力具有决定性作用，是承担责任的首要前提。网络服务提供者不作为侵权的"过错"，是证成责任构成的关键，"知道"第三人侵权而未采取积极的相应措施是判断过错的重要因素。从语言学的角度来看，知道、通知、应知、推知、有理由知道都是对行为人主观状态一种法律语言的表达。《侵权责任法》立法时选择"知道"旨在促进网络行业健康发展与保护被侵权人合法权益之间寻找平衡点。但审查能力下的注意义务是"应知"产生的源泉，"应知"是越过实然状态直接通往责任的桥梁，具有不可替代的价值，以避免网络服务提供者负有过重的注意义务，并减轻其负担为由而否定"应知"有失公允，"应知"与"知道"构成判断网络服务提供者主观状态的概念体系，因为"知道"和"应知"搭配的体系可以无死角地解决网络服务提供者主观的一切问题。"推知"依赖于之前大量同类客观事实的积累，而网络服务提供者的主观心理状态从来也没有得到确实的证实，无法从之前的大量已发生事情和结果之间抽象出一般规律；"推知"的证成过程依赖应知的参与，且"推知"不具有认定的终局性。"有理由知道"与"推知"一样不足取。"通知"规则是认定网络服务提供者的"过错"的辅助规则，未来民法典需要进一步完善；《侵权责任法》将网络服务提供者间接侵权责任的行为界定为未及时删除、屏蔽、断开等，但不限于此，未履行披露义务、未安装标准的保护措施、未注销直接侵权人的账号等应列入其中；受《侵权责任法》第36条二、三款规定的间接侵权责任所限，网络服务提供者主体的认定应当做缩限性解释。于侵权行为发生时，对侵权责任主体的认定应当依据控制力理论、社会总成本控制理论以及报偿理论加以分析，即控制力理论、社会总成本控制理论以及报偿理论不但是网络服务提供者承担责任的理论基础，而且还是确定侵权主体的依据和原则；《侵权责任法》将网络服务提供者的间接侵权责任界定为连带责任，连带责任不符合共同侵权理论的内在逻辑，易造成规则体系的混乱，对被侵权人的片面保护造成利益失衡，不符合原因力理论，会造成追偿的逻辑混乱，不符合效率原则。网络服务提供者补充责任具备常态下补充责任的所有特征，且补充责任符合责任与义务的辩证关系，可以有效地填补受害人的损害，有利于优化诉讼的法律效果，符合侵权责任法的规范体系，故应以补充责任取代连带责任。网络服务提供者承担网络服务提供者责任的范围，限于其获得利益的范围及被侵权人损害的范围。对于第三人侵权，一旦"知道"的证明有难度或"通知"的证明存在或然性，被侵权人便无法通过网络服务提供者的侵权责任填补自己的损失，于网络服务提供者因网络用户侵权获得利益时，则会出现利益的失衡，运用不当得利返还对网络服务提供者间接侵权责任的法律效果进行补充和完善则可以纠正利益失衡，实现法公平价值。

大数据时代侵权行为具有损害的微小性、分散性，侵权人及侵权行为的隐蔽性，以及侵权手段的变换性、多样性、技术性等特征。这样的侵权行为导致维权成本与维权收益的巨大反差，扼杀了受害人维权的积极性、主动性，激励、刺激了侵权人侵权的激情与斗志。由此形成侵权人大肆侵权，受害人任人宰割，无搏击之力的恶性循环局面。侵权责任法的遏制功能、惩罚功能显得苍白无力，补偿功能遭到前所未有的挑战。源自英美法上的惩罚性赔偿制度能够恰到好处地化解大数据时代侵权责任法所面临的补偿功能的危机，弥补一般侵权责任难以救济的遗憾。惩罚性赔偿制度通过加重侵权人侵权行为的成本，提高受害人维权的受益，激励受害人维权的积极性，不仅可以补救一般侵权责任之不能，最大限度地发挥侵权责任法补偿功能，使惩罚功能不再是补偿功能的依附品，还能够有效实现大数据时代侵权责任法遏制与阻却功能。本文在详细论证了大数据时代惩罚性赔偿的正当性之后，对大数据大规模侵权行为、内幕交易行为、通信工具大规模侵权行为、个人信息侵权行为、电商网站运营商侵权行为等惩罚性赔偿进行了体系化的制度构建，并对惩罚性赔偿的具体计算规则与相关配套制度进行了立法论证。

《侵权责任法》第1条虽然旗帜鲜明地确立了预防功能在侵权责任法中的重要地位，但在大数据时代，仅仅通过客以严格责任的方式无法有效实现损害预防的基本功能，预防功能仍旧仅能栖身于补偿功能之后，而不具有独立支撑起侵权法制度框架的内在属性。独立于补偿功能和惩罚功能的预防性责任制度的重构，是改变预防功能附属品地位，实现预防功能独特价值的关键。以"个人信息自决权"为核心建构起的针对个人数据及信息损害预防的绝对权制度突破了传统理论以重要程度为标准对个人信息进行体系性分类，突出了权利人以自己意志为基础对个人信息的全方位控制，有利于数据及信息在可能遭受损害时及时制止或阻断加害行为，起到预防损害的功能，但该理论适用范围的急剧扩张，尚存在权利主体、客体范围过于模糊及无法同我国现有侵权责任体系实现逻辑自洽、可能造成预防过度等功能性劣势，无法被有效采纳。与此相对应，借鉴于"被遗忘权"制度，以"数据删除权制度"为核心的针对个人数据及信息损害预防的相对权制度通过在损害尚未发生之前，删除已经曝光与网络环境下的数据或信息，切断数据及信息的首次传播，并有效降低数据及信息二次传播及利用的概率，有效实现了侵权责任法的损害预防功能，避免了数据及信息被滥用的未知风险，使得预防功能不再是躲在补偿功能身后的附属品，而是有着与之相对应的独立的制度及责任承担方式的侵权法基本功能。

大数据时代侵权责任法基本功能体系的重塑并未改变补偿功能的核心基础地位，对于侵权致他人之损害予以有效的填补仍然是大数据时代侵权责任法最首要的使命。在面对大数据时代新型侵权行为的涌现、风险程度的加重、大规模侵权事件的频发以及损害无法得到有效填补的功能性危机下，侵权责任法既有制度下的补偿功能显示出其在大数据时代的固有边界。由此，以新的分配正义学、法社会学、现实主义法学和社会风险分担理论为依据产生的侵权损害赔偿社会化，秉承"损害承担社会化"的基本理念，以构筑责任保险制度与救助基金制度相互配合的大规模侵权损害赔偿社会化救助体系为核心，明晰损害赔偿社会化在不以营利为目的的大数据事业发展问题、在无法确认责任主体的网络安全系统问题及行为人无能力赔偿的大规模侵权案件中落实的途径。将特定侵权所造成的损失转移到社会层面之上，让行业整体和社会全体来承担损失，使受害人所受的损失成为"微粒"，最大限度地实现了大数据时代受害人的损害填补，拯救了大数据时代侵权责任法补偿功能的危机。鉴于损害赔偿社会化与惩罚性赔偿对于拯救补偿功能所具有的异曲同工效用，成果清晰地梳理了二者的合理边界。

法学方法论与中国民商法研究

清华大学崔建远主持完成的国家社会科学基金项目"法学方法论与中国民商法研究"（项目批准号为：13AZD065），最终成果为同名专著。课题组成员有：汤文平、申卫星、韩世远、吴光荣、耿林、龙俊、戴孟勇。

一 研究的目的和意义

该成果以"法学方法论与中国民商法研究"为题，其目标不是分头整理法学方法论和民商法的文献，也不是泛泛地奢谈将法学方法论应用于私法制度研究，而是要在系统论和实践理性的高度，在未来法学方法论研究中贯彻"知行合一"理念，发动系统性催化作用，借助先进的法学方法论在立法、司法、学术研究中厘定商谈规则，整合法条、判例和学说，打造判例通说、学术通说互竞互济机制，衍生可持续发展的"活法的溪流"，为我国民法典立法、民商事判例制度的建构奠定根据。在此过程中，法学方法论与民商法研究均将获得整体升华。

应营造法律生活巨系统的背景，并在此背景之中建构法学方法论子系统的整体图景，同时又要根据民商法这一制度园地的特色选取上述"催化作用"的突破点，如此才能赢得牵一发而动全身的系统效应，避免不切实际的"大而全"。民商法又称私法，在法学方法论子系统中，其最为切近的方法论核心应属请求权方法，而最具私法特色的方法论问题则是合同解释。请求权方法在我国立法、司法及法教义学建构中正是当务之急，并可以此方法为主线，联通其他各路方法，共同发挥系统效应。故而总项目将以此方法为"立于不败之地"的枢机，为头号突破口。另一个突破口即是合同解释当中的法学方法论意蕴。合同法是民商法最核心最稳固的本体部分，合同，以及协议、章程等以合同理念为根基的各式自治文书，具有某种准法源的地位，其解释与法律解释颇有不同而又实相沟通，在当代法上兼有重大的理论、实践价值。上述两项突破口都在该成果的整体研究中得到了清晰体现。

在学术价值上该成果的意义是双向的：一方面，移植而来的法学方法论学说由此而不再停留于纸面，以民商法这一广阔的制度园地为背景，真正走入本土法律生活的系统之中，获取生命，并获取了创新的契机；另一方面，民商法研究借助方法论提供的对话规则，在更高水平上展开商榷，有望促成判例通说、学术通说互竞互济机制，催生成体系的法教义学共识，在此过程中，移植而来的异域制度在方法论指引之下，经受本土的考验和调节，民商法本土创新的契机也于此发生。

在实践应用方面，民法典制定工作和民商事判例制度建构工作是现阶段我国法学面临的重要任务，这两项任务的完成，都离不开对本国资源与比较法资源的充分利用。首先，民商法领域具有鲜明的全球化特征，比较法经验不可或缺，而法学方法则是妥当比较和正确移植的重要保障。其次，在社会主义法律体系基本建成之后重新出发的同时，我国晚近三十年的法律移植成果亟须检验成效，本土司法案例调查及判例比较，则是检验成效不可或缺的。这些案例研究工作都离不开各类法学方法的综合运用，本项研究为其提供了有力支撑。

在法律人共同体的协作机制方面，本项研究虽立足于具体方法的应用、具体制度的探索，但不必面面俱到，而将发动系统催化作用，以法学方法在本土民商法制度中的实践为切入点，推动法学方法论思想浃洽人心。这项工作在收获方法论及民商法制度创新的同时，还催生了一个完整的系统性机制：由学说主导，从司法实践中提炼"判例通说"，又经由学说商榷总结"学术通说"，再以上述两重通说互相竞争、互相推进，催生"苟日新，又日新，日日新"的法教义学体系。在这个系统性机制中，每一个围绕现行法展开工作的法律人都可以找到自己的位置，无论他是法官、立法者还是学者，他的工作只要有其现实价值，都将无一例外地相互关联着。法学方法论与民商法制度的完美结合，是协作机制成功运作的有力推手。

二　成果的主要内容

近四十年，我国私法发展取得了巨大成就。长期以来我们都在忙于针对现实生活中的制度需求研究法史、比较法例，供给规范配置。私法制度从无到有、从粗疏到基本成型，这是巨大成就的主要方面。然而我国私法当前又面临着成长的烦恼。例如在万众瞩目的民法典立法方面，究竟是"能不动就不动"还是锐意创新，是将既有单行法基本原样搬入还是大动干戈？这个襁褓中的民法典与私法学及判例是何关系，解释适用的方法规则如何？在呼声日高的私法评注领域，究竟是缓行还是断行，是多关注本土资源，对法史、比较法例简之又简，还是继续与法史、比较法例的大传统大幅并轨？在基础法学界也摩拳擦掌的民事案例指导（判例）制度领域，私法学人感叹歆羡异域判例反哺活法的成绩，却对于本土仍处于一盘散沙阶段的案例实践基本无力，那么，究竟要不要立即转向，使私法发展唯本土判例马首是瞻？如此等等，不一而足。

这类烦恼与许多私法制度问题一样，每一个都足可使人皓首穷经仍未必妥当解决。对它们的回答，应站到道路及方法论选择的高度，探索大本大源，方能大彻大悟，而后"在发展中解决问题"。该成果先从我国私法发展的现实形势及长远目标入手，探索道路的大致图景，然后再从法史维度、法哲学维度及法学方法论维度予以深描。其最终成果共分三编。上编在通论层面探索中国私法发展道路及方法论问题，特别强调以请求权方法这些法教义学方法统合其他方法论成果，并就法学方法论的研习方法提出自己的见解。中编选取批准生效合同和合同错误两项制度，以具体制度为依托展开法学方法的综合演练，凸显了方法论的实践进路，强调在实践中习得方法、检验方法、发展方法。下编探索私法判例的研究方法，既有一般性的方法论探索，又有从个案规范出发朝向司法解释、民法典条文建构的反思，还有针对已公开民法指导案例的剖析。最后在结语中结合法学方法论及法学流派的理念，沉思如何充分发挥中国私法的后发优势，其间法律人共同体及每一位法律学人又各当何为。

在发展道路上，该成果提倡法学实证主义，要求对法史、比较法、判例、学说、习惯以及"事理"保持开放和敏锐的意识，不停留地根据现实情况及任务改革、优化法教义学体系，并"实证"化为现行法。甚至超越各法域依制定法划定的边界，依靠法学的融会整合，取法乎上，沿"一带一路"催生新共同法。循此发展道路，则法官及法学家不仅在工作方法上得到了解放，而且也都不能再以法律实证主义为借口躲避责任。每一个问题的回答，每一个案件的裁判，都将可以上升到正义。这恰恰满足了当前世界私法从"事理"融贯体系、再次出发的任务要求，顺应了自然法复兴却又巧妙兼容"实证"体系稳定力的潮流，也回应了再次超越国界、取法乎上、打造新共同法的时代吁求，使中国私法的发展道路深深嵌入世界私法的发展背景之中。

后法典时代的法律实证主义将法律发现约简为法条适用，法定要件与效果的当然联结和颠倒法论，却制造着新的司法神秘化。本研究组倡导的新法学实证主义将以理性的方式尽可能限缩法律方法上非理性的思维黑箱，这是私法发展道路上的再一次去神秘化。并且又借上述稳定力的提升措施避免了新一轮神秘化，确保了这是一条服务于法律共同体、服务于人民的私法发展道路。法学实证主义曾经只是法律实证主义等术语的陪衬，并与概念法学搅和在一起，因术语异化的作用完全错过了先贤的定见。近代以来后法典时代的私法发展为此要走很长弯路，才最终有意无意间重还先贤的定见。依照本项研究提示的思路，以改革开放的共识为指导，以发展的、历史的眼光绅绎法学实证主义的深层理据，将从"有意无意"的行动转为自觉的道路选择，并借法学实证主义理路反向作用于方法论的认知和实践。上文所及我国私法当前面临的诸多问题，也将有定见。

民法典立法的理想方法是先有充分理性商谈出来的学术通说代言体系，然后再经由条文重述直至法典化。但是在时间红线的压力下，就立法谦抑（逃逸）现象也不必过于困扰，而应风物长宜放眼量，只要能以法学实证主义理念保持私法发展的主动性，立法的不足可以在活法河流中被荡涤一空。故未来民法典的运行中，应赋予学说及判例更大的自由，应区分立法当中的技术因素、一般价值判断性政策因素、政治性政策因素，仅最后一种因素才能要求对制定法较高规格的遵循。为了确保私法发展继续保持开放胸怀，取法乎上，应延缓对本土立法、判例的内向化，故在当前呼声日高的私法评注领域，不宜邯郸学步，一上手就师法经典法域的经典评注（如目前正被我国学人集体模仿的德民慕尼黑评注），而应下更多功夫在历史评注、比较法评注上。特别要强调的是，前述"历史"评注应该是接续世界私法"大传统"者，而非"为赋新词强说愁"地一头栽进我国立法的"小传统"，在此前各单行法陈陈因袭中绕圈圈。在此发展道路上应广泛借助社科法学方法沟通"事理"，以请求权方法等法教义学方法统揽实证研究成果，微调文义、历史、体系、目的解释等传统的法律解释方法。在论题学与法学建构进路的分歧和互动中呈现法律发现和建构方法的多样化，兼取论题学观照个案正义的创造力和法学建构观照法之安定性价值的创造力。

三　成果的主要价值

该成果在学术价值方面实现了"系统发动"。该成果的法学方法论研究远不止于梳理品类繁多的学说，其间每一个梳理和应用工作其实都有系统性价值。民商法研究也同样不只是拿住几个制度问题写论文，其间每一次追问也有其系统性价值。在这个系统中融汇了法教义学运行的各个参与主体，例如立法者、司法者、诉讼当事人，以及代言学说的学者；也融汇了参与主体的一切"成果"，例如法条、案例、论文乃至论辩言说。法学方法论的研究就是为了替这个系统的运行找到合适的对话机制，从而使民商法等具体部门法研究在商谈中更有效地检验认知，寻得共识，打造通说。

在学科建设发展方面，大力促进了中国民商法学与法理学的交融。首先，在法理学领域研究法学方法论，不再满足于材料的译介和研读，而要深入民商法制度中去体会操存，各类方法将不再"躺"在纸上，而是"运会"于法律生活之中。其次，法学方法论研究中的创新，不再停留于文献层面的创新，而是遵循"下学上达"的规律，在制度研究中激发方法论理论创新，涌现本土自主创新成果。再次，民商法研究有了更多的方法论自觉，对话机制更为成熟，学科内部的商榷因此而更加有效，成体系的学术通说有望建成，为未来民商法律运行奠定学理基石。最后，在职业队伍的"生态"上将可观察到，"法理学家"和"民商法学家"可以是很多法律学人兼具的身份，学科壁垒将趋消解，"下学上达"不再是空话。

法治中国视野下地方法治建设的
理论与实践研究

　　南京市社会科学院朱未易主持完成的国家社会科学基金项目
"法治中国视野下地方法治建设的理论与实践研究"（项目批准号
为：14BFX006)，最终成果为同名专著。课题组成员有：李小红、
李祎恒、程圆健等。

一　研究的目的和意义

　　通过对法治中国视野下地方法治建设的理论与实践研究，达到揭示地
方法治建设是什么、为什么和做什么的目的；以体现地方法治建设对于保
障和促进地方经济、社会、文化和生态稳定和谐发展，完善和提高地方立
法、行政和司法的水平和质量，构建和形成地方党委、政府、公民以及其
他组织在社会治理法治化过程中的合作共治格局，回应和满足地方广大人
民群众对法治建设服务民生和保障民生需求的价值和意义。

二　成果的主要内容

（一）主要内容

　　该成果共分九章，包含地方法治建设的宏观视野、实践探索、结构功

能、纵横关系、公民参与、监测体系，以及城管执法、公建项目和人户分离三个地方治理法治化的典型案例研究，总计 30 余万字。涉及相关分析数据 500 余组、梳理法规与政策制度 100 余条。

该成果的主要内容在七个层面上展开。

一是将地方法治建设放到法治中国建设的宏观视野中进行考察，在对法治中国概念及其系统建构进行学术和政治层面整理的基础上，讨论地方法治建设在法治中国建设的地位与方位，以及法治中国建设对地方法治建设的影响。

二是对我国当下地方法治建设实践的现状和模式进行系统梳理和归纳，在检视地方法治建设问题和进行全国十大城市公众满意度调查数据分析评估的实证基础上，提出了优化地方法治建设的操作路径。

三是对地方法治建设的结构功能进行探讨，分别就地方法治建设的理念、制度、行为、能力和机制等五大体系进行学理层面的解析。

四是对地方法治建设的纵横向关系进行探讨，分别就我国地方权力配置、央地纵向关系和地地横向关系进行学术述评，并以美国为例进行域外考察，在此基础上提出我国央地关系与地地关系的法治化进路。

五是对地方法治建设的公民参与进行探讨，在分析公民参与权利的正当性和合法性理念基础上，就公民参与的特征和公民参与的认知进行社会问卷调查与分析，提出了公民参与地方法治建设的实现进路。

六是对地方法治建设的监测指标体系进行探讨，在分析地方法治建设监测数据指标体系构建的背景和可能性基础上，提出了监测数据指标体系构建的原则和方式，并设计了一个具有很强实践性和可操作性的地方法治建设监测数据模型。

七是对涉及地方法治建设的城市管理执法体制改革、公共工程建设项目的信息公开与民主监督机制，以及城市人户分离现象与治理等三个不同层面的典型案例进行研究，并提出了相应的对策建议与完善方案。

（二）主要观点

（1）法治中国建设将决定并深刻地影响着地方法治建设的方向、内容和进程，并深刻影响着地方治理法治化的理念、思维和方式，地方法治建设也应该在法治中国的概念统领、重大任务和战略目标下有序推进。另外，地方法治建设将为法治中国建设提供最重要的动力、最前沿的场域、最直接的体现、最生动的样本、最典型的实践。

（2）中国地方法治建设的实践模式大致可以分为体制回应型、先行先试型与自生自发型三种，体制回应型地方法治建设实践模式以中央号召与地方回应的央地互动形式展开，先行先试型地方法治建设实践模式以地方主动探索创新的主动形式展开，而自生自发型地方法治建设实践模式以地方基层治理乡规民约的自治形式展开。

（3）地方法治建设的可能性与正当性来源于两个层面的构建维度：国家法治建设的统一性要求，以及地方知识的区域性影响。因此，法治中国的实现既需要国家层面的顶层设计，也需要地方层面在法治国家建设的统一原则和宪法法律框架下发挥能动作用和首创精神。

（4）地方法治的文化样态、规则体系、治理行为构成了国家法治思维、制度和方式的基础，但是这并不妨碍地方法治与国家法治的统一性和一致性，地方法治与国家法治是特殊与普遍、个别与一般、差异与普适、具体与抽象、多元与统一的辩证性、关联性的互动和互恰的发展过程；从地方知识的视角来看待地方法治，有助于深入研究地方法治文化的形成机理，以及地方法治的传统性、关联性、个殊性、具体性和多元性特征，也会有助于深入研究地方风俗和习惯如何影响地方的制度创新；地方法治的建设和创新过程中应该充分尊重地方知识，使得普遍主义与特殊主义的法律文化、国家中心主义与地方中心主义的法治文化都能够在辩证中互动和融合。

（5）"良法善治"应该成为地方法治建设的新型模式，通过还政于民、还权于民，发挥人民主体性作用，实现地方法治的根本转型；从"良法"到"善治"的过程实际上应该是一个赋权于民的过程，即赋予人民地方治理立良法之权，赋予人民地方治理参与之权，赋予人民地方治理监督之权，同时也赋予人民地方治理评价之权。

（6）地方法治建设中的软法功能应该体现在多元主体通过软法平等参与地方治理，政府通过软法购买地方治理公共服务，通过软法化解地方治理矛盾与冲突。

（7）地方法治建设的多方主体共治行为既是一种利益博弈行为，又是一种协商合作行为，还是一种共同建设行为，也是一种共享成果的行为，体现了这种共治行为经历了共商—共融—共建—共管—共担—共享的社会治理法治化的过程与状态。

（8）面对地方治理的各种挑战，亟待提升地方法治建设的法治思维能力、法治规制能力、法治解纷能力和法治创新能力。

（9）央地关系应该是法治化的关系，地方权力的设定必须要有法律的规定与授权，任何政策制度的设计或设定都不具有正当性和合法性；地地关系法治化的核心是地方或区域相互之间的经济、社会与文化等的联合，特别是跨省市级行政区域的经济协调与合作也应该是法治化的关系。

（10）提出构建我国地方法治建设监测数据指标体系，是为了对地方法治建设的能力与状况进行动态和静态的观察与检视，也是在为法治评估提供全方位的数据支撑和基础条件，也为了使当前全国各地的法治评估能够从主观主义和形式主义的乱象中解脱出来，同时也想尝试能够为法治建设寻找一条更具科学与理性的评估方法与路径。

（三）对策建议

（1）地方法治建设的实践需要在推进国家顶层制度设计、重塑政府与社会的关系、激活多元主体有序参与、基层治理创新方式导入、强化公众评价关键环节等实践操作路径上进行完善和优化。

（2）从地方法治建设的操作层面来看，应该跳出体制内思维，将体制外有利于法治建设的力量和资源调动起来形成建设的合力，形成以政府服务型行政为主导，以公民、法人和其他社会组织自治为主体，以政府、公民、法人和其他社会组织共治为创新治理理念与路径的，体制内和体制外多元协同的地方治理法治化的格局和行为模式。

（3）地方法治建设亟待构建六大机制：物本向人本转型的能动机制、官本向民本转型的主体机制、政策向法制转型的规则机制、无限向有限转型的分担机制、封闭向开放转型的阳光机制、局部向系统转型的协同机制。

（4）央地关系与地地关系的法治化实现路径：明确央地与地地立法权的职责权限、推进中央与地方行政权的事权改革、理顺中央与地方司法权的相互关系。

（5）地方法治建设公民参与的实现路径：构建规范的参与制度系统、构建充分的参与披露机制、构建有效地参与评估机制、构建良好的参与生态机制。

（6）构建地方法治建设监测数据指标体系：首先，在构建思路上，构建一个不依赖于主观判断或自我评判的客观性测量体系，试图通过让数据说话来反映各地法治建设的真实状况和趋势，因此，监测数据的指标要能够体现事实的客观性和真实性，监测数据的指标项目可以进行人为设定，但是所获得监测数据是不能够进行人为设定的，其客观性也无法改变，构建这些监测数据指标要能够较为全面地体现一个地方的法治建设状况，因此，一是要体现监测数据指标体系建构的可能性和正当性；二是要体现监测数据指标体系建构的必要性和重要性；三是要体现监测数据指标体系建构的实用性和再现性，一套地方法治监测指标体系可以适用于全国各个地方的法治建设评估，并可以重复应用。其次，在数据获取上，应该全面构建地方法治建设监测大数据体系，充分发挥法治大数据的支持功能，将"地方法治"与"数字法治"紧密连接，将大数据运用贯穿于地方法治建设过程之中，创新法治建设的战略布局。最后，在框架结构上，通过对全国各地法治建设评价指标或考核办法的梳理、归纳与分析，建立比较完善的具有覆盖功能的监测数据指标，该监测模型的框架结构包括了 7 大类、33 小类、253 项、1157 个数据指标，并贯彻基础性数据与专门性数据相结合、定量数据与定性数据相结合、宏观性数据与微观性数据相结合的构成原则。

（7）"城市管理执法体制改革案例研究"的对策与建议：一是制度供给——进一步完善城市管理执法的规则体系，诸如加快制定省级层面城市管理执法的地方性法规或政府规章、加快制定各省辖市城市管理执法的地方性法规或政府规章、加快制定省辖市城市管理执法的清单制度及其规范性文件；二是系统优化——进一步完善城市管理执法的结构体系，诸如完善城市管理执法的协调指导、完善城市管理执法的职权配置、完善城市管理执法的主体整合、完善城市管理执法的范围设定、完善城市管理执法的模式；三是机制创新——进一步完善城市管理执法的运行体系，诸如建立城市管理执法的协同机制、建立城市管理执法的开放机制、建立城市管理执法的程序机制、建立城市管理执法的监督机制、建立城市管理执法的提质机制、建立城市管理执法的评价机制。

（8）"公建项目信息公开与民主监督机制案例研究"的对策与建议：一是完善信息公开与民主监督的制度建设；二是实现信息公开与民主监督的宏观机制；三是保障信息公开与民主监督的公众参与；四是强化信息公开与民主监督的资源整合。

（9）"人户分离人口现象与治理案例研究"的对策与建议：一是更新治理观念与治理策略，认识新时期特大城市发展中的人户分离普遍现象；二是运用法治思维与法治方式，应对新时期特大城市发展中的人户分离现实挑战；三是构建信息平台与预警机制，预防新时期特大城市发展中的人户分离治理风险。

三　成果的主要价值

该成果的学术与应用价值体现在：一是在学术层面，通过理论研究，进一步阐释和论证地方法治建设作为一个相对于国家法治建设的概念，在理念体系、制度体系、行为体系、能力体系和机制体系等结构功能中的基本原理和理论预设，为地方法治建设作为一个确定性和实践性概念提供了学术理论层面的观照。二是在应用层面，通过大量的和阶段性实证研究或案例研究，进一步揭示和概括我国地方法治建设的不同形态与类型，并以这些实践性研究为基础，通过法学社会学分析方法以及数据分析和模型设计，建构了一个结构完整、指标真实、选择优化、利于操作、公正有效的地方法治建设监测指标体系模型，对于真实和客观评估地方法治建设的质量和水平提供了测量标准和检验尺度。

民本视阈下国家环境义务研究

宁波大学钭晓东主持完成的国家社会科学基金项目"民本视阈下国家环境义务研究"（项目批准号为：13AFX023），最终成果为同名专著及相关研究报告。课题组成员有：黄秀蓉、田红星、刘静静、龚向和、蒋银华、肖雪珍、蒋金坤、刘晓华。

一　研究的目的和意义

（1）将国家环境义务纳入视野，以"民本为视阈、国家环境义务为基点"，借力民本的内涵层次梳理，研究国家环境义务的类型化、层次化、体系化问题，既开拓了民本与国家环境义务的研究领域，也促进了跨学科互动研究，更为国家义务理论研究提供了样本。

（2）以更为合理与顺畅的"国家环境义务—公民环境权利"逻辑，走出"权力—权利"视角桎梏，破解环境治理中的权利制约权力难题；更从应用层面，经由国家环境义务研究，为环境公共产品的国家供给探索可行性方案。

（3）以中国环境问题的国家义务研究为主线，可以缓减以往我国过于依赖权力的命令控制，而导致的环境行政的合法性危机与合理性压力；也试图为中国特色社会主义环境法体系、中国特色社会主义法律体系的理论与实践提供研究切入点。

二 成果的主要内容

（一）研究成果的主要内容思路框架图

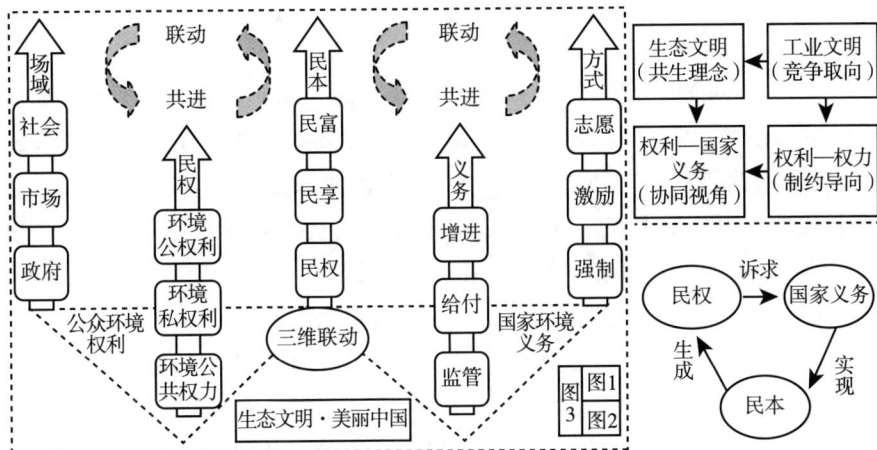

图 1 研究成果的主要内容思路框架图

（二）国家环境义务：当代中国环境问题治理的新"增长点"

（1）"环境问题的公害性、环境利益的公益性、环境危机的复杂性、环境权利保护的急切性、快速中国式发展的环境问题叠加与压缩性"已将国家环境义务推至最前线。"十面霾伏"等危机使国家的新型问题及时应对能力更受关注。但权利制约权力的视角惯性却使国家环境义务的重大命题被弱化，也使相应的政府环境职责制度设计存在诸多缺陷：重政府权力轻政府义务、重追责企业轻政府问责、重追责环保部门轻地方领导问责、重追责地方轻中央问责、重经济处罚轻环境责任、重行政强制轻其他方式等。导致国家环境职责不对等与不到位，职能配置不均衡、不合理而导致缺位、越位、错位，亟须从国家环境义务视角寻求破解。

（2）与环境权利对应的是权力而非国家义务，环境权利由具侵略性的国家权力来保障，非由国家义务履行来实现，这是一个悖论，实践中可能是"善意的谎言"。无疑，环境义务源于环境权利并以其为目的，是最有效的权利保障手段：①国家权力须借国家义务中介才能服务于环境权利；

②保障环境权利，技术上主要通过义务性而非权力性规范。③权力运用不当易侵害环境权利，而国家环境义务履行反而是限定权力的重要手段。

（3）将"国家＝权力"，受限于"权利—权力"视角，欠缺"权利—国家义务"视角研究，是理论界长期陷于权力制约困局的原因之一。国家的价值不仅仅是权力，以国家义务为发力点，可开拓理论增长点。

（三）民本：国家环境义务生成的土壤与归宿

（1）从民本到民权。"民惟邦本，关注民生、保障民权、发展民主和以人为本、全面发展"等民本思想，表达了"物本—人本—民本"的社会发展价值取向演进。在当下生态文明美丽中国建设中，民本可分解为民权（归根而言，民之所本者，乃民权，需要确立民众之环境民生保障的主体地位）、民享（公平分担风险与分享环境民生成果）、民富（合力提升环境品质，增进环境民生，走向共同富裕）三层次状态。基于此，民权可分为三类：基于权利让渡国家而形成的环境公共权力，基于环境私益诉求的环境私权利，基于环境公益诉求的环境公权利。

（2）保障民权、展现民享、增进民富：国家环境义务的类型化、层次化及归宿。①民本需求与民权生成决定国家环境义务构造。针对当下复杂环境问题、国家生态文明战略、公众需求层次、履行难易梯度，国家环境义务可分为三个递进层次：监管、给付、增进。②监管义务：采取预防、制止、惩罚措施，规制不当环境利用行为，限制不当环境利益追求。该义务应不分层级全面配置。给付义务：倾斜保护环境利益（尤其经济与环境利益选择矛盾时），推进生态脆弱区、为环保作特别牺牲区的生态补偿，公平提供环境公共产品与分配责任。该义务应分层次差别配置。增进义务：从"三生共融"（生态—生产—生活）视角，借政府—社会—市场的自上而下、自下而上共进的路径，增进环境公共产品。其与规制性义务的区别在于：前者侧重于助成而非制约，侧重于直接增进而非防御性间接维护，侧重于多中心互动而非仅限国家单方意愿强加；从而实现"除弊＋兴利"。该义务应立体共生式配置。③权利让渡而形成环境公共权力，要求国家履行监管义务，保障民权。环境私益需求促进环境私权利诉求，要求国家倾斜保护弱势环境利益及主体，矫正失衡，公平提供环境公共产品与分配责任，展现民享。环境公益需求促进环境公权利诉求，需要国家推进多中心共生治理，增进民富。

（四）"民权—环境公共权力—监管义务"的对接：推进监管义务的高效履行

（1）推进大部制改革，理顺部门之间（横向）、中央与地方、区域之间（纵向）的监管体制。（2）完善政府绩效评估与行政问责，将环境成本及生态效益纳入评价，根除地方保护主义、短期政绩行为影响；建立体现生态文明要求的目标及考核体系、奖惩与司法监督机制，健全环境责任追究与损害赔偿制度，进而在权责一致基础上，推进监管义务的高效履行。

（五）"民享—环境私权利—给付义务"的对接：促进给付义务的公平履行

（1）重整环境责任，重视环境恢复与再生。（2）优化专家辅助、举证责任倒置、诉讼费用减免等机制，提升公众权利自卫能力。（3）提升生态补偿的"输血+造血"功能，实现生态脆弱区、作特别牺牲区的发展权补偿。（4）填补环境保险、风险及互助基金等社会连带机制，促进利益均沾与风险分担，进而在特别牺牲补偿与公共负担平等基础上，促进给付义务的公平履行。

（六）"民富—环境公权利—增进义务"的对接：带动增进义务的深度履行

（1）培育环境公权利意识，推进公益诉讼等机制，助成"利他型"环境公益集体行动，形成环境友好型社会风尚。（2）引入市场机制，推进资源有偿使用、排污权与资源产权交易、产业环保化与环保产业化、环境公共事务民营化等变革，进而在主体共生、利益共进基础上，带动增进义务的深度履行。

（七）"三维联动机制"建构：美丽中国引领中的国家环境义务推进

（1）国强民富是不息夙愿，生态危机呼唤强义务政府，实现"限制权力大小—推进国家义务履行"的转变。党的十八大对生态文明美丽中国建设做了顶层设计。注重"前生、今生、来生的三生有幸"，促进"生态、生产、生活的三生融合"是美丽中国的核心内涵，为国家环境义务履行指明方向。（2）构造国家环境义务的"三维联动机制"：通过三组范畴（民本—

环境权利—国家义务）、三级状态（民权—民享—民富）、三层义务（监管—给付—增进）、三类民权（环境公共权力—环境私权利—环境公权利）、三种场域（政府—社会—市场）、三元方式（强制—激励—志愿），促进彼此对接与联动，推进民本视阈下、中国语境中国家环境义务，建设美丽中国。

三　成果的主要价值

（1）研究思路打破传统框架。以"民本为视阈、国家环境义务为基点、国家环境义务—公民环境权利为关系主轴与范畴逻辑"，打破以往"权力—权利"思维桎梏，经由国家环境义务，拓展传统的研究范式与思路框架，为跨领域研究提供新增长点，提升对策设计的科学性，为可行性方案探索奠定坚实基础。将研究引向深入，及时回应社会。

（2）研究体系体现优化。从功能结构出发，通过结构功能分析方法，设计"3-3-3-3-3-3"的研究体系结构开展研究：借助三组范畴（民本—环境权利—国家义务）、三级状态（民权—民享—民富）、三层义务（监管—给付—增进）、三类民权（环境公共权力—环境私权利—环境公权利）、三种场域（政府—社会—市场）、三元方式（强制—激励—志愿），促进彼此对接与联动，从而在研究体系优化基础上，推进民本视阈下国家环境义务研究，深化生态文明演进的中国方案探索。

（3）研究成果实现填补。就国家环境义务而言，目前前期研究成果甚少，国家环境义务则更为缺乏。该成果以"民本思想与国家环境义务"为研究切入点，对该薄弱的研究领域做了系统研究，是对涉入未深的国家环境义务命题研究的一个填补。

"三权分置"政策背景下农村土地承包经营权益实现研究

烟台大学房绍坤主持完成的国家社会科学基金项目"'三权分置'政策背景下农村土地承包经营权益实现研究"（项目批准号为：16AFX017），最终成果为同名专著。课题组成员有：王洪平、林广会、张旭昕、管洪彦、曹相见、柳苨、毕潇潇。

"三权分置"政策的提出，是我国当下农业农村改革的重大举措之一，其制度内涵对于既有的农村土地权利关系必将产生深远的影响。政策的实施关键在于法律转化，但与"三权分置"政策思想相呼应的立法工作并未突破其政策表述，在涉及法律表达的重要问题上存在模糊和淡化处理的倾向，导致"三权"关系及其边界无法有效厘清，特别是对土地经营权的界定上，存在权利属性不清、取得方式不明等问题。"三权分置"政策以"放活土地经营权"为核心目标，土地经营权作为政策提出的一项新型权利，对其进行准确法律界定是"三权分置"政策法律表达的关键所在。对此，学说上歧见纷呈，其重要原因在于缺乏对权利属性与取得方式联动关系的体系性思考以及物权法理的深入挖掘。因此，对"三权分置"政策法律问题的研究，客观上要求强化体系性思维并创新研究路径，以此方能承载政策实施的法律使命。此外，"三权分置"政策的提出，必然将丰富既有的土地权利结构，亦会牵动其产生新的内容。在此过程中，在涉及土地经营权入社、入股、信托和抵押等流转关系，以及新政策下土地承包经营权的取得与确认、承包地变动与征收过程中的权益保障等问题时，亦将面临新的理论课题，亟须研究工作以系统性的视野及时跟进。本课题以实现对"三权分置"政策的法律表达为基础，着力探析涉及承包地流转及相关权利主体权益保障等方面的法律关系、核心问题和解决方案，以期为重构和完善新型农地权利体系及其相关制度提供理论资源。

该成果共包括三编九章。其中，第一编集中论述了"'三权分置'政策的法律表达"问题，包含"'三权分置'政策法律表达的问题与题解""所有权：从归属到利用的制度重构""承包权与经营权：'三权分置'政策的法律意蕴"三章。该编通过比较分析土地经营权定性的现实路径及其内在逻辑，在土地经营权法律属性的界定及其取得方式的明晰上取得了理论突破，同时将土地利用制度置于历史语境与中西法视域之中，指出了"三权分置"政策的应然法律意蕴。本编也对新修订《农村土地承包法》的相关规定进行了深入评析。第二编论述了"'三权分置'政策背景下的土地经营权流转"问题，包含"土地经营权入社和入股""土地经营权信托""土地经营权抵押"三章，系统探讨了土地经营权入社和入股的具体规则、实践焦点与路径选择，土地经营权信托的比较法分析、主体界定与安全保障，以及土地经营权抵押的主体范围、设立条件与实现方式等理论和实践问题。第三编论述了"'三权分置'政策背景下的土地承包经营权益保障"问题，包含"土地承包经营权的取得与确认""承包地变动中的权益保障问题""土地承包经营权与土地经营权的征收补偿"三章，系统论述了土地承包经营权取得的制度构造、权利义务关系，与承包地调整、收回、农民进城落户有关的农民权益保障以及发包方对土地经营权流转合同的终止权、土地承包经营权人和土地经营权人在征收补偿中的地位等理论和实践问题。

具体而言，成果按照体系性的论述逻辑围绕以下几方面重要问题展开，并提出了一些较有学术价值和应用价值的观点与建议。

1. 关于土地经营的法律属性

该成果解析了土地经营权定性的现实路径与内在逻辑，指出土地经营权债权说存在三方面不足：一是赋予土地承包经营权完整的物权权能与"稳定农户承包权"的政策要求相悖；二是为土地经营权担保融资设计的各种规则存在法理不畅和能力不足的问题；三是存在难以克服的目的功能缺失。土地经营权物权化债权说存在三方面问题：一是土地经营权的法律地位模糊；二是主体界定存在缺失；三是登记行为对于土地经营权的物权化改造不具有实质意义。相对而言，用益物权说下，土地经营权纯粹的财产权属性及其权利主体的广泛性,恰能弥补其他学说之不足,且更有利于实现政策之功能预设。同时,其理论优势与土地经营权的生成机制相适应并有立法例的支持,从而证成土地经营权应被定性为用益物权,就其权利客体而言,其属于不动产用益物权。

2. 关于"三权分置"的制度逻辑基础

通过对以归属为中心的现代所有权理论的概念语境和以利用为中心的集体土地所有权概念语境的对比分析,结合对集体成员权类型划分和功能构造的剖析与解构,证成以利用为中心之所有权的制度正当性,从而明确集体土地所有权的去权能化的现实本质,表明集体土地所有权的权能虚化不是要否定集体土地所有权,而是集体土地所有权权利本质的回归。由此可知,"三权分置"政策具有制度合理性,符合所有权从归属到利用的时代趋势。

3. 关于"三权分置"政策的法律意蕴

该成果澄清了政策上的土地承包权不是集体成员权,而是土地承包经营权。至于土地经营权,就其取得方式而言,应界定为意定用益物权。同时,提出并论证了土地经营权应基于设定行为而取得,其取得方式表现为:在承包农户需就土地经营权设定抵押时,应先为自己设定土地经营权,再就该经营权与第三人设定抵押,也可将其作为出资入股农业合作社等其他经营主体或实施信托行为;在第三方主体用益土地时,承包农户应基于土地承包经营权为他人直接设定土地经营权,第三方主体可以自己用益土地,也可就该经营权设定抵押,或者将其作为出资入股合作社等其他经营主体或实施信托行为;在他人用益土地时,不宜采取先为自己设定土地经营权,再向他人进行转让的方式,以避免增加法律关系的复杂性和实施成本。

4. 关于对新修订《农村土地承包法》的评析

该成果认为,"新承包法"主要存在以下问题:(1)使用土地承包权概念具有不合理性,表现在"新承包法"直接将政策语言法律化有违立法原则,并造成立法体系的不协调,主张删除"土地承包权"的概念。(2)土地经营权属性不清,存在不利于土地经营权相关规则的设计、不利于土地经营权的行使、不利于土地经营权的保护等问题,认为"新承包法"中所涉及的三种土地经营权的权利属性并不一致,应当统一定性为用益物权,并依此设计相关规则。(3)土地经营权的取得方式不明,认为土地经营权应基于当事人的意愿并依据他人既存权利而取得;除"四荒地"土地经营权的取得外，土地承包经营权人为第三方主体设定的土地经营权应当按照权利的生成原理，采取创设方式；为自己设定的土地经营权，只能是在土地承包经营权人需要就土地经营权设定担保时，先为自己设定土地经营权，再就该土地经营权为第三人设定担保。

5. 关于土地经营权入社和入股

该成果分析并论证了土地经营权投资入社中设立人的权利和义务、土地经营权投资入社的定价程序、土地经营权投资入社的定价标准、土地经营权入社时作价不实对合作社与相关主体利益的影响以及合作社形骸化、利用空壳合作社进行政策套利、土地经营权入社的权责利差异化配置、土地经营权入社后的退资等理论与实践问题；分析并论证了土地经营权入股的股权对价适格性、土地经营权入股公司的路径选择、土地经营权入股公司的规则限制与调适等理论与实践问题。

6. 关于土地经营权信托

该成果结合土地经营权信托的产生背景以及美国与日本的土地信托制度和我国的土地信托实践，分析了土地经营权信托法律关系，探讨了土地经营权委托人、受托人和受益人享有的权利和承担的义务，指出了我国信托登记存在的物权变动问题，论证了物权变动公示和信托公示的不同，阐述了土地经营权信托的保护人、监察人制度，指出我国实践中的土地经营权信托基本上都是自益信托，委托人和受益人往往一致，因此可以通过监察人制度保护受益人利益，由政府农业部门承担监察人的职能最为合适。

7. 关于土地经营权抵押

该成果提出并论证了"三权分置"政策背景下农地抵押的客体应为土地经营权，基于债权的相对性不利于保护抵押权人的利益以及缺乏对土地租赁权进行登记的现实和法理基础等原因，不宜就土地租赁权设定抵押或质押，并明确在土地经营权可设定抵押的情况下，禁止土地承包经营权设定抵押的规定应当保留；土地经营权抵押客体不包括地上农作物；目前应将抵押权人限定为金融机构，但因其将导致抵押权的实现缺乏效率，未来的权利主体范围可逐步扩大；土地经营权抵押设立的生效要件为抵押合同生效并登记，土地经营权抵押贷款的用途不宜扩及于非农业生产经营，经承包方书面同意并向发包方备案不影响抵押成立；实践中，应加强土地经营权的价值评估体系建设和农地流转市场建设。

8. 关于土地承包经营权取得及变动中的主体权益保障

该成果强调了土地承包经营权取得过程中农村妇女权益的保护；论证了土地承包关系稳定并长久不变与"三权分置"之间的协同关系，提出了承包地调整的法律表达的方案；通过对进城落户农户之承包地处理规则的法理检视，指出应以纯化土地承包经营权的财产权属性，厘清成员资格丧失的法律后果和免交承包费的法理依据为基础，设计进城落户农户之承包地的处理规则；认为"新承包法"第64条赋予了发包方对于土地经营权流转合同的"终止权"，发包方终止权不是发包方固有的解除权，而是发包方的"代位解除权"，其行使的实质要件应包括土地经营权人擅自改变土地的农业用途、土地经营权人弃耕抛荒连续两年以上、土地经营权人给土地造成严重损害、土地经营权人严重破坏土地生态环境等，其形式要件为承包方在合理期限内不解除土地经营权流转合同，其行使后果包括土地经营权人退出并交还承包地、承包地上的权利负担因之而消灭、土地经营权人承担损害赔偿责任、承包方弃耕抛荒时发包方强制代耕等。

9. 关于土地承包经营权与土地经营权的征收补偿

该成果提出并论证了应当赋予土地承包经营权独立的征收标的地位，土地承包经营权人应当被认定为被征收人；"三权分置"政策下，已经办理土地经营权登记的土地经营权人应具有被征收人地位，没有办理土地经营权登记的土地经营权人应具有征收关系人地位；未来立法中，应明晰公共利益的实体和程序认定标准，完善征收补偿的程序规则，完善征收增值收益分配制度，强化集体成员的参与机制，健全集体成员权的诉讼保障机制。

该成果围绕"三权分置"政策的法律表达及其制度展开所进行的法理探析，厘清了土地经营权的用益物权属性及取得方式这两个关键问题，在此基础上围绕土地经营权的流转及农地权利取得与变动中的权益保障所进行的系统性理论探析，将为构建新型的农地权利制度体系提供重要的理论支撑，也将有助于"三权分置"政策的深入实施以及《农村土地承包法》的进一步修订完善。

我国行政法律责任理论体系的修正与重述

华南理工大学余军主持完成的国家社会科学基金项目"行政法律责任的理论与实践研究"（项目批准号为：12BFX041），最终成果为同名专著。课题组成员有：蒋成旭、邵亚萍、杜仪方、高秦伟等。

长期以来，中国行政法学研究中对于行政法律责任的认知一直存在诸多问题。例如，对行政法律责任实质内涵的认知模糊导致法律责任和法律义务的混同，将行政机关依法应当履行的诸多义务均视为"责任"；在当下风险社会的研究语境中，行政征收、政府救助、政府提供社会福利保障等各种义务均试图遁入行政法律责任的范畴，从而导致这一概念的严重"泛化"。如果说行政法律责任实质内涵的不清晰引起的是这一概念的"外部边界"问题，那么，在行政法律责任"内部"，同样存在诸多问题，我国学者在引介域外行政法理论（尤其是德日公法学）的过程中，建构了行政赔偿和行政补偿的责任基本分类，并以导致损害的行政行为是否合法作为两者的区分标准，即合法行政行为引起损害对应于行政补偿责任、违法行政行为导致损害对应于行政赔偿责任。但由于对大陆法系公法责任体系的形成脉络与制度背景认知不足，这一分类潜藏着诸多认识错误；而且，我国行政法以行政行为的客观违法作为行政赔偿责任的归责原则，这实际上是由对大陆法系公法责任中的违法概念的错误理解所致，完全脱离了"客观不法性""主观有责性"这一经典的法律责任架构，并忽略了"有责性"要件在法律上的诸多功能等等。总之，中国的行政法律责任研究存在对传统意义上经典责任理论的认知不足、基础概念认知错误、理论体系碎片化难以应对法律实践等问题。

针对这些问题，成果试图从基础理论的角度予以系统澄清，在此基础上尝试对当下的行政法律责任理论进行修正与完善，以重述一个更具融贯性的理论体系。

该成果运用分析实证主义法学概念分析的方法，以凯尔森的经典法律责任概念为出发点，尝试在霍菲尔德的法律关系分析框架中，对行政法律责任概念的形式、规范要素进行厘清；在行政法律责任的正当化机制——归责问题的研究上，则运用本体论价值分析的方法，对行政法律责任归责机制的两大价值构造——道义责任论和社会责任论，进行了溯本清源式的论证和阐释，以期推动理论研究的发展，矫正我国行政法学研究中忽视"有责性"要件的倾向。

一　成果的主要内容

该成果尝试在"客观不法性""主观有责性"这一传统的法律责任基本架构中，系统地澄清目前研究中存在的种种问题，并重述行政法律责任的理论体系。

（一）行政法律责任"外部边界"的厘清

该成果的第二章、第三章，实际上是在"客观不法性"的范畴内讨论问题，试图通过对行政法律责任概念形式构造、规范类型的分析，厘清作为法律规范概念的行政法律责任之实质含义，从而划清行政法律责任的"外部边界"。以凯尔森的法律责任理论——"不法行为"与"制裁"之间的充分必要关系——为起点，运用霍菲尔德的基本法律关系分析框架，最终得出的结论是：只有当公法上的原权利法律关系被行政主体的公权力行为侵害时，引发请求性救济权法律关系，才产生行政法律责任；而辨识公法上原权利法律关系是否遭受侵害的标准在于"非目的性侵害"，只有当行政活动导致的损害是超出行政行为规范目的、不可预期的或者是附随性的损害，才是对公法上原权利的侵害，并引起救济权法律关系的产生，由此可以得出行政法律责任的三种规范类型。

规范类型之一：行政主体的公权力行为导致行政相对人权利附随性的、超出规范目的以外的妨害，由此引发的行政相对人的"排除侵害请求权"；

规范类型二：行政主体的公权力行为导致行政相对人权利附随性的、超出规范目的以外的实质性损害，由此引发的行政相对人的"恢复原状、填补损失请求权"；

规范类型三：行政主体的行政行为丧失效力，但通过该行为对行政相对人课以的义务已经履行或者仍处于持续状态，由此引发的行政相对人的"恢复原状、填补损失请求权"。

这一结论可以澄清我国当下行政法学研究中以及公众舆论中将行政法律责任"泛化"的错误（将行政征收、政府救助、政府在提供社会公共福利方面应履行的各种义务都看作是政府法律上的责任等错误认识）。以行政征收为例，合法的行政征收对被征收人的财产损害以及给予的合理补偿，都是行政征收这一行政行为范围内预期的事项，因此其中的财产损害属于"合目的性"损害，并未对法律设定的原权利法律关系造成侵害，行政征收因而被排除出行政法律责任的范围。

（二）行政法律责任"内部构造"的修正

第四章、第五章进入"主观有责性"要件的讨论范围。我国行政法律责任内部构造的问题，主要体现在行政补偿责任和行政赔偿责任这一基本分类之中。

在"客观不法"与"主观有责"框架中，无论是行政赔偿责任还是行政补偿责任，在客观不法性要件上并无区别，行政活动导致权益的不法损害（侵犯原权利法律关系），是两种行政法律责任的共同要件。行政赔偿责任和行政补偿责任的根本区别在于"有责性"要件上，前者以过错为归责依据，后者在归责时排除对过错的考量，属于无过错责任。行政赔偿责任的核心理念乃是基于主观过错的"道义非难"，行政补偿责任则以利益均衡（危险责任、特别牺牲责任）为目的的"社会非难"作为其基础。至此，我们可以得出结论：过错才是区分行政赔偿责任和行政补偿责任的关键所在，按照德日公法学之通说，行政赔偿责任由违法、过错的行政行为引起，而行政补偿责任则由无过错的行政行为引起；行政法律责任中的"违法"接近于侵权法上的"不法"概念，是指行为的侵害结果不被整体法秩序所承认。违法指向"违反对第三人的职务义务"，在"过错客观化"机制中，这种违法可以作为推定过错的依据。如果公权力行为违反的只是"对国家的应执行义务"，则未必构成国家赔偿责任。可见，在归责时是否考虑过错才是行政赔偿责任和行政补偿责任的根本区别。

过错的归责机理是"道义上的可责难性",因此,基于过错而产生的赔偿责任在填补损失的范围上远远大于补偿责任,前者以"可得利益"为基准填补损失,后者仅补偿直接损失。赔偿责任因此具有针对行政机关的批评功能和惩戒功能,这一点长期被我国理论与实务所忽视,我国《国家赔偿法》中的赔偿标准仅仅赔偿直接损失,造成了"以赔偿之名行补偿之实"的客观效果。这一结论使得有关行政法律责任的讨论,回归到传统"客观不法"与"主观有责"的法律责任二元框架中,澄清我国理论界和司法实务的所谓违法归责原则的错误,并可以发现,我国学界在行政法律责任研究出现的很多问题,都可以归结于对法律责任的基础框架"客观不法"与"主观有责"的认知不足。

(三)行政法律责任归责机制的本体论阐释

行政法律责任的归责机制在我国行政法学界尚缺乏系统、深入的研究。第五章尝试从本体论价值分析的角度对其进行追本溯源式的阐释。归责是法律责任的正当性所在,回答了"人何以对自己的行为承担法律责任"这一责任的本原问题。与民事侵权法一致,行政法律责任的归责原则由过错原则和无过错原则这两大基本原则构成。其背后的理论基础是"道义责任论"和"社会责任论"。在道义责任论中,行为人之意志具有道义上的可谴责性是归责的根据,而过错就是有一种意志缺陷,过错意味着——具有意志自由的人主动选择为恶或未经应尽之注意义务;道德价值是道义责任论的核心内容,行政法上道义责任的核心价值是由正义、公正转化而成的"责任政府";在社会责任论中,行为具备社会可非难性从而导致归责,社会责任论强调"对不幸损害之合理分配",其追求的价值目标是"分配正义",行政法上社会责任的核心价值是"个人负担平等原则"与"特别牺牲"理论。尽管社会责任的评价对象并不最终指向自由意志,但它发生作用的前提是:行为人必须具备健全的理性和意志能力。这种论述彻底厘清了行政法上过错原则和无过错原则的价值构造和生成机理。

二 成果的主要价值

在"客观不法"和"主观有责"这一大框架中,行政法律责任的基本问题得以厘清。本研究第六章对前述几章的观点进行了总结、归纳，并尝试在此基础上，对中国现有的行政法律责任理论进行体系化修正，以彻底克服目前理论研究和实务中的"泛责任化"趋势、矫正诸多关于基础概念的错误认识。主要观点如下。

（1）在理论上明确行政法律责任的规范含义，确立行政法律责任是一种原权利遭受侵害后的救济制度，以是否存在"目的性侵害"作为区分行政法上责任和义务的界碑，从而将行政征收、政府救助义务、政府提供社会福利保障义务排除出责任的范围，避免责任概念的泛化产生的理论与实践中的困境。

（2）修正目前的行政补偿责任和行政赔偿责任的理论设置，以导致损害的行为是否存在过错作为区分两者的标准，在行政赔偿责任中确立过错归责原则，正确界定行政赔偿责任中的"违法"含义，将违法定位于对法律秩序中注意义务违反，从而产生过错客观化的效果，这种变动符合目前侵权法的总体趋势。

（3）明确行政补偿责任与不属于行政法律责任的损失补偿之区别，将两种补偿机制类型化和体系化；建议在条件成熟的时候，制定与《国家赔偿法》相并列的《国家补偿法》。

上述设想将使我国的行政法律责任体系在法理上更具融贯性，从而使得这一制度真正成为公法意义上的侵权法，明确行政补偿责任和行政赔偿责任的首要功能是损失填补功能（救济功能、损害分散功能）；然后才能彰显两者之间的差别：由于过错引起的赔偿责任具有"道义上的可责难性"，尚需发挥制裁和违法行为抑制、合法状态恢复功能。因此，行政赔偿责任对损害的填补须以完全填补为必要，需对权利受损之人的"可得利益"进行全面填补。

刑事卷证的运用：理论与实践的悖反及其消解

云南大学牟军主持完成的国家社会科学基金项目"技术审判原理下的刑事卷证本体与制度研究"（项目批准号为：13AFX013），最终成果为同名专著。课题组成员有：唐治祥、陈如超、兰耀军、杨国俊、张青、苏斐然。

长期以来，在我国司法实践中，公安司法机关普遍存在依赖刑事卷证推进诉讼活动的固有倾向，尤其在刑事审判活动中法庭主要围绕刑事卷证的宣读、出示和运用开展证据调查和对案件事实的认定。有学者将我国主要运用刑事卷证的审判方式，称之为案卷笔录中心的裁判模式。从刑事诉讼法的发展变化过程看，也突出地印证和支持了刑事审判的这一模式。然而，在我国学界，由于受英美传闻证据排除规则和起诉状一本主义原则所决定的审判正当法律程序价值的影响，对于侦查阶段形成和制作的卷证材料在审判阶段的阅览、宣读、印证和使用的做法，即以运用刑事卷证为主的书面审理方式始终抱有排斥的态度。2014年党的第十八届四中全会通过的《关于全面推进依法治国若干重大问题的决定》中有关司法改革方案明确提出推进以审判为中心的诉讼制度改革，审判中心的核心理念在于庭审活动对案件处理的最终把关和对庭前程序的制约作用，坚持庭审的实质化方向。因而这一诉讼制度改革的要求似乎又为学界对于审判阶段排斥刑事卷证的运用提供了支撑。

上述对刑事卷证不同认识和态度的现状，实际上表现出理论反对实践，政策与立法相悖的两种不同倾向，暂且不论学术界对刑事卷证排斥的"理性"判断和分析是否公允，这一现象实际上为学界提出了严肃而又必须首先解决的课题：为何刑事卷证在司法实践中得以被依赖，其根本性的原因是什么？只有解决这一问题才能真正理解卷证在中国司法实践运行中的真实面相，进而把握其价值取向和对刑事审判的实际影响。在此基础上才可对其采取相对合理的态度和行动：在中国刑事司法中对待刑事卷证是破旧立新，还是在承认的前提下对其因势利导的改革？如果说刑事卷证在当代中国司法中的运用不可避免，那么对刑事卷证依赖性或不受控制的运用倾向对刑事审判带来的不确定性风险和后果又如何避免，刑事卷证的制作、移送、阅览和运用等一系列的制度和规则又如何确立和完善？

一 从本体角度对卷证与口证的证据价值的客观审视和评估

长期以来，理论界对卷证运用的排斥主要在于作为书面证据材料制作过程中缺乏必要的监督和制约以及制作者的条件或限制性因素等可能存在的信息固定和传递不可靠的风险，而在证据价值的判断上更为倾向于口证材料。然而，对两种证据价值的这一认识，均是人们从经验和制度设计环境的角度进行的分析，而具有实质意义的判断更应该是从本体角度的判断。在对知识的传播和接纳以及在此基础上做出决断有着较高要求的特定领域，文字所具有的记录性、形象性、稳定性和可传递性等外部特征以及内部文法特有的叙事功能，使得文字材料在上述领域运用的优势凸显出来。人们得以较为便利、经济、准确、完整和有效地接受文字所表达的思想和信息。刑事卷证作为文字表现的载体形式，具有视角形象、信息储存、信息传递等方面的外部特征和卷证信息叙事性的内部特征，使得卷证的证据可用性突出，加之官僚体制对包括卷证在内的文书档案运用的可靠性和有效性又提供了相应保障：一是卷证制作者的官方身份增强了卷证的可信度；二是技术型的官僚体制为卷证制作的格式化和规范性提供了可能。所以，法官对卷证及其所传递的信息产生一种自然的信赖，这种信赖实际上是对文字的信赖。

二 对运用卷证的审判方式加以明确界定

由于采用传闻证据排除规则和起诉状一本主义原则，英美较为严格排斥案卷材料在审判阶段的运用，各类人证的提供者需以口头方式在庭上陈述并进行相应的调查和质证，因此英美的刑事审判可称为一种口证的审判方式。这种审判方式体现出的英美审判风格正是一种经验主导的审判。在我国以及欧陆主要法治国家刑事审判仍是以卷证为基础的审判。以文字为载体的卷证叙事的严密性和条理性，以及卷证所产生的"知识积累"效果，卷证的运用更可能使裁判者趋于理性而褪去个性化和情绪化的色彩，运用卷证的审判方式属于一种技术的审判。技术审判风格不仅可以提高审判效率、降低诉讼成本，实现实体公正有益，而且在某种程度上对庭审的对质调查、辩护权有效行使等程序正义价值的实现也有促进作用。但无论是大陆法以卷证为基础的技术审判，还是英美法以口证为形式的经验审判，并不能得出两大法系各自审判方式价值的优劣或高低的结论。在大陆法主要法治国家，职业的司法人员或技术官员对于技术审判风格的形成和维系具有至关重要的作用。英美的经验审判主要不是以专业的司法技术人员为支撑，而是更多地需要建立严密的证据制度和规则来维系。由于我国实践中过度依赖卷证，真正意义上的司法职业者群体及相应的技术标准也未形成等原因，我国以卷证为基础的审判则属于异化了的技术审判。从刑事卷证本体的角度看，文字自身的缺陷和文字运用与接受的不当又可能产生刑事卷证功能上的局限性及其对审判的不利影响。如裁判者对事实和证据的裁量权减缩，抑制证据规则的发展，庭审的形式化和对公正性的影响等。因而仍然需要推动刑事审判技术的制度化建设，刑事审判由技术到制度或技术的制度化，并非在于审判对制度本位的回归，而是以制度为工具，旨在为审判技术确立具体的标准和尺度。

三 深刻揭示刑事卷证实践运用的实质原因

以文字为载体的刑事卷证在本质上决定了这一证据形态所具有的特点和优势，与其实际运用所形成的技术审判特质相结合，是当代中国刑事卷证实践中受到重视并广泛运用的内在原因和动力。而中国刑事司法体制和诉讼结构又对刑事卷证运用的上述特点起到进一步固化作用，成为推动刑事卷证在实践中有效运用的结构性因素。这些结构性的因素包括公检法机构体制上的同一性形成的相互认同，刑事诉讼的职权主义结构，刑事司法的政策导向，刑事司法组织体制和活动方式的行政化，等等。基于上述刑事卷证运用的深层原因和现实诉讼结构的因素，刑事卷证在当今中国司法实践中的运用具有现实意义。从刑事卷证本体属性和所决定的技术审判特征来看，刑事卷证的运用并非如学界所担心的那样存在对审判实体和程序公正产生根本冲击的倾向。当代我国刑事卷证运用的真实困境并非是卷证作为一种司法实践的客观存在所遭遇的"穷途末路"，而是我国学界对刑事卷证理论研究导向的偏差以及刑事卷证制度本身的缺位所引发的问题。从前者来看，主要是有影响力学者观点的正统性和权威性，使得相反的观点、看法或灵活性、多样性的论点可能难以生成和获得有力支持，并抑制了案卷制度及运用规范的研究。从后者来看，主要是刑事案卷立法的概括性、零散性和附属性，使得对案卷材料的实际运用难以起到应有的指引和规范作用。

四 完善刑事卷证制度和规则

从本体角度认识的刑事卷证证据价值及所决定的刑事审判的技术特征，均表明刑事卷证可以发挥其具有的证据价值和优势，在推动刑事审判实体和程序公正上起到积极而独特的作用，但这又需建立在一定条件之下，即刑事卷证文本的形成是理性的、规范的而非任意的，刑事卷证运用不仅是有限度的，而且也是讲究规范和制约的。党的十八届四中全会提出的推进以审判为中心的诉讼制度改革，应该也包括刑事卷证制度改革，也就是如何通过相关刑事卷证制度的改革实现审判中心的基本诉讼价值。所以，刑事卷证最终合理、有效和规范地运用，确保刑事卷证对刑事审判实体和程序公正，推动审判中心基本价值的实现所具有的促进作用，需要对刑事卷证的形成与制作、移送与阅览以及庭审具体运用过程加以必要的制度和程序规范。

刑事卷证运用反映的理论与实践悖反的这一命题中，可以得出以下重要论点：第一，理论和司法界对待卷证与口证的不同态度，从本体的角度看，反映了作为其载体的文字和语言的对立和交锋；第二，正式卷证文字"创造性"地运用不仅达成文字的统一格式，而且能够准确表达文义并契合阅读者和使用者的接受习惯，体现了卷证的可用性和便利性；第三，刑事卷证的运用决定了刑事审判的技术特质和风格，技术审判又与实质公正审判的价值相契合；第四，从我国实践情况来看，刑事卷证的自身缺陷或不当运用可能使技术审判产生异化，导致对公正审判的背离；第五，刑事卷证的证据能力主要与取证、移送和运用的方法和程序的合法性等因素有关，因而出于管控技术审判过程和结果的需要，需确立和完善卷证的制作、移送、阅览、展示和使用等制度。

从文字这一载体形式所决定的技术审判特质探讨刑事卷证运用的学术价值和实践意义在于：第一，从文字与语言比较的视角，深刻揭示刑事卷证固有的内在和外在属性所决定的卷证独特的证明价值，并在历史和实践的分析中澄清对刑事卷证价值存在的偏见认识，从而在整体上重新审视和评价专门机关所制作的书面证据材料的可用性。第二，刑事卷证运用所具有的审判技术特质和风格除了对于推动审判实体公正、提高效率具有重要作用外，由于不排斥运用口证的经验审判，有利于促进口证审判方式的落实，对于扭转运用卷证的传统书面审理方式给人留下的庭审流于形式、被追诉人诉讼权利保障不利的印象有着积极意义。第三，从本体论以及相关的诉讼结构等因素阐释我国普遍运用卷证的现状，揭示了这一现象的本质原因，明显增强了这一问题的解释力。从理论贡献上看，拓展了刑事卷证理论研究的视角，促进了与之相关的刑事审判理念、理论等的发展。第四，在法律规范建设上，有利于推动刑事卷证的制作、移送、阅览和运用以及卷证证明力等的制度和规则的建立和完善，对于刑事卷证制度和规则的系统性立法具有重要的参考和运用价值。第五，从司法实践的需要来看，对于公安司法机关以及监察委员会在犯罪侦查（调查）、提起公诉和审判阶段刑事卷证的制作、移送、阅览、引证和运用等活动或环节均有着系统而具体的指导和参照价值，也可为司法系统和监察机关出台刑事卷证制度和规则的司法规范性文件和实施办法提供重要的参考依据。

保险合同现代化与我国立法完善研究

西北政法大学马宁主持完成的国家社会科学基金项目"保险合同现代化与我国立法完善研究"（项目批准号为：15BFX176），最终成果为同名专著。课题组成员有：李志强、郁琳。

一 研究的目的与意义

2000 年以来，为应对技术发展与社会变迁的挑战，各主要国家纷纷对其保险合同法进行修订，以确保实现维持保险交易的给付均衡、满足被保险人的合理期待等价值目标。相较而言，我国保险合同立法无论在宏观的立法政策、中观的立法体系，抑或微观的具体规则层面均有明显不足，这在相当程度上可归因于学术研究的薄弱。首先，一些重要的保险法律制度，学者迄今未做深入研究。其次，由于理论继受和制度嫁接中的理解偏差与水土不服，我国保险法学的一些基本理念存在颇多谬误，因此建构的法律规范自也难谓完善。再次，我国学者的研究缺乏广阔的视野和敏锐的时代感，这使得现行立法无法汲取先进国家的经验，及时回应保险实务中的新问题。最后，最重要的是，学者的研究多是就事论事，而未能从立法政策的厘清及其实现路径等更高层面审视现行立法的不足。而本文的研究有助于实现我国保险合同立法价值目标的清晰、立法体系的自洽，以及具体制度的周密设计，亦对提升保险司法裁判结果的正当性与一致性有所助益。

二　成果的主要内容

（一）　主要内容

该成果共分为五部分：（1）保险的概念与保险私法的立法政策构成；主要涉及保险合同法立法政策的构成、内涵、彼此之间的关联及各自实现路径。（2）保险合同法的体系结构；主要涉及保险合同法与保险业法分离的必要性、保险合同的分类标准，特别是消费者保险与商业保险区分的必要性，以及前者在实体与程序层面的相应制度设计。（3）保险合同法基础性规范的厘清；主要涉及保险利益规则的发展趋势、保险法中的因果关系含义及其识别标准、保险合同的解释方法等。（4）保险合同法一般性规范分析；主要涉及善尽投保人如实告知义务的司法证明标准和相关法律责任、保险人说明义务的变革与格式条款的内容控制、合同基础条款与（准）特约保证条款的效力和规制路径、保险索赔理赔的程序性规定的梳理和设计，以及保险人违反诚实理赔义务的法律责任、保险不法索赔识别与规制、保险事故数量的确定方法、被保险人损害赔偿请求权与保险人代位权冲突时的处理规则等问题。（5）保险合同法特殊性规范的建构；主要涉及责任保险中第三人的直接请求权、责任保险人的抗辩义务、交强险与环境责任强制保险的正当性与规范建构问题。

（二）　主要观点

保险合同法的完善主要涉及立法政策、体系结构与具体规则三个层面。在立法政策上，准公共物品概念能最好地体现强制保险的价值取向，因而确保被保险人能获得所需保障的合理期待在此情境下应被视为设定保险法规则和裁决保险纠纷的首要原则。在强制保险之外，合同概念仍是对保险基本属性的最优表述。这意味着，意思自治与给付均衡原则仍是决定保险条款创设与效力的主要标准，二者在一定范围内具有相互补充的特性。此外，保险作为社会治理工具与产品概念的引入，也能为部分保险法规范的确立提供理论支撑。正是各种不同概念及其背后隐藏的价值目标（法律原则），以及保障目标实现的法律规则，才能构成完整和完善的保险私法体系。

　　在体系结构上，我国宜制订独立的保险合同法；采纳补偿保险与给付保险的分类；维持现行的陆上保险与海上保险分别立法的模式。特别是考虑到现代社会的保险已然转变为同时对商人和消费者面临的风险进行移转和管理的工具，保险合同法也因此不再是纯粹的商法，而是体现出"精神分裂"特性。立法者需要在维持商业保险市场的自由竞争与创新的同时，以强制性规范为消费者设定最低保障标准，这导致了实质性的消费者保险规范群，甚而形式上独立的消费者保险法的出现。我国应在统一的保险合同法之下区分消费者保险与商业保险，赋予消费者保险法规范单方强制属性，任何对之的修改仅在有利于消费者的范围内有效，而将商业保险法规范界定为任意属性。进而以消费者保险为基础设定保险合同法实体性权利义务体系。

　　在规则更新层面，就基础性规则而言，立法应在补偿保险中废除保险利益要求。对于一般给付保险，可以被保险人的同意加以替代，但在死亡给付保险中，应同时兼采两者。次之，各国对因果关系的识别规则并不统一，因此所谓"近因原则"并不存在。当多个原因连续发生呈完整链条状时，立法宜采取比例分配规则。当多个原因彼此间相互独立且同时发生时，若其中一个是损害结果的充分条件，且属于承保事项，保险人应承担全部责任；反之则不承担责任。若多个原因都是损害结果的必要条件，应采取"帕特里奇规则"。若独立的多个原因连续发生时，应视最先发生原因是否为承保事项来决定保险人的责任，但后续原因造成新损害的除外。最后，保险合同的解释包括文义释明与结果校验两个阶段。解释体系中的各种方法存在相对位阶：确定居于被保险人地位的理性第三人对诉争条款的理解是解释的基本方法，对之通常应先做文本解释，次之为语境解释，若仍然存疑，则适用不利解释。适用不利解释时，保险人对条款存在歧义的主观过错无须关注，但被保险人对承保范围的信赖程度却需要考量。而结果的矫正主要是通过给付均衡与合理期待原则完成的。二者仅在穷尽一切手段仍无法达成预定公共政策目标时方可适用。

　　就一般性规则而言，首先，立法应进一步完善投保人如实告知义务，特别是应废止现行的风险不可分规则，代之以比例责任。其次，信息能力不足的立法者在设计保险人说明义务时，并未考虑履行成本与投保人的信息需求，使之不仅未能有效实现保障意思自治的立法目标，还给保险营业造成了消极影响，故而应废止实质化的保险人明确说明义务，以形式化的信息提供义务替代。对因此导致的当事人合意度的低下，可以通过完善内容控制规范，提升保险交易的给付均衡度加以弥补。内容控制的焦点应置于任意性规范中的非核心给付条款，特别是涉及远期不确定风险的条款。对内容控制的范式，宜采取抽象表述与具体类型列举相结合的方法，构建开放性的多层次判断标准。再次，对实践中的"合同基础条款"，应否定其效力，并将"肯定保证"与投保人的告知不加区分。但同时亦有必要承认保险人通过特约条款控制风险水平的权利，并明确规定，以是否善尽特约条款规定的义务为保险人承担责任前提的约定，仅在损失是由于被保险人故意或重大过失违反特约条款规定的义务而引起的程度内有效。最后，立法应完善保险索赔理赔相关程序；明确保险人违反诚实理赔义务时的法律责任；明晰不法索赔的识别与一般规制方法；并对保险事故数量的判别方法，以及保险代位求偿权与被保险人损害赔偿请求权冲突时的处理规则做出规定。

就特殊性规则而言，首先，立法应确认责任保险中受害第三人的保险金直接请求权。其次，立法应规定责任保险人负有为被保险人利益进行抗辩的法定义务。该义务与补偿义务同为保险人的主义务。当诉状中第三人诉请被保险人承担的赔偿责任属于承保范围时，保险人应聘请律师在基础诉讼中进行抗辩，并负担抗辩费用。抗辩律师通常为保险人与被保险人共同的代理人。在保险责任限额小于索赔数额或保险人应否承担责任不确定时，被保险人得另行聘请律师，费用由保险人承担。该律师仅为被保险人的代理人。再次，各国应对机动车事故风险的保险机制主要有无过错第一方保险与第三方责任保险两种。前者以社会责任理念为正当性基础，力图以权利置换方式，在提升受害人获得保险赔付的效率和概率的同时，通过限制受害人的损害赔偿请求权来降低保险费率，但前述目标的实现取决于诸多前提。而遵循第三方保险模式的法域则希望通过机动车侵权责任的严格化和限制传统责任保险的分离原则等方式，在保留其原有的威慑优势的同时，提升保险赔付的效率。我国的交强险机制兼有两种模式的特性，却未能实现任何一种模式的优势，未来宜选择更契合我国现实的责任保险模式，并通过调整承保范围与责任限额、赋予第三人直接请求权、完善社会救助基金等方式，保障该制度理论价值的充分实现。最后，就应对环境风险而言，责任保险相较于第一方保险具有制度优势。而基于夏维尔模型得出的市场机制通常能自发实现责任保险最优效果的结论，在抽象环境风险与具体国情背景下均难以证成，强制保险模式因此成为必然。环境责任保险的价值实现对外主要受制于保险人对环境风险的识别、控制与承保能力，对内则受限于保险规范设计的妥当性。在前者，保险人可通过将自身的风险评估与管控活动融入国家环境管理体系，尽可能明确数人环境侵权的形态与责任承担，利用连带责任内的责任再分配机制，构建双重风险保费体系等方式，强化自身的风险评控能力，消减立法与司法因素诱发的责任不确定性；在后者，则需谨慎设计承保范围，将纯粹经济损失与对环境自身的损害责任纳入保障范围，并经由被保险人范围的控制等方式来实现对保险人承受能力的照顾。

虚拟社会治理与社会协同问题研究

广州大学谢俊贵主持完成的国家社会科学基金项目"虚拟社会治理与社会协同问题研究"（项目批准号为：14ASH011），最终成果为同名专著及论文集。课题组成员有：陈潭、王琳、孙元、罗萍、祝长华、刘付杰晴、张秋君、谭敏茵。

一　研究的目的与意义

网络虚拟社会是在网络时代从相应现实社会中分化出来的一种特定社会类型。网络虚拟社会与相应现实社会一样，也存在或衍生出诸多社会问题，这些社会问题在"虚实二元结构"社会状态中，由于"虚实共振"等的作用，不仅影响网络虚拟社会本身的良性运行与和谐发展，而且影响相应现实社会的良性运行与和谐发展。该成果目的在于建立一个适合中国国情的网络虚拟社会协同治理科学构架和运行体系，以使网络虚拟社会治理的能力不断提升、功能不断增大。该成果对于深入认识和切实做到在党委领导和政府主导下，充分调动包括网管机构、网络媒体、网营单位、网民群体、涉网组织等在内的多个部类的组织机构、广大网民和社会公众的积极因素，有效发挥多元主体的功能互补作用，构建网络虚拟社会高阶协同治理体系，加强网络虚拟社会协同治理，实现网络虚拟社会安全稳定、风清气正、良性运行、和谐发展具有重要参考价值，并可为党政部门加强网络虚拟社会治理提供决策依据。

二　成果的主要内容

该成果从社会协同学的角度，对我国网络虚拟社会协同治理及其体系问题开展深入研究，建立了一套基于社会协同目标的网络虚拟社会治理理论，构建了一个适合我国国情的网络虚拟社会协同治理科学构架和运行体系。项目研究成果包括专著和论文集。项目同名专著分为 6 章，其总体框架、基本内容和重要观点如下。

（1）网络虚拟社会协同治理研究设想。在当今的人类社会中，网络虚拟社会确实已经形成，并已成为一个要素具备、功能齐全的社会形态。网络虚拟社会并非一个洁净天地，其间也存在许许多多的社会问题。这些问题主要体现为：网络社会区隔表现突出、网络信息环境令人担忧、网络失范现象相当严重、网络欺诈犯罪日益猖獗、网络群体事件时有发生、借网制造社会动乱、网上网瘾群体非常庞大等。同时，网络人口迅猛增加、网络技术不断创新、网络治理择向不一等又引致了网络虚拟社会治理的艰难。通过梳理国内外相关研究进展和研究文献、总结我国网络虚拟社会治理经验，发现在网络虚拟社会治理中，治理主体的组织结构与治理方式创新及功能整合乃是网络虚拟社会治理的关键问题。据此，本研究基于我国网络虚拟社会治理的迫切需要，确立了研究问题与研究目标。本研究的基本研究问题是：在网络虚拟社会问题多发、虚拟社会与现实社会二元分割、社会空间分割叠加的状态下，如何从社会协同学角度，通过网络虚拟社会协同治理体制机制的建立，实现网络虚拟社会治理主体的组织结构及治理方式的创新和功能整合，来提高网络虚拟社会治理的能力、水平和效益，以确保我国网络虚拟社会与相应现实社会的和谐稳定与良性运行的问题。

（2）网络虚拟社会协同治理基本问题。我国有 8 亿以上的网络人口，这些网络人口多需借由网络进行工作和生活。然而网络是一柄"双刃剑"，网络虚拟社会存在诸多风险。深入分析这些风险可揭示五大风险规律：一是信息分化规律，二是信息污染规律，三是空间分割规律，四是身份隐匿规律，五是虚实共振规律。开展网络虚拟社会协同治理是网络虚拟社会风险防范的必要，网络虚拟社会问题化解的必要，网络虚拟社会建设提质的必要。网络虚拟社会协同治理是在以往网络虚拟社会管理的基础上，运用协同合作的理论与方法，通过治理体制改革和治理方式创新，对网络虚拟社会进行有多元社会主体自觉参与的，旨在增强整体社会治理功能、提升整体社会治理效益的网络虚拟社会治理先进方式。网络虚拟社会协同治理具有广泛的社会动员功能、有力的社会整序功能、积极的社会团结功能和可靠的社会互动功能。网络虚拟社会协同治理的目标在于：培养和激发社会主体的治理参与，统筹和协调社会主体的治理行动，引导和规范社会主体的治理行为，发挥和提升社会主体的治理功能。

（3）网络虚拟社会协同治理机理探析。网络虚拟社会协同治理同现实社会协同治理相仿，具有三大机理：首先是网络虚拟社会协同治理的社会关联机理。从客观上来看，社会关联是社会协同生发的客观基础。没有社会关联，就没有社会相关方面的广泛关顾，也就没有可能的社会协同。从主观上来讲，社会协同是社会关联促发的一致行动。只有存在社会关联，才有可能引发出社会协同的协调一致行动。其次是网络虚拟社会协同治理的社会参与机理。没有社会参与甚至没有广泛的社会参与，不仅不能达到网络虚拟社会协同治理的目的，甚至根本谈不上所谓的社会协同治理。最后是网络虚拟社会协同治理的社会自组机理。社会自组也即社会自组织，社会自组既是社会协同的目的，也是社会协同的进路。社会自组的总体目标是要形成国家治理和社会治理的一种新的善治结构。具体到网络虚拟社会治理或网络社会风险治理中，也就是要形成网络虚拟社会治理或网络社会风险治理的一种新的善治结构。

（4）网络虚拟社会协同治理科学架构。首先是网络虚拟社会协同治理的主体多元架构。就我国来讲，网络虚拟社会协同治理主体要素的基本架构，就是"党委领导、政府负责、社会协同、公众参与、法治保障"。具体从网络虚拟社会治理的实际情况来看，参与网络虚拟社会协同治理的主体是多元的，主要包括党政部门的网管机构、网络媒体、网营单位、网民群体和涉网组织等。其次是网络虚拟社会协同治理的功能互补架构。网络虚拟社会协同治理也可看作为一个完整的社会系统，这个系统的功能是由各子系统的社会功能有机构成的，它形成网络虚拟社会协同治理的功能系统。在我国网络虚拟社会协同治理中，必须高度重视并充分发挥党政部门及其网管机构的主导性协同功能，有效发挥网络媒体的宣导性协同功能，网营单位的支助性协同功能，网民群体的志愿性协同功能，涉网组织的联动性协同功能。最后是网络虚拟社会协同治理的步调谐和架构。网络虚拟社会协同治理的步调谐和也即要坚持网络虚拟社会的协同共建原则、协同共治原则和协同共享原则，以使协同治理的功效倍增。

（5）网络虚拟社会协同治理运行体系。网络虚拟社会协同治理运行体系是由三个重要的子系统构成的一个体系。首先是网络虚拟社会协同治理目标体系，即网络虚拟社会协同治理运行过程中的目标导向体系，实际上也就是一整套网络虚拟社会协同治理重要目标的综合。其主要目标包括协力推动网络虚拟社会全面发展、齐心构建网络虚拟社会信息公平、合作维护网络虚拟社会公共安全、共同营造网络虚拟社会良好生态。其次是网络虚拟社会协同治理实战体系，即网络虚拟社会协同治理运行过程中的治理行为体系或治理行动体系，实际上也可以说是一整套网络虚拟社会协同治理关键行为的综合。其主要内容包括精心编绘协同治理的运行图表、不断提升协同主体的协合能力、扎实构筑协同治理的支撑平台、有效确保协同主体的协同行动。最后是网络虚拟社会协同治理制度体系，即网络虚拟社会协同治理运行过程中的运行规范体系，事实上也就是一整套网络虚拟社会协同治理运行规范的综合。网络虚拟社会协同治理中的运行制度很多，重点在于科学建构协同治理的组织制度、全面重视协同治理的沟通制度、适度运用协同治理的激励制度、大力创新协同治理的法治制度。

（6）网络虚拟社会国际协同治理体系。网络虚拟社会国际协同治理是基于对网络空间国家主权和疆界的认识和共同构建网络命运共同体重要思想而提出的一个重要论题。网络虚拟社会国际协同治理是建设包容性信息社会的需要，是加强全球性经济合作的需要，是打击跨国性网络犯罪的需要，是保证入网国网络安全的需要。习近平总书记的共同构建网络空间命运共同体思想，是建立网络虚拟社会国际协同治理体系的重要指导。构建网络空间命运共同体需要形成共建理念，需要形成共治规则。共建理念首先体现于加快全球网络基础设施建设，促进互联互通；其次体现于打造网上文化交流共享平台，促进交流互鉴；再次体现于推动网络信息经济创新发展，促进共同繁荣；再次体现于切实保障网络虚拟空间安全，促进有序发展；最后体现于构建国际互联网络治理体系，促进公平正义。共治规则包括尊重网络主权、维护和平安全、促进开放合作、构建良好秩序。网络虚拟社会国际协同治理要加强体系建构，具体包括网络虚拟社会国际协同治理共识体系、组织体系和规则体系的建构。

三 成果的主要价值

"网络虚拟社会治理与社会协同问题研究"是国内外网络社会学研究的一个重大前沿课题。该成果是网络虚拟社会研究、网络虚拟社会治理研究以及网络虚拟社会协同治理研究领域具有开拓创新意义之作，不仅从风险社会学的角度揭示出网络虚拟社会的五大风险规律，而且从社会协同学的角度系统地建立了网络虚拟社会治理的社会协同理论，揭示了网络虚拟社会协同治理的三大机理；另外，该成果从我国网络强国建设和社会治理创新出发，结合我国网络虚拟社会治理的实际需要，构建了具有中国特色的网络虚拟社会协同治理科学架构，探讨了网络虚拟社会治理的社会协同运行实务，并立足于网络空间主权的重要主张，致力于构建网络虚拟社会国际协同治理体系。

从家庭生计恢复力视角探讨农业
转移人口的就地城镇化

西安交通大学杜巍主持完成的国家社会科学基金项目"就地城镇化背景下农业转移人口家庭生计恢复力研究"（项目批准号为：15BSH028），最终成果为同名研究报告。课题组成员有：靳小怡、杨士、崔烨、顾东东、车蕾、郭玉士、仝一晴、吕锋。

农业转移人口的规模，随着城镇化进程的推进不断扩大。农业转移人口的城镇化，不仅包括非户籍地城镇化，也包括就地城镇化，即农村人口以附近中小城镇为依托，通过发展生产、增加收入，发展社会事业，改变生活方式，过上和城市人一样的生活。与大城市单纯为流入人口不同，就地城镇化的农业转移人口，包括回流农民工、兼业农民和农转非人口，其家庭生计资产在就地城镇化过程中受到的冲击各有不同。

一 研究的目的和意义

该成果基于上述背景，从生计恢复力这一全新视角，分析就地城镇化中的农业转移人口家庭生计问题，通过解决农业转移人口在中小城镇的就地转化，有效消化这一弱势群体的生计问题，促进城乡社会共同发展。揭示城镇化进程中农业转移人口个人及家庭生计面临的主要问题、构建针对农业转移人口的生计恢复力指标体系，为该群体生计恢复力提供计算模型，进而研究恢复力如何影响生计决策，并分析中西部农业转移人口在城镇化进程中所面临的主要需求。本研究有利于深入研究就地城镇化背景下农业转移人口可持续生计问题，有利于发展新型城镇化背景下农业转移人口服务管理研究的新范式，有利于丰富农业转移人口研究的理论和方法，拓展应用领域。

二　成果的主要内容

该成果内容主要包含三个部分：第一部分是农业转移人口生计资本状况；第二部分是农业转移人口在城镇化背景下生计可持续发展过程中的关键生计问题，其中包括生计资本分化、公共服务需求、生计恢复力指标体系构建和市民化发展意愿，以回应农业转移人口在市民化过程中的发展需求；第三部分是新型城镇化发展政策的现状评价与建议，在第一、二部分的基础上，识别并总结出就地城镇化过程中农业转移人口家庭可持续发展的关键问题，并基于相关政策评价与目标群体的政策需求分析，提出具有针对性的政策建议，探索通过政策创新实现政策供给和需求匹配的路径和方法。

三　重要理论观点

提出新型城镇化背景下，农业转移人口家庭生计动态特点及其影响机制。立足中小城镇中就地城镇化农业转移人口家庭生计可持续发展问题，完善了城镇化进程中的农业转移人口家庭生计可持续研究。特别是通过解决农业转移人口在中小城镇的就地转化，有效消化这一弱势群体的生计问题，促进城乡社会共同发展。

以非线性、系统性和跨学科为主要特色的新的生计研究范式。研究以可持续生计框架为切入点，提出研究有序推进生计可持续发展的全新研究范式与框架，形成"社会问题—理论构建—研究方法—分析核心问题—提出社会管理创新与实践的建议"的研究范式，系统探讨家庭生计发展的基础、关键环节和后果，以及在何种机制下影响农业转移人口市民化。

引入区域、代次等重要视角，系统研究农业转移人口家庭生计资本状况的主要特征。在区域视角、代次视角及迁移距离视角下，对不同城镇化模式（异地城镇化、就地城镇化）、东中西流出地、大城市和中小城镇，将受到流动影响的五大生计资本放在统一框架下进行整体性分析，全面了解处于不同流动特征和个体属性的农业转移人口的生计现状、主要困境及政策需求。沿着从基本生计状况到生计恢复力形成，整合农业转移人口家庭市民化意愿与需求的多方面与多层次的现实问题的实证研究内容。

从恢复力理论入手理解弱势群体的生计研究，从微观数据理解农业转移人口家庭生计资本的变迁机制，形成就地城镇化背景下生计策略形成的新研究框架。本研究梳理了包括可持续生计框架、恢复力理论、家庭经济学等有关农业转移人口的可持续生计理论，将恢复力理论纳入可持续生计分析框架中，作为农业转移人口应对风险的衡量。并从恢复力的鲁棒性、转化力、适应力三个衡量维度出发，以五大生计资本为对象，以缓冲能力、自组织能力和学习能力为主要维度，建立针对中小城镇农业转移人口家庭的生计恢复力指标体系。在模型拟合与构建上，结合生计资本、可行能力和脆弱性理论建立一套针对农业转移人口家庭生计恢复力的分析模型，从微观角度上理解农业转移人口家庭生计恢复力指标策略及其影响机制。

将缓冲能力、自组织能力和学习能力的相关理论统一纳入农业转移人口家庭生计的恢复力分析框架，结合土地确权登记、人口流动以及户籍制度改革现实制度背景，以及与城市社会群体的交往和互动的过程中研究其生计行为。迁移，特别是永久性迁移实际上是家庭决策的体现，同时也受到一定制度与社会环境的制约。具体地，缓冲能力代表了迁移后农业转移人口利用自身生计资本和资源禀赋处理生计扰动的能力；自组织考察了人类制度、权力和社会网络对恢复力构建的影响；学习能力是个体为了开发与挖掘组织潜在所需知识与技能，通过不同渠道转移知识，模仿、改进和创造组织与环境相适应的胜任力；社会制度与环境的制约主要表现为土地政策、户籍制度改革和人口流迁的变化。将生计恢复力概念拓展到社会系统中，可以更加深入地了解家庭生计的动态组合性，同时有效地解释城镇化过程中的个体或家庭的生计决策。

发现了农业转移人口生计决策和生计后果的新动向。家庭生计恢复力帮助农业转移人口应对市民化过程的风险冲击，进而对市民化意愿的产生形成助力；土地确权对市民化的推力不明显，以土地为主体的农村制度环境对农业转移人口的市民化意愿仍形成拉力；制度性迁移和行为性迁移在影响因素上存在差异，行为性迁移对农业转移人口的应对能力要求更高；就地城镇化通过解决农业转移人口在中小城镇的就地转化，更加有效消化农业转移人口及其家庭这类弱势群体的生计问题，以促进城乡社会共同发展。

四 对策建议

生计、就业与发展。加强对农业转移人口的职业培训，提升就业能力。在农村劳动力进入城市工作前，进行相应的就业培训；制定以农业转移人口为目标群体的购房优惠政策、建立合适的住房抵押贷款，加大对农村居民住房的资金支持力度。加强对企业的监管，保证就业流程正式性，企业应自觉与满足工作条件已招收的农业转移人口签订劳动合同，保证农业转移人口职业权益；拓宽农业转移人口就业信息流动渠道，应为农村流动人口提供寻找工作的途径，接触到更多的就业信息。

城镇化政策。加快完善城乡居民各项保险制度建设，促进市民化意愿形成。对于农业转移人口来说，以户籍为依托的社会保障制度提高了成本，也不利于民生发展。要整合这些人员和信息系统，实现一体化管理，同时可采取适当的创新，有条件的地区，可以将官办分开。

多渠道解决农村人口的受教育问题。保障教育公平，通过教育行政手段使全国所有的公立中小学均具有同等的办学条件、提高农村教育工作者的收入水平，通过城市帮扶农村等方式，使高水平的教师进入农村学校，提高农村的教学水平与教学质量。农业转移人口在城镇购房多为子女教育，应着力降低农业转移人口子女在城镇的入学难度。

土地政策供给与创新。切实保障农民从农村土地以及集体资产中获得收益，因地制宜发展各类特色农业，地方应加大财政对三农的投入，促进农业基础设施建设的配套与完善，增加农业软投入，促进农业生产领军人才的培养，积极扶持和发展农村职业技术教育，进一步健全和完善农技推广服务体系，积极建立农业专业生产技术下乡活动机制，以促进农业现代化发展。加快健全农村土地流转的长效机制，减少农村土地流转制度性障碍，鼓励多种流转形式共同发展，转包、出租、互换等形式协调运用、互为补充。

社会融合与公共服务。改善农业转移人口社会资本质量，推进农业转移人口社会融合。在社区层面，社区管委会应该要积极组织并且丰富社区中的活动，把农业转移人口纳入城市公共文化服务体系，加大免费开放力度。尤其需要关注涉及社区中事务决策以及社区选举类的活动，以改善其社会资本质量，更好融入城市，进一步提高公共服务的水平和质量，缩小城乡公共服务差距。在城市公共服务建设层面，政府应该出台保障进城务工人员基本住房、医疗、教育问题的政策，并在过程中给予有效监督，确保城市公共服务能真正地解决农业转移人口的后顾之忧；加强职业教育及培训制度。推行终身职业技能培训制度，开展劳动者素质提升行动，开展贫困家庭子女、未升学初高中毕业生、农业转移人口、失业人员和转岗职工、退役军人和残疾人免费接受职业培训行动。教育部门要大力发展职业技能学校，并疏通职业技能人员的上升通道。劳动部门深化劳动培训体系，尤其针对新生代农业转移人口等特殊群体。

五　成果的主要价值

学术价值。首先，该成果是国内首次将恢复力理论引入弱势群体的生计研究，有利于从微观和宏观两个层次上理解农业转移人口对生计资本的变迁机制，有利于发展城镇化背景下农业转移人口生计策略研究的新范式。其次，将恢复力及相关理论统一纳入农业转移人口家庭生计的可持续分析框架，从农业转移人口群体自身，以及与城市社会群体的交往和互动的过程中研究其行为，不仅可以促进农业转移人口家庭生计可持续，同时为其他弱势群体生计研究提供理论和方法借鉴，促进社会经济可持续发展。

应用价值。该成果从脆弱性与恢复力的转化与演变机制上寻找农业转移人口可持续生计途径，探求适合中国国情的城镇化道路，推动国家制度与公共政策创新。首先，在微观上回答了中小城镇农业转移人口家庭生计恢复力如何衡量，以及影响机制的问题；其次，从微观和宏观层次为农业转移人口家庭生计可持续发展的政策创新和国家战略制定提供现实依据；最后，由于农业转移人口的特殊性和代表性，以及与失地农民等其他农业转移人口问题的共通性，该成果可以为改善其他特殊人群的生存状况提供政策借鉴。

内蒙古"三少民族"谚语研究

内蒙古大学李树新主持完成的国家社会科学基金项目"内蒙古'三少民族'谚语研究"（项目批准号为：15BMZ014），最终成果为同名专著。

一　研究的目的和意义

达斡尔族、鄂温克族、鄂伦春族主要分布在我国东北边疆地区，主要聚居在内蒙古呼伦贝尔，亦分布于黑龙江省齐齐哈尔市郊、嫩江流域、新疆塔城地区、黑龙江省黑河等地。这三个民族是我国人口较少民族，俗称"三少民族"。内蒙古自治区的"三少民族"是指达斡尔族、鄂温克族和鄂伦春族，他们是内蒙古自治区内三个人口最少的少数民族。长期以来，"三少民族"人民依据自己的社会实践和生活实践，总结、提炼出了大量具有较强哲理性、科学性、实用性的谚语，"三少民族"谚语作为"三少民族"传统文化中的精髓，是"三少民族"人民长期生产、生活实践的经验总结，是他们社会历史、民俗事项、伦理道德观念的智慧结晶，是一份难得的精神财富，其中闪烁着该民族智慧的火花，对"三少民族"人民的生活有着非常重要的指导意义。

该成果以达斡尔族、鄂温克族、鄂伦春族谚语为载体，探寻达斡尔族、鄂温克族、鄂伦春族谚语与民族起源、社会发展、环境资源、宗教文化和生产生活问题，揭示达斡尔族、鄂温克族、鄂伦春族的历史变迁状况和社会发展信息、宗教信仰印记和具有民族特色的生产生活方式、文化风俗体系。通过对民族文化的载体谚语的归纳分析，对深藏于文化血脉中的达斡尔族、鄂温克族、鄂伦春族谚语文化进行系统性的总结探究，寻找和挖掘谚语中所蕴含的民族精神、民族文化价值观、伦理道德观。同时，从语言学角度，对达斡尔族、鄂温克族、鄂伦春族谚语表义和修辞特征进行分析研究，较为详尽清晰地呈现达斡尔族、鄂温克族、鄂伦春族谚语的美学魅力。

该成果具有两方面的意义和价值。第一，以"三少民族"谚语为主要材料，辅以起源传说为佐证，从语言和文化关系的角度自然真实地揭示"三少民族"的历史变迁，可为探讨"三少民族"族源问题及社会发展状况提供参考和借鉴；"三少民族"谚语记录了具有地域特色的自然环境与植物资源，通过对这些谚语的分析，有利于了解"三少民族"地区的生态环境；直至今日，"三少民族"仍然保持着对自然、天体、动植物以及对祖先的崇拜，通过对"三少民族"谚语中的宗教信仰特征进行分析研究，挖掘存活在"三少民族"口头文学样式中的民族宗教价值观。此外，通过对达斡尔族、鄂伦春族、鄂温克族谚语文化价值系统进行系统性的整理，对其背后的文化意义进行概括总结，深入探究，寻找这些少数民族谚语中所蕴含的民族文化价值观、伦理道德观。第二，在"三少民族"谚语整理分类的基础上，从语言学角度，对其内容和特点进行分析、综合、比较，分析其表义和修辞特征，较为详尽清晰地呈现"三少民族"谚语的基本面貌。

二　成果的主要内容

该成果的主要内容有："三少民族"谚语与民族起源及社会发展、"三少民族"谚语与环境资源、"三少民族"谚语与宗教文化、"三少民族"谚语与生产生活、"三少民族"谚语与文化价值观、"三少民族"谚语的表义与修辞特征。

（一）"三少民族"谚语与民族起源及社会发展

语言是民族文化的一面镜子，任何一个民族的语言都与其民族的历史文化、社会发展等有着不可分割的密切关系。"三少民族"谚语是"三少民族"历史文化的结晶，体现出"三少民族"的历史变迁状况和社会发展信息。留存于口头的"三少民族"谚语在一定程度上反映出鄂伦春族、鄂温克族和达斡尔族的起源、演化及与相邻民族的关系，在漫长的发展演进过程中，"三少民族"形成了丰富的口传文学，其中谚语里提到的诸如"鄂伦春人从哈喇木伦迁来，鄂伦春人世代居住在兴安岭"（鄂伦春）等，或多或少可以使我们窥探到"三少民族"各自关于发源和族群构成的某些信息。在封建时期，"三少民族"社会组织系统是长期在氏族社会血缘关系基础上，依附于中央王朝的政权管理，因此"三少民族"人民历经从原始时期的母系、父系氏族，转变为带有封建色彩的社会面貌，构成了新中国成立前后的政治生活状态。随着民主政治前进步伐的不断加快，"三少民族"的社会生活也逐步向着更加现代化、民主化、理性而又客观的方向发展，民族认同感不断增强，"三少民族"的诸多谚语反映出新中国成立前后及改革开放时期的人民的生活状态和社会现实。

（二）"三少民族"谚语与环境资源

"三少民族"居住的地方，素有林海之称，山林连绵逶迤，漫山遍野，葱郁的原始森林，林业资源非常丰富。"三少民族"人民对其所居住的地理环境——高山、森林等饱含着深厚的感情，丰富多样的地理环境谚语反映出他们对大自然有着多样化的体验；"三少民族"人民与自然环境关系密切，对晴、雨、雪、风、云雾等气候天象的感知更为敏锐，对春、夏、秋、冬的四季变换认识相对深刻，多姿多彩的气象谚语体现出"三少民族"人民对赖以生存的大自然的热爱；在"三少民族"居住之地，有着丰富的林业资源，白桦、樟子松等树木遍布山林，乌拉草、柳蒿芽等野草应有尽有，野生植物种类繁多，"三少民族"的诸多谚语均与此类野生植物相关；除此之外，"三少民族"人民从事农耕活动，燕麦、荞麦等粮食作物以及黄烟类经济作物在其农业生产中极为重要，与之相应，"三少民族"的诸多谚语记录了这些具有地域特色的农业作物。

（三）"三少民族"谚语与宗教文化

内蒙古"三少民族"谚语保留着"三少民族"的宗教信仰的印记。在漫长的历史演变过程中，"三少民族"在"自然崇拜"的指引下形成了自然诸神及萨满教两大信仰主体，后受时代变迁、文化交融等因素影响，以佛教为代表的其他宗教对"三少民族"的生活也产生一定影响，凡此种种，均可在"三少民族"谚语得以显现。"三少民族"在依赖大自然从事具有原始特征的狩猎生产生活中，逐步形成了狩猎者与大自然之间不可分割的生存依赖的有机联系，他们对大自然产生了种种崇信、畏惧、寄托、依赖的文化心理，逐步形成了"三少民族"认识客观世界的"万物有灵"的意识观念，这种宗教信仰观念自然地体现在谚语之中，形成了大量流传民间的谚语，如"白那查是鄂温克的山神，敬山神的人丰衣足食"等。作为一种世界范围内的宗教文化，萨满文化对人们的生活具有巨大影响。迄今为止，萨满文化依然影响着"三少民族"的日常生活，"三少民族"中的一些谚语高度概括了萨满在"三少民族"生活中起到的作用，如萨满跳神、萨满治病等，部分谚语也体现出"三少民族"人民对萨满的尊敬、反映出萨满性别与氏族历史的关系等内容。现阶段，"三少民族"除信仰萨满教外，还有喇嘛教、汉传佛教、基督教，以及杂糅北方汉族信仰的民间宗教等。我们能从大家口耳相传的谚语中体味到"三少民族"的生活百态，亦可以从中窥探"三少民族"的宗教信仰状况。

（四）"三少民族"谚语与生产生活

"三少民族"谚语中蕴含着大量反映其民族特色的生产生活方式和文化风俗体系，包括狩猎、其他生产行业、日常生活、娱乐、风俗等内容。这些谚语是研究"三少民族"生活文化及其风俗的重要依据，也体现了"三少民族"的民族特色。

分布在我国东北地区的少数民族长期生活于长白山、大小兴安岭，茂密的森林草原为少数民族提供了优质的狩猎条件，同时产生了一些短小精悍的谚语，形象生动地传达着他们世代累积的经验。产生如"进山缺不得火和刀，打猎缺不得马和枪"等反映"三少民族"狩猎生产的谚语。

除狩猎活动之外，农副业等其他生产行业在"三少民族"的生产生活中也占据重要地位。渔业、放排业和农业是"三少民族"不可或缺的生产方式。对"三少民族"人民来说，渔业是狩猎经济的重要补充，因此，他们创造出一定数量的有关渔民生活、鱼类资源、捕鱼工具以及鱼类生存环境方面的谚语。放排业也是以达斡尔族为代表的"三少民族"重要的生产方式，放排谚语体现着"三少民族"人民的勇气和智慧。"三少民族"人民根据其所居住的地理环境，从事相应的农耕活动，一大批反映农民、农具、籽种、耕作经验以及经济作物的谚语随之产生。

"三少民族"衣食住行各方面的日常生活，都鲜明地体现了其民族特点，同时也具有丰富的内涵，因此"三少民族"关于日常生活的谚语在整个"三少民族"谚语中占据着重要地位。

娱乐是一个民族精神生活的概括和体现。它既可以是个人精神生活的体现，也可以是群体性的娱乐活动。"三少民族"是能歌善舞的民族，所以衍生出很多歌舞谚语，还有诗词谚语也可以反映出"三少民族"的精神文化生活。除此之外，曲棍球也是受达斡尔族欢迎的群体性体育活动，关于曲棍球的谚语也有很多。例如："弹口弦琴音小拨动心"记录了鄂伦春族特殊的乐器口弦琴，"山美引飞禽，歌美招贵客"反映了鄂伦春族人民对歌舞的推崇与热爱。

作为一个特定区域特定人群沿革下来的风气，风俗最能体现一个民族的特色。纵观"三少民族"的风俗谚语，无论是关乎春节（鄂温克语、达斡尔语均称其为"阿涅"），抑或是关乎婚俗，都极富地域特点和民族特色。

（五）"三少民族"谚语与文化价值观

文化价值观是一个民族深藏于文化血脉中的信条，是弥布于民族文化之中的普遍价值观念。鄂温克族、鄂伦春族、达斡尔族谚语是"三少民族"历史经验的总结，蕴含着三个少数民族朴素而丰富的文化内涵。在长期的山林生活中，"三少民族"养成了自己特殊的民族气质——勤劳、正直、善良、勇毅……这些民族精神通过谚语直观展现在我们面前。从谚语中，我们可以看出"三少民族"共有的文化价值观念，即崇尚自然、英雄主义、恪守信义、团结友爱、自由个性、坚忍不拔、朴直公正、褒善贬恶、谦逊好学、真挚情感等。这些民族精神和民族价值观通过谚语代代流传，成为鄂温克族、鄂伦春族和达斡尔族文化血脉中生生不息的精神养分。形成谚语如"怕死别去放排，放排就得不怕死""要说出来的话不能咽进肚子里，要做的事不能拖到黑夜里"（鄂伦春），"品格性格是忠诚的好，牛马羊群是肥壮的好""任你恶狗有几条，不误骆驼走大道"（鄂温克），等等。流传于民间的简练通俗而富有意义的谚语蕴含着"三少民族"深厚的文化内涵和科学价值，反映出丰富的民族文化价值观、伦理道德观，体现了"三少民族"的心理、伦理、精神、价值、审美情趣等精神样式。

（六）"三少民族"谚语的表义与修辞特征

"清洁的水是泉水，好的语言是谚语"，谚语是人们"好的语言"的集合。作为"三少民族"智慧精华的民族谚语，是研究"三少民族"风貌的一面镜子，而探索谚语自身展现出来的内容特征也是谚语研究中不可或缺的重要环节。"三少民族"谚语的语义内容特征集中在广泛性、经验性、民族性、哲理性等四个方面。

三　成果的主要价值

第一，该成果第一次对"三少民族"谚语语料进行全面和系统的整理和归纳，将"三少民族"谚语进行系统的对比和关联研究，避免了单一、零散的局限性。

目前关于汉语谚语研究和维吾尔、哈萨克、蒙古语谚语研究取得了较好的进展，而对人口较少的民族达斡尔族、鄂温克族、鄂伦春族谚语一直缺乏系统、全面、深入的研究。该成果第一次对"三少民族"谚语语料进行全面和系统的整理和归纳，将"三少民族"谚语与文化进行系统的对比和关联，从中国地域文化和文学、语言关系的角度，研究独具地域文化特征的谚语在传承和弘扬民族区域文化中的作用和价值，确立了"三少民族"谚语在中华多民族谚语中的地位，为确立"中国谚语学"或"中华谚学"提供了一个新的研究视域和范式，具有创新价值。

第二，通过谚语提炼出了达斡尔族、鄂温克族、鄂伦春族的民族文化认知价值。谚语是人类于各时代所积累下来的实际观察以及日常经验的成果。谚语具有知识性，它既有对客观事物的认识，也有在社会实践中积累起来的经验。本研究立足丰富多样的民族谚语语料，全方位展示了达斡尔族、鄂温克族、鄂伦春族的衣食住行、民风民俗、文娱活动、生活方式、行为方式、心态、情感、观念、审美、道德、理想、教育、理论、科技等诸多方面的内容。这对全面了解和认识鄂伦春族、鄂温克族、达斡尔族，了解认识达斡尔族、鄂温克族、鄂伦春族的民族文化，具有很好的认知价值。

第三，有较好的理论价值和学术价值。谚语是一个民族集体智慧的结晶，是一个民族固有的精神文化遗产，谚语中往往集中体现着该民族的精神世界，蕴含着民众所总结的深刻哲理或科学知识，它反映着民族的人生观和世界观。重点研究达斡尔族、鄂温克族、鄂伦春族谚语的文化类型系统，挖掘这一系统的谚语文化特质，揭示达斡尔族、鄂温克族、鄂伦春族谚语中蕴含着的最持久、深厚的文化内涵和民族文化价值观、伦理道德观、审美情趣等精神样式和文化生命力,这对弘扬民族文化、建设中华民族共有精神家园具有重要的理论价值和学术价值。

第四,该成果具有较好的应用价值。全面系统地搜集整理了"三少民族"谚语,共搜集达斡尔族谚语 2000 条,鄂温克族谚语 350 条,鄂伦春族谚语 500 条,并进行了语义分类和国际音标标注,不单为本民族人民提供了谚语样本,也为其他民族人民提供了认知和了解"三少民族"的语言信息和文化资源。

北方森林草原民族生态文化史专题研究

    大连民族大学南文渊主持完成的国家社会科学基金项目"北方森林草原民族生态文化史"（项目批准号为：13MZB052），最终成果为专著《北方森林草原民族生态文化史专题研究》。课题组成员有：巨积兰、王艳、关伟。

    该成果是系统阐释北方民族生态文化史的一项基础性研究。它既要从纵向的历史角度具体考察五千年来北方各民族与不同区域环境的互动历程及其文化适应过程，又要从横向的角度比较研究北方民族生态宇宙观、价值观以及在物质、制度、精神方面的生态智慧和文明成果，挖掘各民族传统生态文化在新时代生态文明建设中的积极意义，探索少数民族地区文化传承、环境保护与社会稳定发展的途径。

一　生态文化史研究的出发点与学术意义

    首先，认识生态文化在生态文明中的核心价值观地位。遵循习近平总书记提出的"要加快建立健全以生态价值观念为准则的生态文化体系"的指示，通过系统研究北方各民族生态文化史，传承其"尊重自然、顺应自然、保护自然"的生态价值观，为新时代建立以生态价值观念为准则的生态文化体系做出积极探索。

    其次，生态文化史的研究是为了追溯、总结和延续各民族生态文化，传承中华生态文明精华。生态文化是一个历史过程，生态文化史研究是对生态文化本原的探讨。生态文化产生于新石器时代我国北方各民族早期的猎耕牧生计方式中，贯穿在中华民族传统文明之中。数千年来各民族发明创造的狩猎、农耕、畜牧、游牧生计方式中蕴含着丰富多样的生态文化。因此，生态文化史研究是对各民族生态信仰、生态智慧的提炼和传承。

最后，揭示北方生态文化的生态适应性与生态合理性。北方各民族生态文化历史演变的历程表明：衡量生态文化是不是进步合理的，不是其技术程度，而是其环境适应性。凡是适应、尊重自然环境，保护生物多样性，维护简约和谐之生存之道的文化便是健康的、文明的。生态文化是各民族在适应不同生态环境过程中创造的精神信仰、生计方式和生存智慧，生态文明的建设，要从各民族生态文化中寻找智慧，寻找到适应不同区域环境的生态文明方式。

二　北方民族生态文化史的分期与研究层面

北方民族生态文化史的研究角度着眼于两个维度：其一，北方民族生态文化隶属于中华民族整体文化体系，其产生演变与中华民族传统文明的创建传承是同一进程，我们要从中华民族整体传统文化的视角分析研究北方区域生态文化；其二，生态文化史是建立在环境史的背景之上的，民族生态文化受制于天时、地理、生物自然环境的制约，是区域生态环境的产物。这两个维度决定了北方民族生态文化史的分期与研究体系。

（一）北方民族生态文化史的分期

北方生态文化史研究，可以上溯到新石器时代。这一时期各个生境区的族群自觉地适应所在生境区，利用温暖气候与有利的生态环境，创造了适应区域环境的生态文化。从宏观的视角看，公元前18世纪夏代以前属于原生态或者是前生态文化史；在此以后，北方民族生态文化史的演变可以划分为四个阶段。

（1）公元前18世纪的夏代到公元前11世纪的商代，是北方不同生境文化区形成，狩猎、农耕、畜牧多样性生态方式出现时期。

（2）公元前10世纪的周代到公元前3世纪的春秋战国时期，中原产生不同生态思想学派；北方森林草原民族建构了生态宇宙信仰体系。

（3）从公元前2世纪的秦汉时期到公元19世纪的清朝，中原农耕文化兴盛发达，并不断向南向西扩展；北方各民族在循环演变的历史进程中创建了东部森林边缘区渔猎农耕文化、北方草原游牧文化、青藏高原猎耕牧文化。

（4）19 世纪后期以来，北方森林草原民族生态文化受到城镇化的制约，进入转型时期。

（二）北方民族生态文化结构体系研究

生态文化是生态人类学范式体系的建构。生态文化是在生态内涵的基础上衍生的。北方民族生态文化史的建构大致包括三个层次：一是基于生态信仰而建构的宇宙生态观层次；二是基于生态系统概念而建构的自然-社会生态系统层次；三是基于生态位概念而建构的生境-文化区层次。

1. 生态宇宙观构成北方民族生态文化的最高形式

生态宇宙观是从生态圈理论基础上推导出的。生态宇宙观倡导人类和生态系统的生生与共的价值观，维护生态系统的完整性。

（1）春秋战国时期的儒学、道学思想家建构了万物一体的宇宙观，建构了宇宙信仰的生态文化系统；北方森林草原民族通过萨满教建构了天—地—人相依相存的生态宇宙信仰；在生态宇宙观及其伦理规范的指导下，形成了尊重自然生物生命、保护森林草原环境、奉行简朴稳定的生态价值观；确立了热爱生命、敬畏生命、维护生物多样性的生态伦理观。因此，生态宇宙观是生态文化的核心或者是灵魂，也是北方少数民族传统文化的根底。

（2）北方民族确立了森林草原为"恒定的生命源"的资源观：森林草原主体是永恒的、神圣的、受到保护的；人类可利用的是森林草原新陈代谢产生的再生资源。为此，北方民族生态资源观的基本原则是：永远维护森林草原恒定的生命资源，有限利用再生流动资源。

（3）北方民族培育了森林草原生命共同体的大地母亲观念。北方民族将森林草原看作整体生命生态圈，生态圈的土地如同母亲生育繁衍后代，哺育呵护万物；所以培育了感恩大地母亲，精心保护大地的价值观；各种生物是生态圈的平等成员，因而要尊重森林生物、草原植被、野生动物的生态位价值；族群是生态圈系统中的主人，也是其中的一员，族群要融入森林草原生态圈，尊重、保护森林草原整体生态圈的完整性。

2. 各民族建立了森林草原自然-社会生态系统

北方草原森林民族在适应自然环境的过程中，创造了协调人与社会、人与自然、人与超自然精神相互关系的自然-社会生态系统。

（1）建构了生产性生态机制。我们现在往往将生态文化看作一种人类在遭受生态环境退化状态下被迫采取的保护环境的措施，是被动的文化形态。但是从文化史的角度看，生态文化是人类在丰富多彩的森林-草原生态环境下采取的积极有为的生产性、创造性的文明形式，是各民族适应自然环境，有节制地利用自然资源的健康生态文化。习近平总书记讲道：生态就是资源、生态就是生产力。生产性是生态文化生生不息生命力的源泉。

（2）新石器时代后期的北方民族在森林草原边缘区首先创建了农耕、畜牧混合方式，这是生态文化起源的基础；在此基础上产生了森林游猎方式、草原游牧生计方式、畜牧农耕生计方式。生态文化是对多样化生计方式的传承。

（3）游牧方式是在农牧边缘区定居畜牧农耕基础上创造出来的专门化的草原资源利用方式；游牧方式是利用和保护草原的最好方式；它蕴含有丰富的草原利用生态智慧，历经四千年的演变而经久不衰。游牧民族在青藏高原高寒草原、蒙古高原草原及西北干旱荒漠草地创建了适应各地生态环境的轮牧方式，数千年演变过程中不断调整完善，从而提升了草原生态文化的内涵和生命力。

3. 生境-文化区建构的生态位空间

"生境-文化区"是自然生态环境与民族文化的组合。历史上北方族群针对不同生态环境采取多样化生计方式，建立了适应生境区的生存方式，从而形成了不同族群"生境-文化区"。它是各民族的生存家园，是环境独特、文化深厚、历史悠久的乡愁故乡。"生境-文化区"通过建立森林草原与农田城镇协调有序的生态空间，实现了自然生态与当地人文传统相融合，自然保护区的保护与民族文化的传承相一致，青山绿水与各民族神山圣水一体化，人文建筑与自然风貌相协调，这是生态文明制度建设的重要途径。

三　成果的主要价值

（1）就构建和书写北方民族生态文化史进行了有益的探索。目前我国依然缺乏系统的生态文化通史研究。本研究提出从民族生态文化史专题入手，进行具体的个案研究，依据北方草原、森林地区的田野调查和北方民族的文献与口碑资料书写各民族环境史、文化史，并就书写生态文化通史的体例、内容和方法进行了初步探讨。该成果分为三篇，一共27章。上篇概论北方民族生态文化与生态文化史的研究对象以及生态文化的生产性、创造性和多样化文化特征；中篇以北方民族文化演变史为线索，从纵向角度分别阐释了上古、中古和近代民族的生境-文化区及生态文化演变进程；下篇从横向的角度比较研究了北方民族生态信仰观、生态价值观及森林生计方式、草原游牧方式等专题，探索少数民族地区文化传承、环境保护与社会和谐发展的途径。

（2）就认真贯彻党的十八大以来党中央提出生态文明建设的一系列新理念，为新时代推进生态文明建设提供了理论和历史的依据。该成果通过梳理归纳北方森林草原民族绵延五千年的生态文化演变史，系统挖掘森林草原民族在利用自然环境中所创造的天文、地理、时令知识以及与自然环境相处的智慧和价值，探索不同民俗文化细节在整体生态文化中的合理性与整合性，从而揭示了生态文化在开展生态文明建设，实现人与自然和谐共生、良性循环、持续发展中的积极作用，提出尊重自然、保护生态是中华文明永续发展的保障途径。

（3）在新时代城市化进程中就传承各民族生态智慧和合理性价值，将其纳入新时代生态文明建设机制，保护和建设各民族生境-文化区家园，保障老百姓最根本的发展利益提出了相关对策建议。

清代青海蒙古族社会变迁研究

青海民族大学陈柏萍主持完成的国家社会科学基金项目"清代青海蒙古族社会变迁研究"（项目批准号为：14BMZ016），最终成果为同名专著。课题组成员有：张科、刘景华、朱韶晖、杨代成。

一 研究的目的和意义

蒙古族是今天青海省的六个世居民族之一。截至 2018 年 11 月 1 日，青海蒙古族约有 10.59 万人，占青海省总人口的 1.80%；主要聚集在今天海西州的乌兰县、都兰县、德令哈市和格尔木市，海北州的海晏县、祁连县，海南州的共和县和黄南州的河南县等地。

蒙古族进入青海始于蒙元，历经明中叶和明末三个阶段。尤其是明正德、万历年间东蒙古土默特部及明末卫拉特部和硕特部入居青海，在甘青地区造成两大后果：其一是蒙古民族宗教信仰发生改变，由信仰萨满教改为信仰藏传佛教格鲁派；其二是引起周边藏族部落向四处迁徙，民族分布格局发生变化。特别是和硕特部移居青海，并进而占据康区和卫藏，将整个青藏高原纳入自己的统辖之下，势力极为强大。蒙古族成为青海草原的强势族群和统治者。清朝入关后，之所以顺利地将青藏高原纳入其统辖之下，青海蒙古功不可没。

清雍正朝之前，青海蒙古是青藏地区权力的实际掌控者，直接主导着青藏乃至西北地区之政局，青海蒙古也是清朝维护青藏地区社会稳定、密切清中央与青藏地区关系的具体操作者和清朝在青藏地区统治的代理者。

罗卜藏丹津事件后，在清朝推行设旗划界，蒙藏分治及"扶藏抑蒙"的政策下，青海地区蒙藏力量发生易转，从"蒙强藏弱"变为"藏强蒙弱"，青海蒙古族社会步入持续衰败的境地。尤其是随着藏族部落人畜繁殖的快速发展，驻牧于黄河以南地区的藏族部落揭开了渡河北移、侵占蒙古游牧之地的活动，蒙藏两族间经过长达近百年的游牧地争斗，咸丰年间藏族部落最终冲破了清朝划定的"北蒙南番"的分布界限，取得了在环湖周边的驻牧权，进而发展成为"环湖八族"，并最终奠定了今天青海地区的民族分布格局。

青海蒙古由于远离蒙古高原，受青海地区自然环境、人文环境等因素的影响，在漫长的历史进程中形成了独具特色的蒙古文化。加之青海境内的蒙古族长期与藏族交错杂居，相同的经济生产生活方式、共同的宗教信仰等，使得青海蒙古族在语言文化和社会习俗等方面深深地打上了藏文化的烙印。

清代的青海地处中原与西藏和新疆的交通枢纽与军事要道，地理位置十分重要。从青海向东可进入川西北及巴塘、理塘；向南是入藏的咽喉要道；北可通往河西走廊及西域一带。青海蒙古发挥着卫藏牵准之作用。清朝非常重视对青海的经营，采取了"安藏必先安青"的策略。青海又是藏传佛教格鲁派向蒙古各部弘传的中心区域，也是内、外蒙古各部入藏熬茶敬佛的必经之路。还是中央治藏的先行区和"试验区"。清朝治藏的许多政策都是先在青海实施后再推广到西藏。

有清一代，青海蒙古族社会在青藏高原各民族和民族关系的发展中具有一定的典型意义。因此，对清代青海蒙古族社会进行研究，既可以帮助我们了解青海蒙古族社会历史发展的全貌；还可以有助于我们了解青海蒙古与清中央的关系互动，进一步了解清朝中央对青藏地区从间接治理到直接治理的施政历程，有助于我们深入剖析青海蒙古族社会由盛转衰的历史变迁轨迹；又可以有助于我们更进一步了解蒙、藏两族在文化、经济、宗教上的联系。以此来丰富中国民族史、蒙古史的研究，拓宽青海蒙古史的研究范围；还可以对青海地方史和民族社会学的研究起到拾遗补阙之作用，并为今天民族地区的社会发展与治理提供一些借鉴。所以说，对清代青海蒙古族社会的研究具有一定的学术意义和现实意义。

二　成果的主要内容

社会在运行过程中，变迁总是不可避免的。透视清代青海蒙古族社会变迁历史，可得出以下结论：一是清代蒙古族社会变迁史是一部各民族融合的断代史。清初和硕特蒙古政权加强对青海的统治，开始建立世袭领地，划分左右两翼，青海社会组织和社会阶层出现分化，在蒙古族政权为主导的地方行政体制中，逐渐融入了其他民族的政治因素，以会盟制度为代表的蒙藏民族认同政治制度也逐渐被其他民族所接受，清代蒙古社会政治变迁即是各民族政治制度认同的历史。蒙古族进入青海地区，除原有的畜牧经济生产方式外，农业经济、手工业和商业贸易也较以前较为繁荣。蒙古族社会经济变迁现象，其实也是一部蒙古族与其他民族经济的交融史。蒙古族入主青海后，受其他民族的影响，在宗教信仰、社会习俗、服饰语言等方面也发生了重要的变化，即是一部蒙古族与其他民族的文化融合史。二是清代青海蒙古社会变迁史是一部国家治理边疆的政治史。从清代青海蒙古社会变迁过程看，实际是蒙古地方政权的没落史，同时也是国家政权与地方政权相互较量的过程。三是国家统一、民族平等是各民族共同发展繁荣的政治保障。在国家统一的政治保障下，清代青海蒙古族与内地进行着官方和民间的双重商贸活动，即是明证。四是中华各民族是一个相互依存的、统一而不能分割的整体。青海地区既是一个多民族聚居杂居区，同时又处于边疆地带。青海文明是汉、藏、回、蒙古、撒拉、土等民族在相互交流的背景下共同创造的，在历史长河中，各民族团结向上，相互依存，共同贡献智慧。青海省作为我国领土不可分割的一个行政区域，其文化是一个不可分割的整体。在青海文化融入中华民族多元一体的文化血脉中过程中，充分体现出各民族也是一个相互依存的、统一而不能分割的整体。各民族在交往中，文化交融使得各方在诸多方面成为相互依存的统一整体。如在青海蒙藏地区，部分藏族民众通过婚姻等方式融入蒙古社会中，形成"你中有我""我中有你"的整体。蒙古族在青海高原进行军事征服的同时，藏传佛教却成为青海蒙古上层的宗教信仰，而藏语也在青海蒙古社会广为流传。藏蒙双方的交流也会引起双方在饮食、服饰的变化。一方面，藏族会影响蒙古族，至清中后期，"蒙古率皆穿番子衣帽，毫无区别，易于混淆，往往蒙古带领番子抢劫者实无从辨其真伪。"另一方面，蒙古族也会影响藏族。如在阿柔人婚礼上，辫套在打茶、煨桑之前戴在前面，之后才转到后面。另外，今拉卜楞寺、泽库等地的藏族妇女也有发辫为二的习俗。最后形成"青海境内汉、蒙、回、藏诸族，同居杂糅，历数千年，种族血统已混淆不清，今欲求纯粹血统之汉人或回人，事实上已不可能"的情形。

在社会文化上，青海地区蒙、汉、藏等民族相互影响、相互吸收，形成独特的青海地域文化。这种独特的地域文化正是各民族共同发展中创造的，也从另一个方面充分说明了中华各民族是一个相互依存的、统一而不能分割的整体，其中相互连接的纽带即是中华历史和中华文化。

总之，清代蒙古族社会变迁研究实际上是要呈现一部民族历史文化的交融史、国家治理的边疆史。爬梳历史发现：国家大一统、民族平等是民族融合、社会发展政治保障，青海区域文化是汉、藏、蒙古、回等民族共同创造的，彰显着中华民族多元一体文化格局的独特魅力。清代蒙古族社会变迁是一个复杂的社会系统协调工程，它不仅包括中央至地方上层建筑的调整，还包括社会发展中经济基础的变化，而本研究更多关注的国家政权如何渗透至边疆民族地区，又是如何影响至基层地方社会，而对于整个社会发展中的分工、分化，即生产力因素是如何变化的，这些变化又怎样作用于上层建筑，从而引起社会的变迁等，对于这些问题还亟待学者共同探讨。

三 成果的主要价值

通过学术史的回溯不难发现，已有的学术成果侧重于探讨蒙古族迁徙至青海的历史、蒙藏关系和青海蒙古与清朝的关系等方面，涉及青海蒙古族的政治、社会组织结构、经济生活、社会习俗、语言文化等方面的研究成果比较少，且缺乏深度。该成果充分利用清实录、清代档案、地方志、蒙藏文史料、国内外学者发表的游记、民国时期的报刊资料，以清代青海蒙古族社会为主要对象，以固始汗去世后及罗卜藏丹津事件为转折点，考察和分析清代青海蒙古族社会的行政管理机构、社会组织、经济生活、社会习俗及语言文化之变迁，同时，借鉴人类学、民族学、社会学等中关于文化认同、文化涵化、社会分层的理论分析其社会变迁原因及趋势。

多学科研究方法的交叉运用，既采用传统的历史学研究方法，也运用民族学（民族史志）、社会学（社会分层）和文化人类学等的相关理论和研究方法，从多角度对清代青海蒙古族社会行政管理体制、社会组织结构、经济生活、文化及社会习俗的发展变化做一个系统的探究，在此基础上分析其社会变迁之原因。此外，清代青海蒙古族社会变迁在中国少数民族社会变迁的研究中，处于一个相对薄弱环节，同时也是进行系统的社会变迁研究为数不多的处女地。因而，对其展开研究，也具有丰富中国少数民族社会变迁的认知，尤其对于深化中国区域社会变迁的研究，具有典型类型与弥补不足之力。

日本企业"走出去"战略中的协同支持体系研究

天津社会科学院程永明主持完成的国家社会科学基金项目"日本企业'走出去'战略中的协同支持体系研究"（项目批准号为：15BGJ061），最终成果为同名专著。课题组成员有：贾丽、马淑萍、平力群。

一 研究的目的和定义

所谓的企业"走出去"战略，是指企业充分利用国际国内"两个市场、两种资源"，借助跨国经营配置优势资源，通过对外直接投资、对外工程承包、对外劳务合作等形式积极参与国际竞争与合作，拓展生存与发展空间的一种经营活动。企业"走出去"战略的实施并非单一而孤立地存在，而是深嵌于所处的社会关系网络之中（包括国际与国内两个子网络）。尤其是进入 21 世纪以来，随着科技进步、知识经济竞争方式的转变、国际分工日趋细化等经营环境的变化，"走出去"战略的实施仅依靠企业自身已日益难以应对，尤其需要政府及各类相关机构给予多元化的支持、协调与配合。

二 成果的主要内容

日本企业在 20 世纪五六十年代开始向海外发展，不仅涌现了一大批国际知名的跨国企业，而且在企业"走出去"的过程中，政府及民间从政策、机制、资金、信息、人才等方面也逐渐构建起一套较为完善的协同支持体系。成果即是对日本企业向海外发展时所构建的协同支持体系进行全面而深入的研究。

该成果从日本企业"走出去"过程中企业资源的依赖性、价值链的互补性、同业间的竞合性以及经济的社会性等特征，综合运用社会关系网络理论、协同理论以及利益相关者理论等，主要围绕日本企业"走出去"战略中日本政府及相关省厅、政府施策机构、官民协同组织、金融机构等主体的支持措施，以及业界、综合商社、服务型组织、智力支持组织等的协同措施召开研究。

第一，该成果对日本企业"走出去"的历史沿革进行了梳理，对各个发展阶段的主要特征进行了总结；第二，对日本政府主导的支持政策体系从政策支持、组织协调机制、融资支持等方面进行了分析和总结；第三，对日本相关省厅具体的支持措施、构建的协同组织，尤其是日本特殊的政策实施机构的功能发挥和运营特征进行了重点分析；第四，是对官方及民间的金融机构、业界、综合商社、服务体系构建、智力支持等不同协同支持主体的功能发挥进行了分层次论述。以期通过本研究构建起在日本企业"走出去"战略中，日本官民一体构建的多主体、多元化、多层次的协同支持体系的研究框架和分析视角。以期对中国企业"走出去"战略的实施以及中国企业参与"一带一路"倡议提供可资借鉴的经验。

该成果的特色在于：①首次将日本企业"走出去"战略中的协同支持体系作为研究视角，选题新颖、视角独特。学界此前的研究主要侧重于企业层面的海外发展模式以及政府层面的支持措施，但对中间层面的"相关省厅"的落实措施，以及金融机构、企业界、综合商社、服务体系构建以及智力支持等方面涉及很少，本课题对上述协同支持体系的相关主体的支持措施、具体特点等进行了深入的分析，从而对日本构建起的官民协同支持体系进行了多主体、多层次、多方位的全面性研究。②运用社会关系网络等理论，依据关系网络理论的节点关系、关系间联系的强弱、不同功能分担等从宏观层面、中观层面、微观层面分层次进行了分析，研究方法较为新颖。③在以往学界的相关研究中，对日本政府的政策实施机构、独立行政法人设置及其运营机制、官民基金等缺乏足够的研究，对其职能、运营特点以及对企业"走出去"所发挥的作用并未予以足够的重视。本研究将其作为重要的支持组织进行了深入的研究，从而深化了对日本企业向海外发展时的协同支持体系的研究。④在对各个行为主体进行研究的过程，对一些具有代表性的典型机构或典型模式，如在官民基金的研究中，重点对农林渔业成长产业化支援机构、海外交通·都市开发事业支援机构、酷日本机构、产业革新机构四个组织进行了重点分析和案例剖析；在对日本的政策实施机构进行研究时，重点对国际协力机构、石油天然气·金属矿物资源机构以及日本贸易振兴机构等独立行政法人的运营模式、职能分担、具体支持措施等进行了重点分析；在探讨智力支持和官产学研体制在日本企业"走出去"中的协同支持时，重点对日本新能源·产业技术综合开发机构、科学技术振兴机构这两个国立研究开发法人组织进行了重点剖析。通过具体的个案剖析，不仅使得本研究既注重"面"层次的分析，也注意到了"点"层次分析的重要性，从而使得本研究更加深入和立体。⑤在终章中结合日本的相关经验，为中国企业"走出去"构建协同支持体系提出了十二条具体建议。

这十二条具体建议如下。一是转变政府职能，强化政策的诱导功能。企业"走出去"需要政府尽量创造有利于企业"走出去"的环境和条件。从日本企业的海外发展模式来看，无论是中央政府还是各地方自治体，都有着明确的职能定位，那就是发挥政策诱导功能与协调职能。在企业"走出去"的过程中，日本之所以呈现出多层主体的参与与协同，主要是日本在相关立法和政策中，明确规定了国家和社会各界在其中的职能定位，明确了中央政府、地方政府、公共团体、企业和个人在其中的责任。政府要发挥在重点发展产业选择、相关政策制定、法律制度的出台与完善等方面的职能定位。

二是加强政策、部门及行动间的协调能力。协调职能是中央政府和地方政府在支持企业"走出去"过程中应发挥的一项重要职能。所谓的协调分政策的协调、部门的协调与行动的协同三个层次：①围绕国家的总体战略布局，各部门、地方政府要加强彼此间的协调，相关支持措施要协调一致，要形成较为完善的、相互衔接和互补的"支持政策链"，形成完整的体系性政策。②加强部门间的协调。中国企业"走出去"以及"一带一路"倡议也必然涉及多个部门，应成立相关的协议会，针对重要的发展领域，如高铁、基建设施建设等甚至可以成立专业性的协议会，加强多部门间的协调，实现信息的共享。相关部委及地方政府作为政策的实施主体，其职能重心应放在协调与政策的执行与监督上。③行动的协同。企业的海外发展涉及政府、企业、金融、保险、物流等多个功能主体，政府及相关部门需要协同各个行动间的关系，围绕"走出去"企业开展协同行动，为企业走出去创造良好的经营环境和制度保障的做法值得借鉴。

三是改组或建立专门的政策实施机构。建议中国改组部分国有企业或新组建类似的政策实施机构，或者成立一批有威望、高效率、协调政府与企业关系的半官方机构负责并承担海外事务的调查、资料收集、贷款担保、补贴发放等所扮演的角色，使其成为高效地协调政府与企业关系的半官方机构，不直接参与项目经营，而是在项目和民间企业背后助推企业在海外的发展，更好地服务于国家战略的实施和推进。

四是构建官民协同支持体制。从中央到地方构建企业"走出去"或"一带一路"建设的官民协同平台。如构建中央政府和各地方政府的"中国企业走出去协调委员会""一带一路建设协调委员会"等平台，实现资源与信息的共享，在政策推行过程中进行具体事务的协调等；构建"官产学研金"的研发协同机制。加强政府、企业、高校、科研院所、金融等机构间的合作，加强创新研发，通过一定的机制向"走出去"企业开放国家或高校、科研院所的实验基地，共享设备和仪器，开展共同研究，提高企业的研发创新能力；鼓励更多的民间组织（如行业协会、社会团体组织等）服务于企业"走出去"战略。

五是鼓励政府公共部门"走出去"。中国的许多公共部门已在国内相关领域积累了丰富的经验，应鼓励各地方政府的水务局、燃气公司、公路管理局等公共部门"走出去"，或成立相应的海外项目公司"走出去"配合企业实行"系统化走出去"发展模式，增强国际竞争力。

六是构建完善的海外投资服务体系。中国企业"走出去"除国家政策层面的支持外，地方政府、经济团体、行业协会、银行业、保险业、科研咨询机构等也要在信息、人才、融资、保险等方面提供全方位的配套服务，亟须构建完善的海外投资服务体系。建议国内的相关组织和机构在海外增设更多的派出机构；构建完善企业"走出去"的服务链。中国应有意识地构建和强化服务于企业"走出去"的服务链，逐步形成完善的、稳定的、全方位的服务链；充分利用海外华人优势，构建海外服务网络。

七是"抱团走出去"采取合作共建模式。相关企业间可通过相互持股的方式，形成命运共同体；"以国企带动民企""以大企业带动小企业"共同开拓海外市场；多业种企业链条式"走出去"，增强对产业的控制力；与海外机构共同合作承揽项目。

八是强化标准化战略争取市场控制权。中国企业在海外的项目以及参与"一带一路"建设过程中，也应注重相关的国际标准化战略，不仅要有"中国速度""中国质量"，还要有"中国标准"。

九是发展中国特色的综合商社体系。在日本企业"走出去"的过程中，许多项目都有综合商社的参与，且韩国、英国、美国也都存在类似的商业组织。中国也应该组建或改组成立类似的商社组织，以协调、参与、中介、融资、贸易等方式拓展企业在海外发展的产业链。

十是加强海外利益保护与海外安全。①加强项目前期的调研与咨询，避免经营风险。②国家加大对中国海外利益保护和境外安全知识的宣传。③中国企业"走出去"不应急于求成，要着眼长远，不拘泥于短期利益，要建立长远、稳定的合作方或资源供给渠道，稳扎稳打，逐步拓展海外业务。

十一是为企业搭建多元的融资平台。融资问题对于企业的发展来说（不论是在国内开展经营活动，还是"走出去"拓展国际业务），历来都是一个极其重要的问题。①政府要根据"走出去"企业在海外的投资行业、投资区域等特点，加强对企业尤其是中小型企业的融资支持。②与对外援助结合，加强国家开发银行在项目调研、项目策划方面的参与，利用对外援助资金助推项目的具体落地。③通过 PPP 等模式吸纳民间资金，将社会资金及时、有效、合理地转化为企业资金以满足企业的融资需求，带动更多社会资本参与海外投资。

十二是强化海外企业社会责任。必须在获取利益的同时强化海外企业社会责任。在海外发展的中国企业要在项目进行时，适当雇佣当地的劳动力参与经营；在零部件的采购方面，可以在符合标准的情况下适度地当地化；尊重国际管理方式开展企业经营活动，维护企业信誉；适当地开展公益事业，展现企业的良好形象。

三　成果的主要价值

该成果通过社会关系网络理论对日本企业"走出去"战略中的协同支

持体系进行深入研究，旨在形成"协同支持体系"这一分析内容的相关理论构建及分析框架，具有一定的学术价值；通过日本企业向海外发展时，日本政府、民间所形成的多元化、多层次、多主体的"官民协同支持体系"的具体分析，旨在为中国企业"走出去"战略的实施以及中国企业参与"一带一路"倡议提供可资借鉴的有益经验，结合本研究的成果以及中国企业"走出去"的现状及存在的问题，就转变政府职能、强化政策的诱导功能、加强政策、部门及行动间的协调能力、改组或建立专门的政策实施机构、构建官民协同支持体制、鼓励政府公共部门"走出去"、构建完善的海外投资服务体系、"抱团走出去"采取合作共建模式、强化标准化战略争取市场控制权、发展中国特色的综合商社体系、加强海外利益保护与海外安全、为企业搭建多元的融资平台、强化海外企业社会责任等方面，为构建和完善中国企业"走出去"的协同支持体系提出了较有针对性的十二条具体建议，以期使中国企业在"走出去"战略的进程中，走得更多、走得更远、走得更好。

周代礼制发展史

山东大学胡新生主持完成的国家社会科学基金项目"周代礼制发展史"（项目批准号为：12BZS017），最终成果为同名专著。课题组成员有：张金光、曾振宇。

一 研究的意义和目的

周代礼制在整个中国礼制发展史上占有非常重要的地位。一部周代礼制发展史就是中国礼制的文化品格和规范体系逐步确立、成熟的历史，是中华礼仪文明塑造成型的历史。这段历史收获的最大成果是儒家在总结和整理古代礼制资料的基础上写成《仪礼》等礼制文献，为后来两千多年的礼仪设计和礼法解释提供了经典依据。西周以来礼制的发展是以书面化礼仪经典的出现为归宿的，而这些经典文献又为后来中华礼仪文明的进一步发展奠定了基础。从礼仪文明形成的角度考察周代礼制的历史走向，揭示周代礼制沿着人文化、规范化、法典化的轨道不断向前推进的历史脉络，对于深入了解中国礼制和中国文化的特点无疑具有十分重要的意义。

目前有关周代礼制史的研究总体来看比较薄弱，专著数量明显偏少。已有的论著大多是对周代某项礼制做专题研究，未从宏观角度梳理周代礼制发展演变的历史线索。有些著作虽按时代先后论述周代礼制，但对周礼的发展脉络及其文化意义缺少分析。该成果尝试弥补以往研究的缺憾，在充分考察相关史实的基础上，用新概念、新观点论述周代礼制的发展过程和文化意义，力争写成一部有文化史的视野和立场，能够贯通古今之变的礼制史专著。

二　成果的主要内容

该成果重点探讨西周早期礼制的文明化进程，以及周礼对商礼的因袭与变革等重大问题，并就西周礼制发展史上若干重要的问题提出了新说或做了新的理论概括。

该成果包括绪论、主体内容和结语三部分。绪论部分讨论了"礼制"概念的界定、礼制史研究方法、史前至夏商时期礼制概况、周代礼制史分期等问题。主体内容分为四章。第一章论述西周早期礼制领域的重大变革，集中提出本书主要观点。第二章从族类意识角度论述西周新创礼制的意义，涉及尸祭、女字标姓、夫妇合葬、铜鼎象征、籍田亲蚕、尊老养老等礼制。第三章从宗法观念角度论述西周新创礼制的意义，涉及祭天配祖、天子名号、分封礼仪、诸侯助祭、祧庙形成等内容。第四章考察西周时期礼制风格的变化，对西周早期礼制中巫术元素不断削弱的发展趋向做了分析。结语部分对全书主旨做出总结。

该成果对西周早期礼制的基本认识如下。

西周新礼包括周人新创的礼制和周人加以强化的传统礼制，都是以族类意识和宗法观念作为指导思想和基本原则。周代礼制显示的"亲亲"、孝悌与"尊尊"相结合的精神，宗族伦理与政治伦理相结合的精神，也是中国传统文化的根本精神。西周早期形成的立尸像神、同姓不婚、结婚"六礼"、夫妇合葬、籍田劝农、尊老养老、食器象征等礼制，均与族类意识的发达密切相关；祭天配祖制度、"天子"名号之制、文武祧庙之制、祭祀近祖之制、分封诸侯与册命公卿之礼、诸侯助祭制度等，都直接体现了宗法制度的精神。这些礼制在夏商时期或者尚未出现，或者虽有萌芽但尚未获得充分的发展。族类意识和宗法观念的活跃使西周礼制呈现全新的精神面貌，将中国礼制的发展引向了强调血缘亲情、强调纲常名教的道路，这使得中国礼制与世界其他民族的礼仪文化有了明显的区别。

西周早期礼制已经表现出与商礼不同的风格和气派。周人倡导的族类意识和宗法观念对商礼中包含的大量巫术性文化元素带来强有力的冲击，西周礼制中的巫术成分被大大削弱，追求沉稳端庄与温和雅驯成为礼仪时尚，礼制的整体风格趋向雅化。周初礼制新风格的确立主要不是通过推广和宣扬新礼来完成的，而是以不用商礼为主要途径。商朝流行的日名制度以及与之相联的周祭制度，腰坑殉狗的埋葬制度，频繁密集的占卜活动，狂放可怖的桑林乐舞等，无不带有神秘、狂躁的特色；商代流行的人殉人祭礼俗，花样繁多的杀牲祭法，以及焚人求雨之类的礼制，无不带有浓烈的血腥气息。周人不用这些礼制意味着西周礼制中的萨满气味趋于淡化，礼制从此走上了一条追求肃雍之美的道路。

三　成果的创新之处

该成果首次运用文化史观点论述周代礼制的发展阶段和历史地位。与以往的先秦礼制史论著相比，该成果在研究方法上的创新追求主要表现在以下方面。

（1）注重从文化比较的视角研究周代礼制，注重揭示西周礼制在中国礼制发展史上所具有的定向定型的意义以及西周礼制所表现出的中国礼教文明的特色。本研究叙述西周早期若干新礼，并非仅仅着眼于描述这些礼制本身，而是试图由此探讨中国礼教文明与西方宗教文明究竟有哪些实质性的不同。此种研究思路贯穿全书并决定了本书的结构体系。作者提出了"以族类意识和宗法观念为核心的族本主义价值观"的概念以统摄全书，书中的观点一贯、系统而且严守实证原则。该成果努力追求学术性和思想性的统一，追求学术成果的思想价值，此种著述宗旨和由此出发的具体论述与以往所有的先秦礼制史著作有很大不同。

（2）注重运用礼制史与思想史相结合的研究方法。书稿十分关注礼制和礼学的互动关系，叙述周初某项礼制必定与后来儒家的相关思想结合起来分析。书稿的目标是通过分析礼制和礼学的相互影响说明中华礼教的形成过程，这与以往单纯分析周代礼仪制度的论著以及单纯分析儒家礼学思想的论著均有所不同。

（3）该成果提出的重要观点主要如下。

①"周代礼制发展三主线三阶段说"。周代礼制的发展趋向主要表现为文明化、规范化和经典化三方面。这三个趋向密切关联、相辅相成，共同引领了礼制的发展，构成了周代礼制发展史上三条贯彻始终的历史线索。周代礼制发展的三条主线在历史过程中并非按同一速度和强度齐头并进，

同时主导礼制的发展，而是由三条主线中的某一主线和趋向分别构成某一时期的主题。三条主线依次成为礼制发展的主题，使周代礼制的演进呈现出阶段性：西周早期是礼制形态发生重大变革的时期，也可以称为中国礼制文明的转型期；西周中期至春秋中期礼制发展的主题是规范化；春秋后期至战国时代是主流礼制经受各种乱象的考验和最终走向经典化的阶段。

"三主线三阶段说"意在对周代礼制发展过程亦即周代礼制走向礼教的过程做出宏观的把握。

②"商周礼制物质—技术因袭与精神—理念变革说"。商周之际礼制的因袭主要涉及物质—技术层面，而变革却发生在更深层次的精神意识领域和社会政治理念层面。物质—技术层面的因袭使商周历史和华夏文明具有连续性和一体性，精神意识层面的转换则使华夏文明通过更新、质变而趋于成熟和定型。量的积累和质的突变在商周之际的礼制领域里是同时存在的。商周两代有关礼制的主导思想发生了重大变化，这是一种精神气质和文化类型的转换，是中国礼制史上具有裂变性质的变革。此种变革是引领周代礼制发展的决定性因素。

③"西周礼制确立族本主义价值体系说"。主要表现为以"孝""友"为核心的宗族伦理道德成为指导礼制创设和礼仪实践的基本原则。族本主义的核心内涵是高度重视血缘和宗法，它包括两个紧密关联的基本观念即族类意识和宗法观念。族类意识派生的社会文化特征是突出亲情和人情的价值，淡化法律规则意识；突出宗族价值和群体价值，淡化个体权利和个体自由意识。宗法观念则派生突出家长权威和天然身份差异，淡化社会成员的平等意识等现象。族类意识和宗法观念又共同促成了维系这些社会文化特征的宗教信仰——高度发达的祖先崇拜。赋予礼制以宗族伦理道德的内涵，这是周代礼制有别商礼的重要特征。

④"周邦文化传统决定西周礼制精神取向说"。西周初年的礼制变革不是突然发生的政治事件，而是有着深层原因的文化变革。商周两族的文化差异早在先周时期已经存在，当周人推翻商朝后，以周邦文化精神为主导建立和发展王朝礼制就成为一种自然的趋势。周邦的传统礼俗如立尸像神、祭天配祖、牲重骍刚、重视鱼祭、无日名制度、无周祭制度、无大规模人殉人祭、无大规模杀牲、无腰坑殉狗葬制、重视籍田亲蚕、重视养老、同姓不婚、女字标姓等，均对周代礼制发展产生了重要的影响。这些礼俗大都表现出重族类重宗法的精神品格，从根本上决定了西周礼制的发展方向

和总体特征。西周以来与精神价值有关、与治国理念有关、与礼制原则有关的礼制元素大部分都来自周文化。

⑤ "西周礼制领域商周文化元素主次易位、长期并存、消长融汇说"。周王朝建立后商、周文化的地位发生转换，周文化成为占主导地位的文化，商文化虽然仍在延续但已降至从属地位。西周时期占主导地位的周文化和居于从属地位的商文化一直并行于世，呈现为长期共存的局面。西周以来凡是与礼教精神乖离的礼制和文化都逐渐走向消亡，而符合此种精神的礼制——主要是周人倡导的礼制，则不断推广和发展，此消彼长，商衰周兴，周文化不断覆盖、侵蚀、消融商文化。随着商、周族类界限渐趋模糊，原来界限分明的商、周礼制和文化也逐渐难辨彼此、混为一体，最终在礼教价值观得到广泛认同的基础上实现了融合。

除以上重要观点外，书稿在具体分析某项礼制时也提出不少新的见解。如有关周初大分封对传播推广周式礼制和周人价值观起到重要推动作用的分析，有关尸祭制度促成祖先崇拜观念的转型从而对中国宗教信仰产生重大影响的分析，有关中国古代结婚"六礼"来自周邦传统礼制的分析，有关祭天配祖礼制象征某一宗族垄断最高政治权力的分析，有关周天子向诸侯颁赐本族历史文物具有宗法意义的分析，有关西周时期文王武王的特尊地位促成祧庙制度的分析等，均为以往著作未曾涉及或较少涉及的内容。

西周金文地名集证

天津师范大学杜勇主持完成的国家社会科学基金项目"西周金文地名集证"（项目批准号为：14AZD112），最终成果为同名专著。课题组成员有：陈絜、赵庆淼、孔华、雷鹄宇、王伟、李晶、白国红、周宝宏、叶先闯、王凯。

一　研究的目的和意义

商周金文地理作为中华民族早期历史发展的重要空间要素，蕴含着丰富的历史信息，展示出商周历史文化的不同剖面，一直受到学者的高度重视。以地名考订为中心的金文地理研究，原属于金石学研究的范畴，在中国具有悠久的历史传统。近代以降，随着现代地名学、考古学的引入与发展，以及古文字学的不断进步，从而使新旧学科相互激荡，有力地推动了金文地名研究的深入。王国维《周时天子行幸征伐考》对周天子亲自行幸征伐之事略加统计，发现见于彝铭者"凡二十有五，而为地凡十有九"，凸显出地名对考索铭文史实的重要性，初步奠定了金文地名研究的基础。

近百年以来，商周金文地名研究业已取得可喜成绩，涉及的内容非常广泛。在充分运用传世文献的基础上，结合考古材料和其他类型的古文字材料来解决金文地名问题，每有新的发现与突破。但是由于条件的限制，也明显存在一定的不足，诸如研究内容单一，未解难题较多，综合研究薄弱。这既不利于历史学、历史地理学科本身的发展，也有碍中国地名学研究水平的提升。

有鉴于此，加强金文地名研究也就具有特别重要的理论价值和社会意义。其一，现有金文地名研究缺少宏观考察与系统整合，碎片化倾向较为突出，以致只见树木不见森林。本课题对金文地名进行全面梳理和综合研究，有助于适应学科阶段性发展的需要，改变金文地名研究分散、零碎的局面，弥补综合性研究性专著的缺失。其二，金文地名不仅具有地理层面的属性，同时也是商周时期历史的载体。金文地名的考释与研究，有助于正确理解金文史料透露的重要历史内涵、更深刻地把握商周时期的有关史实，从而推进先秦历史文化研究的深入。其三，一个民族及其文化的来源，和这个民族的发祥地以及其迁徙的路线有着重大的关系。因此，对商周金文的系统整理和研究，无疑有益于全面认识商周古国、古族分布的地理背景，对于探索中华文明的早期历史和源流，具有重要的学术意义。

二　成果的主要内容

该成果分为上下两编，着力对西周金文地名的现代地理方位及相关历史问题进行深入研究。

上编《西周金文地名汇考》，以西周金文中的地名为主线，以王畿、东土、南土、西土、北土为分域，对域内 123 个人文地名和自然地名系统加以考订，先作区域概述，次摘学者已有研究成果，以时间先后集中编排，最后通过按语形式加以分析总结，明辨是非得失，就其地名的现代地理位置提出结论性或倾向性意见。

卷一《西周王畿金文地名汇考》，主要针对西周王畿地区出现在金文中的国族、都邑、聚落、山川等 27 个地名，就其现代地理方位及其变迁进行考索。如关于菶京的地望，旧有镐京说、蒲坂说、丰京说、豳地说、岐周说、近镐说等不同意见，经过对文献和新出金文的深入研究，提出菶京位于镐京南郊即今西安市长安区斗门镇以南一带的新看法，认为菶京是一个特殊的王家之邑，是一个行政副中心，具有文化教育中心、观赏游乐中心的功能和地位。再如井氏家族的居邑，过去有散北、凤翔、扶风等不同说法，经过对相关文献、铜器铭文和"井"字陶文及其出土地的深入考察，进一步肯定了井氏家族的封邑在今陕西扶风县东北一带。又如毕地，古有渭北毕陌和渭南毕郢（或曰毕原）二说。结合文献与新出金文全面考析，认为渭北毕陌说把秦武王冢说成周武王冢，为传闻之误。而渭南毕郢说不仅有

《孟子》《古本竹书纪年》《史记》等文献材料支持，而且与新出吴虎鼎铭的地理指示相应，故把毕地定在丰镐一带（今西安长安区）应属可信。

卷二《西周东土金文地名汇考》，主要针对西周东土地区出现在金文中的国族、都邑、聚落、山川等 51 个地名，就其现代地理方位及其变迁进行考索。如齐国始封地营丘的地望，历来有山东临淄和昌乐二说，今据临淄故城新出土的西周中期铜器看，知此故城在西周中期以前即已存在并具重要地位，是营丘的可能性很大。又如杞国，作为夏禹的苗裔，周初封于雍丘（今河南杞县）。从分析相关出土铜器可知，杞国在西周晚期即已迁往今山东新泰，而不是通常认为在春秋时期才迁至山东地区。又如西周金文中的"伊"为族氏之名，当系商代伊尹之后，为王族支裔，而非通常所说的有莘氏。但伊族与有莘氏关系密切，其居地应相距不远，大体活动在今山东曹县一带。

卷三《西周南土金文地名汇考》，主要针对西周南土地区出现在金文中的国族、都邑、聚落、山川等 17 个地名，就其地望及变迁加以考索。如鄂国的都邑，由于近年随州安居镇羊子山和南阳夏响铺鄂国墓葬的发现，证明西周早中期的鄂国都邑不在山西，应在安居镇羊子山一带。周厉王时期，鄂侯驭方发动反叛，被周王朝的军队伐灭，少量鄂遗民迁往南阳夏响铺一带，得以续其宗祀，清华简《系年》称之"少（小鄂）"，后世亦称"西鄂"。再如曾国，西周初年即立国于汉东，两周之际西迁枣阳郭家庙一带，在文献中显示为拥嫡叛周的南阳申缯之缯。后来缯（曾）国又迁回老家随州一带，直至战国中期被楚国灭亡。但相关铜器铭文和竹简资料显示，这个缯（曾）国与同地存立的随国并不能等视齐观，实际各别为国。又如宗周钟铭中的"南国服子"，有可能指的就是当时淮夷东夷二十六邦的宗主徐子国，其时徐子国定都于大徐城（今安徽泗县北），是淮夷诸邦的主脑国。

卷四《西周西土金文地名汇考》，主要针对西周西土地区出现在金文中的都邑、国族、聚落、山川等 17 个地名，就其现代地理方位及其变迁进行考索。如豳为周人先公刘迁居之地，在先周历史发展进程中具有里程碑意义。然豳之地望多有歧义，古今大体有五种不同说法：陕西旬邑说、武功说、彬县说，山西新绛说，甘肃宁县说。经考察，除彬县说外，余皆有误，即使影响最大的旬邑说亦非确当。根据杜预、徐广旧注，结合多友鼎、克钟铭文和《诗·公刘》《绵》加以综合考察，可知豳邑不在泾东而在泾西，即与漆县县治（今陕西彬州市）相距不远的东北方向。再如，京师屡见于铜器铭文及近出清华简《系年》篇，其地理位置十分重要，然其所指则异说纷纭。实际上不同出处的京师是不能当作同一地名来对待的。金文克钟、克鎛和多友鼎铭文中的京师因有泾水的地标限定所指必为周人故地豳邑，晋公盨和晋姜鼎铭中的“京师”是指称晋国境内之地，清华简《系年》中的两处“京师”是指晋人的龙兴之地，三者不可混为一谈。又如，霸国是文献失载的西周封国，从霸国铜器集中出土于山西翼城大河口墓地来看，霸国当族居此地。

卷五《西周北土金文地名汇考》，主要针对西周北土地区出现在金文中的国族、都邑、聚落、山川等 11 个地名，就其现代地理方位及其变迁进行考索。如北燕始封地旧说在蓟，然周初蓟为黄帝之后的封邑，而北京房山琉璃河遗址的董家林城址为周初城邑，遗址 1193 号大墓又发现“命克侯于匽（燕）”的铜器铭文，证明所谓召公封燕最初应即此地。《汉书·地理志》谓蓟为燕国始封地，是以后来著名的燕上都言说其事，致使文献记载与考古发现略有出入。再如，孤竹是商周时期北方的一个古老方国。晚商孤竹族居于辽西喀左地区，西周成康以后迁至今河北卢龙县西北，但《括地志》却说位于卢龙县南十二里，原因是作者误将唐代的卢龙县和北魏的肥如县当成了同一个地方，以至产生歧说。又如，商周之际㠱国族的居地距周初的燕国不远，为燕国的附庸。两周之际，㠱国族为避戎祸将都邑迁徙到山东黄县一带，过去认为㠱居莒县北部并不可信。此类地名方位的落实，对于正确认识相关历史事实大有裨益。

下编《西周金文地名专题研究》，主要汇集西周金文地名研究的专题论文。内容涉及王畿与四土出现在金文中的众多国族与地名，除了考订具体地望外，还对当时国家结构、政治体制、族群变迁、生态环境、交通路线等相关史事进行了多方面的探索。

Z. 1～Z. 2 两篇文章属于总论性质，前者论述金文地名的语言学特点，后者说明四国即四域，与四土、四方、天下同义，是周王在法理上的统治区域。

1. 1～1. 4 四篇文章属于分域研究，主要考察西周王畿地区出现在金文中的蒼京、井、棫林、康等地名的地理位置，兼及蒼京的性质与地位，以及采邑制所体现的世卿制度的尊贤功能。

2. 1～2. 12 十二篇文章主要研究商周时期出现在甲骨金文中的东土地名，诸如商、滴水、京、鸿、榆、黎、谢、莱、郳、鄁、铸等地方位，以及东土生态环境、交通路线和族群交流。

3.1～3.4 四篇文章主要要研究西周南土地名及相关历史问题，如昭王南征荆楚的史事与交通路线，曾、随、鄂的空间位置及其与中央王朝的关系，以及伯戏诸器地名的释读与定位。

4.1～4.3 三篇文章主要涉及西土国族、地名及相关史事的研究，如不其簋铭中秦与周的关系，秦地西俞、西、略、高陶等地名方位，吴、虞、矢、芮等国族的封邑及其地理位置的考订。

5.1～5.5 五篇文章主要研究西周北土地区出现在金文中的有关国族和地名，如北国、孤竹、燕国等国族的来历、都邑变迁及与中央王朝的关系，邶、鄘、卫、沫作为地名的具体方位。上下两编前后呼应、相得益彰，共同构成本项目的主要研究内容。研究过程中，既注意吸取已有成果的学术营养，又大胆突破传统或旧说的藩篱，力求提出自己的创新见解，看法未必都对，但体现了作者对探索古代文明真谛所做的不懈努力。

三　成果的主要价值

该成果除作金文地名方位考订外，实已扩展到政治地理、生态环境、交通路线、民族迁徙以及地方与中央的关系等诸多方面的探索，从不同角度深入揭示各区域文明在中国上古文明整体演进过程中的发展脉络和历史地位。与过去同类论著相比，本成果的系统性、创新性、集成性更为突出，更好地适应了学科阶段性发展的需要，改变了金文地名研究分散、零碎的局面，弥补了综合性研究专著的缺失。金文地名也是商周历史的载体，正确考订金文地名的地理位置，有助于正确理解金文史料透露的重要历史内涵，深刻把握商周时期的有关史实，全面认识商周古国、古族分布的地理背景，对于探索中华文明的早期历史和源流，具有重要的学术价值。

秦汉海洋文化

中国人民大学王子今主持完成的国家社会科学基金项目"秦汉时期的海洋探索与早期海洋学"（项目批准号为：13AZS005），最终成果为专著《秦汉海洋文化》。

海疆问题、海权问题以及海洋交通保障、海洋资源开发、海洋生态保护等问题，越来越多地受到不同国家、不同民族的人们的共同重视。尽管社会制度不同、文化渊源有异，面对海洋，人们的深切关注是大略一致的。

秦汉时期，社会政治观点、文化理念和地理知识系统中，"天下"与"海内"往往并说，体现出海洋意识的觉醒。考察古代中国社会的海洋观，应当破除中国是以内陆为发展重心的国家、中国文化是以内向为基本特征的文化这样的成见。通过认真的考察和研究，可以认识并理解秦汉海洋文化的丰富内涵。当时，对于海洋神力的崇拜，对于海洋奥秘的探索，对于海洋资源的开发，对于海洋知识的积累，都是表现出鲜明时代特征的值得特别重视的历史文化现象。

该成果初步考察并大略总结了秦汉时期海洋探索的努力以及早期海洋学成就，是第一部研究秦汉时期与海洋相关的历史文化问题的学术专著。对于中国古代海洋史研究的学术进步，秦汉这一重要历史阶段的考察应当具有一定的提示性的作用。《秦汉海洋文化》提供的研究心得，对于中国古代海洋学史的总结，也可以有积极的推进。

《禹贡》称说"海物"对地方经济生活的意义。海洋资源的利用，长期成为经济进步的重要条件。先秦经济思想有重视"鱼盐之利"的明智观念。秦汉大一统政治格局的形成，使得海洋资源开发获得利益所惠区域得以扩展。社会经济创造总和中来自海洋"鱼盐"及其他因素的比重有所增强。社会生活逐渐增长的对"海物"的相关需求，又进一步作用于海洋资源的开发。除"鱼盐"外，"珠玑""瑇瑁"生产的繁荣，也影响了社会经济生活。"珠厓""珠崖"名号以及合浦"珠官"的设置，说明了珍珠生产的区域重心。但是也有迹象表明，北中国海域也有珠产信息。

秦汉时期，近海航运与海外交通都取得重要的历史性进步。在中国古代海洋航运史研究这一学术主题中，秦汉海洋航运值得予以特别的关注。"海北"朝鲜航路的开通、闽越与南越航运优势，以及东洋航运、南洋航运的进步，表现出海洋航运历史性的进步。南洋"蛮夷贾船"的活跃，说明非中原出身的水手在南洋航线上起到了特殊的作用。有关军事生活中"楼船军"战争实践的历史记录，描绘了海洋史光辉的页面。

与"北边""西边""南边"接近，秦汉有"濒海"之说。后人"缘海之边"的解说，则可以与"北边""西边""南边"大致并列。考察这一区域的文化联系与文化共性，对于认识秦汉海洋探索与海洋开发显然是必要的。秦统一的规模，并不限于兼并六国。进军岭南，征服南越之地，随即置桂林、南海、象郡，使得秦帝国的版图在南方超越了楚国原有疆域，岭南地方自此融汇入中原文化圈中。而中原政权控制的海岸线因此得以空前延长。秦始皇南海置郡，对于中国海疆史、南海资源开发史和海洋交通史都有非常重要的意义。秦始皇、秦二世、汉武帝巡行海上，都有"并海"之行。当时，"濒海之观毕至"的驰道建设，营造了沿海的并海道。秦汉大一统政体成立之后，中央执政机构面临的行政任务包括对漫长的海岸的控制。汉景帝削藩，首先收夺沿海郡，即所谓"削之会稽"，"夺之东海"。陈寅恪曾经指出，天师道与滨海地域有密切关系，黄巾起义等反叛可以"用滨海地域一贯之观念以为解释"，"凡信仰天师道者，其人家世或本身十分之九与滨海地域有关。"可知沿海地域共同的文化特征，已经逐步形成。

通过对与"海"相关的地理知识的掌握，秦汉人形成了对世界的认知。"中土"与"四海"，"天下"与"海内"，"海内"与"海外"，这些概念体现的空间感觉，使得"海"在秦汉人世界观建构中具有重要意义。出土汉锦可见"登高明望四海"织文。其中透露的开放胸怀体现出时代精神。这一时期汉文化面对世界的雄阔的胸襟，以及积极进取的意向，也得到生动鲜明的体现。文字内容涉及当时人对于"海"的认识，也值得我们关注。"海"与"晦"，"四海"与"四晦"的关系，也有值得深思的意味。

"海"在秦汉人的精神生活中占有一定的地位，在秦汉人的信仰世界中也占有一定的地位。当时内地社会对于"海"的知识相当有限。"海"的广阔、深远、神异与雄奇，使得人们容易在面对"海"的时候产生敬畏心绪。"海"有待于探求的诸多特征，也往往使得人们习惯将"海"与一些神秘事物联系起来。"海上""仙人"的传说，"东海黄公"的表演，都体现出"海"与秦汉人神秘信仰的关系。汉景帝阳陵陵园外藏坑出土作为食物的海产品，丰富了我们对于当时上层社会饮食内容的认识。西汉文献记录提示我们，蛤的食用与神仙追求的关系是当时海上方术文化关注的内容。阳陵外藏坑发现的海产品遗存，可以因此与社会意识史、社会精神生活史的考察联系起来。秦封泥"晦池""每池"，其实就是"海池"。秦汉宫苑中营造象征"海"的模型"海池""渐台"，是有神秘意义的。王莽人生与新朝政治史终止于"渐台"，相关故事可以从海洋文化视角予以认识。

对于海洋的探索与开发，有关海洋的经验的汇集与知识的积累，成就了秦汉时期的早期海洋学。秦汉有关海洋的知识积累涉及海洋生物学、海洋气象学、海洋水文学等。有关内容，保留了海洋史的珍贵记录。秦汉海洋学在中国海洋学史上有重要的地位。《汉书》可见渤海"出大鱼"的记录，应当是关于鲸鱼往往死于海滩这种海洋生物现象的最早的记载。这一记载有明确的时间、地点以及死亡鲸鱼的测量尺度，对于海洋史研究有重要的价值。秦汉灾异史中，除"鲸鱼死"而外，可以看到关于严重海洋灾难的记录。如"海溢"灾害。而"海中星占"书是早期海洋学的成就。有人称之为"海人之占"。确认这样的判断，可以纠正顾炎武的失误。与此相关，《淮南子》等文献所见以星象判定海上航行方向的情形，可以说明秦汉航海技术的进步。有关天文学史以及航海技术史的若干认识，或许因此应予更新。

"楼船将军""横海将军""伏波将军"等名号，标志汉代海上军事行为曾经影响甚至主导战争形势。海洋成为进军的交通条件，成为直接的战场，成为军事史进程的醒目的时代标志。这一历史现象，是以航运能力为条件的。由此我们读到了秦汉军事史的海上篇章。西汉初年，田横率徒属五百余人入海，居岛中，刘邦担心可能"为乱"。田横因刘邦追逼而自杀。西汉末年琅琊吕母起义也以"海上"作为活动基地。海上反政府武装，东汉以来，普遍称之为"海贼"。"海贼"以较强的机动性，形成了对"缘海"郡县即沿海地方正常行政秩序严重的威胁和破坏。航海能力的优越，使得"海贼"的活动区域幅面十分宽广。讨论"海贼"的活动与影响，居延汉简所见"临淮海贼"简文特别值得我们注意。

秦汉时期社会意识中的海洋观，是认识当时文化形态与文化风格应当关注的对象。考察秦汉社会有关海洋理念，对于理解中国历史时期的海洋文化史，也是有意义的。秦汉社会对于海洋的认识，对于海洋的态度，对于海洋的情感，显现出积极探求的倾向。在中国海洋学史中，这一宝贵的片段，值得我们珍视。除了秦始皇、汉武帝的海洋意识之外，史学的海洋视角、汉赋的咏海章句，也都有分析研究的价值。

该成果分别论述了以上问题。后附三篇"附论"，对秦汉社会文化与海洋史有关的现象又有分析，特别是秦汉以后所见历史影响，也受到了关注。即：附论一：伏波将军马援的南国民间形象；附论二："海"和"海子"："北中"语言现象；附论三：中国古代文献记录的南海"泥油"发现。附论一分析了马援远征交址、九真所产生的深刻的历史影响。附论二总结了秦汉"四海""天下"意识的社会影响以及"北海""西海"空间方位，亦涉及"海子"这一地理符号出现所透露的历史文化信息。附论三虽然揭示的是年代较晚的海洋石油发现，即取得"猛火油""泥油"的技术，但是以"技术史思考：对'海底'的早期关注可以追溯至秦汉"一节，将相关发明的文化源头作了上溯至于秦汉时期的考察。

该成果的创新性主要体现在以下方面：①扩展学术视野。除主要依靠中国本土资料外，亦关注朝鲜半岛、日本列岛和东南亚地区的相关学术信息。②更新研究方法。研究工作将以文献记载与考古收获相结合的"二重证据法"为主要方法，同时注意借助文化人类学的理论和资料。③试探使用多学科学术方式的综合考察。除传统历史学方式而外，也试用与史学手段彼此策应彼此证明的考古学、地理学、海洋水文学、海洋生物学，乃至心理学、军事学和管理学等学科的学术方式。

秦汉土地制度研究

南京师范大学张进（晋文）主持完成的国家社会科学基金项目"秦汉简牍史料中的土地制度研究"（项目批准号为：13AZS004），最终成果为专著《秦汉土地制度研究——以简牍材料为中心》。课题组成员有：吴朝阳、李伟、李勉、罗启龙、丁佳伟、刘鹏。

一　研究的目的和意义

该研究的目的是，利用鲜活的简牍材料，结合传世文献，对存在较多争议和疑难问题的战国秦汉时期的土地制度进行比较全面的总体性研究。其意义在于，不仅可以更为细致地研究战国秦汉的土地制度，进一步拓展历史研究的深度和广度，而且可以探寻历史规律，努力揭示土地制度与中国古代社会的内在联系，并总结历史经验和教训，为当今的土地流转提供有益的借鉴。

二　成果的主要内容

（一）《睡虎地秦简与授田制研究》

自睡虎地秦简发现有"授田"记载后，授田制研究便成为改写中国古代史的重大课题之一。许多学者据此认为，授田制的性质是土地国有，也有学者仍主张是土地私有，但都存在证据不足的问题。总体而言，授田制应是土地国有制向私有制转化的一种形式。以往对"入顷刍稾""盗徙封,赎耐""部佐匿诸民田""封守""百姓不当老,至老时不用请"等律文的解释,也大多存在误读。这些律文中的犯罪行为基本上都与土地所有权无关。秦及汉初的田租征收,实际有两个同时参照的租(税)率:一是税田占舆田的比例,即税田的亩数租率,这个租率是固定不变的,如十一之税、十二税一、十五税一;二是按农作物不同产量征收的级差租率,即产量租率,这个租率则是变化的,如三步一斗、八步一斗、廿步一斗等。秦的授田虽然很少能看到有土地买卖和土地兼并现象,但根据《识劫婉案》、"余夫"授田和普遍存在的债务关系,可以看出授田在家庭内部是允许部分继承和流转的,并存在变相土地买卖。越来越多的研究已趋向于质疑或修正土地国有制论。成果最重要的发现,是复原了秦及汉初的田租征收方式。

(二)《新出秦简中的田制等问题》

在第一章的基础上,本章主要讨论新出秦简中的授田制和赐田制问题。就授田制而言,新出秦简揭示了更多授田制的未知细节。在赐田制方面,新出秦简则证实了赐田为土地私有。在睡虎地秦简公布后,学界对赐田的性质问题曾产生一些争议。根据《法律答问》等三条律文,人们大多不赞成赐田为土地国有的看法,而主张赐田为土地私有。随着更多秦简的发现,赐田的私有性质被完全证实。就赐田能否继承来说,从睡虎地秦简到里耶秦简等,从"后子"到"小爵"和"爵寡",从男性继承人到女性继承人,已构成了一条严密完整的证据链。爵位的降等继承也并不等于赐田要降等继承。而岳麓秦简则直接提供了赐田的主人有权任意分割赐田的案例,并间接提供了赐田可以继承和转让的证据。这些秦简的发现也带来了一些研究的新问题,如小爵继承的赐田是否被部分收回,怎样从赐田的流转来看待"身死田夺"和"民得卖买",户赋的征收应如何计户,对五大夫以下的赐田是否减免田税,一些有爵者为何舍弃赐田而甘愿逃亡等。其中有的问题还无法做出判断,而只能有待于新材料的发现。本章的创新和最大争议,是爵位的降等继承能否等同田宅的降等继承。

(三)《秦简中的公田制研究》

对龙岗秦简中的"吏行田"记录,以往多认为"行田"就是"授田"。但从禁苑的限定条件来看,"行田"还并非授田,而应与简中多次出现的

"假田"相关。"假田"是一种把禁苑的土地短期租给民户耕种、不改变所有权的租赁行为。它的性质属于国有的公田或官田，是一种特殊的国有土地。龙岗秦简的大量"假田"记录，以及岳麓秦简的"假田"算题，则证明中国最早的租佃制度确实在商鞅变法后出现。民间的租佃关系亦当如此。"假田"的田租既不是定额租制，也不是分成租制，而应是一年一定的约定租制。"假田"的田租率较高，这为禁苑官吏的寻租提供了机会。他们通过转租"假田"，非法占有一部分田租，亦即"分田劫假"。里耶秦简中记录了"左公田"和"田官"两个官署。从种种迹象来看，"田官"并不属于都官系统，"田官"和"公田"实际都属于管理公田的县级官署。战国至于秦代，"公"的含义逐渐由公家变为官府。秦始皇"书同文字"后，"县官"取代"公室"成为官府的代称，"田官"取代公田成为县级公田的管理机构，县级公田很可能改称"官田"。本章的主要创新，是提出"行田"并非授田，而应与短期租赁的"假田"相关。

（四）《张家山汉简中的田制等问题》

根据律令分析和文献记载，并参证《算数书》的成书年代，《二年律令》的最早颁行时间应在高祖二年。汉初继承秦代，推行 240 平方步的大亩，目的是鼓励垦荒，扩大耕地，保证有足够的土地休耕。秦汉亩制有两种计算亩制。一种是毛算即粗略计算的亩制，主要计算"不可垦田"和"可垦不垦田"的面积；另一种则是实际核算亩制，主要计算耕地和"垦田"的面积。名田宅的爵位降等继承不等于田宅降等继承，名田宅的面积也不等于耕地和实有房屋的面积。汉初的土地制度实际是一种虚实结合的土地制度。它把赐田和授田合为一体，在整合原有耕地的基础上鼓励社会各界垦荒，制定了从彻侯到平民阶层所占有国家土地资源的配额，并承认和保护其开垦草田所得到耕地的所有权，完全允许继承、转让、买卖和赠送。汉初的土地制度应是土地私有，而不是土地国有。本章最重要的结论，是名田宅的爵位降等继承不等于实有田宅的降等继承。

（五）《走马楼汉简中的田制等问题》

长沙走马楼汉简《都乡七年垦田租簿》有着重要的史料价值。无论是从平均产量，还是从历朔推算，抑或简牍的相互叠压看，此简年代都不像是西汉中期，而可能是西汉前期的文帝元年（前 179 年）。簿中记录表明，名田制已处于逐渐瓦解或终结时期。而原因则在于,文帝废止了商贾不得名田的规定,并完全允许田宅买卖。与秦代授田相比,简文的主要变化是"舆田"和"税田"的消失。这意味着"舆田"和"垦田"已合而为一。对"提封"的记载,也为厘清"提封"的概念及其内容提供了弥足珍贵的史料。"提封"的语义是"通共"或"总数","提封田"也的确是群不可垦田、可垦不垦田和定垦田的面积总和。对"蛮夷归义民"和"乐人婴"免征田租的规定,前者凸显了秦汉王朝的"汉化"政策,后者更可谓秦汉以后"职田"的滥觞。本章的主要创新,是提出《都乡七年垦田租簿》和走马楼汉简的断代问题,以及名田或授田制的瓦解和原因分析。

(六)《凤凰山汉墓简牍中的田制等问题》

根据《郑里廪簿》,在所有 25 户家庭中,男性劳动力的作用都显得更为重要。之所以男耕女织、男主外女主内,原因正在于此。郑里的耕地数量不多,是因为这些新垦耕地并没有包括其原有耕地。《算簿》所展现的算钱征收方式,证明了汉代各种费用的征收皆因人定算,而不是因事定算。"算"有国家制度和地方政府的两种定算含义,《算簿》中的算数往往是把国家制度的"一算"拆分后的定算。《算簿》中的算钱也包含了口钱和算赋。这表明市阳里每算累积 227 钱的算法是错误的,并意味着因事定算之说已失去根基。《算簿》所记录的口钱、算赋数额实际是囊括全年的,也并非仅仅征收了半年。至于田租、刍稿的征收记录,则更加体现了文景时期的轻徭薄赋。本章最重要的结论,是《算簿》中含有口钱和算赋,约占其征收总钱数的 70%。

(七)《从户籍制度看秦汉土地制度》

里耶秦简有一些迁陵县的"积户""见户"记录,积户实际是县、乡对全年户籍核查和登记的累积户次。从积户与实际户数的关系推算,秦始皇三十五年(前 212 年)迁陵县的户籍在 2000 户左右,人口估计有 10000 人以上。见户是每年经过"核验、钩校"后新增交纳租赋的民户,主要和垦田(即"舆田")有关。无论是积户的核查和登记,还是见户的审定和统计,抑或其他方面,秦代基层官吏的量化考核都始终在管理过程中起着保障、推进和奖惩的杠杆作用。张家山汉简《户律》有种种立户、分户的规定,其中《田命籍》、《田租籍》和"诸不为户,有田宅附令人名"的内涵问题，在学界有很大或较大争议。《田命籍》实际应是《田命令籍》，是登记对某些特殊人群豁免田租的籍簿。《田租籍》的主要功能，是记录秦及汉初纳税民户耕种了多少舆田（垦田）和必须按舆田（垦田）缴纳多少田租，也具有分户统计耕种田亩总数和缴纳田租总数的作用。而"诸不为户，有田宅附令人名"的规定，则是要迫使"不为户"者立户，也暗含对商贾买卖田宅的制止。成果的主要创新，是对秦代迁陵县户口的推算、"见户"的阐释、汉初《田命籍》和《田租籍》的考证。

（八）《从赋税制度看秦汉土地制度》

秦的田租率和征收方式问题曾长期困扰学界，通过新出简牍的鲜活材料，可以比较详细地知道：秦代田租的确定既有地区差异，如洞庭等所谓"新地"和其他地区，又有农作物区别，如禾、枲、桑等；既按土地面积征收，如十分之一、十二分之一、十五分之一，也按农作物产量和质量征收，如"三步一斗""廿步一斗"，"大枲也，五之，中枲也，六之，细枲也，七之"。这些材料还证明了秦及汉初的田租征收形式是分成租，而实质却是高低不等的定额租；在田租的征收方式上，则同时参照两种租率，一种是"税田"的亩数租率，另一种是"舆田"的产量租率。景帝即位后，实行三十税一的田租政策，又使西汉前期的田租征收方式出现了重大变化。一种新的更为简单便捷的田租征收方式——定额租应运而生。秦的所有赋税都可以统称为户赋，同时又可以单独称为田租、顷刍稾、户刍、户刍钱、户赋、口赋和算赋等。从《二年律令》来看，汉初仅就按户征收的男耕女织的税钱与秦代实行了对接，包括原本征收布帛的户赋钱和征收刍稾的户刍钱。秦代算赋原本属于军赋，仅向妇女征收。汉初减轻赋税，实行新的算赋、口赋制度，算赋成为十五岁以上成年人的人口税，而口赋则成为满三岁以上未成年人的人口税。这标志着中国古代人口税的完全形成。本章的主要创新，是秦的所有赋税都可以统称为户赋，秦代确有仅向妇女征收的算赋，西汉时期也是按其制度征收算赋和口赋的。

西域出土中古法律文献比较研究

南京师范大学李天石主持完成的国家社会科学基金项目"西域出土中古法律文献比较研究"（项目批准号为：13AZS020），最终成果为同名专著及系列论文。课题组成员有：杨富学、陆离、骆详译、李常生、张文晶、何志文、李婷、韩莹。

一　研究的目的和意义

在中华民族多元一体的发展格局中，"多元"指的是民族成分的多元，也包括经济、文化等方面的多元。"一体"则指的是各民族在长期的交往交流交融过程中形成的中华民族共同体。加强对多元一体的中华文化的认同，是构筑各民族共有精神家园的长远要求和根本保障。作为世界五大法系之一的中华法系，是以汉族为主体，各民族共同缔造的。各个少数民族在中华法系的形成和发展过程中，都做出了自己的贡献，形成了多元一体的中华法文化。

20世纪初以来，在中国历史上的西域地区即现在的新疆、青海、甘肃、宁夏等地，先后出土了大批中古时期不同民族的文献，其大宗者有鄯善佉卢文书、敦煌文书、吐鲁番文书、回鹘文书、西夏文书等。这些文书中有不少法律文献，既有地方特点又有民族特色。其涉及民族之多、涵盖内容之丰富、反映法律现象之齐备，可以说是历史上少有的。以这些法律文献与传世法律文献进行比较研究，不仅可以得到许多仅凭传世文献难以得到的认识，而且深入探讨、比较这些法律文献的地域特点及其与中原王朝法律体系的关系，可以加深对中华民族法律文化多元一体发展历程的认识，具有重要的学术价值与现实意义。

二　成果的主要内容

中国西域地区出土的中古法律文献具有丰富的内涵。该成果以西域出土文献中的经济法、身份法资料为研究重点，探讨了以下问题：（1）3~5世纪鄯善王国财产权利法比较研究；（2）鄯善王国奴隶身份法比较研究；（3）出土文献所反映的中古西北地方法的特点；（4）从敦煌吐鲁番出土汉、藏文书看吐蕃与唐代经济法的异同；（5）中古时期回鹘契约文书比较研究；（6）《唐律疏议》与出土文书中良贱身份法的比较；（7）西夏与唐宋经济法文献比较研究；（8）西夏与唐宋逃人法比较研究；（9）西夏军法与唐宋军法的比较。

本研究方法的创新在于：从比较法学的角度，运用多学科理论与方法，将出土文献研究与传世文献研究相结合、将个案分析与宏观探讨相结合、将理论分析与微观考证相结合，从新的视角对中古时期西域地区不同政权的法律文献，特别是经济法、身份法文献做了较全面的比较，得出一些新的认识。

该成果的主要创新观点如下。

一是对以往学术界极少有人关注的鄯善王国佉卢文书所反映的财产权利法，做了全面的比较研究。包括鄯善王国的水利权法、财产保护法、财产继承法、特殊财产处理法、奴隶身份法等，并在许多方面与中原地区的法律、国外的罗马法律做了比较分析。研究表明，尽管鄯善王国的居民多数来自贵霜帝国后裔，仍然保持着奴隶社会的性质，但在汉民族的影响下，除了文字和某些社会习俗以外，他们在经济生活等各个方面，大体已经与中原民族融和、同化，渐渐融入中华民族大家庭之中。

二是相比较而言，西域中古时期一些政权如五凉政权、麹氏高昌、回鹘高昌、西夏政权等，与中原的关系更为密切。该成果利用传世文献与出土法律文书，综合分析了西域中古各政权法制上的特点：从政治隶属关系上来看，西域中古各民族政权多以汉政权为正朔所在，接受六朝中央政府的册封；在国家基本制度包括法律制度上，以汉文化系统为主导，同时又具有本民族的特色及相应的变通；在文化上，中原士人的大量迁入及家学的兴盛，使河西地区成为保留华夏法文化的重要地区之一。

三是将传世与出土法律文献相结合，对《唐律疏议》中涉及"官户奴婢法""奴法"的102条律疏原文，做了全面的梳理与比较研究。在此基础上，将西域出土中古法律文献中涉及良贱身份的文书，与《唐律疏议》中的"官户奴婢法"律疏相对照，对良贱律疏的历史渊源与其他时期、其他民族相关法律的异同进行了比较分析并得到一些新的认识，说明即使在唐代边远的西州地区，唐朝的法律制度也得到了贯彻执行。

四是利用敦煌吐鲁番文献中的汉、藏吐蕃文书，对涉及吐蕃统治西域时期经济法的几个重点方面，如赋税征纳、地方财政、土地纠纷、雇佣契约、奴隶买卖契约、纠纷等相关问题进行了探讨，并以之与唐前期与归义军政权统治时期的相关法律规定进行比较，发现吐蕃政权在西域地区施行的经济与法律制度与前、后两个时期存在较强的连续性。吐蕃统治者在吸纳唐王朝统治时期法令规定与民间惯习的基础上，融入了蕴含本民族特色的法令与习俗，形成了一套具有吐蕃特色的征收赋税、财政管理、判决诉讼、订立契约等经济与法律运营体系。

五是利用出土西夏文书，特别是《天盛改旧新定律令》，与唐宋经济法进行比较，发现西夏的土地产权、赋役制、籍账制等经济法规，大体沿袭了自唐中叶以降税收以资产为宗的经济制度：在基层籍账编制的具体操作上，西夏与唐代的手实编制过程有着相似之处，同时二者在基层呈递县一级并进行审核这一点上也基本相同。在针对无地之户的籍账制度中，西夏与宋代都以户为基本单位进行籍账的编制，不同之处在于，宋代有丁籍、丁账这样区别于有地之户的"五等版簿"的籍账制度，西夏则是与有地之户一同管理，这与西夏全民皆兵的民族籍账管理的特点有关；西夏手实的土地信息登载于人口信息之前，是以土地为主的赋役制度决定的。这种以土地为主的赋役制度，也是受到自唐中后期、以资产为宗特别是以土地为主的赋役制度的历史渊源的影响；西夏荒地产权制度反映出来的"私有"性质，也跟唐中后期均田制瓦解后，五代两宋土地私有制的日趋发展一脉相承。这种"私有"性质是唐宋以来土地私有制在西北地区的历史延续与发展：西夏土地的出典，衍生出了西夏的"一田二主制"，这种现象在西夏的土地产权分配、赋役科派以及籍账编制等问题上都有所体现。西夏的承典人与宋代承典土地的客户一样，都是国家科派赋役、籍账编制的对象。西夏水利法在《天盛律令》中有详细规定。这些制度可以说无不高度效仿乃至继承唐律、唐令以及敦煌文书中的《水部式》等水利法的种种制度，融进了大量的中原水利管理的经验；又因西夏与河西同处西北，地理、气候环境相近，所以西夏水利的部分制度也深受自中古以来河西制度的影响。

六是关于西夏时期逃人的刑处及与唐宋的比较。西夏和唐宋对逃人刑处依据的标准和处理的方式是极其相似的，主要都是依据罪犯罪情来定罪，并且都有了自首可以减罪的规定；关于叛国而亡，西夏和唐宋在处理方式上也十分相似；西夏和唐宋对窝藏罪犯的处罚，也都是首先判断窝藏者是否知情，知情则依据罪人的罪行和窝藏的时间来定罪。关于处罚的原则，西夏和唐宋都受儒家"亲亲相隐"思想的影响，窝藏者如果与逃犯是结亲亲戚，可以相应地减罪。西夏和唐宋为了预防罪犯和百姓逃亡，都建立了严格的信息登记制度，方便对逃人的管理和缉捕。对监管者看管不力的情况，西夏和唐宋基本上都分为受贿徇情、未受贿懈怠、无心失之三种情况，并都以捕回逃人为最终原则。总之，西夏逃亡法相当一部分规定，实际是对唐宋时期中原逃亡法的继承。除此之外，西夏还根据本民族的情况，对中原逃亡法做出了调整和创新。

七是利用传世文献与出土文书，对回鹘雇佣关系的内涵及其与中原雇佣关系的异同进行了对比研究。发现回鹘租佃契约的格式从麹氏高昌国发展到高昌回鹘统治时期，契约的大框架上一脉相承，但具体义项上已有不同，发生了变化。然而，缺少的租借期限、意外事故责任、合意声明在回鹘文契中均有体现，只是不似汉文文契那样直接写明。高昌地区的契约制度发展到回鹘时期更加成熟和精简，很多契约的基本原则早已深入回鹘民众的心中。

八是关于西夏与唐宋军法的比较研究。本研究结合相关史料，从军队相关制度、战时军事赏罚制度、武器管理制度等三个方面探究了西夏军法与唐宋军法的渊源，说明西夏军法的特色，与唐宋既有区别，又有着千丝万缕的联系，这也从一个方面反映出西夏少数民族文明与中原文明的交流融合。

三　成果的突出特色和主要建树

从比较法学的角度，利用出土中古法制类文献资料，探索西域地区中古法律制度的特点及其相互的关系。基本完成了规划中的中国中古时期西域出土社会经济法与身份法的比较研究，在学术层面上得出了一些新的认识与结论。同时，也在证明中华民族文化发展过程中的多元一体方面提供了有力的实证。

从总体上来看，中华法律文化，无论在中原还是在中国的西域地区，都占有主导的影响地位。西域出土的中古法律文献，虽然具有鲜明的地方民族特色，但受到中原法律文化的影响，而且一般来说，随着时代的演进，具有愈来愈相同的发展趋势。随着统一局面的出现，其与中原王朝法律制度与政策的一致性，逐渐大于其地方的特殊性。我们既要看到西域地区历史文化特殊性的一面，又不能忽视其与中原地区历史文化存在共同性、普遍性的一面。

通过对唐律身份法的梳理，可以发现，唐代作为高度发展的古代社会，其社会的组织化、精密化程度达到了惊人的高度，表现在身份法上，《唐律疏议》几乎对良贱身份等级的各个层面或可能出现的各种情况，都做了全面、周密的规定，其精细之程度，远非中古时期西域各个政权的法律制度所能相比。从世界范围来看，也只有罗马法达到的高度可以与之相比。而这两个法系恰恰是代表东西方社会本质特色最鲜明的两个法律制度。

综观 3~12 世纪西域中古经济法、身份法的特点，可以看出，在长期的历史发展过程中，中华各民族人民在相互的交融、交流、学习的过程中，不断丰富着自己的法律文化，而且从西域出土的经济法、身份法类文献与中原法律文献的比较不难发现，这些地区和政权的法律制度具有鲜明的地方、民族、地域的特色，而且愈是在早期，这种地域性、民族性的法律特征越是明显。而随着时代的演进、民族交往的加深、统一趋势的加强，各民族法律文化所受中原法律文化影响的强度越来越大，其与中原王朝法律制度与政策的一致性，逐渐大于其地方的特殊性，其法律文化与中原法律文化出现趋同的发展态势。在这一融合的过程中，在中原法系的影响下，许多少数民族会对自己传统的法律体系进行合理的扬弃，主动剔除落后的内容，吸取中华法系的精华，同时，也使中华法系在吸收众多民族法律精华的过程中不断更新、发展、成熟、壮大。正如恩格斯所说，"征服者，在绝大多数情况下，都不得不适应征服后存在的比较高的'经济状况'，他们为被征服者所同化，而且大部分甚至还不得不采用被征服者的语言"。当然，也包括法律文化。

四 成果的主要价值

中国不同民族、不同政权法文化融入中华民族法律文化的历史进程，体现了中华文化多元一体共同发展的历史事实。因此，可以说，各民族人民为中华法文化多元一体的发展，都做出了自己的贡献，中华各民族的法律文化大大丰富了中华法系，使其在吸收各民族法文化营养的过程中，发展得更加系统、更加全面、更加完备、更加精致，从而达到了历史上的最高水平，同时，中华法文化，对整个西域地区各民族及东亚南亚的古代法律，产生了深远的影响，成为与罗马法并峙的世界上最优秀的法律文化遗产之一，对人类历史发展长河中的法文化建设做出了重大贡献。

魏晋南北朝谥法制度研究

　　中国社会科学院戴卫红主持完成的国家社会科学基金项目"魏晋南北朝谥法制度研究"（项目批准号为：12BZS027），最终成果为同名专著。

　　谥号是古人死后的一种特殊名号。古代帝王、诸侯、高官大臣死后，朝廷根据他们的生平行为，给予一个称号，这就是谥或谥号。由于它是名字之后新增的称呼，因此在字形上写作"谥"。历代相沿形成的有关给谥的一套规定和法则，就是谥法。由于谥号是对死者一生德行的正式评价，关系死者的毁誉荣辱，也关系社会对其本人及子孙的看法，故极受社会的重视，所谓"生有名，死有谥。名乃生者之辨，谥乃死者之辨"。谥法是维护封建等级制度的工具，对古代社会政治等级制度及官僚制度的发展有着不容忽视的作用。

　　谥法在中国古代是一门显学，学者们撰写了很多著作，其中，产生时代最早、影响最深、最为经典的文献为《逸周书·谥法解》。之后各个朝代关于谥法的著述时有出现，宋、明、清代的谥法著作，蔚为大观。但是，自清末以来，人们几乎停止了对谥法的研究与探讨。

　　目前专门研究谥法、在学术界影响颇大的仅有兰州大学汪受宽教授的《谥法研究》（上海古籍出版社，1995）一书。学术界对于谥法的研究在不断地深化，取得了较大的成果，从而使人们对中国古代的谥法有了一定的了解。但是，当前谥法研究仍然存在一些不足，主要表现为：（1）和其他学术领域相比较，学人对于谥法这个中国传统文化的组成部分还不够十分重视，不能让更多的人认识到谥法在中国古代社会中的重要性。（2）对于不同朝代谥法对当时社会产生影响的研究还不够深入具体；而社会制度、社会风气对谥法制度变化的影响也没有深入探讨。（3）谥法制度的断代研究分布不均，上文提到的关于谥法的起源、"生称谥"、谥法文献《谥法解》等的研究多集中在先秦时代，其他断代的谥法制度的研究还很薄弱，尤其是魏晋南北朝时期的谥法制度的研究，基本上只有单篇论文研究具体、个别的问题。

而魏晋南北朝时期，礼学家辈出，丧礼学兴盛，礼学专著大量涌现。在这样的礼学繁盛的大背景下，社会上涌现出一批谥法专著，这些著作以谥法解和谥号分类汇编为多，着重于对《逸周书·谥法解》的谥号用字进行评注、考据，辑录帝王将相名臣的谥号，魏晋南北朝时期的谥法文献对宋代谥法影响仍极大。宋朝最为著名的《编定六家谥法》20卷，编纂于宋仁宗嘉祐年间。所谓六家谥法指《周公谥法》、杜预《春秋谥法》、佚名《广谥》、沈约《谥例》、贺琛《新谥法》及扈蒙《谥法》。而其中的《春秋谥法》《广谥》《谥例》《新谥法》四家谥法都是在魏晋南北朝时期编纂而成的。但是很可惜的是，这些著作到宋代时，基本已经亡佚。而搜辑残存在现今古籍中的魏晋南北朝时期谥法著作的片段，是我们了解魏晋南北朝谥法制度的重要资料。

而在20世纪六七十年代吐鲁番出土的文书，保存了《谥法》残本。通过对出土《谥法》残本与现在流传的传世文献对照，可以清楚地看出魏晋南北朝时期学者对《谥法》的阐释和增广。另外，墓志中也留下来很多关于魏晋南北朝时期谥号刻写的第一手材料。墓志主人死后，家人或下属向朝廷请谥，朝廷议谥毕后，将谥号赐给丧家，在丧礼中使用。但是墓主家到京城的距离有远有近，若路程遥远，来不及在下葬的时候将谥号刻在墓志铭之上。因此，这便直接导致了丧主墓志铭上谥号的空刻。另外，在现实的刻写条件下，刻石的版面、丧主墓志的长短、刻工的排版以及墓主家人为尊者讳以及朝廷重新追赠美谥、复谥等因素，尤其是墓主家人为尊者讳以及朝廷重新追赠美谥、复谥，可能会导致墓志中的谥号与史书中的记载不同。这为我们动态地认识谥法制度在当时现实社会的作用、特点提供了宝贵的一手材料。

从两汉到魏晋南北朝时期，皇帝和皇后妃嫔、隐逸人物在谥号用字、字数和谥法制度等方面发生了重要变化。从刘邦之子刘盈开始，谥号以复谥为主，且第一个字都用"孝"字，而魏晋南朝皇帝的谥号以单谥为主，十六国北朝皇帝的谥号以复谥为主，具有很强的独立区别标识意义。魏晋南北朝时期，帝王谥法的礼仪范式日渐繁缛，亦愈加制度化，但是群臣谥议、南郊告谥、题谥于神主之背等主要仪式并没有改变。

从《公羊传》《白虎通》《春秋释例》《通典》的讨论来看，从先秦、汉代到唐代，对妇人的谥法有很多讨论。汉代以来，如无特殊情况，皇后皆有谥制度化。汉初的皇后依然遵循"妇人无外行，不另给谥"的原则，随夫谥而称，如汉高祖谥"高"皇帝，吕后称"高"皇后。而别拟谥成为魏晋南北朝时期皇后给谥的一个主流形式，也引发人们逐渐对后妃谥字解意的重视。贺琛《新谥法》就分为三卷，其中妇人独有一卷，这是中国古代谥法制度中前所未有之创举。在皇后谥法的礼仪中，对于逝去的皇后在谥号未定之前，称为"大行皇后"，到唐太宗长孙皇后的谥册中不称其为"大行皇后"，而改称"皇后长孙氏"。皇后与帝王谥号取得的地点最大不同在于，"天子谥成于郊，后妃谥成于庙"，这一点一直影响到后世皇后谥法的礼仪。皇后谥字中，"宣""恭""昭""德""懿""穆""献"等经常使用。

从传世文献和出土墓志来看，南朝公主得谥的记载多于北朝。公主得谥有的是在死后葬时赠谥，有的是在死后经年，其父、兄得到皇位后追谥的。公主的谥号用字，包括懿、哀献、悼、愍、宣、恭、献、昭、德、哀、康、惠、贞、康哀、宪、恭、穆、献怀，其中，懿、悼、穆、昭、宣等字多用。在这些公主的谥号中，多为单字谥，双字谥只占少数。

太子是中国古代帝王的法定继承人的称谓。先秦时期，"有爵则有谥"是给谥的主要原则之一，而"太子"是没有爵位的，而且太子也无功业外行，因此，关于太子谥号的有无，先秦以来便是讨论的焦点之一。孙吴宣（明）太子孙登、西晋愍怀太子司马遹、南齐文惠太子萧长懋、萧梁昭明太子萧统、萧梁哀太子萧大器、萧梁愍怀太子萧方矩、北魏景穆太子拓跋晃七位太子得谥及其谥字来看，太子在未取得皇位之前便去世，或死于政治斗争，或死于国难；西晋愍怀太子司马遹、萧梁哀太子萧大器、萧梁愍怀太子萧方矩是在死后一段时间后追谥的，而其余四人是在死后马上得到赐谥。除萧大器的谥号"哀"，为单字谥，孙登"宣（明）"不能确定为双字或单字时外，其余五人均为双字谥。而且，他们的谥号用字与生前行迹相符合，基本上得到的均是美谥。

而东晋礼学家贺循在世子是否赐谥上，认为不仅是看其年龄，而且主要看其是否有"功行"，这与立"谥"本意相符合。

宗室成员获得谥号，从程序上看，也要经过请谥、议谥、赐谥等程序，曹魏、孙吴、两晋对待宗室态度不同，从而导致对待宗室死后的丧礼及赠谥全然不同。而从冯诞、独孤信这两位位高权重的外戚死后的谥号来看，皇权在谥号的赐予、谥字的美恶上起着决定性的作用。

魏晋南北朝时期，隐逸的谥法得谥途径分为两类：一类是门生亲故私谥，另一类是请谥朝廷而赐予。他们的谥号字数基本上为双字复谥，后缀以"+先生"或"+处士"；谥号用字多是与"文""贞""玄""德"组合的复合词，与他们才学精深、德行高尚、声名卓著的德行与修业密切相关。唐宋以来无爵者称子、朝廷赐养德丘园、声实明著者谥先生的法令规定，实来源于魏晋南北朝时期。

谥法虽然是礼制的一部分，但它作为统治者笼络、鼓励广大官吏的重要手段，在社会政治等级结构中有着特殊的意义，是官僚制度的一个重要环节，学术界对于谥法对当时官僚制度产生影响的研究还不够深入具体；而官僚制度的发展对谥法制度变化的影响也没有被重视。魏晋南北朝时期是谥法制度发展变化的一个重要时期，尤其是此时百官的谥号发生了很大的转变，而以往的研究仍有所缺省。该成果还从三个主要方面探讨魏晋南北朝时期官员的谥号和谥法。

第一，生前无爵者死后也可有谥。对此，汪受宽先生已有所论及，他认为曹魏谥法的改革对"有爵则有谥"的古制进行了第一次冲击，进而指出晋元帝所定百官给谥的规定对后代影响很大。但其讨论没有展开，笔者认为这一变化与魏晋南北朝时期的爵制变化息息相关，仍有深入探讨的余地。两汉时期对百官给谥资格有严格的规定，百官有爵为侯伯则给谥，否则得不到谥号。随着官僚制度的发展，魏晋南北朝时期官员的谥法和谥号发生了变化。得谥官员身份上发生了重大转变，魏晋之际结合爵位和现实功行（官品在五品及其以上）决定百官谥号的规定，取消了那些仅靠父荫为爵者得谥的权利，对"有爵则有谥"的古制是一种冲击。两晋南北朝时期得谥官员的身份也发生了变化，不仅生前有爵的官员可以得到谥号，生前无爵的官员死后也能得谥，这是中国古代官员谥法的一个重大变化。这一变化与魏晋南北朝时期爵制变化息息相关。实际的赐谥中，官员生前在职的功劳、德行更大程度地影响着得谥与否及其谥号的好恶。

第二，魏晋南北朝时期官员谥号用字以单谥和美谥为主。魏晋南北朝时期社会风气虽以复谥为美，但实际评谥过程中官员谥号以单谥为主。谥号用字上绝大多数为美谥或平谥，恶谥极少。由于现实评议的需要，采用了《逸周书·谥法解》篇中所没有的谥号用字，但学者对《谥法解》或注释、或推演、或增补，这些谥号用字仍可能有本可依。

第三是两汉时期，谥法主要由礼官大鸿胪卿负责。随着官僚制度的发展，两晋南朝时期在百官给谥程序中，尚书省官员参加了百官给谥程序中"议谥"这一环节。北魏官员谥号的实际评议过程中，尚书省负责审核行状的真伪，确定行状的记载与考簿的记载一致之后，将行状交由太常寺，太常卿、太常博士根据行状评议此人的谥号；当官员的谥号与其生前考课行迹不一致时，尚书省的官员依照官员生前的考课行迹，对礼官评议的谥号进行驳议，这一点直接影响了唐代的相关制度。

该成果注重考古资料与传世文献的结合。

第一，通过与现存的谥法文献对照，对吐鲁番文书中发现的高昌时期的《谥法》残本进行复原研究，指出这份《谥法》残本中出现了已经失传的谥字。因此，吐鲁番《谥法》残本应是魏晋南北朝时期各家对《谥法》进行增广、阐释的产物。三个高昌王谥号的谥字和字数，与十六国北朝帝王谥号有相合之处，结合高昌地区与北魏、北齐等王朝儒学交流频繁的史实，可以推定这份高昌时期的《谥法》残本应是从北朝政权流传至高昌地区的。

第二，在大量搜集魏晋南北朝时期墓志中的谥号资料的基础上，概括出这一时期墓志谥号的刻写呈现出以下九种情况：一是墓志主人题名中有谥号，墓志结尾处出现谥号，有的将议谥程序中的话语都刻写出来；二是虽墓志题名无谥，结尾写明谥号；三是墓志开头列谥，文中不再提及谥号；四是墓主在史书中有谥，墓志中却无谥；五是墓主在史书中无谥，墓志中有谥；六是谥号的空刻、补刻；七是有追赠官，但无谥号；八是史书与墓志中谥号的记载相同和不同；九是本人墓志中提及父祖谥号，与史书所载或相照应或补充。并将墓志资料与正史本传中的谥号相结合，考察魏晋南北朝时期谥法的特点和变化。

唐代军事制度研究

中国人民大学孟宪实主持完成的国家社会科学基金项目"唐代军事制度研究"（项目批准号为：13BZS027），最终成果为同名专著。课题组成员有：段真子、李淑、蒲宣伊、何亦凡、文悦、陈宸。

唐代军事制度的演变，与唐朝整体的发展衰落紧密相关。此题经过欧阳修《新唐书·兵志》的揭示，成为史家认识唐朝的一个重要思路。但是，宋朝以后，珍惜唐朝前期兵制即府兵制的情绪和言辞占据主流，《新唐书》《资治通鉴》等影响巨大的历史著作，几乎都持相同的观点，不仅把府兵制看作是唐朝崛起的原因和表现，也把府兵制的衰落与唐朝的衰落等量齐观，他们确信，如果没有府兵制的衰败，就不会有唐朝的盛极而衰，就不会发生安史之乱。后来学者，都认同欧阳修的观点，认为军制与国家的总体走向，大有关系，因而研究成果层出不穷。特别是中日学者，从陈寅恪到滨口重国、日野开三郎、菊池英夫等多有研究。

那么，既然前贤研究多有成就，该成果的创新之处何在？

第一，对于府兵制的问题，有了研究新推进。府兵制度下，从《新唐书》开始，认为全国府兵都有"番上"或"上番"问题，并明确指出番上就是"宿卫京师"。不管府兵的地团何在，每年都要定期到京师值班。番上，体现府兵士兵的"卫士"特点，是皇帝安全的保卫者。唐朝幅员辽阔，交通条件有限，如果全国卫士都上番京师，那么主要的时间都会消耗在路上，这很不合理。此前学者，也有对此表示怀疑者，但没有发现关键资料，怀疑停留在表面，无法论证。在吐鲁番文书的整理过程中，笔者发现了关键资料。今吐鲁番是唐朝的西州，当地设有前庭、岸头府、天山和蒲昌等四个折冲府，属于府兵体制毫无问题。在唐高宗时期，发现西州折冲府的军官在农忙的时候向西州都督府请假，另外雇人替在"上番"，自己要回家去收割等。而这类请假，无一不被批准。唐朝前期，制度化严格，制度执行也很严格。那么，从吐鲁番出土文书给出的信息证明，西州折冲府的军官在当地轮流值班也被称作"上番"。新资料是出土资料，史学研究的第一手资料，与《新唐书》的说法全然不同。这时，再反思《新唐书》的说法，问题确然，以前的怀疑，终于落到实处。番上问题的新解释，是一个前一发动全身的问题。此前，学者们讨论府兵制的衰落，其中一点引人重视，就是府兵士兵的负担问题。府兵的折冲府，并不是全国的所有州都有，这样全国的军事负担就有不同，军府州自然负担更重。在府兵的各种负担中，番上是重要的一个。想到千里赶往京师，然后再返回本地，这路上的艰辛苦难，自然是沉重负担。有学者甚至仔细考证士兵的负担，甚至有专门的著作研究这个问题。从吐鲁番出土文书的情况看，此前的理解都是不正确的，府兵在当地值班，也是番上。番上并不是仅指宿卫京师。这是一个重要突破，对于唐代府兵制度的理解，产生推动作用。

第二，边州府兵问题。在以往的研究中，强调府兵的中央军性质，认为府兵都隶属于十六卫，是中央军的体现。从表面的关系看，所有折冲府都隶属于十六卫，折冲府的名号和印章，都能证明这一点。那么，边州（唐朝特有行政概念）的折冲府，在日常的管理、指挥、调度方面，是否在十六卫的直接管辖之下呢？从西州的折冲府情况看，四个折冲府的指挥者，是西州都督。折冲府的日常管理向都督府汇报，折冲府官员请假对象也是西州都督，军队垦田事务要向都督府报告，当地军事调度权力，也在西州都督。比较其都督府的实际权力，所谓十六卫的隶属关系，其实是表面的，只有名义的价值，没有实质意义。府兵制的发展，最终使得唐朝的军力向两个方向收缩，一是守卫京师和皇宫的禁卫军，二是边疆军镇。尤其后者，节度使军制的发展，最初就来自边州的军事力量，即边州府兵。强调边州府兵与后来军镇制度的渊源关系，是此前学界较少注意的。

第三，府兵制度下的军马问题。也是得益于吐鲁番出土文书中，有许多事关军马的资料，深入研究之后，对于府兵制下的军马问题有了新的认识。除了骑兵之外，唐朝府兵制时代，后勤保障是离不开马匹等畜力的。那么，唐朝的军马之制如何呢？本课题在"六驮"制度、承直马制度、丝绸之路上的绢马贸易等方面进行探讨，对于这些问题的认识，都有所推进。安史之乱，丝绸之路的贸易中断，尤其对于唐朝而言，遭遇巨大困难。唐后期回纥之所以对唐朝为所欲为，就是因为他们垄断了丝路贸易，让唐朝丧失了对军马来源的掌控，不得不接受回纥的要价。

第四，军镇的发展是一个逐渐成熟的过程，与府兵制是一个连续的过程，不是截然不同的关系。从唐朝边疆实际情况看，府兵制度的衰落，是因为不能适应边疆形势的需要。所以，传统史书把唐代军制变化看作是人为乱政的结果，是不公允的，也不符合历史实际。唐朝的政府，在军制演变过程中，并非无所作为，调整始终在进行中。比如团结兵和彍骑，最初的设立，都有探索的意义，最后并没有成为独立的军事力量，团结兵成为军镇的一部分，彍骑则成为中央卫戍部队。边疆新形势，主要是吐蕃崛起，而吐蕃对于各种土地都有野心，与来自草原的政治力量完全不同。同时，吐蕃力量的核心深居高原，唐朝传统的战略无法克服吐蕃，于是边疆大规模驻军成为必然选择。行军体制与边疆的都督制度结合，于是逐渐发展为节度使体制。边疆形势是必须应对的，传统的府兵体制是必须改革的，军镇最初在解决边疆问题上是有力的，所以才有军镇的普及发展。

第五，节度使体制是边防军体制，产生并在边疆发展起来。节度使体制确实不利于中央集权，对于后来发生的安史之乱确实具有联系性。节度使体制有利于边疆利益集团化，而在盛唐财政状况良好的背景下，这种集团化倾向有加剧的趋势。各个节度使内部，都有强烈的向心力，而对于中央而言，在条件成熟的时候，就会变成离心力。唐朝中央能够在充分利用节度使体制对外军事斗争中的有利，同时克服节度使内部的利益集团化的不利，显然是个难题。从杨国忠与安禄山的政治斗争中，我们很容易地可以发现，杨国忠和唐玄宗，都没有意识到军队的变化，尤其是利益集团化的严重后果。唐朝最终上演安史之乱，迅速由盛而衰。制度的因素与政治的因素俱在，不可一言以断。

第六，该成果努力系统化讨论唐代兵制的演变，部分环节用"专论"的方式进行深入讨论，以保证重点的论证。系统性与专题性的结合，希望在完成专题研究上获得更佳效果。

府兵制度，有自身的弱点，所谓内重外轻的军事力量布局，完全是在静态思想的基础上设置的，无法应对后来边疆形势的剧变。在边疆的挑战日益严峻的条件下，军事力量向边疆集中，具有必然性。节度使体制也从府兵制度中吸取很多因素，除了战团的基本组织之外，依然利用府兵制度下的军官系统为节度使兵制提供营养，比如府兵在天宝时期不再征兵之后，各个折冲府的军官系统依然存在，而这个系统成为支持府兵体制的重要支撑。重视府兵制与军镇制度的联系性，发现这个演进过程中的必然性，是该成果最重视的视角。陈寅恪先生认为，史学研究中，同情之理解至关重要。该成果的这个研究视角，相信是学习前辈学者的一个体会。

唐代县级行政体制与政务运行机制研究

中共中央党校（国家行政学院）赵璐璐主持完成的国家社会科学基金项目"唐代县级行政体制与政务运行机制研究"（项目批准号为：12CZS018），最终成果为同名专著。

隋唐之际，中央行政体制完成了由三公九卿制到三省六部制的转型。在新的中央行政体制下，如何将地方政务纳入尚书六部体制内进行管理，这是隋和唐前期制度调整中需要解决的问题。地方政务的主要内容，如户籍与土地管理、赋役的征收和差派、社会治安的管理等，自秦汉以来并未发生重大变化，但是随着中央行政体制中三省六部制取代三公九卿制，实现三省六部体制下对地方政务的管理，必然要面临政务的重新划分与归总，以对应中央层面尚书六部对国家政务的划分。而中央行政运行机制的转变，也自然引起地方政务处理方式和程序的种种改变，以形成不同于汉魏的地方行政体制和运作模式。加上隋代将地方官员的任免权收归中央，使中央对地方的管理更加直接和严密，地方政务中需要中央行使最终裁决权的部分自然相应增多。在新的体制和形势下，如何实现对地方政务高效有序的管理，就成为隋和唐初政治体制变革过程中所面临的重要问题。在这一背景下，梳理隋唐时期地方行政体制的改革和完善过程，观察在这一过程中地方政务如何纳入中央六部管理，将深化对隋唐地方行政体制的认识，也是从一个不同的视角探讨中央和地方的互动，以及中央行政体制和地方行政体制的相互影响。

而在这种地方行政格局转型之际，唐代地方行政体制，包括县级行政体制，就体现出不同于以往的一些特点。在其与中央体制对接的过程中，一方面县级行政体制要形成与尚书六部和府州曹司的对应，另一方面又需要应对不断变化的基层统治形式，实现对百姓的管理。这就使得唐代县级政权行政运行方式经历了一个从理想到务实的变化。而中唐以后社会经济形势和行政制度的诸多变化，又对隋至唐前期定型的县级行政体制带来了新的冲击，促进了县级政务管理模式的再变化。唐代县级政权行政体制和运行机制的变化，伴随着隋和唐初以来整个国家行政体制的变革和政府运作模式的转型，唐代的县政因此处于一个承上启下的重要地位，具有鲜明的时代特性。可以说，县级政权管理模式从隋唐之际到宋代的转变，是中国古代地方行政制度发展史上一个重要的变化。对唐代县级政权的研究，因此具有独特的魅力和意义。

县级官府作为地方行政机构，必然有其自身的运转方式和运作模式，在某一固定时期内，这种运转方式和运作模式是相对稳定和有规律的，以保证县司的正常工作，实现对一县的管理，这实际上就是县作为一个机构的运行机制。而对县的运行机制的考察，仅依靠对县级官吏职掌和县级机构设置的研究，是难以实现的，我们必然还要了解官吏之间的分工和权责、县内机构之间的配合和县与上下级之间的互动等。要将这些问题综括在一条线索中探讨，就离不开一种动态的、可以一以贯之的观察角度，而以县内各类政务为中心，分析县级政务的处理过程，无疑是最合适的观察路径。因为政务的处理牵涉到县内诸司的配合、官吏之间的合作、与上下层级间的信息传递和互动等。通过对政务处理程式的复原，可以实现我们对县司运行机制的过程性的考察。如果希望实现对制度的动态考察和研究，以政务运行为观察的切入点，几乎是不可避免的，也应该是最佳的一种选择。所谓"政务运行"，就是指行政机构对政务的处理方式和裁决程序。政务的处理与裁决是一种观察面向，研究的中心还是对以机构为依托的某种机制的探讨。因此，唐代县级政务运行机制这一论题的研究主旨，是通过对唐代县级各类政务的处理方式、程序及与之相关的行政手段和模式的分析，探讨唐代县级政权作为一级行政机构的运转方式和运作模式，分析其与上下行政层级之间的关系和互动。

具体来说，隋代经过一系列对地方行政制度的改革，建立起了府州六曹和县六司对应中央六部的地方行政体制。唐代建立后，沿袭了隋代地方行政体制并加以完善，将地方州县行政人员划分为流内官、杂任、杂职三类，体现出整齐划一的制度设计理念和上下对应的体制建构模式。

不过，县级官府在机构设计模式上与府州和尚书六部是完全对应的，但在实际运行中，县级政权的政务处理程序和方式和府州却是不同的。中央的部司寺监和府州政务处理，按照以主判官为首的程式，而对于处理基层政务的县司来说，县令既是第一责任人也是第一经手人。因此，县级政权中通判官（丞）、判官（尉）的责任和作用要低于府州的相关官员。县令过问和判署所有事务，是县令作为"亲民官"的重要体现。县级政务在实际运行机制上体现出不同于中央政务运行机制的特点，这就使县级政权在实际的政务运行机制与制度设计上完全对应中央六部的行政体制之间存在抵牾和矛盾，因此决定了县级政务运行机制的发展必然要突破整齐划一的行政体制，按照政务处理的实际需要实现制度自身的变革和转型。

中唐以来，随着社会形势的变化和军事、财政制度的变革，县级政务运行机制向着更加切合基层管理需要的方向发展。一方面，随着军镇势力的强大，使得军事力量介入地方行政，分割了县级政权的行政权力，但是却也推动了县级行政区划和行政职权的整合和重组，实现了地方治安管理方式的完善和优化。另一方面，使职行政体制的发展促进了县级政务运行机制中专知官的出现和定型，打破了唐代前期政务处理模式上的程序分工和问责制度上的四等官问责制，最终形成了以"事"为中心的政务运行机制，从而使县级政务运行机制更适宜于基层统治的需要和对地方社会的管理。再者，在州县关系上，随着道成为一级实体行政机构，唐代前期那种州县上下对应统摄的关系也发生着变化。县与州、使府之间的关系更加复杂，县可以跨过州直接与使府进行政务公文来往，道与州争夺对县控制权的事件时有发生。县司在这种变化下反而拥有了更大的自主权，摆脱了唐代前期律令体制下府州的严密控制。在基层政务管理上，由于基层政务均是在县司的指导和命令下完成的，基层组织的行政人员不拥有裁决权，因此基层政务实际上是县级政务向下的辐射和扩展，所以在文中将基层政务作为广义的县级政务的一部分进行研究，而不将两者截然区分。具体来说，作为基层政务管理者的唐代里正职能和地位前后期出现差异，并且管理基层的行政运作模式也发生了变化，体现出基层管理顺应经济社会形势发展需要和制度变迁激发而产生的变迁动力。

至宋代，县级政务运行机制从唐代前期的程序分工转变为职能分工，形成了更加符合基层社会实际的行政管理模式。从地方政府对基层社会的管理方式上看，虽然唐代的里正也经常在县司活动和办理公务，但是在县衙并没有固定的办公场所，宋代将作为乡役人的乡书手纳入县司正式管辖，是县司对基层政务管理模式的转变，说明县级政权对基层社会的管理更加深入。宋代驻村县尉有部分权力，不必事事询问县令，隔一段时间去县衙汇报工作，县司因此拥有实体的派出机构。将宋代乡书手的入县和县尉的下乡结合起来考察，国家力量向基层社会渗透的这种趋势就愈发明显。但是在水利等事务的处理方面，宋代地方政府对社会力量的依赖性又明显增强，官府的直接干预实际上逐渐减少。这种现象与唐宋之间地方治权的分化和县级中心政务的凸显有密切关系。随着这一趋势的发展，宋代县级中心政务逐渐集中在了赋税、词讼、刑狱三大方面，并以县司主要官员专知。县级官府更加侧重于中心政务的管理，而对于一些非中心政务则逐渐依靠社会力量处理，形成了官督商办、官领民办等治理模式，优化了县级政权的基层管理模式。最终突破了隋代以来仅仅在体制上与六部划一的制度设计模式，真正完成了将地方政务纳入中央六部管理的进程。而中心政务凸显之后地方政府对基层社会的管理方式，也促进了宋代以来社会力量的成长和政府与民间的互动，形成了地方政府与社会力量相互配合又互相制约的基层统治模式。另外，唐宋间商品经济发展使商税得以萌生壮大，管理商业活动、征收商税至宋代成为县级政务的一项内容，县司职能因此有所扩展。而唐宋间选官制度的变化，影响了县佐官，尤其是县尉在官僚迁转体系中的位置，这些都对宋代县级行政体制和基层管理产生了消极作用。

从县级行政体制发展变化的趋势上来看，秦汉以来县级行政体制经过隋唐时期的改革发展至北宋，如果直观的从官员职掌上来看，似乎是一种"循环"。比如县尉在汉代掌捕盗，隋唐时期转变为分判县内诸务的判官，至宋初恢复时又掌捕盗，发展轨迹仿佛是一个圆圈。不能否认，中国古代制度的发展，尤其是基层制度的发展，尤其具有"循环性"的一面，这也体现出中国政治文明的特色。但是，将政务运行的视角融入这种变化中去看，自然会发现这种看似的循环已经经过了"再造"。也就是说，在经由隋唐一系列改革和调整之后，使得地方行政管理体制与变革后的中央行政体制相对接，使得地方政务充分汇入国家政务整体运行当中，奠定了宋以降地方行政体系的新面貌。

唐五代经学史

山东理工大学焦桂美主持完成的国家社会科学基金项目"唐五代经学史"（项目批准号为：13BZS013），最终成果为同名专著。课题组成员有：韩宏韬、柏秀叶、马宏基、丁红梅、俞艳庭、甘良勇。

一　研究的目的意义

唐五代不仅是旧经学的集成，也是宋明理学创新的基础，在中国经学史链条中具有真正的承前启后意义。由于该时期经学著作的大量亡佚、研究资料的零散匮乏、现存经注的研读难度等，此前对这一段经学史的研究比较薄弱，其历史发展轨迹尚未勾勒清楚，大量经学家及经学著作还没有被充分发掘、深入研究，对唐代经学的特色、贡献及其在中国经学史上的地位的认识还不够全面，也没有达到应有的高度。有鉴于此，迫切需要开展全面、系统、深入的研究，以形成一部真正意义上的《唐五代经学史》，在一定程度上弥补中国经学史研究的一个空缺。

二　成果的主要内容

该成果对唐五代经学的发展轨迹、著述情况及总体特色、对唐五代经学的传播渠道、对唐代崇道对经学的影响、唐代科举与经学的关系、唐代经学风尚的嬗变以及唐五代标志性经学成果达到的高度、唐五代经学对宋代的影响等有了较为清晰且宏通的认识，为清晰起见，先述唐代，后述五代，以唐代为主。

（一）唐代经学以太宗、玄宗、文宗时期最为发达

唐代经学并非持续发展，以太宗、玄宗、文宗时期最为发达。

高祖在位九年，自京师至州县设置官学，又承隋之制设科取士，其崇学尊儒为唐代经学的发展奠定了基础。

太宗在位二十三年，经学之盛，为有唐之最。其令颜师古编《五经定本》、孔颖达纂《五经正义》，实现了经书文字、经义的统一，意义重大，影响深远。

玄宗追谥孔子为文宣王，空前提高了孔子的地位。他不但弘扬儒教，而且亲自注经，所注《孝经》进入十三经注疏系统，名垂青史。

玄宗于经学尤可注意者，是其对唐代经学风尚变迁之影响。玄宗以帝王之尊，疑经改经。其改《洪范》之"颇"为"陂"，改《礼记·月令》篇次、内容，诏卫包改《尚书》古文为今文，删削变乱《大学》《孝经》章句次序，组织群臣对《子夏易传》之真伪、《尚书》孔传、郑注之优劣、《孝经》郑氏注是否为郑玄所注等进行讨论。这些举措的共性是在帝王的率领下开始质疑此前顶礼膜拜、不敢妄加评判的经书，其意义在于激发了当时及此后学者对经书的批判意识，这对唐代疑经改经风气的形成至关重要。

代宗幼而好学，尤专《礼》《易》，在位十七年，力倡儒术，令张参校定五经文字，影响深远。蔡广成、啖助、赵匡、施士匄等一批"异儒"活跃在代宗大历年间，故该时期也是唐代经学风尚嬗变的形成期，于经学史之意义不容忽视。

文宗好经义，重儒臣，接受郑覃建议，继汉熹平石经、魏三体石经后刻成开成石经，纠正讹谬，有功于经典文字。

唐代其他时期，经学式微。导致式微的原因主要是帝王轻视、社会动荡两端。前者如高宗尚史事，重文轻儒；武后矜权变，不能重用经学人才；中宗尚文华，儒学忠谠之士不得晋用。后者如肃宗在位期间干戈未定，虽诚心招贤，却难见成效；文宗之后国势衰颓，经学难以复振。综观唐代经学的发展轨迹，可以看到，帝王的好恶、政权的分合、国家的兴衰、社会的治乱等因素都与学术的发展密切相关。

（二）统一是唐代经学的突出特征

唐代经学是从南北朝走过来的，与南北朝长期分裂导致南北经学风尚存在很大差异不同，唐代国家统一，经学也走向统一。统一是唐代经学的突出特征。由官方组织编纂、整理、诠释的《五经定本》《五经正义》、开成石经等都是为实现经学统一而采取的强有力手段，是唐代经学显现的新气象。

唐初，太宗"以经籍去圣久远，文字多讹谬"，诏颜师古考订五经，撰为定本，颁行天下。又以儒学多门，章句繁杂，诏孔颖达与诸儒撰定《五经正义》，令天下传习。高宗永徽四年（653），《五经正义》颁布实施，每年明经准此考试。《五经正义》是唐代经学义疏派的代表作，也是对东汉魏晋南北朝以来各派经师著作的一大总结。其后，贾公彦撰《周礼注疏》《仪礼疏》，杨士勋撰《春秋穀梁传注疏》、徐彦撰《春秋公羊传注疏》，合称九经义疏。唐文宗太和年间，九经之外增加《论语》《孝经》《尔雅》，合为《十二经》，刻石于国学。经过唐人的努力，经学统一的使命基本得以实现。马宗霍先生云："自五经定本出，而后经籍无异文；自五经正义出，而后经义无异说。"

（三）唐代经学著作不丰，但有高度有特色

调查发现，唐代三百年，产出的经学著作有二百三十种左右。因亡佚严重，为后人所知者唯九经义疏、《周易集解》及啖赵学派的少数几种著作。仅仅依靠现存著作，难以构建唐代经学史。

笔者通过对现存著作、佚文的深入研究及对文献所载唐人久佚经学著述哪怕是只言片语的悉心爬梳，对唐代经学著作的整体风貌有了基本把握，认为唐代经学著作虽然数量不多，但既有高度，又有特色。

九经义疏集南北朝经学成果之大成，在文字训诂、名物阐释、礼制疏解、经义阐发、思想诠释、教化功能诸多方面均达高峰，诠释的细密、深入、宏通前所未有，且至今难以逾越。但九经义疏的高超水准也使后来者难以企及，故此后的其他唐人著作或以校补义疏为务，或以追求新见为主，在九经义疏的耀眼光芒下，相形见绌。史徵、东乡助、毕中和、邢璹等的《周易》研究就是对《五经正义》的阐发、补充、完善、纠正，而唐玄宗、韩愈、啖助、赵匡等对经传的质疑、批评，则走上了质疑传统认知、疑经

改经、舍传求经之路。

该时期《周易》及《春秋》学研究相对兴盛。这是因为《周易》富含哲理，诠释空间较大；又有象数、义理两派，诠释角度较多。该时期三传综合研究出现了前所未有的融通状态，学者们在综合研究的过程中也发现了三传的牴牾，开辟出评判优劣、分析是非、推求圣人之旨甚至舍传求经的新路径；而安史乱后的社会现实激发了学者们的致用精神，藉《春秋》发表政治见解也是以啖赵学派为代表的《春秋》学研究者新的学术追求。

该时期出现了文人撰、注经学著作的现象，比如王勃有《周易发挥》、刘禹锡有《辨易九六论》、韩愈有《论语注》、李翱有《易诠》、韩愈李翱合撰有《论语笔解》等。文人的经学修养不但使其文学作品染上经学色彩，也一定程度地导致了经学的文人化，这是唐代经学的鲜明特色。但因文人的经学功力毕竟有限，也使其难以沿着东汉以来的古学路子阐释、研究经学，他们的解说往往缺少扎实的依据，偏向阐发己见，也不乏主观臆说，与传统章句之学迥异。笔者认为，文人化经学或者说经学的文人化也是导致唐代经学风尚变迁的原因。

（四）唐代经学的传播渠道以官学为主

与汉至隋官学、私学并重，师承、家学绵延不绝，在经学传承中占据重要地位不太一样，唐代经学的传播主要依靠官学系统，官学肩负着培养人才的重任。私学虽也受到鼓励，与官学并存，是官学的补充，但相对式微。

考察发现，从南北朝走过来的唐初经学家王恭、马嘉运、张士衡等尚能沿袭前朝风尚，以私人身份讲经授徒。但此后见诸文献记载的、居于乡里的传经者极少，说明民间经师稀缺，其传经之功、经学贡献也极为有限。即使唐代中晚期官学衰颓，私人讲经之风也并未兴起。因此，官学是唐代经学传播最重要的渠道。官学的权威地位，保证了士子学习内容、思想塑造的统一性，但也限制了经学研究的个性化、多样化，制约了其可能延伸的长度与高度。

（五）唐代科举与经学关系密切，但对经学贡献有限

调查显示，在朱彝尊《经义考》著录的有姓名可考的110余位经学家中，科举出身的有20多人，科举与经学的关联不言而喻。但就科举取士的

人数之多与其产出的经学家及经学著作相比较，这个数字又是渺小的。

唐代科举考试设常科与制科，考试内容均与经学关系密切。常科以进士、明经为主。明经有五经、三经、学究一经，有三礼、三传，有史科。考试形式以帖经、墨义为主。进士科也考帖经。制科中有不少科目也是直接考核经学，如"明一经以上""经学之士""经学优深""经术通博""学艺赅博，业标儒首""明三经通大义，抱一史知其本末""精究经术通该古今"等。即使在取得科举出身参加吏部诠选时经书仍为主要考核内容，其中有三礼、三传、五经、九经等。由此可见，在科举考试和吏部诠选中，经学对士子非常重要。因为科举考试与吏部诠选关系着士子的前途命运，其考核内容对士子也就具有重要的引领作用。

科举考试直接拉动了《五经定本》《五经正义》的产生，其对儒经的考核激发了士子的习经热情，促进了经学的传播与普及。但科举考试旨在为国家选拔粗通儒经的各级官吏，并非培养专门的研经人才，科举人才为该时期经学研究做出的贡献因此也是有限的。

研究发现，无论明经科还是进士科士人走上仕途后从事经学活动者很少，其活动主要包括任职于中央各学馆，担任各级生员的经学教育工作；供职于太常寺，参与朝廷仪注的讨论与制定；纂修官方经书或从事私人著述等。无论哪个层面，因为从业人数的有限，致使其对经学的普及、传播、研究产生的影响也极为有限。

值得重视的是，通经的进士科人才如刘轲、韩愈、李翱、柳宗元、皮日休等对《孟子》《大学》《中庸》的重视在一定程度上促成了宋代诸书之升经；进士科人才的经学活动也推动了唐代经学风尚由恪守传统章句注疏向疑经惑古的逐渐递嬗，促进了唐学向宋学的转关。

（六）唐代道家思想对经学影响甚微

唐代尊老子为先祖，高宗时期已将《老子》纳入科举考试。玄宗崇道尤厉：亲为《老子》作注，并令元行冲做疏，颁示天下；置崇玄学，设博士、助教、生员，令习《老子》《庄子》《文子》《列子》，旨在培养、选拔玄学人才参政。唐代还出现了道士参政的特殊现象。

研究发现，唐代尊崇老子，主要出于政治需要，对经学影响不大。《五经正义》《周易集解》《周易口诀义》等书中虽有援引道家学说者，但数量很少，或为注文所引《老》《庄》说标注出处，或对引文进行校勘，或偶引

《老》《庄》说阐释经注。与魏晋南朝经学的玄学化相比，老庄思想对唐人注疏并未产生本质影响。尤其是《周易正义》大量删削了前人注疏中的玄虚之说，努力回归儒家的持正观念，彰显了儒家思想的核心地位。从道学对经学的影响来看，魏晋南朝是援道入儒、以儒为主，唐代则是经、道疏离，独尊儒术。唐代官方经学努力削弱、消融玄学包括佛教的影响，旨在纠正此前渗入经学中的玄佛杂质，保持经学的正统性。

（七）唐代经学风尚在继承中也有递嬗

以玄宗为界，唐代经学风尚大约可分前后两期。前后期虽然不能截然分开，但总体来看还是各具特色：前期为尊重传统的注疏学时代，后期是挑战传统的"新经学时代"；前期以九经义疏为标志，后期以啖赵学派的《春秋》学为代表。其间风尚嬗变，有迹可循，有因可探。

就内容来看，九经义疏以串讲大义、训释字词、阐释名物、疏解典章、考述史事、总结义例、阐发思想为主要内容，信实而繁密。就方法来看，是为每经树立一家之注，然后在主要吸纳南北朝成果的基础上为之诠解。就结果来看，它代表了自汉至唐近千年间学者代代相承的传统，为经学的作者、篇章顺序、经文字句、经义解释等提供了一个公认的标准。

九经义疏虽为国家规定的科举考试标准教材，但并未绝对独尊。《五经正义》初成之时，参与编纂者马嘉运即言其编撰之失，太宗诏令详加校定。大约同时的王玄度上所注《周易》《毛诗》，毁郑、孔旧义。武后时王元感上所撰《尚书纠谬》《春秋振滞》《礼记绳愆》，欲与《五经正义》立异。此犹唐代经学之异军。至唐玄宗以帝王之尊疑经改经，刘知几以史家眼光质疑经传，新变之风悄然发展。

唐代中叶之后，政治局势发生变化，学术也有新的动向。其在经学上的表现就是出现了一股挑战传统、追求"异说"的潮流，以啖助、赵匡、陆淳、韩愈、李翱、柳宗元等为代表。其主要特点有三：一是努力摆脱被尊为典范的注疏学，以己意说经。二是对汉人传承下来的经书作者、篇章顺序、经文字句、经中史实等提出质疑，并以己见说解、弥缝。三是受时政、时风影响，努力发挥经学的救世功用。此如啖助、赵匡等研究《春秋》的学者鉴于安史乱后藩镇势力强大、中央政权羸弱，强调君臣之义；李翱、韩愈等表彰《中庸》《大学》《易传》《论语》《孟子》等书，强调内圣外王、经世致用的重要性。这种倾向约形成于代宗大历年间，到唐代后期逐渐形成了脱离注疏学的"新经学时代"。

笔者认为，唐代前后期经学风尚的不同主要表现为：前期重训诂，后期重义理；前期尚属比较纯粹的学理研究，后期则与社会现实密切关联；前期立一家之注而恪守之，对前人观点持尊重、总结态度，后期舍传求经、与旧解立异，重主观创见；前期是对唐前经学进行了总结，后期则为宋代经学提供了先导。

单就唐代经学的嬗变历程来看，也有其特点和规律。唐代经学风尚的变迁并非一蹴而就，亦非一脉相承，其转折约在玄宗一朝。早期的马嘉运、王玄度、王元感等求新反旧，是在传统经学内部表达不同意见。就治学方法来看，与郑玄、孔颖达并无二致；就研究成果来看，并没有超出更没有颠覆传统认知。也就是说，他们标新立异是传统经学内部的事情。玄宗组织群臣讨论《子夏易传》之真伪、《孝经》郑注是否出于郑玄之手等，旨在求真、求是，仍是传统经学的研究范畴。但他改《洪范》之"颇"为"陂"、改《月令》为《礼记》首篇、变乱《大学》《中庸》次序，则是对此前公认的传统认知的挑战与反动。啖赵学派舍传从经，是沿着玄宗反传统的线路发展的，其立场、方法和理念较之传统均有质的变化。宋人疑经改经也是沿着这条路线继续迈进的。

推动唐代经学风尚变迁的关键人物和关键因素约可归纳为以下几点：一是玄宗握皇权尊严启动了对传统经学的破坏，引导了经学的新变。二是刘知几以史家的求真精神审视经学，推动了经学的新变。三是啖赵学派舍传求经并发挥经学的致用功能，深化了经学的新变。四是安史之乱的历史变局促使经学家关心现实，思考对策，激发了经学的经世使命。此为经学新变的外部因素。五是九经义疏的至高水平、学术自身"穷则思变"的发展规律，导致经学在继承传统的基础上寻求新变。此为唐代经学新变的学理根源。

（八）五代经学以后唐明宗时期较为发达

五代十国时期战乱连绵，更代频繁，文献典籍惨遭浩劫。帝王多出身低微，崇尚攻伐，不重文教。混乱的社会环境，对文化发展、经学研究极为不利。

十国之中，唯南唐君主兄弟和睦，国家安定，后主李煜尤能稽古右文，崇尚儒学，曾开弘文馆，置《诗》《易》博士于秦淮，设国子监，横经齿胄者千余人，后复置庐山国学，所统州县亦往往立学，衣冠文物甲于中原。但后唐经学发展状况、主要经学家及经学著述因文献阙如，无法详考。

五代以后唐明宗时期经学成绩最为显著。明宗李嗣源智勇双全，尊崇儒学。即位之初即恢复拜祭孔子及孔门贤哲之礼，以示对孔子的尊崇。又广收生徒，努力恢复并发展国子、太学、四门、律学、书学、算学等不同门类的教育，为国家发展选拔、储备各类人才。

明宗对科举考试中存在的一些不完善之处，进行了改革，比如对不在户籍地考试而"寄应"他籍的考生严加稽查，这一举措既有利于科考制度的规范化，也有利于举子之间的公平竞争。

明宗时期的科举考试，无论进士还是明经，都改变了此前其他科目逐场决定去留而三礼三传终场裁决的做法，统一为逐场决定去留。这一举措有利于保证所有科目考试程序的一致性，杜绝"博通者混杂以进身，肤浅者侥求而望事"之弊病。

明宗时期重视考核时务策，要求三传、三礼、三史、开元礼、学究等各科考生均须在考完专业后再考时务策，其意旨或在引导士子关心时政。

该时期还加强了对进士科帖经的考核，这对提高进士科举子的经学修养、选拔通经官吏治理国家当有帮助。

其他如完善阅卷制度、严惩科场舞弊等举措，有利于改善科举考试中存在的弊端，增加科考的透明性及公正性。

考察发现，五代自后梁开平二年（908）开科取士至后唐显德六年（959），52 年间，仅后梁乾化四年（914）、龙德元年（921）、后唐同光元年（923）、后晋天福四年（939）停举，其他时期虽战乱频仍，而贡举未废；五代科考虽积弊丛生，但也在努力改革、完善；诸多建议、措施虽未必都有实效，但其初衷都是为了革弊兴利。五代君主在这个更朝换代快如车轮的时代，尚能延续唐代以来的科举考试，已属难能可贵。而科举考试客观上有利于维护经学的主导地位，促进士子研读、传播儒家经典，这是在民不聊生的乱世维持经学传统于不坠、以经学维系人心的重要手段。

（九）五代通经之士及经学著述少，但五代监本、孟蜀石经地位重要

五代总共五十余年（907~960），存在时间短，又兵火不断，更代频仍。

在这样一个连生命都难有保障的特殊时期，从事经学研究极为困难。该时期通经之士不多，经学著作有限，自在情理之中。但即便这一时期是经学史上的低谷，也不应被忽略、沉埋。作为唐学与宋学之间的过渡，不厘清五代经学发展状况，就难以看清宋学的源头及流变。

研究发现，该时期右武崇力，边帅大臣亦多鄙视儒生，五代时期习经之人、通经之士甚少，载入史册的主要有彭玕、许寂、张希崇、史匡翰、乌震、刘晞、司徒诩数人。

五代时期有经学著述者更是凤毛麟角。五代监本、孟蜀石经之外，爬梳《宋史·艺文志》、顾櫰三《补五代史艺文志》及相关石刻文献，所得经学著作仅有十七种，唯冯继先《春秋名号归一图》存世。

雕版印刷虽然产生于唐，但唐代的雕版印刷物主要为坊间所刻，以盈利为目的，属于民间行为，多选择畅销的字书、韵书、佛经等进行雕刻，官方尚未萌生版印正经正史之意识，更无切实有效的实践行为。

唐末战乱，庠序多废，经籍沦丧，鲁鱼豕亥，讹谬甚多，一言致误，大义全乖。若不精加校勘，广布天下，则致纰缪流行，贻误后学。统一文字，再次成为经学发展的迫切需求。

五代后唐明宗时期，冯道因所见吴蜀雕版印刷的书籍中未及儒经，为弘扬儒学，推广文教，于乱世之中发愿雕刻儒经，这既显示了冯道等人的远见卓识，也是明宗尊儒及经学自身发展的结果。

冯道版印经书由国子监承办，故称五代监本。五代监本以唐开成石经所刻十二经为蓝本，在开成石经仅刻经文的基础上，兼刻经注，更便于阅读。

雕印九经始于后唐明宗长兴三年（932），至后周太祖广顺三年（953）完成，历四朝七帝二十一年。乱世刻书，艰苦卓绝自不待言，而在这二十多年里，冯道稳居相位也是刻书事业得以持续的前提与保障。版印九经是我国文化史上的大事，标志着雕版印刷技术的普及。自此之后，版印书籍成为文献流布的主要方式。

孟蜀石经刊刻于后蜀后主孟昶（919~965）时，由毋昭裔倡导并主持完成。孟蜀石经亦以开成石经为蓝本，兼刻经注。毋昭裔兴学刻书，摹刻石经，不但使自唐末以来因战乱废绝的学校得以恢复，而且引领了蜀地的学术走向，对蜀地学术影响极大。

五代监本与孟蜀石经均经注兼刻，不约而同，说明这一做法是对开成石经的自然推进，是由便于阅读的实际需求推动的。

五代私人著述唯存冯继先《春秋名号归一图》一百六十篇。《春秋》及三传中一人数名的现象很多，其称多者或至四五，以氏、名、字、谥、官爵、国地错举互见者也不在少数，读者常为之苦。冯继先条举《春秋》及三传人名异呼，汇为此书，以备遗忘，为读者带来极大便利。

（十）唐五代经学对宋代经学产生了直接而全面的影响

无论唐代前期的主流经学还是中后期的新变经学以及五代经学都对宋代经学产生了深刻影响。以九经义疏、开成石经、五代监本、孟蜀石经为代表的唐五代主流经学对宋代经学的影响主要表现在经学文本的定型和义疏系统的形成两个方面。

就经学文本的推进来看，五代跟着唐人走，宋人跟着五代走，他们之间一脉相承。唐代的开成石经仅刻经文，没有注、疏；而五代监本、孟蜀石经、注兼刻，经、注互相观照的好处是便于阅读；北宋国子监所刻单疏本，是对五代监本仅有经、注而无疏文的补充；南宋出现了经、注、疏合刻的越州八行本，更便阅读；而南宋末年出现的福建刻十行本是最早的经、注、疏与《经典释文》合刻本，对后世的影响尤其巨大，明清以来的几种十三经注疏刻本均由此而出，今天通行的清代阮元刻《十三经注疏》本亦据十行本重刻。我们看到，今天的经学文本源于唐，推进于五代，终成于宋，它们之间环环相扣、缺一不可。笔者认为，唐五代时期经学文本的定型是中国经学史上的一大关节。

就义疏体系的构建来看，宋人也是沿着唐人的路子继续迈进的。唐人完成了九经义疏，宋人把唐人未完成的《论语》《孝经》《孟子》《尔雅》义疏接着做完，最终形成了完整的十三经注疏体系，其完成标志着古学系统的终结。没有唐人义疏，也就不可能有宋人义疏。

又，自唐玄宗以来越演越烈的疑经改经倾向到唐代中后期形成一股新变之风：韩愈、皮日休的尊孟对《孟子》在宋代的升经有直接影响；韩愈道统说以及其与李翱同尊《大学》《中庸》，对宋代理学有开启作用；韩愈、李翱《论语笔解》中体现的疑经改经及啖赵学派《春秋》学研究中的舍传求经、经世致用倾向都在宋代经学中有鲜明体现。

唐五代经学不仅集前代经学之大成，而且是汉学宋学之转折。无论是作为主流经学的九经义疏、开成石经、五代监本、孟蜀石经还是当时被视为异端的啖、赵之学都对宋学产生了直接影响。欲深入探究唐入宋的转折，理性寻求宋学的转变，需从唐学入手。

综上所述，唐五代经学，上承南北朝隋代，下启两宋，是经学史上的一次高峰。唐以前的南北朝隋代是经学上义疏体的兴盛期，同时经学与玄学、佛学都有较深入的相互渗透。唐代孔颖达、贾公彦等人的九经义疏，实际上是对南北朝隋代义疏的总结与提升，从而形成唐代经学的标志。北宋是义疏体的最后形成期，以邢昺的《论语》《孝经》《尔雅》注疏为代表。南宋程朱的新注，实际是在唐至北宋义疏基础上由博返约形成的。从这个发展脉络来看，唐五代是经学史上古学的高峰期。

三　成果的主要价值

该成果对唐五代经学进行了比较全面、系统、深入的研究，对该时期经学发展演变的脉络、经学传播的渠道、科举与经学的关系、重要经学著作的诠释内容、特色、成就、该时期经学的历史地位等关键性问题都有准确而深入的分析，其中对唐代经学与科举的关系、九经义疏的诠释思想及地位、唐玄宗于唐代经学风尚变迁之意义、刘知几的经学批评及其经学史意义、啖赵学派及陈岳的《春秋》学研究方法、唐五代经学对宋学的影响等问题的论述尤具开拓创新意义。

该成果对该时期相关史料穷搜尽索，举凡相关史书、总集、墓志、典章、类书、唐宋笔记、经学注疏、辑佚、目录以及相关序跋、宋人清人经说等网罗翔实。以材料的拓展寻求观点的突破，视野开阔，立说有据。这种立足文献的扎实做法值得推广。

该成果对唐五代经学史的把握是在先已完成《南北朝经学史》，又对清代经学有深刻研究的基础上，从宏观上阐发唐五代经学的发展演变、特色成就、地位影响，较之其他学者更加准确，更能抓住实质，这种宏通的研究方法值得借鉴。

该成果为唐五代时期的重要经学著作、佚文设立了20多个个案研究，以经义发明、诠释方法、经学思想为研究重点，在精研全书的基础上选取典型条目、问题进行深入探讨。对每一个例证的研究，既注重唐人注疏之间的横向比较，又开展了与汉魏乃至清人注疏之间的纵向对照，这样的方法既能发现各家治经之特色、倾向、方法、贡献，又能由个案研究汇总出该时期经学的总体走向、发展演变、价值局限，还能将这一时段的经学置于经学发展的链条中检验得失、认识成就、界定地位。这种深入经典内部进行探究，从而将论述真正落到实处的研究方法在今天的国学研究中具有重要价值。

元、明前期江南政策与社会发展脉络

南开大学李治安主持完成的国家社会科学基金项目"元、明前期江南政策与社会发展脉络"（项目批准号为：12AZS006），最终成果为专著《元代浙西士人与社会研究》、专著《明代东南边海军事制度研究》及论文集《元明江南政治生态与社会发展》。课题组成员有：王晓欣、申万里、向珊、周鑫、王秀丽、牛传彪、展龙、曹循、肖立军、薛磊、武波。

一　研究的目的和意义

中唐以后，江南成为中国经济文化的重心所在。无论"唐宋变革"，抑或宋元太湖到湖嘉松三角洲的农商经济圈及明后期新跃进，都是自江南起步并率先长足发展。江南发展状况很大程度上体现着当时中国社会经济的先进水平，还引领其基本走向或趋势。一般认为，宋元江南"富民"主导型社会基本同质，明后期江南又跨代接续且有新的跃进，唯有明前期江南发生异化。为此，课题组纵向贯通元明二王朝，着眼于国家统治政策与社会发展的互动，旨在廓清元和明前期不同政策之下江南社会经济的曲折发展，并对其历史后果做出实事求是的辨析与评骘。

二　成果的主要内容

（一）《元明江南政治生态与社会发展》（论文集）

《元至明前期江南政策与社会发展》指出，元代江南政策的主体为

"安业力农"、"重商"和重"市舶",四等人压迫和诸色户计制的嫁接推衍,则是局部性的。忽必烈等实行南北异制,不自觉地维持和保护了江南"富民"农商经济且有所繁荣发展。明前期配户、卫所军户、里甲"画地为牢"、移民徙富和抑商海禁等,起步和重点实施于江南且对社会经济触动极大,几乎倒退至单纯自然经济。蒙元江南帝制管制体制与宽纵富商大地主经济相"背反",官场腐败与贫富悬殊相叠加,招致经济畸形和"官逼民反""富逼穷反"。明初"富民"农商秩序的破坏及户役法南北通行,改变了近千年来江南"富民"大地主为核心的经济结构,取而代之的是北方式的"配户当差"。元明江南社会经济,居然因安富宽商和管制农商二政策交替及忽必烈、朱元璋的个性,从开放繁华到锁国萧条,大起大落。

《元至明前期江南政策与社会发展》聚焦于元、明江南的国家政策、社会治理以及地域发展中的其他重要问题,譬如,元至明前期江南政策比较,元明江南户籍制度演变,江南卫所军户及赋役,诉讼刑法,江南科举,士大夫政治与地域文化生活,市镇起源,海商、海盗、起遣岛民和出海军等。在辑入本书时,又将上述论题分为"元明江南政治及军制"、"元明江南户籍赋役与经济史"、"元明江南科举、士人及宗教文化"、"元明富民、家族及风俗"与"海商、海禁与海防"五编。关于元、明江南社会发展及国家政策等问题,学界多有各自具体的研究,但对元、明两代江南问题的贯通性比较,迄今鲜见。论文集是元史学者与明史学者首次聚集一堂,打破王朝界限,将元、明两代相联系,作贯通性思考与探研的良好尝试,也是继中日学者关注"唐宋变革"及部分欧美学者瞩目"宋元明过渡"之后,深化认识中近古历史的又一有益求索。

还倡导并主张:

第一,鉴于中唐以降基本沿着"唐宋变革"趋势发展,也存在元至明前期的曲折变态,后者对近古社会整体结构及发展之影响颇为深重。在长时段视野及历史背景下,将元与明前期进行贯通性比较研究十分必要。同样,明中后期变动也不应和前期相隔裂。

第二,发覆中古以来江南在南北整合发展中的角色功用。南北朝及辽宋夏金的两次长期分裂,使南方与北方的制度状况及社会发展呈现异样。自"南朝化"起步的"唐宋变革",在中唐两宋的江南率先"领航"且持续延展光大。尽管朱元璋父子推行"划削"富民和"配户当差"使江南社会发生蜕变,但明中期以后"富民"为主导的农商秩序又得以恢复。宋元明清的江南，依然代表着社会经济发展趋势和南北整合的新兴原动力。如何辨识全国发展与南北关系中的江南角色，值得我们继续求索。

第三，文书、档案、族谱、碑刻等文献在地域社会研究中重要性不言而喻，元明江南研究也应挖掘、利用此类地方文献宝藏。诸如纸背文书湖州路户籍册的发现，或许能引导解决一些核心关键，进而以此为出发点，将相关研究推向新高度。

（二）《元代浙西士人与社会研究》（专著）

该成果在国家政策与社会发展互动的主题视角下，选取元江南核心区域的浙西士人及社会为对象的个案深入研究。

浙西在入元以后丧失了政治中心的地位，具有与南宋不同的特点，士人也因此面临大不相同的成长环境。首先，浙西是元帝国最重要的财赋供应地，元朝对浙西的政策，体现了"既倚重，又防备"的特点。其次，浙西地区的元廷直属机构众多，这些机构在运作过程中与当地形成错综复杂的关系。所谓的"地方化"，并非浙西地区的显著特色。最后，浙西士人的人生选择呈现多样化。虽然元帝国的江南政策曾中断科举，但浙西士人却因海运、海贸、漕运等发展获得了新的政治场域。浙西地域的开发和商业高度繁荣，也为下层普通士人提供了较多的机会。

任仁发和杨维桢的人生经历，分别代表了携技晋身和科举进退的两种不同选择。前者是缺乏地方社会背景，完全借助国家力量实现个人理想的士人类型。浙西水利持续恶化，擅长的任仁发被委以重任。他任职的行都水监直属于中书省，与浙西地方势力矛盾颇深，元朝为保证漕粮，不得不对浙西地方势力妥协。他的治水实践失败，家族势力却迅速成长。杨维桢虽然抓住了科举入仕的机会，但仕途并不顺畅，最后退而半隐，与苏松富户联手，实现了另一种人生价值。他引领的文化风尚，体现了元末浙西士人的共同精神诉求。

元朝藏传佛教在政治强力支持下东进南传。江南佛教管理机构设置与飞来峰造像、杨琏真伽掘南宋陵墓和修筑一塔五寺、帝师殿修建及大黑天祭祀，是藏传佛教南传的四件大事。藏传佛教南传策略前后有所变化，不同时期江南士人的应对情况也颇复杂。引发激烈反对的是掘宋陵和修筑一塔五寺，但部分南宋故官和士人也表现出与元廷合作的态度。朝廷对帝师的崇奉及大黑天祭祀一直未能很好融入江南社会。

大德十一年，两浙发生了大规模的灾荒。由于两浙（尤其是浙西）在粮食供给上的特殊地位，灾害很快蔓延，终于酿成了元朝第一次全国范围内的大饥荒。灾害中，地方富户助力救灾尤多，在某些阶段其影响力甚至超过了官方救济，体现出江南地方社会在遭遇"非正常状态"时颇强的自救功能。

（三）《明代东南边海军事制度研究》（专著）

该成果以探研明南直隶、浙江、福建边海防御及军制为主，兼及广东，也是立足明代最具特色的"海禁""海防"政策重心而开展的东南边海军制个案研究。

起遣悬海岛民与出海军巡洋会哨制，来自朱元璋针对倭寇海盗寇劫而确立的禁海与防海两大国策。起遣旨在避免"殊难管辖"的岛民与倭寇勾连为乱，或将乱源纳入州县或卫所管辖内。从长远看，起遣并未实现初衷。笔者重点考察起遣岛屿的界限与实况、起遣后对海上备御的不利影响，以及后期海岛管控中开垦岛土、复县及岛土丈量等反复争议等。还指出，隆庆开海并未开岛，封禁与民间越禁私开、遣巡哨兵船驱逐等依然如旧。

出海军巡洋会哨制为"防之于海""第一要义"。重点关注巡洋会哨制确立与完善的过程及其具体运行规制。包括出海军船编组、船上人役分工、武备器械配置、卫所与营伍编制的不同时期军兵构成前后变化。其巡哨外洋，有较为明确的职责规约，会哨则须填注、缴验各类凭证，且在嘉靖中期以后多有调整。

东南边海于洪武中期密置卫所，与南京城内外、湖广西部、南部民族聚集区同为江南卫所密集分布区域，亦远远迈元江南镇戍万户府数量。重在探讨边海卫所的密集设置状态、备倭军内部分工与军役变化、扩展情况及其影响下的中期卫所军力虚弱化。

重点考察东南边海募兵兴起、发展及变化的历程，认为东南边海募兵起步较北边晚，在募兵进程、募兵种类、额度、方式、募值、募兵银来源、募兵管理等方面有自身特征。募兵于倭乱后虽成为军力的重要补充，却不是唯一来源。卫所身份军丁、民壮也是边海诸"营"或"总"的另一兵源。

嘉隆万始，浙兵调募"半天下"。浙兵作为嘉靖御倭募兵之典型个案，所关涉地域防御、特点与军制中的募兵、调兵及训练土兵等，也在重点探研之列。还着力探讨因倭变而设的乡兵招募与团结方法、管理编制及其与土兵的关联等。

课题组以各级镇戍武官体系的添设、完备与军队编组采用以营为核心的编制作为衡量边海营兵制形成的标准，重点揭示其与北边营兵编制之不同；关注其重要组成中边海标、营兵添设与营务人员、边海营兵的统领将帅、监督之臣及其统驭原则等问题。

整体而言，明人因边海困扰，"以海为边"、边海防御的意识较前代颇彰显。东南边海军制的演变也与海上形势急缓密切相关。特别是嘉靖倭乱推进募兵与营兵制在东南边海最终确立完备，且呈现与北边不同的发展轨迹与特征。卫所密集设置，一定程度改变宋元以来东南原有的社会结构。其募兵、营兵制中的选军、编练、编制、装备及战斗技能等，又因谭纶、戚继光等北调，促进北边军制的某些革新。

三　成果的主要价值

成果取得了以下若干学术创新。

（1）辨析并揭示元世祖"嗜利"实用与"安业力农"政策对江南"富民"主导型秩序的维护，辨析并揭示朱元璋仇富报复心理、配户卫所耕战及迁富豪政策对江南秩序的某种颠覆；

（2）注重发掘运用纸背文书《湖州路户籍册》等新材料，比较元户计制、镇戍军制与明黄册里甲、卫所制，辨析元诸色户计制局部嫁接于江南和明里甲卫所"划地为牢"耕战体制奠定于江南以及二者对百姓束缚役使强弱、对江南社会结构的深重影响，进而重新思考认识"唐宋变革"之后编民耕战政策的历史作用；

（3）突破思维定式，从"唐宋变革"和南北差异博弈等视角，阐释元统治者基本以"唐宋变革"后的"南制"治江南的政策属性，而明前期在江南实施的却是"唐宋变革"前的"有田则有租，有身则有役"的"配户当差"制，亦即元诸色户计制与刘邦编民耕战政策的相混合；

（4）在两部专题个案研究中，或试图实现元朝官方政策与地域社会的探究相结合，实现时代背景与士人具体应对相结合，以小见大地再现和解读浙西士人及其地域社会；或着眼海禁、海防的政策重心，高度关注并着力廓清前人鲜有问津的明初起遣岛民和巡洋会哨，梳理并发现东南边海募兵发展轨迹与北边募兵的不同步性及东南营兵与北边之异同。

辽代五京体制研究

中国社会科学院历史研究所康鹏主持完成的国家社会科学基金青年项目"辽代五京体制研究"（项目批准号为：12CZS024），最终成果为同名专著。

辽朝地方统治制度融合了游牧文明与农业文明两种不同因素，具有鲜明的特色。但由于史料极度匮乏，迄今为止学界对于辽朝地方行政制度的了解仍非常有限。就连辽朝是否存在道（路）一级的统治机构、是否存在固定的政治中心（首都）都尚未解决，有关辽朝地方行政制度的许多传统认识还需要重新加以检讨，很有进行深入研究的必要。本研究以五京为中心探讨了辽朝统治和治理地方的方式，重点关注辽朝地方行政制度的总体结构及地方统治政策的特性。

辽朝是否在全国范围内施行过五京道，学界素有争议。根据本项目的研究来看，辽朝确实不存在作为行政区划的道制，但很可能存在军事性质的道（路）。至少在南京、西京、东京地区，应当存在道（路）一级的军事机构，即南京道的南京兵马都总管府，西京道的西京兵马都部署司，东京道的东京兵马都部署司。

《辽史·地理志》所谓的南京道，包括南京三司使司、平州钱帛司两个财赋路，但军事上都隶属于南京兵马都总管府，课题组认为这就是"南京道"之所指。都总管府的长官通常由南京留守兼领。圣宗以后，为了向旧有的世选制传统妥协，辽帝通常任命那些有资格继承皇位者为南京留守，并加封天下兵马大元帅。西京道的情况与南京道类似，也是一种军事区划，即由西京兵马都部署司统领，其长官可能也是由西京留守兼领。西南面招讨使司同样是一个军事性质的路分，它与西京之间并没有隶属关系，是一个独立的军事机构，从地理区域来说也不属于燕云地区。西南面安抚使司则是辽朝在辽宋边境地带设置的一个处理边境事务的机构，由于其名称与西南面招讨使司比较近似，人们常常将二者混为一谈，该成果首次纠正了这个错误，并对西南面安抚使司的名称、源流及职能进行了初步研究。

辽朝"因俗而治"的治国之策，在东京地区表现得非常典型，尤其是辽朝前期。从种种迹象来看，东丹国在政治、外交方面都具有很强的独立性和自主性。太宗时，在建立东京的同时，可能就已废除了东丹国，而将东京地区直接纳入辽朝的统治之下，但同时仍保留了大量渤海旧制，原东丹国中台省也被全盘继承下来。直至大延琳叛辽之后，东京地区的渤海因素才渐渐趋于淡化。为统驭女真和高丽，辽朝先后在东京地区设置了东京兵马都部署司、东京统军司、东北路统军司、黄龙府兵马都部署司、咸州兵马详稳司、南女真汤河司等诸多军事机构。关于东京兵马都部署司的记载相对较少，估计与南京、西京的情况类似，是由东京留守兼领东京兵马都部署一职。从辽朝后期的情况来看，东京兵马都部署司似乎是东京地区的最高军事机构。如果这个推论能够成立的话，说明《辽史·地理志》所记载的东京道也确实是存在的，但它并非一级行政区，而应该是一个军事区划。与其他诸京所不同的是，东京留守还具有独特的外交职能，可以代表朝廷与高丽交聘。

上京、中京地区又与其他三京道不同，此区域内存在三套不同的行政系统，即皇帝——隶宫州县、王公大臣——头下军州、皇帝——南枢密院——州（府）县。辽朝中后期，前两种系统逐渐向后一种转化，这在辽朝的财政税收上表现得尤为明显。圣宗以后，上京盐铁使司、中京度支使司对于辖境内的隶宫州县、头下军州有了一定的税收权限，这标志着国家的税收系统已经触及皇室及王公大臣的私城。上京和中京地区或有可能存在兵马都总管府或是兵马都部署司之类的道（路）级军事机构，但其军事属性应该很弱，由于资料匮乏，这一问题仍需进一步研究。此外，中京的建立与奚王府独立地位的改变有直接关系，经过奚王府归隶北府及奚王献地的事件之后，中京才得以正式建立。此后，中京地区成为奚、汉、渤海、契丹诸族杂处之地。辽朝的西北疆域直到圣宗时才得到初步开发，然而由于阻卜诸部的桀骜不驯，西北路招讨司的设置并未达到应有的效果，成为辽朝沉重的戍役负担，损耗了大量的国力。辽朝还在这一地区设立了乌古敌烈统军司（西北路统军司）、倒塌岭统军司，负责镇抚阻卜、乌古、敌烈、达里底、拔思母等部族，以减轻西北路招讨司的压力。

《辽史·地理志》依"京"划"道"的编排方式，很大程度上是出自史臣编纂上的主观需要，而非辽朝地方行政之客观事实。《辽史·地理志》收录的中原人士的行记，皆是以"京"为中心进行排布，其中宋人行记的史源很可能出自宋朝的《三朝国史·契丹传》（或《真宗实录·契丹传》）。从最初的五代人行记，到宋代使臣的语录，乃至亡归宋境的辽人汇报皆没有提及"京道"这样的行政区。宋方记载契丹地理的文献《北蕃地理》以诸京为中心排列州县的方式，明显与宋代分路记载的方式不同，从侧面印证了《辽史·地理志》依"京"划"道"（实为地理区划）之可能性。《辽史·地理志》"南京道"和"西京道"部分，不仅抄录了两《唐书》等史书，还引用了《太平寰宇记》《元和郡县图志》等地理总志，所有这些书籍，皆是按"道"编排，史臣在面对辽朝纷繁凌乱、诸制杂糅的高层政区时，借用此种编纂方式无疑是一种较为便捷的解决之道。《辽史》之中，除去《地理志》因谋篇需要提及诸京道外，其他诸处真正提及"某京道"者仅有两处，且辽代石刻以及宋人文献中皆无关于辽朝"某京道"的任何记载，这不得不令人对"五京道"的真实性产生疑虑。至于《辽史》中数次出现的"三京诸道"或"五京诸道"的记载，则是五代北宋较为常用的一种表达方式，并不能说明任何问题。《辽史》中所谓三京宰相府的记载，应当脱胎东京之中台省（宰相府），实际上并没有什么三京宰相府。

辽上京是辽朝最早建立的都城，太祖阿保机在神册三年（918 年）营建"皇都"的举动，并非单纯出于模仿汉制的目的，而是太祖为了加强自身政治权力，从而摆脱遥辇时代形成的契丹传统旧制的政治谋划。在地域上将契丹始祖奇首可汗建立的龙庭（位于龙化州）迁移至自己家族的勃兴之地，无疑是削弱传统势力的一个重要方法，新的龙庭——"皇都"便应运而生。随着契丹人对于中原文化理解的逐渐深入，以及皇位嫡长子继承制度的确立，皇帝汉式册礼的地点也逐渐由早期的上京逐渐向南转移，或在南京，或在中京，道宗以来，随着对于汉制理解的进一步深入，册礼地点更倾向于在中京举行。中京因其地理位置的关系，契合汉文化的"中土"思想，随着契丹对于中原文化的逐步接受，成为五京之首。中京地位的变化，是一个漫长的过程，并不是在甫一建成之时就是如此，而是在不断接受汉式政治文化之后，不断附加、不断丰富、不断强化，方才逐渐成为"城国"

的政治中心，管理汉式的州县、民政。

自 20 世纪 40 年代傅乐焕先生发表《辽代四时捺钵考五篇》以来，学界关于辽朝政治中心的争论就从未间断，迄今没有形成定论。如何解决这一争议，或许还需要我们转换视角，从而"同情"地理解辽朝"都城"和捺钵之间的关系。中亚史籍《马卫集书》明确称契丹的中心（皇帝的居所）是 Ūjam，文中虽然对契丹捺钵的规模、形制做了简要描述，但记录者似乎并未意识到这是一个移动的"行宫"，反而将其描绘成一个固定的地点。这种认知，同样影响到了后世的研究者，故而有的学者认为 Ūjam 为辽上京。实际上，《马卫集书》中的上京为另一个词汇，即 Ūtkīn；Ūjam 则是契丹语化的"御帐"，意指契丹皇帝之行宫。辽朝既有捺钵又有都城的模式，无疑让当时人和今人产生了困扰，而这又与辽朝的二元政治文化有着密切的关系。

辽朝的二元性不仅限于职官制度，而且早已渗入辽朝政治生活的方方面面。在国号上，辽朝实行契丹·辽或辽·契丹双国号制度，更为重要的是针对契丹等蕃族部落行用的是双国号，针对境内汉人及北宋这样的中原政权，行用的则是单一国号。这种双、单国号并行的模式，可以算作二元制的一种变例。契丹人的姓氏制度亦是如此，针对契丹、奚族等蕃落，仍然沿用原有的部落旧制，姓、氏众多，内部的区分也极为明显；然而针对汉人，却宣称契丹等部族仅有两个姓氏——耶律和萧，尤其是萧氏，容纳了众多的契丹支系、部落以及其他种族，此种划分难免让人产生契丹姓氏制度过于单调的错觉。契丹人对于契、汉不同的圈子，采取不同的"宣传"口径，这或许是因为契、汉之间巨大的文化差异，故而契丹人为调和二者，采取了蕃汉不同策的"二元"模式。具体到辽朝的政治中心上，由于辽朝是一个行国与城国兼具的国家，因此当我们从不同的角度去观察时，就会产生不同的认知。辽金史学人大多从游牧民族的角度出发，强调辽朝的政治中心在四时移动的捺钵之中；历史地理学者则大多从传统中原王朝的角度出发，强调辽朝存在固定的政治中心——首都。如果我们从契丹王朝二元政治文化的角度予以观察，或许就不会过于纠结辽朝政治中心究竟是在捺钵还是在京城这一问题了。

辽朝针对不同地域、不同民族采取"因俗而治"的统治方式，东京地区用渤海制度，南京、西京地区用汉制，上京、中京地区则是汉制、契丹制度兼而有之。总的来看，辽朝在设官分职时，其随意性、临时性的特征非常明显，往往是因时、因地、因需而"随宜设官"，并无太多"制度"上的考量。这种"因俗而治""随宜设官"的特性导致各地职官名目各异，机构林立。但在这种看似混乱无序的机构创设中也蕴含着某些有序的因素，从金朝的地方行政制度中便可以看到辽朝地方行政制度的基本走向。

本成果最后对辽朝五京留守以及西北、西南路招讨使等地方军政要员的人选进行了初步分析，指出血缘与军功是辽人出任地方要员最主要的两个途径。

辽代石刻所见辽朝史事研究

辽宁大学张国庆主持完成的国家社会科学基金项目"辽代石刻所见辽朝史事研究"（项目批准号为：13BZS031），最终成果为同名专著及论文集。课题组成员有：王德朋、齐伟、王秋华、李宇峰、刘雄。

一　研究的目的和意义

一个多世纪以来，辽朝史事研究已经取得了不少成果。但是，无须讳言，因传世历史文献稀缺等因素，现有研究存在诸多不可忽视的问题，诸如，史料缺乏，不少辽朝史事无法拟题研究；《辽史》记载的某些错讹，不少辽朝史事研究以讹传讹，产生了诸多错误观点。该成果研究的目的和意义就在于运用出土辽代石刻文字资料，着力解决辽朝史事研究中存在的各种问题。

首先，彰显石刻文字资料在辽朝史事研究中的地位和作用。研究辽朝史事的最大困难是文献史料的严重不足。元人所修《辽史》，篇幅短，字数少，错讹多；其他记载辽朝史事的传世文献更是寥寥无几。好在自清代以来，已陆续有数量可观的辽代石刻出土或被发现。辽代石刻文字为当朝人所篆刻，剔除其中个别溢美不实之词，均具有较高的史料价值。利用辽代石刻文字资料，结合文献史料和考古实物资料，全面而系统地研究辽朝史事，既可解决因文献史料不足而造成的各种研究困难，同时也能大大拓展辽史研究之空间。

其次，弥补辽朝史事研究存在的一些空白。因于《辽史》记载辽朝史事内容的缺乏和错讹，所以，已经大大局限了学者研究辽朝史事选题的拟定。出土辽代石刻文字中有不少内容是传世历史文献《辽史》等没有记载的珍贵史料，将其发掘出来并充分利用，即可对此前辽史学界尚未涉及的史事进行探讨，如"寺院建筑及其功能""舍利崇奉与供养""手工业门类及特色""工匠及其管理""捺钵随驾官置设""赐婚现象""乡里组织""城市里坊"等。

二　成果的主要内容

主要利用出土辽代石刻文字资料，结合传世文献史料，从六个大的方面，对辽朝史事诸问题进行了较为系统的个案专题研究，补缺正误，填空纠谬，努力提升、拓展辽朝史事研究的高度和广度，主要内容及重要观点如下。

其一，石刻所见辽朝军政外交史事研究。军政与外交是影响国家政权安危的重要因素，对辽朝的军事活动与外交聘使等相关问题进行研究，是辽朝史事研究的重点之一。辽代石刻文字资料中多有关于辽朝军队内外战事及政府遣使外交等相关史事之记载，其中一些内容为《辽史》等文献所遗漏。这一部分主要研究了辽朝初期的内外战事、辽朝的使臣选派与馆驿设置等。

比如辽朝初年的平定内乱与对外战争研究。契丹辽朝"以武立国"，200 余年间，无论是域外征掠，还是境内平叛，契丹军队参与的大大小小战事已难以计数。辽朝战事大都见载于《辽史》"纪""传"及相关传世历史文献中。但文献记载的辽朝战事多有遗漏或语焉不详处，难以全面展现所有战争之全景，对辽朝战争史事研究，必定产生不利之影响。课题组钩沉出土辽代石刻文字资料，发现在辽人墓志铭特别是辽朝武职官员的墓志铭中，大都有墓主生前参与某次战事不同程度之记载。石刻文字中有某些战事细节之描述，对补充《辽史》等文献记载之缺漏、尽力复原当年战事之原貌，大有裨益。

又如辽与北宋等周边国家或民族政权交聘比较频繁，这是辽朝外交史事研究的重要内容之一。课题组钩沉出土辽代石刻文字，结合《辽史》及宋人使辽语录，对辽人遴选"使臣"之标准、信使言行举止与出使目的之关系、信使主要使命之外的情报搜集、法律条规中的"罚使绝域"以及使途驿馆与管理驿馆之"官""吏"设置等予以了详细考述。如此，对拓展及深化辽代外交史事研究非常有益。

其二，石刻所见辽朝工商贸易史事研究。物资生产与商品贸易是社会发展及政权稳固的经济基础，探讨辽朝手工业生产及商贸活动，是辽代经济史研究的重要内容。辽代石刻文字中记载辽朝官营手工业状况及商品贸易活动的资料也较丰富，不少内容亦为《辽史》所不载。这一部分主要研究了辽朝的手工业门类与工匠、辽朝的"仓"与"库"、辽朝的商贸与市场管理等。

比如，受中原汉文化影响，辽朝手工业经济发展较快，形成了诸多门类，诸如兵器制作、金属冶炼加工、车船制造、酿酒晒盐以及纺织印染等，应有尽有；各种手工业产品加工场所名目繁多，分布于全国各地。辽朝手工业门类与生产场所《辽史》等传世文献很少记载，大多见诸出土辽代石刻文字资料。课题组利用出土石刻文字资料，已对辽朝手工业门类、生产场所以及手工业生产者——工匠等，进行了系统研究。

又如，辽朝有比较发达、数量繁多的商品交易市场，主要分三种类型：一是五京及各州县市场；二是捺钵行在市场与北、南宰相府所属契丹部族市场；三是边贸市场——"榷场"。辽朝政府为加强对商贸税收和交易市场的管理，保障商贸经济正常发展，从中央到地方，设置了不同层次级别及职能各异的众多机构和官员。如五京及州县商税管理机构与官员、内地市场管理机构与官员、边地榷场管理机构与官员等。辽朝的商贸事务管理大致分为两方面：一是商税的征收，二是市场秩序监管。课题组根据出土石刻文字及文献史料，已对以上问题进行了详细考述。

其三，石刻所见辽朝职官制度史事研究。官制是典章制度的主要内容，研究辽朝职官制度，也是辽代典制史研究的重点之一。《辽史·百官志》所记辽朝职官内容多缺漏与讹误。而石刻文字中却保存了大量辽朝职官资料，可对《百官志》予以补正。这一部分主要研究了辽朝的捺钵"随驾官"、辽朝官员的丁忧与起复、辽朝官员的考绩与迁转以及辽朝的军巡、警巡与巡检制度等。

比如，"四时捺钵"是辽朝的一种特殊制度。为保障契丹皇帝捺钵活动的正常进行，设置了"随驾"禁卫安保、"随驾"物资供给以及"随驾"仪鸾典礼等诸类职官。此类职官《辽史·百官志》等文献缺载，仅见诸出土石刻文字资料。课题组钩沉并利用石刻文字资料，对各类"随驾"职官进行索引探微，弥补了《辽史》记事和捺钵制度之缺漏。

又如，官员的考绩与迁转是辽朝职官制度的重要组成部分。课题组检索并钩沉相关石刻文字及文献史料，发现辽朝官员任职有期，一般为三年。在官员任职期内，朝廷要组织相关部门定期对其品德、业绩和年劳等进行考绩。考绩工作由专门的机构和官员来完成。经过考绩的秩满官员，其职阶迁转方向大致为：职阶迁升、留任进阶、退闲不仕及"左迁"降黜等。

其四，石刻所见辽朝佛教文化史事研究。辽朝的宗教以佛教最为繁盛，探讨佛教文化是辽朝文化史研究的重要内容之一。传世历史文献记载辽朝佛教史事内容较少，而石刻中却蕴含着非常丰富的佛教文化史料。这一部分主要研究了辽朝寺院建筑及其功能、辽朝佛教舍利崇奉与供养、辽朝僧尼佛事活动与居士佛事活动、辽朝佛教与儒学关系、辽朝佛教信徒持斋与禁屠、辽朝佛教世俗化等。

比如，辽代寺院建筑承仿唐宋，与佛教诸宗之"伽蓝七堂"之制大体符合。院落式寺院的南北中轴线上，依次坐落着山门、佛殿、法堂等主体建筑，而僧堂、食堂以及藏经楼、钟鼓楼等则分布于左右两厢，它们大多为间架结构。辽人建寺十分注重选址与备料。要想修建完成一座工艺精湛、美观实用的寺院，需要多工种工匠的共同努力。齐备的寺院建筑设施与特殊功能、优美的人文景观与生态环境，为剃度出家的辽代僧尼们创造了良好的修行和生活场所。课题组钩沉辽代石刻文字资料，发现辽代寺院中的主要建筑，大致能与唐宋佛教诸宗的"伽蓝七堂"名称相对应。虽然辽代不同寺院的建筑物数量和寺院规模有着较大的差异，但它们均各自以其特有的功能发挥着保障住寺僧尼日常物质生活和承载传播佛教文化的重要作用。

又如，契丹辽朝的佛教与儒学到底是一种什么关系？限于文献史料记载之稀缺，至目前为止，辽史学界尚未见有人对此做过分析或研究。课题组钩沉辽代石刻文字资料，结合历史文献史料，对这一问题进行了探讨，认为契丹建国之初，佛、儒地位经历了由儒重佛轻到"三教并举"的转变，而佛儒之间，亦出现了二者相互援引以求各自理论上的丰富与发展，于是，在佛、儒相契与互融的关系背景下，一些人既崇儒亦信佛，仁孝与慈悲相容于一身，人格塑造呈现出了多元化特征。

其五，石刻所见辽朝社会习俗史事研究。习俗文化是某个时期、某一区域及某些民族人们的社会活动之映像。10~12世纪生活在北方契丹辽地的人们亦形成了其颇富时代、地域和民族特色的习俗文化，并较完整地保存在石刻文字中。这一部分主要研究了辽朝的"赐婚"现象、辽朝世家大族联姻及其政治背景、辽朝人名与文化的关系等。

比如，有辽一代，各民族世家大族间联姻通婚频繁而常见。若联姻与政治挂钩，便生成了一种颇具特色的政治生态。课题组通过钩沉辽代石刻文字，结合《辽史》文献，对这一问题进行了探讨，认为契丹耶律、萧两姓联姻通婚，即产生了利弊互见的皇族与后族联合执政现象；汉人韩氏与契丹萧氏联姻通婚，便在民族同化的基础上致使王朝统治实力大大扩增；汉人世家大族间联姻通婚，即促成了汉官集团的族群性延续与相对稳固，等等。200多年间，契丹辽朝既在这种生态环境中发展壮大，最终，也从这一生态环境里走向了衰亡。

又如，课题组爬梳石刻文字及历史文献后，认为辽朝人的名字确能客观真实地反映辽朝文化的某些特征。譬如，以"奴"字为名，是为中原"贱名"习俗在契丹辽地之传承；以地名及封号为名，反映了取名者对某事的感怀与纪念；以佛教名词为名，是为佛教文化影响之扩大；以儒学名词为名，是为汉儒文化影响之深远；汉语名与契丹语名的互用，彰显了汉与契丹民族文化之交融；皇帝赐名及与皇子联名，凸显了取名中蕴含的政治文化。

其六，石刻所见辽朝历史地理史事研究。出土辽代石刻文字中保存了比较丰富的辽朝历史地理方面的珍贵资料，其中亦多为《辽史·地理志》所不载。这一部分主要研究了辽朝的基层组织"里"与"村"、辽朝的城镇里坊与城市管理、辽朝的边铺设置等。

比如，辽朝诸制，既有草创自立者，也有承仿于唐宋者。其承仿者中即有州县乡下地方基层组织"里"与"村"的置设，尤其是在汉人比较集中的、靠近中原的长城以南燕云地区，"里"与"村"的设置更为普遍。所谓基层组织，应有两层含义：一是行使基层行政职能的组织单位（设职役者），二是单纯的民居聚落地缘单位（不设职役者）。课题组通过爬梳石刻文字资料，认为辽朝京城近郊与偏远州县"里""村"设置杂乱无章，并无规律可循；辽朝的"村"除了作为乡下基层组织之一种，有不少同于"庄""寨"，具有自然聚落之性质。

又如，辽朝城市设"坊"，传世文献鲜见记载。课题组钩沉出土石刻文字及宋人使辽语录等，考证出辽朝南京（又名燕京，唐称幽州）城有 29 坊，中京城和云州城（后升为西京）各见 1 坊。辽朝政府在京城设军巡院和警巡院等机构，对城市厢坊居民进行有效之管理。

三　成果的主要价值

该成果主要利用出土石刻文字资料，结合传世文献史料，对辽朝历史的诸多方面与问题，进行了全面、系统研究，既补正了《辽史》记事缺漏、讹误的不足，也大大拓展了辽史研究的空间和范围，尤其是依据石刻文字记载所拟新的研究题目，提出了全新的学术观点，打破了此前辽史学界仅仅依靠少量传世历史文献进行辽朝史事研究的局限，具备了较高的学术研究价值。

明清徽州基层社会管理研究

安徽省社会科学院陈瑞主持完成的国家社会科学基金项目"明清徽州基层社会管理研究"（项目批准号为：13BZS036），最终成果为同名专著。课题组成员有：刘道胜、郑小春、张小坡。

一　研究的目的和意义

传统中国是一个十分重视社会管理的国度，在不同的历史时期，社会管理活动得到了有效开展。明清时期的徽州，作为传统中国的一个组成部分，在 500 余年间，徽商兴起发展，创造了诸多经济史上的奇迹，文化教育发达繁荣，创造了许多文化史上的奇迹，社会秩序长期和谐稳定，创造了诸多社会管理和社会治理领域的成功范例。

就徽学研究而言，先前的研究主体和关注点偏重于徽商、宗族、土地制度、新安理学、徽州科技、徽州文化等方面，而对造成明清时期徽商兴盛、徽州文化繁荣、徽州社会长期和谐稳定发展的徽州本土社会中的基层社会管理及其机制则缺乏足够的重视和整体的把握。因而，加强对明清时期徽州基层社会管理问题的研究实有必要，这既有助于丰富与拓展徽学研究的领域和内容，又有助于从社会管理视角揭示明清时期数百年间徽州经济发展、文化繁荣、社会和谐稳定的根源。由于徽州是认识传统社会的一个重要标本和范本，该成果以明清时期徽州基层社会管理为对象，既有助于揭示传统中国基层社会的管理实态，又有助于进一步认识晚期封建社会地方层面的管理规律与运行规律。

就现实而言，运用什么样的方法和手段实施社会管理和社会治理，社会管理、社会治理的状况与成效如何，关系到国家与政权的长治久安。党的十八大提出"加强和创新社会管理""加强基层社会管理和服务体系建设""加快形成科学有效的社会管理体制""健全社会管理网络""构建中国特色社会主义管理体系"等重要命题和科学论断；党的十九大进一步提出"加强和创新社会治理""形成有效的社会治理""打造共建共治共享的社会治理格局""加强社会治理制度建设""完善社会治理体制，提高社会治理水平""加强社区治理体系建设"等重要命题和科学论断。因而，本研究既有助于认识传统中国基层社会管理与治理的规律，又有助于为当代中国的基层社会治理及社会治理创新提供宝贵的历史经验和历史借鉴。

二 成果的主要内容

该成果以社会管理为视角，主要围绕"基层社会管理主体""社会治安、社会问题管控与治理"两大方面，对明清时期徽州基层社会管理相关问题进行研究与讨论。

"上编"集中围绕明清时期徽州基层社会管理主体进行分类讨论，主要从国家与社会两大系统、两个层面，对徽州地方官府和地方官、徽州知府的上级管理机构及其相关官员、徽州府以外的官府机构及相关官员、以宗族组织为代表的社会组织及以乡绅士大夫为代表的文化知识群体等所构成的社会力量等管理主体和管理群体进行分类、分层研究。

"下编"集中围绕明清时期徽州社会治安管控与治理、社会问题管控与治理进行重点讨论，主要对明清时期徽州社会治安管理机构设置与相关人员配置、明清时期徽州地方官府与社会力量管控与治理社会治安的实态、明清时期徽州地方官民管控与处置社会问题的实态进行实证研究。

最后，对明清时期徽州基层社会管理的特点、成效进行分析和总结。

该成果认为，明清时期，徽州境内外属于国家官僚行政系统的社会管理主体呈现多元化的特点，这种多元化主要体现为在以徽州府、徽州府所辖六县为管理范围和管理舞台上扮演管理者角色的各类主体和群体的多元性。这些多元化的管理主体和管理群体，主要包括徽州知府及相关官员、吏胥，徽州府六县知县及相关官员、吏胥，徽州府以外的官府机构及相关官员，徽州境内由官僚行政系统延伸而来或与之相关的里长、坊长、乡长、都正、隅正、图正、里老人、粮长、约正副、保甲长等基层组织首领和职役等各类人群。其中，扮演主角、发挥主导作用的则是徽州地方官府和地方官，其他机构、组织和人员则主要扮演配角或协同者的角色。

在国家官僚行政系统之外，明清时期徽州还存在属于社会层面和社会系统的多元化的社会管理主体。社会领域的管理主体，主要由以宗族为代表的广大社会组织及以乡绅士大夫为代表的文化知识群体等所构成的社会力量组成。

上述徽州府境内外的国家官僚行政系统及由官僚行政系统延伸而来或与之相关的各类社会管理主体、徽州境内社会层面和社会系统的各类社会管理主体，通过不同的方式和途径，在不同领域发挥着社会管理的职能，为明清时期徽州基层社会的有序良性运转发挥着积极作用。

在国家与社会两大系统中的管理者，其所扮演的角色不尽相同，总体上看，起主导作用的是官僚行政系统中的主官，特别是徽州知府和六县知县。在他们的主导下，以宗族为代表的广大社会组织及以乡绅士大夫为代表的文化知识群体等所构成的社会力量主要起协同、配合的作用。尽管上述社会力量有时在地方社会及自身场域中有一定的自主性，可以自主管理一些社会事务，但从国家与社会二元管理格局、管理权威性、管理成效等方面看，最终起决定性作用的仍然是官僚行政系统中的各级行政机构及其官员。国家与社会两大系统中的管理主体，在徽州这一地理空间，有时往往会遇到共同的问题或类似的问题，在徽州这个大舞台上往往有着共同的管理空间、近似的管理空间或重叠的管理空间、共同的管理对象或类似的管理对象，在徽州管理场域中往往形成某种意义上的官府主导、社会协同的官民共管共治格局。

该成果认为，就明清时期徽州基层社会管理系统而言，涉及政治、经济、文化、社会、生态等多个领域和层面，就管理目标而言，各个领域的终极管理目标都是希望通过各种手段和途径实现该领域的秩序稳定、秩序和谐与公平正义。文献记载表明，自宋以来，徽州就是一个相对难治的区域，这里的社会治安和社会问题层出不穷。对于封建国家、地方官府和广大民众来说，实现社会治安稳定、社会秩序和谐、社会问题得到有效管控和治理是他们最为关注的方面，也是封建统治者治国施政、从事社会管理的重点任务。因而，研究明清时期徽州的社会治安管控与治理、社会问题的管控与治理，可以说，在很大程度上抓住了明清时期徽州基层社会管理的核心内容。

从总体上看，明清时期徽州的社会形势在绝大多数时间内处于相对稳定和安宁的状态。但与这种相对稳定和安宁的状态相对应的，则是在明嘉靖间倭寇入境、明清改朝换代、清康熙间三藩之乱、清咸同间太平天国运动等大的历史变局之下，徽州社会常常处于治安形势严重恶化、严重时期，甚至处于风雨飘摇的状态。除了大的历史变局之外，相对和平年代，徽州境内盗窃、拐骗等社会治安案件层出不穷。因而，从某种意义上说，明清时期的徽州也是一个社会治安问题相对集中的地域。

针对问题集中、难治区域的社会治安的管控与治理，在明清时期的不同阶段，从中央到地方，在国家与社会两个层面，设立了一系列社会治安管控机构或组织，并配备了相应的武装力量或相关人员。这些机构或组织，或由官府自行设立，或是在官府和地方官主导、倡导之下，由地方宗族或乡绅民众响应设立，可以说，官府和地方官是其中的主导力量和推动力量。

作为地方社会治安管控的主导性力量，明清时期徽州地方官在招徕抚绥、安抚人心，平息群体性治安事件，打击盗贼及盗窃犯罪，打击与惩治豪强、奸宄、奸民、恶棍、妖僧、棚民等不法势力和治安隐患人群，整治闲杂人等与散兵游勇，镇压藩王叛乱、各类叛军、农民起义、佃仆起义，组织筑城、修城，平息虎豹狼等野兽害人之患，颁布告示、禁约，对危害社会治安的行为和人群进行重点防范等方面做了大量工作，为徽州境内社会秩序的稳定和社会安宁做出了积极努力，发挥了重要作用。

作为一种协同力量，明清时期的徽州宗族、乡绅和普通民众等社会力量，通过推行保甲、制定族规家法、配合官府、利用社会关系等途径，积极参与到地方社会治安事务管理之中。他们在密切配合官府的指令和行动时，还密切关注乡族自身利益，在自身活动的场域扮演着主角，发挥着自身的能动性。

文献记载表明，明清时期，徽州境内的假命图赖与停丧不葬社会问题十分严重，社会危害性大且影响恶劣，对当地社会经济秩序和民风习俗产生了严重冲击。明清时期，徽州地方官府和社会力量对假命图赖、停丧不葬行为及相关人员往往实施严打严控，以遏制或消除其对社会造成的危害。其中，地方官府和地方官主要通过告示提醒警示、经济资助、教化等方式，宗族主要通过族规家法的形式，乡绅士大夫以及普通民众主要通过教化、经济资助等途径，来应对上述两类社会问题。

在地方官府和社会力量协调配合、协同共治之下，明清时期徽州境内的假命图赖与停丧不葬社会问题在一定时期、一定范围内得到一定程度的遏制。但是，作为长期形成的社会民俗、社会弊俗和积习，受思想观念、社会环境、经济水平等方面因素的影响和作用，上述问题的治理也存在治而复发、发而复治、久治不愈等难题。

东林党复社研究

中国社会科学院张宪博主持完成的国家社会科学基金项目"东林党复社研究"（项目批准号为：15BZS058），最终成果为同名专著。

一 研究的目的和意义

自20世纪30年代谢国桢《明清之际党社运动考》一书问世以后，国内外学术界对东林党的研究进展不大，对复社的研究更是极少见到，明代党社运动的研究一度处于停滞状态，改革开放以后，这一问题才又被学界所关注。然而由于问题极其复杂，涉及明代政治、经济、思想、社会等多方面的领域，加之人物众多，材料浩繁，研究方法单一，论著寥寥无几，难有突破性的学术创建。日本学者沟口雄三虽然将东林学派思想视为"前近代思想"，但仅限于思想的分析；小野和子提出"东林党已经在摸索一种新的政治体制"，却缺少对明代体制的认识和具体的论证，因而其观点难免有些苍白。由于研究的不足，学界对东林党的性质及其历史作用认识十分模糊，对复社是否存在政党特征的问题，也缺乏深入探究，甚至近年来一些学者对东林和复社的历史作用出现了认识上的倒退。追根溯源，这种反复有着深远的历史原因，自明末以后，受阉党和齐、浙、昆等反对派攻击诽谤的影响，舆论对东林党、复社一直褒贬不一。崇祯帝钦定逆案，拨乱反正，但不久明朝亡国，清朝乾隆皇帝借编纂《四库全书》，公开、彻底否定了东林讲学，将明亡归罪于东林，于是明末已经澄清的问题再次变得模糊起来，这种政治反复扰乱了人们的价值判断，对当时和后世产生了不可忽视的影响。

有鉴于此，深入研究并解决这一问题是十分必要的。晚明时期，随着商品经济的发展，社会转型开始起步，近代化因素显现。东林党、复社的政治参与运动，在一定程度上改变了传统的适合于专制集权的政治文化，而政治文化的嬗变将最终导致政治制度的变革。没有东林党、复社反传统政治文化的推动作用，没有社会个体在这一过程中的接触、碰撞，便不可能产生黄宗羲、顾炎武等早期启蒙主义思想家。明末与鸦片战争以后的社会性质不同，社会运动的方式和方向也因此而不同。因此，用政治学、政治社会学以及行政学的理论与方法全面考察这一历史过程，才能使党社问题研究取得突破性的进展，本项目采用多学科研究的方法，旨在对这一问题给予全新的诠释，从而希望对探讨明代社会转型问题及推动明代政治史的研究能够有所裨益。

二　成果的主要内容

该成果为明代东林学派、东林党、复社产生、发展及其历史作用。明代中后期，由于体制弊端、朝政腐败及思想界的颓废产生了一系列严重的社会问题，促成了政治改革派东林学派的诞生，进而形成以东林学派为核心的东林政治集团，即所谓的"东林党"。通过对东林、复社产生、发展及其思想主张、政治活动等历史作用的考察，分析探究了东林学派产生及讲学的真正原因、东林学派及东林党的政治宿求与"理学气节"、超越皇权体系的政治主张、复社的政党化趋向、东林党与复社挽救国家衰亡以及东林、复社后绪对清初国家治理的影响等一系列问题。该成果揭示了东林集团及东林学派特有的"理学气节"与政治宿求之间的关系，从一个侧面重新书写"东林非亡明，攻东林者亡之"的真实历史，还"讲学"以清白，还历史以真实。对于东林的后绪复社，该成果根据复社名士的实政思想、社会实践以及对专制集权制度的批判，论证了他们在思想上已经形成一个体制变革的思想体系，这一体系涉及明代政治、经济、军事、科举等诸多领域，深入解读这一体系，对于复社集团性质的判定，实为不可或缺的依据，也有助于探究明代衰亡的体制根源。

对于东林书院、东林党的研究，该成果通过对"专制皇权体制外的政治结盟"、"朋党理念的变化"、"控制国家权力的意向"、"政治阶层的扩展"、"社会权威的形成"、"政治宿求与理学气节"以及"最早的开放意识"等一系列开创性命题的论证，表明明末以东林士人为代表的从依附到参与的政治文化嬗变的社会发展趋势。东林群体积极的政治参与活动以及对国家社会政治生活所产生的影响，表明东林党已越出传统的朋党范畴。为深入说明问题，课题进一步揭示东林讲学的政治意义，驳斥自明亡以后直至当今学术界流行的主要错误观点，即一云讲学"必有标榜，必有门户"，"必致国破家亡"，二云东林流品糅杂，"为君子者，授人以攻击之间，为小人者借此为攀附之途"的种种谬论。为辨明是非功过，课题钩沉史料，对众多参与讲学的东林党人的为官政绩、学术主张、讲学行迹以及面对生死所表现出的政治宿求与理学气节做了逐一的考察。以事实证明东林党人"与天子、宰相争是非者"，无不属于"国家之重计，宗社之远猷"；而所谓东林党人中流品糅杂，小人"依草附木"之说则全无事实之根据，故此，为还"讲学"以清白，还历史以真实，重新书写"东林非亡明，攻东林者亡之"的真实历史提供了无可辩驳的事实依据。

对于复社的研究，该成果阐明了如下观点：复社已具有初步成型的组织系统，形成了一定的社会权威，复社对国家政治的干预以及政治阶层的扩展，则进一步表现出具有政党化的趋向。复社统合各地文社并逐渐发展成为一个政治组织，其意义在于整合、凝聚不受国家控制的社会力量，这一运动与君主专制体制相冲突，是社会政治由单维向多维的一种历史演变。

该成果着重论证了复社士人对政治、经济、军事等实政问题的关注，他们"平居之所讲论，皆古今之故，当世之急也"，其价值取向与价值判断均已发生了较大的变化，对一系列重大的国计民生问题有基本一致的看法，初步形成了一个体制变革的思想体系。在这方面，以陈子龙、方以智、侯方域、吴应箕等为代表的复社领袖人物的变革思想，在一定程度上反映出复社这一社会集团的政治主张。深入解读这一体系，不仅对于党社本身的研究，而且对于整个明代兴衰史的研究都具有重要的意义。如复社名士对专制集权的批判，东林先达已经意识到大家巨族的积极意义，复社为东林后续，他们也意识到社会基础的重要，开始反思历史的得失，这一思路无疑是正确的。

复社称赞陈涉的首创精神，对起义造反是"乱"还是"立"，在价值判断上产生了怀疑。以周钟为代表的一批复社名士在明亡前后投向大顺政权以及以东阳诸生为核心的"许都之乱"，表明复社与农民起义之间已经不再有一条不可逾越的鸿沟。

复社提出朋党存在的合理性、必然性，提出"天下以朋党治"的参与意识，表明对政治的思考已颇有深度。

复社对明代国家体制进行批判，分析了不设宰相这一体制所造成的缺陷与弊端，提出还内阁以行政的体制思考。从行政的角度出发，复社士人对明代"任议之分"对决策制定以及对行政执行所造成的弊端深恶痛绝。他们指出过度强化中央集权，给地方以极大的制约，认为督抚以下的地方行政权力均应予以加强，提出"重权久任"的人事变革机制。

复社对朝廷的科举取士制度几乎予以全面否定，提出应使文武合为一途，相信"大将之手无弃材"，提出了"特立文武兼等之科"的选才措施。

复社士人认为明朝末年，国力衰竭，民生凋敝的重要原因是不重农事，鉴于官府荒政的失败，复社士人普遍认为救荒应与国家体制相脱离。

复社中许多人意识到体制腐朽造成的巨大资源浪费，造成国家出现在一些方面浪费，而在另一些方面不足甚至奇缺的失衡局面，这一问题是明朝衰亡的重要因素，对此提出了资源合理配置与利用的经济原则。他们还提出了分税制的思想，体现出对税收返还的朦胧要求。

复社名士的实政思想以及他们的社会实践，表明他们并非仅为文士。他们平日所讲所论，涉及明代政治、经济、军事、科举等诸多体制问题，这对于复社集团性质的判定，实为不可或缺的依据，也为探究明代的衰亡提供了诸多体制上的根源。

综上，无论是东林还是复社，他们的价值判断与价值取向的转变，显示出一个异化于专制皇权的思想体系。

该成果尝试跨越断代史的局限，深入考察了东林、复社后绪对清初国家治理的影响。明清鼎革，社会经过长期战争的蹂躏，人民渴望国家安定，士大夫阶层希望尽快建立和恢复有序的政治体制和社会生产。此时，东林书院讲学再度兴起，顾枢、高世泰、张伯行、汤斌、熊赐履、陆陇其、陆世仪、李颙、高愈、施璜、吴日慎参与其中。受东林学派影响的东林余绪及复社士人开始入仕清廷，鉴于明代体制的弊端，他们对清初政治体制的建立、社会的稳定发展以及文化建设做出了重要贡献。这方面的代表人物有魏裔介、魏象枢、汤斌、熊赐履、张伯行、陆陇其、李光地、孙承泽、王崇简、彭孙遹、严绳孙、朱彝尊、汪琬、潘耒、秦松龄、施闰章、顾贞观、陈维崧等，探寻他们的家世和学术传承，他们与东林学派、复社均有十分清晰的渊源。另外，作为东林后绪的复社人士，有许多人取得功名后，直接出任了清朝中央或地方官员。这些遍及各地的官员，承先贤之流风余韵，对清初国家治理、社会稳定、人才培养、风俗教化都有重要贡献。考察他们的宦绩，是论证东林讲学、东林学派以及复社活动历史价值的又一重要根据。

清末民初，章太炎、刘师培在当时特定的历史背景下，曾指责汤斌等人"服官异族，大节已亏"，该成果遵循历史唯物主义的观点，仔细考察清初理学名臣的学术思想和政治实践，认为这种批评，显然是脱离了具体的时代条件，有失公允。

三　成果的主要价值

新中国成立后我国学术界对东林党、复社的研究方法相对单一，局限于阶级斗争、生产力与生产关系的矛盾方面探析，这是学术上难以突破的重要原因。本研究在研究方法上，突破单一的学科研究模式，首次采用政治学、政治行政学、政治社会学的理论对明代政治体制弊端、东林党和复社进行全面研究，从政治文化的角度阐述东林党、复社在政治文化嬗变方面所起的历史作用，此为研究方法上的突破。另外，将东林、复社影响延伸到清代考察也是学术界的首创，打破朝代界限，有利于完整学术体系的形成。

该成果揭示了数百年来对东林、复社褒贬不一的重要历史根源。崇祯帝即位后，朝廷舆论完全承认顾宪成的道统学宗地位，并非将顾宪成等东林之人视为党同伐异之群体。至康熙朝，顾宪成从祀文庙仍存一线希望。乾隆四十年以后，清高宗一改顺治、康熙朝相对宽松的政策，彻底否定东林书院讲学，其有别于《明史》褒贬原则的价值观借助于《四库全书》的编纂而公开阐明。乾隆皇帝对东林讲学的彻底否定不仅最终阻止了顾宪成从祀文庙之典，也成为影响后人有欠公正评价东林和顾宪成的重要原因之一。乾隆皇帝明确否定东林讲学，并将讲学上升到导致"国破家亡"的高度，他认为作为始事者顾宪成、高攀龙不能不承担历史的责任，这种罔顾历史事实的诡辩所表明的政治价值观对后世产生了重大影响，是至今学界及人们对东林讲学及东林党的认识难以统一或反复变化的原因之一。

该成果形成了对明代东林学派、东林党及复社全新的学术评价体系，对于明末政局的研究以及重新评价东林讲学、东林党的历史作用都具有十分重要的意义，对于顾宪成的学术地位、政治影响也有了不同以往的评价，这些都有助于明代政治史研究的深入发展。

清代中期史学批评研究

四川师范大学刘开军主持完成的国家社会科学基金项目"清代中期史学批评研究"（项目批准号为：16BZS004），最终成果为同名专著。

《清代中期史学批评研究》旨在对有清一代自康熙朝中期以后至于道光朝约 160 年间史学批评的现象、重点、特点、成就与不足做出合乎事实的梳理和评判，着力探究史学家争论什么、为什么而批评、批评背后的理论意蕴与方法、批评的诉求等问题。史学批评因其具有明确的指向性、鲜明的导向性和强烈的反思性，能够体现中国古代史学家所秉持的史学精神、概念、理论。它是连接史学史与史学理论的学术纽带，也是通往史家精神世界的桥梁。明乎此，对于从一个新的视角推进古代史学理论与史学史研究具有重要的学术探索价值；对于充分而理性地继承古代史学的理论遗产具有直接的指导意义；对于当前的史学发展、史学评论、营造健康活跃的史学氛围和建构有中国特色的史学体系有多方面的启示。

《清代中期史学批评研究》包括绪论、正文和余论。诸部分各自承担着撰述上的任务，各有明确的范围，同时又彼此联系、紧密配合，较为集中地回答了清中期史学批评的基本问题和重要问题。

绪论是对清中期历史与史学的扼要介绍，为该成果研究的开展做一个引子。第一章讨论的是自先秦以来至于清初两千多年来的史学批评传统对于清中期批评家的影响，刘知几的作用不可小觑，而仅有悠久的传统并不一定能产出史学批评的硕果，所以，还需落脚于清中期批评家的学术素养，他们学通文史，毕生治史，胸怀学术公心，这一切都为史学批评的繁荣奠定了坚实的基础。

第二章是从专文、专书、提要、序跋、书信、读史札记和考史著作等七种史学文献，辨析史学批评的气象、思想性和资料的隐蔽性。总的来看，在古代史学批评史上出现的主要史学批评载体在清代中期的史学批评发展中都有所反映，甚至还出现了集大成的趋势，如在史学批评专书方面，出现的《文史通义》，在目录提要方面出现的《四库全书总目》，在考史论著方面，有《廿二史考异》。从上述举例述略中也大致可以看出，清代中期史学批评出现了空前繁荣的景象。

第三章与第四章是本课题中的重头戏。回顾《史通》的传布和研究史可知，至明中后期，《史通》愈发紧密地与彼时的史学理论发展相关联。在前代《史通》研究的基础上，清中期形成了《史通》研究的浓厚风气，把"《史通》学"推向了高峰，也随之将史学批评引向深入。黄叔琳、汪由敦、章学诚、钱大昕、王鸣盛、纪昀、崔述等人均发表过有关《史通》的评论。我们认为尽管批评家对《史通》有着这样或那样的指摘，但清代官方与私家都不得不承认《史通》的学术价值。《史通》已深度参与到了史学理论与史学批评的实践中。

这一时期出现的《史通》研究专书中，浦起龙的《史通通释》蕴含着丰富且深刻的史学批评见解。浦起龙为刘知几"工诃古人而拙于用己"作了辩解，并为"阴用其言，而显訾其书"鸣不平，为刘知几的《疑古》《惑经》提出了一家之言，凡此为清代史学批评开一生面。纪昀的《史通削繁》则以选本的形式展现了清代汉学家的史学批评兴味和见识。史钞之风至晚明甚盛，清初流风未歇。但像《史通削繁》这样，以一部史学批评专书为对象的史钞，却不多见。节选与评点交融，隐性与显性相辅，构成了《史通削繁》独特的批评方式。纪昀与刘知几颇多学术共鸣之处，但纪昀毕竟是一位从汉学家，不同的学术眼光，决定了纪昀与刘知几的异趣。共鸣也好，异趣也罢，说到底，纪昀都在表彰《史通》的批评之学，也借此成就了纪昀的史学选评事业。

书目提要是中国古代史学批评的重要载体。史书提要的对象虽是一部一部的典籍，但它涉及史学的方方面面，举凡史家才学、心术、编纂体裁、体例、史学思潮和时代烙印等，都有所反映。如果说"考镜源流"主要是知识层面的考辨与梳理的话，那么"辨章学术"则侧重于思想文化层面的讨论。《四库全书总目》虽由纪昀最终删改润色而成，但纪昀也有所凭借，这便是来自多个渠道的四库提要稿。现存四库史部提要稿主要包括：邵晋涵、翁方纲和姚鼐等人所撰提要稿和《浙江采集遗书总录》《江苏采辑遗书目录》等。尽管每一种提要稿在《四库全书总目》中被采纳的情况不尽相同，但《四库全书总目》对四库提要稿都做了一定的剪裁。首先，在批评语言上，追求准确简明，避免冗杂歧义。其次，在批评分寸上，讲究恰到好处，力戒过分抑扬。再次，在批评空间上，有意扩充，强化评骘学术的功能。最后，在批评方向上，做了一定的修正与调适。作为乾隆年间官修的大部头目录书，《四库全书总目》重视解题，举凡史书分类、文献考辨、史文繁简、体例纯驳、史家微言等，皆有所涵括，为读者呈现了一个琳琅满目的史学世界。《四库全书总目》与清代一般史学批评文献（尤其是目录书）最显著的区别，在于它的官方角色。它意在彰显正史的"钦定"属性；把皇帝旨意转换为史学批评的标准；在宋、辽、金、元史的评价中，驳斥独尊宋朝的正统论。《四库全书总目》史部提要品评古今史籍的优劣与是非，有干预、引领当时史学发展方向之意图。为了实现这一使命，馆臣又极力展示宽和、公允的批评姿态。应该说，《四库全书总目》对于自身学术形象的塑造是比较成功的。但代表官方立场的史学批评毕竟禁忌太多，须代朝廷立言，考虑朝廷的文化策略，为学林表率。因此，在史学批评上难有大的突破和创造。

此后，阮元和周中孚都以各自的方式延续了《四库全书总目》的批评精神。尤当注意者，是周中孚的《郑堂读书记》。周中孚看重史书的资政意义，关注史书的考证水准及其史料价值。至于史书的文字表述、断限等问题，虽也论及，却不是他论史的重点。周中孚虽也肯定一些明代学人著述，间或批评本朝著述，但总体倾向则是褒奖本朝史学而贬低明代史家，时不时地流露出对明代史学的不屑。周中孚的斥明与崇清，并不是皇朝易代在史学批评上的折射这么简单，而是汉宋之争在史学批评上的一次回响。

第五章《史论批评与历史评价》以批评家对史书论赞的评论为切入点，借此观察在考据占据主流的时代中，批评家对论赞的态度。事实表明，牛运震、王鸣盛、章学诚都比较重视论赞的品评，多重视史论的褒贬允当和是否得其要领，但他们在叙事与论断关系的认识上却存在一定的分歧。牛运震等个别史学家肯定史论的叙事功能，却摒弃叙事之中的论断精神，则显示出某种认识上的倒退。

第六章和第七章是有内在联系的篇章。第六章着重讨论以章学诚为代表的浙东学派与以钱大昕为主将的考据学派在史学批评的学术分野。考据学派和浙东学派所秉持的优秀史家和史书的价值取向不同。考据学派更看重那些信而有征的著作，欣赏博学、考索之人。而浙东学派则更青睐于具有卓越史识和独创性贡献的史学家，以及义例独断的史书。本课题以两派对"三通"的不同评价为例，展示了浙东学派重独断之学，而考据学派偏好考索之功。但分歧并非两派史学批评比较的全部结论。浙东学派的史学批评妙悟于心，长于鉴赏；评点机巧，工于抽绎，善于说理。考据学派的史学批评贵在专精，言必有据，文辞虽不华美，但朴质可喜，精于纠谬。最终，两派在对道这个终极目标上的共同追求中，走向融合。这是清代中期史学批评的一大特色。章学诚无疑是清代史学批评史上最有成就的史学家。他深刻阐释了"知人论世"的批评原则，提出了"史德""史意""撰述""记注"四个范畴，又继承了司马迁、郑樵以来的"通史家风"。"史德"论将古代的史家心术论提升到了历史哲学的高度。章学诚倡言史意，实有对抗乾嘉考据风潮之意，而"撰述""记注"奠定了他史学批评的基本价值取向。

嘉道时期，是清朝由盛而衰的转折年代。以时代与史学的互动而论，道光年间已有时代先觉者发出"衰世"之"警言"，这就是汤鹏的"畏史"论和龚自珍的"尊史"论。"畏史"之"畏"不是生杀所致的恐惧，而是世人对史学的敬畏之心。"畏史"的思想符合逻辑地指向"史权"。而龚自珍的"尊史"论又与汤鹏的"畏史"论交相辉映。汤鹏与龚自珍最终都谈到了"道"的问题，清晰地表现出史学批评与政治、大道之间的联动关系。这也足以说明，古代史学从来没有自外于政治，甚至是士大夫参与政治、影响政治的重要方式。

该成果的余论部分，是对清中期史学批评的贡献与局限的总结。课题组认为，上自帝王下至一般士大夫，都扮演着史学批评家的角色，足见清代中期史学批评的广泛参与性。清中期的史学批评实践催生了相应的史学理论，并影响到了修史，贡献有目共睹。但它也有一些局限，包括史学批评中的武断、绝对化倾向；表现出意气之争，甚至还存在个别硬伤。小疵不足以掩大醇。清代中期史学批评家的这些局限，相对于浩繁的评论而言，实为白璧微瑕。

中国古代村落文化研究

山东大学马新主持完成的国家社会科学基金项目"中国古代村落文化研究"（项目批准号为：12AZS003），最终成果为同名专著。

一　研究的目的和意义

长期以来，学界对于中国古代村落文化的研究一直缺少系统、全面的探讨，现有的研究也大多湮没在民俗文化或民间文化的著述中，而且多是以中国传统文化的基本组合为纲，对乡村的有关史料与记载进行自上而下的阐释，是中国传统文化的"乡间版"。以我们视角所及，这些研究内容只是属于上层文化或精英文化的中国传统文化在乡村社会的影响与表现，看不到村落文化的本来，更无法把握其特色与实质。基于此，课题组立足村落内部，对村落中的各种文化现象进行挖掘与整理；而后，又自下而上，将其置于中国传统文化的大背景中，探寻其特性、价值与影响，既为中国古代村落文化画像，又为中国古代村落文化传神。以丰富和完善中国古代社会与传统文化的研究。

二　成果的主要内容

该成果包括中国古代村落的宗法文化、中国传统村落信仰、王朝教化与村落文化、中国古代村落教育、村落中的节庆与婚丧习俗、娱神娱人与村落娱乐活动、村落中的谣谚文化、中国古代农民的特性与农民心志等内容。在研究中，课题组未按文化史研究的传统模式：收集整理村落文化的有关资料，分门别类地归纳与叙述村落文化的种种事象及其发展过程。而是从村落中独有的文化事象与文化现象出发，深入探讨其文化特性，发掘其文化价值，取得了一系列重要进展和全新收获。

其一，尽管在中国古代社会中，儒、释、道文化一直被视作传统思想与文化的主流，无论是儒家的伦理教化，还是释、道的宗教传布，都没有忽略乡村社会，也都深深地影响着村落民众的精神世界与社会生活。但就村落信仰的真实情况而言，却是一种有信仰而少宗教的状态。

课题组以宋元时代的镇江、明清时代的河北定县以及福建北部山区为样本，统计分析其村落中的庙宇构成，发现这些地区的佛教庙宇、道教宫观与民间祠庙的数量比例完全出乎意料。比如：在宋元时代的镇江三县各乡村中，佛教庙宇、道教宫观与民间祠庙呈三足鼎立之状。其中，丹徒、丹阳二县的民间祠庙数位居第二；金坛县的民间祠庙数居第三。而明清福建北部山区与河北定县乡村中，民间祠庙则占绝对优势比例。明清时期福建北部山区的民间祠庙数所占比例近 80%；明清时期河北定县乡村的民间祠庙数甚至高达 92%以上。

乡村中的民间祠庙数量虽然众多，但多为神祇崇拜，仍属于泛神崇拜与多神崇拜范畴，与民间宗教无涉，宗教式的一神崇拜在村落信仰中一直未占据主导地位。如河北定县东亭乡所存清代 435 所庙宇中，就有 68 座五道庙、23 座奶奶庙、18 座药王庙、17 座马王庙，其余各庙宇也多供奉各路神祇或贤人名流，如老张、虫王、八蜡、瘟神、五圣老母、刘秀、韩祖、李靖、苍姑、齐天大圣等，与宗教无关。即使有少量的供奉佛、道的庙宇，如观音、三清、玉皇、罗汉等，也往往视作有求必应的神灵，并不深究其宗教教义以及各种宗教的分界。

与之相应，中国古代村落信仰具有突出的多元性与兼容性。以佛教的传入为例。佛教传入中土不久，便迅速扩展，大有兼并诸派之势。但在其扩展的同时，村落信仰的功能与特色又不断消解着其宗教特性，把佛教中的佛与菩萨转化为村落信仰中的诸路神灵。此后传入的其他宗教之所以未在中土繁盛，与之也不无关系。道教亦是如此。如清末，在山东、河北一带的村落中，流行悬挂"全神图"的习俗，一般包括三世佛、金刚、罗汉、玉皇大帝、无生老母、二十八宿等，各种神祇，济济一堂，接受村民们的膜拜与祈求。这是中国古代村落信仰兼容性的集中体现，当然更可以说明中国古代村落有信仰少宗教的实际状况。

由此又衍生出中国古代村落信仰与崇拜的另一个突出特点，即功利性与实用性。在村民们看来，神灵的意义就在于为人所用，他们不问其来历，不问其为何教派，只要能为他们排忧解难、禳实祈福，就一概加以礼拜。即使在宗教信仰与崇拜中，村民们所追求的也不是教义、教理，而是其实用功效。如敦煌文书中斯六一一四为《三长邑义设斋文》，村民们设斋礼佛所祈求的是"尊亲长宿，万寿无疆；妻室子孙，千秋永茂"；北图六八五五号文书为礼佛社文，所祈求的是"家家快乐，室室欢娱"；伯四九九五号文书《社邑修功德记》，其中祈求内容则是"夫人仙颜恒茂，似莲出水舒光，宠荫日新日厚，恩荣月盛月昌"；等等。这些与佛教教义已相去天渊。

其二，自两汉以来，以纲常礼教为主题的面向全体民众的教化，一直是历代王朝治国的重要着力点，这也是村落文化中的一个重要方面。但是，在村落文化的发展与存续中，纲常礼教究竟起到了多大作用，拥有着多少空间，教化对村民们的制约与约束又有多少实际效果，值得我们重新审视。

在村落文化的发展与存续中，王朝官方的教化与村民原本的野性之争长期延续。历代王朝的统治者都试图以官方教化规范乡野文化，以纲常伦理统一村落"陋俗"，从君王、地方官员到各色士绅乡贤，都乐此不疲。但我们还要看到，村落中许多原生的文化，是教化所难以覆盖的；村民们所喜闻乐见的下里巴人娱乐，也不是一纸诏令或一番劝导所能制止的。这样，两者既有方方面面的冲突和斗争，又有许许多多的融合和兼容，从而形成了独特的村落二元文化景观。这种教化与"野性"的纷争与交融，在中国古代文化的发展中起到了重要作用。

比如，对于兴起于城市的戏乐表演，正统教化一直认为有违礼教，属于"淫乐"，并再三禁断，尤其严防其下乡入村。唐玄宗曾下敕规定："散乐巡村，特宜禁断。如有犯者，并客止主人及村正，决三十。"但实际上并无多大效果，恰恰自此以后，各类散乐优伶到乡村者不断增多。宋代陈淳恳请漳州地方官加以禁断，结果是禁不胜禁。

又如，中国古代村落中盛行多神崇拜，各种祭祀名目繁多，凡超出官方认可范围或有悖官方许可的祭祀方式者，均被视为"淫祠"，或严加禁止，或从严制约。但往往都是有始无终，无法规范或制止各种祭祀。

这些足以说明教化与野性之争的特性——官方的教化代代倡导，影响着村民的精神文化生活；但村落间的野性也一直未被驯服，民间百姓的所谓"淫戏""淫祀"层出不穷，同样是村民精神文化世界最为重要的构成。两者有冲突，但更多的是并行不悖的兼容。

其三，宗族与宗法是乡村社会最重要的社会存在，族权是束缚与压迫劳动百姓的重要一环。对于违反家法族规者，族长可以召集族众，或笞责，或决杖，甚或沉之江中。

但是，宗族、宗法与族权在村落共同体的发展与存续中所起到的积极作用，在村落共同体的秩序调谐、亲情凝聚、文化向心等方面，以宗法血缘关系为基础的宗族、宗法与族权起到了不可替代的作用。白居易在《朱陈村》一诗中所描绘的"一村唯两姓，世世为婚姻""田中老与幼，相见何欣欣……亲疏居有族，少长游有群。黄鸡与白酒，欢会不隔旬"这种其乐融融的村落氛围，与宗族、宗法有着直接的关联。

比如，宗法血缘关系中的亲情认同，在聚族而居、聚族而葬的基础上得到充分发展，"敦睦宗族"是乡村各宗族的宗法通则。

宗法与族权对村落秩序的规范与调谐也是一个不容忽视的内容。家法族规以及宗亲族人对村民们的约束力远大于国法。中国古代乡村社会中良好的村落秩序与风尚，与宗法亲情的制约有着难以割舍的关系。

其四，自古以来，凡论及村落农民，我们所看到的记载，多是其如何辛劳困苦，以至于除了"面朝黄土背朝天"，人们对于农民没有更多的印象。但我们也应当看到，除了生活的勤苦与艰辛外，农民在村落集体中，还有着其乐融融、天然率性的娱乐生活。而且，村落中的娱乐往往与生产或祭祀密切关联，是生产或祭祀的组成部分，这其实就是源头与原点的娱乐，是农民精神世界不可缺少的单元。

祭祀是娱乐的重要源头，人们在娱神的同时，也实现着自娱。在中国古代村落社会，祭祀之时几乎又都是村民们娱乐欢庆之时。如《淮南子·精神训》记汉代之村落祭社时称："夫穷乡之社，扣瓮拊瓶相和而歌，自以为乐。"此俗一直延续，且娱乐色彩渐浓。在中国古代村落中，农业生产同样是娱乐的重要源头。以近代以来仍流行的"秧歌"为例，秧歌至迟起源于汉代的水田劳动中，在水田薅秧时，往往以一人敲击锣鼓领歌，组织有节奏的农作，减轻疲劳，提高效率。这种伴农作共生的娱乐具有极强的生命力和感染力，丰富着辛苦劳作的村民们的精神文化生活。

其五，除上述内容外，中国古代村落文化中蕴含的其他文化现象也值得进行更为深入的挖掘。比如，在婚丧礼俗方面，村落之中并非因循保守，而是因时因地而异，根据现实条件与环境影响，具有较强的变通性。又如，在教育文化方面，并非以科举为唯一导向，村落教育中有大量的实用性与应用技能的内容，其教育方式也灵活多样，这是农业生产技术与生产经营不断发展的重要保障。再如，中国古代村落中的农民也并非如后人所言，自私、保守、一盘散沙，而是具有很强的集体精神与浓厚的家国情怀，其忠君爱国之情不仅高于城市民众，而且与欧洲同期小农相比较，更是不可同日而语。

在上述研究的基础上发现，中国古代村落文化中的丰富内涵，独具个性，使其在中国传统文化乃至世界文明与文化发展史上具有重要地位。

首先，将中国传统的村落文化与正统文化相比。两种文化虽然都植根于农业文明与农业文化，但正统文化在形成与发展中不断地被官方化、精英化，越来越远离其本源；而村落文化则一直环绕着本源而发展，仍保有着农业文化的原生性，是一种原生文化。与之相比，正统文化只能是一种次生文化或亚型文化。

其次，将中国传统的村落文化与市民文化相比。中国古代村落文化是一种具有完整内涵和鲜明特性的主体文化，具有鲜明浓厚的农业文化特性；而中国传统市民文化却特色不足，是正统文化、村落文化与工商文化的混合体，一直未形成独立、稳定的文化形态，具有很强的依附性和不确定性。其根源在于中国历史上的市民群体形成较晚，且一直未形成完整的市民阶层，缺少自有的价值归宿与文化自觉，处在正统文化与村落文化的制约与浸润中。

中国古代村落文化在中国传统文化的发展中所体现的价值与影响，具有巨大的当代价值，值得我们认真对待。

（1）中国古代村落文化在中国传统文化结构中具有特定的地位与价值。按照当代文化范畴的划分，中国传统文化由正统文化、民间文化构成，民间文化又由村落文化与市民文化组成。从中国历史与文化的实际情况看，中国传统文化应当是一个三角结构，正统文化、村落文化与市民文化各据三点，互相联系、互相制约。其中，村落文化是正统文化与市民文化共同的基点，通过种种途径，包括通过乡村人口源源不断地进入上层社会和城市，持续传递着村落文化的影响。

（2）中国古代村落中存留着大量的原始文化基因，从原始信仰、神话传说，到原始艺术、婚丧习俗、节庆娱乐等，都有众多的未被正统文化驯化的由远古而传承的文化内容，这些野生基因不断注入中国传统文化的相关内容，不断激发着其活力，如民间歌谣对于诗歌之发展、村落赛神活动对于戏曲的发展、民俗民风对法规礼制的发展等，其作用是无法替代的。

（3）中国古代村落文化是中国传统文化的源文化，又是环源而延展的主体文化，对于任何外来文化，都具有强大的吸纳与消解能力，从而使中国传统文化历数千年而不失其本。以佛教的传入为例，佛教传入中土不久，便迅速扩展，大有兼并诸派之势。但在其扩展的同时，村落信仰的功能与特色又不断消解着其宗教特性，把佛教中的佛与菩萨转化为村落信仰中的诸路神灵。此后传入的其他宗教之所以未在中土繁盛，与之也不无关系。当然，课题组并不否认正统文化对宗教的抑制作用，只是在说明，村落文化的这一价值不应被忽视。

（4）中国古代村落文化在中国传统文化结构中的地位与价值，要求课题组在传承中华文明、弘扬中华优秀传统文化的工作中，必须充分吸纳与整理中国古代的村落文化；中国古代村落中存留的大量的原始文化基因，是课题组进行当代社会主义文化体系建设、构建社会主义核心价值体系的重要因素；中国古代村落文化的源文化特质，特别是其强大的吸纳与消解能力，可以为我们"坚持中华文化立场"、筑牢文化自信提供有益借鉴。

（5）中国古代村落文化的优秀组成部分，对于正在实施的乡村振兴战略具有重要的理论与实践价值。在乡村振兴中，无论是乡村的文化振兴、人才振兴、组织振兴，还是生态振兴、产业振兴，都能够从中国古代村落文化的精华中汲取营养，特别是在建设产业兴旺、生态宜居、乡风文明、治理有效、生活富裕的新乡村中，在健全自治、法治、德治相结合的乡村治理体系中，都应当在中国古代村落优秀文化体系中寻找借鉴。

中国古代"富民社会"研究

云南大学林文勋主持完成的国家社会科学基金项目"中国古代'富民社会'研究"（项目批准号为：13XZS029），最终成果为同名专著。课题组成员有：张锦鹏、薛政超、田晓忠、黎志刚、董雁伟、武婷婷、项露林。

长期以来，学术界对中国古代史研究取得了令人瞩目的成就。但多数学者主要是立足于断代史，或将"唐宋""宋元""明清"作为一个阶段进行研究，而很少将宋、元、明、清作为一个完整的历史阶段加以探讨。因此，就宋、元、明、清的研究而论，断代史研究非常深入，但贯通式的研究相对不足。

明人陈邦瞻指出："宇宙风气，其变之大者三：鸿荒一变而为唐虞，以至于周，七国为极；再变而为汉，以至于唐，五季为极；宋其三变，而吾未睹其极也。今国家之制，民间之俗，官司之所行，儒者之所守，有一不与宋近乎？非慕宋而乐趋之，而势固然已。"在陈邦瞻的变化论中，显然宋到明是同一性的社会，而且这个社会在明代还未发展到极盛期。近代思想家严复也说："若研究人心政俗之变，则赵宋一代历史最宜究心。中国所以成为今日现象者，为善为恶，姑不具论，而为宋人之所造成，十八九可断言也。"在他看来，近代中国的很多社会问题和现象从宋以来即已形成。这些观察和研究都在提醒和告诉着我们，要将宋元明清中国社会作为一个整体来看待和研究，从而更加深入地揭示中国古代历史发展的特征和规律。

从中唐直至清代，有关"富民"的记载大量见于史籍。综合有关史料可看出：第一，"富民"的分布具有普遍性；第二，"富民"与其他社会阶层有明显不同的特征，即占有财富并拥有良好文化教育；第三，"富民"成为社会的"中间层"、"稳定层"和"动力层"，社会影响极大。宋以后的思想家如叶适、黄宗羲等反复强调，富人是国家依赖的重要力量。可见，这是一个有别于汉唐"豪民"的新的社会阶层。伴随着"富民"阶层的兴起，中唐以来，中国社会形成了一个新的"富民社会"。

正如不研究"豪民社会"（或"豪族共同体"）就难以准确把握汉唐中国社会、不研究"市民社会"就难以准确把握近代中国社会一样，不研究"富民社会"，就很难准确把握中唐至清代的中国社会。因此，开展"富民社会"的研究，就是要从新的角度和更深层面，进一步科学认识中唐以来中国社会的发展与变迁。

早在21世纪初期，课题组负责人就展开了对唐宋"富民"与"富民"阶层的研究，并初步提出了中国古代是"富民社会"这一学术观点。这项新研究，受到学界的广泛关注。有的学者评价这项研究找到了一把重新解构传统社会发展与变迁的关键性钥匙。"富民社会"上承汉唐的"豪民社会"，下启近代的"市民社会"，是中国传统社会中一个极为重要的历史阶段。这个阶段不仅奠定了唐宋乃至元、明、清几代中国的社会结构，而且由于它下启近代，同时也直接影响到中国近代社会的发展与变化。从这个意义上来讲，研究"富民社会"，乃是重新认识传统中国社会发展的重大课题。

为此，该成果在前期研究的基础上，继续展开中国古代"富民社会"研究，试图回答中国古代"富民社会"是如何形成的、"富民社会"的主要特征、"富民社会"的主要经济社会关系，以及"富民社会"如何走向终结这些问题，通过对这些问题的探讨，我们试图建构中国古代"富民社会"理论体系，从而对中国古代史体系做出新阐释。

该成果从"唐宋社会变革"论题中切入"富民"阶层成长问题，开启本研究。成果力图以"横通"视角进行共时性分析，讨论"富民"阶层成长而带来的社会经济关系和阶级关系变化，提出宋代以后"富民"阶层在社会中起到中间层、稳定层和动力层的作用，是社会发展的中坚力量；勠力以"纵通"视角进行历时性分析，用"民"的演变来把握中国历史发展的阶段性和未来趋势，提出了中国古代社会经历了上古的"部族社会"、汉唐的"豪民社会"、宋元明清的"富民社会"，并将走向未来的"市民社会"。成果属于"富民社会"研究计划中的宏观性、总括性研究成果，该成果致力于建构中国古代"富民社会"理论体系。

"富民社会"理论体系提出的学术意义在于:"富民社会"理论是解构唐宋以来传统社会变迁的一把关键钥匙。该理论将宋元明清作为一个完整的历史时期进行研究,突破了断代研究的局限性,形成跨时段的贯通性研究,实现对这一历史时段的整体性把握。"富民社会"理论是重构中国古代史体系的重要理论基石。该理论从历史唯物主义史观出发,从"民"的演变来看中国古代社会发展的阶段性,提出了"部族社会—豪民社会—富民社会"这一中国古代史新体系,完善了古代史体系的发展链条。

该成果分为五篇共计十四个章节进行研究,其研究内容可归纳为五个方面。

第一,从豪民到富民。没有过程就没有历史,"富民社会"形成的过程是非常重要的内容。本研究的起点,就是集中于对"豪民社会"向"富民社会"转变的这一过程进行了详细的研究,围绕生产关系和阶级关系重大变化这一主线展开,对"富民社会"的形成时间、形成标志以及围绕标志发生的一系列变化和新现象一一进行了阐释,通过对这些重要历史节点和社会变革因素的研究,形成清晰和具体的"富民社会"历史演进过程。

第二,"富民社会"的社会流动。社会流动是"富民社会"的一个根本特征,"富民社会"本身就是社会流动的结果,反过来"富民社会"一旦形成又极大地推动了社会的流动。制度变迁是引起社会流动的主要动因,制度因素也是可能导致社会不流动的主要障碍。为此,本课题从等级制度的崩溃、户籍与户等制度的变迁、科举制度的推行等方面探讨"富民社会"的社会流动,认为唐宋以来,商品经济的发展促进了整个社会各种要素的流动组合以及阶层力量的分化组合,国家制度的变迁反映了社会要素的流动组合的需要,同时又在一个更大范围促进了社会流动。"富民社会"的社会流动是一种整体性和结构性流动,流动性是"富民社会"的基本特征。

第三,富民阶层与国家的关系。如何处理"富民"与国家的关系是本课题研究的重要内容。事实上,宋元至明清以来的改革在本质上就是国家在调整与"富民"的关系。课题从赋税改革和赈灾救济两个方面入手,分别探讨了两税法、一条鞭法、摊丁入亩等几次重大的赋役改革中,富民是如何发挥自己的作用。同时,也探究了国家为了保护富民的生产积极性,以达到从富民中获得更多的赋税保障国家行政体制正常运行的目的,对有关经济制度进行调整的过程,制度调整的核心是调整国家与富民的关系,使之趋向合作关系而不是冲突关系。赈灾救济是官府的职责，由于"富民"阶层是社会的财富力量，官府在赈灾救济中越来越多地利用"富民"进行救灾。"富民"不仅有积极响应的情况，也有消极响应甚至抗拒的情况，"富民"对官府的不合作行动，说明"富民"的社会话语权有一定的提高，但是仍然在国家控制之下与官府最终走向合作。

第四，"富民社会"中的经济关系与阶级关系。通过"富民"的社会形象和社会作用来看社会的经济关系与阶级关系是本课题开展研究的立足点。以土地私有制度确立和土地私有制度保护为主的国家经济制度和法律制度的调适与完善，为"富民"阶层的成长提供了社会空间和制度空间。逐步壮大成长的"富民"阶层，又通过其财富实力和文化优势，将其社会影响力向地方社会渗透，主动承担了国家代理人的角色，为地方社会的稳定和均质化演进提供了保障。课题紧紧围绕产权和经济契约关系、诉讼纠纷、官绅合作与官绅矛盾等方面展开，分别阐释了富民在社会的中间层、稳定层和动力层这几个层面所扮演的角色，对中国社会的经济关系和阶级关系进行再研究和新阐释。

第五，士绅社会是中国古代"富民社会"的最高阶段。列宁在《帝国主义是资本主义的最高阶段》一文中指出，资本主义的发展经历自由资本主义和垄断资本主义两个阶段，后者亦称帝国主义。事实上，在人类社会的发展进程中，随着生产力与生产关系的不断调适，很多时期都呈现出阶段性的特征。在中国古代社会，我们认为，门阀社会就是豪民社会的最高阶段。同理，士绅社会是富民社会的最高阶段，同时也是最后阶段。课题以探讨"富民"阶层与"士绅"群体的关系为重点，主要分析士绅社会是如何形成的，其特征是什么，又是如何终结的，并在此基础上对中国传统社会的结构做一些新的解释。

该成果以"市民社会"抑或"富民社会"这一问题的回答，形成了最终结论：明清社会不是"市民社会"而是与宋元一脉相承的"富民社会"，宋元明清是一个整体的社会阶段，明清时期"富民"士绅化，为"富民社会"的衰落和走向终结埋下了伏笔，"士绅社会"是"富民社会"的最高阶段也是最后阶段。

该成果从以上五个议题展开的具体而深入研究，形成了几个重要学术论断。

第一，富民阶层是唐宋以来中国社会兴起的一个新兴阶层。

第二，富民阶层一经兴起便迅速成为中国古代社会的中间层、动力层和稳定层。

第三，富民与国家的关系是唐宋以来中国社会最核心的关系。

第四，士绅社会是中国古代"富民社会"的最高阶段也是最后阶段。

第五，中国古代社会依次经历了上古的部族社会、秦汉魏晋的豪民社会、唐宋以来的富民社会，进入近代的市民社会，是古代史的新体系。

理论体系是由若干论断支撑形成，论断不是一般的观点，不是一般的认识，论断既有引领性，又具备统摄性和指向性。该成果所提出的这五个论断，统领了整个"富民社会"的体系，这五个论断的提出，也意味着中国古代"富民社会"的理论体系基本形成。

霞浦摩尼教研究

敦煌研究院杨富学主持完成的国家社会科学基金项目"霞浦摩尼教研究"（项目批准号为：14XZS001），最终成果为同名专著。课题组成员有：杨富学、彭晓静、包朗。

一　研究的目的与意义

2008 年以来，福建霞浦上万村、屏南降龙村一带发现了大量摩尼教文献、文物与古遗迹。新材料的发现，促进了福建摩尼教的繁荣。陈进国、林鋆撰《明教的发现——福建霞浦县摩尼教事迹辨析》，探讨了摩尼教教主林瞪的身份及其与福建摩尼教的关系问题。元文琪《福建霞浦摩尼教科仪典籍重大发现论证》通过《摩尼光佛》与敦煌汉文摩尼教经典进行对比，确认霞浦科仪书与敦煌摩尼教汉文经典有着不可分割的联系。林悟殊《明教五佛崇拜补说》指出，早期霞浦摩尼教主要依托佛教，到后期才逐步转而依托道教。林氏另文《霞浦科仪本〈下部赞〉祷文辨异》通过对《摩尼光佛》中《下部赞》诗文与敦煌所见《下部赞》进行比较，找到了二者之间的异同。

不唯国内，霞浦摩尼教的发现，也引起了国外学者的关注。旅美学者、哈佛大学马小鹤教授较早获得了霞浦最早发现的《奏申牒疏科册》，尽全力进行研究，先后发表了《福建霞浦县明教遗存》《摩尼教十天王考》《从"平等王"到"平等大帝"》等论文，对摩尼教神祇"明教五佛"尤其是夷数、耶俱孚等进行了探讨，对"十天王""地狱""平等王""三常、四寂""五明性"等术语做了新解释，并探讨了霞浦与中原摩尼教的渊源关系。

林悟殊、元文琪的研究主要集中于《摩尼光佛》的极少数章节，马小鹤的重要研究对象主要是《奏申牒疏科册》，吉田丰的术语解释，这些无疑都是研究摩尼教的有益借鉴。但是，由于霞浦摩尼教文献尚处于未公布的状态，而且仅有少数学者可看到照片，能够亲睹实物者更少。这一现状极大地制约了霞浦摩尼教的研究。霞浦文献与敦煌、吐鲁番摩尼教文献乃至与西方摩尼教的关系，摩尼教与佛教、道教的关系，摩尼教华化的完成，摩尼教在中国的流传，中外摩尼教文物文献的重新界定，摩尼教对中西文化交流史，尤其是中国、伊朗文化交流等诸多问题还有待进一步深化，甚至有重新定位的必要。以摩尼教与道教的关系为例，学界的研究多不深入，如福州福寿宫本为摩尼教，却被误认作道教寺院，原因就在于资料的匮乏。即使有些已引起重视的霞浦文献，录校常存在失当之处，以之为据进行研究，势必会存在各种问题。因此，系统整理研究并公刊霞浦摩尼教文献，成为当务之急。有幸的是，笔者蒙霞浦摩尼教文献发现者林鋆先生信任和厚爱，交付当今所获霞浦摩尼教文献照片并嘱托研究，是以笔者有便利的条件公布校注霞浦摩尼教文献，进而推进霞浦摩尼教的深入研究。

摩尼教产生于波斯，后来流行中国，会昌灭法后，摩尼教在中原遭到禁绝，唯在东南沿海一隅得以幸存。

对霞浦摩尼教历史、文化与文献进行研究，具有比较重要的学术意义。一是霞浦摩尼教的华化非常彻底，而且史料记载清楚，对其研究，有利于揭橥外来宗教之华化进程；二是借助霞浦摩尼教文献有助于澄清摩尼教研究中长期存在的争端，比如对福州福寿宫宗教属性的判别；三是摩尼教在福建地区的流行自古而今，传承不绝，已成为中华文化的组成部分，对其进行研究，有利于全面认识中华文明的发展历程；四是宋元时代东南沿海农民起义多与民间宗教息息相关，通过对霞浦摩尼教研究，有利于深入揭示这一历史现象形成的深层原因；五是摩尼教形成于波斯，由回鹘高僧传播于福建，对于认识古代丝绸之路上宗教文化的传播，促进中国与伊朗间的文化交流，无疑具有积极意义。

二 成果的主要内容

该成果除绪论外，主要内容大体可分为两部分，上篇为霞浦摩尼教史论，下篇为文献研究。其中前者有八章，大体可分为四个方面。

第一个方面为霞浦摩尼教传播历史，含第一、二章。摩尼教自 3 世纪在波斯兴起，曾在波斯盛极一时，后因受波斯王瓦拉姆一世的残酷迫害，教徒流徙四方，于 762~763 年传入回纥，成为国教。843 年，会昌灭法，摩尼教受到禁断，回鹘高僧呼禄法师潜入福建，继续传教，摩尼教遂由福清传入福州，再传入泉州，再传入霞浦，在林瞪时期及其以后，摩尼教得以发扬光大，形成了新的摩尼教体系——霞浦摩尼教。其传承系统为呼禄法师（胡天尊）→高佛日→西爽大师→陈诚庵→孙绵→林瞪。通过霞浦、屏南等地发现的摩尼教文献，结合福州、福清、泉州、莆田、霞浦、屏南、宁波等地发现的摩尼教遗物，探讨林瞪的活动及其在摩尼教史上的地位。按照霞浦摩尼教文献的记载，林瞪不仅精于武术，而且善于祈雨、护佑民众，故而得到了广大民众的尊崇，被尊为霞浦摩尼教教主。依霞浦摩尼教传统，在有些情况下，林瞪的地位仅次于摩尼光佛，在另外一些情况下，林瞪则与摩尼光佛具有平等的地位。林瞪之善于祈雨，显然与粟特摩尼教、回鹘摩尼教善于祈雨的传统息息相关。

第二个方面为摩尼教神祇及其系统，首先论述福州福寿宫的摩尼教性质及其重要性。福州福寿宫，过去一直被认定为道教寺院，该成果通过霞浦摩尼教文献，结合寺院造像、主供神祇和配殿的布置与神祇，认为福寿宫应为摩尼教寺院。过去，学界一直把泉州草庵视作摩尼教寺院的唯一遗址，其实，福寿宫规模比之更大，内容更丰富，而且至今不绝，可视作古代摩尼教的活化石。其次探讨摩尼教的神祇谱系。在霞浦摩尼教文献中有"光明众"和"一切神众"之谓，金指摩尼教神祇。摩尼教神祇众多，其中最受崇拜者为五佛，即印度教那罗延佛、火祆教苏路支佛、佛教释迦牟尼佛、基督教夷数和佛和摩尼光佛。后来，在霞浦摩尼教中演变为三佛，即夷数（耶稣）、电光王佛和摩尼光佛。可以看到，在这些变化中，未变的只有夷数（耶稣）和摩尼光佛。此外，还有众多来自道教的神祇，如真武大帝、许真君、马天君、贞明法院三十六员天将、七十二大吏兵等，也有佛教神祇，如观音菩萨、泗州大圣、四梵天王等，也有基督教神祇如俱孚元帅等，还有福建民间信奉的"三奶夫人"陈靖姑、林纱娘和李三娘等，甚至还有儒家学派的创始人孔子、孟子等，这些都体现出霞浦摩尼教不断走向"脱夷化""民间化"乃至"中国化"的变化特征。继之论述摩尼光佛的造像艺术及其特征。摩尼光佛像过去仅在吐鲁番壁画和泉州草庵有所发现，课题组通过调查，在福建诸地找到了多件摩尼光佛造像，如晋江苏内村水尾宫（境主宫）和曾姓村民家中都有摩尼光佛像。在晋江市东石镇也保存有摩尼光佛木雕造像，在霞浦上万村、福州福寿宫也可见到。通过福建与吐鲁番所见摩尼光佛形象特征之比较，可以发现两者之间差异颇大。个中原因值得进一步探讨。

第三个方面在于探析霞浦摩尼教对闽浙一带民变的影响，包括第五至第七章。敦煌摩尼教多依托佛教，几乎没有道教成分的存在，霞浦早期摩尼教文献《摩尼光佛》中同样含有非常丰富的佛教成分，虽有些许道教因素，但相当稀少，符合宋代以后摩尼教开始依托道教这一史实。越靠后的霞浦文本，道化成分就越浓，如霞浦文献所见之摩尼教摩尼光佛、夷数和佛和电光王佛，明显是道教三清，即玉清元始天尊、上清灵宝天尊和太清道德天尊（老子）的借用。霞浦民间向摩尼教三清祈祷，无非是要祈求禾稼丰收、人民安康。霞浦文献中属于《奏三清》的抄本至少有五个。在《奏三清》诸本中，无一例外均将原本已佛化的摩尼教神名号又进行道化，两层"外衣"非常明显，即在佛化后又覆以道教的"外衣"，这与摩尼教华化轨迹吻合，也反映出摩尼教为了生存不得不逐步民间化，且亦佛亦道，逐步形成了华化摩尼教之多元文化品格。在明代以后形成的摩尼教科仪书《冥福请佛文》中，又增加了昭烈大帝（刘备）、梁武大帝（萧衍）、大成至圣文宣圣王（孔子）、颜回、孟亚（孟子）及汉传佛教特有的地狱十王等，名目繁多，统统被纳入摩尼教神祇系列。宋代闽浙地区，"吃菜事魔"之党风行一时，屡禁不止，它引领了方腊起义等几次大规模的民变，成为朝廷的心腹大患。从近期于福建霞浦、泉州和福州等地发现的摩尼教资料看，宋代摩尼教在遭受来自官府的种种打压后，开始由尚和戒斗而向尚武斗狠方向转变，以图自保，同时向帮会化转型，逐渐形成了严密的宗师体系和堂口组织，加上摩尼教崇尚光明，提倡禁欲崇俭和团结互助，对于贫苦农民很有吸引力。这些特征非常有利于农民起义的发动，应为宋代民变多与摩尼教相蟠结的历史原委。

第四个方面，即第八章。2008年10月以来，福建省霞浦县柏洋乡上万村周围发现了大量摩尼教遗物，接着，在福州、屏南等地相继发现摩尼教遗存，既有文献、文物，也有摩尼教庙宇，尤其是屏南降龙村，家家户户供摩尼光佛和林瞪。两次考察获得了丰富的第一手资料，可以看出，摩尼教是一种活态宗教，在福建省霞浦、福安、屏南、福州、晋江乃至浙江省南部都有存在，均可归入霞浦摩尼教系统。与原始摩尼教不同，霞浦摩尼教在流播过程中，因应形势的不同而逐步佛道化甚至民间化，这大概是霞浦摩尼教能够在福建、浙江一带绵延不绝的原因所在。

下篇十章，其中第九至十一章研究了霞浦摩尼教文献中比较典型的三篇文献，其一为《摩尼光佛》，此为产生年代最早的文献之一。通过研究可以看出，该文献对摩尼教术语的大量运用、对摩尼教神明的极力讴歌，夷词夷偈的大量援引等，可知其制作者对中古摩尼教十分熟悉，而其中"惺示""末尸诃"等唐代特用语的零星出现，则将其制作时间推向唐末。而其中出现的"五佛崇拜""弥勒崇拜"等现象则又瓜葛宋代，而其中并无常见于霞浦文献的林瞪崇拜现象，则将制作时间推向宋仁宗之前。综而言之，《摩尼光佛》科册当为会昌入闽之呼禄法师（胡天尊）等始修，历五代至宋初而成册。其二为《冥福请佛文》，一般作为法师在做道场时请佛之用，虽篇幅较小，但所请之神甚为庞杂，有摩尼教、佛教、道教、儒教和民间信仰的各种神祇，尤其是文书中所反映出来的佛教地狱十王思想，其内容与敦煌等地发现的《佛说十王经》《地藏十王图》有不少关联，堪称摩尼教在福建地区走向佛教化的典型代表。其三为《点灯七层科册》，"点灯七层"源于佛教法事，是与"悬五色幡"相匹配的佛教法事仪轨，祈请的对象为药师佛，然本册主要阐发的是摩尼教教义，内载神祇多为摩尼教和道教佛，体现了摩尼教传入福建后依托佛道传播其思想的发展模式，也说明了摩尼教与佛教和道教之间有着密切的关系。

此外，对霞浦摩尼教文献中的比较重要的文献，如《冥福请佛文》《点灯七层科册》《兴福祖庆诞科》进行了录文与校注，对《贞明开正文科》《明门初传请本师》《乐山堂神记》进行了录文，以便为学界提供比较完善可信的原始资料和文献校注本。

三 成果的主要价值

摩尼教形成于波斯，兴盛于中国，对唐、宋、元时期中国历史影响不小，尤其在闽浙地区，更是影响巨大。霞浦摩尼教文献、遗物的发现，大大填补了中国宗教史研究的一项空白，同时，对于波斯宗教史以及中外关系史研究来说，也具有非常重要的意义。该教由回鹘僧传入，故而对回鹘历史文化研究来说，其学术价值同样不容小觑。摩尼教史回鹘的国教，对回鹘社会、历史、文化的发展产生了巨大的影响。对霞浦摩尼教的研究，从某种意义上说，也是回鹘摩尼教研究的重要组成部分。

清华简《尚书》类文献综合研究

吉林大学冯胜君主持完成的国家社会科学基金项目"清华简《尚书》类文献综合研究"（项目批准号为：13BZS012），最终成果为同名专著。课题组成员有：吴振武、李守奎。

一　研究的目的和意义

《尚书》是一部非常重要的先秦典籍，记录了中华文明源头的宝贵信息，受到历代统治者和学者的高度重视。有关《尚书》的研究论著汗牛充栋，但《尚书》学史上的一些重要问题，如两汉时期《尚书》今古文经之争、晚出古文《尚书》真伪等，一直未能得到彻底解决。李学勤先生曾引述张政烺先生的话说，"什么时候能挖出《尚书》就好了"。可见在《尚书》研究方面，对于出土文献的期盼是非常迫切的。清华简中包含多篇《尚书》类文献，既有今文（如《金縢》），也有古文（如《说命》《尹诰》），还有的见于今本《逸周书》（如《皇门》《祭公》等），还有多篇久已亡佚的篇章（如《保训》《厚父》《封许之命》等），内容非常丰富，对于解决《尚书》史上的一些聚讼千年的疑难问题具有重要且直接的作用。可以说清华简《尚书》类文献的出土，是可以媲美西汉时期孔壁古文《尚书》的重大发现，必将在学术史上产生重大影响。对于这批珍贵材料进行深入研究，对于经学史研究、古文字研究等领域均具有重要意义。

二　成果的主要内容

该成果主要由三个部分构成，即"绪论"、"清华简《尚书》类文献注释"以及"参考文献"。

在"绪论"部分，主要讨论了四个问题，即《尚书》今古文问题；《尚书》真伪问题；先秦时期《书》类文献的样貌；清华简《书》类文献的价值和意义。

有关《尚书》今古文问题的部分，该成果着重讨论了伏壁《尚书》的篇目问题。认为在武帝末年《太誓》发现前后今文《尚书》篇目不同的观点是正确的，《顾命》与《康王之诰》在《太誓》发现之前本分为两篇，《太誓》发现之后则合为一篇，以维持二十九篇之数。这部分还讨论了孔壁《尚书》与伏壁《尚书》的字体，以及伏壁《尚书》的性质等问题。

在《尚书》真伪问题部分，重申了晚出古文系魏晋时期所伪造的观点，反驳了所谓晚出古文《尚书》存在的问题是出于整理缘故的观点。《缁衣》引古文《尚书》中《尹诰》《说命》等篇有不少错讹，而这些文句被原封不动地编入晚出古文《尚书》。这些错讹类型多样，产生的时间层次也有早有晚。应该说从文本流传的角度来看，这些错讹原样再次发生在另一个文本中的可能性微乎其微。伪古文《说命》《太甲上》相应文句与《缁衣》引文几乎完全相同，再一次证明了伪古文《尚书》多出来的二十五篇完全是利用先秦引文抄袭补苴、敷衍成文的，并没有完整、可靠的先秦文本为依据，也不是所谓"整理"的结果。

该成果还讨论了先秦时期《尚书》类文献的样貌问题，重申了《书》在先秦时期只是类名，所指称的只是同类文献的集合，并没有规定好的篇目、数量。回顾了学术界有关《尚书》体裁分类的讨论，指出先秦时期《书》类文献是一个开放性的文本系统，从相对封闭系统内所包含的样本中归纳出的特征和共性，无法完全涵盖先秦《书》类文献的实际情况。并以清华简《耆夜》为例，认为这篇文献混杂了《诗》《书》《礼》《乐》的某些特征，反映了先秦时期各类体裁的文献之间，界限是模糊不清的。还以《封许之命》为例，讨论了这篇文献与典型"命"类文献（如《文侯之命》）以及册命金文之间的异同，指出在《文侯之命》中，赏赐品只列举了三样，当时天子对于晋侯的赏赐或许还有许多，可能在这篇文献由档案变成"书"的时候，被删削刊落了。而《封许之命》中列举的赏赐品种类，多达三十余种。这部分内容，对于普通读者而言，其实是没有什么实际意义的。这应该是《书》类文献较为原始的面貌，保留了私人文献（或档案）的较多特征。课题组还讨论了即将公布的清华简《摄命》篇的体例，认为这篇文献的文本应该来源于青铜器铭文，而非更为原始的官府档案，从一个侧面揭示了《书》类文献形成的途径。

在"绪论"的最后一部分，讨论了清华简《书》类文献的价值和意义。认为在《尚书》学史上，清华简《尚书》类文献是晚出古文《尚书》系魏晋人伪造的铁证。通过清华简《书》类文献，大大丰富了课题组对先秦时期《书》文献的生成和样貌的认识，对于《逸周书》的认识也更加客观和准确。清华简《书》类文献对于了解先秦时期古书体例也有重要价值，通过清华简等古书类战国竹简，课题组可以认识到古人在抄书的时候，一般不会刻意保留底本中与抄手自身时代和地域不相符的文字形体和用字习惯。清华简《书》类文献对于校正今本《尚书》《逸周书》中讹误的作用最为直接，重点讨论了《逸周书》"执和"与简本"攸和"及金文"𩱱𩱼"之间的关系。另外，课题组还讨论了利用清华简《尚书》类文献与今本对读，来检视清人整理《书》类文献的得失及不同学者所做出的贡献，通过对《皇门》篇的分析，以具体数据说明清人中王念孙、王引之父子校读古书的能力最强、贡献最大。最后，课题组谈了清华简《尚书》类文献对于古史研究的贡献。通过仔细研读清华简《金縢》篇所记述的周初史事，认为今本《金縢》篇中的"周公居东"当理解为周公避罪于国都东郊，今本中与避罪说矛盾之处，在简本中都不存在，表明从文本的角度"避罪说"是可信的。另外课题组还结合对《诗·豳风·鸱鸮》相关文句的理解，认为简本"祸人乃斯得"（今本作"则罪人斯得"）当理解为武庚等殷遗俘获并杀掉了管蔡等三监，这种理解也与清华简《系年》"商邑兴反，杀三监而立录子耿"的记述完全吻合。

该成果的第二部分是主体内容，包括对目前公布的所有清华简《尚书》类文献所做的校读和注释。这些篇目包括《尹至》、《尹诰》、《程寤》、《保训》、《金縢》、《皇门》、《祭公》、《说命》（上、中、下）、《厚父》、《封许之命》、《命训》共计十一个篇目。

在《尹诰》篇中，课题组将简文"柔大紫"读为"柔大援"，柔训为安，意思是安抚伊尹这一强援，让他一心一意与汤合作（也就是《尹诰》

所说的"唯尹既及汤咸，有一德"），共同伐夏。

在《程寤》篇中，课题组认为简文"名凶"之"凶"即指凶祟而言，"名凶"相当于典籍中的"求祟"。

在《保训》篇中，课题组重点讨论了学术界争议很大的"中"字的含义问题。课题组认为篇中四个"中"字当有统一的解释，根据相关文义，"中"当理解为内心。"恐求中"即舜因内心惧惕而反求己心，"假中""归中"之"中"当理解为"忠"，即假借、求取河伯的忠心，典籍中"归私""贾贰"等说法，可为佐证。

在《金縢》篇中，对于"周公石东"（今本作"周公居东"）的问题进行了详细讨论。认为简文"石"读为"踖"的意见是可信的，"周公踖/居东"应理解为周公避罪于国都东郊（即《诗·豳风·东山》之"东山"），过去不少学者将"周公居东"理解为周公东征，是不正确的。今本对于"避罪说"不利的证据，在简本中都不存在。简文"祸人乃斯得"（今本作"则罪人斯得"）与《诗·豳风·鸱鸮》之"鸱鸮鸱鸮，既取我子"都应理解为以武庚为首的殷遗俘获并杀掉了周人之子管蔡等三监，这与清华简《系年》第三章"商邑兴反，杀三监而立彔子耿"的记载完全吻合。通过对《金縢》以及《诗·豳风·鸱鸮》的重新解读，了解到与传世典籍不同的有关周初史事的记载，即周武王去世不久，成王还很年轻，周王室的统治尚未稳固，殷人的势力也尚未完全剪除。此时管、蔡等贵胄欲与周公争权，故散布周公欲不利于成王的流言。周公为了避免激化与成王之间的矛盾，主动下野，避居东郊。周初动荡不安的政局，为武庚等叛乱提供了可乘之机（《尚书大传》："奄君蒲姑谓禄父曰：'武王既死矣，今王尚幼矣，周公见疑矣，此百世之时也，请举事！'"）。故武庚鸠集殷遗民杀掉"三监"，起兵反叛。在此危难之际，周公贻诗成王，希望能回朝辅佐成王平叛。

在《皇门》篇中，认为简文"不共于卹"之"共"当读为"邛"，训为劳。简文大意是说王不必劳病于忧恤，正是因为"大门宗子、迩臣"等忠于职守而"勤恤王邦王家"。另外简文中读为"助"之字原写作"藟"，认为此字即字书中"勴"字异体"勖"，从出土文献中相关形体来看，所谓"勴"实即"助"字异体。"勖/藟"与"戯/勴"两组字都应释为"助"。从战国简的用例来看，前者均出现在文本生成时代较早的《尚书》类文献中，其字形当系通过文本系统传承下来的"助"字的早期形体。后者则出现在战国时期文献《容成氏》中，字形的时代较晚。这应该反映了在表示 ｛助｝ 这个词的时候，时代不同所使用的字形有异的情况。

在《祭公》篇中，讨论了简文"攸和"与今本"执和"以及金文"鳌稣"之间的关系，认为过去讲"鳌稣"读为"调和"的意见是正确的，"敕"字既有"鳌"的读音，又有"鳌"的读音，今本"执和"为"敕和"之误。

在《说命中》篇中，将简文"□①之于乃心"之"□"读为"戾"，训为止、定，是商王武丁告诫傅说要把他说的话放在心上（即留止于心而不移易），不要当作耳旁风。

在《厚父》篇中，有学者将整理者释为"朱"之字改释为"柒"的观点是正确的。相关简文当理解为"司民"之于普通百姓，就像那山中的高山，像那水中的深渊，像那石中的美玉，像那柒中的朱丹。简文对仗工整，都是强调某一类事物（山、水、石、柒等集合名词）中的杰出、特异者（高山、深渊、美玉、朱丹）。

在《封许之命》篇中，整理者原释为"仓"之字，当改释为"寒"。简文"寒圭"当读为"裸圭"。整理者释为"玉环"的器物，当改释为"玉鬲"，读为"玉轭"，即有玉装饰的车轭。在车马器中，衡、轭、銮铃是位置和功用都密切相关的一组器物，故简文连称。

在《命训》篇中，将简文"夫民生而乐生穀"之"穀"训为"生"，"生穀"为同义连言，与下文的"死丧"为对文。整理者将"穀"训为"禄"的意见是不正确的。简文与今本"临"相应之字，原篆作鬳，整理者隶定为"霝"，据今本读为"临"。对于此字的构形，整理者没有做出解释，推测是将其分析为从似霝声。霝、临声纽虽均为来母，然韵部分属耕、侵二部，读音并不相近。而且将此字分析为从似霝声，构字理据亦不分明。课题组认为此字当分析为从雨临声，读为"临"。

---

① □为原器物处文字残损，无法辩识。

敦煌藏学学术史研究

青海师范大学叶拉太主持完成的国家社会科学基金项目"敦煌藏学学术史研究"（项目批准号为：14BZS058），最终成果为同名专著。课题组成员有：扎西才让、扎西当知、多杰仁青。

一　研究的目的及意义

敦煌藏学有着悠久而辉煌的学术史，保留了丰富的文献资料及学术著作遗产。在敦煌学研究领域中，敦煌藏学文献资料及学术论著无论在数量上和质量上，都排在其他敦煌民族学（民族史学）之前，仅次于敦煌汉语系学术研究。据研究，至少在唐末起，藏汉两族文人就能够用学术的眼光开始撰写藏学著作，后来经历代学者的努力，敦煌藏学得到充实与发展，尤其到 20 世纪初，敦煌藏学作为一门学科正式发展起来，相关学术成果相继问世，形成了具有鲜明特色的敦煌藏学学术体系，敦煌藏学也由此生成。

相对于敦煌汉语系学术研究而言，敦煌藏学学术研究没有得到应有的重视，更谈不上对其进行学术史基础性综合研究。因此，敦煌藏学学术史的研究对敦煌学学术史的整体研究、藏族学术史研究、藏族思想史研究以及中国传统学术研究来说，就显得极为重要，也是首先必须要做的工作。

目前对敦煌藏学学术史做研究的成果很少，国内外有极少数藏学家和敦煌学家涉及敦煌藏学学术史的相关研究领域，至于敦煌藏学学术史的直接研究成果，几乎为零。但相对来说，与敦煌藏学学术史相关的学术研究成果和敦煌古藏文文献的整理出版有较多成绩。国外的敦煌藏学研究始于20世纪初，至今方兴未艾，国内从20世纪80年代起，我国政府对敦煌藏文文献的发掘与整理出版亦予以充分尊重和重视，组织对敦煌藏文文献遗产进行抢救、整理、保护和研究。从那时起，相关科研出版单位及高等院校深入敦煌等地及国内各大寺院、国内外藏文文献收藏机构进行对敦煌藏文文献的调查、抢救、搜集和研究工作。通过相关人员的努力，出版了大量敦煌藏文文献方面的资料集和相关学术著作，发表了数量可观的敦煌藏学学术论文。这些已经被发掘出的、又各具特色的藏文文献及学术著作，反映了敦煌藏学学术的盛行以及其中隐含的学术价值，这对于揭示敦煌藏学学术源流有重要的意义。可以这么说，这些大型文献资料集成和相关学术成果的问世是研究敦煌藏学学术史的直接基础。同时也应看到，对这一特殊学科（敦煌藏学）的相关研究也显得失衡，大量的藏文文献仅仅是引起了学者们的注意，主要从吐蕃史的角度和佛教文献的角度进行学术研究，而对于学术史的研究和学术源流的梳理性研究，还没有正式开展。

国内外学者长期开展了敦煌藏学研究，这对展开敦煌藏学学术史研究打下了一定的基础，不过从学术史理论方法的角度去审视敦煌藏学研究，尤其是以"学术史"这类专题对敦煌藏学进行全面的梳理、分析和研究，从而对敦煌藏学学术史做系统分析、探索和总结的几乎为空白。鉴于此，本研究以"敦煌藏学学术"为主要研究对象，对其学术史进行全面梳理和评述，从而补充和完善敦煌学学术史研究，丰富敦煌学研究领域，促进敦煌学在新形势下的繁荣发展。

二　成果的主要内容

该成果以"敦煌藏学学术史"为主要研究内容，通过对历史上形成的敦煌藏学学术体系进行梳理分析和研究，以历史的线性发展为主要脉络，体现敦煌藏学学术的整体性、系统性与全面性。敦煌藏学是一个具有悠久历史的传统学科，保留了较丰厚的传统学术成果遗产，尤其从近代以来，经过百年的发展，"敦煌藏学"这一学科传统成为敦煌学、藏学研究中的重要研究领域，独具特色，形成新的体系和范畴。历史上有关敦煌藏学方面的学术成果汗牛充栋，不计其数。由此，课题组对这些学术遗产进行了理论梳理、归纳总结和分析源流，找出其内部的发展规律，并对重要学术创新和学术思想进行专门评述，总结经验。在具体研究过程中，努力体现学术史与思想史的统一和结合，突出学术史特色，用现代学术史研究理论和方法对敦煌藏学学术史进行比较系统的研究，归纳出一套比较完整的敦煌藏学学术史研究方法，同时对敦煌藏学学术成果的保护与运用等若干问题也进行了思考和回答。

该成果共分为七个内容进行叙述，具体如下。

绪论部分主要对与本项目内容直接相关的部分关键概念及学术问题进行梳理交代。首先，对敦煌这一特殊地理概念及文化重镇进行全面介绍和分析，尤其从吐蕃统治敦煌的历史事实对这一区域历史进程做重点考述。敦煌作为古代中西交通道上的重要枢纽，很早时期已经被各政权所争夺。8世纪50~90年代，吐蕃趁唐朝"安史之乱"，进占河陇二十余州，其中包括沙洲敦煌一带。吐蕃占领敦煌后，敦煌逐渐成为吐蕃第二大佛教文化重镇，大量佛经在敦煌地区被翻译成藏文，并出现大量官方文书和档案文献，古藏文文献由此形成。其次，对敦煌藏经洞关闭年代及原因进行分析考究。这一问题虽然有多数史学名家的考论和分析，作为古藏文文献的主要收藏地，敦煌藏经洞的关闭年代及原因当然也成为敦煌藏学的主要学术问题之一，需要重新认识和研究。据甘肃一带新发现古藏文文献的实际情况，敦煌及其河西陇佑一带出土的古藏文文献出现年代不一，抄经年代有所区别，这就导致了古藏文文献具体断代时间的不确定性。根据综合分析，当今所说"古藏文文献"应包括敦煌藏经洞关闭之后一段时间的藏文文书和石碑材料，应以藏族大译师仁钦桑布的藏文第三次厘定作为界限。这样，我们需从辩证的角度审视敦煌藏经洞关闭年代及原因和古藏文文献断代时间之关系。最后，探讨与敦煌藏文文献相关的吐蕃史学思想。吐蕃史学，只能从敦煌发现的古藏文历史文献着手，要从古藏文史学资料进行梳理和挖掘。对敦煌出土古藏文史料进行分析发现，吐蕃时期藏族史学基本是一种人文思想为主的人本主义史学观，并受到大唐等周边地区和民族的历史叙述方法之影响，有明确史学交流的证据，同时，有自身独具的史学评判标准和历史书写风格。

第一章，敦煌藏学学术源流。该成果主要对三个问题进行论述。第一是回答何谓"敦煌藏学"的问题。"敦煌藏学"作为专门的学术术语，有其特殊的所指含义和理论范畴，有它形成体系的研究对象、研究内容和理论方法。敦煌藏学是指以敦煌地区发现古藏文文献为主要研究对象，同时兼顾西域、青藏高原本土出土的其他古藏文文献及吐蕃史的相关理论研究，以藏学的视角，开展敦煌+藏学的学术研究传统。第二是与敦煌藏学有渊源关系的古代藏族史家之学术传统。自吐蕃时期以来，藏族史家中有关注吐蕃历史及文化的学术人物，有部分学者专门针对吐蕃时期遗留下来的古藏文材料进行专题研究。这些对敦煌藏学研究尤其对敦煌古藏文文献的研究来讲，是有传承的学术研究体系，有重要的参考价值和研究价值。第三是现代学术意义上的敦煌藏学学术之正式形成。敦煌藏文文献在 20 世纪初被发现后，大量文献分散收藏在国内外多家图书馆和研究机构，并开始了最初的整理性研究。对敦煌藏学文献的整理和研究，起初是在国外进行的。英国、法国及日本的藏学家对法国国家图书馆和英国国家图书馆收藏的敦煌等地古藏文文献进行分类、编目、翻译和解题等整理工作。在此时期，藏族学者更敦群培在印度参与了敦煌藏文文献的整理和研究工作，并与西方学者合作进行了初步研究，最终写出《白史》等影响海内外藏学界的不朽之作。由此判断，更敦群培研究敦煌古藏文文献是与西方学者同时进行的，并且从研究深度和整理角度讲，更敦群培应该是敦煌藏学之先驱，虽然在他之前有西方学者开始接触敦煌藏文文献，但具有学术意义的文献研究是从更敦群培那个年代才开始的。

第二章，敦煌古藏文文献的形成及其研究现状。该成果从五个部分对敦煌古藏文文献的形成及研究现状进行系统论述。第一，何谓"古藏文文献"？一般而言，古藏文文献是指敦煌一带发现的公元 12 世纪之前的藏文文献、西域麻扎塔克和米兰出土藏文文献、青藏高原本土发现的古藏文写卷、吐蕃时期各种碑刻材料及周边地区的古藏文材料，藏文"yig rnying"一词，即指此类藏文文献。第二，敦煌古藏文文献的基本情况。按照版本学的角度对古藏文文献进行分类，目前古藏文文献有 16 大类，有宗教、历史、政治、经济、军事、民俗等为内容的文献材料，分类之细、内容之多可直接与敦煌汉文文献媲美。第三，敦煌藏文文献的形成过程及抄写情况。敦煌等地发现的古藏文是经过吐蕃时期的创作和大量抄写而成，时间跨度经历了几个世纪，形成时间较为漫长且复杂，经过了两次大的藏文厘定过程。同时，敦煌等地藏文佛经文献的形成有其特殊的抄经制度，有专员进行监督和审查，参与民族有吐蕃人、唐人、回鹘人、突厥人等诸多民族，队伍庞大，制度严密。第四，藏文文献的种类及具体收藏状况。根据目前所能掌握的材料，古藏文文献有木简文献（464件）、石刻文献（26件）、钟铭文献（4件）和写本文献（国内大陆收藏13079件，台湾5件，国外8413件）四种，分别收藏在国内外大型图书馆和重要科研机构，其中法国、英国及国内甘肃省最为丰富。第五，敦煌古藏文写卷的研究现状。敦煌藏学学术传统自形成开始亦迅速发展，经过百年来的不断发展，现已形成体系化的学科体系，研究成果丰硕，研究方法多样，多语种研究模式也逐渐形成。

第三章，敦煌藏学学术传统和当前发展趋势。该成果分三节进行重点探讨。第一，敦煌藏学学术之研究传统的形成。敦煌藏学作为一门独立的学科，在学科发展过程中形成了以文献学方法为基础，历史学研究为核心，宗教学研究为主要发展趋势。这既是敦煌藏学学术的研究传统，也是敦煌藏学学术的基本发展脉络。第二，敦煌藏学学术之特点。对整个敦煌藏学学术体系进行分析发现，敦煌藏学具有相对独立的学科特点。从敦煌藏学的学科基本属性来讲，敦煌藏学具有文献整理为基础的特点、史学研究为中心的特点、多元学科为方法的特点等内在学科特点，而这些学科特点正好证明敦煌藏学是一门独具特色的具有民族学属性的中国史研究内容。第三，敦煌藏学学术的体系化发展及存在问题。自更敦群培大师对敦煌藏文文献进行科学研究以来，敦煌藏学领域不断出现新的思想和新的研究成果，而这些研究成果由藏文、中文和外文撰写，从而形成敦煌藏学的三大研究体系，即藏语系统敦煌藏学研究、汉语系统敦煌藏学研究和外语系统敦煌藏学研究，各具特色、相辅相成。由于出现三大研究体系，敦煌藏学研究向学科综合性方向发展，成为一种学科群，多语种方法综合运用，这实际上是有利于学科的健康发展的。不过，作为一门显学的敦煌藏学同时也存在一些技术性和理论层面的问题，如缺乏不同语系研究体系之间的交流与合作、多学科方法的有限运用及标志性成果不多等，而这些问题制约了敦煌藏学在新时代的渐进式发展，有待及时纠正和弥补。

第四章，敦煌藏学研究的学术发展史。该成果用四个部分评述敦煌藏学学术发展史。第一，更敦群培与他的敦煌藏学研究。更敦群培作为敦煌藏学研究尤其是作为藏语系统敦煌藏学研究的先驱，他的相关研究对敦煌藏学具有重要意义。更敦群培在印度期间，曾有机会接触发现于敦煌的藏文文献，并成为目睹这一珍贵历史文献的藏族第一人。因更敦群培长期关注吐蕃史及藏族古代历史文化，他即用这些材料进行学术研究，并尝试释读《吐蕃编年史》等一手资料，用现代藏语解读古藏文历史文献，最终写成《白史》等史学名著，开启敦煌藏学研究之门。第二，20世纪80年代之前的敦煌藏学研究。这一时期的敦煌藏学基本是一种整理性的研究，即对敦煌等地发现的古藏文文献进行系统整理和译介，各研究者把主要精力放在了整理编目及解题释读方面。实际上，这一时期的敦煌藏学可以说是国外敦煌藏学，参与者基本均为国外藏学家和敦煌学家，如伯希和、巴考、斯坦因、图齐、戴密薇、拉露、石泰安、麦克唐纳夫人、今枝由郎、布伦多等。因处于前期阶段，此时期国外敦煌藏学的研究是以文献整理和翻译为基础，吐蕃史研究为切入点。第三，20世纪80年代至20世纪末的敦煌藏学研究。此阶段的敦煌藏学可分为国外敦煌藏学研究和国内敦煌藏学研究，国内敦煌藏学初次步入正途。以国外敦煌藏学为例，山口瑞凤、今枝由郎、乌瑞、石泰安、武内绍人、白桂思等名家撰写大量学术论著，对敦煌藏学奠定了厚重的基础，影响至今的部分敦煌藏学研究巨著也形成于此时。在国内，以王尧和陈践先生为主，掀起了一股敦煌藏学热。这一学术热潮实则形成于东噶活佛，东噶活佛在中央民族大学开设古藏文课程，并指导王尧等人从事敦煌藏学研究，取得瞩目成绩。除王尧和陈践外，此时的主要学者还有陈庆英、端智嘉、高瑞、恰白先生、恰噶·旦正等，有了他们的相关研究，国内敦煌藏学研究逐渐形成气候，各大民族院校藏语文专业也相继开设敦煌古藏文课程，培养了一批学生。第四，21世纪以来的敦煌藏学。卡岗·扎西才让于2003年主编出版《古藏文文献研究论文集》，对之前20年来的藏语系统敦煌藏学研究做了一个系统的总结，对20世纪藏语系统敦煌藏学画上了圆满的句号。此后，敦煌藏学就进入了21世纪研究阶段，敦煌藏学也迎来了新的春天，可以用百花齐放、百家争鸣来形容这一时期的国内敦煌藏学研究。该成果主要对扎西才让、杨铭、林冠群等著名敦煌藏学专家的相关研究进行系统介绍，肯定他们对敦煌藏学的学术贡献。另外，此阶段问世的新成果较多，创新内容也较为丰富，尤其是年青一代学人的大量参与，使得国内敦煌藏学研究出现欣欣向荣的局面，注入新的活力，从而开创了敦煌藏学新时代的到来。

第五章，敦煌藏学学术体系。该成果从两个部分对敦煌藏学学术体系进行理论分析。首先，对敦煌藏学学术体系之内容架构进行系统梳理。按照敦煌藏学之主体架构，敦煌藏学有敦煌藏学历史学、敦煌藏学考古学、敦煌藏学民族学、敦煌藏学宗教学、敦煌藏学艺术学、敦煌藏学民俗学、敦煌藏学语言学、敦煌藏学文学、敦煌藏学文献学、敦煌藏学科学技术、敦煌藏学文物保护科学、敦煌藏学学科理论等十二大门类。其次，对敦煌藏学研究的几大主要学科领域进行介绍评述。这一节主要对敦煌藏学的文献学研究、历史学研究、考古学研究、民族学研究、宗教学研究、艺术学研究、语言学研究、文学研究等领域所取得的重要学术成果进行分类叙述和评价，从中可知哪些学者的哪些成果在哪些领域独树一帜，成为标志性成果。从整个敦煌藏学学科体系的发展来看，敦煌藏学的某些学科领域比较薄弱，无法出现标杆型成果，其研究规模、质量均不如人意，有待建设培养。

第六章，敦煌藏学与敦煌学之关系。成果由两个部分组成。第一，敦煌学与敦煌藏学。所谓敦煌学，主要是指以敦煌遗书、敦煌石窟艺术、敦煌学理论为主，兼及敦煌史地为研究对象的一门学科。涉及敦煌学理论、敦煌学史、敦煌史事、敦煌语言文字、敦煌俗文学、敦煌蒙书、敦煌石窟艺术、敦煌与中西交通、敦煌壁画与乐舞、敦煌天文历法等诸多方面。是研究、发掘、整理和保护敦煌地区文物、文献的综合性学科。敦煌藏学，亦指以敦煌、西域及青藏高原本土发掘的古藏文文献为中心，对吐蕃及其前后时期藏族及周边民族历史文化进行综合研究，采用多学科方法进行吐蕃史地及古藏文写本全方位研究的学科。第二，敦煌学与敦煌藏学之关系。敦煌藏学作为专门研究敦煌学学科中的藏学部分，它在学科上应属于敦煌学之分支。敦煌学是一门多学科并举的大的学科群，其中不仅包含敦煌藏学，同时包含了敦煌突厥学、敦煌回鹘学等其他学科内容。有因此，敦煌藏学的发展关乎敦煌学的发展，敦煌学的发展同样依赖敦煌藏学的进一步建设和挖掘。要对敦煌学学术发展史进行全面系统梳理和研究，就需要各方面的努力和不同领域的开拓，其中当然包括敦煌藏学学术史的相关研究和理论贡献。

该成果以"敦煌藏学学术史"为主要研究内容，通过对百年来形成的敦煌藏学学术体系进行梳理分析和研究，以历史的线性发展为主要脉络，体现敦煌藏学学术的整体性、系统性与全面性。

根据对敦煌藏学学术史的系统研究，得出以下结论，而这些结论又是本成果对该领域所做的主要学术建树。（1）敦煌藏学学术体系有明确而独特的研究范畴及研究目的、理论框架、学术源流；（2）至目前，敦煌藏学已基本形成较完整的学科体系及理论方法体系；（3）敦煌藏学学术研究历史悠久，成果丰富，敦煌藏学的许多创新性研究和理论观点对充实敦煌学学术体系有重要的现实意义和理论价值；（4）敦煌藏学学术史是以敦煌古藏文文献、敦煌吐蕃史研究为主要内容的学术史，同时也是敦煌学的分支学科发展史；（5）敦煌藏学学术史与敦煌藏学这门学科本身的发展史既有联系又有区别：一方面，敦煌藏学学术史与该学科本身的发生、发展同时并进；而另一方面，从学术史角度分析，敦煌藏学学术史是属于敦煌古藏文文献及其相关研究领域的内在学术思想的发展过程。

同时，成果也全面梳理了敦煌藏学学术研究的各个环节，通过文献回顾，探讨敦煌藏学的学术基础及研究历程，尤其注重敦煌藏学的学术源流。另外，利用纵横向并重的研究方法，把社会文化思潮对学术研究理念的影响等纳入研究视野。注重历史地、客观地认识敦煌藏学学术问题，并运用逻辑的发展的观点来发掘其学术发展规律，注重藏学与敦煌学或史学的理论方法的互补性研究，历史地对待敦煌藏学学术的发展历程。具体讲，一是对敦煌藏学文献类、史志书目类等"前"研究著作进行撰写体例和研究方法上的总结；二是对百多年来敦煌藏学学术史研究类论著的理论贡献、研究理念与研究方法进行梳理总结；三是在此基础上，从多角度对已有学术成果进行简要评骘，把百多年来敦煌藏学学术史进行分类总结，对某些研究类论著的理论方法进行简要分析。

研究方法上，采取学术的纵向与横向研究方法，并以文献资料的调查追踪为重，注重敦煌学研究的整个学术发展过程，在国内外学者的研究基础上，充分运用学术史研究方法及文献学、史料学等多学科综合研究手段，灵活运用调查研究方法、分析方法、比较研究和个案研究方法对敦煌藏学学术发展史进行一次较为全面、系统、客观、深入的梳理概括研究。

三　成果的主要价值

该成果是对敦煌藏学学术史所做的理论性研究著作，本身具有较大学术价值和应用价值，对整个敦煌藏学及古藏文文献的研究和教学工作均会起到推动作用，直接产生社会效益。

（1）通过对敦煌藏学学术进行梳理和概括研究，系统地罗列和评述了敦煌藏学学术的历史发展线索，从而了解敦煌藏学的学术思想，找到敦煌藏学学术体系的基本框架，进而深入认识和了解敦煌藏学研究者在对待学术研究时所显示的理论观念和智慧。这对深化我国敦煌学学术史及民族学术史基础理论研究有着重要的理论意义。

（2）敦煌藏学学术研究遗产，大多散见于由文字记载下来的文献资料里。其中有古藏文文献，也有后弘期的古籍文献及汉文古籍文献和其他古代民族古籍文献，还有大量的近代以来留存下来的敦煌藏学各类研究成果；有较为系统、完整的学术论著，也有零散的学术史资料。本研究对这些丰富的学术成果遗产进行了综合发掘和梳理研究，在整体上努力解释敦煌藏学学术史的本来面目，这对弄清历史上汉藏学术的交流与相互影响具有重要意义。

（3）直到目前，对于敦煌藏学学术的研究主要依靠着已出版或发表的单一文字资料，如只顾藏文类敦煌藏学研究成果或汉文类敦煌藏学研究成果，故对敦煌藏学学术研究的叙述是不全面的。该成果通过对藏汉英三种不同语系的学术研究系统，从学术史角度做多角度、多方位、互补性研究，重构敦煌藏学学术史体系的历史发展脉络，改写一些已有的学术定论。这一做法对我国敦煌学学术研究、藏族学术发展史研究乃至中国传统学术研究都具有重要的现实意义。

（4）更为重要的是，目前仍有大量富有敦煌藏学学术思想内容的藏文学术著作及外文学术成果待整理和系统梳理，近年来一些标志性敦煌藏学研究成果也相继问世，这要求我们对敦煌藏学学术史的研究进行重新审视和理论阐释。本研究从这一需求出发，对敦煌藏学尤其是近期主要的学术成果按时间排序进行学术史梳理，撰写出一本较为全面的敦煌藏学学术发展史。

（5）该成果在实施过程中产出的主要阶段性论著，对敦煌藏学以及敦煌学的发展具有较大学术价值和理论创新，如《古藏文文献学导论》，不仅是本成果理论创新的标志性成果，同时也是敦煌藏学研究领域重要的理论创新，并先后被西北民族学、青海民族大学、青海师范大学等高校确定为藏族历史文献学专业硕士研究生招生考试参考书。其他发表的阶段性学术论文，也是从不同角度和不同层面论述有关敦煌藏学，被藏学界所应用和推广。

中国城市通史

四川大学何一民主持完成的国家社会科学基金项目"中国城市通史编纂"（项目批准号为：12AZD083），最终成果为专著《中国城市通史》。课题组成员有：冯剑、王立华、高中伟、冯兵、黄沛骊、赵淑亮、吴朝彦、韩英、陆雨思、何永之、念新红、王伟、王超、黄灵、田玥、王肇磊。

一 研究的目的和意义

编纂多卷本《中国城市通史》，具有重要意义。

1. 对于深入认识中华文明的特质有着重要意义

城市是文明的要素之一和主要载体，历史上的重大变革和进步几乎都是发生在城市之中，重要的历史人物也大多在城市中活动，重大的发明创造也多数是在城市中进行，因而研究中国城市史对于研究中华文明的起源和发展，可以起到引领和推动的作用。城市史研究的一个重要任务，就是以文明发展为线索，勾勒出城市萌生、发展与演进的历史进程，并揭示出这一历史进程及人类社会架构作为一个整体的运动与变迁的规律性和阶段性。

2. 对于推动历史学研究的开拓和创新将起到促进作用

城市是中国社会、经济、文化发展的重要空间载体与结构组群，城市在社会经济发展中具有重要地位和作用，因而研究中国城市的发展变迁对于我们全面、深入地了解和把握中国历史发展的脉搏具有至关重要的作用，是中国历史研究不可分割的重要内容。《中国城市通史》编纂，有助于更为全面真实地反映中国历史的发展、演变。《中国城市通史》将成为记述和反映中国几千年历史各方面的"历史知识总汇"，能够提供一个新的视角让人们进一步深入了解中国社会变迁与发展历程，进而促进历史学研究的领域的创新和开拓。

3. 有助于揭示中国城市发展的特征和规律，对于当代中国城市化发展有着重要的借鉴和指导意义

多卷本《中国城市通史》编纂，将加强对中国城市历史系统的研究，从而有助于揭示中国城市发展的特征、规律，对于我们今天认识和推动城市现代化和城市化进程有着重要的借鉴意义，可以为当代城市发展提供战略思路、深层次的文化内涵和坚实的发展基础，起到启迪思想、激发灵感、挖掘和利用潜在文化力的作用。

4. 有助于推动学科建设

中国城市史作为中国历史学的一个分支，近年来显示出强劲的学术生命力，受到广泛关注。《中国城市通史》编纂将充分吸取学术界目前有关城市史研究的资料和相关成果，通过不同学科的对话和不同研究方法的运用，对城市发展规律和重大理论进行了深入探讨、提炼和升华，再现了中国城市的发展轨迹，探寻了中国城市发展的各种规律，凸显了中国城市发展的特色，展现了中国城市文明的亮点，最终成果的问世，将会对中国城市史研究起到重要推动作用。

二　成果的主要内容

该成果以广阔的视野，将中国城市的发展放在历史长河中加以长时段的考察，以此观察其发展变迁的特点与规律，并在前人研究的基础上，对中国不同历史时段的城市发展变迁进行了系统研究。最终成果除一个简略的绪论外，共分为七卷，约 270 余万字。

绪论主要简述了该成果的缘起和研究的意义，并对编纂《中国城市通史》的基本思路进行了概述。

主体研究共七卷。该成果认为，编纂《中国城市通史》应在历史唯物史观的指导下，秉承中国修史传统精神，力求按照"搜采欲博，考评欲精，职任欲分，义例欲一，秉笔欲直，持论欲平"等原则来编纂《中国城市通史》。《中国城市通史》首重在"通"，一是"纵通"，即对历时态全过程的

贯通，系统梳理中国城市发展的脉络和特点，展现历史进程与逻辑联系的一致性、连续性，同时也呈现不同阶段的曲折与特点，分析在不同时期城市的兴衰流变，探究发展经验与内在规律。二是"横通"，即对共时态城市各要素的互通，注意区域与城市之间、城市与城市之间的相互联系，城市内部结构和各要素的相互联系；以时间为经，以专题为纬，纵横补充，立体成像。三是"会通"，即《中国城市通史》编纂要有广阔的视野，对城市要素和相关学科要加以综合，实现各学科和研究对象的融会贯通。城市是一个综合有机体，城市的各要素涉及多种学科的理论与方法，因而不能停留在对中国城市发展史的表面认识，而是要通过多学科的综合研究，触类旁通、探颐索隐，将《中国城市通史》的编纂上升到对规律抽绎解读，探寻中国城市发展的各种规律，再现中国城市发展的轨迹，突现中国城市发展的特色，展现中国城市文明的亮点。

在对"三通"有了明确认识的基础上，基于对中国城市史历史基本脉络及总体特点的考虑，《中国城市通史》编纂主体部分按照中国城市发展进程划分为七个时期，每一时期编纂一卷，一共七卷。

第一卷——先秦卷，共五章。第一章首先探讨了城市和文明的起源与形成理论，其次在相关理论的指导下对中国早期城市的起源与形成进行了系统的研究，分别就史前城市的兴起，夏、商、周时期城市的发展与空间分布等进行了梳理和概述；第二章分别从春秋战国时期社会转型与城市的发展，春秋战国时期黄河、长江、燕辽、西藏、蒙古等不同区域城市发展等方面进行了研究；第三章对先秦时期城市选址和城市形态变迁进行了研究；第四章从手工业、商业和农牧业等多方面入手，探讨了先秦时期城市经济的发展与城市的变迁；第五章则从城市社会结构、城市社会管理、城市文化的发展变迁等方面对先秦时期城市社会与文化进行了研究。

第二卷——秦汉魏晋南北朝卷，共六章。第一章分别对秦、汉、魏晋南北朝等不同历史时段的城市发展变迁进行了考察；第二章分五个历史时段对秦汉魏晋南北朝不同时期城市体系的变迁进行了研究；第三章也是分五个历史时段对秦汉魏晋南北朝不同时期城市空间分布的变迁进行了研究；第四章按历史时段对秦汉魏晋南北朝时期城市社会与人口的变化进行了研究；第五章分别对秦汉魏晋南北朝不同历史时期的城市管理变迁进行了研究；第六章分别就秦汉魏晋南北朝时期的城市教育变迁进行了研究。

第三卷——隋唐五代卷，共六章，第一章从隋朝建立与城市发展、唐朝城市的恢复与兴盛，以及五代时期城市的兴衰等方面研究了隋唐五代城市的发展变迁；第二章分别就隋唐及五代城市体系、空间结构与形态演变进行了历时态的研究；第三章对大运河与运河城市的兴起进行了研究，并对唐代多个重要城市工商业的发展进行了分析和论述；第四章主要研究了隋唐五代时期城市人口、社会等级、社会结构的变迁，以及民族融合与城市的发展；第五章则对隋唐城市社会生活的变迁进行了分类研究；第六章从中外文化的交流与民族融合，科举制与城市教育文化的兴盛及文化教育与城市发展等方面进行了研究。

第四卷——宋辽金夏卷，共四篇二十三章。第一篇宋代城市的发展变迁，下分五章，第一章从北宋、南宋的建立对城市的影响，开封、临安两大都城的繁荣，以及港口城市的兴起和工商业市镇的发展等方面考察了宋代城市的曲折发展历程；第二章考察了宋代地方行政建制与城市体系的变化；第三章从农业、手工业、商业和市镇经济等方面研究了宋代城市经济发展变迁；第四章主要研究城市管理制度和城市社会管理的变迁；第五章从人口与阶级构成、城市居民的物质生活和文化生活等方面研究了宋代城市社会生活的演变。第二篇辽朝城市发展与社会变迁，共有五章，第一章主要从辽朝的自然地理环境和人文环境等视角研究了辽朝城市的兴起与发展，并重点研究了辽朝五京都城的发展；第二章分别对辽朝城市数量规模和空间分布的演变进行了研究；第三章从户籍与赋税、城市治安、社会救助、消防与公共卫生等方面对辽朝城市行政管理进行了研究；第四章从手工业、商业和市场体系等方面研究了辽朝城市经济的发展；第五章分别就辽朝城市人口变化与分布，城市居民的民族构成、阶级构成以及物质和文化生活变迁等方面进行了研究。第三篇西夏城市发展与社会变迁，共有七章。第一章研究了西夏自然人文环境与城市的发展；第二章从行政体系、城市数量和变化、都城的建立以及重要城市的发展等方面研究了西夏城市的发展；第三章分别对西夏城市空间分布和规划建设进行了研究；第四章从户籍管理、赋役管理、卫生与治安管理等方面研究了西夏城市的市政管理；第五章从手工业和商业贸易等方面对西夏经济贸易与城市发展进行了研究；第六章对城市人口构成与社会演变进行了研究；第七章分别从西夏城市居民的物质生活和精神文化两个方面研究了西夏城市社会生活变迁。第四篇金国城市与社会变迁，共有六章。第一章主要就自然地理环境、人文环境与城市的兴起发展进行了研究；第二章从战争对城市的破坏、战后对城市的重建等方面研究了金国城市的兴衰变迁；第三章对金国城市数量、规模与结构的变化进行了研究；第四章从城市户籍和赋役管理、城市消防与卫生等方面对金国城市行政与市政管理进行了研究；第五章从手工业、商业和市场结构体系研究了金国城市经济与城市发展；第六章从城市人口民族构成、阶级构成和城市居民物质生活与文化生活等方面研究了金国城市人口与社会生活的变迁。

第五卷——元明卷，分为两篇十章。上篇元代城市的发展变迁，共有五章，第一章主要从自然人文环境与蒙古城市的兴起进行了研究；第二章分别从战争对城市的破坏、不同区域城市的重建以及重要城市的发展来论述了元代城市的曲折发展；第三章分别对元代城市体系、数量和空间的变化进行了系统研究；第四章从手工业、商业和农业等方面对元代城市经济的发展进行了研究；第五章从元代城市居民的民族构成、阶级构成以及物质生活、精神文化生活的发展研究了元代城市社会的变迁。下篇为明代城市的发展变迁，共有五章。第一章从明代前期城市的恢复、中期的城市发展、晚期城市的衰落分析了明代城市周期性发展与影响因素；第二章从明代行政体系重建与建制城市体系的构建、明代建制城市的规模与特征等方面分析了明代行政体系与建制城市的发展变化；第三章主要研究了明代军事制度与军事城市的建立与发展，军事城市的数量与分布，军事城市职能的发展变化；第四章从手工业和商业贸易方面分析了明代城市经济与城市发展；第五章则对军事城市和商业城市等明代不同类型城市的发展进行了研究。

第六卷——清时期卷，共分为六章。第一章从战争对城市的破坏，清王朝对城市的基础设施、经济和文化的重建等方面研究了清代中前期的曲折发展；第二章通过对地方志等大量资料的整理与研究，分析了清代城市数量和规模的变化；第三章重点对清代城市形态的变化分不同类型城市进行了研究；第四章对清代内地十八行省城市的分布进行了深入的分析；第五章对清代东北地区、蒙古地区、新疆地区和西藏地区等内陆边疆地区城市的分布和发展进行了研究；第六章对黄河、长江、珠江及其他大江大河流域城市的空间分布与变迁进行了研究。

第七卷——民国时期卷，共分为五章，第一章不仅研究了民国时期城市发展变迁，而且还对民国时期城市等级规模结构的演变、区域城市的发展与城市体系进行了研究；第二章城市管理体制的现代变迁，分别研究了现代市政管理体制的确立和城市行政民主化与法制化的发展；第三章城市人口构成与社会结构的演变，重点研究了民国时期城市人口数量与构成的演变，与社会结构的演变；第四章城市社会生活的变迁与发展，重点研究了城市居民生活观念的变化、城市居民生活方式和劳动生活方式的变化；第五章城市婚姻与家庭的变迁，重点研究了民国时期婚姻家庭观念的变迁、城市居民的婚姻和家庭的变迁。

三　成果的主要价值

中国城市史作为中国历史学的一个分支，近年来显示出强劲的学术生命力，受到广泛关注。《中国城市通史》编纂在充分吸取学术界目前有关城市史研究的资料和相关论著的基础上，对城市发展规律和重大理论进行了探讨、提炼和升华，进而形成了《中国城市通史》最终成果。该成果的出版将对中国城市史学科的形成起到重要的推动作用，推进中国城市史研究。

（1）《中国城市通史》编纂在城市史理论和方法方面进行了拓展与创新。长期以来，由于对中国城市通史理论与方法研究的缺失，因此对城市产生、形成、发展、演变，城市的功能和结构，城市的发展动力，城市衰落的原因，城市的基本规律，城市的特点等还缺乏深刻认识，很多研究领域还处于空白状态。《中国城市通史》对相关的理论问题结合中国城市历史的演变进行了较为深入的研究，从而使读者对中国城市历史有更加全面、系统、立体的认识，进而开拓了新的研究领域，提供新的研究平台，推动具有中国特色的城市史研究理论体系的构建。

（2）《中国城市通史》编纂以城市文明的演变作为主线，以历史变迁为经，以城市结构为纬，按照城市发展历史时段分卷编纂，每一历史时段都包括城市物质文明、精神文明和制度文明的变迁，内容涉及城市政治、经济、军事、自然、社会、文化、教育、建筑、交通、金融等各个方面。

（3）该成果在充分吸取学界已有研究成果基础上，对中国城市历史发展变迁进行了长时段研究，将中国城市的发展变迁做了全景式的展现。《中国城市通史》编纂最终成果从时间与空间两个维度对中国城市的发展变迁加以考察，系统梳理了从史前时期至新中国成立的数千年间中国城市从孕育到生长的发展变迁过程，将其发展分为七大阶段，深入系统地对每一历史阶段的城市发展演变进行了研究，特别是重点探讨了每一阶段城市发展与演进的内在规律和阶段性特点，揭示了城市各个历史发展阶段的转折意义及其兴衰演变的动因；综合研究了城市发展变迁的各个方面，包括城市形态、城市文化、城市人口、城市结构、城市经济、城市管理、城市问题、城市生活、城市体系、城乡关系等；揭示了中国城市的本质及其历史特点，阐释了中国城市的历史地位和贡献。本课题最终成果是迄今为止最完备的一部中国城市史专著，总字数达到近270万字，比以往出版的相关著作体量大3倍多。

（4）《中国城市通史》编纂高度重视多民族地区城市史研究，将内陆边疆地区城市纳入中华文明整体史体系中。长期以来，对中国城市历史的研究较多地集中在以汉族为主的农耕文明地区，而对东北、北部、西北和青藏高原等内陆边疆城市发展史较少关注。因此，本课题较前人有一个重要的创新，就是在中华民族命运共同体理论指导下，强调中国整体观，不仅重视对汉文化地区城市史的研究，而且也强化了对不同时期民族地区城市史的研究，如先秦卷、魏晋南北朝时期卷、辽宋夏金卷、元明卷、清代卷等都设置了专章或专篇强化了对民族地区、边疆地区城市发展的研究，尤其是对与宋朝并立的辽、夏、金三国城市史设置专篇进行研究，多达30万字，改变了过去对辽、夏、金城市史研究薄弱的状态。另外，在《中国城市通史》各卷中还分别设置了章节对西藏、新疆、内蒙古、西南、东北等边疆地区城市发展进行研究，这些地区的城市在过去中国城市史相关著作中都较少论及，因而《中国城市通史》突破了以往有关城市史研究中狭义的地区界限，具有很强的开拓性，有助于人们对中华城市文明的发展演变全貌有更深入的认识，尤其是有关古代边疆城市的研究。通过分区域的研究，全景式地展示了数千年来中国城市的发展轨迹、发展特点，并对其发展规律也进行了初步的分析。

（5）该成果将中国城市史研究视野延伸到城市内部，从整体和局部等多层面探讨了数千年间中国城市的体系、规模、职能、空间分布等，探讨了数千年间中国城市在不同历史时期独具特色的经济状况、社会结构、文化教育等多种微观层面的问题，从而初步达到对不同时期中国城市研究的目的。

（6）该成果对不同历史阶段城市发展的动力机制和制约因素也进行了论述，梳理了从先秦至民国不同历史时期城市发展动力转变的脉络和制约因素的变化。中华文明是世界上最悠久的文明之一，也是所有古老文明中唯一不曾中断的文明，其原因是多方面的，作为文明载体的城市持续发展则是原因之一。不同历史时期城市发展的动力机制各有偏重，总的说来，政治因素对城市的作用十分巨大，这与中世纪欧洲经历了"城市荒漠"之后，商业城市再崛起、商业在城市发展过程中起着重要作用不同，中国在宋代也出现了"商业革命"和城市空间的巨大变革，但中国的城市却从来没有出现过自治的现象，商人也从未形成自治团体。王权和政治对城市发展的作用，在中、西方出现了巨大的区别。该成果立足于中国国情，总结出了政治中心城市优先发展等中国城市发展的规律。

21世纪以来，中国已经进入"城市化"时代，占总人口一半以上的人口已经居住在城市之中，城市在国家和地区的发展的战略地位和作用越来越重要，因而加强中国城市史研究不仅具有重要学术意义，而且还有重要的现实意义。中国特殊的国情决定了中国新型城镇化必须走一条适合中国国情的发展道路，因而需要从历史的角度对中国城市发展历程进行系统深入的研究，充分认识中国的特殊国情，寻找一条适合中国国情的城市发展道路，也才能在中华民族伟大复兴的进程中，将中国城市建设成为可持续发展的现代化生态城市。

六十年来台湾的社会思潮与
人文学术研究（1950~2010）

华东师范大学王东主持完成的国家社会科学基金项目"六十年来台湾的社会思潮与人文学术研究（1950~2010）"（项目批准号为：14BZS125），最终成果为同名专著。课题组成员有：胡逢祥、李天星。

一　研究的目的和意义

台湾与中国大陆本为一体，自明清以来，其社会与文化的发展，与中国大陆具有高度的同质性。1949年以后，受台海两岸分裂分治以及国际冷战格局的双重影响，遂使其社会思潮的展开与人文学术的发展开始呈现出与中国大陆不尽相同的态势和特点。六十年来台湾的社会思潮是如何展开的？不同的社会思潮如何相互激荡而又此消彼长？社会思潮的起伏与台湾岛内政治、经济和社会的变迁及其社会大众的思想现状具有怎样的内在关联？两岸分裂分治与国际冷战格局又是如何具体而微地影响到台湾六十年来的思潮起落？全面而又系统地梳理与探讨上述一系列问题，对于准确地把握六十年来台湾社会与思想文化的整体发展，进而对于理解当下台湾社会思潮的脉动及其未来的可能走向，都具有极其重要的意义。

再就人文学术发展的层面而言，这六十年来台湾社会思潮的演进，对其人文学术的发展，也产生了至关重要的影响，使得其人文学术的整体发展与社会思潮的演进起伏适相呼应。从这个意义上来看，要厘清台湾这六十年来人文学术的发展过程，梳理其在不同阶段的特点，探讨其演变发展的内在逻辑，总结其长短得失，都有必要将其放置于台湾社会思潮的整体演进这一大背景之下才有可能。最近 30 年来，两岸的人文学术交流日新月异。台湾人文学术界的一些理论、方法甚至话语体系，都开始越来越明显地影响到中国大陆的人文学术发展。因此，从六十年来台湾社会思潮起落与演变的角度，来梳理其人文学术的发展脉络，剖析其长短得失，不仅有助于更加清晰地认识台湾社会文化的演变及其特点，而且对于当下和今后我国人文学术的整体建设也有着相当切实的借鉴意义。

二 成果的主要内容

正是基于以上的问题意识，该成果预设了一主一辅两方面的研究内容。所谓的"主"，就是六十年来台湾社会思潮的演进，而所谓"辅"，便是这期间台湾人文学术的发展与演变。在具体的研究策略上，课题致力于把六十年来台湾的社会思潮与人文学术团成一体，力图从社会思潮与人文学术共生互动的角度，一方面梳理六十年来台湾不同社会思潮的兴衰起落及其整体演进，另一方面就不同社会思潮影响下的台湾人文学术发展路径、范式特征、问题意识、理论方法等，进行概括与分析。正因为如此，本研究既不同于一般意义上的思想史梳理，也不同于传统的学术史分析。它立足于社会思潮与人文学术的交相互动，从社会思潮对人文学术的深层次影响以及人文学术推动、作用于社会思潮之视角，来展开其关联性及其内在机制的分析与研究。

该成果共 7 章，分别就"光复"初期的"去日本化"和"再中国化"思潮，20 世纪 50~60 年代的文化保守主义思潮、自由主义思潮、科学实证思潮，70 年代的文化"回归"思潮，80 年代的社会科学"中国化"思潮，90 年代以降的"本土化"思潮等，进行系统的梳理与分析，并着重探讨不同社会思潮对人文学术发展理念、建设路径及其理论范式的影响。

这里需要指出的是，该成果对上述研究内容的选择，主要是基于以下三个方面的考虑：首先，所选择的社会思潮，都是六十年来在台湾影响较大、涉及范围较广，尤其是对于人文学术发展和社会大众的观念意识产生深刻影响的一些思想理论和观念意识。至于那些虽盛行一时但却并未产生实质性影响的思想理论或观念意识，在具体的研究过程中虽有所涉及，但却不作为讨论的重点。其次，各重大思潮的兴替与起伏，大体上构成了六十年来台湾思想文化的整体样貌。故而，对上述各重大社会思潮的梳理与研究，既可以呈现出不同历史时期台湾社会文化的阶段性特征，又可以借以揭示六十年来台湾社会思想演进的整体样态。最后，对于另外一些重大的社会文化思潮，诸如新儒学思潮等，由于既有的研究成果已十分丰富，该成果将不展开详细的讨论。

该成果在重视一般意义上的思想史梳理之外，更注重思想与学术交相互动层面的考察和探究。在具体的研究过程中，课题组力图避开通行的做法，既不采用既有的学术史撰述模式，进行类似于学科发展史式的梳理，也不作全程的、巨细无遗的分析，而是将六十年来台湾的文化教育、哲学、史学和文学等关涉人文学术建设的方方面面统合起来，作一贯通式的、整体性的研究，其重点是要梳理与分析其人文学术发展的整体态势、基本理念、建设路径、理论范式以及与相应社会思潮之间的逻辑联系及其内在机制，从而在学术与政治、学术与社会、学术与思想、学术群落与社会网络、学术社群与芸芸大众之间，建立起有机的链接，力图从整体上来探究与揭示六十年来台湾人文学术的发展与其政治变迁、社会演进、制度嬗变、思想脉动之间盘根错节的关系。

为了实现以上的研究目标，该成果首先将六十年来台湾重大社会思潮的兴起、发展与演变，放置于台湾政治变迁的基本脉络之下，通过对六十年来台湾重大政治变迁的系统梳理与分析，来探究相关社会思潮兴起的现实政治背景、重要思想范畴所蕴含的现实关怀、思想潮流的价值指向，揭示不同思潮的兴替与政治变迁之间的种种内在关联。与此同时，还从社会思潮对政治变迁的影响这个维度，仔细分析重大社会思潮所提供的思想资源和解决路径对现实政治所产生的深刻影响。通过对政治变迁与社会思潮之间双向互动关系的系统梳理与分析，揭示六十年来台湾重大社会思潮生成、发展与演变的基本轨迹，剖析不同社会思潮之间相互碰撞、此消彼长的现实政治根源，从而把社会思潮的起落、思想理论和观念意识的斑驳陆离，与现实的政治变迁紧扣在一起，把思想史与政治史打成一片。既透过政治变迁的背景分析，来理解和把握不同时期的思想脉动；又通过思想嬗变的棱镜，来观察和透视政治变迁。

该成果还把六十年来台湾重大社会思潮和兴起、发展与演变，放置于台湾社会变迁的历史情境与基本脉络之下，透过六十年来台湾社会变迁的系统梳理与分析，来探究相关社会思潮兴起的社会背景、重要思想范畴所蕴含的现实关怀、思想理论与观念意识的价值指向及其与社会大众价值观念的具体链接等。与此同时，还从社会思潮对现实社会变迁的深层影响这个维度，分析重大社会思潮在思想资源、价值导向等方面，对现实社会的种种塑造以及对社会变迁所产生的影响。通过对社会变迁与社会思潮之间双向互动关系的系统梳理与分析，一方面揭示六十年来台湾重大社会思潮兴起、发展与演进的具体社会历史情境，另一方面探究重大社会思潮在思想、理论、价值观念和具体实践路径等方面对社会变迁所产生的深刻影响。

在社会变迁与社会思潮的交相互动方面，该成果较为深入地探究了台湾由传统农业社会向现代工业社会转型过程中社会价值观念的多元化及其对相关社会思潮的影响，有重点地考察了普通社会大众的日常思想状况和价值观念与重大社会思潮之间的内在联系，从而把社会大众的思想、观念、意识与社会精英的思想结合起来，较为完整和全面地呈现出台湾六十年来社会思潮的兴替起伏及其在不同社会历史情境下的思想纵深。

正是由于该成果把六十年来台湾社会思潮的演进与人文学术的发展团成一体，并通过梳理台湾的政治与社会变迁来系统地考察、分析台湾现代重大社会思潮的衍生流变及其与台湾现代人文学术发展之间的内在关联，一方面揭示重大社会思潮与特定政治、社会和制度之间的深层联系，另一方面彰显社会思潮与人文学术之间的共生互动。这种整体性和贯通性的研究，突破了传统思想史和学术史研究把思想与学术分成两橛的框架与格局，把一个时代的思想与学术打成一片，既能够观察思想衍生、流变与转型的社会历史机制，又能够从整体上厘清特定政治、社会与制度背景下社会思潮与人文学术之间的共生互动关系。这样的研究思路和具体的研究路径，对现有的思想史和学术史研究，将具有重要的方法论示范意义。

该成果在梳理六十年来台湾社会思潮兴替起伏与人文学术发展流变时，既侧重对若干重大社会思潮与重要人文学术成果的个案分析与研究，又注重对台湾社会思潮的整体发展脉络、不同社会思潮的渊源流变以及相互间的激荡与碰撞、不同学术流派的治学理念、研究取径与方法做全面考察与整体分析。透过这种点面配合、个案分析与整体观察相辅相成、思想演化与学术发展的过程性描述与特定时间切面思想与学术沿纵深展开的深层次剖析相得益彰的研究，一方面能够呈现出六十年来台湾社会思潮演进与人文学术发展的整体面貌及其变动轨迹，另一方面又能揭示其社会思潮演进与人文发展在不同阶段的特点及其相互联系。其相关结论，无论是对于我们深化对六十年来台湾社会思潮与人文学术的整体认识，还是对于准确地理解和把握当下台湾社会思想与人文学术的脉动及其未来可能的走向，都将具有重要的学理性价值。

三 成果的主要价值

该成果研究宗旨及其所涉及的诸多问题，基本上都是一种基于学术本位的讨论。但是，其中所涉及的诸多思想史与学术史的论题，都涉及两岸关系中的许多重要话题。特别是自 20 世纪 90 年代以来，随着台湾"本土化"思潮的泛滥，部分台湾学者在"本土化"意识形态的影响下，以"重写台湾史"、"重写台湾文学史"和"重新理解台湾的思想"为旗号，对六十年来台湾的社会思潮与人文学术，作了种种曲解。有些所谓的"研究成果"甚至成了"文化台独"或"思想台独"的重要组成部分或重要表现形式。该成果以大量第一手材料为基础，通过客观、实证的研究，一方面还原六十年来台湾社会思潮的演进和人文学术发展的全貌，另一方面也从整体的解释框架、研究方法、概念工具和研究取径等不同的方面，力图建构出一套关于台湾现代思想与人文学术的话语体系。这些概念工具和话语体系，对于我们分析台湾当下人文学术和思想言论背后的意识形态倾向、"文化台独"的种种新发展与新趋势，不仅具有很高的学理价值，而且也有着重要的现实意义。

古希腊史研究

首都师范大学晏绍祥主持完成的国家社会科学基金项目"古希腊史研究"(项目批准号为:13ASS002),最终成果为专著《古希腊史(至伯罗奔尼撒战争前夕)》。

一 研究的目的和意义

18 世纪以来,西方学者不断重写古代希腊历史,19 世纪中后期到 20 世纪初,西方学者先后撰写了若干大部头的《希腊史》,第一次世界大战后个人撰写的古希腊通史著作迅速减少,在英语世界主要有伯里和哈蒙德分别完成的《希腊史》,在德语世界分别有本特森和沙欧迈耶各自独立完成的同名著作。这些著作大多中等篇幅,系西方大学古典学系与历史系基本的教科书。中国学者类似的尝试始自 20 世纪 90 年代,最近的是已故易宁教授领衔完成的《古代希腊文明》。对国人认识古希腊文明而言,这些著述有筚路蓝缕之功,但限于篇幅和当时的学术条件,有些论述略嫌传统,有些部分不能尽如人意。该成果是一次撰写篇幅相对较大的《古希腊史》的新尝试,希望在汲取前人成果基础上,写成一部相对详尽、能够呈现基本史料和基本史实、大体反映最新学术进展的古希腊文明发展史,时间下限暂定伯罗奔尼撒战争爆发之前,主要是古希腊城邦世界从荷马时期萌芽,历经古风时代形成,承受希波战争的考验后,在公元前 5 世纪进入鼎盛时期的历史。如果可能,期待将来能够续写希腊城邦世界在伯罗奔尼撒战争中暴露弱点及其随后逐渐走上下坡路的历史。

二 成果的主要内容

该成果前三章可谓古希腊史的前奏，分别论述古希腊史史料、古希腊史的学术史和地理背景，指出文献史料在时代和地区分布上的不平衡，以及以男性与精英阶级为中心的特点。相应地，古希腊史研究也经历了近代早期从政治中心逐渐向社会经济、从精英到大众、从雅典和斯巴达到关注大多数希腊城邦的转变。巴尔干半岛南部的地理状况直接影响着希腊人的衣食住行，以及政治活动与若干重大事件的进程。

第四章叙述青铜时代的希腊文明，首先概述爱琴文明的发现和研究，随后是克里特文明的兴衰和迈锡尼世界的政治和社会体制。课题组认为，爱琴文明时代，希腊在政治制度和社会结构上都与古代埃及和西亚更为接近，而与古典时代的城邦有别。

第五章借用了"黑暗时代"的标题，内容主要关涉城邦的萌芽。迈锡尼文明的灭亡使青铜时代希腊大陆的政治和社会制度几乎荡然，"黑暗时代"希腊的共同体都是规模小、人口少的共同体，有些地区如尼科利亚可能重新回到了前国家状态。这一时期希腊大陆的孤立，迫使希腊人在新的条件下重新学习政治技术。到荷马时代，城邦首次显露出基本轮廓：农民获得了解放，成为独立自主的小生产者；政治从宫廷走向广场、从秘密走向公开，议事会和人民大会等集体议事机构的出现，表明青铜时代以宫廷为中心的社会政治体系已经被原始城邦取代。在原始城邦中，王（巴西琉斯）仍是重要角色，但议事会和人民大会已经成为政治中心。只是在荷马时代，贵族以及王的势力仍相对强大，民众地位软弱，城邦还没有完全成为人们认同的首要目标。

第六章到第九章从不同侧面说明古风时代城邦形成的过程。占据首位的是社会经济的发展。在这个争议非常大的领域，笔者认为，古风时代希腊经济有不同程度的发展，主要表现为人口的增长、精耕细作型农业的出现、地中海范围内手工业和商业以及重要商业中心的兴起、城市的初步繁荣、货币的发明与广泛流通等。在此基础上形成的以小农为基础的经济，是古典希腊城邦形成的基本前提。几乎贯穿整个古风时代的殖民活动固然与当时特殊的历史条件有关，但初步显示了城邦制度的活力。殖民运动让希腊人接触到更广大的世界，促进了希腊人与东西方文化的接触，同时有助于保持城邦土地与人口适当的比例和小农经济的延续，使城邦公民队伍保持相对稳定。在此基础上，希腊城邦发生了重装步兵革命：大批家资中等的中小所有者作为重装步兵加入城邦军队，成为军队的主力和战场上决定性的力量。他们在军事上的重要性，使他们有愿望寻求政治地位。与陆军比较，海军势力主要限于沿海相对强大的城邦，在古风时代作用有限。第九章是对前三章的发展在政治层面的影响进行探讨，首先讨论了王权的衰落和贵族政治的产生，重点是平民与贵族的冲突。平民社会经济地位的稳固以及他们在军事上的地位，加上贵族实力的不足，促成了希腊城邦的立法运动、僭主政治和政治改革。立法运动确立了希腊城邦的法治原则，僭主政治打击了贵族的势力，改善了平民的地位，有助于城邦公民集体进而是城邦的形成。作为一种国家形态，城邦首先是公民集体，公民是国家的主人，有权拥有土地等不动产，在法律和政治上享有特权，最主要的是通过担任官职、出席公民大会和参与司法活动，直接行使对城邦的管理权，享受城邦经济上的扶助。在军事上，城邦并无职业军队，作为国家象征之一的暴力分散在公民团体之中。城邦必须实行法治，重要事务一般由开放程度不等的公民大会投票决定。这种直接参与式的体制，决定了城邦必然小国寡民。但城邦并非希腊国家的唯一形态，联盟（ethnos）以及范围较大的君主国等在希腊世界部分地区仍然存在。

第十章和第十一章分别以斯巴达和雅典为例，说明城邦形成的具体进程和早期状况。作为希腊大陆上古典时代最为重要的两个城邦，斯巴达和雅典留给后世的资料最为丰富，使我们有可能相对详尽地追溯它们发展的具体历程。在斯巴达国家发展过程中，征服拉科尼亚和美塞尼亚至关重要。对拉科尼亚的征服初步形成了斯巴达国家的疆域和基本制度，包括斯巴达的政治制度和社会结构。政治上，斯巴达保持着王、长老会和公民大会的传统架构，但王的权力明显削弱，长老会和公民大会以及监察官获得了重要权威，使斯巴达政体在保持寡头政治特征的同时，具有了相当程度的民主因素。斯巴达对美塞尼亚的征服、对美塞尼亚土地的瓜分，以及美塞尼亚居民的黑劳士化，使斯巴达人成为完全依靠他人劳动为生的"自由人"，但为镇压时刻可能暴动的黑劳士，斯巴达人不得不放弃所有其他创造，成为全职战士，并组建伯罗奔尼撒同盟。黑劳士制度在造成斯巴达强大的同时，也严重限制了斯巴达政治和社会的发展。

雅典的发展道路与斯巴达相当不同。它最初是典型的贵族政治，少数贵族垄断了城邦权力，并且通过债务奴役欺压平民。公元前 6 世纪初阿提卡内外矛盾导致的社会危机促成了梭伦改革。改革的结果，是雅典平民经济上获得了解放，政治上获得了基本权利。庇西特拉图家族的僭主政治造成了矛盾的结果：一方面它促进了雅典社会经济的发展，壮大了平民力量，另一方面却希望继续垄断权力。僭主政治的垮台表面上看是斯巴达干涉的结果，实际上是雅典人不再需要僭主统治。克里斯提尼改革实现了整个阿提卡的统一，平民被整合到城邦之中，平等成为雅典政治的基本特征。民主政治所激发的雅典人民的力量，在打败底比斯和卡尔奇斯的战争中初次显现，但雅典扩张的苗头，也通过割占奥罗普斯和在卡尔奇斯土地上安置军事移民表现出来。

第十二章和第十三章通过宗教和思想文化的发展继续揭示城邦的一般特征。在概述希腊宗教研究的主要问题之后，继之以对希腊诸神及其神话和主要宗教节日的叙述，随后是主要的泛希腊崇拜节日，重点在于城邦与宗教之间的相互影响。古风时代的文学、哲学和艺术等，从形式到内容，都既有希腊传统，更有城邦制度下新的发展，特别是哲学对世界本原及其与现实存在事物之间关系的讨论，体现了城邦制度下理性和论辩的特征。

第十四章到第十七章是希腊城邦文明鼎盛时代的历史。波斯的崛起与进军希腊，是城邦经受的第一次重大考验。波斯帝国巧妙地把国王的专制与地方分权结合起来，实现了统治稳定，并且在公元前 492～前 480 年三次发动了对希腊的入侵。波斯对远征进行了周密准备，但军队的庞大规模、交通和运输条件的限制、武器装备方面的不足，使他们处在不利地位。希腊城邦虽然内部矛盾重重，领导也不特别有力，然而城邦相对较强的动员能力、公民的爱国热情和普通士兵的英勇战斗，共同促成了希腊的辉煌胜利。战后雅典领导的提洛同盟最初本是部分城邦出于维护独立建立的城邦联盟，但雅典超常的实力、盟邦的被动以及雅典的政策，使同盟在公元前 5世纪中期演变为所谓的雅典帝国。为控制帝国，雅典发明和借鉴了一系列统治手段。雅典海军的发展及其从盟国获得的大量金钱，推进了国内政治的民主化，到伯里克利时代，雅典民主政治进入其最为辉煌的时代，古典的直接参与式民主达于极致，公民观念、国家制度、意识形态无不体现着民主原则。

但希腊世界绝不仅仅意味着雅典，第十六章和第十七两章分别介绍了公元前 5 世纪希腊大陆及西西里和南意大利希腊人城邦的情况。在伯罗奔尼撒，斯巴达在经历短暂的犹豫后，最终选择了小斯巴达政策，成功镇压了黑劳士暴动，并且稳固了自己在伯罗奔尼撒的霸权；在中希腊，底比斯为首的比奥提亚同盟形成了独特的联盟体系，成为寡头政治的重要代表；在北希腊，色萨利形成了独特的联盟制度；马其顿和色雷斯则利用波斯入侵带来的契机，初步形成王权国家。西西里和南意大利成为殖民地城邦最为集中，也非常有代表性的地区。西西里城邦的社会结构和经济发展，造成了延续相对长久的寡头政治和僭主统治，但城邦政治的民主特性，在僭主垮台后建立的民主政治中得到充分的表现，成为公元前 5 世纪中后期西西里繁荣的一个重要因素。南意大利的希腊人城邦深受它们与原住民及其相互之间关系的影响，先后经历了从叙巴利斯霸权到克罗同霸权的变化，但也并未脱离城邦发展的一般路径，部分城邦中建立了比较稳定的民主政治。

三　成果的主要价值

总体上看，该成果以城邦为中心，对从青铜时代到公元前 5 世纪后期的古代希腊历史做了综合性考察，在一些具体问题上，例如希腊城邦的发端、殖民的原因、重装步兵的兴起及其政治影响、斯巴达与雅典政治和社会结构的形成及其特点、波斯帝国的统治、古典时代雅典民主政治的运作，以及公元前 5 世纪希腊世界的历史，都提出了自己的看法。该成果以马克思主义为指导，综合运用文献和考古等多种资料，全面且比较充分地展现了伯罗奔尼撒战争前希腊世界的历史发展，对推动古希腊史研究的发展具有积极意义。

新王国时期古代埃及经济文献整理研究

东北师范大学郭丹彤主持完成的国家社会科学基金项目"新王国时期古代埃及经济文献整理研究"（项目批准号为：13BSS008），最终成果为同名专著。课题组成员有：王亮、刘金虎、马一舟。

一 该项目研究的目的和意义

新王国时期古代埃及经济文献整理研究是一项对古代埃及经济文献的系统整理、翻译、注释，以及对其所反映的古代埃及经济制度进行必要研究的课题。

由于含有经济信息的古代埃及原始文献十分庞杂和零散，且多为残篇，这就给校勘和译注工作造成了诸多困难。因此，对新王国时期经济文献进行系统整理、翻译和注释的著述，无论是在国内，还是在国外，都不多见。正是经济文献的零散残缺且晦涩难懂，导致学者们对古代埃及经济制度这一课题的研究不够深入。基于国外埃及学界在这一课题上的研究缺乏整体性和系统性，而国内学者对这一课题的研究则处于起步阶段。该成果将为我国埃及学的长足发展奠定基础。

二 成果的主要内容

众所周知，古代埃及人因在三千年的文明发展演进中始终没有铸币，他们的商品交换体系始终停留于物物交换的层面，为此，他们被贴上了经济观念淡薄的标签。然而，这也不能就此认为古代埃及没有经济体系。古代埃及文明之所以能够存活了三千年之久，这主要得益于其完善缜密的国家组织系统。而古代埃及的经济体系就是这繁杂有序的国家组织系统得以构建的前提和基础。因此，我们完全有理由认为，古代埃及存在完善的经济体系。

新王国是古代埃及文明的鼎盛期，其经济管理体系日臻成熟，因此，这一时期是古代埃及经济制度的典型代表，也是经济文献的数量和类型都最为宏富的时期。所谓经济文献，是指含有经济信息的原始文献，而原始文献则是指用古代埃及象形文字书写的文献资料。

故此，该成果拟以古代埃及新王国时期（约公元前 1567～前 1086 年）为主要研究时段，以含有经济信息的原始文献为主要研究对象，对经济文献进行整理、翻译和注释，并对其所反映的经济体系进行必要的研究。

基于上述研究目的，该成果的主要研究成果分为两编，总计 14 章：上编为新王国时期经济文献翻译和注释，计 5 章；下编为古代埃及经济体系研究，计 9 章。

上编：新王国时期经济文献翻译和注释。由于这一时期的古代埃及经济文献类型庞杂，数量众多，因此，将选取最为重要和最具代表性的文献作为本课题的研究内容。按照文献记述的内容，新王国时期的经济文献主要有以下几种类型：一是土地清册和税收文献，共计 15 篇，并以哈里斯纸草和都灵税收纸草为主要代表。二是社会经济状况文献，共计 16 篇。反映新王国时期埃及社会经济状况的文献资料分为两类，一类是反映埃及社会经济混乱的文献，其中都灵罢工纸草、都灵控告纸草和大量的盗墓纸草最为重要；另一类是反映埃及社会经济生活的文献，以亚眠纸草为典型代表。三是财产所有权文献，共计 26 篇。反映新王国时期财产所有权的文献分为三个类型，第一类是私有财产所有权文献；第二类是财产共有权文献；第三类是反映财产的继承和转让的文献。新王国时期财产的继承和转让情况主要被记录在诸如纳乌纳赫特遗嘱和收养纸草等遗嘱类文书之中。四是财产交易文献，共计 19 篇。这类文献多为契约，数量多，但本成果只选取了最为典型的 19 篇文献作为代表，包括三个类型：一是买卖契约；二是租赁契约；三是债务契约。五是财产纠纷文献，共计 12 篇。摩斯铭文是这类文献中最为著名的一篇，该文献记录了发生在第十九王朝时期的一次土地诉讼，是我们研究古代埃及司法体系和土地私有现象的首选文献资料。

下编：古代埃及经济体系研究。透过上一编整理翻译出来的原始文献，课题组将从以下几个方面对古代埃及的经济体系进行构建：在对经济体系进行构建之前，我们有必要对古代埃及人的经济观念和价格体系进行厘定，即不以利润最大化为目的的经济观念以及不确定的价格体系。那么在这样的经济观念和价格体系的支配下埃及人是如何进行经济活动的呢？论及古代埃及经济，首先要解决的问题是土地管理体系，因为埃及是农业文明，土地是农业文明的核心问题。为此，在这一编我们首先关注的便是古代埃及的土地管理体系，并按照时间顺序对土地管理体系的演变进行了构建。除了农业，古代埃及的手工业和畜牧业也很发达，它们与农业一起共同构建了古代埃及人丰富多彩的经济生活。无论是农业，还是手工业和畜牧业，都是国家税收的主要来源，税收是古代埃及国家经济得以正常运转的基石。因此，我们接下来便要对古代埃及的赋税制度进行探讨，从而揭示出赋税制度运转的机理。古代埃及个人和机构除了需要向国家缴纳实物赋税外，他们还需要为国家公共工程的建筑活动提供劳动力，也即劳役。因此劳动力的征募和管理是古代埃及各级政府的一项重要任务。

无论是土地管理，还是手工业和畜牧业的管理以及劳动的征募，是古往今来任何一个国家经济生活的基本构成。然而在古代埃及，在这些基本的经济构成之上，在长达三千年的文明演进中其经济体系不可避免地出现过一些特殊现象，正是这些特殊现象才构成了古代埃及经济体系的特征。作为古老的专制主义中央集权统治的国家，埃及的土地确乎是国有的，并以再分配体系为其基本特征。然而延续了三千年之久的古代埃及文明就从来没有过土地私有的现象吗？为此，在探讨了古代埃及的土地管理、手工业和畜牧业管理以及劳动力的征募后，课题组便对古代埃及土地私有化现象进行了深入解析，从而揭示出在古代埃及，最初的私有土地由军田、祭田和职田构成，并通过买卖和租赁以及继承和转让的方式展示了其私有化程度。既然土地可以自由买卖和转让，那么古代埃及势必存在市场经济。事实上，市场经济是古代埃及国有经济的必要补充。尽管土地等财产可以进行买卖，但采矿业和对外贸易却不允许私人参与，因为它们由王室垄断，并由国库直接管理。

由于古代埃及政教合一的国家性质非常显著，因此，论及古代埃及经济体系，一个绕不开的话题就是神庙经济与国家经济的关系以及神庙经济的性质和作用。为此，将以神庙经济的运作作为本课题的终章。在这一章节中，课题组将从神庙经济的来源、构成、运作形式入手，最后提炼出神庙经济的性质和作用，即神庙经济与国家经济同质，都是以国有经济为主体的以市场经济为辅助的经济体制。而其作用则既有积极的一面，又有消极的一面。其积极的一面是将埃及社会各阶层都纳入其经济体系中，从而促进了埃及社会的稳定与发展；其消极的一面则在于其无法有效经营其经济势力的不断膨胀，最终成为新王国经济崩溃的诱因之一。

三　成果的主要价值

通过对古代埃及经济文献的系统整理、翻译、注释，以及对其所反映的古代埃及经济制度进行必要的研究，国内的普通读者可以对埃及文明有一个初步的认识，对古代埃及文明相关知识在我国的普及起到一定的推动作用；更为重要的是，一方面，它将为世界古代史专业的学生和学者学习和研究古代埃及经济制度提供真实可靠的第一手资料，从而进一步提升我国在埃及学领域的研究水平；另一方面，它也为我国的经济学研究提供了史料和借鉴。

欧洲中古文明的宪政精神研究

山东大学顾銮斋主持完成的国家社会科学基金项目"欧洲中古文明的宪政精神研究"（项目批准号为：13ASS003），最终成果为同名专著。课题组成员有：韩慧、滕淑娜、谢坚、朱晓静、田庆强、赵卓然、李玲、郭冬梅、徐叶彤。

一 研究的目的和意义

宪政精神是西方文明显著而普遍的特征，而不是个别国家的孤立现象。对此，该成果进行了相对全面的考察，除英法德等主要国家外，还考察了意大利西班牙等国家和地区，以对欧洲中古宪政精神形成一个尽可能完整的概念。本研究成果首先从古典遗产进行考察，继而从社会习俗、官方文件、私人著述、税收形式、教会、政体等多个角度展开研究，揭示了欧洲中古宪政的基本状况，并概括了它的基本特征。全部内容分4个层面，依次为：基础层面，即古典宪政要素的遗存；思想层面，即中古宪政思想史、观念史或学术史；制度层面，即宪政的实在历史，涉及阶级、等级、赋税、议会等内容；社会层面，即社会习俗的宪政表现。同时，又注意不同层面之间的联系，如思想和制度层面的互动。

中古以来，随着宪政体制的革新和演进，欧洲各国积累了丰富的治国理政经验，也经历了很多挫折，总结了很多教训。对此进行研究，有助于我们了解西方宪政的来龙去脉，掌握相关知识，面对复杂多变的国际形势和国际关系，为国家的外交、军事、宗教等提供对策。可以启示中国改革降低成本、提高效率，免走弯路。所谓中国特色，主要是相对西方而言的，不了解西方宪政及其由来，就难以形成中国特色。另外，西方宪政史固然具有意识形态色彩，但它更是一种国家治理方式，其中蕴含着丰富的治理技术和技巧，其他文明国家都可以借鉴利用。

二 成果的主要内容

该成果主要包括六方面内容：（1）古典遗产与继承。中古宪政精神不是无源之水无本之木，没有古典遗产，所谓中古文明的宪政精神是不可想象的。这主要包括两个方面：一是思想遗产，如亚里士多德学说，构成了中古宪政的重要源泉。二是制度遗产，无论是雅典民主制、斯巴达贵族制，还是罗马共和制，都对中古政体建设产生了深刻影响。（2）习俗。习俗是文化的重要组成部分，内容浩繁、错综复杂，本研究是寻绎和展现蕴含其中的宪政精神，如民众的自由、法律、维权、民主等意识。现存文献包含很多宪政色彩鲜明的案例，这在政府、教会文件和私人著述中难以见到。（3）文本。欧洲中古遗存了大量历史文件，直接反映国王、贵族、社会各等级关于自由、法律、权力、权利等概念的认识和诉求，本研究在于从这些文件中提取宪政因素，这对于建构欧洲中古宪政理论无疑有重要意义。（4）赋税。税收和财政是制度建构和运行的经济基础，欧洲中古税制直接影响宪政精神的存在和发展。可以说，没有这样的税制，便没有欧洲中古类型的政体。该成果拟从赋税史中检索资料，分析税制与宪政之间的关系，建立税制宪政理论。（5）教会。基督教是古典文化的重要载体和传承使者。由于在一定程度上吸收、继承了古典思想和制度遗产，其本身便融含着深厚的宪政精神，在古典文化的传播、罗马法的复兴和宪政精神的发展中发挥了重大作用，并因与王权形成二元格局相互牵制而推动了中古宪制的发展。（6）政体。欧洲中古政体具有一定的宪政特征，通常由王权和某一权利集体等要素构成，重大国事如征税、宣战、立法等通常由国王与权利集体协商决定，而不是国王任意而为，这就形成了一定的分权格局和制衡特征。而同时，教会在国王日常生活中也发挥了一定的牵制作用。

学术界通常认为，宪政是西方近现代的产物，古代中世纪不存在宪政。这实际上是现代人以自大心理站在一己的立场进行主观臆断而形成的观念。

宪政是西方文化固有和特有的精神，近现代宪政是古代以来发展的结果。宪政要素具有显著的贯通性特征，只是因为借鉴了前人的经验和技术，近现代的建构才显得更加精致和健全。

古典时代留下了丰厚的宪政遗产，基督教继承了这些遗产，并与日耳曼原始民主相结合，形成了中古宪政精神。这种精神包括自由、民主、选举、代议、同意、法制等内容，表现为思想家的思考、官方文件的规定、制度建构的实践、编年史家的记录等。

西方学者的相关研究当然存在缺陷，但即使是牛津学派，也应该得到基本的肯定，所以在今天，仍然受到不少欧美学者的服膺。我们的研究既要注意摆脱这些缺陷的影响，又要避免走向极端，将欧美近代学术成果明珠暗投，以致走向历史的虚无。

三 成果的主要价值

该成果的开拓性与创新性主要表现在以下方面。

一是立足中国文化背景或以中国人的视角审视中古宪政精神，提出了一些西方学者难以提出或不能提出的问题和观点。

二是揭示了文本的宪政精神。关于中古三大政府文件，国内学术界主要对《大宪章》进行了研究，但不是从宪政的角度进行认识。《黄金诏书》则很少有人研究，《大敕令》更几乎没有研究。另外，国王加冕宪章、其他王室文件以及私人著述，这些在国内也无涉足或很少涉足，因此该成果的研究具有创新意义。

三是揭示了习俗的宪政内涵。中古习俗与宪政的关系，国内尚无研究，该成果在这方面具有开拓意义。

四是挖掘税制的宪政意蕴。中古税制与宪政的关系，国内亦缺乏研究，因而也具有创新意义。

五是古典思想的发现与传播。亚里士多德的思想对中古宪政精神影响极大，但关于它的发现、接受和传播却鲜有研究，偶有所及，也无不浅尝辄止。国外如此，国内更是如此。该成果对此进行了考察和分析。

该成果具有交叉学科性质，涉及史学、法学、政治学等多个学科的理论和方法。但它首先是世界史学科的一个研究领域或方向，这决定了课题组主要用历史学方法进行实证研究，即注重对史料和史实的检索、寻绎、稽考和分析，立足于原始资料和档案资料的检索和解读，同时重视学术史的梳理和现当代著述的研读，综览国内外学术界的相关著述及其是非得失，力求准确全面地掌握最新研究动态。抓住了这些环节，也就具备了接近客观、真实历史的条件。该成果注重文本的细解。有关文件如中古官方三大文件《大宪章》、《大敕令》和《黄金诏书》、国王加冕宪章，以及布曼纳阿、格兰维尔、勃拉克顿、马西留斯、雷普高等人的著述等，该成果给予了细致的解析。

20 世纪非洲史学与史学家研究

上海师范大学张忠祥主持完成的国家社会科学基金项目"20世纪非洲史学与史学家研究"（项目批准号为：14ASS001），最终成果为同名专著。课题组成员有：李安山、郑晓霞。

一 研究的目的和意义

（一）有利于丰富我们对全球史学的认识

不可否认，我国学者对史学的研究主要有两个重点：一是对中国史学的研究；二是对西方史学的研究。这两个研究重点的存在都有它的合理性，作为中国人加强对中国史学的研究是理所当然的；改革开放以来，在介绍和研究西方史学方面也取得了很大的成就。但是，在第三世界群体性崛起和世界史向全球史转变的背景下，就需要加强对第三世界史学，包括非洲史学的研究。因为，加强对20世纪非洲史学的研究，将推动20世纪发展中国家史学的研究，有利于我们把握全球史学发展的全貌。

非洲大陆从面积上看，是仅次于亚洲的第二大洲，人口超过12亿，它有54个国家，是国际舞台上一支重要的力量。不仅如此，非洲有着悠久的历史和历史学，在全球史学中应该是不可或缺的组成部分。

（二）有利于深化非洲史学和非洲史的研究

当前，由于对非洲本土史学知之甚少，中国非洲史研究主要参考西方学者的研究成果，这不利于我们全面认识非洲历史事件和历史人物，也不利于破除非洲史研究中的西方中心论。因此，加强对 20 世纪非洲史学的研究，对于提升中国非洲史研究的整体水平大有裨益。

20 世纪对非洲史学的发展具有特殊意义。因为，20 世纪是非洲传统史学向现代史学转变的时代。二次大战后非洲国家的纷纷独立，为非洲史学的复兴带来了难得的机遇，非洲涌现出一批国际知名的史学家，并形成了若干史学流派，在第三世界史学乃至全球史学发展中占有自己的一席之地。

（三）现实意义

当前中非关系正处于大发展时期，2018 年 9 月，中非合作论坛峰会在北京顺利召开，习近平主席在峰会上提出，携手构建更加紧密的中非命运共同体。在此背景之下，中非人文交流、文化互鉴显得更加迫切和意义重大，因为，国之交，在于民相亲。这就需要学界加强对非洲历史、政治、经济和文化的研究，也应该包括对非洲史学的研究。因为，加强对非洲历史和非洲史学的研究，有利于深入了解非洲文化、有利于中非人文交流、有利于促进中非文化共兴。

二 成果的主要内容

（一）主要内容

该成果的正文由三部分组成：20 世纪非洲史学；20 世纪非洲史学家；非洲史学研究在中国。第一和第二部分是本成果的重点，各有 6 章。第三部分有 1 章。

该成果的第一部分，对 20 世纪非洲史学的发展脉络进行了梳理和研究，其中第一章研究了非洲史学的传统。非洲是一个有悠久历史的大陆，它的史学传统与其他大陆一样古老。非洲史学传统主要分为口述传统和文字传统。非洲口述传统不仅历史悠久，而且流传至今，弥补了非洲文献资料的不足；非洲又是伊斯兰教广泛传播的地区，阿拉伯编年史为非洲留下了大量的文字材料。

20 世纪非洲史学的发展分为 4 个阶段：殖民主义史学、民族主义史学、马克思主义史学和新自由主义史学。所以，该成果的第二章至第五章分别对这 4 个学派进行研究。

殖民主义史学形成于 18 世纪末 19 世纪初，到 20 世纪 60 年代以后，逐渐消亡。殖民主义学派基于种族的观点来源于生物学、人类体格学和社会人类学，来自基督教经文、肤色论，来自进化论和语言及普遍的文化差异。在他们的笔下，非洲史是西方殖民者在非洲的活动史，非洲黑人根本没有历史；殖民者为非洲殖民地带去文明，是殖民地的恩人；非洲黑人的反抗是不明智的，唯有与殖民者的合作才是正确的选择。殖民主义史学是西方中心论在非洲研究中的反映，其核心思想是非洲没有历史，假设有历史的话，也是殖民者在非洲活动的历史。殖民史学产生的背景，既是非洲殖民统治的结果，又是白人至上思想以及兰克史学的影响造成的。

民族主义史学是 20 世纪非洲史学最重要的史学流派，它形成于 20 世纪 50 年代，到 20 世纪 70 年代后走向衰落。非洲民族主义史学是在特定的历史背景下兴起的，一方面，是思想的积累，即非洲民族主义思想的兴起和发展；另一方面，是非洲国家独立后，需要在历史文化领域实行非殖民化。他们普遍对口头传说重视，一般情况下，民族主义学派的历史学家将口述资料提升至与文献资料等同的地位。非洲民族主义史学以尼日利亚的伊巴丹学派和坦桑尼亚的达累斯萨拉姆学派最为著名。

马克思主义学派自 20 世纪 60 年代末在非洲就已出现，一直存在到冷战结束。这一学派的支持者认为后殖民地时期的非洲国家仍然是新殖民地。代表性人物有持新殖民主义观点的恩克鲁玛和持依附论的萨米尔·阿明等人。还有的学者用阶级的观点来分析非洲的政治事件和经济发展，比如通过对抵抗运动中阶级的分析，深化了非洲人民反抗殖民主义历史的研究。非洲马克思主义历史学派的产生也是有深刻历史背景的。从非洲方面来看，非洲国家独立后，许多国家纷纷选择走社会主义的道路，这为非洲马克思主义的产生提供了土壤。此外，非洲从来不是与世隔绝的，它自然受到西方马克思主义的影响。

20 世纪 80 年代以来，尤其是冷战结束之后，非洲史学深受国际史学变化的影响，越来越多的非洲学者放弃民族主义的学派和马克思主义学派的研究方法，采取了新自由主义或者后结构主义的史学方法，在社会文化史、日常生活史等研究领域着力颇多。非洲新自由主义学派兴起于 20 世纪 80 年代，直到 20 世纪末。该学派重视研究微观历史、下层人民的历史，从领域来看有医疗疾病史、环境史、妇女性别史，对口述历史的重视程度得到提高。

在非洲史的研究中，南非史几乎成了一门独立的学科分支。所以，在本成果的第六章专门研究 20 世纪的南非史学。南非史学的这种独特地位的产生有多种原因。第一，由于南非特殊的历史发展进程，特别是多民族和多元文化使南非的历史研究具有自己的特点。第二，长期的种族隔离制度以及复杂的现实政治和国际舆论的关注使它有别于其他非洲国家，从而对其史学产生了重要的影响。第三，南非史学与英、荷、美史学的紧密结合。由于英国对南非的长期统治以及存在同时具有两地工作经历甚至国籍的学者，英国史学传统在这里可谓根深蒂固，多种史学流派各显其能。荷兰早期移民传统使荷兰史学对南非也有影响。此外，一些南非学者因种族隔离制移民美国（例如 20 世纪 50 年代在开普敦大学教书后来到美国教书的利奥纳德·汤普森，原在纳塔尔大学后来转到耶鲁大学教书的利奥·库柏），南非与美国学界的关系密切。第四，南非史家面临的诸多问题如种族主义、边疆精神以及阶级与种族、黄金与国家、资本与劳力等各种因素在世界历史过程中均具有普遍意义。

囿于篇幅，作者不可能完全呈现丰富复杂的南非史学，只能列出主要线索和大致脉络。本研究分为五个部分，分别对 19～20 世纪之交、20 世纪上半叶、20 世纪下半叶以及新南非等四个阶段的史学研究进行阐述，分析每个阶段的特点，最后是总结。

该成果的第二部分，是对 20 世纪非洲史学家的研究，共选取了阿杜·博亨、阿德·阿贾伊、奥戈特、兰杰、迪奥普和法洛拉等 6 名有代表性的非洲史学家进行个案研究。这些历史学家都很有代表性，阿杜·博亨和阿德·阿贾伊是非英语国家的第一代历史学家，都是非洲民族主义学派的代表人物。奥戈特是东非地区的第一代历史学派，也是民族主义学派的代表。迪奥普是西非法语国家的著名历史学家，又是非洲中心主义的代表。兰杰尽管是英国人，但他具有强烈的非洲民族主义思想，还是达累斯萨拉姆学派的创始人。法洛拉是目前健在的著名非洲历史学家，他是非洲独立后第二代历史学家的重要代表。对每位非洲历史学家的研究，主要是介绍他的生平和学术生涯、他的主要研究成果和重要观点，以及史学思想和贡献等。

该成果的第三部分非洲史学研究在中国。中国与非洲交往的历史源远流长，但中国的非洲史研究起步比较晚，大致肇始于新中国成立之后。1955 年的万隆会议促进了新中国与非洲邦交关系的开启，加之非洲民族独立运动的高涨，中国视非洲为外交上的依靠力量。从这时候起，我国开始重视对非洲的研究，一批从事世界史其他专题研究的学者转到非洲史领域，他们为了国家的需要，转向非洲史的研究。时至今日，中国的非洲史研究已经走过半个多世纪的历程，尽管中间遭受曲折，但是经过几代非洲史研究者的不懈努力，取得了可喜的成绩。同时，我们也应该清醒地认识到中国的非洲史研究与国际水平相比，仍然存在较大的差距。

（二）重要观点

第一，20 世纪的非洲史学是取得很大成就的，并在全球史学中赢得了一席之地。20 世纪非洲史学是有成就的。殖民主义史学宣扬"非洲没有历史"和"非洲文明外来说"。非洲国家独立后，迫切需要消除殖民主义对非洲史学的消极影响，恢复非洲历史的本来面目。非洲史学家从非洲的角度来看待非洲历史，大书殖民入侵前的非洲历史，广泛使用口述史料，在历史研究的方法论上也是有贡献的。

第二，20 世纪非洲史学有较强的变动性。对于 20 世纪非洲史学的发展而言，表现出它的变动性。从史学流派的角度来看，20 世纪非洲史学发展的脉络从最初的殖民主义史学（或帝国学派）在 20 世纪五六十年代向民族主义历史学派过渡，之后又有马克思主义历史学派和新自由主义历史学派的相继出现。非洲史学的变动性是有深刻原因的，主要在于非洲内部的变化，同时也受外部世界，包括国际史学变化的影响。

第三，20 世纪非洲史学存在不平衡性。就 20 世纪非洲史学发展的不平衡性而言，民族主义史学在西非地区的出现早于东非地区，20 世纪 50 年代，伊巴丹历史学派就在尼日利亚出现了，而达累斯萨拉姆历史学派的出现则在 20 世纪 60 年代。此外，在英语非洲国家和法语非洲国家之间也存在不平衡性。相比较而言，法语非洲国家，职业历史学术研究的兴起比较缓慢。

第四，重视多学科研究。非洲史学与非洲史一样，越来越强调多学科的研究，这主要是非洲史资料的特点所决定的。非洲历史的书面文献如果不是十分罕见的话，至少也是在时间和空间上分布不均的。所以研究非洲历史和非洲史学，除了书面资料外，还需要用考古资料、口头传说，以及语言学和人类学的资料等，进行多学科的研究。事实上，多学科的方法远远不止上述五种，甚至地质学、古生物学、古植物学和原子物理学等，都可以成为研究非洲历史和非洲史学的手段。

第五，呼唤非洲史学的复兴。非洲史学在 20 世纪 50~60 年代出现了复兴，其民族主义史学流派在世界上产生了良好的反响，但后来在 20 世纪 80 年代，非洲史学明显衰落了，所以，20 世纪 90 年代以来，非洲的有识之士呼唤非洲史学的复兴。2013 年非洲联盟制定了《2063 年议程》，提出在非洲国家独立一百年之际，即 2063 年实现非洲大陆的复兴。而非洲的复兴离不开文化的复兴，包括史学的复兴。那么，非洲史学的未来将会通向何方？尼日利亚学者阿拉戈认为，如果非洲史学传统选择模仿西方或任何其他传统，那它就不可能转变成一种新的非洲史学，只有在口述传统本身稳固的基础上进行创新才能实现。他坚信："我们就必须创造出焕然一新的非洲史学。"

英国公共卫生管理制度变迁
研究（1848~1914）

北京师范大学王广坤主持完成的国家社会科学基金项目"英国公共卫生管理制度变迁研究（1848~1914）"（项目批准号为：14CSS010），最终成果为同名专著。课题组成员有：王强、王晨辉、康宁宁、刘玲。

一　研究的目的和意义

（1）该成果探讨19世纪英国社会在城市化、工业化狂飙突进导致卫生环境污染、民众生存条件恶化背景下，英国政府致力构建高效完善的公共卫生管理制度的努力。在城市化发展迅速的时代背景下，该研究具有较强的现实意义：首先，近代英国公共卫生管理制度的创建与发展是在进步人士的卫生调查、工程师与医生群体的社会实践和政府指导下进行的，对此史实进行梳理，有助于强化我国知识分子、工程师、职业医生与政府工作人员的卫生管理意识；其次，综观近代英国公共卫生管理制度变迁历程，有两大特点：一是医学快速发展，公共卫生管理的医疗化特征日益显著；二是在具体的卫生管理实践中，中央与地方间的权力分配与协作至关重要，需要加强国家调控。这启示我们需要在公共卫生管理中重视医疗作用，强化政府引导。

（2）英国公共卫生管理涉及多方面内容，国内外学者虽在某些方面有细致考察，但专门针对英国公共卫生管理的整体性制度建设研究不多，较少关注其制度演变的具体状况。本研究旨在阐明英国公共卫生管理制度的发展与变化历程，同时深化拓展了与之相关的医生职业发展史和医学社会史等领域研究，尤其针对国内学界较少涉及的 19 世纪英国环境卫生清洁措施和国家医疗服务体系等话题也予以了重点关注。

二 成果的主要内容

该成果的研究对象是 1848~1914 年英国政府的公共卫生管理制度从初创到逐渐完善的具体演变历程。1848 年之前，英国并无特定机构全权负责公共卫生管理。随着工业化与城市化的狂飙突进，城市卫生环境日益恶劣，埃德温·查德威克（Edwin Chadwick，1800-1890）对此进行了详细调研，促使议会颁布法律，于 1848 年创建中央卫生委员会，系统管理整个社会的公共卫生。随着医学发展，1858 年，约翰·西蒙（John Simon，1816-1904）主导下的医疗部开始取代中央卫生委员会，负责公共卫生管理。1871 年，英国政府又根据卫生管理的实际需要，特别创设地方政府委员会，使得英国公共卫生管理的制度建设趋于完善。此后，到 1914 年因一战爆发引致的国家紧急管制状况之前，英国公共卫生一直都处于地方政府委员会的统筹管制下。历经变迁与改革而确立的公共卫生管理制度对英国社会贡献巨大，所引致的教训更是引人深思。

为方便主题阐述，成果内容主要分为五个部分。

（一）1848 年前的英国公共卫生状况及应对措施

在 1848 年英国政府没有全面介入公共卫生管理之前，因为英国社会极其恶劣的公共卫生环境，广大民众的生命安全面临着疫病感染威胁。为证明卫生污染与疫病暴发的密切关联，伟大的卫生改革家查德威克于 1842 年正式出版了卫生调查报告，证明卫生环境的恶劣会导致疫病泛滥，进而威胁个人发展、社会进步与国家强大，并认为卫生恶劣所致的疫病泛滥会引发普遍贫困，带来国家财政危机。医生群体也利用自己的专业知识，开启医学统计学的数据收集工作，佐证了查德威克的观点。当时的英国政府与社会大众普遍接受了这样的看法，普遍认识到此前政府在卫生管理领域的不足与缺陷，政府精英人士由此决心抛开传统古典自由主义自由放任思想的束缚，接受新自由主义倡导国家有必要为促进公共福利而强化社会管控的思想，开始介入卫生管理。

（二）1848~1858 年中央卫生委员会的公共卫生管理

为应对公共卫生恶劣状况，保障广大民众健康权益，1848 年，英国颁布公共卫生法案，正式全面介入整个社会的公共卫生管理，开启公共卫生管理制度建设。查德威克是这个时期公共卫生管理的绝对主导者，他按照济贫法管理的个人经验，创设了权力巨大的中央卫生委员会，并力求在地方上广泛设立地方卫生委员会，通过中央集权管制的方式创设了卫生管理制度。为消除整个社会卫生状况恶劣的局面，查德威克从大局出发，将建设清洁城市视为卫生管理的主要目标，为此，他重视工程师，大规模兴建排水、供水等市政卫生工程，又将精神卫生与环境卫生置于同等重要的地位，并为此积极倡导殡葬卫生改革。查德威克的理想宏大，但过于看重中央集权，重视工程师而轻视医务人员的做法也引起普遍不满，英国初始阶段的公共卫生管理制度出现危机。

（三）1858~1871 年枢密院医疗部的公共卫生管理

查德威克领导的中央卫生委员会因为过于崇尚中央集权，卫生管理规划过于宏大，短时期内难以看到即时成效而得到普遍敌视。1858 年，英国议会正式解散了这一机构，将卫生管理权赋予枢密院。此时，由于医学的飞速进步，英国社会中各类医疗机构蓬勃发展，医生群体的社会地位与影响力急速上升，他们迫切希望运用自己的专业知识，促进整个社会的卫生改良。西蒙作为英国医生的杰出代表，更由于长期作为伦敦医务官的巨大成就而闻名政界，理所当然地接替了查德威克，成为中央医务官员，领导了后查德威克时代的卫生管理，他为对抗天花疫病，顺应时势地在英国社会创建了为保障卫生安全不惜牺牲个人自由的强制接种制度，并创设专业性较强的医疗部，作为枢密院内重要的中央权威性单位，以此来系统管理公共卫生。西蒙致力于用专业的医学知识指导卫生管理，为实现高效管理，他通过医疗改革，将英国社会中原本和政府若即若离的医生群体纳入国家宏观调控的体系内，通过医生登记与考核体系的设定，保障其资质与素养。西蒙对医学和医生作用的重视让热爱自由的英国民众萌生"医疗专制"的恐惧，中央行政机构与地方管理部门也对医生主导卫生管理权持有异议。

（四）1871～1914年地方政府委员会的公共卫生管理

既然整个社会难以接受由医生来主导英国的公共卫生管理事业，那么就必须重塑权威，让公共卫生管理有一个确定无异议的领导，有效管制地方与各级卫生管理机构，保障高效作业。经过中央政府组织的多次卫生调查，这种观点获得广泛认可。到1871年，新的卫生管理权威机构——地方政府委员会创设诞生了，这标志着英国公共卫生管理的制度建设进入新阶段。地方政府委员会认真总结了中央卫生委员会和医疗部管理公共卫生的经验教训，认为公共卫生管理成功与否的关键在于亲密和谐的地方与中央关系。之后，英国政府以此为工作重点，进行了专门的制度设计，基本原则是在保障地方权益和自由的同时，强化必要的中央监督与指导。为达目的，地方政府委员会构建了细致严格的中央卫生检查员体系，纠正地方卫生管理实践中存在的缺陷与不足，并通过加大贷款扶持力度、委派工程师和医务人员到地方协助工作等形式，在促进地方权益的同时，也强化了中央权威。在管理指导思想上，地方政府委员会也积极吸取此前的经验教训，对城市清洁与医疗服务同等看重；在管理实践中，地方政府委员会积极聘任卫生医务官、污物检查员、书记员、检验员等各类管理人员，让他们各司其职，通力协作以保障卫生管理事务的高效进展，取得了巨大的成就。

（五）英国公共卫生管理制度变迁的意义及启示

经过多次调整与改革，英国公共卫生管理制度逐渐完善，对整个社会影响巨大。它促进了英国社会整体性的公共卫生环境改良，保障了社会大众的供水卫生、排水安全、生活环境清洁舒适，也为广大民众普及推广了卫生科学认知，尤其是接受了西蒙所推崇的以现代医疗科学为指导，全面提升卫生健康水平的思想观念，从而极大提升了英国民众的健康水平。与此同时，卫生管理制度发展过程中的法案颁布、人员任命、机构设置等改革成就巨大，为以后建设福利国家准备了条件。不过，英国公共卫生管理制度的发展完善除了成就之外，也有许多教训和启示，存在诸多矛盾与纠纷，尤其是涉及个人自由与国家强制、立法与行政机构矛盾冲突、中央与地方权力博弈等问题，这些问题在现代社会依然存在，英国政府的渐进式解决措施与改革方案值得我们借鉴。

核心观点：通过近代英国公共卫生管理制度变迁史实的梳理，该成果认为，在卫生管理制度变迁的总体进程中，医生作用与政府指导重要性是日益增强的，管理模式上逐渐由倚重工程师、医学的专家技能转向重视政府分权引导，管理思想上主要由注重改良整个城市的"环境卫生"转向较为重视个人卫生保健的"医疗服务"，再进而转向同时兼顾环境清洁与医疗诊治的行政分权管制。此外，该成果还认为，随着时代发展与医学进步，现代社会卫生管理的总体趋向是一致的，那就是越来越重视个体健康权益的维护与构筑亲密稳定的中央和地方关系。

在此观点基础上，该成果得出结论：英国在 1848~1914 年的公共卫生管理制度变迁是现代社会医学进步、城市发展与政府管理科学化演进的必然结果，具有普适性，制度发展过程中的个人自由与医疗强制之争、立法与行政纠缠及中央和地方权力斗争和博弈等经验教训值得各国借鉴吸取。

三 成果的主要价值

学术价值：该成果涉及近代英国公共卫生管理史研究的国内外述评、医生在卫生管理与福利国家构建过程中的作用、民众的疾病起源认知、卫生改良与社会民俗变革等话题，丰富了公共卫生史与医疗社会史研究，扩展了世界史研究的范畴；该成果涉及环境改良、医疗服务及政府调控等领域，有助于国内外学界拓宽卫生管理实践的固有片面视野，深入开展与卫生健康息息相关的医学、医院、医生、护士、药物、疾病、排污、供水等话题的研究。

应用价值：该成果具有现实意义，对于人们理解与明晰公共卫生安全的重要性与必要性、卫生管理中的政府权威建构、医学与医生在公共卫生管理中的定位、合理处理卫生管理过程中的法律与行政关系以及中央和地方矛盾等领域具有较大启示意义。

时间史研究

中国社会科学院俞金尧主持完成的国家社会科学基金项目
"时间史研究"（项目批准号为：13BSS007），最终成果为同名
专著。

一 研究的目的和意义

时间是无形的存在，把时间作为研究对象，在哲学和自然科学中比较常见，而在历史学中少见。这首先是因为时间不是一种独立的存在，仅仅从史料上讲，历史学家就不易发现在其他的史学题材中常见的那些明确或有形的材料。故而，时间历史的研究始终难以铺开，研究难度较大。不过，历史学家研究时间也有一些优势，一方面，史学就是一门有关时间的学问，时间因素充斥在历史研究的各个层面；另一方面，时间渗透在世上的一切运动当中，从大自然到人类的社会经济生活，凡是有运动变化存在的地方，都存在时间。对于历史研究者来说，这犹如一个矿藏：分布极为广泛，开发空间广阔，但需要艰苦发掘和提炼。当然，如何从运动变迁着的大自然和人类社会中，把时间因素提炼出来进行专门的讨论，是一个充满挑战的历史研究课题。

该成果尝试应对这一挑战。研究者认为，时间虽然无形，但它伴随着大自然和人类历史运动，人们依然可以从中提炼时间因素，并从时间的角度去认识各种运动和变迁，发现其中所隐藏的趋势、节奏、权力、意义、意识等无形的东西，进而以时间为尺度评价历史事件和历史进程。

由于时间史研究的特殊性，该成果有一些特点，例如，理论性。与通

常的历史研究可以直奔主题不同，时间的历史研究需要做一些基础性的概念和理论探讨，包括"时间"概念本身。先做理论阐述，再进行具体研究，是本研究的一个突出特点。又如，跨学科特点。跨学科研究在现行的历史研究中已是常用的方法，而时间研究的跨学科特点尤其突出，可以说，若不借用其他学科有关的理论、方法和研究成果，时间的历史研究几乎无法进行。本研究所涉学科包括物理学、天文学、生物学、心理学、哲学、社会学和人类学，研究者试图在利用包括历史学在内的各门学科有关时间的理论、方法和研究成果的基础上，构建一个从古以来至全球化时代的时间史框架，提供一个关于时间历史的线索，揭示时间与人类社会各个方面的相互关系，说明时间在文明史中的地位和作用。

二　成果的主要内容

该成果分为六个部分，除了导言以外，还分别讨论了自然的时间、社会的时间、时间意识、夜的变迁，以及全球时间标准化。

在"自然的时间"这部分内容中，研究者着重讨论了"时间是什么"的问题。

在西方，从古代希腊、罗马的哲学家、思想家，如亚里士多德、奥古斯丁，到近现代最著名的科学家，如牛顿、爱因斯坦、霍金等，都对时间进行了研究。思想家们执着于时间的定义，但他们用客观或主观二元对立的思路界定，要么根据事物的运动来定义时间，要么根据人的心智和感觉来解释时间。而物理学家和天文学家则从来不给时间下一个准确的定义，在他们的研究中，直接就讨论时间，似乎时间就是物质运动，不言自明。本研究认为，事物运动产生变迁，呈现"此前"或"此后"，以及"持续"等现象，这是形成时间观念的基础。但运动本身不是时间。时间的形成有赖于人的意识的介入，当人意识到客观世界的运动，认识到了其中的变迁，就产生时间意识。本研究应用了自然科学中和人类历史上的一些事例，说明时间就是被意识到的运动。没有事物运动，就没有时间的基础；而没有被意识到的运动，也无所谓时间。

在对日月星辰的运动、自然环境的变迁，以及对万物生生不息的观察中，人类认识到运动的节律和时间，这是自然的时间。人类从大自然恒定的节律中，发现了可以度量时间的尺度。年月日就是人类所使用的，以太阳、月亮和地球运动为基础的时间度量单位。

自然的时间是社会时间的基础。在"社会的时间"这一章中，课题组认为，人类自身就生活在时间之中，人类离不开时间，如同离不开空间一样。如何利用和使用时间，这是人类社会生活的一个基本内容，也是人类文明的基本构成因素。历法反映了人类对于自然规律的认识，也是服务于社会经济生活的指南，社会时间与自然时间在历法中而得到很好的体现。与此同时，人类也根据社会生活的节奏，创造自己的时间，把若干个日子组成一个"周"，或把一天划分成若干个小时，以及再细分为分和秒，等等，都是人类的创制。不过，它们依然是以自然的时间为基础的时间单位。

社会时间用以协调人们的社会活动，是人类社会生活得以有序展开的重要条件。这使社会时间包含着权力，制定时间标准、发布时间规则，都是权力的体现，例如自古以来的历法制定和颁行，都属于政治权威。而采用新的纪元或新的时间标准，往往有特定的政治意涵。

日常生活中的时间也有权力色彩。在中世纪欧洲，教会长期掌握时间，发布时间信号。在城市工商业活动兴起以后，工商业者和城市当局也开始掌控时间，市政厅高高耸立的钟楼，就是权力的象征。教会垄断时间的局面被打破，世俗时间逐渐取代教会时间，随着世俗活动的丰富和机械时计的普及，社会越来越摆脱对教会时间的依赖。由于社会时间渗透在社会生活的方方面面，权力的影响也到处存在，在市场、在工厂、在一切有社会交往的地方，总会有制定时间规则的一方和遵守时间规则的另一方。不过，守时并不能仅仅归结为对于权力的顺从，在各种交往越来越频繁的现代社会，守时也成为一种美德，社会要求其成员都有时间观念。在遵守不同的时间规则的同时，社会形成了不同的时间共同体。

"时间意识"是该成果的第三部分内容。人们认为，农民社会缺乏时间观念，而现代社会具有强力的时间意识。这个看法大体上符合事实。在这一部分里，课题组梳理了从部落社会、农民社会，到工商业社会的人类的时间观念，认为人类的时间意识是一个不断强化的过程，一个重要的表现就是时间意识从粗犷向精细和精准的方向发展。例如日常时间的分割从"时""时刻"，到分、秒，显示了时间意识的发展。在采集—狩猎和农业文明时代，人类的生产和生活主要依附于大自然的节律，人们的时间比较充裕，常常需要"打发"，一年到头都安排节庆活动。而现代社会的节奏加快，生产和生活都很紧张，常常表现出"争分夺秒"的状态。企业管理的目标就是提高效率，泰勒制和流水线作业正是为了充分地利用时间。在商业和工业文明时代，机械钟表的节律统治了世界。时间就是金钱，这是现代社会的时间意识的集中体现。

社会时间服务于社会经济生活，人的时间意识来源于社会现实的需要。在前现代社会，人们的时间观念粗放，那是因为现实生活不需要精细的时间规则，人们靠天吃饭，生产和生活只要大体吻合大自然的节奏，基本上就能衣食无忧。人们偶尔也关注时间，这往往是到了命运攸关的时刻。相对而言，工商业活动对大自然节律的依赖少些，钟表时间规范着生产过程和生活节奏，关注时间成为人们的日常需要。于是，城市里到处都可见公共时钟和听报时信号。而当钟表制作技术使机械时计小型化的时候，每个人都有可能随时随地掌握时间，时间意识事实上成了人们生活的组成部分。

夜的变迁既说明了人类的时间意识的提高，更反映了人类对时间的开发利用过程。该成果的第四部分主要从西欧历史中夜的变迁，讨论人们对黑夜的态度的演变。从人们长期形成的关于黑夜的恶的观念和对黑夜采取防范的措施，到近代初期以后把黑夜当成一种资源来开发、利用，黑夜的历史有过重大的变迁。在这个过程中，资本主义的发展起到了根本性的作用。虽然照明技术的发展对于夜的利用有很大的作用，但是，只有资本才有力量把漫漫长夜转变为一种经济资源，夜生活发展起来，夜班生产制度化，夜以继日成为现实，近代以后的夜晚成为资本扩张的一个新的空间。

最后一章讨论全球化进程中的时间标准化。时间的社会性决定了任何一个特定的时间体系的适用范围，有多少个不同的文明和社会，就会有多少个不同的时间体系。但文明的深入交往就需要有一种相适应的时间规则，15、16世纪以来，随着全球化的不断推进，人类迫切需要一种适用全球的时间体系。全球时间标准化就是使全世界有一个通用的时间规则，这主要体现在格列高利历的推广和华盛顿国际子午线大会确立标准时间。研究者发现，全球时间标准化是一个长期的趋势，与这个趋势相抵触的各种努力必然失败。全球时间标准化过程中存在权力的角逐和霸权。

东南亚三国华人文化重构研究

福建师范大学姜兴山主持完成的国家社会科学基金项目"东南亚三国（印度尼西亚、菲律宾、泰国）华人文化重构研究"（项目批准号为：14BSS014），最终成果为同名专著。课题组成员有：林羽、汪敏锋、赖林冬、陈海峰、李启辉。

一 研究的目的和意义

海外华人是中华民族伟大复兴的宝贵资源，是承载和传播中华文化的重要载体，也是联结中外文化的重要纽带。海外华人在适应当地环境中，逐渐形成了内涵丰富、复杂多元的华人文化。华人文化脱胎于中华文化，在秉承中国文化传统的同时，又在与所在国文化不断交汇、调适与融合，并呈现出新的文化形态。第二次世界大战后，东南亚华侨社会发生了深刻的变化。其中，最重要的就是大批华侨加入居住国国籍成为当地华人，并走向民族同化之路，这必然导致华人文化由传统中国型向现实当地型的转变。他们既有"中国化"的一面，也有"当地化"的另一面，这种"二重性"是动态过程。而东南亚国家实施同化政策，政治文化生态环境发生改变，当地华人文化日渐式微，造成了后者的文化成分愈加凸显。令人遗憾的是，有些华人还选择了完全"当地化"的道路，与"故土"的联结渐行渐远。由于缺乏中华文化的熏陶，他们的民族特质难免"流失"，其后裔更是对"祖籍国"淡漠，除了拥有几分华人血脉之外，并无其他华人族群的特性，甚至有些还成为反华的"精英"，这是值得人们深思的问题。

东南亚是中国的友好邻邦，当前美国为首的西方势力介入，使这里成为最为敏感地区。同时，东南亚也是"一带一路"倡议的沿线国家。在这样的背景下，研究东南亚国家就显得很重要。而华人文化重构不是孤立的问题，受多重因素的制约和影响。深入研究这一问题，不仅可以了解当地华人的处境，华人文化"包裹"的实质内涵，华人族群对祖国的情结，还可以透视东南亚与中国关系等。为此，该成果以文化变迁为切入点，立足东南亚华人社会的演化，寻找出在这些过程中的关键因素。

二　成果的主要内容

早期移居东南亚的华人与家乡有"斩不断"的联系，他们既带着远离故土的无奈，又饱含浓浓的乡愁与惆怅。尽管身处异邦处境艰难，但基于浓郁的家国情怀，对中华文化仍有深厚的情结。广大华人怀着对祖籍国传统的感召，百折不挠地捍卫本民族文化。同时，深刻感受到作为中国人的自豪，而且希望子女保持中华文化的特性。第二次世界大战以前，东南亚华人的民族意识占主流，华人社会依然呈现中华文化氛围，是中国传统文化的海外延伸。应该说，华人文化的传承与变迁，是华人族群演化不可分割的部分，它受到政治、民族和社会等诸多因素的制约。不可否认的事实是，华人文化属性始终在进行着演化。正如著名人类学家陈志明所强调的，华人族群研究展示的是一系列概念和实践体系，例如迁徙、寓居、认同、归属、适应、涵化、整合和地方化等。而各地华人祖源中国，对中华文明具有相近的认知与想象，但各地华人又因迁移历史、人文地理、政治生态、经济格局及生活经历的不同，而产生多样的地方性华人文化，促使进一步思考华人文化的同一性和多样性。

为此，该成果主要从以下几个方面进行论述：第一，阐述"朝贡"制度下，中国与南洋诸国的关系。早期华人移居南洋的缘由，华侨在当地的角色及所做的贡献。不管遭遇何种艰难险阻始终以中华文化为魂魄，延续了民族意识，成为与祖国保持密切联系的纽带。第二，解析印尼、菲律宾、泰国等国家华侨社会的移民特征。殖民者"眼中"的中国人形象，殖民者采取"以华制华"的手段。华侨遭受无端的排斥、驱逐和屠杀，华侨民族意识的觉醒，他们意识到祖国强大才是他们的坚强后盾。为此，他们加强与祖国的联系，特别是支持中国反帝反封建斗争。第三，深入剖析华侨对华文教育的"诉求"，当地政府的华文教育政策，华文教育的萌芽和发展。华社对华文教育的推动，华文教育也带动了文化的发展。华文教育是守卫华人族群文化的重要武器，而中西合璧的教育保证了华人文化特色，也促进了华人与当地人的文化交流。第四，阐述战后华文教育的复苏，华人在经济领域的斐然成就，也推动了华文教育的进步。台湾当局对东南亚华文教育的扶持，对于中华文化的海外传播起到了积极作用，但出于拉拢华侨的政治目的，也造成了华侨社会的矛盾和纷争。"菲化运动"最终波及华文教育，华文学校体制和性质转轨，成为政府管辖下的私立学校。第五，论述华人的移民观由"落叶归根"转为"落地生根"，越来越多的华人把居住国作为家园，华人文化走向融合之路。其中广大华侨的宗教信仰也发生变化，融合型的多重信仰，成为华人社会的宗教特点。华人宗教信仰的转变，有当地政府促使华人同化的考量，也有华人主动适应当地的一面。由此，华人宗教文化中又增添了新的异质元素，是他们适应生活的一种必要选择。第六，华人社会在进步与发展中，华人的参政意识不断加强。华人认识到只有承担社会义务，才能获取正当的社会权利，参政才能成为真正的国家主人。同时，华人社会还有提升整体素质和形象，并赢得当地土著居民的信任。不管出于何种初衷，积极参政对于华人族群的生存和发展是极其有利的。第七，揭示反映华人文化的华文报刊的历史流变，厘清这三个国家华文报纸的文化功能和使命。华文报纸对于构建民族文化维度，推动华文教育起到积极作用。华文报纸的副刊的文艺板块，揭示了华人疏离、彷徨与苦涩的复杂心情，彰显出融合过程中的心灵演绎。第八，论述华人社团源于中国移民在异域的相互守望，社团为维护华人的利益进行了顽强的抗争。为求得在当地生存发展空间，他们不再"各人自扫门前雪"，意识到有强有力的团体为后盾，才能谋得自身的权益。知非团结不足以图生存，非谋互助不足以言发展。而随着华人社会的进步，华人社团的功能已经不仅囿于服务华人，而是延展至整个社会。在政治上把自己作为当地人，而文化上依然是华人，已普遍被华人社会所接受。第九，分析影响华人文化的主要因素，深入分析新型文化的内涵。需要指出的是，冷战结束后东南亚放宽华侨入籍条件，大批华侨成为当地华人，而他们的文化仍处在彷徨中，这一点在华文文学中有所体现。面对现实，华人文化如何不断调和与重构，在适应与保持两方面找到"平衡"，重新塑造属于本民族的现代文化，引起了许多仁人志士的注意。倘若海外华人固有文化不断丧失，其对本族群的危机将是极其严重的。为此，支持海外华人传承民族文化，构筑"美美与共""和而不同"的多元文化，也通过海外华人让世界进一步了解中国。重构后的华人文化应凝练中华文化的精髓，对中国有一定程度上的认同。海外华人文化是未来发展方向和主流，同时，通过文化引导华人如何提升影响力，在促进所在国和中国关系上发挥作用，实现互利共赢，并成为共同维护和平的有利因素。

三　成果的重要观点

首先，华文教育使华侨保持了中华文化的特性，增进了华侨社会的凝聚力。中华文化对海外华人族群起到了守护作用，形成了对中华民族文化的依依之情。

其次，族群文化是一个民族的重要标识，但在漫长的历史进程中，海外华裔族群的文化传承，受当地政治、文化及其他多种因素的影响，文化属性在潜移默化中改变着。

最后，命运多舛的华人社会已经演变成为一个异质群体，归化入籍后的华人，已经由华侨转变为当地公民，国家认同发生了转变。在世界多元文化绚丽多姿的时代，华人移居海外产生文化融合是一种扬弃过程，但并不意味着割断本民族文化历史，更不能迷失自己的文化特性和归属。华人文化应植根于当地社会，继承中华文化衣钵的同时，积极与本土文化融合，形成以传统文化为基础元素，浸润当地文明的新型文化，并使当地文化更加丰富多彩。中国政府应大力弘扬中华文化精髓，不断提升其国际感染力，"润物无声"支持海外华文教育。中华文化海外传播要减少政治渲染，避免造成中国搞文化扩张的疑虑。其中的策略和方法必须深耕细作，尤其是施行过程要与时俱进，采取"接地气"的姿态，不能把"华人"当作"华侨"，否则会有越俎代庖之嫌。倡导华人族群在政治上是当地人，在文化上是当地华人，成为所在国知华、友华和亲华的力量。做海外华人工作固然重要，但也不应该忽视与原住民的交流合作。一味专注与华人社会"打侨牌"，也会引起主流社会的疑忌和抵触，这样反而不利于开展华人工作。

四　成果的主要价值

由于地缘的因素，东南亚是中国人移民的核心区。早期移居东南亚的华人主要以经商为主，为居住国的经济发展做出了巨大贡献。可东南亚各国为什么一度抑制、限制或取缔华校的华文教育？东南亚华人坚韧不拔传承中华文化，丰富东南亚各国文化的同时，又怎样重塑文化内涵？国内外学者存在许多争论，观点也莫衷一是。但有一种看法是一致的，那就是华文教育保持了民族特质，倘若中华文化传承断裂，华人将淹没在当地社会之中。如何解决好这些问题，是值得我们深入探讨和研究的课题。在新形势下，中华文化是促进国际交流的纽带。研究海外华人文化，从中了解所在国文化的历史，着重进行不同路径之生态差异的比较。华人文化的出路是开拓进取，不断综合中西文化之长以创新新文化。全面推动新时期华文教育转型升级，使华文教育为弘扬中华文化、讲好中国故事、传播好中国声音、促进中外友好发挥更大的积极作用。本研究立足于华人数量最多的东南亚地区，以华人文化为切入点，结合多学科主要理论，从多重维度深入探讨华人族群的文化变迁，进而为比较不同区域海外华人文化研究提供经验与启示。

安徽淮北地区商周青铜器整理与研究

安徽大学周崇云主持完成的国家社会科学基金项目"安徽淮北地区商周青铜器的整理与研究"（项目批准号为：13BKG007），最终成果为图录《安徽淮北地区商周青铜器》及研究报告《安徽淮河流域商周青铜器研究》。课题组成员有：陆勤毅、宫希成、朱华东、王箐。

一 研究的目的和意义

安徽淮北地区属于淮河流域中下游区域，由于和中原交通的便利性，是探究安徽早期文明的主要地域，也是我国古代文明形成、发展的重要区域之一。青铜器是探索商周文明的重要材料，在安徽淮北地区区域史研究中具有特殊意义。由于传世文献零散有限，对安徽江淮地区商周史的研究只能更多地借助于考古发现与研究。历年来在这片区域出土过不少商周时期青铜器，时间跨度大，器物类型丰富，不乏重器精品。这批资料存载信息十分丰富，可说是研究商周时期历史文化中最重要的考古资料之一。相对于中原地区，对于安徽淮北地区青铜器研究仅局限于少数个案，综合研究成果较少，因此该课题成果具有一定理论创新意义。同时研究中对器物年代学框架的完善可为今后该地区新的考古发现的年代和文化性质判定提供更多便利，具有一定现实价值。最后由于青铜器高度凝结当时社会政治经济价值与思想内涵，在安徽皖北地区商周史相关文献资料不多的背景下，该成果可为区域历史研究提供更多依据，是透视该地区商周史的重要路径。

二　成果的主要内容

该成果共有两个部分。

一为《安徽淮北地区商周青铜器》图录，其体例承接《皖南商周青铜器》（国家社科项目成果，已结题优秀，并由文物出版社出版）、《安徽江淮地区商周青铜器》（11BKG004 国家社科项目成果，已结题，并由文物出版社出版），在诸多铜器中遴选出 100 件著录，其中商代 39 件，占比最大，西周 2 件，春秋 42 件，战国 17 件。基本反映了所在区域铜器各阶段的特点。图录文字主要介绍了出土地点、收藏单位和器物尺寸。对一些器物细部特征也做了单独处理，以提供更多信息。图录以照片为主，多数纹饰辅以拓片表现。

二为研究报告《安徽淮河流域商周青铜器研究》，以整个安徽淮河流域出土青铜器作为研究对象，共有六个部分，其主要内容如下。

绪论中，首先讨论了时空范围与自然地理，在地形地貌的基础上，将安徽淮河流域分为三个亚区，即皖北平原区、沿淮冲积平原区、淮南阶地平原区。其次分析了该区域内自史前至商周时期的历史的变迁。最后对学术史进行回顾，将其分为金石学阶段、过渡阶段和区域青铜器研究阶段三个阶段。

第一章为出土资料的详尽编订和分期。首先以亚区为片，结合各铜器的出土背景，以发现年代为序，对区域内出土的近千件铜器进行价值判断，选出可备深入讨论的群组。其次对各铜器进行类型学研究，并在此基础上分期和断代。将所列铜器共分三期九段，第 1 期共 4 段，自商代二里岗上层至西周早期早段。其中，第 1 段主要属于二里岗上层偏晚至殷墟早期。第 2 段属殷墟中期。第 3 段属于殷墟晚期。第 4 段属于殷墟末期至西周早期早段。第 2 期分 4 段，自西周早期至春秋中期。其中第 5 段属西周早期晚段至中期早段。第 6 段属于西周中期晚段至晚期早段。第 7 段属西周晚期晚段至春秋早期。第 8 段属春秋中期。第 3 期仅分 1 段，即第 9 段，主要属于春秋晚期，个别器物属于战国早期早段。

第二至四章为报告的主体。分别研究置身于商文化、周文化和楚文化下的区域青铜器特征。

第二章为商文化影响下的区域铜器研究。第 1 阶段重点研究嘉山泊岗组、台家寺组铜器群，2件拣选器也属此段。第2阶段包括寿县苍陵城组及若干零星出土器。第3阶段有颍上王拐村、郑小庄、凤阳花园湖等群组及若干零星器。第4阶段主要有颍上郑家湾组、金寨斑竹园组铜器。可见器类有酒器中的爵、斝、尊、罍、觯、卣、匕，食器中的鼎、簋、鬲、甗，兵器中的戈、矛、钺等，乐器中的小铙，车马器中的軎、轭首饰、弓形器等，与二里岗上层至殷墟地区青铜器不同时期演变特征大致相同，也或存在个别区域风格。

该期除拣选器外，出土铜器则以点状，分布在皖北的临泉、沿淮区域和皖西的六安。颍河流域中下游则是值得关注的重要商文化南下的通路。自二里岗上层以后，商文化在安徽淮河流域的影响持续加强，几乎在整个殷墟时期皆有分布，并在殷墟一、二期达到顶峰，然后有衰退迹象。至殷末时，或已受到周文化的影响。西周初年，出现以金寨斑竹园出土组群为代表的铜器，虽然具有浓郁关中风格，但器型、组合仍属商式铜器。但该组器物反映出至迟在西周初年，周文化可能已经顺长江自湖北至安徽，并由南向北地逐渐影响到安徽淮河流域。

第三章为周文化影响下的区域铜器研究，属本报告的第二期，共分4段。其中第5段有紫燕墩组、霍山尊及零星拣选器。第6段有台子山鼎、贯山钟、苍陵城钟等器。第7段有谢芦村组、太和胡窑组、定远坝南组等组群铜器。第8段有利辛管台子组、泗县组、凤阳乔涧子组、寿县魏岗组、滁州章广镇组、六安思古潭等组群。第二期以食器、水器为主，鼎、簋、鬲、匜等较常见，甗、盉、簠、盨、缶等偶有出现，兵器、车马器等则较少见。而西周早中期可见铜器偏少，所见风格皆为宗周特征。西周晚期起出土数量逐渐增加，沿淮以北仍为浓郁的周式铜器，而在春秋早期偏晚后，区域文化特征逐渐形成，尤其在淮河以南区域。但由于楚国势力的东渐，这种局面在春秋中期偏晚阶段后并未得以继续。

第四章为楚文化影响下的区域铜器，属第三期，仅分1段，本文仅分析最早的第9段。此段群组丰富，有蒙城小涧组、宿州芦城子组、凤阳卞庄组、蚌埠双墩组、凤阳大东关组、寿县蔡侯墓组、淮南蔡侯墓组、六安九里沟等。

由于数个诸侯国贵族墓的发掘，本期铜器数量和类型都异常丰富。依铜器铭文，本期铜器主要涉及钟离、楚、蔡、吴等国，并可与相关文献记载关联。钟离国贵族墓铜器属春秋晚期早中段，偏早阶段的铜器以中原风格为主体，地方文化因素间杂其内，同时受到了楚、吴文化的影响。而随着时间推移，楚系风格则越发显著。楚国铜器集中在淮北的蒙城、江淮的六安，多属春秋晚期早中段，或有个别春秋中期铜器残留，组合以鼎、盏、敦、盆、匜等为主，属于中小贵族墓的随葬品。吴国铜器以有铭兵器、容器等为主，大多属于春秋晚期中晚段。蔡国铜器除少量源自吴国、越国器外，大多应为相应时段的本国产品，文化风格较统一，其主体仍具有浓郁的中原特征，但在用鼎制度等方面无疑受到了楚国的影响，并存在少量吴越地区输出产品。

三　成果的主要价值

该成果为构建区域内商周文化起到了积极作用。淮北地区的商周历史存在诸多空白和不详之处，如区域内政治版图、演进、与中原王朝的关系及其文化特征等，历年来的相关历史研究主要依靠传世文献，以及少量出土文献，部分资料所涉及的地名及其地望等还尚有争议。此次研究工作将区域内出土青铜器的系统引入，对补充、考定相关历史无疑具有重要价值。

商周时期的安徽淮北地区，地域优势明显，自然资源丰富，通过对各类型青铜器的梳理与研究，展现出一派繁荣的青铜文明气象。这种现象的得益，一方面与更为发达的中原地区或强势地域的交流与互动分不开，同时也与本地自史前以来所积淀的厚重文化不无关系。同时也要看到，安徽淮北地区商周青铜器在不同时段和不同地域内，部分器物的演变规律较为清晰，但也有部分器物的演变存在缺环、形制风格复杂，演变中存在突变性，反映出区域内考古学文化间的消长关系，同时本区域商周青铜文化的构建具有显著学术价值。

殷墟遗址的动物考古学研究

中国社会科学院李志鹏主持完成的国家社会科学基金项目"殷墟遗址的动物考古学研究"（项目批准号为：13CKG012），最终成果为同名研究报告。课题组成员有：赵欣、闫灵通、司艺、岳占伟、王红英。

一　研究的目的与意义

该成果是对殷墟遗址出土动物遗存进行更全面、系统的整理和研究以及多学科的整合研究。全面、系统整理、研究殷墟遗址不同地点不同考古背景的遗迹中出土的丰富的动物资料，以此为基础反观以往的动物资料，全面综合已有的基础研究资料，充分利用相关研究成果，深入挖掘文献资料和第一手整理材料中蕴含的信息，深入探讨晚商时期开发动物资源和畜牧业生产状况，探讨商人的饮食风习与特定的动物随葬与祭祀所体现的葬俗文化、祭祀礼仪制度等，对殷墟不同考古背景、不同功能区的动物的异同进行多个区域间的比较研究，探讨不同功能、等级区域利用动物资源的差异，从动物的碳、氮同位素分析和古 DNA 研究的角度进行多学科整合研究与分析。

该成果利用殷墟遗址 20 多年发掘出土积累的丰富动物骨骼资料，首次利用动物考古学的最新研究方法，对殷墟不同功能区域如作坊区、宫殿宗庙区、普通族邑、墓葬、祭祀地点出土的动物骨骼进行全面系统的鉴定与分析。该成果还结合碳、氮同位素分析和古 DNA 研究，深化殷墟遗址的动物考古学研究，探索科技考古不同门类之间的整合。这对于全方位、多角度、历时性地分析和研究晚商都城殷墟的动物资源利用情况，了解动物资源反映的殷墟文化与晚商社会、经济、祭祀礼仪等，具有重要的意义。

二　成果的主要内容

该成果完全建立在最近 20 年来的考古发掘材料基础之上，重在突出研究的系统性、全面性、创新性。扩大了对大司空遗址、铁三路制骨作坊、小屯南地、机场南路、郭家湾遗址出土的动物骨骼资料鉴定，并增加对孝民屯、白家坟东地以外其他墓葬与祭祀遗迹出土的动物骨骼的分析，资料量增加数倍以上，如新鉴定、统计殷墟铁三路制骨作坊遗址一个地点的动物骨骼标本（大部分较为破碎的骨料）全部可鉴定标本数共计 42 万 7000多件，新增加了宫殿宗庙区、制骨作坊、其他族邑的动物骨骼资料，使得对殷墟遗址的动物考古学研究更加全面、丰富。在研究内容上，增加了不同功能区域动物骨骼资料的比较分析、晚商渔猎经济的内容。在研究方法上增加了碳、氮同位素分析和古 DNA 研究等多学科研究方法的介入；增加殷墟遗址与其他晚商遗址的动物考古学研究成果的对比分析；增加对动物骨骼的病理研究与家畜役力开发、埋藏学研究等研究内容，引进新的研究方法改进对殷墟家养动物开发的研究。

该成果的主要内容是通过全面系统地分析殷墟不同地点、区域出土的动物骨骼、遗骸资料，采用多学科研究方法与多种研究手段，对殷墟的动物考古资料进行不同功能区域的比较和历时性的研究，从对殷墟作为都城遗址的动物资源利用、供应问题进行系统探讨，通过殷墟动物学研究的个案，剖析晚商社会乃至华夏文明动物资源开发利用方式，渔猎业、畜牧业经济与动物祭祀，随葬制度的内涵与特点，展现商文明的社会、经济与文化的发展阶段、过程与动力等。

对殷墟动物群的鉴定和研究涉及殷墟出土的爬行动物、鱼类动物、鸟类动物、贝类动物、哺乳动物。对殷墟动物遗存的动物考古学研究是在对动物遗骸进行分门别类的种属鉴定的基础上进行的，比如殷墟发掘之初经杨钟健、德日进、刘东生等鉴定的殷墟哺乳动物的种类基本涵盖了后来殷墟考古发掘所出哺乳动物种类绝大部分，经过历代学者的努力和本课题项目的工作，商代晚期安阳殷墟遗址动物群种属构成的基本面貌已经清晰。

殷墟遗址不同区域利用的动物种类有明显的区别。宫殿宗庙区属于王室活动区域，等级最高，从其利用的动物种类来看也最为丰富，无论是野生哺乳动物、鸟类、贝类种类都极为多样。同区域的动物种类的差异，与所在区域的居民的社会地位、生活方式等有着密切的关系，动物考古的研究揭示了殷墟不同等级区域不同身份、地位的人群利用动物资源存在明显的差异。

大司空、孝民屯和白家坟均以猪、牛、羊为主要家畜。在殷墟遗址范围内，不同的区域利用的动物种属有所偏好，大司空和孝民屯偏好猪，白家坟更偏好牛。其他的动物种属变化比较平稳。铁三路遗址则黄牛所占的比例占绝对优势，这和铁三路遗址作为制骨作坊的性质有关系。

殷墟遗址居民利用的家畜有猪、牛、羊、狗、马等均为家畜，鸡很可能也是家养的，但还需要做进一步的研究才可以最终确定。从殷墟遗址出土的不同种属的哺乳动物根据该种动物的形体特征、数量比例、随葬或埋葬现象、年龄结构、古 DNA 分析、碳氮稳定同位素分析和古代文献记载尤其是甲骨卜辞的记载，可以明确古代所谓的"六畜"中的五种猪、牛、羊、狗、马在晚商时期均为家养动物，有的还可以根据病理现象（如黄牛）判断用于畜力使用，也可以作为判断其为家畜的证据。殷墟遗址以往鉴定过的牛亚科动物中，有圣水牛和黄牛两种。该成果推断圣水牛是野生动物，而非家养动物。

通过对殷墟和殷墟以外其他晚商遗址所利用的家养动物在哺乳动物中所占比例的分析，可见商代家畜饲养业普遍较为发达，当时的人获取肉食资源的方式主要来自家养动物，不过还是看出殷墟遗址作为都城遗址，家养动物在哺乳动物中的数量比例较之一般遗址要高一些。这与都城遗址的特殊性及其对资源的汇聚能力可能有很大关系。

对动物的死亡年龄结构或屠宰模式的研究表明，商代晚期饲养的猪、牛、羊的主要目的都是为人类提供肉食。在铁三路遗址发现有部分牛骨有严重的病变，其比例也相对较高，当时应该有部分牛是作为畜力使用的。

通过对殷墟遗址出土动物骨骼样品的碳、氮同位素的分析，牛羊食物中以 C3 和 C4 类植物混合构成为特征，这与牛羊的饲养方式也是吻合。殷墟时期不同家养动物的放养方式也有很大的不同，反映相应的不同牲畜的饲养管理和策略也存在很大的差异。

该成果对殷墟古代马大样本（数量为 27 个）的古 DNA 研究，有助于我们更好地来探讨中国中原地区古代家马的来源。殷墟古代马的线粒体DNA 序列可以归属到 5 个不同的谱系 A、C、D、E、F，都属于已驯养家马的范畴。殷墟古代马的母系遗传结构与中亚地区的马群更为接近。殷墟遗址出土的古代马可以确定毛色的仅有栗色和枣色两种，与同时期的欧亚大陆其他地区马群相比，毛色较为简单。殷墟古代家马的毛色特征也暗示了先民们可以根据动物的表型特征来筛选动物品种。

畜产品的开发也是本课题的重点研究之一。通过讨论家猪、黄牛、羊的死亡年龄结构，其结果反映殷墟时期家猪和羊的饲养目的可能主要是为了获取肉食。黄牛在大多数区域都是为了肉食，但在铁三路遗址中以成年个体为主，通过对该遗址出土的牛骨进行病理分析等研究，发现较大比例的与长期役力使用有关的骨骼病变现象，确认当时已经存在对黄牛畜力的利用。在本课题进行过程有限观察过的车马坑中的马来看，都是成年个体。马作为畜力使用没有疑义，因为在车马坑中随葬本身就有明确的证据可以表明这一点。

该成果尝试了对动物骨骼部位的分布进行了一些尝试性探索，现有的发掘收集骨骼的粗略，导致不同骨骼部位的收集率存在较大差异，遗址不同性质、功能、等级的区域利用动物资源的方式也导致了不同动物的骨骼部位分布存在不同的模式。

殷墟墓葬中狗牲主要作为殉牲，而猪、牛、羊则作为肉食祭品。种类组合与骨骼部位组合形成了一定的规律。在殷墟墓葬二层台或填土中随葬的动物腿骨，多数地点无一例外都是家畜左前腿，可以看出在殷墟墓葬中对牲腿的前后、左右的选择中崇尚使用左侧前腿，这种规范化的丧葬礼仪制度，在整个商文化的分布范围内得到较为严格的遵守。殷墟墓葬随葬的动物中，都是未成年个体，这既可能出于特定随葬礼仪要求，也可能出于经济角度的考虑——尽量将祭祀成本压至最低，也与史前猪牲多用幼年猪是一脉相承的。

殷墟遗址车马坑中的马和墓葬中腰坑、填土等所随葬的狗属于殉牲。现有殷墟车马坑中马从现有的考察情况来看都为成年公马。晚商时期以犬殉葬之风盛行，并流行使用幼年的狗，当时可能存在专门提供丧葬礼仪所需犬牲的养狗业。

殷墟祭祀遗迹中所出土的动物牺牲种类有黄牛、猪、羊、狗、马、鹰、鱼、象、虎、鹿、鸡、兔、鹤等。研究表明，商代的祭祀用牲体系在晚商时期显得更为多样化，牛、羊、猪、狗、马在牺牲中扮演的角色各不相同。从考古发现来看，可以总结为晚商时期殷墟出现以牛牲为优位、以马牲为尊的多元化兽牲制度。

三　成果的主要价值

殷墟遗址出土的动物遗存的获取与研究在殷墟发掘一开始就受到特别的重视，殷墟动物考古一定程度上是中国动物考古的缩影，殷墟动物考古，即殷墟发掘的动物遗存的资料的获取与整理研究的历史，是整个中国考古学的所谓"殷墟传统"的一部分。殷墟出土的动物遗存的分析与相关动物考古学研究在这样的背景下，对于殷墟与商代考古以及动物考古学的研究的推动都有着重要的意义。总体来看，晚商时期殷墟的动物资源的开发、利用与其作为都城的性质关系密切，晚商都邑社会的动物资源利用独具特色，具有很大的复杂性，对殷墟遗址的动物考古学研究，可以据此揭示商文明的经济、文化、社会的诸多特质，对于探讨中国古代早期国家的发展及其经济基础、资源开发与利用、城市化特点、畜牧业经济、资源的交流、贸易与交换、礼仪制度等都有着重要的意义。

凤林城——1998~2000年度发掘报告

黑龙江省文物考古研究所张伟主持完成的国家社会科学基金项目"友谊凤林城址发掘报告"（项目批准号为：14BKG007），最终成果为研究报告《凤林城——1998~2000年度发掘报告》。课题组成员有：许永杰、赵永军、田禾。

一 研究的目的和意义

该成果是 20 世纪末聚落考古理论在我国开展的重要实践——"七星河流域汉魏遗址群聚落考古"最主要内容友谊县凤林城址发掘的考古报告。

七星河流域位于三江平原腹地。凤林城址是目前三江平原地区所发现的汉魏时期规模最大、等级最高的城址，七星河流域汉魏遗址群的核心聚落。城址呈不规则形，面积约 120 万平方米，现存外城墙周长 6130 米。凤林城是一座多重城垣的城址，城内被城墙分割为九个城区。第七城区位于城址的中心位置，平面呈方形，周长约 490 米，掘土堆筑，单墙单壕，城墙四角各有一向外凸出的"角楼"。四面墙的中部各有一向外凸出的"马面"。现存城墙上不见城门。城内面积约 10000 平方米。

1998~2000 年，黑龙江省文物考古研究所对友谊县凤林城址的第七城区进行了连续三年的正式发掘，基本揭露了第七城区的北半部，面积 3684 平方米。清理房址 36 座、灰坑（窖穴）37 座、墓葬 1 座、解剖城墙 1 段，出土陶、石、骨角、铁、铜器等约 1400 件；同时提取了较多的动物骨骼、木炭、炭化作物颗粒及孢粉样本。

该成果是详细、完整、系统发表凤林城址三年大规模的考古发掘资料与研究成果。通过凤林城址性质、功能和地位及生业形态与社会发展阶段、族属等问题的探讨，为三江平原汉魏时期古代历史、社会发展进程和民族发展融合变迁研究提供考古学佐证。

二　成果的主要内容

该成果是 1998～2000 年凤林城址考古发掘报告，包括前言、层位堆积和期别划分、遗迹、遗物和结语五部分。主要内容如下。

（1）从地理位置与自然环境、建制沿革、城址形制和工作概况四方面介绍凤林城址的基本情况。

（2）对凤林城址第七城区的层位堆积和期别进行了划分。本次发掘的凤林城址地七城区地文化堆积平均厚约 1.1～1.2 米，可分为 3～4 层。通过对层位关系分析和对出土遗物特征的认识，将凤林城址第七城区的文化堆积分为早、晚两个时期的遗存。早期遗存少，晚期遗存是主要堆积。

（3）介绍发掘的遗存情况。一是介绍了第七城区的城墙与城壕。二是按类别、依时期介绍发掘的遗迹现象。三是按质地、依时期、分类别介绍出土器物。

（4）以凤林城址作为切入点多方面进行探讨，对三江平原汉魏时期社会发展阶段和人类社会发展进程定位。

①凤林遗址早期遗存属于三江平原地区已命名的"滚兔岭文化"范畴，年代应在两汉之际。七星河流域是滚兔岭文化的一个重要分布区。晚期遗存代表一种新的文化类型，命名为"凤林文化"。凤林文化大体分布于七星河流域中心。凤林文化的年代在魏晋十六国时期，下限则可能已进入北魏早期。

凤林城址包含了九个城区，整体呈不规则形。从各个城区的城垣走势及城址形状的不规则看，城址的修建存在时序的早晚。关于凤林城址废弃以及全流域聚落消失的原因，推测全流域聚落消失的原因是七星河流域，在凤林文化时期，发生了一场涉及全流域的战事，凤林文化的居民被迫转移，徙往异地他乡。战火过后，七星河流域则荒芜千年。

②凤林城址滚兔岭文化时期，农业经济已经出现，同时渔猎经济仍占有相当比重。凤林城址凤林文化时期经济结构表现为，农业经济为主，兼

以捕鱼、狩猎、畜牧等行业，同时还辅以皮革加工、木料加工、纺织和缝纫等手工业，是一个生计多样的农业社会。

③文献中缺乏对三江平原汉魏时期诸民族集团所处社会发展阶段与进程的认定和记载。因此，考古学资料是我们判定七星河流域汉魏时期考古学文化所代表的古代族群所处社会发展阶段的重要依据。聚落考古的方法和文明形成诸要素的判定是考量和推定七星河流域汉魏时期社会发展阶段的主要方法。主要体现在以下方面。

区域内遗址的类型和功能呈多样化，一方面，表明其建筑技术的发展与成熟，另一方面，预示出社会组织结构的相对复杂化。

聚落内出土青铜器及铁器等一批重要的金属器物，其中凤林城址主要为铁器和铜器。铜器多为生产工具和装饰品。铁器包括小型兵器和生产、渔猎工具等。保安二号城址出土的铁铧犁，不仅表明了铁器中农业生产工具的制作水平，亦显示了农业生产集约化的发展程度。

区域内出现祭坛城址，发现了数量较多的卜骨，卜卦习俗已融入社会的经济和政治生活之中。占卜的主要内容是祭祀和军事战争，即所谓之"国之大事，在祀与戎"。祭祀活动地位重要，成为当时社会群体发生联系、维系关系、凝聚向心作用的重要形式。

区域内发现有数量较多的植物颗粒，种类多达 5~6 种，主要农作物有粟、黍、大麦、大豆，此外还有禾本科、藜科等植物。成组的石磨盘、磨棒加工工具，以及铁铧犁农具的出土。表明农业经济有显著发展并出现初步繁荣。

区域内 426 处汉魏遗址分 16 个遗址群。遗址的等级至少可以划分为小型、中型、大型和超大型四个层次，当属于复杂社会。另外，凤林城址建筑规模巨大，表明其应是动用全流域的力量修筑的，反映出当时已存在能够调动全流域的行政机构。表明国家管理机器的存在。从聚落考古的角度分析，汉魏时期的七星河流域应已处于早期国家社会阶段，或称之为准国家阶段。三江平原七星河流域的汉魏居民已经进入文明社会的门槛。

④七星河流域发现确认的 426 处遗址，可划分为五种类型，即居住遗址、防御城址、祭祀址、要塞址、瞭望址。从凤林城址作为最大规模且具防御性质的聚落和出土众多与战争活动有关的物件看，凤林城址是全流域的政治、军事和经济中心。

⑤根据文献记述与研究，三江平原两汉魏晋南北朝时期的先民，最有

可能的只有两支，一支是挹娄——勿吉，另一支是沃沮。而沃沮有南北之分。分析三江平原汉魏时期发现的考古学文化，波尔采文化属于挹娄；滚兔岭文化与凤林文化一脉相承，二者与北沃沮联系最大。凤林城址的废弃乃至七星河流域汉魏时期考古遗存的终结，缘于一场战火，这场战火当不是来自中原王朝。使得北沃沮灭亡的这场战火，还应是来自北邻挹娄，是挹娄族不断寇钞的结果。

成果的主要观点如下。

一是认为以凤林城址早期遗存为代表的滚兔岭文化与凤林城址晚期遗存为代表的凤林文化是具有直接承继关系的两支考古学文化。凤林文化是一种由多种文化因素共同构成的、文化面貌较为复杂的考古学文化，是在继承本地区前期文化——滚兔岭文化的基础上，向北、向南分别吸取周邻地区蜿蜒河—波尔采文化、团结文化、泡子沿文化等因素，在继承、吸收、融合的基础上，又发生了明显的创新、改进与嬗变，而发展成为一种内涵丰富、面貌复杂的新的文化遗存。认为滚兔岭文化与凤林文化的族属同为文献记述中的北沃沮。改变了学界以往认为滚兔岭文化和凤林文化均属于挹娄或滚兔岭文化属于挹娄、凤林文化属于勿吉的认识。课题组在前期研究工作中，由于对古代文献梳理地不清，对考古发掘资料把握地不准，因此产生了一些偏颇的认识，发表了两篇观点偏颇的阶段性成果。后来及时地转变了思路，对古代文献记述重新研读、深入思考，对滚兔岭文化和凤林文化的文化因素及与周邻地区文化的交流和融合重新探讨，使最终成果获得的认识和观点更接近历史真实。

二是认为汉魏时期的七星河流域应已处于早期国家社会阶段，或称之为准国家阶段。如果以国家作为文明确立的标志，三江平原七星河流域的汉魏居民已经进入文明社会的门槛。

三　成果的主要价值

（1）该成果为研究三江平原地区汉魏时期考古学文化格局和社会结构及组织情况提供新的资料。

（2）该成果为探究黑龙江流域辽金时期普遍存在的带角楼、马面平原城的起源提供新的考古学信息，为东北亚地区古代军事防御性建筑设施的演变提供新的资料。

（3）该成果为研究东北古族沃沮提供了新的资料，为研究黑龙江流域汉魏时期古代族群的发展、演变、融合提供了难得的资料。

（4）该成果为复原汉魏时期人类大规模开发三江平原地区的生产、生活情况，人类与自然之间的互动关系提供新的资料。

莫高窟及其周边古代土塔遗址调查与研究

敦煌研究院郭俊叶主持完成的国家社会科学基金项目"莫高窟及其周边古代土塔遗址调查与研究"（项目批准号为：13BKG015），最终成果为同名专著。课题组成员有：张小刚、武涛周。

一 研究的目的和意义

敦煌是佛教圣地，建塔历史久远，史载有阿育王建塔，也有隋文帝仁寿建塔，在佛教建塔历史上占有一席之地。

敦煌莫高窟窟区及周边现有土塔 36 座，佛堂一座，土塔遗址 1 座（第234 窟上方塔），共 38 座佛塔与佛堂遗址，其中崖顶有 6 座，窟前宕泉河两岸有 19 座，老君堂有 4 座，城城湾有 2 座，窟内土塔 6 座，另外还有一些建筑遗迹，如崖上涅槃寺前以及第 20 号塔北侧的土堆遗迹，都属于莫高窟及周边佛教遗址的重要组成部分。但种种原因，到目前为止，这些遗址内容还未计入《莫高窟内容总录》之内。除了少数土塔有学者撰文做过介绍研究之外，大部分资料均未系统整理与公布，有的只知有塔，不知其内容，更谈不上研究。这些遗址、遗物作为敦煌文物不可或缺的一个组成部分，系统整理工作亟须早日进行。通过对莫高窟窟区及周边土塔的考古调查，全面、系统地对这些遗址的资料进行整理和初步研究，提供大量基础性的材料，从而促进相关保护和深入研究工作。

土塔是大型佛教聚落遗址的重要组成部分，如果把莫高窟内所有遗址看成一个整体，土塔穿插其间，其所在位置体现了遗址的结构布局与宗教诠释，而有些土塔可能与洞窟同时营建，那么研究土塔的内容与宗教意义是对洞窟研究的补充与促进。

二 成果的主要内容

该成果主要对敦煌莫高窟及其周边现存的土塔遗址做了全面的考古调查，用文字、测绘、照相等手段详细记录相关文物的位置、内容、保存状况，并考订其题材与年代，研究其制作方法和艺术风格。在调查研究之后，课题组将莫高窟的塔分为四类。第一类为佛舍利塔，建于宕泉城城湾的大华塔属于舍利塔，历史上董保德重修的普敬古塔也属于舍利塔，也应建在城城湾。

第二类为具有礼拜、礼忏功能，与洞窟有相同性质的塔，主要修建于莫高窟崖面上方，与下层洞窟组成一组洞窟，有的在内容上起着补充下层洞窟的作用。老君堂的慈氏塔与锥形土塔也属于同一类型。

第三类塔，主要是密教塔，单独起塔，具有密教坛场的性质。在宋之后兴起，与崖面脱离关系，建于距离崖面有一定距离的戈壁上，如涅槃寺、以及位于宕泉河东岸的三座西夏、元时期的塔。

第四类塔为僧人丧葬塔，主要分布于莫高窟宕泉河两岸的台地上，这类塔较多，现存17座，包括王圆箓道士塔。从塔形来看，大多数应建于西夏、元时期，也有清代、民国时期的塔。

莫高窟是一个整体佛教遗址群落，从塔的分布来看，塔的修建是有规划的，也遵循一定的原则。崖面南区北侧上方入口处有两塔，矗立于莫高窟通向敦煌的古道两侧，是天王塔（堂）以及天王堂寺所在地，在建筑设计上有天王驻守山门之意。另外还有为纪念于阗公主而建的涅槃寺，位于古道南侧。

进入宕泉河谷，从南到北，分别有莫高窟第143窟及其上方塔，莫高窟第156、161及其上方塔，莫高窟第237、234窟及其上方塔，莫高窟第17、365、366窟及其上方塔，这些窟、塔均是垂直分布在崖面之上，窟门在一条中轴线上，是有规划的一组建筑，功德主为同一人。他们与莫高窟南大像、北大像一样，贯穿整个崖面或局部崖面，是敦煌大族、僧界领袖或者有影响力的人所建，主要有僧统，节度使等人。这些塔窟组合是除了南、北大像之外，莫高窟崖面上的标志性建筑。莫高窟洞窟前面大部分都有木质窟檐建筑，与上方塔一道组成佛教塔窟组合的建筑，整体来讲，是一类比较有特色的塔的形制，下方为殿堂式、最上层为塔，在敦煌壁画中也可见到此类塔。崖面洞窟及其上方塔是莫高窟的主要礼佛区。

莫高窟崖面前方台地上，建有寺院以及一些塔。

宕泉河谷东岸，是塔林，主要是莫高窟僧人的安葬之地。西夏及之后还建有三座密教塔。

作为一个大的佛教遗址群，莫高窟的修建遵循佛教的建筑原则，与经文"僧祇塔事者，起僧伽蓝时先规度好地作塔处。其塔不得在南、在西，应在东、在北"相符，僧塔建于东边及北边。东边指宕泉河东岸，为塔林；北边指北区，北区有礼佛窟，也有瘗窟及僧人生活居住窟。这也符合莫高窟的地形状况。宕泉河将莫高窟一分为二，河东岸为戈壁，因河阻挡，推测东岸当时也无进入莫高窟的主道。河西岸有崖面，有洞窟，窟前还有台地，适宜种树、建寺院，这是主要的佛事活动区域。崖面南区北侧上方的双塔是出入莫高窟的山门，也有镇守、护持莫高窟之意。

宕泉河谷的城城湾是宕泉河南谷，也有寺院，寺院内有讲堂，讲堂后有舍利塔。现存大华塔是舍利塔之一。南谷地处幽静之地，选择将舍利塔建于此有保护舍利，免被打扰之旨，也可能有此地为莫高窟最早佛教的发轫地之意。

老君堂地处三危山之中，地势较高，此地建有慈氏塔，有类兜率天宫。慈氏塔内主尊是兜率天宫的弥勒菩萨，有祈愿上升兜率，值遇弥勒之意。

总体来说，莫高窟窟区及其周边的塔是以莫高窟崖面洞窟为中心，以地形及方位为辅而建的塔，天王堂取其位于山门入口处，崖面上建塔为与下层洞窟组成一组塔窟建筑群，宕泉河东岸为塔林，城城湾建舍利塔取其幽，老君堂建慈氏塔取其高。

第 234 窟上方的土塔已完全塌毁，未经发掘清理，故难知详情，但推测是与第 234 窟连为一体的一座中唐时期的土塔，因而 234 窟上方的塔应是莫高窟现存最早的土塔遗址。现存最早的塔为莫高窟 161 窟上方的塔，建于晚唐归义军初期。在曹延禄建涅槃寺之前，塔内主尊以释迦、弥勒等显教尊格为主，而在此之后，则以密教为主流，以大日如来为中心组成的坛场为主要内容，一座塔，就是一坛场。

敦煌历史上记载的阿育王建塔，隋文帝仁寿建塔，以及后来的董保德修缮普敬古塔，都是释迦舍利塔。随着洞窟的营建，塔也作为崖面建筑的一部分而修建，与洞窟性质相同，具有礼拜、礼忏功能，与其下方洞窟形成垂直塔窟组合的形式，这类塔主要有法华塔、弥勒塔等。随着宋代密教的发展，敦煌出现了一些以密教内容为主要题材的塔，如涅槃寺以及西夏塔等。敦煌存在最多的塔是高僧骨灰塔，分布于宕泉河两岸。敦煌在西夏及之后还存在一种窟内建塔的现象，这或是作为灵塔的一种形式出现，与西夏崇尚礼拜佛塔，流行龛内建塔有关，可能也与藏传佛教有关。

关于天禧塔，法华塔，张议潮功德窟第 156 窟、第 161 窟及其上方塔，涅槃寺塔（原作天王堂），慈氏塔，窟内塔等相关问题提出了新的观点。

从天禧陶塔本身、塔上的墨书题记及大华塔出土碑文分析可知，笔者认为成城湾大华塔是舍利塔，但不是董保德重修之普敬塔。普敬塔建于讲堂之后，小华塔附近较为平坦，有建讲堂的地理条件，也有寺院建筑痕迹，普敬塔或为小华塔，或位于小华塔附近。

敦煌文献《腊八燃灯分配窟龛名数》中的法华塔，前辈学者根据自己的见解，提出了不同的看法，有认为是莫高窟第 143 窟上方之塔，有认为是莫高窟第 161 窟上方之塔，也有推测是在第 96 窟上方。课题组通过实地考察莫高窟第 143 窟上方塔，认为塔内内容与法华不符。莫高窟第 161 窟上方塔经过考古发掘，塔内主尊为弥勒佛，亦与法华塔无关。在对《腊八燃灯分配窟龛名数》认真仔细分析之后，发现法华塔所在的区域——王行者负责区是从莫高窟南大像（不包括）始，自南至北，经何法师窟（196 窟）、刹心佛堂（205 窟）、北大像上层（96 窟窟前建筑第二、三、四、五层），止于法华塔，法华塔应是莫高窟第 234 窟上方之塔。

莫高窟第 161 窟上方塔，在 2003 年的考古发掘中，没有发现重修的痕迹。在考古发掘清理中出土了一块题名残片，残片中的"郎押衙"很具有时代特征，我们通过分析认为，这是归义军时期窟主或塔主对其儿子的称谓，在第 156 窟张议潮功德窟之上修建宝塔，必是张议潮本人，张议潮有两子，这身题名为"……郎押衙"的供养人，应是其子之一。

从文献记载出发结合第 156 窟的内容与窟形考察，发现二者不同，因而第 156 窟不可能是文献中的张族寺院。第 156、161 窟及其上方塔是典型的一组垂直塔窟组合建筑，通过对洞窟内容以及土塔考古发掘出土残片的探讨，课题组认为这一组塔窟是经过整体严密设计的，其窟主即张议潮，参与设计者的高僧中有悟真。如果将张议潮功德窟莫高窟第 156 窟与此窟上方的莫高窟第 161 窟，及第 161 窟上方的塔看作一体的话，恰好三层，并且以弥勒为主尊，与五台山中的三层弥勒阁一致，也就是说，莫高窟的第156、161窟及其上方塔，二窟一塔组成了三层的弥勒阁。最下层第156窟主尊为弥勒，最上层塔内主尊亦为弥勒，中层窟为万菩萨堂。

第161窟残存的两身塑像，以前学界一直认为是着吐蕃装，但经笔者认真考察比对后，认为非吐蕃装。塑像着浅口翻沿鞋，着右衽齐膝袄，袄下罗裙，裙下着团花裤，腰系带，这与吐蕃的左衽不同，因而塑像不具备吐蕃人的特色。但这种装扮与童子的装扮相同或者相似，因而坛上塑像可能是两臂或多臂观音及善恶两童子像。

鉴于以上分析，笔者认为第161窟也是张议潮的功德窟，修建于晚唐归义军时期，与其上方塔一道，是张议潮修建的一组塔窟组合的建筑。

学界对于莫高窟天王堂之名颇有争议，课题组在考察中对榜题进行了重新识读，有较大的收获，认为原天王堂，应为涅槃寺。涅槃寺的功德主有于阗皇太子广济大师，为敦煌文献中出现的广济大师的身份做出诠释。同时，东壁门上的发愿文给我们一个信息，即此涅槃寺是为曹延禄姬于阗天公主而建。从对于阗公主的题记识读中我们得知，此时于阗公主已经故去。

涅槃寺修建于曹延禄称敦煌王时，时间可从公元984~995年，推迟至996年。公元1002年曹延禄因变故被其族子所逼自尽，天王堂题记中曹延禄并未故去，但于阗公主已故去，这就表明于阗公主的去世时间在曹延禄之前，并不是学界认为的在1002年与曹延禄一起被害。在于阗公主去世时，其兄长广济大师在世，并作为寺主修建了为于阗公主祈福为目的涅槃寺。涅槃寺壁画的内容应是法贤（天息灾）译的汉文《佛说瑜伽大教王经》，而非梵本，此经是至道元年十月曹延禄遣使向宋廷请赐的新译佛经。

敦煌慈氏塔中的弥勒菩萨结跏趺坐、戴桶状扇面宝冠，菩萨装，双手执扇，在莫高窟第237窟、363窟，五个庙石窟第1窟，昌马下窖石窟第2窟都有此类造型的菩萨，对于此类菩萨以前学界认识有误，有的将其定名为帝释天，或者只将其笼统称之为菩萨，也无人对其做过专门研究。课题组通过搜集相关资料，认为这是佛教在后期发展中出现的，并具有创新的一种弥勒菩萨造型，源于北宋画家高文进的创作，具有宫廷文人画的性质。

三　成果的主要价值

（1）调查方面。这是首次对土塔进行全面、系统的调查，获取了详细的土塔信息与资料，弥补了相关空白，也为相关保护和深入研究工作，提供了大量基础性的材料。

（2）研究方面。第一，将土塔看作莫高窟大遗址的一部分来研究，从而从宏观角度解读土塔，土塔体现了遗址的结构布局与宗教诠释，并对所有土塔性质进行了分类。第二，土塔的个案研究方面，也有较大的突破。通过调查新识读出一些题记，将原认为是天王堂的塔纠正为涅槃寺，并就于阗皇太子广济大师及于阗公主提出新的看法；通过调查，认为莫高窟第161窟的两身塑像服饰为童子服饰，从而考证坛上塑像为多臂观音及善恶童子像；结合考古材料，认为莫高窟第156、161窟及其上方塔的功德主为张议潮；敦煌文书中出现的"法华塔"，课题组认为是莫高窟第234窟上方塔；通过对天禧陶塔上的墨书题记及同出土的碑文内容的考证，认为城城湾大华塔为舍利塔；对慈氏塔的执扇弥勒菩萨进行了准确定名，并就敦煌出现的同类菩萨造像及出现的同类桶形扇面宝冠进行分型分式，从而界定慈氏塔的修建年代。

佛教中国化的民间民俗向度研究

华东师范大学唐忠毛主持完成的国家社会科学基金项目"佛教中国化的民间民俗向度研究"（项目批准号为：13BZJ008），最终成果为同名专著及论文集。

一　研究的目的和意义

（一）重新审视中国佛教民间与民俗向度，拓展"佛教中国化"的研究维度

长期以来，中国佛教学术界对"佛教中国化"的研究兴趣主要停留在佛教义理、思想观念及戒律、丛林制度层面的中国化转变，尤其是对佛教思想与中国本土儒道思想的碰撞与会通方面用力甚多，但对于佛教在中国广大底层民众日常生活中的实践层面则不够重视，相对忽略了佛教中国化在日常生活中信仰实践方式上的中国化转变及其丰富形态。然而事实上，中国佛教信仰实践传承的90%来自民间信众及与之相关的民间化、民俗化、生活化和仪式化的日常生活形式。本研究旨在佛教中国化背景下，重新审视中国佛教民间与民俗向度，探讨制度性佛教在进入民间社会与民众日常生活时所产生的民俗化转变，拓展"佛教中国化"的研究维度。

（二）多重探讨制度性宗教与中国民间社会的双向互动

该成果所探讨的是作为"制度性的佛教"进入到民间社会以及民众日

常生活之中的信仰方式及其类型与形式。一方面，关注制度性宗教神祇与民间祀神的交往关系，深入理解"佛教民俗化"与"民俗佛教化"的潜在转换；另一方面，借鉴宗教学、民俗学及历史文献学等多学科理论方法，通过调查民俗佛教的写经、神祇祀奉、放生、宣卷、节俗、香会及因寺城镇等事项，分析佛教在进入民众信仰实践后的地方性叙事以及民间社会如何基于自身的经验文化和伦理秩序去接纳、选择性及改造吸收制度性宗教的双向互动关系。

（三）解读佛教信仰的"生态结构"，呈现立体化的佛教信仰生活世界

该成果提出了佛教信仰"多元生态结构"设想，试图分析不同信仰类型之间的互动，从"多元生态关系"上去了解民俗化佛教并不是独立的存在，而是与其他类型的佛教，如精英义理型佛教、居士佛教及其他宗教构成一种互生、互动的"生态关系"，给予民俗化佛教一个"合法"的宗教学地位，呈现立体化的佛教信仰生活世界。

二　成果的主要内容

中国佛教民间民俗向度，体现了中国民间文化、中国民间政治伦理秩序对外来宗教的抉择与取舍，这种互动关系是理解佛教民间民俗化的重要线索。本研究依托宗教学、民俗学、历史学、文献学、社会学等研究方法，从历史与当代两个维度来探讨作为外来的制度性佛教在其进入中国民间社会与民众日常生活时所产生的自身转变，以及民间大众如何基于自身的政治文化伦理来抉择、取舍、接纳、改造一个外来的制度性宗教。

首先，梳理了关于"民俗佛教"与"佛教民俗"、"民间民俗化"等相关概念，指出"佛教民俗化"与"民俗佛教化"这一对概念，还潜在是指一种转化倾向。所谓"佛教民俗化"主要是指作为信仰形态的佛教转变为一种淡化信仰或者非信仰的民俗活动；而"民俗佛教化"则是指一些民俗活动在民众的传承过程中逐渐被"佛教化"，甚至被当成是一种佛教信仰。

其次，该成果从历史与当代两个维度进行，在中国佛教史的视野下，以佛教中国化为研究背景，来理解、分析佛教中国化的民间走向与民俗化向度，从而较为清晰的揭示佛教中国化的民间化与民俗化的特征，并在此基础上分析作为制度性宗教的佛教与民间文化秩序间的互动关系。佛教的民间民俗化实践向度仍是中国佛教在当代传播的主要渠道与主要方式，也是佛教进入日常生活、扎根现实社会得以生存发展的重要保证。在梳理历史文献和分析专题个案的基础上，总结中国佛教民间民俗化的主要向度、中国民间民俗化佛教的主要特征、佛教神祇与本土祀神互动的特点等；此外，在不断反思的基础上提出佛教信仰"多元生态结构"等设想，在"佛教中国化"研究平台与学术界形成理论对话。

最后，将宏观的综合论述与"专题式"的研究相结合。对佛教中国化的民间民俗向度进行分章论述时，概括出最具代表性的、最有典型意义的专题个案，从历时态与共时态结合的角度进行分析。本研究进行了大量的田野调查工作，地域上涉及西藏、台湾、东南沿海及内地多省市，收集了大量的一手资料。这为佛教的民间民俗化提供了丰富的当代样本，也为进一步的理论深化研究，以及问题的发现提供了重要的基础。例如，以常熟"支塘"当代佛教宝卷和宣卷为个案，探讨民间佛教写经；以佛教护法神"关公"和佛光山世界神明大会为专题个案，分析佛教神祇与中国民间祀神的互动；以上海真如寺的当代田野考察为个案，解读佛教民俗化与百姓日常空间联结等，这种"专题"式的论述，打破了面面俱到的平面式描述，增强了项目的问题意识。

从章节安排来看，除绪论与结语进行的概念澄清与问题反思之外，该成果主要有五个核心章节。

第一章，佛教传播的"上层"与"民间"之分途。从传播史的视角来看，佛教的民间、民俗化并非始自近代，而是伴随着佛教入华的整个发展过程。佛教传入中土之际，它就在中国社会的宫廷、士大夫、知识阶层与民间社会中分别以不同的形式传播流行，并因此形成了佛教中国化丰富多彩的信仰实践形态。这一章从历史文献出发考察了佛教入华后在中国"上层"与"民间"的不同传播方式，以及不同阶层的佛教信仰主体接受佛教的进入方式之差异。其中重点说明佛教僧众传播的游化、唱导、俗讲，民间的兴福、功德思想，以及法会与香会活动对佛教民俗化传播的重要影响。

第二章，民俗佛教抉择传承佛经的态度与方式。佛教在中国的传播过程中，不同信众主体对佛教教义的选择与取舍差异明显，不同于教理知识精英，民间大众对待佛教经典的态度与方式有其自身的特点。本章从文献与田野两个向度，揭示民俗佛教对待佛教经典的信仰性与功利性态度，民俗佛教对经典的神异性、信仰性、外化性是其与精英佛教知识分子对待经典方式迥然有别的地方。

第三章，佛教神祇与中国民间祀神的互动。佛教入华之前，中国已经形成了本土的神祇崇拜系统与祭祀制度，佛教传入中土后，佛、菩萨及其他佛教诸神形象被不断中国化与民间化，进而被纳入中国的神谱体系中。本章重点从佛教神祇与民间祀神的互动关系，揭示了佛教中国化与民俗化在神祇谱系方面的改造与重构。民间民俗化的佛教信仰淡化经典义理而重视神祇崇拜，佛教诸神走向民间的"人格化"，以及民间祀神进入佛寺、世俗人物"神格化"的互动，是理解中国佛教民俗化的重要观察视角。

第四章，灵验与叙事：民俗佛教信仰的建构方式。重点从"灵验与叙事"来揭示民俗佛教的信仰建构方式。灵验是立足中国本土信仰文化语境的宗教体验方式，也是民俗佛教重要的"人—神"关系核心内容；"叙事"是中国民间民俗佛教建构信仰的重要方式，这与"信解行证"的义理进入方式形成明显的差异。民俗叙事的方法论对中国式宗教信仰的诠释与重构，可以打开一个理解中国佛教民间信仰的另一扇窗户。

第五章，佛教节俗与民众日常生活空间。民俗佛教的简易化与习俗化使得信佛从一种高深神秘的境界变成了一种非常实际的生活方式。在民俗佛教调查场域之中，信仰空间不仅是一种宗教体验的心理空间，同时它也真实地连接了民众日常生活的公共空间。本章重点从佛教节俗与民众日常生活空间入手，揭示佛教节俗活动在佛教寺院、家庭与社区之间的互动实态与连接功能，这一物理与文化空间的立体连接，既从日常生活中落实了佛教的民俗化信仰实践，也从另一角度加速了佛教的民俗化发展。使得佛教信仰生活呈现出其本身本来的真实立体形态。

三　成果的主要价值

该成果的学术价值和应用价值主要体现在三个方面。

一是在研究方法上，以宗教学的研究方法为主导，并借鉴民俗学、社会学、历史文献学等多学科理论方法，挖掘佛教的民间民俗化向度，突破传统宗教学研究对文本与文献的过度依赖，消解了单纯理论研究的局限；通过参与访谈等田野调查方法进行实地考察，在中国东南沿海及西藏等内地多省市收集了大量真实可靠的第一手资料，为佛教的民间民俗化提供了丰富的当代样本和个案，使得研究成果具有学术价值与理论品质，可以在佛教中国化与民俗化等方面与国内学术前沿形成对话。

二是在研究内容上，宏观与微观结合，历史性与共时性并重，着力于历史与现代民间社会"信仰逻辑"与"生活逻辑"之间的互动关系，从民俗学的角度探讨人们如何在传统宗教的规整（Enactment）中使用宗教文化，并在日常生活中依此进行实践活动，是传统宗教学研究不能很好回应的——同时也是民俗学研究的空白。综合运用这些方法可以为佛教民俗化现象的阐释提供恰当的工具，构设较为全面的观察和认知角度，同时可以为封闭的结构性宗教学系统找到一个突破口，使宗教义学和宗教史学从静态的文献研究中解放出来，进入到一个动态的、开放的文化视野之中。

三是从社会影响方面，挖掘佛教传统参与日常生活的方式，推动佛教文化研究与和谐社区文化建设的同构。佛教的民间民俗化向度是中国佛教在当代传播的主要渠道与主要方式，也是佛教进入日常生活、扎根现实社会得以生存发展的重要保证。民俗民间化的佛教更加注重宗教信仰空间与日常公共生活空间之间的互动关系，对于丰富民众的日常文化生活、建构传统文化自信，以及在维护和谐的家庭伦理、维系社区与村落的伦理秩序、辅助社区村落的自组织、传承优良道德传统及促进不同民族间的信仰连接与价值认同等方面，都具有积极的现实社会价值与意义。通过对这方面的深入研究，本研究不仅有助于更加深入地理解佛教中国化的多元向度，也可以挖掘佛教传统在日常生活中的作用方式，从而在新时代城乡建设中塑造佛教传统文化元素参与其中的地方特色与区域文化特色，建构底蕴深厚的和谐社区文化与乡村文化，发挥佛教文化的当代文化功能。

道教心性学研究

北京大学郑开主持完成的国家社会科学基金项目"道教心性学研究"（项目批准号为：12BZJ031），最终成果为同名专著。

一 研究的目的和意义

近年来，随着道教和道教心性学研究逐渐深入，不仅有力推动了道家哲学和道教历史与理论研究的进展，还进一步认识到了中国哲学和中国宗教的形态与范式是心性论，从而与西方哲学与宗教传统区别开来。该成果集中体现了在这一关键领域上的前沿探索和最新进展。

自古希腊以来的西方哲学传统尤其重视对知识真理的追寻和探讨，其理论范式（paradigm）主要体现为逻辑学、知识论和本体论（形而上学）的话；那么肇源于春秋末年、成熟于战国中期的中国哲学则发展出了多元化复杂理论形态，其理论范式（paradigm）则围绕心性论深化展开，旁涉实践智慧、精神哲学和境界形而上学等。中国宗教亦然。具言之，儒家思想虽然呈多样性丰富内容，但毫无疑问发端于孔子、集大成乎孟子的心性论却是其核心部分，因为心性论哲学奠定了整个儒家哲学思想的基础。宋明理学特别是北宋道学之所以被称为新儒家（Neo-Confucianism），亦呈现为心性论的不断展开，其中包含了对孟子心性哲学思想的追本溯源和深度开掘。佛教经西域传入中国，解开了佛教中国化的序幕。中国佛教区别于印度佛教的地方何在？或者说中国化佛教推陈出新的创造是什么呢？简言之就是心性论，譬如慧能《坛经》"明心见性"。该成果明确揭示出：战国中期的道家亦发展出了另一种形态的心性论哲学，与儒家殊途同归、相互发明。比如说庄子哲学语境中的"逍遥""齐物""物化""坐忘"同样只能从心性论层面予以理解和把握。魏晋南北朝以来的道教发展史也显示出一种趋向于心性论的思想动力，比如说重玄学。正如汤一介指出的那样，从玄学到重玄学的思想发展乃道家思想发展的一个新阶段，同时也是道教义理之学的重要建树。更耐人寻味的是，道教重玄学不仅展现了融摄佛教般若学（尤其是中观、三论等）的包容力，还推进了渊源于道家哲学的心性论思想，更以道教传统的精神实践之方法点化了深邃玄理，而独树一帜。应该说道教重玄学和内丹学皆是道教心性学具体而微的理论形态。从这个意义上说，道教心性学岂容忽视？

该成果深入梳理、系统论述了自先秦时期的道家心性论到隋唐时期趋于成熟的道教心性学，跨越了超过1500年的历史区间，也跨越了从道家哲学到道教信仰的形态转换，涉及了非常复杂棘手的历史文献、思想分析和研究方法论等诸多方面的颇具挑战性的问题。从思想史研究角度说，哲学形式与宗教形态反差较大，那么如何通过科学研究贯通两者、打通两者之间的隔膜，就成为非常关键而且重要的问题了。凭借黄老学研究领域的突破以及魏晋南北朝道教研究的方法论创新，项目最终研究成果取得较为显著的进展。

二 成果的主要内容

该成果包括十章以及附录征引文献目录，具体内容有以下四个方面。

第一，道教心性学的历史渊源与理论基础，亦即先秦道家心性理论（详见第一章"先秦道家心性论研究"）；其主要内容包括：道家心性论是一个被长期忽视的重要问题，它的形态与特征也未曾得到过透彻的阐明。这里试图通过"性"、"心"、"复命"、"精神"和"境界"几个主题阐明道家心性论的主要形态和基本特征，且就它对于现代生活的价值与意见略做阐释与发挥。

第二，道家心性论和道教心性学之间的历史过渡和思想铺陈，亦即黄老学的实践智慧和精神哲学（包括第二章"试论黄老学的实践智慧：兼论道德与神明之间的张力"和第三章"试论黄老学之生命—精神哲学"）；因为道家黄老学是老庄哲学与道教教义学之间的过渡与桥梁，而黄老学进一步发展的实践智慧和生命—精神哲学又是道教信仰与思想的较为直接的渊源。

第三，魏晋南北朝时期的道教心性学之酝酿和萌芽，这一部分的核心内容是围绕上清经卷，深入探讨实践性的宗教想象力及其后果（包括第四至六章"试论实践性的宗教想象力"以及第七章"道教心性学的发轫与道教世界的形成"、第八章"试论道教之为道教的尺度"等5章）；主要内容是探讨上清经卷内蕴的道教信仰实践之"真实感"与"神圣性"，另外提出了宗教学研究论的起点在于同情了解道教实践层面的复杂精神经验。进而，研究成果有力揭示了，基于具有道教特色的实践智慧，道教建构了以心性学为核心的教义学体系，从某种意义上说，正是道教心性学奠定了道教世界的真正基础，使其脱胎换骨，蜕变为成熟形态的宗教，因而它（道教心性学）也是道教之为道教的重要尺度。

第四，隋唐时期已呈成熟形态的道教心性学，主要涉及以成玄英为集大成的道教重玄学以及司马承祯《坐忘论》研究（包括第九章"道教重玄学与心性学"和第十章"《坐忘论》研究：司马承祯的道教心性学"）；这部分研究内容涉及了玄学、佛教和道教之间的错综复杂的关系，同时也进一步发展了从历史文献学和古典语文学视野分析道教文献的研究方法，聚焦于"重玄"、"道性"和"无心"诸问题，比较深入地阐述了交涉纠缠于有无、自然、三一、境智等复杂理论脉络之中的道教心性论，并指出道教心性论的归宿在于"坐忘""中道"提示出来的精神境界为，因而区别于佛教的涅槃解脱。

三　成果的主要价值

该成果比较系统论述了道教心性学的历史来源、发轫发展及其理论特色，深化了早期道教历史、文献与理论研究的诸多方面，开掘了历史上的道教有独特价值、独特意义的思想内容，推进了对道教乃至中国宗教的理论认知。具体说就是：第一，深入开掘并系统阐释了道家心性论，揭示了道家心性论的核心内容和理论特征，以及与儒家、佛教心性论之间的异同。这一努力在中国哲学思想史研究中开拓了新生面，也深化了对中国哲学范式的探讨，具有主要的学术价值和理论意义。第二，作为宗教信仰，道教思想及其理论形态殊异于道家哲学，也就是说道家哲学与道教哲学或教义学间的反差较大，或者说，从道家哲学思考到道教宗教信仰之间的历史跨度、思想跨度都很大，那么它们二者之间的历史路径和思想津梁就很值得探讨了。研究成果表明：黄老学正是道家哲学和道教信仰之间的桥梁与过渡，具言之，就是黄老道家依据老庄"道德之意"进一步拓展了"神明""精神魂魄"为核心语词的实践智慧、生命—精神哲学，从而为道教教义学的建构提供了直接理论资源。研究成果广泛涉猎战国中期以来的黄老学派的思想文献，同时又把"黄帝书"（如《黄帝内经》等）纳入思想史研究范围，揭示了其中蕴含的实践智慧的意义，有力推进了之前学术界较少关注和深入的黄老与道教之间的理论对话，因此这部分内容具有比较重要的学术价值和理论意义。第三，该成果用了5章（第4~8章）的篇幅，另辟蹊径，较深入地讨论了一个特别棘手的问题：道教心性学的发轫及其区别于道家心性论的特征。这部分研究有几个重要的学术理论创获。（1）在研究方法论上第一次尝试了把宗教基本精神经验确立为宗教学研究的起点，以同情了解为旨趣，展开对上清经卷的宗教学研究，简单说就是要把上清经卷记载的内容视为宗教信仰语境中的"真实性"与"神圣感"。这也是本成果在研究方法论上的一个较大突破。另外，课题组也特别强调从历史文献学和古典语文学的内在脉络展开思想史、宗教学层面的研究，比如说从上清《内传》入手分析上清经卷以及道教经典的形成，从语词特征、文体形式、著述体例、文献分类等角度加深对上清经和重玄学的探索等，都出于自觉的方法论意识。（2）围绕"实践性宗教想象力"展开对存思冥想等道教实践的多方研究，既开拓了从宗教学理论层面分析和理解魏晋南北朝时期道教精神信仰—思想理论形态的新途径，也澄清了笼罩于其上的神秘主义迷雾，而把这一时期道教实践方法的核心要素归结为"作为精神现象的宗教想象力"，"内神""内景"等观念乃是使道教脱胎换骨的重要基础。（3）进一步论证了道教心性学的发轫与道教世界形成之间的内在联系，而道教之为道教的判据也在于此。（4）梳理和分析了道教实践层面的心性论要素、萌芽或端倪，揭示了道教作为"心学""内教"的特质，旁涉了传统礼教祭祀仪式（主要见于《礼记》等史料）以及道教科仪（主要见于灵宝经）语境中"降神"的意义。（5）回应和探讨了道教之为道教的研究方法和判别标准，指出道教斋醮科仪和精神信仰两个方面是最重要的判据和尺度，而精神信仰则诉诸道教神学（心性学和教义学）得以确立。第四，隋唐是道教历史上的重要发展时期，这既表现为道教深入社会政治生活的力度，同时又体现于道教教义学的成型和成熟，尤其体现于道教重玄学的兴盛和道教心性学的成熟。这部分内容主要包括：围绕重玄学集大成者成玄英展开的从六朝到隋唐的重玄学研究和聚焦《坐忘论》的司马承祯心性学研究。实际上，重玄学包含了心性学，或者说重玄学乃是道教心性学的某种形式。重玄学研究的既有成果较多，本研究成果主要梳理和分析了重玄学与道家哲学、玄学和佛学之间的复杂关系，重点讨论成玄英如何在重玄学理论系统之内阐释"性"（置于"有无""道性"之理论语境）和"心"（置于"重玄""无心""中和"理论语境）的概念及其理论，并最终指向超越性的精神境界（圣人、重玄、中和等）。

记忆的经典：《摩西五经》与《周礼》的一个跨文本比较

南京大学成祖明主持完成的国家社会科学基金项目"《摩西五经》与《周礼》的跨文本比较研究"（项目批准号为：12BZJ018），最终成果为专著《记忆的经典：〈摩西五经〉与〈周礼〉的一个跨文本比较》。课题组成员有：罗琤、延玥、熊永、李探探。

一　研究的目的和意义

1. 西方圣经学研究困境

诚如文奈特（Frederick V. Winnett）所指出的，"我相信，所有人都会承认，摩西五经是《旧约》的心脏，我们对其他经卷的所有观点都将建基在对其认识之上。如果我们对五经的认识出错的话，我们对《旧约》其他经卷解释和希伯来宗教思想史的重构也将随之而出错。"近代西方圣经学成为一门科学，是从摩西五经研究开始的，并构成了整个圣经科学领域的基础和核心，其研究进程并深刻地影响着圣经学其他经卷和领域的发展。

回顾西方摩西五经研究的历程，近代以降，大致可概括为这样几个阶段：第一阶段是早期文本假说阶段，时间是 17~19 世纪上半叶，各种文本假说理论兴起；第二阶段是，历史批评兴起，开创者为威尔豪森，时间是 19 世纪下半叶至 20 世纪初；第三阶段是，形式批评和传统历史批评阶段，开创和代表人物为袞克尔、冯拉德、诺斯等人，时间是 20 世纪初至 20 世纪

60 年代；第四阶段，正典批评和社会学批评阶段，开创和代表人物有蔡尔兹和歌特瓦等人，时间是从 20 世纪 70 年代到 20 世纪末。近些年来圣经批评走向多元，尤以新文学批评和新底本批评最为显著。在此期间，有从 20 世纪二三十年代兴起的传统圣经考古学派，曾一度成为欧美圣经研究的主流，直到 20 世纪七八十年代新考古学派兴起，才逐渐式微。

由于受到近现代哲学思潮的影响，关于五经文本的形成理论，自威尔豪森以降，西方学者都一直试图为其理论寻求一个坚实的起点，无论是威尔豪森的历史批评方法，还是衮克尔的形式批评，诺斯、冯拉德的历史传统批评概不例外。威尔豪森的历史批评以达尔文进化说为背景，并受到黑格尔的发展哲学观念的影响，试图从以色列蛮荒时代出发一步步建立起文本发展的历程。尽管他也注意到了以色列社会政治变迁对五经文本形成的重要影响，但由于其整个模式是宏观的自然进化的历史，对社会政治变迁与文本的关系并未深究，其对五经的偏见也更使人觉得其存在反犹的情绪。相对威尔豪森对以色列的史前文明一笔抹杀，衮克尔则更为精致和聪明，他从现有的文本出发，通过对文本叙事形式的分析，一步步地追溯文本叙事的原始形式；然后从这一原始形式入手分析历史的原型和起点，进而揭示《摩西五经》古老的源头和背景。传统历史批评则注意到了历史批评和形式批评对观念、精神思想文化等传统发展的忽视，综合了二者的方法，从形式批评入手，通过寻找原始的文学单元，建立传统和历史的起点，通过考察文学单元发展的历程以考察传统发生和发展的历史过程，以及整个五经主题和文本形成的过程。

通过对这些理论的梳理，我们较清晰地看到西方圣经学理论一百多年来发展轨迹的同时，也较清晰地看到其问题的存在。这就是这些理论实质上都在一个强大的"文化进化论"的解释模式下，将文本和历史的起点设定为一原始简单的状态，经历了由简单向复杂的发展过程。我们并不否认事务从简单到复杂这样一个发展过程。可问题是，这个原始的起点究竟是怎样的起点，依旧模糊不清，更重要的是，这个自然原始的起点究竟是如何发展起来的，更是模糊不清。实质上其所谓的发展过程，更多的是观念逻辑的机械过程，而非事物本身发展的真实过程。其问题不仅在于其起点和过程都模糊不清，还在于它脱离了文本与其形成外部环境的复杂交换过程，忽视了对经典文本生成过程中整体目的性的系统考察，这使得无论其历史，还是传统都是自然主义状况下的孤立的历史和传统，而非复杂的运动变迁的历史和传统。

20 世纪 60 年代以来,由于受后现代哲学的影响,加之西方学者疲惫于数世纪以来关于五经作者成书问题的纠缠,整个西方圣经学研究已悄然发生了转向,蔡尔兹等人的正典批评方法异军突起正应合了这一思潮的转向。后现代学者对现代学者批评显然是正确的,在现代圣经学者那里,所谓的起点往往是很难经得起检验,看似科学的结论更多地受观念哲学的影响而做出的独断。后现代放弃了这种观念性的独断,放弃了对源头的锲而不舍的寻索,进而转向了圣经正典与受众信仰与现实间的解释循环。与此同时,社会学批评方法的引入,则是将五经和整个圣经学研究推向了一个更广的维度。总之,主流的学者们已不再将太多的精力关注于五经作者及文本的形成,他们更多地关注正典在基督教群体中诠释与见证,关注于用社会学方法对以色列社会历史的进行重建。

但问题依然存在那里没有解决,且对问题搁置也使得正典批评从根本上被质疑其缺乏科学的精神。不仅如此,五经形成的问题,与五经本性和一些核心神学问题连体同生,这一问题不能科学解答,势必影响正典诠释循环的深度和广度,使其发展困难重重。正因如此,仍然促使着许多学者对其继续探讨和研究。与过去有所不同,近年来一些学者注意到"经"作为一个普遍的人类学现象并不限于某特定宗教或文化,并尝试着通过跨文化的各种宗教的正典比较来研究五经正典形成过程和功能,并取得了一定的成绩。但亦如泰吉·斯道伦(Terje Stordalen)所指出的,这些努力并未成为西方圣经学界的主流,且更多地学者所进行比较仍局限于古代中东世界的材料,很少有学者注意到中国经典形成的过程。

2. 中国经学的进路

考察中国经典形成的过程,早在汉代的时候就有一个著名的理论,这就是刘歆在《七略》中提出的"六艺王官之说"。其理论的核心思想是,六艺经典皆是国家政制典要,由王者和国家创立、编作。如后米班固所说:"《六艺》者,王教之典籍,先圣所以明天道,正人伦,致至治之成法也。"这些经典都是国家政治典要,其形成都是出于国家政治的目的,并在国家社会政治的运行中发挥着不可或缺的功能。对此,《隋书·经籍志》说得更为明确"夫经籍也者,机神之妙旨,圣哲之能事,所以经天地,纬阴阳,正纪纲,弘道德,显仁足以利物,藏用足以独善。"不仅如此,它还是诸子百家和一切学术思想的起源。诸子百家学问皆出于王朝国家职官之所守,所以"儒家者流，盖出于司徒之官，助人君顺阳阳明教化者也"……云云。这里不仅阐述了诸子源于国家职官之所守，更为重要的是，还阐述了诸子之学仍然以国家为中心，并为国家服务，亦在国家社会政治的运作中发挥着其重要作用和功能。

但是到了近代，刘歆关于"诸子出于王官"的理论遭到了胡适等人的猛烈批评，认为是其附会揣测不实之词。实际上，这些学者都忽视了这一理论所阐发的一个最核心思想，就是国家与经典文本的关系问题，一方面国家的建立对文本的创制产生了重要的影响，另一方面无论是经典还是其他著述，其围绕着国家这个中心，经典之所以为经典，其关键是国家不可或缺的"政典"。

国家作为人类社会的政治经济文化的共同体，作为与土地、社会、观念等浑然的融成的集合体，必然对人类的所有精神活动与物质活动产生深刻而广大的影响，反之亦然，作为承载着人类精神文明的文本，对国家、社会和人类精神文明的影响和推动更是深及各个维度——我们为什么不从这一视野出发，来考察人类共同体最重要的组织形式——国家的形成与演进对文本，尤其是经典文本形成、流传的深刻影响呢？带着这样的思路，反观西方的摩西五经研究理论，就笔者所及，对这一方面专门的研究却十分薄弱（中国实质上，也没有多少学者对此加以深究）。从中国经学视野出发，以国家与文本的关系为进路，来展开摩西五经研究，形成了对摩西五经研究的重要突破。同时也为重新审视和系统整理中国经典文本形成理论奠定，在中国经学研究上亦做出重要突破。

二 成果的主要内容

该成果分为七章，主要分三个部分。

第一章，从文本假说到威尔豪森的历史批评；第二章，衮克尔的形式批评与五经传统历史的重建。主要是对近代以降西方五经研究的历史进行回顾。鉴于国内相关导论性的著作介绍对摩西五经研究理论的进展多比较概要和支离，所以为了更清楚地了解西方摩西五经研究的理路，笔者在阅读原典的基础上，以代表人物为中心，对其思想和理论进行比较详细梳理，对各家的理论都结合集体记忆理论、国家与文本关系的视野加以评述，使我们对西方五经研究的历史有个清晰了解的同时，也看到五经研究的理论正按着它自身的逻辑指向国家与文本的关系的考察——这一言而未明理论建构。

第三章，正典与国度：《摩西五经》成书的历史考察；第四章，记忆的经典：《周礼》成书的跨文本比较。结合集体记忆理论，从国家兴衰与经典世界、文本的关系考察《摩西五经》与《周礼》文本的形成，提出了"记忆的经典"概念，论证了经典世界，事实上是人间理想国度的构建，是现实的国家兴衰关系密切，一般是国家衰亡后，造成历史记忆断裂，在国家重建中集体记忆重构的产物。这一部分加了一个附论从更普遍的比较视野下看国家与经典形成的关系：基本上都经历了国家建立，官书文本造作，经典思想精神孕育→国家衰乱，私家著述兴起，思想解放，文本意识出现→国家覆灭、官私文本灭失、流散→历史记忆的断裂，文本自觉观念形成→国家重建，集体记忆的重构，民间造典运动国家型构，经学正典形成和确立，这样一个过程。

第三部分，主要由第五、六、七章构成，讨论正典的视野与正典的理想历史世界。第五章，由史入经：正典进路与现代经学重建；主要是回应包括《摩西五经》与《周礼》研究中疑古运动的冲击与释古学派拟古问题；揭示了无论是现代科学主义疑古运动对经典的否定，还是保守主义对经典尊信，抑或释古对经典的证信，都存在一个本质相同的潜在的非现代性预设：即经典的合法性来自其古老的历史和圣人创作，通过否定或肯定其历史和圣人而否定或肯定其经典价值。这背后实际上仍然没有跳出前现代厚古薄今和圣人崇拜的情结。经典的价值并不在于经典之外，经典之所以为经典，乃是因为它凝聚着人类悠远绵长的传统和时代智慧的结晶，从而成为人类精神价值的源泉，而不是来自经典之外的古老历史和圣人。事实上，不是经典因圣人而成经典，而是圣人因经典而成为圣人。在人类历久弥新的历史长河中，人们不是因为圣人崇拜而不断获得精神源泉，而是在经典的阅读、阐释中获得并创造精神资源和思想价值。因此，这就需要我们走出疑古与释古时代的迷思，从过去将经典价值寄寓于渺茫无稽的古史转向经典之内积聚的悠远绵长的传统和时代的沉思，由对经典之外圣人的崇拜转向经典之内庶人智慧、精神价值的认同。由于焦聚经典最后文本价值，这也为中国现代经学与史学的分途提供可能。从学科分途上分开疑古的史学与价值的经学之间的纠缠，使各自在现代领域轻装上阵，大步相前，以实现各自领域的突破，承担起重建中国现代文化的任务。

基于经典价值世界的关注，第六章，《摩西五经》的历史世界——歌德瓦的马克思主义社会学的批评；第七章，《周礼》的历史世界——一个跨文本的比较，分别对《摩西五经》与《周礼》的正典的历史世界，即其正典的理想国度进行一个马克思主义社会学的分析，以呈现其理想国度社会的基本结构与政治蓝图。通过研究，平等的社会结构与公性的制度系统是二者的共通之处，也是千百年来，其经典成为经典的魅力之所在。

三 成果的主要创新与特色

一是翔实地介绍了国内一直没有注意的大量西方经学理论，并从中国经学视野对这些理论加以客观评述，同时将这些经学理论运用在中国经学领域，解决中国经学问题，跨文本的专业理论比较是本课题一大特色，无论是在西方经学领域，还是中国经学领域都有帮助。

二是集体记忆理论成功运用，解决了经典真伪与价值关系问题——这一长期以来疑古与释古的困扰，为经典文本的现代合法性及现代经学建立奠定了根基。提出了"庶人经学""记忆的经典"，这些都有理论的创新性与前沿性。

三是在经典的内容研究上突破以往的平铺直叙的描述，运用马克思主义社会学方法，对正典的理想社会世界展开多层次的社会学的分析，揭示了经典世界社会的平等公共性，这个也具有理论的创新性。

敦煌文献中的苯教写卷判定、分类及其研究

兰州大学阿旺嘉措主持完成的国家社会科学基金项目"敦煌文献中的苯教写卷考释及研究"（项目批准号为：12BZJ015），最终成果为专著《敦煌文献中的苯教写卷判定、分类及其研究》。

从 12 世纪开始有这样一种传统，藏学界认为佛教传入藏地之前，苯教是藏地的主要宗教。以后的藏学家都基本上沿用这种说法，声称苯教是吐蕃时期的主要宗教。事实上吐蕃时期的苯教是苯教发展过程中的重要环节，由于缺乏资料，对这个问题的研究相对滞后。苯教是否吐蕃时期的主要宗教，学界分歧也较大。石泰安用吐蕃苯教或巫教来称呼吐蕃时期的宗教。斯奈尔戈罗夫声称，"吐蕃古代宗教在任何地方都未被以"苯教"之名称呼过"，并认为"苯首先是指土著宗教巫师中的一个特殊类别，但苯教（作为一种宗教体系）则以另外一种意义出现在 9 世纪末至 11 世纪中叶之间。"他同时强调吐蕃古代宗教从未被称为苯教，而且不应与晚期的苯教相混淆。麦克唐纳大人提出了藏族古代宗教是"祖""祖拉"的问题，而卡尔梅否认了这种说法，认为"祖拉"不是宗教概念，在藏族宗教史中找不到这样的说法。克瓦尔内认为在晚期（11 世纪）和古代苯教徒巫师之间确实存在着一种连续关系，苯教保留了许多古老的信仰和做法。而卡尔梅将晚期苯教徒们的妖魔、灵魂、禳解、治病书和仪轨书与敦煌写本中的这一切做了比较，他得出的结论认为晚期的苯教传说从未与古代传统断绝过。卡尔梅在《论吐蕃赞普时期苯教是一个宗教的论据》一文中对法藏敦煌藏文写卷

P. T. 972、P. T. 239、P. T. 1284 进行了研究，通过指出 P. T. 972 中"别信外道之苯教（mu stegs bon la yid ches ste）"之说，以及 P. T. 239 中苯教（bon）与神教（lha chos dkar po）、黑色葬法（shin nag po）与白色葬法（shin dkar bo）的对比，得出来的结论是吐蕃时期的苯教是一个具有普及性和独立的宗教。

一　敦煌文献中苯教写卷的判定及分类

（一）敦煌文献中苯教写卷的判定

在法藏敦煌文献中确定为苯教文献的有十三篇，即 P. T. 0126、P. T. 0239、 P. T. 0733、 P. T. 1039、 P. T. 1040、 P. T. 1042、 P. T. 1060、P. T. 1068、P. T. 1134、P. T. 1136、P. T. 1194、P. T. 1285、P. T. 1289。这些文献的内容大多涉及占卜、宗教祭祀等。王尧先生在《法藏敦煌藏文文献解题目录》中，认定为苯教文献的有十篇，即 P. T. 0239（苯教殡葬礼仪故事）、P. T. 1038（苯教故事）、P. T. 1039（苯教故事）、P. T. 1040（苯教仪轨）、P. T. 1134（苯教殡葬礼仪故事）P. T. 1136（苯教故事）、P. T. 1194（苯教殡葬礼仪故事）、P. T. 1185（苯教故事）、P. T. 1285（苯教故事）、P. T. 1640（苯教故事），这些文献的主要内容是苯教殡葬礼仪故事和苯教故事。敦煌苯教写卷的认定上学者间有分歧，先对所选的十三篇苯教文献做一说明。P. T. 0126 是由两个卷子组成，其中（1~103）之间的内容与苯教没有关系，从（104~168）间记载的是吐蕃远古氏族"恰"和"穆"的故事，苯教教祖辛饶米吾被认为是出自穆氏。P. T. 0239 是苯教殡葬仪礼故事，其中该卷记载了通过黑人的苯教之典和白人的佛教之典进行对比后，对苯教的做法进行了批评，此段在学界屡次应用。P. T. 0733 共计四行，为苯教的神域指路经。P. T. 1039 为苯教的故事，该卷的第 28 行开始出现苯教徒苯波拉安作法祭羊的仪式。P. T. 1040 是苯教仪轨文献，该卷的第一行就指出此经是"秘密苯教"。在该卷的 13 行和 34 行均出现"苯"字，都指苯教祭祀者。P. T. 1042 是著名的苯教的殡葬文献，其中"辛（gshen）"字在该卷出现 3 次，苯教徒自称为"辛"。"古辛（sku gshen）"在该卷中出现 20 次，古辛一般指国王的护身苯教徒。"苯波"在该卷中出现 15 次。P. T. 1060 是祭献动物仪轨的故事，该卷中出现山神、龙神等苯教神灵。

P. T. 1068 是祭献动物仪轨的故事，该卷 2 次出现辛饶米吾的名字，并出现主持殡葬仪轨的苯教徒的名字。P. T. 1134 是苯教殡葬仪礼故事，该卷中出现主持殡葬仪轨的都苯 2 次、辛饶米吾 2 次、"苯"字出现 8 次。在 119 行出现尼苯、神苯、加苯珍当，珍当也写为列当，被称为来自汉地的苯教徒。该卷中出现苯教仪轨垛和医术。P. T. 1136 是苯教故事（祭献动物仪轨的故事），在该卷中出现 2 次辛饶米吾的名字，另外还出现苯教仪轨主持者甲苯、玛苯等。P. T. 1194 是苯教殡葬礼仪故事，该卷 2 次出现辛饶米吾的名字。P. T. 1285 苯教故事（有关小邦历史），该卷中出现很多名目繁多的苯教，如苯波、夏苯等共出现 30 次。P. T. 1289 是苯教殡葬礼仪故事，该卷出现辛饶米吾的名字。

（二）法藏敦煌苯教写卷的分类

根据上文论述，课题组认为，可将 P. T. 0126、P. T. 0239、P. T. 0733、P. T. 1038、 P. T. 1039、 P. T. 1040、 P. T. 1042、 P. T. 1047、 P. T. 1051、P. T. 1060、 P. T. 1068、 P. T. 1134、 P. T. 1136、 P. T. 1194、 P. T. 1285、P. T. 1289 等认定为苯教写卷。

褚俊杰认为苯教的写卷大致可以分为三类：一是远古部落传说，如 P. T. 0126、P. T. 1038。二是丧葬仪轨，如 P. T. 0239、P. T. 1042。三是其他仪轨故事，主要是有关献祭动物的仪轨故事，著名的有 P. T. 1134、P. T. 1136、P. T. 1194、P. T. 1060、P. T. 1068 等。他对苯教文献旳分类基本是正确的，但还可以细分。现将课题组认定的篇分类如下。

1. 远古传说历史类有 P. T. 0126、P. T. 1038、P. T. 1285。

2. 属于苯教殡葬仪礼故事的有 P. T. 1134、P. T. 1042、P. T. 1194、P. T. 1289。

3. 属于苯教故事和祭献动物仪轨的有 P. T. 1139、P. T. 1140、P. T. 1060、P. T. 1068、P. T. 1136 等。

4. 卦书类文献有 P. T. 1047。

这些文献的内容主要涉及打卦、主持垛术仪轨、施医、招福招魂、主持殡葬仪轨等，属于苯教四因乘的内容，敦煌出现的苯教文献属于司巴苯教，明显没有受到佛教的影响。文献中记载苯教的量很少，有些记载则一笔带过，没有专题详细记载苯教的文献。在法藏敦煌藏文文献中确定为苯教文献的比例很小，相比较佛教的文献则很丰富。这也说明苯教在当时的敦煌不是主流宗教，影响范围小。

二 从敦煌藏文写卷看苯教徒的宗教功能

研究吐蕃时期的苯教，最可靠的办法便是从现有的敦煌古藏文中的苯教文献入手，对苯教徒扮演的社会角色和宗教功能进行研究，总结写卷中反映的文化信息和特点。本研究通过对法藏的十六篇文献和英藏的六篇文献的梳理和分析，发现吐蕃时期苯教徒的宗教功能是打卦解惑、主持垛术和治疗、招福、主持殡葬仪轨，而苯教的这些宗教功能实际上是苯教九乘中"四因乘"、四门一库中"黑水司巴苯"的内容。由此可以看出，11世纪发展起来的苯教与吐蕃时期的苯教之间有着紧密的关系。佛教的传入对苯教徒角色的转换究竟起着什么样的作用，原始的司巴苯教是怎样过渡到雍仲苯教的，以及吐蕃时期的苯教是一个什么性质的宗教等问题至关重要。在敦煌文献中，苯教徒主要行使着"上敬神灵，下伏鬼怪"的宗教职能，各自分工明确。在古代藏族社会里，苯教徒扮演着知识的传授者和宗教仪轨主持者的角色。研究当时苯教徒的社会角色问题，探讨苯教徒的社会地位、权利义务和行为模式，对认识吐蕃时期的苯教意义重大。

（一）宗教仪轨的主持者

1. 打卦

在古代藏族社会里苯教徒承担着打卦的使命，在文献中经常出现曼苯（sman bon），是指以打卦为职业的苯教徒。在敦煌文献中有几种卜法涉及苯教的内容。（1）骨卜。敦煌文献中 P. T. 1046 是属于骨卜。（2）鸟卜。在敦煌文献中 P. T. 1045 是属于鸟卜。以及 P. T. 285、（1067～1069）、（1137～1138）中均出现苯教徒占卜的情况。

2. 主持垛术仪轨

主持垛术仪轨是苯教徒的主要宗教职能，在文献中出现的 sku gshen、phangs bon po 等在从事苯教垛术仪轨。垛在苯教的仪轨中占有特殊的地位，其分类多，仪轨复杂。垛术大体上分为四种：（1）五行不适类垛；（2）因缘类垛；（3）消灾类垛；（4）双换替身垛类，小分为三百六十种。P. T. 1134、P. T. 1285 等出现苯教徒主持垛术仪轨的情况。

3. 招福招魂

在敦煌文献中夏苯（phya bon）是招福的苯教。在民间迎娶媳妇，做牛羊买卖，或重大的节庆日都要举行招福仪式。魂在藏语中叫"拉（bla）"，在敦煌文献中也有苯教徒招魂的记载。

4. 主持殡葬仪轨

主持殡葬仪轨是苯教重要的宗教功能，敦煌藏文文献 P. T. 0239、P. T. 1134、P. T. 1194 中涉及了苯教殡葬仪轨，主持者称之为都苯（dur bon）。

（二）苯教徒是知识的传授者

苯教的经典中，垛医是联在一起被称为"垛协"，一般垛术和医术交替使用。敦煌苯教文献中从事医疗的苯教徒称之为曼苯（sman bon），即医苯。敦煌藏文文献 ST. 756 中，"不宜用苯教的祭鬼术，可于舌头穿刺放血。"文献中提到"苯"（苯教巫师），还详述了苯教以驱邪禳魔的仪轨治病的方法。这也说明藏医与苯教巫师是西藏地区早期医疗活动的主体力量，反映出医巫殊路同源并相互影响是早期藏医的特征。

（三）敦煌文献中辛饶米吾扮演的角色

辛饶米吾是苯教的教祖，石泰安认为敦煌文献中辛饶米吾的名字出现过六次，而噶尔梅认为五次。其实在 P. T. 1068、P. T. 1068、P. T. 1134、P. T. 1134、P. T. 1136、P. T. 1136、P. T. 1194、P. T. 1194、P. T. 1289 文献中辛饶米吾的名字共出现九次，而且每次都是以普通祭祀者的身份出现，这里所说的辛饶米吾和后期雍仲苯教中的辛饶米吾是否为同一个人，弄清这个问题很关键。在后期的苯教经文中，辛饶米吾经常以佛陀自居。而在敦煌的苯教卷子中的辛饶米吾几乎与民间咒师无异。

三　敦煌文献中苯教写卷中折射的文化信息

（一）苯教写卷中的"苯"字含义

在敦煌藏文文书中发现"苯"字指苯教的一种仪轨，或是霍夫曼认为的那样，"苯"很可能出于巫术符咒中对鬼神的祈禳。"苯"字有时也指苯教徒。

（二）苯教写卷中的"古辛"和"苯波"

敦煌文献有很多名目繁多的"苯波"存在，这些苯波有各种各样的称呼，如：古辛（sku kshen）、辛苯（kshen bon）、苯波等。"古辛"和"苯波"扮演的仅仅是一个普通祭祀者的身份，这也说明敦煌的苯教文献没有受到佛教的影响。

（三）敦煌文献中的苯教写卷中的佛苯关系

对苯教歧视的习俗，早在吐蕃时期就已经存在，P. T. 0239 中黑色人经典和白色人经典的对比，就很能说明这个问题。但是佛苯之间的矛盾并没有引来欧洲式的宗教战争。

四　敦煌文献中苯教写卷的特点及发现的问题

（1）在敦煌文献中确定为苯教文献的有十三篇，从总量上看，占的比例很小。这也说明苯教在当时的敦煌不是主流宗教，影响范围小。

（2）内容涉及打卦、主持垛术仪轨、施医、招福招魂、主持殡葬仪轨，属于苯教四因乘的内容。敦煌出现的苯教文献属于司巴苯教，明显没有受到佛教的影响。

在敦煌藏文文书中我们发现以下几个问题：①"苯"字指苯教的一种仪轨，或是巫术符咒中对鬼神的祈禳。②敦煌文献有名目繁多的"苯波"存在，如：古辛、辛苯等。③苯教徒的主要职能是打卦、主持苯教垛术、施医、主持殡葬仪轨。苯教徒已经开始形成社会团体，且有明确的社会分工。④辛饶米吾扮演的仅仅是一个普通祭祀者的身份。⑤对苯教歧视的习俗，早在吐蕃时期就已经存在。

佛教的传入对苯教徒角色的转换究竟起着什么样的作用，原始的司巴苯教是怎样过渡到雍仲苯教的，以及吐蕃时期的苯教是一个什么性质的宗教等问题至关重要。在敦煌文献中，苯教徒主要行使着"上敬神灵，下伏鬼怪"的宗教职能，各自分工明确。在古代藏族社会里，苯教徒扮演着知识的传授者和宗教仪轨主持者的角色。研究当时苯教徒的社会角色问题，探讨苯教徒的社会地位、权利义务和行为模式，对认识吐蕃时期的苯教意义重大。

考古发现与先秦史诗、颂诗

烟台大学江林昌主持完成的国家社会科学基金项目"考古发现与先秦史诗、颂诗"（项目批准号为：13BZW046），最终成果为同名专著。课题组成员有：孙进、李秀亮、代生。

一 研究的目的和意义

在世界史诗研究学术史上，西方有"荷马问题""荷马诸问题""裴相史诗问题""伦洛特史诗问题""涅戈什史诗问题"等，中国也有"少数民族史诗问题"与"汉语史诗问题"。

自从古希腊哲学家亚里士多德在他的《诗学》里讨论荷马史诗开始，世界学术界对史诗的讨论已有二千多年的历史了。到目前为止，除了"汉语史诗问题"仍然悬而未决外，其他诸多史诗问题均已得到较好的解决，有了大致共同的认识。汉语史诗问题的讨论，既涉及概念、术语等理论问题，也涉及传世文献资料的考辨、考古资料的利用等问题，还涉及东西方文明起源与发展对史诗内涵、特征、发展变化的影响等问题。汉语史诗问题是一个重大而艰巨的课题。对这一问题的讨论，既是学科发展的需要，更是正确认识中华民族文化，建构中国古代文史学科理论体系的需要，任重道远，意义深广。

二 成果的主要内容

1. 出现汉语史诗问题的症结在于用西方史诗理论曲解中国古代材料

19 世纪以前，西方学者基本上是根据荷马史诗来归纳史诗概念。英国牛津大学版《简明文学术语词典》，美国普林斯顿版《诗歌与诗学百科全书》，均将史诗定义为"用崇高的格调来讲述神灵或英雄的故事。"以此为基础，衡量史诗有三个尺度：其一，史诗是鸿篇巨制，其二，史诗有神话故事，其三，史诗有作者。黑格尔《美学》即以此为标准断言："中国人却没有民族史诗。"这对中国学者刺激很大。凡讨论中国文化，研究中国文学，都绕不开史诗问题。所以史诗问题便成了 20 世纪中国学者一直讨论的烦恼的问题，学者们提出了各种意见，归纳起来有三种。（1）否定说。以饶宗颐、张松如等先生为代表。（2）间接肯定说。以王国维、胡适、鲁迅、茅盾、钟敬文、郑振铎等人为代表。（3）直接肯定说。以陆侃如、冯沅君、游国恩、余冠英、汪泳豪、骆玉明、赵敏俐等人为代表。

综合来看，这三种有关汉语史诗的不同意见，都是围绕 19 世纪以前西方史诗概念理论为标准而立说。如胡适认为中国"也许古代本有故事诗，而因为文字的困难，不存有记录"。这是从史诗的神话故事角度立言。饶宗颐指出："中国古代之长篇史诗几付缺如"，陆侃如、冯沅君从史诗十篇周诗合起来认为"这也许可以成一个大规模的周的史诗"。这是从史诗的篇幅角度立论。陆、冯还推测这十篇周的史诗的作者"也许就是吉甫"。这是从作者角度立说。我们曾从"也许""几乎""还没有"等措辞可以看出，学者们对中国古代之有史诗都是不够自信的。

然而，这种不自信是不必要的，也是不应该的。

首先，就西方史诗理论本身来看。19 世纪以前的史诗理论只是静态的文本研究，到了 20 世纪西方史诗理论已经有很大的发展，从史诗文本的静态研究发展为动态的口头程式理论了，从而将"荷马问题"发展成了"荷马诸问题了"。这口头程式理论还发展出了"纯口头传唱的文本"到"口传有关的文本"再到"以传统为取向的创作文本"等。用这种 20 世纪西方新史诗理论来观照中国汉语史诗材料，有许多问题可以做重新解释。

中国少数民族史诗研究自改革开放四十年来，成绩斐然，正是有一大批优秀学者在积极参与国际史诗研究，紧跟国际史诗学科前沿，一方面对接、消化、引进 20 世纪西方优秀的史诗理论；另一方面，又深入田野调查，收集整理、研究中国少数民族史诗。结果他们发现，中国少数民族史诗在内容上除了西方的"英雄史诗"之外，还有"创世史诗""迁徙史诗"；在传承演布方面上，既有不同口传人系统，如托梦神授艺人、闻知艺人，又有同一个母体文本在不同部族、不同地区，用不同母语再创编、再演述、再流布，从而形成同一母体文本下不同语言、不同级别、不同形式的书面记录文本。这些都极大地丰富了世界史诗资料，又建构了中国特色的少数民族史诗理论体系。

中国少数民族史诗研究近四十年来的进步，为汉语史诗研究做出了带动作用。中国学者通过田野现场调查，所获得的大量活态口头史诗资料表明，西方史诗口头程式理论与中国少数民族史诗现状有相合处，但有许多不合处，所以要建构中国少数民族自己的史诗理论体系。同样道理，20 世纪中国考古大发现所提供的有关汉语史诗的大量新资料，再结合传世文献中的汉语史诗资料，做综合考察，结果表明，西方史诗概念、术语、理论体系并不适用中国古代汉语史诗实际，用西方的理论标准来强求中国的古代本来就是不公平的。所以，19 世纪以来，西方学者否定中国汉语史诗的存在，20 世纪中国学者本身对汉语史诗问题的不自信等消极局面，都必须彻底改变了。

其次，从社会经济角度看。自鸦片战争以来，中国经济上落后于西方，中国的政治社会又处于半封建半殖民地被动局面。所以到 20 世纪上半叶，中国学者为了引进西方先进文化，做出种种让步性解释，还有一些无奈的原因，可以理解。而当今中国经过改革开放四十年的努力，经济上已经跃居世界第二，政治上的国际影响力也越来越大。中国已经走向世界舞台，我们不能在学术上再受西方话语中心的影响和束缚了。

我们应该以习近平总书记于 2016 年 5 月 17 日全国哲学社会科学工作座谈会上的讲话为指导，坚持马克思主义唯物史观，从中国立场出发，具体分析中国自己的传世文献和考古出土文献中的史诗资料，借鉴西方史诗理论的合理因素，概括中国自己的汉语史诗概念、术语，建构中国汉语史诗理论体系、学科体系、话语中心。

2. 从中华文明起源、发展的特殊规律背景下研究汉语史诗

20 世纪是中国考古大发现、考古学大发展的时代。我们不仅看到了商周时期丰富的甲骨文、青铜铭文，还看到了战国时期埋入地下的整篇整部

简帛文献。这些出土文字资料，可以印证补充传世文献典籍，比司马迁更有条件了解上古历史文化。同时，考古发掘还揭开了一万年以来再到秦汉时期完整序列的地下遗址与遗物。考古区系类型学的文化历史分析，与考古聚落形态学的社会历史分析，已基本把握了中华文明如何从原始氏族社会走向文明社会的具体状况。学术界对中华文明的认识已取得了全局性、突破性的进展，其中有些认识是颠覆性的。通过与古希腊、古罗马为代表的地中海古代诸文明比较可知，中华古文明在起源与早期发展过程中有许多自身特点，非西方文明理论所能解释。对这些文明特点，我们必须做出自己的理论概括。西方史诗理论体系，是西方古文明的产物，而中国汉语史诗理论体系必须建立在中华文明起源发展的基础之上。东西方文明起源发展路径的不同，就决定了东西方史诗概念、术语及理论体系的不同。

西方文明起源的一个突出现象是原始氏族社会的血缘管理被文明社会的地缘管理所取代了。无论是农村地缘内还是城市地缘内，人员都是流动的，不管他们属于哪一个氏族哪一部族。正因为如此，农村与城市之间都是各自独立而分离的。而在中国古代，原始氏族社会的血缘管理在文明社会里依然延续下来了。虽然也出现了城市，但城内的氏族贵族阶层与城外农村里的氏族平民，属于同宗同族同血缘，因此城市与农村是不可分离的，统一在血缘管理共同体之中。此其一。

西方文明起源后，原始氏族社会的公共土地被分成小块归个体家庭所有，手工业、商贸业也都从农业中独立出来。土地以及土地上生产的农产品，与手工业产品，都作为商品可以自由交换买卖。而中国文明起源后，土地仍然公有，手工业、畜牧业仍然附属在农业之下，所有的产品在同一血缘的氏族部落酋长贵族阶层领导下，按等级和谐分配。此其二。

西方文明起源后，青铜器被用于生产工具，以促进生产力发展，文字则服务于商贸产品交流记账及私产记录。而中国文明起源后，因农耕生产需要而祭祀天地神灵，因血缘管理需要而祭祀祖先神灵，原始巫术不但没有消失，反而发展升格为原始宗教，神灵观念进一步强化，通神手段集中到氏族贵族手中。因宗教祭祀的需要，中国古代的玉器、青铜器、文字均没有被制作生产工具或服务于产品交流，而是成为巫术通神的法器媒介，是神权、族权、军权的象征，是宗教、政治、伦理的三合一，具有神圣性。此其三。

以上诸方面说明，随着农耕生产的进步，社会的发展，中华文明起源了，但原始氏族社会的诸多因素并没有因文明的出现而瓦解，反而被延续下来，并获得更具体更系统地发展。所以张光直先生称中华文明起源表现为"连续性"形态，而与西方文明起源的"破裂性"形态相区别。侯外庐先生则称中华文明起源走的是"维新"路径，而与西方的"革新"路径相区别。侯先生还以恩格斯的"家庭、私产、国家"三项为指标，作东西方文明的比较，指出古希腊、古罗马的文明起源"是从家族到私产再到国家，国家代替了家族"；而中国古代文明起源"是由家族到国家，国家混合在家族里面，叫作'社稷'。因此，前者是新陈代谢，新的冲破了旧的，这是革命的路线；后者却是新陈纠葛，旧的拖住了新的，这是维新的路线。"

以上种种有别于西方文明的中国文明起源发展的独特规律，必然深刻影响到当时及其后的社会形态、宗教习俗、语言思维、文学艺术乃至民族精神等方面。其中在史诗方面有如下鲜明表现。

（1）在西方，无论是希腊的《荷马史诗》，还是其他民族的史诗，都是其氏族社会高级阶段"英雄时代"的产物。也就是说，西方史诗产生于文明形成之前。当西方社会进入文明时代之后，英雄时代的神话与史诗及相关的野性思维、原始思维都只有文本的记载，而不再有现实生活中吟唱歌舞的实践活动。

而在中国，原始氏族社会的农耕生产、血缘管理在文明社会里依然延续下来了。因此，原始氏族社会的野性思维、原始思维也延续下来了。以野性思维、原始思维为特征的神话与史诗也延续下来了，并在部族、王族的宗教活动中吟唱演奏。其内容也由宇宙开辟、氏族图腾诞生而发展为部族酋长率领全族民众发明各种生产，或迁徙，或战争，等等。其相关内容随着部族酋长、君王世系的增长而篇幅增长，这在《尚书》典、诰、谟、《世本》，《诗经》之《雅》《颂》，《楚辞》之《离骚》《天问》《九歌》中，均有反映，以及地下出土文献资料甲骨文、青铜铭文、简牍帛书中也有反映。我们以下各章将就此展开具体论证。

（2）在西方文明起源前的英雄时代，已经为文明的产生准备了条件。其表现之一便是各部族联盟组织的扩大化，不同血缘之间已有广泛的融合，其社会层次已很复杂，这是造成《荷马史诗》等西方史诗篇幅长、情节多的社会基础，至于史诗的作者、命名更是西方文明进入理性化之后的具体反映。

而中国古代由于血缘管理在进入文明社会之后依然表现出其稳定性与

延续性，这就决定了其史诗内容在血缘上的唯一性。史诗吟唱记录仅限在本族内的世系及相关内容。所以与西方史诗相比，篇幅显得单独而短小。而且中国史诗是血缘部族内集体演唱，不可能有具体的作者。其歌唱、吟诵在中国还有特殊的名称，这就是"颂""祝""史""册""典""雅"等，我们可以把中国的史诗称为颂诗，这就是该成果将史诗与颂诗并列的原因。

三　成果的主要价值

与西方文明比较，中华文明起源、发展有自己的特殊规律。因此，在中华文明背景下产生的汉语史诗、颂诗，有自己的起源、形成路径，有自己的口头传布与书面传承方式，有自己的内涵特征、精神实质。从五帝时代中华文明的起源到夏商周三代中华文明的早期发展，长达3000年左右的原始宗教时期，中国汉语史诗、颂诗在各自的血缘部族内传承发展。到了春秋战国文明转型时期，原始宗教衰落，汉语史诗、颂诗又因血缘变地缘、大小文化的融合而出现了融合、转化与创新，形成了新的史诗、颂诗民族经典。这些史诗、颂诗民族经典是整个中华民族精神的集中体现，是中华优秀传统文化的核心基因，在秦汉以后2000多年的中华文明绵延发展过程中产生了深远而广泛的影响，并对当今中国的道德文化建设具有深刻的现实指导意义。

儒典《缁衣》古本及其相关先秦儒家文献研究

海南师范大学周泉根主持完成的国家社会科学基金项目"儒典《缁衣》古本及其相关先秦儒家文献研究"（项目批准号为：13BZW091），最终成果为同名专著。课题组成员有：赵运涛、孙盛辉、潘君杰等。

一　研究的目的和意义

出土文献，除《道德经》，再无如《缁衣》幸运者。从《小戴礼》传世而来的《缁衣》一篇，竟然有两种战国楚地竹本出土，即湖北郭店楚墓出土和上海博物馆藏收之两种。《礼记》此外四十八篇，仅有《孔子闲居》有部分出土。不仅如此，在单疏本极少流传至今的十三经注疏中，在日本竟然发现《礼记正义》单疏残本，而残本正是从《缁衣》第十四章开始。又，《经典释文》宋元递修本至八十年代才从内库中流出刊行，《礼记释文》虽有宋抚州公使库本、余仁仲本，然《中庸》至《昏义》（缺《奔丧》）较十三经或《礼记》其他篇章更有日本兴福寺先宋钞本面世，而《缁衣》正预其中。另外浩繁的敦煌卷子中尚有《礼记音》残卷（S.2053）一百八十一行，始《乐记》讫《缁衣》，《缁衣》又有幸与焉。从地下到海外，从周秦到唐宋，从竹本到石经再到写本、刻本，从经文到义疏再到释文，《缁衣》皆有新出，且竹本、释文等还不止一种。可以说，先秦文献即使《道德经》也无此丰厚之馈赠。从义理上讲，《缁衣》虽偏于政治实践之教条和人际伦常之教诲，不及《经解》高远、《儒行》博大、《学》《庸》精微，但乃不失孔曾思孟一贯之道。而其文献校勘价值，却因地下海外之竹本写本之重光，远远高于儒典其他单篇。我们综合利用以上地下、海外之资料，对《缁衣》古本之文体性质、形成机理、成型后之原貌和结构、各版本系统之层次和标志、数次重编之逻辑和痕迹，以及材料之来源、学派之属性、述作传抄之区分、经子传记之互训，等等皆作了资料所能支撑之限度之研究，并下及《缁衣》一篇注疏释音之汇校汇考。

单篇文献呈束状涌现，其价值远远超出其单篇文献本身。地下重出传世文献，表面上似乎没有全新地增广古文献，却于在巨大纵横时空中经过反复述、作、编、注、诵、录、传、抄才得以部分传世的中国古文献来说，意义远大于单纯增加一两篇文献，尤其在迭经愈演愈烈之千年疑古思潮之后和百年西学强调材料审查的影响之下的今天。我们可借诸地层古本还原研究以溯源，考察周秦两汉古籍尤其是儒家"子曰"类文献之述作传抄之过程，还可自此衍流，考察先宋经注、义疏义赞类文献的诸多历史面相，探讨义疏学之高峰、汉学之终结和注疏释音钞本刻本之演变等问题。且源流之间，又可往复对质：既在古本还原之基础上折中文字隶释之分歧，寻绎章序、章句和补注之原原本本，又据文字、结构相互孳乳变迁种种细节确证版本之地层关系和演化逻辑；既在竹本的对照下，理解郑注释文某些异文本末，又可纠正注疏之偏颇甚至讹误，甚至据注疏善本残本，竟可在极为细小之缝隙中见出古本之信息。其他诸如从语丛到论体以及诗、美、说等文体或文艺范畴等文学史问题；《毛诗序》与《缁衣》关系等《诗》学史问题；儒家五行学说本义等儒学思想问题；从钞本到刻本以及从注疏到释音等经学阐释和传播问题，等等，无不可从《缁衣》切入展开研究，提出假设、获得新知。

二　成果的研究方法和创新性成果

为实现这些目标，课题组收集到了与《缁衣》相关的出土楚简、敦煌类郑注和释音、日藏六朝义疏类钞本、日藏先宋释文钞本和日藏宋刻正义类资料，收集了宋刻及历代递修之郑注、释文、注疏善本，并制作了《礼记》引《诗》、《书》和《易》的数据库、《孟子》义理分编索引及网络数据库等。为实现以上目标，课题组在前人研究基础上、在诸多问题的自然启发引导下，采用了一系列新的方法。其方法主要有如，古本之空间关系分析法、刻本天头地脚之校勘法、版本之昭穆关系分析法、古文献话语系统之"成语成说""重言重意"分析法、章句章序之"关键词""关联词"分析法等。另外，在今天大数据时代，无论字形、词例或训诂，很多归纳法几乎接近完全之归纳。在全息数据面前，本相几乎即真相，只要具备文献和义理之常识，其文本自身往往能呈现出不言而喻之新解新知，已非学子温课之兔园册子或学者炫博之博闻强识可同日而语。一定程度上，是在信息时代数字化空间中超越性地实践"二重证据法"。具体研究分述如下。

第一，重出文献，与其计较其与世传本之优劣，不如论其间之版本层次。版本层次乃是更基础的事实判断。通过对勘《缁衣》竹本和世传本的引《诗》舛误、受话主体和章序差异等，我们初步恢复了《缁衣》古本原貌，发现其引《诗》一章一引的体例，且让各章引《诗》各就各位。古本原是两部分缀合而成，这两部分可能是两种文献，这两种文献源断烂一处，致使缀合之初即已有舛误。竹本和世传本在版本源流上同祖而各有昭穆。世传本第一、十八章乃是后来整理者面对一堆已失编次的《缁衣》苦为之排列、深为之加工而出的两部分提领。此外，物理空间上相邻而误是章序引《诗》舛错的主要因素。在此基础上，我们对《缁衣》古本的章序也做了部分可供参考之回溯。

第二，将先秦《缁衣》文献甄别出三个版本系统。利用这个框架，很多以前夹杂不清的问题得以解决。通过综合研究，我们确证了《表》《缁》本一体、《缁衣》乃《表记》之下篇之假说。我们将《表》《缁》一体、《缁衣》初分为其下编之版本，统称版本系统一。以独立于《表记》之《缁衣》单独被完善润饰成《诗》一章一引为标志，统称这一阶段为版本系统二。今所见郭店和上博两种是该系统中又稍混乱之亚型，或曰子本、族本。以有第一、十八章为标志，统称这一阶段诸本为版本系统三。世传本乃是该系统中又更混乱之亚型，或曰子本、族本。需要说明的是：第一，因版本系统二、三，有相同之变误，故两种虽未必直接的祖本，却在逻辑上有祖裔之关系；第二，版本系统一、二，以补注为区别，然补注或是一个连续过程，或可分《缁衣》为下编时同时完成，故系统一、二，乃是逻辑上之划分，并非实际或时段上之划分。版本系统三第十六章亦然，其增益时间点以及世传本多种异文的存在时空关系，都只是逻辑上区分，而不指涉实际时段或明确版本；第四，可明确者有如《毛序》当在版本三之后，可假设者有如版本三之后版本二之相关文献在汉魏南北朝有残编流传，后世类书所辑存之片鳞可约略管窥之。

第三，为探讨《缁衣》之版本层次、编撰过程、语料来源、述注编者，还尝试使用"成语成说""重言重意""《诗》《书》重见"等方法。有的方法完全是因本题研究目标而起。一方面以《诗》《书》为本位，从"《诗》《书》重见"角度整理古文献，揭示七十子或后学以"诗云"证"子曰"，"子曰""诗云"相得益彰之现象，并可见出许多有价值的问题和解释。如第九章/9 通过综合对勘分析《毛诗》、《左传》和《新书》中的《都人士》之重见诗句，解决了一系列问题。另一方面，以各类《语》《传》为本位，检索故训说记之绍述过程，尤其是儒家内部如孔、曾、思、孟、荀等之间递述衍异之迹。通过成语、重言分析，揭示了《缁衣》"子曰"思想乃孔曾思孟一以贯之主张、绘制出《缁衣》思想之源流，儒门传述之轨迹；还发现，公孙尼子书与子思子有难分难解之关系、六朝人称《缁衣》取《子思子》和《公孙尼子》并不矛盾，且皆有迹可循。

第四，关键词和关联词分析法。主题上以类相从之关键词、文本形式上相互引带之关联词是探讨周秦两汉学派内部文献变迁的重要线索。通过这种方法，可细腻地揭示《缁衣》版本层次之间的递延逻辑和重编痕迹。我们发现，有的是世传本而非竹本在内容上以类相从之关键词之一及形式上相互引带之关联词之一，如"烦"；有的是竹本而非世传本的关键词并关联词，如"章好恶"；有的既是竹本又是世传本之关键词和关联词，如"格""劝"；有的不仅是《缁衣》同时也是《表记》之关键词，如"亵"或"亵渎"；有的只是世传本之关联词而非关键词，等等。这些词乃是重绘诸版本间演化逻辑和痕迹关键节点。

第五，利用海外回传文献进行汇校汇考其阐释体系。世传本《缁衣》内部存在诸多异文，而自汉至清，又形成了一个庞大的阐释体系。从郑康成的注到孙敬轩的集解，这个阐释传统既有汉学宋学取法之别，又有汉宋各自内部范式之异。以汉学为例，经今古文不论，其经古文部分至少有注、疏、音义之三块蔚然独立之领域。该成果顺着秦汉之时间线，往下对《缁衣》之郑注、孔疏和释文进行全面汇校考证，尽量完整地展示《缁衣》这部儒家经典在经过两千多年历史的整理、诠释和写刻印刷，至今已形成的结构和形态。在汇校汇考的基础上，我们发现或进一步证实以下现象或观点：陆氏《释文》之底本、别见本显示《缁衣》世传本系统纷杂；日藏《释文》残钞本乃经严格考校之别本；从陆氏释文等可证十行本正源于余仁仲本；山井鼎所见郑注古本更近于郑氏原本；从六朝钞本《丧服子本义疏》见出义疏到注疏之分卷沿革；从《释文》校勘逆推世传本《缁衣》重编之理路及痕迹；《缁衣》三处合疏或有古本信息存焉；后世类书如《太平御览》所辑存或有袭自古残；据山井鼎古本异文等可上溯竹本信息下明汉宋之别；关于《缁衣》合疏，宋刻整理者不明疏义之总分结构，致《缁衣》提目不统；义疏之学以南宋越州八行本为高潮，汉学之高潮亦即终结则以附音注疏之南宋建阳刻十行本为标志，等等。总之，汇校注疏释音，既是在还原各自的原貌，也是在梳理其间之演变，尤其是钞本、刻本之变，揭示经学演进的起承转合之规律和消息。比经推例，还扩展到《礼记》全书。

第六，跳出文本、文体、文献等内部问题，《缁衣》提供的新材料为文字学、文学史、思想史，尤其是《诗经》学、《尚书》学甚至《左传》学等经学史问题提供了弥足珍贵的参考。通过分析，我们认为：世传本在断烂重编时据《缁衣》序义改竹本"好美"为好贤；竹本《礼.缁衣》第1、2章乃是《诗.缁衣》毛序之本；《缁衣》第九章乃毛诗《都人士》序之本，毛序且杂糅鲁诗序而骑墙于两首《都人士》；美当如尾，本意乃人之仪表装饰；诗由志字孳乳而来，诗言志之命题基于文字形神关系。思想史方面，我们借《缁衣》提供的材料可以看出儒家五行皆近取诸身、理学重要概念"新民"作"亲民"乃思孟学派有意误读等。同时，通过义理分析还可反过来有助于出土文字之释读。

三 成果的价值

该成果在文字重新校考基础上，对遣词、章句作了系统地成语和重言分析，在三个版本系统的框架中，对《缁衣》诸本所进行了还原描述，有的基于实证，有的可基于逻辑证伪，有的基于合理推理，有的是在综合对勘后的假设。即使是假设，笔者也尽量持之有故，冀成一家之言，为学界提供一种重新反思之假说。于郑注、义疏和释音，则在汇校汇考中，发现方向性的问题，提出假设，然后从多个角度对质，揭示钞本、刻本时代《缁衣》文献甚至义理之演进逻辑和痕迹，并实事求是地提炼出一些规律或结论。该成果最大的价值在于能为先秦文献的述作传抄结构和历史流传规律提供一个可以实证的成例。不足之处在于铺得太开，焦点众多，有的地方又钩求太细，在因果关系或源流影响上，有的观点尚待更多文献支持。

　　《书》曰："惟殷先人有册有典。"这是华夏文明之幸。较之人类所有其他地域文明，只此汉文化一脉相传，未曾中断，举凡十三经、二十四史等，不惟华夏记忆之绵延有载，亦且全人类赖此以成诸国之参考。然即便如此，文献传播，道阻且艰，时至今日，其待补璧或勾连者仍不计其数。稍可憾者，宋元以降，疑古者应多细甄驳杂而慎断真伪，或不至斯文灿烂之邦成诸事不宜之国。又可嘉者，先贤所疑，提出问题，辨章学术，乃今天学术正反合之必要之一环。所幸海外资料、地下瑰宝，于时涌现，使以前噤然不敢疑议者得以从方法到问题到价值等全方位之反思重置。《缁衣》不过其一例耳。从语丛形态到《表》《缁》一体，再到独立成篇之竹本，又从一再散乱重编到汇入《小戴礼记》成其中之一篇，再历经汉魏之注、六朝隋唐之义疏释音、再在刻本时代正义附录经注、经注附录正义释音，又最后在明代重出单行本，《缁衣》可以说如《大学》《中庸》一样，其作为经学文献，完整地经历各种形态形制。《缁衣》研究，在于还原某一篇什之来龙去脉，更在于从实证角度铸成古书传承之一例。

《书》教传统研究

曲阜师范大学马士远主持完成的国家社会科学基金项目"《书》教传统研究"（项目批准号为：13BZW041），最终成果为同名专著。课题组成员有：徐新强、钟云瑞、宁鑫、王云鹏、沈刚、陈宾。

博大精深的中国经学是人类文明发展史上最具创造活力的文化奇葩。作为迄今可见最早文字记载的"上古帝王之书"的《尚书》，既是弥足珍贵的中国古代第一部历史文献散文集，又是中华民族优秀传统文化经典的代表作，集中表达的是上古统治者的政治观点、治政理念以及施政法则，代表着上古中国政治认知本身所达到的高度与成就。自"孔子纂焉"定型而"垂世立教"，《尚书》即开始成为历代人才培养的传统教材和文化传承的重要载体，不仅当时"三千之徒，并受其义"，而且后来成为学术研究的热点与古代文化的经典，亦成为儒家政治哲学和德政说教的主要理论源泉，同时也开启了源远流长的儒家"《书》教传统"，绵延兴盛数千年。由于历史的久远与传播的制约，加之汉文字书写形体的衍化与内涵发展的丰富，都让历代学者对《尚书》之教的具体内容与理解见仁见智，既自成一家言，又不乏疑窦处，形成表面百花齐放、百家争鸣而内里多有讹误的局面。

"《书》教"是古代中国重要的学术批评术语，是儒家学者通过总结《书》的知识、观念和社会功用等而提出的重要概念。最早由孔子提出，"疏通知远，《书》教也"。广义来看，"《书》教"是指《书》的教化作用和社会功用，是一种政治、文学与教化的综合性人文存在。狭义来说，是指在师徒之间以言语为形式进行的《书》的授受活动。狭义的"《书》教"往往被涵括在广义之中。"《书》教"有知识体系、观念体系、文献体系三种存在形态，早在周秦时期就已经形成传统。"《书》教传统"的存在特征是动态的、开放的、顺应承传的、不断重建的，其内容广博而深刻，在政治、文学、历史、哲学、天文、地理等诸多学科领域都有肇始性论述，往往具有时代的超越性和广泛的普适性，是今天我们提炼《尚书》文化"古为今用"的不竭源泉。荀子认为《尚书》乃"政事之纪"，司马迁明言《尚书》"长于政"，古今谈论政事者，亦常祖《尚书》。源远流长的"《书》教传统"，深刻而久远地影响了中国的政治变迁和古代文学政教特质的形成，对整个东亚儒家文化圈内的政治演进和文学的政教特征亦有深刻影响。对其展开系统研究，意义重大。

"《书》教传统"研究是一项体系庞大的工程。该成果按照"《书》教传统"的历史嬗变、核心要旨以及个案观照展开相关研究，具体而言，包括三大编：第一编为"《书》教传统"奠基期研究，即第一章"春秋'《书》教传统'研究"、第二章"战国'《书》教传统'研究"；第二编为秦汉以下以"七观"说为核心内容的"《书》教传统"研究，即第三章"'《禹贡》可以观事'说研究"、第四章"'《洪范》可以观度'说研究"、第五章"'六《誓》可以观义'说研究"、第六章"'五《诰》可以观仁'说研究"、第七章"'《吕刑》可以观诫'说研究"、第八章"'《皋陶谟》可以观治'说研究"、第九章"'《尧典》可以观美'说研究"；第三编为基于知识、观念与文献之视域下的个案研究，即第十章"《尚书大传》名物考"、第十一章"苏轼《书传》编刊考"、第十二章"东汉《尚书》家学研究"、第十三章"黄伦《尚书精义》研究"、第十四章"魏源《书古微》研究"、第十五章"《尚书》明德慎罚观念研究"、第十六章"'《书》教传统'明德慎罚观念研究"。

《尚书》记载华夏远古农耕文明，是中华民族的早期历史记忆和文化基因。《尚书》的经典化始终都与"《书》教"活动息息相关。通过对"《书》教传统"中的知识、观念、文献三个体系的系统梳理，可以从一个全新的角度更清楚地认识中国古代王朝不同时代主流文学的政教性质和各自发展路径，特别在揭示中国古代王朝时代"《书》教传统"与文学政教特征之间的相互生发关系方面，具有正本清源之要义。

"《书》教传统"以文献、知识、观念三种形态存在并发挥功用。就文献体系而言，文献是知识、观念的载体，又是研究知识、观念的切入点。就知识体系而言，不仅《尚书》中的名物制度很多，而且"《书》教"经典文献如《尚书大传》等的名物制度亦不少，这些名物制度共同构成一个知识体系，这些知识不仅是人们行为目标的权威说明和古代文学创作的资料源泉，而且是王朝时代国家活动合理性和国家权力合法性来源的终极依据。就观念体系而言，"《书》教传统"中包含有一些重要的文化观念，这些观念对后世影响非常深远，如，孔子"《书》教"中的"七观"说对文以载道的现实主义文学传统之影响，典、谟、训、诰、誓、命等观念对中国文体学之形成的影响，《洪范》"五行"观念对于民族宇宙观和认识论之建构的影响，《禹贡》九州观念对国家行政区域之划分的影响，《吕刑》观念对历代法律思想之建设的影响，等等。特别是"《书》教传统"中圣君贤相的嘉谟善政确立的"先王政治"，以及在此基础上形成的"道统观念"，直接规约着儒家文化圈历代王朝的治理模式和对君王的道德约束，并成为该区域内文学政教特质形成的理论依据。

《尚书》作为中华元典之一，在其传播过程中并非完全是依靠统治者或儒家个别圣贤的提倡与支持，如果没有其自身文化价值的超越性，如果没有其道德准则的普适性，单靠外力是无法在几千年中始终保持其神圣的经典地位的。孔子、孟子作为儒家学说的先圣，曾相继按照各自的思想主张对《书》进行过两次整理加工，孟子的整理加工又是在孔子整理加工的基础上展开的，其间体现了《书》之儒学化的早期嬗变，孔、孟各自整理的《尚书》版本在后世的传播中又时有交叉，是汉代《尚书》版本复杂现象的重要原因之一。

《尚书》自身所具有的这种道德准则的普适性和文化价值的超越性，对孔子具有吸引力，在日常教学、生活、政治实践中，孔子非常重视《尚书》，"子所雅言，《诗》、《书》、执礼。皆雅言也"，即使厄于陈、蔡之际，仍然读《书》不倦："孔子困于陈、蔡之间，即三经之席，七日不食，藜羹不糁，弟子有饥色，读《诗》、《书》习礼乐不休。"孔子本人也自云："夫《诗》、《书》之不讲，礼乐之不习，是丘之过也。"足见《尚书》与孔子确实有着某种紧密的联系。我们可以肯定地说，《尚书》是孔子构建其系统思想体系的重要来源之一，孔子在对《尚书》的接受中丰富了其创派立说的思想基础，但据传世文献记载，孔子不仅以"《书》教"授弟子门人，而且还删过《书》，做过《书序》，并且首称《尚书》之名。

《诗》以韵文为表现形式，《书》以散文为表现形式，分别代表了两种不同的文学样式，而且二者文本都具有丰富的思想内涵，故孔子施教以《诗》《书》为先，并在其施教过程中，逐渐形成了一定的《诗》教观和"《书》教"观。孔子把《尚书》的教化功能定位为"疏通知远"，可以说是准确地把握住了《尚书》所蕴含的文化价值的超越性，综观传世本《尚书》的核心内容，其主体是虞、夏、商、周时期的典、谟、训、诰、誓、命，是上古时期雄主能臣在斗争实践中总结出的中华先民智慧的结晶，这里不仅有对唐舜禅让的赞美、对汤武革命的称颂，亦有对明主贤臣的标榜、对民瘼冷暖的关注，从中不仅可以了解促使王朝兴替、历史巨变的底因，以古鉴今，甚至能为后世立法，而且可以学到修身齐家治国平天下的大道理。其实，从孔安国受《古文尚书》的司马迁对孔子"疏通知远"的"《书》教"观领悟得最为深刻，"究天人之际，通古今之变"可以说是孔子"《书》教"观最好的注脚。在孔子看来，这只不过是《书》之"表"。后来孔子经过"悉心尽志以入其中"，又发现了《书》篇有"七观"之义，"六《誓》可以观义，五《诰》可以观仁，《吕刑》可以观戒，《洪范》可以观度，《禹贡》可以观事，《皋陶谟》可以观治，《尧典》可以观美"才是《书》之"里"，这是孔子"《书》教"观中最为本质的内容。义、仁、戒、度、事、治、美七者实为孔子实施王道政治的基本主张，由此足见《书》对孔子思想体系的形成起着核心作用，孔子的"《书》教"思想对后世儒家学说影响甚巨。

"《书》教传统"是中国传统经学诠释中既扎实活跃又纷繁复杂的领域，自汉代今文、古文学派之争始，就相应产生了今文、古文两种并行的"《书》教传统"，在辑佚、辨伪、注疏、训诂、义理等不同领域都存在着程度不同的论争。魏晋南北朝时期，社会格局分裂为南、北两个政治权力中心，"《书》教传统"也随之形成"南学"与"北学"两个系统。"南学"尊崇梅赜所献汉代孔安国传《古文尚书》（后证伪）注疏体系，"北学"尊崇汉代郑玄相容今文、古文二家的注疏体系。受时代盛行的佛学、玄学影响，经北齐刘炫、刘焯二人推扬，重义理阐释的伪孔安国传《古文尚书》成为通行的唯一注本，其教化传统也成为唯一的传统；而重训诂的郑玄注本及其教化传统则随之湮没。唐初重修科举制度，立五经为教育范本与试题来源，贞观年间，国子祭酒孔颖达受命主持编纂《五经正义》，对五经注疏进行大规模的系统梳理。孔颖达虽是"北学"系统的学者，却选取了"南学"系统伪孔安国传的《古文尚书》为底本及其诠释传统。自此以后，这种系统的注疏就成为最权威的《尚书》经解版本流传下来，形成了延续至今的"《书》教传统"主流。

"《书》教传统"与中华治政文明的发生与嬗变关系密切。前人的典籍成为后人治政依托之传统由来已久，中华优秀传统文化典籍中有着政德建设的丰厚资源，这些资源可以为我们今天的治国理政，尤其是领导干部的官德建设，提供有益借鉴。《尚书》是我国最早的治政经典，记录了虞、夏、商、周时期的政治大事，治政以德是其从始至终所标示的核心主旨。自汉代立《尚书》为官学之后，《尚书》作为帝王将相的政治教科书，一直受到治政者的尊崇，许多治政理念成为历代君王和仕宦治理国家的核心理论依据。《尚书》蕴藏有极为丰厚的政德内容，孔子提到的义、仁、诚、度、事、治（政）、美七者，不仅是构建儒家政治学说体系的核心范畴，更是培养历代仕人优秀治政质量的重要德目，对今天的官德建设亦可提供不少有益借鉴。

该成果第一次把"《书》教传统"作为一个重要的学术命题提出来，并且从知识、观念、文献三个不同体系予以关照，这在儒家"六经之教"研究中具有一定的创新性，可以为"《诗》教传统""《易》教传统""《礼》教传统"等研究提供有价值的研究案例。第一次从宏观、中观、微观三维角度来对历代"《书》教"文献进行大规模调查与整理，完成第一部"《书》教传统"文献汇集，以此展示"《书》教传统"知识、观念和文献三体系的生成发展历程、社会功能以及"《书》教传统"整体的动态发展过程，必将极大地推进传统经典专题文献整理的思维视野和研究途径。第一次对"《书》教传统"及其应用进行系统研究，完成第一部"《书》教传统"研究体系的构建及其应用研究，借此科学呈现"《书》教传统"的内在构成、外在形态、话语表述类型、文化功能层次、古为今用转换契合点等内容。第一次深层次地揭示"《书》教传统"与中国古代文学所具有的政教特质之间的相互生发关系，纠正以往过于偏向"《诗》教传统"的研究取向。

学脉古今相连，精神古今相通。儒家"《书》教传统"在整个中国古代生活中发挥着特别重要的作用，是中国政治文化、道德文化、思想文化的一个侧影，代表古代中国治政认知本身所达到的成就。"《书》教传统"所揭示的阐释观念的变化涉及我们民族政治、文学、道德、思想等文化的演进历程，是当今社会核心价值体系重建的思想源泉，也是民族身份认同的鲜明标志，对于民族复兴之今日如何实现传统文化的转化，如何架设文化桥梁实现两岸终极统一，如何把以民本为核心的《书》教治政伦理文化与人类命运共同体连接起来，为人类共同发展做出华夏民族的特色贡献，都具有巨大启示意义。

出土文献与秦汉魏晋南北朝文学研究

闽南师范大学黄金明主持完成的国家社会科学基金项目"出土文献与秦汉魏晋南北朝文学研究"（项目批准号为：13BZW053），最终成果为同名专著及论文集。课题组成员有：汤漳平、王朝华、杨艳华、魏平、徐林云、郭常斐。

一　研究的目的和意义

20 世纪以来出土大量的简牍、帛书、碑刻、画像石等资料，在学界引起了广泛的关注，并有力地推动了学术的研究和发展。王国维以此提出的"二重证据法"拓展了研究的思维和方法，广被接受。该成果充分利用出土文献，结合传世文献，并以考古学、古文字学、文化人类学、历史学、文献学和文艺理论等多学科综合研究的方法，对秦汉魏晋南北朝文学发展的实际状况作更客观、更整体的关照，并提出一些新的看法。

二　成果的主要内容

首先，结合 20 世纪以来出土的大量文献及相关整理，在案例分析的基础上，对出土文献文字的释读、理解存在的一些问题，进行了辨析和纠正。

释读、考证文字，是整理出土文献的基础工作，也是首要的工作。尤其是出土的碑志，很多文字难于释读。因而文字释读是否正确，不仅直接影响到整理的质量，而且更重要的是影响对出土文献内容的理解，进而出现研究的偏差和错误。中国古代就有金石学的传统，20世纪以来又出土了许多的碑志，相关整理及研究的成果也非常多，文字的释读和考证及纠错的任务依然艰巨。如北魏《一千人为孝文帝造九级一堰碑》目前所出释文或乖剌不合，或漏缺连篇，显然不利于文献的科学使用。项目成果依据京都大学人文科学研究所藏历代碑刻文字拓本，对释文做进一步校理，订讹补阙，重新迻录碑文，统计《全北魏东魏西魏文补遗》的阙文，分析各版本误释的几个原因；又新发现的武周时期墓志材料《大周处士郭君墓志铭》，目前的石刻铭文的释读存在不少错误，对照所公布的拓片，校理原释文，对存在错误进行了一一纠正。

20世纪70年代长沙马王堆汉墓出土的帛书《战国纵横家书》、银雀山汉墓竹简、湖北云梦睡虎地秦墓出土的秦代竹简，以及近十年来陆续问世的清华大学所藏战国竹简《楚居》、北京大学所藏的汉代竹简《赵正书》、2013年湖南益阳兔子山出土木牍《秦二世元年十月甲午诏书》等，皆与《史记》记事相关，引起人们高度的关注。此外，还有各种文物的出土，也给《史记》的记载提供了各种佐证，加深了人们对于《史记》所记载的史实的认识。项目成果选取出土文献与《史记》研究的一些问题进行讨论：一是"帛书《战国纵横家书》与《史记》对读考论"。帛书《战国纵横家书》出土已有四十多年，当世学者借帛书以考订战国事实，既有专书问世（马王堆汉墓帛书整理小组编写的《战国纵横家书》、孟庆祥的《战国纵横家书考论》），也有不少专题研究的论文，此外还有不少相关的考订文字，散见于新出的《战国策》、《史记》校注本中，但是这方面的工作仍然做得不够深入和细致，而且也产生了一些新的问题和错误。将帛书与《史记》相关章节进行对读研究的，所见仅有两三篇论文，各就其中一章进行对读，论文都是在读硕士研究生写的，所论皆十分粗浅，对问题的实质几乎没有涉及。帛书《战国纵横家书》共二十七章，其中有十一章内容可见于《战国策》《史记》（十一章中，有两章仅见于《战国策》，一章仅见于《史记》，其余八章皆两见于《战国策》和《史记》）。文中举出帛书中的三章（即《献书赵王章》《须贾说穰侯章》《朱记谓魏王章》）与《史记》原文的相关章节进行对读考论，澄清了若干问题，纠正了过去研究中的一些错误，有助于《史记》和帛书原文的订正与战国史实的考订。二是对2013年湖南益阳兔子山出土木牍《秦二世元年十月甲午诏书》原文的释读与论述，结合原文释读，侧重讨论了出土诏书与《史记》相关记载的关系。这部分内容，澄清了出土诏书原文释读存在的问题，纠正了学者们对于诏书与《史记》记事关系的错误认识。

当然碑志的研究学术界已做得最多的是对传世文献中史传材料的补充、考订等，但依然还有许多大量的工作需要开展。如《史记》所记赵氏家族内部斗争、秦国的兴衰、汉初刘吕之争、西汉王国制度等史实，"侯马盟书"、睡虎地秦简家书、洛庄汉墓、西汉王侯墓葬等出土文物与考古发现，不仅能相互印证，且补充和丰富了不少历史细节；又如北朝是赵郡李氏发展成高门大族的重要历史时期，"李氏三祖"中，尤以东祖李顺及其子孙在北朝影响较大，而出土墓志也多集中于这一房支。李宪是李顺一支在李氏家族承传中的重要人物，通过对自李宪起李氏四代墓志文献《李宪墓志》《李希宗墓志》《李希礼墓志》《李难胜墓志》等的解读，辅以传世文献《魏书》相关传记相印证，梳理出了李顺一支的家族世系，理清了李宪本人的生平事迹，并从中发现赵郡李氏在北朝政权更迭中的因应变化。其中既有以儒道相兼、文学风流和才辩应对为特色的深厚家化底蕴；又有以奇谋划策、姻亲纽带为手段来谋求家族利益及发展的随机应变之道。从这种意义上说，赵郡李氏可谓"李虽旧族，其世唯新"（《魏书·李顺传》）。

其次，20世纪以来大量的出土文献，显现文学和文化之间的互动互构的关系，文学的研究不仅要关注文士文化，还要关注大众文化。汉代诵说类的言语表演活动很兴盛，在出土文献、出土文物与传世文献的相互阐释中见出，俗文化正是文学发展前行不可缺少的另一端，汉代文学正是在雅与俗、宫廷与民间的互动互构中拓展丰富起来的。

美国芝加哥大学人类学家芮斐德在《乡民社会与文化》一书中提出，在较复杂的文明中存在两个不同层次的文化传统，即"大传统"与"小传统"。大传统是指上层文化人所代表的精英文化，小传统指社会大众的生活文化。两个传统是互动互补的，大传统引导文化发展的方向，小传统提供文化素材。在从已有出土文献对秦汉魏晋南北朝文学的研究中，这一理论也能得到很好的诠释。

20世纪以来出土了大量的秦国和秦代文献，有关律令、医药、农事和卜筮的文献最多。该成果就出土文献展开分析，揭示出出土文献内容与秦代统治者"焚书令"不废"医药卜筮种树之书"，且"以吏为师"一致。秦代时间短，且秦始皇实行文化思想专制政策，颁布"焚书令"，足以使士大夫为主的主流文学的衰弱。在睡虎地秦简《日书》中祭祀的鬼神种类繁多，如甲种《土忌》篇的土神、《门》篇的农业神等。可见，在秦代社会中有着各种普遍且种类繁多的鬼神祭祀活动，人们普遍受着各种鬼神之说的影响，这种影响深入到意识形态的层面，成为一种思维模式，直接反映在各种民俗祭祀活动之中，并且间接地影响了秦代民间文学的发展，《墓主记》的发现就是最好的证明。《墓主记》中所带有的鬼神崇拜和民间祭祀的色彩，是一种秦代民俗文化现象的反映，其能否算得上是一篇真正意义上的志怪小说应该还有待商议。不可否认的是，《墓主记》中确实包含有许多志怪小说的因子，例如死而复生的题材、离奇的故事情节、以鬼神为主人公的角色设定等。而正是这些志怪故事的因子，让我们得以从秦代民俗文化中感受秦代文学对后代文学可能的影响。睡虎地秦简《日书》、《归藏》简、《墓主记》以及《秦简成相篇》等出土文献中展现出的神话元素、志怪故事因子和民间艺术形式，展现出了秦代民俗文化中所蕴含的文学成分，它为以后文学文化的发展提供了真实的文化素材，无声地滋润着中国古代文学的发展。

赋是汉一代文学的代表体式，20 世纪以来出土的汉代俗赋《田章》《韩朋赋》《神乌赋》《妄稽》《反淫》等，一方面具有很强的世俗娱乐教化色彩，另一方面题材内容又有一定的历史文化渊源，是文士传统和民间文化教化传统的统一。审视分析这些出土俗赋，参照出土文物中大量的说唱俑（俳优俑、滑稽俑），结合传世文献中弥漫于宫廷和社会中的言语娱乐活动，可以看出，俗文学是宫廷贵族文学和民间文学、士子文人和民间艺人融合交接的区域，汉代文学的建构，从汉初赋兴起于地方，到汉武帝时汇聚繁盛于宫廷。以大赋为主，具有讽谏颂德的功能。不过在战国时的王宫，就有言语娱乐活动，秦汉延续着这一传统，朝廷中也有不少娱乐性游戏化的赋诵的活动；而在朝廷外，娱乐性的俗赋（诵说）是主体，承担着娱乐教化功能。而随着儒家经学观念的盛行，西汉末至东汉，人们重视文学教化，重视文学文化的社会传播，文学下行，言语娱乐的作品便更加风行，并在应用中拓展，形式和途径变得多样化。在经国文体和娱乐教化文体之间，渐渐演变出了抒情小赋。

汉代随着汉武帝倡导经学，文学上渐有人追求语言据依经典，以典雅为尚。至西汉末，随着经学的繁荣，皇帝诏书，群臣奏议，皆援引经义以为据依，文士创作，多引书以助文。在文章体式上，稽式古典。受此影响，诗歌也开始走向实用，走向社会。在这个过程中，一方面是雅化，文学体式的拓展多关乎经学；另一方面也是社会化、俗化，受经学教化思想的影响，文学的内容和应用范围更为宽泛，受众面也越来越大。20 世纪以来出土的许多碑铭、镜铭、各类器铭等，和大众生活密切相关，三言、四言、五言、七言、楚骚体等韵文大量出现在各类铭文中。汉代尤其是东汉，碑铭、镜铭成风，碑铭上的文字除叙说碑主生平事迹，还有就是仿照《诗颂》以韵文的形式咏叹碑主的功业和德行，诗是融入一种别样的文体中传播着。其中以四言为主，也有三言和楚骚体。铜镜铭文，以七言韵文为主，兼及三言、四言、五言、六言、杂言等，内容包括对国泰民安、健康长寿、多子多福、爱情美好的祝愿，对神仙世界的向往，对铜镜品质的夸耀等。正是通过林立于各地的石碑，通过日用的铜镜，诗歌成为走向社会的风景。在诗走向应用的过程中，诗歌也发生了一些变化，最显著的特点是经典的程式化和俗化，诗的发展也遇到了困境，但同时，如何化俗为雅？如何突破应用性程式化的模式？也为诗的自我超越提出了要解决的命题。东汉中期，四言诗和七言诗的创作在一些文士手中已有所变化，如诞生了不少四言赠答诗，使政治化经学化的四言诗走向了个人生活情感的世界，为诗的发展提供了方向。

历代释家别集叙录

江西师范大学李舜臣主持完成的国家社会科学基金项目"历代释家别集叙录"（项目批准号为：14BZW085），最终成果为同名专著。课题组成员有：欧阳江琳、贾利芳、祝童、王彦明。

自东晋以还，释子吟诗作文者，代不乏人，成就甚高，实为华夏诗坛文苑重要的创作群体。然佛门历来视诗文为"小道""外学"，经藏所录僧徒著述，一般为"经论""语录"而遗"外集"，而释子亦极少措意于诗文集的刊布，不自宝惜。职是之故，释氏别集散佚颇为严重。自《隋志》以来，历代公私书志、方志多所著录，但囿于编撰体例，或失之疏阔，或缺乏系统，或语含轻视，难以反映出释子的总体创作。近年来，释氏文学之研究渐成风气，撰写相对完备而系统的释家别集书志，颇显必要。

据《中国古籍善本书目》《宋人别集叙录》《明别集版本志》《清人诗文集总目提要》《清人别集总目》等书志所载，现存历代释家别集约452种。不过，这些书志著录之释氏别集，未必为真正之别集，例如，释遵式《天竺别集》，《宋人别集叙录》予以收录。然细检之，是书虽名"别集"，但所收主要为佛经序跋、目录及修行法式，相当于"子部"之书，故后来被收于《续藏经》中。陈振孙《直斋书录解题》亦入"释家类"，而未入"别集类"。此种书名虽冠有"稿""集""别集"等字样，但所收非释氏个人诗文的著作，尚有不少，书志多误以为别集。还有的书志误将文人作为僧人的情况，例如《清人别集总目》著录了锐僧《抱粹轩诗草》四卷，锐僧即马旸寅，略考马氏生平，似无出家经历，《清人别集总目》或因其字"锐僧"而误以为释子。另外，还有不少为书志已著录的释氏别集，至馆藏地查找时，实已无存。例如，《清人别集总目》著录上海图书馆藏有八指头陀《枯木禅师诗稿》一卷、释含澈《绿天兰若诗抄》等五种别集；广东中山图书馆藏释元梁《怡堂集》、释野蚕《梦绿诗存》等，经笔者实地查询，实皆已无存。因此，除去误收及不知所踪之书，前贤书志收录实际应为395种左右。

除此之外，笔者还发现了30余种前贤书志失收的现存释家别集。例如，清初赴日高僧隐元隆琦、高泉性潡、木庵性瑫、即非如一等人的诗文集，因庋藏于日本各地图书馆，而为诸家书志所失收。这样，我们大致可确定今存释家别集约为425种左右。对于这425种别集，我们拟定的叙录原则是：无论长篇、短制，必经眼过目；若无缘及见者，宁暂付阙如，决不抄撮他家书志。经过五年的努力，最终叙录了228人352种，共61万字。其中，晋唐9人9种，两宋20人27种，元代14人17种，明代40人57种，清代145人242种。余近70余种未能叙录，主要有三方面的原因：（1）因所藏图书馆搬迁，长年闭馆，无缘及见，如温州市图书馆藏西来《雁游草纪游草》、达珍《续寒山诗》、无言《雨花堂吟》、佛第《梅花咏》一卷，等等。（2）因藏馆无瑕制成微缩胶卷而未能借阅者，如国图藏一纯《补拙诗集》、大忍头陀《旅京苉蒻草》、圆微《拾遗编初刻》等十余种。（3）原来书志著录者，但查阅馆藏单位，或已无遗存，或因残损严重不予外借。基于以上客观原因，未能著录的释家别集实际仅20余种。

前贤书志往往比较简略，多则几百字，少则二三十字，不利于了解该书之面貌。例如《清人别集总目》在著录释智舷的别集时，云："智舷《黄叶庵诗草》1卷，嘉庆三年抄本（上图）。智舷，字苇如，号秋潭，晚号黄叶头陀，嘉兴人。俗姓周。"仅著录了书名、版本、馆藏地及作者简介。基于此，我们借鉴了《四库全书总目》的著录体例、行文风格，依时代先后，在叙录每一种书籍时，都力图详尽，拟定的叙录项目主要有以下几方面。（1）作者小传。置于叙录之前，侧重其生卒年、俗名、字号、爵里、出家时日、师承、交游诸方面，并列出其碑传材料。凡事迹难考者，不予强解；有数说而无法定夺者，则尽量罗列。（2）版本概貌和传播情况。界定版本性质，考订刊刻年代、编校与刻写者姓名，描述书款版式，厘清版本传抄、翻刻情况，详录现藏处所、重要收藏印章与牌记等相关问题。（3）概述别集内容。摘录各集之序、跋、目录、正文和附录。（4）撮述各书要旨，评价得失。以各书中相关文献为主，旁及其他"诗文评"文献，概述撰者之创作旨趣、诗文风格。遇名篇、名句，则酌情摘录；若该集可资考订重要史实者，则尤予突出。仍以上举释智舷《黄叶庵诗草》一卷为例，我们在著录是集时，用了近 3000 字。先是考证智舷生平，列出其碑传材料，追述前贤书志的著录及流播情况，然后分别描述所见"台湾国立中央图书馆"藏本和上海图书馆藏本的版本概貌，指陈二者之差异；最后概述了智舷的"诗禅相通论"及创作旨趣。此条叙录 3000 余字，堪称一篇短小的考证文章。

　　字数的多寡当然并不能简单等同于学术价值的高低。在叙录时，我们力图秉承乾嘉学派之精神，故而在考据方面屡有创获，或补充、纠正前人之疏误，或考实某些具体之问题。例如，补录了《明别集版本志》漏收释宽悦《尧山藏草》、释方泽《冬溪外集》、释景隆《空谷集》、释道照《漱流集》、释洪恩《雪浪续集》、释海观《林樾集》、释如愚《宝善堂诗集》、释道开《密藏禅师遗稿》、释大香《云外录》、释昙英《昙英集》等 10 余种释家别集。又如，纠正了《四库全书总目》十余例疏误，如馆臣以释清珙"盖明代湖州僧也"，实为元僧；误以明释宗泐为"临安人……还授左善世"，实为"临海人……还授右善世"；又以为明释大善"盖为崇祯人"，实大善生年可确考为"嘉靖五十年"，等等。此外，还考证出不少释子的生卒年，例如，考证出《月碉别稿》的作者释文明的生年为绍定初年（1228），卒年为至大四年（1311）；《尧山藏草》的作者释宽悦生年为嘉靖二十七年（1548）；《雪山草》的作者释法杲卒年为"万历三十八年（1610）"；《扫叶诗存》的作者释帚为"嘉庆二十二年（1817）"；《博斋集》三卷的作者释元尹生年为"康熙五年（1666）"，等等。

　　在版本方面，则尽量精择善本，广搜版本，互相比勘，指陈优劣。例如，《憨山老人梦游集》有两个版本系统，一为顺治十七年虞山钱谦益据龚鼎孳缮写鼎湖山藏德清原稿之校订本（简称"虞山本"），一为顺治十七年靖南王耿继茂据鼎湖山藏德清稿本之刻本（简称"鼎湖本"）。钱谦益《岭南刻憨山大师梦游全集序》称："余惟大师集本，鼎湖、虞山，颇有异同。鼎湖则大师原稿，弟子福善、通炯及五羊刘司理起相所结集也。虞山则经余勘校，间以管窥之见，撮略字句，移置段落者也。二本盖少异矣，而未尝不同。""虞山本"因由钱谦益整理，复经龚鼎孳、曹溶等文坛名流及宗宝道独等岭南丛林尊宿共襄其事，故声誉日隆，流行日广。而"鼎湖本"，则因卷首仅载有靖南王耿继茂之《憨大师梦游全集序》，无塔铭、像赞等文，卷数不足虞山本之半数，整理者释济航亦为丛林晚辈，故不为教内外所重，不仅未能入藏，且影响日微。然而细加比勘，"鼎湖本"与"虞山本"，绝非仅文字差异而已，比如"鼎湖本"收737题1093首诗歌，而虞山本则仅收283题504首诗歌，失收460题595首。可见，鼎湖本之价值不容忽视。

现存释家别集很多都久久尘封于各大图书馆，少有问津者。为了便于研究者更好地利用书籍，对于那些重要而罕见的序、跋、题词，我们都力图抄录之。这些序、跋，不仅有助于考察是书编纂、刊刻始末，有的还具有辑佚、校勘价值。例如，陈眉公为释禅《风响集》所撰之序，为崇祯刻本《陈继儒全集》等著述失收；袁宏道所撰释如愚《空华集》之序，为钱伯城《袁宏道集笺校》失收；梁佩兰所撰清释愿光《兰湖诗选》之序，为吕永光校点的《梁佩兰集》失收；黄宗羲为释拙安《偶存轩稿》所撰之序，未见于2005年浙江古籍出版社出版之《黄宗羲全集》；蒋士铨为释复显《雪庐吟草》所撰之序，未见于上海古籍出版社1993年版《忠雅堂集校笺》；柳亚子为释广信《北莱遗诗》所撰题识等，均未见于柳亚子各种文集之中，等等。这些佚文大约有近三十余篇，若能辑录，无疑裨益于完善撰者的诗文集。

这些序跋还经常评点作者诗文，表达撰者的文学思想，为我们提供了丰富的文学批评史料。佛门历来有"不立文字，教外别传"之旨，这犹如"紧箍咒"一样套在诗文僧的头顶，紧紧地束缚着他们的创作。因此，很多释家别集的序跋常常讨论僧人文字与禅道的关系，释子是否可以吟诗作文等问题，力图从理论上为僧人吟诗作文寻找合法性。例如，"明末四大高僧"之一的释智旭《绝余编》自序称："文字性空，性空即是实相，实相离一切相、一切法，岂离文字而解脱哉！"释篆玉《话堕集》自序说："有言方显无言，无言之秘斯诠。禅原无阂，因境不被境转，制境之道方呈，佛所不呵。"这样都极力地张扬文字的功用，而非一味地摒弃文字，是对宋代以来"文字禅"的进一步深化。再如，杭世骏为释明中《荪虚大师遗集》序称："吾特以为惟沙门可以为诗，何也？所居在空山，所交无俗客，口不及朝常，耳不闻市嚣，目不见姚冶，以苍松、瘦竹、清泉、白石为供养，以经行、晏坐、打钟、扫地为职业，以寒、拾为本师，以皎昼为程序，转华严之法界，衍鱼山之梵呗唱，澄心渺虑，有触即书，与吾儒之攒眉苦想，艰虺而不能安一字者，劳逸殊矣。"这一论述很能说明历代诗文僧繁盛的原因。

古籍目录提要，宗旨是考镜源流，辨章学术，具有浓厚的史学意识。释氏文学自东晋以来，形成了丰富而独具特色的书写传统。这些书写传统渊源有自，代有传人。我们在钩沉提要各书要旨时，除评点释子的诗文外，尤其注重对这些书写传统的梳理。例如，南宋以还，僧人喜作梅花诗，这一传统的形成实归功于元代的中峰明本。明本曾谈笑间不逾日而遍和冯子振的《梅花百咏》，"雕镂尽致，足以壁垒相当"，此为元代禅林、艺林之佳话，流传甚远，后之僧侣竞相追仿作。我们在叙录明本《梅花百咏》时称："梅花诗，自林和靖'疏影''暗香'之联出，骨格清奇，风流百世，宋元诗人纷然仿效，尤为宋末江湖诗所嗜好，几人人有之。子振、明本之百首和章，实为宋元咏梅诗之集大成者……后之作者，若释智珺《梅花百咏和中峰大师韵》一卷、释观我《和中峰和尚梅花百咏》一卷、释函昰《梅花诗》一百二十首、释德洪《和天然和尚梅花诗》二百四十首、释超源《梅花百咏》、释岳硅《梅花百咏》，无不皆祖述于此。此外，净土诗、山居诗、佛祖赞、"拟寒山诗"、"和寒山诗"等，亦是佛门释子常见的书写题材，有的甚至还是他们参学的必备科目。对于这些书写传统的梳理，不仅可以深化我们对释氏文学的认识，亦可丰富中国文学研究的内容。

《史记》文学经典的建构过程及其意义

陕西师范大学张新科主持完成的国家社会科学基金项目"《史记》文学经典的建构过程及其意义"（项目批准号为：13BZW040），最终成果为同名专著。课题组成员有：樊婧、王长顺、刘彦青。

该成果在全面梳理《史记》文学资料和研究历史的基础上，以《史记》为什么能"越界"成为文学经典为问题，系统勾勒《史记》文学经典化历程，展现从汉代至当代不同时期、不同读者对《史记》文学的阐释和接受情况，并且探讨经典化背后的政治、文化等原因。通过对两千多年来中外《史记》文学阐释史、审美效果史、经典影响史的综合研究，本成果进一步认识了《史记》的文学特征以及在中国文化史上的不朽地位，深化了《史记》及汉代文学研究；揭示了《史记》文学经典形成的内在和外在因素，深究了文学与史学的内在联系；通过对《史记》文学传播以及读者接受的探讨，挖掘了我们民族的审美心理、审美观念；通过对《史记》文学经典化过程和途径的探讨，为今天的文学创作和史书编纂提供借鉴，进而启发当代作家创作出被读者接受的具有生命力的传记作品，因而具有重要的理论意义和现实意义。

一 《史记》对前代文学经典的接受

司马迁多方面接受前代文化经典，对《史记》成为不朽经典具有重要意义，其中最重要的是六经、诸子百家以及《楚辞》等。《史记》的穷变思想、发愤抒情精神、美刺传统、现实主义精神和民间精神等方面都深受六经影响，其中《春秋》最为突出。《史记》的大一统思想、体例设计、写作笔法等深受《春秋》的影响。司马迁对诸子百家思想既有继承又有发展，在综合各家思想的基础上形成自己独特的一家。司马迁的思想，并非纯粹的单一体，它融合、摄取了各家思想的长处，形成一种组合式的思想体系，这种思想体系的骨架是儒家思想。对于楚文化，司马迁有深刻的体悟和认识，并且有一定的接受。在《史记》中表现为发愤抒情、对屈原高尚品格的接受和"爱奇"的审美观三个方面。

《史记》在继承、接受前代文化经典的基础上又有新的发展。它集先秦文化之大成，又是汉代文化的代表，对后代文化产生重要影响，因此，成为中国文化史上一座巍峨的丰碑，也成为不朽的经典。

二 汉魏六朝：《史记》文学经典化的起步

东汉中期以后，《史记》在社会上得到比较广泛的流传。魏晋以后文史分家以及文史各自地位的提高，对于《史记》的传播以及史学和文学地位的提升产生一定的影响。本时期研究和注释《史记》的工作也有一定起色，这对于扩大《史记》的影响具有积极意义，其中最有代表性的是裴骃的《史记集解》。

这一时期评论家对《史记》叙事、人物选择、语言等，都有了初步认识，在一定程度上揭示了《史记》文学的某些特质。本时期文学的发展使《史记》的文学价值得以初步展现，各类文学体裁都开始注意到了《史记》。史传和各种形式的杂传以及小说大多学习接受《史记》的写人方法。此期咏《史记》诗的出现，对以后的咏史诗有较大的影响。司马迁提出的"发愤著书"理论也在文学理论方面得到新的发展和提升。

汉魏六朝时期的文学，正以各自不同的力量把《史记》往文学的道路上牵引。当然，这只是起步阶段，力量还较弱小。汉魏六朝时期对《史记》文学经典的建构刚刚起步，初步显示出对《史记》一定程度上的文学认可。

三 唐代：《史记》文学经典地位的奠定

《史记》在唐代已得到广泛的流传，并且产生了多方面的影响，其文学经典的地位得以正式奠定。统治者对修史的重视，史学地位的提高，使

《史记》备受尊崇。《史记》史学地位的提高，带动了它文学地位的提高。

唐代注释《史记》是其文学经典化的重要因素，本时期注释成就最大的是司马贞的《史记索隐》与张守节的《史记正义》。这两部书和南朝刘宋年间裴骃所作的《史记集解》，被后人合称为《史记》"三家注"，"三家注"的形成是《史记》研究史上第一座里程碑。

韩愈、柳宗元掀起的古文运动，在理论上和实践上学习《史记》，确立了司马迁古文宗师的地位，使《史记》所蕴藏的丰富的文学宝藏得到空前未有的认识和开发，这是《史记》文学经典建构的重要因素。唐代不只是在散文领域将《史记》作为文学经典，在诗歌、传奇、类书、变文等方面也对《史记》有着广泛的传播和接受。

四　宋代：《史记》文学经典地位的确立

宋代的《史记》文学经典化，一方面继承和发展前代的传统，另一方面又有很大的创新。由于印刷术的发展，《史记》传播由抄本时代走向印刷时代，这对于《史记》的广泛传播具有重要意义。广泛的传播带来广泛的《史记》阐释与接受。

宋代始开评论《史记》之风气，在文学评点上涉及司马迁写人叙事的"互见法"、《史记》多样化风格、语言、章法结构、文章的韵味等多方面。这些见解新颖、影响深远的评论，在一定程度上促进了《史记》文学的经典化历程。

在文学实践方面，宋代的诗词、说唱文学等都有对《史记》的学习和借鉴。其中最重要的是散文。欧阳修、苏轼、苏洵、苏辙、曾巩、王安石等都受到《史记》散文的影响。由于词、说唱等新的文学样式的出现，《史记》的传播和应用范围不断扩大。《史记》在文学家的创作中得到更广的继承和发展，形成古文的典范。

从研究方法来看，宋代在前人基础上有所发展。既有宏观的文学评论，也有微观的字句分析。尤其是《班马异同》著作的出现，把对比研究的方法提高到一个新阶段。

五　元代：《史记》文学经典的新变

元代文化有其独特性。元代的文学创作对于《史记》的传播和《史记》

的文学经典化具有重要意义。元代出现了新的《史记》刊刻本，这些刻本的流传扩大了《史记》流传的范围和影响。尤其是其中的彭寅翁本是300多年间刊行的唯一的《史记》三家注刻本，在《史记》版本史上具有重要意义。

元代的《史记》文学研究整体处于低谷时期，但戴表元、王恽、刘因等学者文人对《史记》的评述也多有新见和突破。作为中国戏曲的黄金时期，元代用戏曲的形式大量扮演《史记》中的人物故事，开创了用戏曲形式宣传《史记》的新途径，大大地促进了《史记》故事在民间的广泛流传。元代"《史记》诗"作者众多，作品丰富，所表现的思想情感大多和司马迁相一致，"《史记》诗"是元人特殊的接受和阐释方式。此外，元词与元代话本也多引用《史记》进行再创作。

六 明代：《史记》文学经典地位的进一步巩固

宋代形成的文本细读、评点风气，到明代达到兴盛阶段，这是明代《史记》文学经典化的重要途径。评点著作在明代多达三十余种，其中最有代表性的是茅坤的《史记钞》和归有光的《归震川评点史记》。随着各种评点的出现，辑评工作应运而生，代表性的是凌稚隆《史记评林》。明代《史记》评点在评人物、评事实之外，更多的是评叙事特点、人物刻画、章法结构、文章风格、语言艺术等诸多方面。通过对《史记》文学意义的仔细阐释，使《史记》的文学价值得以挖掘、认可、传播，对《史记》文本的文学经典化具有重要的推动作用。

在《史记》文学经典化过程中，明代的文学创作也起到了极大的推动作用。前后七子与唐宋派文人以《史记》为楷模，继承司马迁以文笔干预社会的现实主义精神，对《史记》叙事、记人、谋篇布局等方面进行了深入的认识与学习。小说、戏曲等不同的领域都体现了对《史记》文学的认可和接受。

七 清代：《史记》文学经典化的高峰期

清代是《史记》研究的高峰期。清代研究《史记》并有文章著作的学者达300多人。考证是清代《史记》研究的一大成就，考证《史记》历史事实、人名、地名、典章制度，等等。评论是另一大成就，评论形式多种多样，或评点，或论文，或札记，或序跋，或书信，等等。大量的《史记》选本和古文选本选取《史记》作品进行评论学习。小说、戏剧评点时往往也与《史记》比较。在清人的《史记》评论中，文学评论是其中特别重要的一部分，对于巩固《史记》的文学经典地位起了重要作用。金圣叹对《史记》的文学评点以及对《史记》与小说关系的认识，有较大的创新性。

另外，清代的文学创作，也对《史记》有一定的接受。散文、传记方面，以桐城派为代表，在理论和实践方面推崇、学习司马迁的叙事写人艺术。

八　近现代：《史记》文学经典地位的加强

在近现代一百年里，《史记》研究呈现出由旧到新的过渡特征。

在出版读物方面，出版界翻印古书形成风气，《史记》备受重视，经过前人整理的各种《史记》本子不断涌现，《史记》得到了更为广泛的普及，这为《史记》文学经典化奠定了较好的阅读基础。

理论研究与阐释是文学作品经典化的重要途径。近现代《史记》研究学者不断涌现，研究论著丰富，研究内容涉及面广，系统化理论研究局面已经形成。在《史记》体例、叙事、文章方法、人物传记、艺术美学、散文艺术、"爱奇"倾向等方面的研究，基本建构了《史记》文学性研究的理论框架，为《史记》文学经典化建构提供了有力的理论支撑。

此期文学史著作和教材编写都不同程度地对《史记》文学成就进行论述。把《史记》列入中国文学史，这是《史记》文学经典建构的重要途径。通过各种不同形式、不同时期、不同作者的文学史论述，《史记》名正言顺地进入中国文学史的经典之列。

九　当代：《史记》文学经典化的新时代

当代，随着社会的变化、学术的繁荣和理论的发展，人们的认识更加系统化，大量的著作、论文对《史记》文学成就进行阐释，使《史记》的文学经典地位更加巩固。

50 年代到 60 年代前期《史记》文学研究表现出新的思想、新文本、新理论、新高度的特点，这是新中国成立后《史记》文学研究、文学阐释的第一个高潮时期，也是经典化的新起步。60 年代后期至 70 年代前半期，学术研究被政治斗争风暴吞没，《史记》及其文学阐释处于停顿沉寂状态。1977 年新时期以来至今，广大文史工作者解放思想，重新研究《史记》，出现了一个新的高潮。就《史记》文学研究而言，这 40 年也是有史以来成就最辉煌的时期，在普及化、系统化、多样化、深入化、研究方法改进等方面收获丰硕，《史记》文学的经典地位不断巩固和加强。

十　海外《史记》文学研究对经典建构的作用

《史记》传播空间的不断扩展，对于经典著作生命力的延伸具有重要作用。《史记》以其独特的魅力，在海外引起广泛传播，进一步扩大了它的影响力。

《史记》流传到国外以后，引起了国际汉学家们的广泛兴趣，研究者日益增多，还出现了一批《史记》研究的专家，像日本、朝鲜、法国、德国、美国等国家的《史记》研究，都取得了一定成就，其中尤以日本为最，传播广泛，研究深入，成果丰硕，有些方面还超过了我们国内的研究。

海外学者对《史记》文学特征、文学价值的认识、阐释是逐渐发展的，由于文化背景以及语言的差异，对《史记》文学的研究有地区差异。但是，一部中国的文史名著，随着中外文化交流的发展，已经被认可和接受，这也扩大了《史记》的世界影响力，促进了《史记》的文学经典化，也进一步显示出《史记》的魅力和生命力。

余论：《史记》文学经典的建构具有重要的意义。首先在于扩大了《史记》的文化价值。随着《史记》文学经典的建构，不仅雅文化、主流文化学习它，而且俗文化也从中吸收许多有用的东西。史学著作被纳入文学领域，更显示了《史记》多方面的价值。《史记》文学经典建构的意义还在于促进了中国文学的发展，中国文学中的传记、散文、小说、戏曲乃至于诗歌等文体，都受《史记》的影响，有些甚至直接取材于《史记》。《史记》文学经典建构的意义还在于使有价值的历史人物走向永恒的时间和无穷的空间。

另外，该成果的三个附录，分别对清代汤谐《史记半解》、王又朴《史记七篇读法》以及当代学者聂石樵先生《司马迁论稿》进行分析评论，可以说是对第七章、第九章内容的有机补充。

东汉文学思想史

南开大学张峰屹主持完成的国家社会科学基金项目"东汉文学思想史"（项目批准号为：14BZW026），最终成果为同名专著。课题组成员有：张立克。

一 研究的目的和意义

该成果希望能够系统、深入地描述东汉时期文学思想发展演进历史，从而明确东汉文学思想的基本内涵、思想特征、演进趋向及其历史地位。

两汉四百年，是我国历史上历时最长的朝代；同时，这四百年也是我国传统思想文化基础的定型时期。对这个时期思想文化各领域的充分认知和理解，是今天准确把握我国传统文化精神内核所必需的前提。就文学思想而言，两汉时期无论是文学创作实绩还是文学思想观念，也都奠定了我国传统文学长远发展的根基。可惜的是，与中国文学的其他发展时期（如先秦、唐宋、明清等）相比，学人对汉代文学和文学思想的研究，总体看来还相对薄弱，这与汉代思想文化、文学所实际拥有的重要地位很不相称。尽管已有一些很好的研究成果问世（如许结《汉代文学思想史》等），但是一者，成果数量仍较少，对汉代文学未能充分展开讨论；二者，既有成果虽不乏睿智卓见，但是也毋庸讳言，普遍还不够翔实、深入，对汉代文学及文学思想的一些重要问题的认识，仍然或缺漏或模糊。因此，汉代文学及文学思想，还有全面、翔实、深入研究的较大空间。

二　成果的主要内容和重要观点

该成果采取"文学思想史"的研究方法，把社会政治状况、历史文化思想、士人处世心态与文学创作、文学思想观念有机地结合起来，建立"社会政局—文化思潮—士人心态—文学创作倾向—文学思想观念"的理论模型，综合考量、提炼东汉时期文学思想的内涵、特质，描述其发展演进的轨迹。

具体而言，按照东汉文学创作及文学思想本身发展的自然段落，把整个东汉时期划分为东汉初年至和帝永元初、和帝永元初至桓帝和平前后、桓帝和平前后至献帝建安末这三个发展阶段（分期的理由，详见第二章、第五章、第七章的小序），分段描述其文学思想的状貌和走向，同时注意揭示相邻阶段的承变情状和机缘。该成果主要分为四个部分。

第一部分主要描述两汉之际的文学创作特征及其发展走向，这是东汉文学思想史发展的前导或基础。本成果所谓"两汉之际"，是指从西汉平帝即位、王莽擅权以至代汉，到东汉刘秀建武十二年这近四十年（前1～公元36）的历史时期（划定理由见该章小序）。这个时期，政权两度易主，士心骚动，或拥刘反莽，或见机而动，不一而足。两汉之际的文学创作，传世的作家作品并不多，但是足以勾勒其时的文学思想概貌：文学创作与政治关联一如既往地紧密，同时在文学表现上颇有新的时代风貌，尤其在文体开拓方面，有着较为长足的进展。

第二部分主要描述东汉前期的文学思想。第二章《光武帝建武中至和帝永元初的文学创作倾向》，从文学实际创作层面，提炼这个时期的文学创作思想。刘秀建武中，天下大定。刘秀在实行休养生息国策的同时，开始建构思想文化，经、谶并重，重用儒生文士。这个基本的政治文化格局，明帝、章帝一致坚持并有所强化，最终以纲领文献《白虎通》予以定型，长久地主导着东汉政治文化的旨趣。这个时期，"百姓讴吟，思仰汉德"，士人无不衷心向往中兴的刘汉，"抱负坟策，云会京师"。于是，文学创作中涌起一股借助谶纬来颂世歌德的热潮，成为这个时期一种普遍的文学创作倾向。与士人热心拥戴中兴政权相对的，是统治者对待士人的态度。这个时期帝王对待士人的基本倾向是信重，但也不乏热心遭受冷落、倍感怀才不遇的士人。于是，抒情述志、情兼雅怨，就成为这个时期并行的另一种文学创作倾向。第三章《班固对汉代〈诗〉学思想的开拓》、第四章《王充文学思想的时代特质》，是描述东汉前期理论表述形态的文学思想。前者认为，班固的《诗》学思想，既非《齐诗》学的传承，亦非固守儒家传统的《诗》学观念。作为醇儒，班固强调《诗》的经学性质和政教功能，但同时做出了重要的拓展：一是在确认《诗》的社会政治功用性质和目的之同时，更加集中地突出了情感的生发感动特征；二是他批评三家《诗》"咸非其本义"，表现出追求《诗》"本义"的思想倾向；三是他在司马迁以地理环境论社会风俗的思想基础上，进一步明确地开辟了从地理和风俗的视角评论《国风》的思想方法。这些卓越的思想，文学思想史意义非常重大。后者认为，准确把握王充的文学思想，须先认清其"用气为性，性成命定"的社会人生思想基石，如此方可明了其"疾虚妄"意旨中"虚妄"之所指，也才可知道哪些命题才是他主要的文学思想及其准确意涵。在此一认识下，阐述了王充"疾虚妄"旨趣下的一些主要的文学思想命题及其鲜明的颂世文学思想。

第三部分主要描述东汉中期的文学思想。其中第五章《和帝永元初至桓帝和平前后的文学创作倾向》，是从文学实际创作层面，提炼这个时期的文学创作思想。自和帝始，东汉的政治、社会及文化都开始走上衰变的途程。政治方面，小皇帝在位，外戚或中宦擅权，选举和吏治腐败，是这个时期基本的政治景观。社会方面，自然灾害和边患内乱频仍，给这个时期的社会带来重创。思想文化方面，也在延续中逐渐衰落。经学的衰落，到安帝时已经十分明显，"博士倚席不讲，朋徒相视怠散，学舍颓敝，鞠为园蔬"。顺帝虽重启太学，"然章句渐疏，而多以浮华相尚"，儒风衰敝。因此，这个时期的士人，不再有前一时期的积极赴世的热情，而变得更为沉实稳健，由理想诉求转向了现实人生的关怀。这个时期的文学创作风尚，也因而开始转向。颂世文学依然延续，但是拓展了歌颂对象的范围，举凡王朝、帝王，功臣、将相，后妃、臣吏，乃至名人、名士，无不可以歌颂。这就在事实上冲淡了颂世文学的神圣和典重，使之泛化为一般的颂扬文学。抒情述志的文学创作依然存在，然而加入了鲜明的体儒用道的思想情韵，与其时思想界道家思想的回归同步。这个时期最具特色的文学创作倾向，就是逞才游艺，出现了大量的无关国计民生、书写闲情逸致的文学作品。这呈示着文人创作旨趣的巨大变化，开始把文学从沉重的道德、政教的束缚中解脱出来。第六章《王逸〈楚辞章句〉的文学思想》，论述的是东汉中期理论表述形态的文学思想。《楚辞章句》的基本思想特征，便是以《诗》释骚，把楚辞提升到经学的高度。本章梳理王逸及其《楚辞章句》方方面面的文学思想，无不呈现出经学文学思想的特征。与东汉中期文学实际的创作倾向相比，王逸的文学思想就显得比较落伍了。

第四部分主要描述东汉后期的文学思想。第七章《桓帝和平前后至献帝建安末的文学创作倾向》，是从文学实际创作层面，提炼这个时期的文学创作思想。与东汉中期一样，这个时期依然是小皇帝在位，政权被外戚、中宦再加权臣交替掌控，选举和吏治更加腐败。自然灾害和边患内乱依然频发，更是雪上加霜，导致东汉后期政治和社会的严重衰敝，终于灭亡。思想文化方面，经学延续安帝以来的衰落趋势，加之桓、灵之际延绵二十余年的两次党锢之祸的致命打击，"高名善士多坐流废"，虽有桓帝增加太学生至三万余，灵帝正定《五经》文字刊石立于太学之门，但是大势已去，儒风衰敝殆尽；尽管尚有大儒郑玄的回光返照，但是所谓"成也萧何败也萧何"，经学终是在郑玄这里，无可奈何花落去了。与此同时，有汉以来不绝如缕的道家思想，伴随着社会的衰敝而强势回潮，成为东汉后期另一种普遍的社会思想。这个时期的士人，个体生命意识觉醒了。虽仍不乏以匡世救济为使命，清正公廉、直言极谏的士人，但是更多的士人疏离政权，选择远遁，以求全生保身。东汉后期的文学创作，在这种政治、社会、文化及士人心态背景下，呈现出崭新的面貌。颂世和歌颂一般人物的文学还有出现，但是数量不那么多了。并且，一些颂扬的文学作品，还融入了作者自己的身世之感，创作旨趣向着个人的生活感受转移。而更多的作家作品，则走向了自我和情感、意趣：文学创作集中于表现作者个人的生存体验和真情实感，或者是延续东汉中期逞才游艺的创作风尚，抒写其生活情趣、闲情逸致。而以《古诗十九首》为代表的大量文人五言诗，艺术表现圆熟，达到了古典诗歌创作的极高境界。这个时期的文学创作，整体上脱离了政教伦理，回归文学自身，实现了文学创作的独立自足。第八章《汉代功利〈诗〉学的绝唱：郑玄的〈诗〉学思想》，论述的是东汉后期理论表述形态的文学思想。郑玄笺注《毛诗》多有新意，如：《毛诗序》往往注重揭橥《诗》篇的大义和本事，而郑玄《诗谱》则更多说明诗歌得以产生的地理环境、风俗、时代政治背景及其诗体之正变；《郑笺》对《毛诗小序》之释"兴"多有修正和丰富；《毛传》不涉谶纬，而《郑笺》则多引谶纬说《诗》等。不过，郑玄的《诗》学思想仍然是一种传统经学的思想，在东汉后期文学创作独立自足的现实面前，尤其是在情韵并美的五言古诗面前，郑玄的《诗》学思想显得非常陈旧腐朽，成为汉代功利《诗》学的绝唱。

该成果通过上述三个阶段的分析梳理，全面系统深入地描述了东汉时期文学思想发展演进的历史。同时，也就明确了东汉文学思想的主要内涵、特质，及其在中国古代文学思想发展历程中的地位。

三 成果的主要价值

作为人文学科的基础研究，该成果的主要价值是其学术价值。其一，作为国内首部研究"东汉文学思想史"的专著成果，也可以说填补了一项学术研究的空白；其二，该成果以"文学思想史"的思想路径展开研究，同时采取史论结合的结撰方式，既可保证其描述的可靠性，也使研究成果更有学术深度。

互文性：陶渊明作品文本生成机制研究

中国社会科学院范子烨主持完成的国家社会科学基金项目"陶渊明作品互文性研究"（项目批准号为：14BZW176），最终成果为专著《互文性：陶渊明作品文本生成机制研究》。

一 研究的目的和意义

陶渊明在华夏诗坛上的出现，如同一轮骄阳，冉冉升起，不久便照彻东方诗国的广宇。虽江山代谢，大化流衍，其光华其魅力未尝稍衰。陶渊明是集诗人、学者、历史家和哲学家于一身的文化巨人。他的作品闪耀着璀璨的心灵之光，流溢着天才的灵智之波，乃是千锤百炼、百炼千锤的艺术结晶。伟大艺术家的惨淡经营与伟大诗人的旷世奇才，使其创造了永恒的不朽的辉煌。而只有深入探索陶渊明的文学创作机制，才能真正展现其文学经典的原旨，才能真正认识其在人类文学史乃至文化史上的重要意义。这正是《互文性：陶渊明作品文本生成机制研究》的出发点。

该成果是我国学术界第一部运用互文性理论研究陶诗的学术专著，堪称一部用新的理论方法构建的具体而微的中古诗史。互文性是陶渊明文学创作的主要机制之一。互文性这个概念是法国学者朱丽娅·克里斯蒂娃在当代西方后现代主义文化思潮中首先提出的，由此形成的互文性理论认为，任何一个单独的文本都是不自足的，任何文本都是一种互文，都是对其他文本的吸收与转化，它的意义在与其他文本交互参照、交互指涉的过程中产生，相关的经典性的表述是："任何文本的构成都仿佛是一些引文的拼接，任何文本都是对另一个文本的吸收和转换。互文性概念占据了互主体性概念的位置。诗性语言占据了互主体性概念的位置。诗性语言至少是作为双重语言被阅读的。"（克里斯蒂娃《巴赫金，词语、对话和小说》）这种被吸收与转化的文本称为"底文"或者"互文本"（蒂费纳·萨莫瓦约《互文性研究》）。热拉尔·热奈特所说的"一篇文本在另一篇文本中切实地出现"（《隐迹稿本》），也就是互文性。这在我国古典文学批评话语中有时被视为模拟或者用典，而人们更多地采用渊源考证和影响研究的方法来钩沉索隐，抉幽发微（如钟嵘《诗品》，参见下文），相关的学术成果汗牛充栋。倘若把这些学术成果纳入互文性理论中加以观照和利用，则能够更深刻更全面地揭示陶渊明文学创作之特色，深入发掘其作品之原旨，并有效地避免阐释的片面、碎乱和无序。互文性理论将文本与文本之间的互涉、互动看作文学与文化的基本构成因素，主要强调在文际关系中发掘和解读作品的意义。这不仅揭示出写作活动内部多元文化、多元话语相互交织的事实，而且也呈现了写作的深广性及其丰富而又复杂的文化内蕴和历史内涵。事实上，陶渊明的文学创作具备了现代互文性理论描述的各种形态，故具有极为重要的现代诗学意义。

二 成果的主要内容

第一章《互文性视域下的陶诗渊源论——以钟嵘品陶为中心》，还原了钟嵘品陶的真意，彰显了其在互文性方面孤明先发的理论意义。作者以钟嵘对陶渊明的评论为核心，并从中古时代的家族史和选官制度出发，对钟嵘品评陶渊明涉及的文学与非文学因素加以论析，指出钟嵘《诗品》"A 源于 B，B 源于 C，C 源于 D"式的理论表述，正是着眼于古典诗人的互文性建构而对其所进行的互文性解构。如果我们把萧梁以前我国的五言诗发展史视为一座颇具历史纵深的结构复杂的巨型建筑的话，那么，钟嵘《诗品》所做的工作就是为我们绘出了这座巨型建筑的结构图。尽管当时的诗人们遗留给我们的是一些作品的断壁残垣和吉光片羽，但在互文性的观照下，仍让我们看清了钟嵘的意旨和《诗品》的妙理。而由此切入《诗品》那迷人的诗学世界，我们对钟嵘那极富天才性的遥遥领先于全人类的理论创造无疑将产生全新的认识。

第二章《转益多师、兼收博采——陶渊明与汉晋文学》专门研讨陶渊明与汉晋文学的关系。以《饮酒》二十首其五为核心，本章重点阐明了陶渊明的诗歌创作所受汉晋乐府诗的影响。作者还揭示了陶渊明与张衡、束皙的关系，指出陶渊明与张、束生活在不同的时代，其平生的志业与人生的践履亦有差异，但是，隐逸的情怀与脱俗的高趣，却是其共同的追求。由此，张衡的归田与束皙的贫居成为《归园田居》诗的深层文化背景，陶渊明也成为这两位作家的异代知音。陶渊明经常化用嵇康、郭璞的诗文，这与两位诗人的道家文化属性密切相关。通过考察《湛氏族谱》，作者发现浔阳陶氏与新淦湛氏两个家族是有婚姻关系的家族。东晋的内军咨议湛方生的文学创作直接影响了陶渊明。浔阳陶氏与丹阳陶氏、浔阳翟氏、琅邪王氏均有密切的关系，这些家族的文化为陶渊明的文学创作提供了深厚的背景和丰富的养料。陶渊明与魏晋文学的关系还可以从广义的互文性角度考察。克里斯蒂娃说："广义互文性一般是指文学作品和社会历史（文本）的互动作用（文学文本是对社会文本的阅读和重写）。"如兰亭之游发生在晋穆帝永和九年（353）农历三月三日上巳节，陶渊明的斜川之游发生在晋安帝隆安五年（401）正月五日。斜川之游是对兰亭之游的模拟。陶渊明《游斜川并序》也是对王羲之《兰亭集序》的模拟。

经典是时间选择的产物。《五柳先生传》既是一篇有声有色有味的文学杰作，也是一篇有情感有厚度有力度的不朽经典。本书第三章《谁是五柳先生——陶渊明与扬雄》以《五柳传》为核心，专门探讨陶渊明与扬雄之关系。传统的陶渊明"自传说"是人们对于这篇作品的基本认知。这种认知也构成了一种强势的阐释传统。本书基于对该传文本与《汉书·扬雄传》的互文性关系以及《宋书·陶潜传》删节改传最后一段的基本事实的发现，通过周密的深入的论证，揭示了该传为汉代新圣扬雄的精神性传记的千古隐秘。该成果通过对"五柳"名目的考察，还原了该传的特殊寓意；通过文体学的考察，彻底颠覆了关于该传的传统"自传说"。作者指出，在汉唐之间，扬雄有圣人之目，扬雄是士林群英普遍崇拜、推尊的圣人，就如同孔子一样深入人心。柳下惠是道德的象征，扬子是哲理的象征，陶公是诗性的象征，他们三位一体，融合为《五柳传》中五柳先生。如果说扬雄是哲学化的柳下惠的话，那么，陶渊明就是诗化的扬雄。在这三位巨人之间，相互的理解并不是心灵的神秘交流，而是一种对共同意义的分有，这就是道德、情感、良知、理性与诗性，其核心是具有普适性的足以成为一切人自由发展的前提条件的自由精神。其所张扬的精神我们亦可称之为"五柳精神"。"五柳精神"就是由上述五要素构成的自由精神，它既是个体的精神存在，同时又属于众人，它是存在于崇高的人类之间的不可分割的精神链条。陶渊明《五柳先生传》的创作，把一种无与伦比的精神伟力赋予了中国文学——这种精神伟力在中国文学中是极其罕见的。

佛教之进入中土，为华夏文化史上的一大盛事。惠远法师卜居庐阜，化兼道俗，利乐有情，影响尤巨。而大诗人陶渊明"生值晋宋之际佛教最盛时代"，长期隐居于庐山脚下，其"时代地域俱与之连接，转若绝无闻见者"（陈寅恪《魏书司马睿传江东民族条释证及推论》）。陈寅恪先生认为此种奇特的现象与鄱阳陶氏家族世传之天师道信仰有关。此说一出，如同空谷足音，震人心魄，然而曲高和寡，学术界既鲜有言其是者，亦鲜有言其非者。本书第四章《拒斥与吸纳——陶渊明与庐山佛教》全面探讨了这一问题。作者首先阐释《和刘柴桑》诗的本意，考察陶诗的若干语词以及《乞食》诗与佛教的关系；其次从佛家因果报应说的角度切入，论证陶渊明对庐山佛教的拒斥，对《怨诗楚调示庞主簿邓治中》诗和《饮酒》诗二十首其二重新加以阐释；随后在阐述庐山的人文境界与庐山僧侣诗歌创作的基础上，重点从四个方面探讨陶渊明对庐山佛教文学的吸纳。本章结合丰富的第一手材料，通过对陶渊明与庐山佛教之关系的论析，从一个方面彰显了伟大诗人陶渊明在我国古代文化史上的特殊意义。

1936 年，陈寅恪在《桃花源记旁证》一文中提出，陶渊明的经典名文《桃花源记》有《搜神后记》本和《陶渊明集》本两种差异很大的文本，认为前者是"陶公草创未定之本"，后者是"增修写定之本"，"二者俱出陶公之手"。本书第五章《谐语、寓言与互文——〈桃花源记〉的生成机制》依据我国当代的古小说研究成果，并结合相关的文献资料，充分肯定陈寅恪这一观点的正确性及其对陶渊明研究的重要意义。同时，本文还纠正了陈寅恪关于《搜神后记》本桃花源故事"渔人姓黄，名道真"的七字夹注出自陶渊明本人之手的错误观点，指出此处夹注可能出自南宋道士之手，其来源乃是刘宋元嘉时代黄冈所著地志《武陵记》。同时，本章深化了上一章的讨论，指出《桃花源记并诗》具有"偈散结合"之特色，就作品内部的结构功能和文体特征而言，实际上也是汉译佛经之"袛夜"。在此基础上，作者还考察了"武陵渔人"的形象问题。作者指出，《桃花源记》的"渔人"形象既负载着我国古典文学的"渔人"描写传统，也有其历史人物的原型。就传统而言，他是虚的；就原型而言，他是实的。实中有虚，虚中有实，虚实相生，正是《桃花源记》叙事艺术的主要特点。本章通过对其文学密码的破解，揭示了这篇经典名文的真意和陶渊明的隐衷。同时，作者指出，桃花源具有浓郁的诗人自我的田园生活色彩，桃花源的境界代表着诗人的生活理想和社会理想，具有深厚的哲学底蕴。《桃花源记》是关于人类理想生活的极富有理性的沉思录。在诗人的精心选择下，前人、当代人乃至诗人自我所创造的作品文本被巧妙地融入了《桃花源记》，形成了多层次的富有立体感的"互文性"语群，从而共同拓展了作品的内涵空间。《桃花源记》作为一篇文学杰作，它在艺术建构方面所取得成功经验对于当代世界的文学创作具有重要的借鉴价值，它所表现的价值观对于构建当代中国的和谐社会也具有重要的启示意义。

在中国诗史上，陶渊明的《止酒》诗呈现出一种独特的诗体风貌，那就是每句诗都含有一个"止"字，对于这种诗体形式以及这首诗的题旨，前人见仁见智，颇多争议。本书第六章《止酒的情怀——〈止酒〉诗的艺术渊源与影响》揭开了《止酒》诗的神秘面纱，掘发了其在诗史上的特殊意义以及融会多元思想于一炉的深隐寄托，展示了其似浅实深，由浅入深，浅深兼赅，浅深相照的艺术特质。作者指出，《止酒》诗的诗体形式渊源于著名的汉代乐府诗《江南》古辞，这首诗融会儒道思想于一炉。《止酒》诗的出现，极大地拓展了文人墨客诗酒风流的精神空间，由此后代诗人形成了以止酒为高以止酒为雅的代代不绝的"止酒情结"，而这也成为一种胸怀洒脱的人格象征。就总体倾向而言，《止酒》诗表现的正是固穷守道的精神品格和弃繁从简的价值取向，但此种思想的表达，关涉儒、道二家，因而《止酒》诗便具有了极其丰富的思想内涵。陶渊明《止酒》诗是通过模拟《江南》古辞创作的具有游戏特点的哲理诗。受其影响，庐山诸沙弥有《观化决疑诗》之作，此诗前三句叙述"观化"的背景，故不著"化"字，盖欲首先示人以庄重之面目。而以下十三句皆著"化"字，且其中四句诗以两个"化"字迭加。此诗意在歌颂慧远在庐山弘扬佛法的盛业，并批评"化中客"之愚妄。梁元帝的《春日诗》连用二十三个"春"字，也正是典型的"《止酒》体"。

第七章《易代前夜的心曲——互文性与陶诗中的政治隐喻》，主要探讨陶渊明与晋宋政局之关系。作者首先结合《命子》诗以及丰富的晋宋史料，对陶渊明的仕隐问题进行了全新的还原性阐释。作者认为，陶渊明的出仕和归隐，都有现实的政治原因，尤其是投身于桓玄幕府，主要是在门阀政治理念的支配下所做出的选择。在以刘裕为代表的北府军事集团和以桓玄为代表荆楚政治集团对峙、拼杀的过程中，他始终站在桓玄一边。陶诗中的自我形象与历史生活中的陶渊明本人肯定是有差异的。同时，陶渊明的一生也是一个动态的发展过程。其次，在全面的文本梳理的基础上，分别从晋宋之际政治史、佛学史和儒学史的角度对陶渊明《示周掾祖谢》一诗进行了阐发，从而具体而微地揭示了这首诗的思想寄托和艺术特质：这首诗抓住了当时社会的大事件和时代的大课题，在波澜不惊、恬静自然的颍水之思中激荡着时代的风云变幻与波谲云诡。这首诗足以表明，在世风浇薄颓败，学者趋炎附势的时代，陶渊明是坚决捍卫儒家之道的，因而在陶渊明的文学创作中具有特殊的意义。随后，重点对《赠羊长史》诗的政治内涵进行了深入的阐发。作者指出，杰出的诗人，从来都是抒写心灵世界的高手。由自我心灵的幽曲隐微，彰显具有普适意义的历史情怀和人文精神，也是一首诗成为不朽的文学经典的必由之路。"写心"是陶渊明在诗歌创作方面的自觉追求。就考察陶渊明的生平、思想和诗人身处晋宋易代前夜的心态而言，《赠羊长史》诗的特殊价值是其他作品所不可替代的。在文本建构方面，本诗涉及了"古典"和"今典"两个方面。《赠羊长史》与《述酒》在内容上存在关联性。该成果对《赠羊长史》诗的分析足以表明，陶渊明对时代的风云变幻是密切关注的，他的诗笔也是与时代同步的。这首诗显示了一种充满爱意的道德力量。这篇作品并不是外部世界的直接投影，诗人也绝不是时代风气的奴仆。人道主义的具有当下意义的博爱与个体主义的超然世外的情怀完美结合，使《赠羊长史》诗成为不朽的经典。政治是推动陶渊明运转其文学世界的轴心推动力之一。陶渊明的文学成就与他一生五次为官的政治阅历也是密不可分的，因为一个不懂政治的人永远不会超越政治，一个没有政治情怀的人也永远不会有回归田园的梦想，陶渊明能够成为"古今隐逸诗人之宗"，能够创写田园诗，也是由其政治阅历和政治素养所决定的。陶渊明是中国诗史的一座峰巅。站在陶渊明的角度和陶渊明的高度，无疑更能看清晋宋易代之际的社会、历史和人性。

第八章《春蚕的往事——互文性视域下的〈拟古〉诗》，从互文性的理论视域出发，破解了《拟古》九首的文学密码，作者指出，这组作品主要采取著名诗人曹植自我回顾的方式展开历史叙事，曹植的人生低谷与精神高原由此而展现无遗，而曹氏家族骨肉相残之世界大悲剧亦得到诗性的展演。作者认为，《拟古》九首其一描写的是兰枯柳衰与天涯知己——卞兰、杨修的惨死和曹植的思念，其二描写的是拒为卜商与鄙斥隗嚣——神圣的无终和不朽的田畴，其三描写的是谯国创业与富贵还乡——故园的旧居与兄弟的情谊，其四描写的是感悟北邙与骋望平原——帝王的荣华和人生的无奈，其五描写的是养生探秘与奇人奇事——华佗的精神与郗、甘的修炼，其六描写的是就国临淄与稷下求学——被欺的忧思和违旨的顾虑，其七描写的是南皮高韵与西园月夜——流逝的华年和不再的雅集，其八描写的是壮士北征与知音难觅——曹彰的志勇和苏则的忠诚，其九描写的是春蚕无食与无怨无悔——鱼山的抒怀与平生的回顾。可见这九首诗写尽了汉魏之际的历史变迁与世态人情。《拟古》九首是诗人对诗人的解读，是诗人对诗人的发现，是遥想中的遥想，是追忆中的追忆，是曹植和陶潜两位伟大诗人对汉魏变迁之际的政治问题与人性问题的历史沉思录。

三　成果的主要价值

该成果通过对陶渊明作品的互文性研究，在一定程度上还原了陶渊明文学经典的真正意旨，打破前人关于陶渊明"但信手写出，便是宇宙间第一等好诗"（明唐顺之评陶语）的创作神话，揭示陶渊明文学创作的内部机制，从而为古典文学研究乃至当代文学创作提供了有益的借鉴。同时，本书弥补了西方互文性理论重内容轻形式的缺陷，表明了艺术形式的互文性对于文学建构的重要意义。

附录《写在陶集的边上》是笔者阅读宋刻递修本《陶渊明》的札记，每一条目均有所发现。书后另附《参考文献》。

唐宋词声律史

河北大学田玉琪主持完成的国家社会科学基金项目"唐宋词声律史研究"（项目批准号为：13BZW070），最终成果为同名专著。课题组成员有：张春义、田园。

一　研究的目的和意义

该成果旨在对唐宋词声律包括"乐体"、"文体"及二者结合的角度进行发生、发展的历史研究。词体声律，实为词学关键、核心所在，无声律便无词体，言词必当先言词律。词作内容、风格等因素与声律之间也有天然联系。无论是唐宋时期还是后代的创作与研究，无不讲求声律。20世纪中叶，文学形式不被重视，词体声律研究出现断层。80年代以后，声律研究再兴，但依然存在诸多不足。

对唐宋词声律史的研究，从"乐体""文体"的研究角度展开，对建设并完善词体声律学、词调学有重要意义，进而推进词学研究的纵深发展。研究方法、观点、结论等将对包括词学在内的中国古代文学中其他韵文学研究，以及音乐学研究、音韵学研究、语言文字学研究等具有借鉴参考的价值。

二　成果的主要内容

该成果内容主要涉及唐宋词音乐史、词乐配合、词体史三个方面。主要从"乐体""文体"及二者结合的角度进行论述，努力打通文学、语言学、音乐学的研究。在乐体方面，主要从清商乐、法曲、胡部燕乐、宋代宫廷鼓吹乐、大晟乐等与唐宋词乐间的联系及影响作历时性的论述，侧重音乐文献史料的挖掘梳理；在词乐配合方面，主要以日存《掌中要录》为例从曲调、舞曲结构、句拍等方面做一点探讨；在"文体"方面，对唐宋词用韵史则以入声韵为例做分析，对唐宋词的词调体式，从用韵、句拍、字声等角度进行综合考察。

该成果从唐宋词体音乐史的角度，主要考察了清商乐、法曲、胡部燕乐、宋代宫廷鼓吹乐、大晟乐及对词乐的影响，结合前人研究特别是历史文献进行了历时性的考论。

清商乐作为一个古老的乐种，在词体形成的过程中扮演了重要的角色，其在曹魏时代、南朝、隋唐的各个时期都在不断雅化，其依乐（曲）填词的重要特性虽然与唐宋词的依乐填词有很大差异，但在本质上还是有相通之处，于唐代成为新兴燕乐的重要组成，溶于词体音乐的血液之中。法曲与清商乐关系复杂，在"调""结构"方面与清乐区别，又在"器"、"律"及音乐表现方面保持着独立的特性。而隋法曲与唐法曲也有相当差异，在初唐至晚唐的演进中，皆不乏词乐因素。其在宋代，也有重要影响，所谓宋代"法曲"的"解体"，其实也是法曲在宋代衍变并获得新生的重要时期。"胡部燕乐"在词乐中的地位和发展，宋人已有较深刻的认识，"胡部燕乐"狭义之"燕乐"在北周便已诞生，郑译从苏祗婆问得"五旦七声"之说，即在周武帝天和三年稍后，经过 20 余年的研究和改造，推演出"带'应声'的八十四调"，影响深远。"胡部燕乐"在词乐中的地位，宋人观点尤其值得注意，沈括所述"始诏法曲与胡部合奏"云云，不仅仅是一次"淆糅华夷"形态的音乐合奏，而是昭示着两种不同类型宫调理论的全面整合。而"胡部燕乐"与唐宋词宫调系统的一致性，不仅说明两者是"血亲"关系，而且显然比"清乐"和"法曲"更具有"直系亲属"的表征。宋代鼓吹乐属军乐范畴，而在殿庭鼓吹和卤簿鼓吹的功能及音乐特征方面，都明显因袭了"唐制"，而与隋唐以前的鼓吹乐有很大不同。隋唐以前的鼓吹乐隶属于清乐系统，宋代鼓吹乐则属燕乐范畴。无论是在乐器、乐调还是曲调方面，宋代鼓吹乐都散发出教坊燕乐的气息，是唐宋词音乐史的重要一环。宋初宫廷鼓吹词乐"依月用律"或源于唐代，所用之"律"在北宋前期至中期以及北宋后期宋徽宗政和七年以后，情况也有很大的不同。从

"腔谱"源头看，宋代鼓吹词乐《导引》《六州》《十二时》的"和声"，应该是唐凯乐"和声"的一种遗存，这种"和声"应与词乐本身无关。大晟燕乐的创制是以大晟府同教坊紧密合作为基础的，具有雅、俗乐"合流"的音乐特征。不同于以往燕乐之处，大晟燕乐的创制是以徽宗"指律"为尺度，"以《大晟乐》播之教坊"并"依谱按习"为制作原则的。它的制作不是像唐代燕乐以"道调、法曲与胡部新声合作""唐律无雅俗之分"的充分融合，而是以极度强势的"指律"干预、改造旧行燕乐，是以"雅律"强行统一"俗律"的方式进行。其曲谱以"徵、角二调"为标志，其乐器则填补了"匏、土二音"，其形态则雅、俗合一，是一种充分雅乐化并体现官方意识形态的新燕乐体系。

在词乐配合关系的研究方面，该成果选择了现存日本唐乐舞谱《掌中要录》做了研究探讨。《掌中要录》是目前所见国内外唯一记录舞姿的舞谱著作。其大部分曲调即为唐曲，其舞曲的结构特点特别是一帖曲中有前后一致对应的地方，并明显可分两段，让我们和唐宋词调的摘遍曲及分片相联系，而其节拍特征也和唐宋词调所记节拍有诸多吻合，为我们探讨唐宋词乐配合提供了一个很好的参考。唐宋词调中不少词调来自大曲的摘遍曲，其中来自舞曲尤多，其具体过程如何，虽然《掌中要录》所载舞谱可能由于很多漏载，只记要点，也给我们有益的参照。成果对《掌中要录》的《甘州》一帖中舞蹈动作节拍进行了翻译。从海外的音乐文献中探寻唐宋词乐发生、发展的踪迹，很可能是今后研究唐宋词乐的十分重要环节。

唐宋词的用韵非常有特点。在入声韵的使用中，唐五代词入声韵部同于诗韵韵部，如"屋烛"、"药铎"及"月薛屑"等部之分和。但是唐五代词的入声韵使用，只是作为一种普通的仄声韵和平韵相区别，和词调文学特征、具体歌唱关系都不大，表现出词体早期阶段，词人对入声韵的粗糙认识。进入宋代，随着慢词调的兴盛繁荣，入声韵被大量使用，一方面入声韵的主要韵部于北宋中后期基本确定，其与具体词调也联系密切，表现出宋人特有的入声用韵观念及词体声律观。南宋词坛入声韵的使用承北宋发展，在韵部的使用上，特别发展了北宋时期较少使用"叶帖""物术栉"等部，宋词入声韵部得以成熟定型。而在入声韵文学特征及词体声律的具体要求上，南宋词人也有新的发展变化。

唐宋词调体式发生发展，情况十分复杂，该成果分别从用韵、句拍、字声三个角度做了论述分析。成果对历史上长期存在的词学混乱观念进行了清理，特别是对以《词律》《词谱》为代表的用韵、句法、字声理念结合具体作品进行辨析。特别认为，从断句的角度上看，无论是韵断还是句断，都要遵循词调固有的韵拍、句拍，而不是随文意而断句。韵断、句断而意不断，这也是作为音乐文学的唐宋词相较传统诗歌在断句上的根本区别。在词调体式的规范定型中，字声十分重要，从具体体式来说，又可分拗句体和律句体，而从拗句体向律句体的转化，也是唐宋词体演变的基本规律。从正体、规范词体的角度来看，早期词作、创调之作往往不是规范之体、正体，规范之体在句拍、用韵、字声上通常具有前后十分严谨的对称之美，著名作家在词体规范的过程中也往往起到重要作用。词调体的规范和发展，涉及具体情况十分复杂，值得进行深入细致研究。

两宋理学诗研究

北京语言大学王培友主持完成的国家社会科学基金项目"两宋理学诗研究"（项目批准号为：13BZW065），最终成果为同名专著。课题组成员有：周云钊、万伯江。

一　研究的目的和意义

该成果从两宋理学与诗歌发生关系的一定历史语境的文化生态视野下，探讨两者发生种种复杂关系的背景、因素、状况，研究"理学诗"的诗性品格及其成因。因此，课题研究内容丰富饱满，既涉及文学本位研究所必须面对的问题，如两宋诗歌创作主体、诗歌作品、诗歌接受主体的关系问题，理学诗的范型、主题、诗格类型、审美品格，理学诗人的诗风矛盾性，理学诗人的文道观及其与其创作实践的矛盾性问题等；也涉及理学与诗歌的关系研究，如两者的沟通渠道、会通方式、范畴内涵流变等。在此基础上，该成果将研究目标推向价值研究层面，以凸显"理学诗"会通道德界与现象界的重大文化价值，总结理学诗诗境的特殊性及其在中国诗歌史上的重要地位，寻绎两宋诗歌受到理学影响以及诗歌对理学发展的重要作用，探寻两宋诗人会通哲学与文学的得失与教训。该成果可为探讨一定社会主流意识形态与文学之间复杂关系问题做出重要贡献，也是研究者面对当前社会普遍存在的道德缺失、人文关怀匮乏等问题的学术回应。该成果可为中华民族诗性文化研究与建设提供重要参考。

二 成果的主要内容

两宋时期"理学诗"是客观真实的历史存在。理学诗，作为宋代出现的一种以抒写理学思理、理学旨趣的诗歌新样式，其表达、承载的主要是以理学家心性存养为核心的理学思想。依相关文献来核查，可得有代表性的理学家诗人130人左右，写有理学诗6800多首。受到理学家影响的文人诗人有930多人，其中80多人共写有理学诗200多首。与代表性理学家交往的文人有5600多人，其中有80多人写有理学诗300多首。此外，自北宋中期开始，文人写作理学诗越来越成为宋代诗坛的常见现象，这类文人写作的理学诗并不是很多，有100多位文人写作了300多首理学诗。

理学文化思潮是理学诗得以产生和传播的重要条件。庆历之际儒者倡导道统、学统及政统，为理学诗的产生做好了必要的准备。而元祐之际一些儒者的儒学义理探讨和儒学体系建构方式，以及由此而涉及的义理探讨路径、儒学学理聚焦点等，都深刻地影响到北宋理学"五子"的儒学义理探讨方式、理学话语生成。两宋之交理学基本范畴与命题，经过此时期理学家诗人的努力，成为两宋理学家诗学观念和诗歌创作实践的重要的范型和基本的创作方式。乾淳之际，在理学代表人物相互辩诘驳难的时代学术风尚推动下，不同学派代表人物的文道观念及其理学诗作，对此有所反映。嘉淳之际，朱陆吕叶等不同理学学派的理学门人，其学术差异性也在其诗学主张及其诗歌创作上有所表现。宋末元初，理学家的诗歌，除了承继前辈理学家的诗歌主题之外，其"明理"类型诗歌已有融合"道问学""尊德性""求道"等主题诗歌的倾向；"讲学体""语录体"等诗歌作品大量出现；重诗统、推崇文人诗、重诗艺等也成为此期理学家的诗歌追求。考察可见，此期理学家的诗歌创作实践，与理学家的学术路径走向具有紧密关联，但亦有不一致的情形存在。

理学诗的诗歌范型及主要诗歌体式，既受到了文人诗传统的影响，也受到了代表性理学诗人以其杰出的创作实践而形成的理学诗新范型及体式的影响。邵雍的"击壤体"，为中国诗歌发展贡献了新的类型。而"乾淳体"形成后，对彼时包括词章、儒学等各文化部类的发展，产生了重大影响。在"乾淳体"代表人物凋零之后，赵蕃、韩元吉崛起于诗坛，成为彼时诗人的翘楚而成为时人争相模仿的对象。作为理学诗的重要范型和体式，还有自邵雍一直延续到宋末的语录体、讲学体、俗体。该成果对两宋理学诗的诗歌范型、诗歌体式的研究，是迄今为止国内外首次对这一问题的整体性全面探讨。

两宋理学诗的主题类型同理学基本范畴与命题关系密切。"观物"作为存养目的兼方法的理学范畴，也表现出与其他很多理学范畴相同的属性，亦即具备兼有目的与方法、认知与实践、功利性与超功利性、哲理与审美等特征。而"孔颜乐处"、"观天地生物气象"以及类似的话语作为两宋重要的理学命题，为两宋几乎所有的理学家以及很多儒学学者所瞩目。"孔颜乐处"以及与此紧密相关的话语，因为强调实践主体超越具体事物本身而体验圣贤之心性，这就相当于强调实践主体以诚、敬、不动心等方式保有了德性的定止。"孔颜乐处"话语因其同时关注心性的体与用，即其始终与儒家的诚、敬、仁等心性的"本体"与识、知、觉等心性的"用"相耦合，而与佛教的心性之"空、静、虚、无"等本性，以及"明、灭、苦、度"等心性之"用"拉开了距离。由此，"孔颜乐处"的情感性，已经被转化为心性的纯净与定止，而非世俗文化所重视的包裹着欲望、情色、贪婪、利益追求等在内的情感。同样地，"孔颜乐处"话语的审美特质，也不再是单纯的美的体验和理性的认知判断。理学家在抒写"孔颜乐处"诗歌时，其关注主题主要集中于以下五个方面：不受外物干扰的德性定止之乐；"观天地生意"之乐；"格物明理"以至于"自诚明"的求道体验之乐；保有心性和悦的释然闲适之乐；物我一体的"观物"之乐等。按照冯友兰的"四境界说"来分析，"孔颜乐处"主题诗歌往往具备了"自然境界"、"道德境界"与"天地境界"等不同的境界类型，但就这一点而言，它对于中国诗歌境界类型及其构成也是有贡献的。不过，自程朱学派提出"格物致知"或"格物明理"之后，"孔颜乐处"主题的诗歌，往往重在抒写实践主体或创作主体的"识"、"义理"或者"性理"，而往往忽视诗歌的诗境构建及诗意的艺术表达了。但从议论性诗歌来讲，以"明理"为主要诗意表达方式的"孔颜乐处"主题类型诗歌，同样对于提升宋诗议论的精粹化程度有巨大贡献。理学常常被称为"心性"哲学或者性理之学，其核心就是心性存养问题。理学家的"心性存养"主题诗歌主要有四种类型：理学家"心性存养"主题诗歌，重在抒写理学家对于心性之体用的认识；理学家诗人的"心性存养"的主题诗歌中，有不少以书写克讼、慎独、守礼、静坐、力行、息等实现心性圆满的方法与途径等工夫论问题为主要内容；理学家诗人的"心性存养"的主题诗歌中，也有一些以书写澄净心性、保有诚敬等存养心性的途径及方法的诗作；两宋理学家的"心性存养"主题诗歌，有些以书写"定止"心性境界或者定止心性目的为主要内容。

理学诗的表达方式同样受到理学"求道"的途径、方法的重大影响，"观物""因诗求道""格物致知""发明""象物比德"等"求道"的途径、方法，都对理学诗表达方式产生了影响。其中，以"观物"为手段而以体察、践行心性为目的，是传统儒学重礼、自讼、慎独等性命之学在理学发轫期的第一次重大转折。理学家"观物"之目的，乃是"明理""明道"，或是书写因体察天地之机而保有了和平安逸之和乐心态，因此，这些理学诗的表达方式自然就与"观物"之如何"观"，"观"什么等产生了紧密关联。也就是说，"观物"的途径、方法、目的等对于理学诗的表达方式起到了重要作用。邵雍之"观物"强调社会实践主体以知行相合的方式，兼备践履、体验、识察的合目的性与过程性而指向于心性实践。一些理学家在此一合目的性与过程性的"求道"进程中，受"文以载道""因诗求道"等文道观念所影响，而写作了大量的理学诗。这些理学诗，从其本质上来讲是为了表达理学思理和理学内容。而他们在写作理学诗时，往往把理学的认知方式、思维方式或实践方式等同于诗歌的思维方式、表达方式。在很大程度上，写作诗歌对于他们而言，其目的指向于"求道"。因此之故，一些理学家的理学主题诗歌，在表达方式上却呈现出程序化的特征。以"观物"而写作的理学诗，其表达方式主要有如下几种类型："物象——性理——（践行）"构型、"诗境——性理"构型、"物象——义理"构型、"明理——物象——（发挥）"构型。再如"格物致知"具有了丰富的理论意义和方法论价值，逐渐成为程朱学派理论体系最具有代表性的理论贡献和门派特征。唯其如此，作为与程朱学说有所别异的理学各派，自然也试图通过对"格物致知"的相异性阐释、批判甚至完全否定，来彰显其学说迥异于程朱学派的特征。理学家之"格物致知"，主要是以一种思维方式或者说是认知方式而在诗歌中表现出来。两宋理学"发明"之途径、方法亦对理学诗表达方式产生了重大影响。理学家以"发明"而"求道"所表现出来的诸多途径、方法，如阐释、说明、引申、创设、考索、分类、体悟、研究甄别、讲学驳难等，理学"发明"体现在理学诗的表达方式上，较为突出的有四个方面：对理学性理范畴或者命题，予以解释、阐释；因事、因物，或者因理学范畴、命题等而予以考索、注疏或者说明；一些理学家在对理学精义进行阐释、解释或者说明时，往往能自辟蹊径而创造、发挥，提出新的理论乃至建构其独具特色的理学性理学说；通过剖析、引申等方法展开对"心"之体用等问题的把握。

两宋理学家的审美理想也在理学诗的内容、主题、风格等方面表现出来。理学家的"巧贼拙德""玩物从容""气象近道""温柔敦厚""清淡"等审美理想，对于理学诗的内容、主题、风格及感情表达的强度等，都产生了重要影响。如一些理学家在书写"玩物从容"诗歌时，更为注重凸显个体得道境界或者主体道德气象、气度。而理学家"气象近道"审美理想也对理学诗的内容、风格等产生了重要影响。理学家"气象近道"审美理想在诗歌创作上的呈现，涉及诗歌风格、诗歌主旨和诗歌内容等，大致可以从三个方面来认识。其一，理学家的"气象近道"诗歌，具有"清""淡""言意自在"等诗歌风格。其二，理学家的"气象近道"诗歌，亦注重书写实践主体"近道"之"气象"。其三，理学家的"气象近道"诗歌，往往注意抒写天地"近道"之"气象"。两宋理学家往往以"静坐""求静""寡欲"等方式来求得心性的"淡然"，以实现其"明理""求道"等存养追求。而在诗文创作上，宋代很大一部分理学家，他们的诗歌作品也呈现出"闲适""平淡"等"气象"。这说明，以"清""淡"为核心的这一类话语可能潜藏着他们某种思想倾向或者审美追求。理学家常常把"清"与"淡"分开来认识，"清""淡"之美的意蕴发生了明显的变化。而在论文时，却又更为重视"淡"，以及由此而发挥出的"淡和""淡然"等话语，而很少有以"清"美论文。至于在整体上使用"清淡"的情况，大多发生在以"清淡"描述景物、天气以及社会实践主体的气度境界等，在很少的情况下偶尔以之论文、论诗。两宋理学家"清淡"审美理想的诗歌呈现，可以从显性和隐性两个方面来分析。这些显性的呈现方式，可以看作理学家"清淡"审美理想的自觉性表达。从其诗歌作品来看，可分三种显性表达方式：其一，两宋理学家"清淡"审美理想的重要诗歌呈现方式，是表达对实践主体或者歌咏对象的德性境界、气度等的推重和赞许；其二，重物景之"清""淡""清淡"之象，此"象"往往同天理、性、德等相联系；其三，以"清"、"淡"或者"清淡"来论诗，或者理学家的诗歌表现出来"清""淡""清淡"等风格特征。从隐性呈现形式而言，两宋时期，理学诗人的"清淡"审美理想，可能影响到他们的景物诗取景问题，也可能对他们的诗歌主题选择产生了影响。此外，理学家"温柔敦厚"等审美理想也对理学诗的内容、风格等产生了重要影响。

综上所述，可见理学诗的主旨、表达方式、审美指向等都受到了理学思想以及理学认知方式、思维方式的重大影响。理学因素成为理学诗的规定性条件和重要因素，这些因素影响、制约了理学诗的发展变化，并呈现为理学诗的主体特征。成果进而对理学诗的流弊及其生成原因、历史地位等进行了探讨。

三　成果的主要价值

其一，该成果是国内外首次以"两宋理学诗"为对象的研究。界定了"理学诗"的概念，论证了其历史客观实在性，在理学文化思潮的背景下论述了其发生发展的缘起、进程及其阶段性特征等，总结了"理学诗"的诸诗歌范型及诗歌体式。进而，对理学诗的主题、表达方式和审美特质等进行了深入研究。

其二，从"理学——诗学"发生关系的角度，来探讨"理学诗"的内容、形式、审美风格等规定性要素和主体特征。这就以例证的方式，探讨了中西方共同存在的、绵延于古今四五千年的"哲学——诗"会通问题、"自然界——道德界"的统一性问题等重大而复杂的文化课题。由此，该成果具有了比较高的学术站位意识和文化意义。

其三，该成果所用的研究理念及其决定了的研究方法较多且较为复杂。这就有效避免了静止的、分割式研究方法的局限性，而提升了研究结论的客观性、科学性和准确性等。特别是，该成果立足彼时实际，创造性地使用了"体用文"同时探讨的方法，强调"循名责实"，这样就很好地处理了宋代理学家因其个体语言表述的差异而呈现出的理学术语各异、相同术语的内涵又有所不同的问题，为从整体上探讨"理学诗"奠定了很好的学理基础。这是百多年来，困扰中西方学术界对于宋明理学及其相关问题研究的重大理论障碍。该成果凭借对这一理论障碍的突破，而具备了从整体上对"理学诗"及相关问题进行深入研究的理论可能和可操作性。

元明清曲谱形态与文化研究

南京大学许莉莉主持完成的国家社会科学基金项目"元明清曲谱形态与文化研究"（项目批准号为：13CZW041），最终成果为同名专著。

一　研究的目的和意义

元明清曲谱方面的系统研究，20年前周维培的《曲谱研究》享誉学界。这部著作对元明清三代的曲谱逐一作了作者、版本、形制、内容、源流等方面的考述，在曲谱研究领域为后来者打下了厚实的基础。其后珠玉并出、佳作纷呈，对曲谱的研究趋向深入，却少有如该书具有完整的体系。循着该书开辟的路径，该成果进一步探讨元明清曲谱发展的轨迹。

该成果基于长期研究曲律、曲谱过程中察觉到的一些具有规律性的现象，即每部曲谱都不仅仅是一个单独的个体，曲谱与曲谱之间存在着千丝万缕的联系，构成了各具特色而又联系紧密的曲谱谱系。每一部曲谱的诞生，都是制谱者受到某些思想的激发，认为前人之谱尚有所不足，须新制一部。每部曲谱的产生都不是孤立的现象，它受前代和同时代的曲谱的影响，在形制上往往有针对性的调整，表达了制谱者对曲的创作在当前曲势下的理解；同时又对后代的曲谱的产生存在或潜或显的影响，从而在曲谱体系中占据一席之地。曲谱在形态方面的变迁，往往都不是任意的，而是出于制谱者对发展着的曲坛文化做出的应变。研究曲谱的形态变迁，目的就是从这个角度探索元明清时期曲的文化动态。

二 成果的主要内容

该成果从曲谱的六大形态要点——宫调体系、体例、体量、曲文出处、曲牌名目、点板，对元明清三代曲谱进行纵向为主的比较、分析；阐明曲谱在形态上的差异、变化，绝非凭空而生，文化的发展乃是其内在的推动力。以下分而述之：

（一） 宫调对今人来说，虽经多方探讨仍然难解其谜

不仅宫调的意义难以确知，其种类、数量，一直以来也说法众多。各曲谱中的宫调体系，不能尽然一致，其路数混杂，颇增加了对宫调理解的难度。本课题的宫调研究，虽不能解决宫调的确切指义，但对于宫调体系在元明清曲谱中的衍变历程，有了确切的把握。明清曲谱宫调体系的变迁，实质上反映出明清人对于宫调失传与解体这一事实的应对、接受过程。

元明九宫，本为约定俗成，无人追问。但明代后期，对于何来九宫，人欲其解。古人的方法总是"索本返原"：先溯至稍早的南曲十三调、北曲六宫十一调；再溯至更早的唐宋二十八调；仍觉未尽，不如直追乐律本源——五音十二律。这就是为什么曲谱中的宫调体系总是参差不齐，又总处在调整变换之中的原因。归根结底，是古人渐离宫调文化而对宫调不解，从而不断探索，试图在理论上诠释出一个合理整饬、渊源有自的宫调体系。

（二） 元明清曲谱在体例上，简繁不等

简者，只录宫调与曲牌。繁者，又有曲文、批注、平仄、衬字、点板、闭口、韵标、工尺等；或又在引子、过曲之外，增设犯调、联套等板块。各曲谱体例上的变化趋势，既有由简至繁的方向，亦存在由繁至简的方向。这些均取决于制谱者所认为的当世所需。被需要的、有意义的，被不断增创出来；无用的、不关心的，则被削减而去。曲文化的发展印迹，正是通过这一步步选择、扬弃得到了具体的书写。

平仄、点板、工尺是曲谱中最显而易见的符号。然而它们从未于一谱之中同时存在过。三者的增入与撤出，彼此相系；实共同系存于曲牌生态的变化。"平仄"淡出曲谱，而"点板"代兴，反映出歌唱环节的打谱文化，取代了填词环节的"协律"文化。为曲词作个性化点板之风，压过

"曲之腔板原自一"的旧惯。"工尺"进驻曲谱，更标志着通用调时代将尽，定制调时代早来。

曲谱中发展出"犯调"板块，实缘于犯调观的变化。早期曲谱中那种将犯调"作正调看"的观念，总体上被颠覆了。犯调不再"作正调看"，而成为与"正调"不同的另类，这便是"犯调"板块设立的实质。曲谱中"联套"板块的出现，也非孤立现象，其实质是曲牌应用之法的整理、提示，越来越详细地成为曲谱的工作内容。

（三）随着时代的推移，曲谱的主流是越编越厚

从最初的一小帙，到后来洋洋洒洒数十册。曲谱体量的增长点，主要在犯调、变体，以及某些"冷门宫调"。曲谱体量的增长，实非因曲牌数量的自然增长，而主要是曲牌状态趋于复杂，以及制谱工程本身的扩大。厚重的曲谱中往往有很多装饰、渲染、失效、驳杂的内容。曲谱之所以发展至这一步，与日渐形成的"无不可付之歌讴，被之弦管"的曲学思想有关。

在曲谱的主流现象下仍有一路潜流，即某些制谱家，依然走着精简型曲谱之路。他们所编的曲谱，与初期曲谱相比，体量几无增加，甚至更为简练。这是他们减除变体、犯调、批注以及失效曲牌的结果。这些曲谱之所以能逆流而行，保持一贯之轻体，是其制谱思想中，仍将前辈曲谱"欲世人共守画一"，"必求归一之腔"的精神，以及实用思想，奉为准则。

（四）曲谱所录曲文的出处，可以反映出制谱者的视野，此亦为制谱者曲学理想与主张的反映

初期南曲谱所尚，只是明代嘉靖前的"旧曲"；后来某些曲谱转而力举"元词"之大旗，大量增录元传奇曲文。返古现象更表现在，后期制谱者逾元明而入宋金，专事在诸宫调、宋人词中搜寻曲词，充当南北曲曲牌。

如果说在本调曲牌的搜寻方面，倾向是返古，这也许缘于本调曲牌数量之有限；那么，在数量无上限的犯调方面，曲谱的采录倾向则是求新，从当世传奇与散曲中大量采录。一代又一代的曲谱，由于增录的内容往往远超删减的内容，因此数代曲谱的增录成果叠加在一起，就形成了上至宋词，下至清廷清燕之曲，无不囊括其内，兼容并包，形成了《九宫大成南北词宫谱》那样的"词山曲海，汇成大观"。

曲文无论是搜古还是列新，都牵涉"可唱性"的问题。在曲的文化发

展过程中，是曲文在"可唱性"方面，获得了一定的自由，才使得曲谱的曲文选录，获得如此大的空间。

（五）曲谱中独立成目的曲牌数量，在清中期时已达明中期时的3倍

然而这并不意味着民间一直都有大量的新曲调产出。相反，分析新出现的那些曲牌名目，则可知，真正的新曲调其实寥寥无几。大量的新出现名目，一是集曲——这并非曲调的真正出新，只是组合出新而已；二是新搜集之调——曲调早已为旧戏文所用，有旧曲本为证，只是前人之谱未收，如今新搜集而已；三是由一个曲牌裂变而出的多个曲牌名目，这与曲谱不擅涤汰，求全求备有关；四是由变换名称而出现的貌似之新曲牌，其中制谱者擅自为犯调替换新名称，是一个突出的表现。总之，真正的新调，屈指可数。曲谱中曲牌名目的膨胀，并不代表曲调越来越丰富；相反，它体现着各曲牌特性、效用的模糊，警示着曲牌文化的危机。

曲牌在民间自然的流传过程中，不断裂变本是常态。除了有不断地裂变，也有不断地涤汰。如此总处于"流动"之中。在曲谱草创期，对自然流通中的曲牌作收集，这相当于记载下了曲牌"流动"过程中的一个"截面"。虽然形制简素，反映的却是活态。而后期很多曲谱，对前人所录曲牌一味沿革，不敢妄删，这便相当于，只记录下了裂变，却未注意反映涤汰。也就是说，它们相当于呈现出了一片不再流动的水域。在这里，充满了堆积和沉滞。而自然的曲牌文化，早已顺流而下，奔腾而去。离开了这一段以后，它就不再被称为元明南曲、北曲，而被称为明清小曲了。

（六）曲谱中的点板，往往是曲谱制作者最着力的内容之一

各谱琐碎的点板中，蕴含着重要的曲文化变迁的信息。北曲原不以板论，明末清初北曲谱中添加点板，反映了北曲节律的南曲化。南曲谱中的点板亦非单纯系统，其中存在着声腔的迁移。昆腔曲师的个性化改板，被愈来愈明显地吸纳到曲谱中。传统南曲板，则越来越被昆板所取代。曲谱的编撰者，时常持有截然不同的制曲观；而点板，常常是他们亮明观点，并干预现实的手段。

总体来说，曲谱诸多形态的变化都指向一点：随着时代的发展，人们与元明曲子的文化渐行渐远。不仅宫调的意义渐沦，元明南北曲的曲牌文化，整体都在消融。通用调盛行的时代远去，定制调成为风尚。有曲学家

试图挽住势将散去的传统，却往往不敌曲势。更有曲学家顺势而为，借传统之形，而巧换其神。"乐体之曲"，渐成"文体之曲"。"无不可付之歌讴"的理念，压倒填词须"合律依腔"这一曾经的信仰。制谱者在词与调两方面的工作，越来越分离。曲谱变得庞杂。各种自作主张，都公然出现在后期的曲谱中，这些都是在现实与传统之间尝试调和。

曲谱是一种文献整理，它往往滞后于现实文化。未曾有曲谱之时，曲的文化在自然发展、勃兴。曲谱初编时，离这种自然状态还不甚远。然而当曲谱越编越详，已成为不可或缺之物时，与这种自然的文化就早有隔阂了。当曲谱成为庞大的资料集成、彰显一代文化的工具时，离原来那种自然的文化已是相去天渊了。

曲谱形态的发展，是一个由简陋到丰满的过程。以往会将曲谱的发展势态，略同于曲文化的发展势态。以为曲谱的繁荣，反映了曲文化的繁荣。加之晚明与清初曲文学创作的繁盛，更辅助了这种印象，以为南北曲文化且自繁兴，直到清中叶后方始衰落。其实，衰落之象在明代后期早显露无遗，只不过被又一轮文学以及曲谱的热闹景象所掩盖。然而，衰落的曲文化，最终支撑不起文学、曲谱的热闹景象，在清中叶以后，它们一蹶不振，宣告着一代文化之彻底逝去。

三　成果的主要价值

该成果的价值大体在于以下方面。（1）系统化了历代曲谱。将元明清三代中形态各异、看似随机出现的诸多曲谱，建立起联系来。找到其形态更迭、衍变的逻辑，确定每部曲谱在坐标上的位置。（2）理论化了曲谱的进程。对曲谱的演进规律做文化探因和理论总结。（3）深化了曲学研究。曲谱是研究文学与音乐关系的重要切入口，曲谱研究的突破与曲学研究的突破是紧密相连的。（4）为戏曲史研究提供了新的理论和视角。历史上戏曲的盛衰与曲文化的盛衰是紧密相关的，通过曲谱研究对曲的文化做出新的解析，有助于推进戏曲史研究。（5）深化了中国传统诗、乐关系研究；有利于民族传统文化遗产的研究。

渭南文集笺校

上海财经大学朱迎平主持完成的国家社会科学基金项目"渭南文集笺校"（项目批准号为：12BZW068）。最终成果为同名专著。

一　研究的目的和意义

南宋伟大的爱国诗人陆游，同时又是两宋文坛上杰出的文章家。由于陆游诗歌的突出成就和重要地位，也由于南宋散文向来不受重视，因此，长期以来，陆游的文名为诗名所掩。这是陆游研究中极大的偏颇。

在宋代散文中，陆游散文独树一帜：陆游散文长于记叙、抒情，而较短于议论，其文学性在南宋散文中显得十分突出。陆游的散文贯穿了其一如既往的爱国激情，同时又充满了丰富多彩的文人情趣，是典型的文人作品。陆游散文的总体风格是自然稳健、秀雅凝练，在宋文中别具特色，自成一家。就创作成就而言，陆游散文在南宋文坛上，无论就思想内容还是艺术创造性而言，都应该归入第一流之列。即使与北宋一些大家相比，也未必逊色。朱东润先生就曾直言："平心而论，他的成就（按指散文）远在苏洵、苏辙之上。"（《陆游选集序》）钱钟书先生亦称："陆氏古文，仅亚于诗，亦南宋一高手，足与叶适、陈傅良骖靳。"（《管锥编》二一八）这些意见是值得充分重视的。对陆游散文做全面深入的探讨，正确评价他在散文史上的地位，并进一步发掘陆游散文的文学价值、文化价值、文献价值，仍然是陆游研究中的重要课题。

陆游散文研究深入的重要基础，是对其文集的全面整理。陆游生前十分重视自己的散文作品，亲自编定了《渭南文集》，并由其幼子子遹在其辞世不久即精心刊行，是为嘉定本；此本为后世《渭南文集》传播的唯一源头且传承清晰，而且仍基本完整地保存至今，这在文献传播史上实属罕见。《渭南文集》刊行以来，迄今尚无完备的整理本，更无完整的笺注本。1976年中华书局标点整理出版的《陆游集》第五册，收入了《渭南文集》，可惜用简化字排印，也未作笺注。2006年上海辞书出版社、安徽教育出版社出版的《全宋文》第 222 至 223 册收入了陆游的全部文章，但分体编排的方式不同于原著。2011 年浙江教育出版社《陆游全集校注》亦收入《渭南文集》并作注释，但仅存单篇文章 42 卷，将《入蜀记》、《天彭牡丹谱》和词共 8 卷析出另作编排，也改变了《渭南文集》的原貌。（2015 年浙江古籍出版社单行《渭南文集校注》与之类似）因此，编撰一部完整的《渭南文集笺校》，对于深入研究陆游及其散文乃至宋代散文，仍是十分必要的。

二　成果的主要内容

校勘笺注是古代文献传统的研究方式。本项目在坚持学术传统和汲取现有研究成果的基础上，努力实现还原、广校、编年、精解、详笺、汇辑诸项特色。

（一）还原

陆子遹《渭南文集跋》称："遗文自先太史未病时故已编辑，而名以《渭南》矣……凡命名及次第之旨，皆出遗意，今不敢紊……尝谓子遹曰：《剑南》乃诗家事，不可施之文，故别为《渭南》。"可见文集完全体现了陆游编纂的初心，这是《渭南文集》特别值得珍视的地方。本项目的首要目标是：尽可能保存嘉定本原貌，包括卷数、卷次、篇数、篇次、文本、夹注、目录等，在嘉定本问世 800 年后，整理出一个最为接近编刊原貌的文本，让陆游当年编纂文集的初心得以完整地呈现，并以之作为笺注和解读的基础。

（二）广校

该成果以国家图书馆所藏嘉定本为底本，底本所缺 4 卷用弘治本补足，以明弘治本、正德本、汲古阁本三种作通校本，并参校《四库全书》本、中华书局本、《全宋文》本和《渭南文集校注》本。该成果校记全部保存明代三种校本的异文一千余条，说明正误情况，以达同存四本之效。该成果对底本作校改共 107 处，均说明校改理由和依据，有的根据校本，有的根据《宋史》等其他文献，有的则依据本书文本。如嘉定本及诸本卷十七均有《青州罗汉堂记》，但标题中"青州"无法落实地点，陆游写作此文时居家而无法去到山东之青州，而文中则称罗汉堂在"青山"，而云门寺附近就有"青山"，故确定标题中"青州"乃"青山"之误，并据以做出校改。

（三）编年

写作时间是理解文章背景的前提。欧小牧《陆游年谱》（简称《欧谱》）在文章系年上做了筚路蓝缕的开拓，对大部分篇章作了编年。本项目在《欧谱》基础上，继续致力于篇目的系年考辨，或赞同，或增补，或修订，或正误。现《渭南文集》中作者自己标明写作时间的篇章近 400 首，在《欧谱》基础上考定作年的篇目约 250 首，其中本项目独立正误或考订的篇目约 50 首。另有约 30 首确定了作年的范围，约 80 首仍无线索待考。陆游文章系年在《欧谱》基础上有了较大进展。该成果后附录《陆游生平暨渭南文年表》，将陆游生平简历及文章篇目按年月编制成表，首次使其文章创作情况一目了然。

（四）精解

该成果专注于各篇题解的撰写，内容包括三项：解释篇目词语，提示写作背景，概括文章内容，以明写作主旨；列举作者自注或《欧谱》系年，间加说明考辨，以明写作时间；列举本书或《剑南诗稿》等相关参考篇目，以明写作关联。三者相结合，以求对文章达到总体把握。文字力求准确简洁，不做评点发挥。此外，在每种文体之首，亦用题解引用相关论述，介绍文体的演进、特点和写作要求，帮助读者掌握文体概貌。

（五）详笺

该成果注重各篇的笺注，重在笺释事典、语典，简介人物、地名、著述、器物等相关知识。引证均注明出处，注意引用典源或较早例证，注释力求准确精练，常见语词不注，不作文句串讲。该成果对各类人物 700 余人作有简介，尤以宋人为主，并尽力注明史传出处，以供进一步查检。本项目引用宋代地理总志和各地方志 20 余种，对文中涉及地名进行注解，尤其重视使用南宋地理文献，如《方舆胜览》《舆地纪胜》《嘉泰会稽志》《吴郡志》《淳熙严州图经》等，以切合作者时代。本项目注意引用《郡斋读书志》《直斋书录解题》《文献通考经籍考》《宋史艺文志》等书目，对文中涉及的当时著述进行查考注释，以见其流传情况。笺注文字力求客观平实，少做主观评判。

（六）汇辑

该成果汇辑包括佚文和文评两类。《渭南集外文》汇录《渭南文集》之外历代辑录的陆游佚文，并按照正文体例作题解笺注，但不收残篇；因为它们大多本是陆游在编集时主动刊落的文章，故附于集后。《序跋评骘》汇录诸家所撰《渭南文集》的序跋和对渭南文的评论文字共50余则，可见宋元明清至近代对陆游文章的评价，供研究者参考。

以上六项，以精校的文本为基础，通过题解、笺注和汇辑，以期对渭南文做全面的解读，从而使陆游亲自编定并流传至今的《渭南文集》以最为接近原貌的形态重新呈现于读者面前，以期推动陆游散文研究的进一步深入。

三　笺校和研究

该成果对《渭南文集》进行笺校的过程也是对陆游文章进行全面研究的过程，其间，主持者共撰写、发表相关论文10余篇，取得了一批研究成果。

（1）在对《渭南文集》嘉定本和三种明本通校的基础上，撰成《渭南文集宋明诸本源流考辨》一文，理清了《渭南文集》版本流传情况，尤其是对52卷正德本的构成和汲古阁本的校勘成就做了详细考辨，理清了其传承线索。《渭南文集》诸本的源流变迁可成定论。

（2）在对《渭南文集》逐篇笺注解读的基础上，以读书札记的形式对主要文体类别进行分体概论，包括表笺文、启文、序记文、跋文、碑志文、哀祭文等，分析了各体文章的主要内容和表述特色，关注到陆游四六文的创作成就，发掘了一批陆游散文的经典之作。

（3）在对《渭南文集》诸体研读的基础上，对文集编纂体例进行了整体的梳理阐发，撰成《渭南文集编纂体例发微》一文，总结了文集诗文分编、分体编排、以时为序、附录专著的编纂框架，进行了详细阐发，并进而论述了《渭南文集》的特殊地位和陆游文集编纂实践的典范意义。

（4）在完成全部项目研究的基础上，撰成《渭南文综论》一文，也作为项目的代前言。综论梳理总结了陆游的文章创作理论，对陆游的古文和四六文创作成就做了全面的条理和阐述，对渭南文的总体特点进行了概括，即内容基调（强烈的"娱忧舒悲"和丰富的文人情趣）突出、文学特质（长于记叙、抒情，而较短于议论）突出，个性风格（自然稳健、秀雅凝练）突出，并对历来渭南文的评价做了回顾和评述，主张在对众多宋文名家进行全面研究的基础上，正确评价陆游在宋文发展史上的地位。综论还对《渭南文集》的流传和本项目宗旨，作了简要的说明。

四 成果的主要价值

（1）《渭南文集》是一部陆游生前亲手编定、由其亲属在其辞世不久即精心刊行、初刊本为后世传播的唯一源头且传承清晰、初刊本仍基本完整地保存至今的名家文集，这在唐宋文人中极为难得，在文献传播史上也极为罕见。本项目立足于原编原刊，在初刊传播八百年后，努力整理出一个最为接近编刊原貌、符合现代学术规范的文本，为陆游研究的进一步深入提供可以信从的文献。

（2）该成果对于陆游文章的编年笺注，在前人研究成果的基础上做了进一步的拓展：明确系年的范围有了扩大，解决了一些篇目系年上的难点；各篇写作背景和主旨有了明晰的揭示；笺注解决了大部分篇章文辞理解上的难点，并力求做到准确简明。同时，该成果对《渭南文集》版本的源流考辨，对《渭南文集》编纂体例的总结阐发，以及对陆游散文创作成就的全面梳理和总体特色的归纳思考，也都有一定的学术价值。

（3）该成果对陆游全部文章的解读启示我们，古代诗、文两大类文体有着较为明显的分工：诗以言志抒情为主要功能，重在呈现作者的主观精神世界；文则要适应社会生活的各种需求，主要记录作者的仕途和生活行迹。因而陆游的诗、文集有其各自独立的价值。历来的陆游研究多从《诗稿》切入，特别关注诗篇中的陆游，对文章中的陆游明显重视不够，如果将全部诗、文作品结合起来观照，或许能对陆游有更为全面深入的认识。陆游散文深入研究的天地还十分广阔，如占陆游文章总数1/4的四六文，尤其是表笺、启文诸体，历来不受重视，但它们却是反映陆游仕途的重要记录；又如关涉佛、道的篇章，涉及序、碑、记、赞、疏、青词、跋、塔铭、祭文、书事诸体，总数约 130 首，占到陆游文章的约 1/5，也是深入研究陆游处世哲学的重要文献；再如若将陆游的全部诗文作品编年排列，将能对陆游的思想和创作有更全面的认识，使作为士大夫的陆游和作为著名诗人的陆游更好地融合起来，从而将陆游研究进一步深化。

桐城派文章选本发展史论

西北大学杨新平主持完成的国家社会科学基金项目"桐城派文章选本发展史论"（项目批准号为：13XZW005），最终成果为同名专著。

一 研究的目的和意义

选本编纂随着桐城派从形成发展、中兴改造及至衰亡的全过程，从桐城三祖到清末民初的桐城后学，皆用心文术并勤操选政，不断有文章选本问世。不同时期的桐城派选家所编选的文章选本数量众多，又颇具系统，选本之间在编选体例、选录倾向、文体思想等方面，既有很强的继承性，又能根据各自时代的文风递嬗、学术思潮、教育背景等进行适时的变化与创新，这种因革损益正好体现出桐城文派发展演变的历史轨迹。因此，本课题采用文献梳理与理论分析相结合的方法，在全面搜集和掌握各类桐城派文章选本文献资料的基础上，既从宏观上考察分析桐城派文章选本构成的总体特点、桐城派文章选本对于桐城文统的建构过程、桐城派文章选本编纂中所体现的文体观念的变迁、桐城派文章选本与桐城派骈散观的演进等问题，又选取桐城派各个发展阶段具有典型意义的选本个案作为重点研究对象，在细致考察每种选本的成书过程、编排体例、选评思想以及刊刻流传等的基础上，密切结合选家本人的文学创作、理论主张及其所处时代的文学与学术背景等，深入探讨和揭示桐城派文章选本的发展演变历程。

桐城文士往往借助选评文章推行其理论主张，或以文体分类选文，条举文体体例原则；或以风格为类，标榜不同风格类型的文章典范；或以评点为重，总结和评论各家文法。编选者对文章妍媸判别的见解及对前代文章精华的厘清，于此可见。因此，对桐城派文章选本编纂进行历时性考论，既对深入了解桐城派创作倾向乃至清代散文创作的递嬗轨迹有重要意义，亦有助于深化对桐城派文学思想变化发展的认识，对清代文章学乃至清代文学批评史研究均有重要价值。

二 成果的主要内容

该成果分为总论篇、发展篇及文献篇。总论篇主要分析了桐城派文章选本构成的形态特征及选本对桐城文统的建构、选本中所体现的文体分类观及骈散观等问题。发展篇选取桐城派发展过程中具有典型性的选本个案，结合选家的理论主张、文学创作等，对各选本的成书过程、刊刻流传、选评思想等进行细致分析，并总结其阶段性特征，透视桐城派文章选本的发展脉络。文献篇为桐城派文章选本叙录，包括两部分：一为现存桐城派文章选本叙录；二为未见及已佚桐城派文章选本考录。

桐城派选家在不同时期编选的文章选本数量甚丰，据章钰等编《清史稿·艺文志》及《补编》、孙殿起《贩书偶记》及《续编》、刘声木《桐城文学撰述考》等书目著录所及，目前已见的传世选本就有 70 余种，加上已考知的未见及散佚选本 20 余种，其总数已近百种。为数众多的桐城派文章选本，就其整体构成而言，既具有丰富多样性，又颇具统序性特征。文章选本的编纂在桐城派构建桐城文统、彰显文体观念、参与文坛骈散之争等方面，均发挥过十分重要的作用。

桐城文统的建构是桐城派产生的重要标志，也是桐城文士的精神祈向与信仰归趋所在，而不同时期的桐城派选家所精心编选的文章选本系列，正是桐城文统得以确立、维系及发展的重要载体。桐城文士借助选本编排出符合自身审美理想的文章序列，并将此序列奉为正宗正统而赋予其权威性，以此来强化文派向心力，不断吸引承学之士的加入。桐城后学选本在维系桐城文统的同时，又对之进行了发展与完善。这主要表现为"古典文系"由偏重唐宋八家文，发展为八家文与先秦两汉文并重；"桐城文系"中梅曾亮、曾国藩、张裕钊、吴汝纶等后起大家则广被推扬而进入文统序列之中。桐城派的文统建构体现了特定的文章史观，即以儒家经典为源头、以秦汉与唐宋文为核心的古代散文史建构，和以桐城派作家为主体的当代散文史建构。

自萧统《文选》以来，以文体分类编纂的总集选本往往承载着选家独特的文体观念，桐城派文章选本中以文体分类编选者亦不在少数。姚鼐《古文辞类纂》本着功用不同的原则进行文体分类，其分合去取标准划一，取得了以简驭繁、纲举目张之效，较好地克服了古代文体分类笼统细碎的弊病，对此后的文体分类产生了重要影响。曾国藩《经史百家杂钞》是继姚纂之后又一部在文体分类方面做出卓越贡献的桐城派文章选本，其分类逻辑性较强，且所收文体扩增至姚选所未及的经、史体裁，堂庑甚大。桐城后学文章选本继承了萧统《文选》、姚铉《唐文粹》、姚鼐《古文辞类纂》、曾国藩《经史百家杂钞》等选本的文体分类传统，尤其是他们对于姚、曾二选文体分类思想的承延，充分说明姚、曾二人奠定了桐城派文体分类思想的基调，在古代文体分类史上亦具有重要的地位和影响。

清代文坛骈散并兴，骈散势力的消长促成了骈散之争的兴起，身为文坛主流的桐城派不可避免地成为这场论争的主角，而选本批评是他们参与骈散争衡的重要手段。桐城派从创立发展到中兴改造，再到式微衰落的发展过程中，选本编纂始终未曾中辍，桐城文士借助选本批评直观地呈现了他们对待骈散二体的批评态度。从方苞、姚鼐选本对骈俪之文的排拒，到曾国藩、李元度、吴汝纶、姚永朴等人选本的融通骈散，其文章观念经历了一个由骈散对立到骈散沟通的演进过程，反映出桐城文士骈散观念的变迁。不过桐城派后期选家虽然对骈文采取了相对开放的态度，但他们看待骈散二体仍有轻重之分，在以骈济散和以散运骈之间，认为后者明显高于前者，依然恪守着以散体为正宗的文章观念。

桐城文士对于选本批评的重视程度是桐城派之前的任何文学流派都难以比拟的，选本编纂伴随着桐城派发展的始终，不同时代的桐城派选家先后完成了一次又一次的选本"接力"。在对丰富多样的桐城派文章选本个案进行认真清理之后，不难发现，选本的编辑记录并见证了桐城派传承演变的历史过程。桐城派理论主张的推行、津逮后学的文法总结、古文创作群体的揄扬等，无不依靠和建立在选本编纂与流播的基础之上。

桐城派选家常常借助选本来推衍和流布自己的理论主张。桐城始祖方苞为桐城派的建立树起了"义法"理论的旗帜，而《古文约选》与《钦定四书文》则是其"义法"说的具体实践。刘大櫆的"神气音节"说也体现在其《精选八家文钞》的选评之中。姚鼐关于"义理、考据、辞章"合一的主张，有关"神、理、气、味、格、律、声、色"审美八字诀的提出，及其对文体分类法的总结与革新等，均是借助《古文辞类纂》的传播而被后学奉为桐城派文论的典范。曾国藩以经济之学充实桐城派古文义法理论，标举"义理、考据、辞章、经济"之说，其《经史百家杂钞》《鸣原堂论文》等选本对经世之文的选录，正是其理论主张的落实。姚永朴、姚永概、吴闿生等对于桐城派古文理论的总结和推阐，亦体现在《国文学》《历朝经世文钞》《古文范》《萃升书院讲义》等选本的评点之中。

在数量众多的桐城派文章选本中，多数都是为指导后学而编，桐城文家通过选文为后学树立起学习与效法的典范。有些选家还对选文进行了详细评点，其所评之中包含着丰富的文章学内容，如关于章法结构的布局、字句音节的避忌、摹拟之法的指示、对比映衬手法的使用等具体细微的文章作法，都在评点之中有着生动的总结，这些文法修辞理论是他们从古人文章和自身创作实践中抽绎出来的经验之谈，对于初学者来说，这种评点正可为其渡以津梁，获得文章创作的入门之法，进而提升创作品格。由此可见，桐城派文章选本使得其后学习文有本可依、有法可从，往往被奉为学文指南，从而吸引了更多的承学之士归趋桐城，促使桐城古文被广为传承而代不乏人，这也正是桐城文派得以绵延久远的重要驱力。

桐城文士通过文章选本的编纂及时记录和表现了桐城文派发展的历史进程。桐城派选家在选录清文之时，常常以桐城作者之文作为选录的重点，反映出桐城派不同发展阶段古文创作群体的基本情况。乾隆时期，姚鼐编选《古文辞类纂》时于清代只选方苞、刘大櫆两家之文，用以表出桐城派初创者的古文成就。后嘉、道时期，姚门弟子陈兆麟和姚椿在所编《国朝古文所见集》和《国文文录》两种断代选本中，于方、刘之外选录了乾隆至道光时期的许多桐城派作者。至光绪时期，杨彝珍、王先谦、黎庶昌、吴汝纶等在所编《国朝古文正的》《续古文辞类纂》《古文读本》诸选本中，又对道光以后的桐城派作者多有选录。民国时期，吴闿生编辑《吴门弟子集》，广泛收录了清季民初吴汝纶弟子的诗文作品。由此来看，桐城派文章选本记录了桐城派由创立，到发展壮大，再到式微的发展过程，从某种意义上可以说是桐城文派史的一种别样呈现，具有重要的文学史意义。

三 成果的主要价值

进入 21 世纪以来，选本批评研究已成为一个广受关注的学术热点，研究对象遍及诗、文、词、戏曲、小说等各种文体，就清代而言，诗、词选本最受关注，而文章选本的研究却相对较为薄弱。桐城派作为清代最重要的散文流派，其丰富而系统的文章选本系列彰显了桐城派文学创作与批评的演变轨迹，通过探析桐城派的选本批评，可以更好地把握其传承兴衰的发展肌理及其与时代风会的关系，这既可以给桐城派研究提供一个新的视角，进而拓展研究空间，同时借助选本流变而透视一个文学流派的发展过程，对于清代诗文流派研究而言，也具有新的启示意义。因此，对数量甚丰的桐城派文章选本进行全面清理和整体探究，无疑具有重要的学术价值与意义。

文章选本与桐城派的文章理论和创作实践紧密相关，是推助桐城派发展延续的重要载体。可以说桐城派文章选本系列是桐城文士以特殊方式撰述的文章史，体现着纂辑者对古代文章传承发展的认识和观念；同时，桐城文士亦借此发布文学主张，指授后学习文规范，揄扬古文创作群体。本项目在全面搜集整理桐城派文章选本资料的基础上，借鉴现代相关研究成果，对桐城派文章选本发展进行了系统研究，寻绎其演变轨迹与总体特征。首次对现存与未见及已佚桐城派文章选本文献进行了全面清理和细致钩沉，撰写了 70 种现存选本叙录，并考述 26 种未见及已佚选本，基本摸清了桐城派文章选本的存佚、刊刻等情况。将学界目前尚未注意到的部分选本纳入研究视野，并对一些从未被关注过的已佚选本进行了钩稽考证，拓展了研究内容。该成果对丰富多样的桐城派文章选本进行整体观照，联系清代文学文化发展深入揭示桐城派文章选本编纂中所体现的桐城派文统观、文体分类观、骈散观等的发展，并从选本发展史的角度审视桐城派由兴起、繁盛及至衰亡的演变过程，丰富和深化了人们对桐城派传承历史的认识，对清代散文史、文章学史乃至中国散文史的研究均具有重要价值。

明清之际：诗人心态与诗歌走向

西北师范大学张兵主持完成的国家社会科学基金项目"明清之际：诗人心态与诗歌走向"（项目批准号为：12BZW050），最终成果为同名专著。课题组成员有：张毓洲、王小恒、冉耀斌、武云清、包建强、邱林山、罗茜。

一 研究的目的和意义

"明清之际"是一个连续的时间整体，但也是一个不太确切的跨时代的历史概念，我们讨论的范围大致上推至晚明的万历时期，下延到清初的康熙时期，约计100多年的时间。这是中国历史上一个独特而重要的历史阶段，强盛一时的明王朝开始走向腐朽、衰落，与之相应，偏隅东北觊觎中原的满洲政权正在悄然崛起，且凭借其军事优势，又借助农民起义的风暴，最终一统天下，取明王朝而代之。明王朝的灭亡，强烈震撼了士人的心灵，使士人心态异常复杂。朝代更迭，何去何从是摆在他们面前且必须回答的大问题，而在清王朝政权渐趋巩固时，迭次兴起的旨在镇压汉族文士反抗的严酷案狱，又异常猛烈地摧残着文士的心灵，他们对此也必须做出回应，因为他们是特定历史坐标上出现的特殊群体。

专门以"明清之际"为话题的研究也引起学者的广泛关注，如何冠彪、赵园、朱丽霞等都有专著问世，而论著中涉及"明清之际"的学者则更多，早期有孟森、邓之诚、谢国桢等，近来有先师严迪昌先生、谢正光、夏咸淳、左东岭、蒋寅、张仲谋、何宗美、周明初、孔定芳、李瑄、白一瑾等，其中不少论及诗人心态、诗风流变等重要的诗学问题。对此问题的研究成就突出者前有邓之诚先生，他的《清诗纪事初编》对明末清初的文人心态及诗歌走向等相关问题做了深入而细致的爬梳考证；后者当属严迪昌先生，他在《心态与生态》一文谈到要读懂中国古典诗词，把握文学生态极其重要，因为读诗从某种意义上应理解为读人，即"'士人'们曾经置身的特定历史人文生态，以及他们各自的心灵轨迹"。同时生态和心态有辩证关系："生态的考辨似尤重要，因生态即生存、生活状态的把握，隐性的甚而曲深的心态每易迎刃得解。把握心态，甚有赖于生态的审辨。"他的《清诗史》即对诗人心态的审视尤为关注，在剖析诗人心态的基础上，进而辨析和把握清诗发展过程中诸种诗风、诗群之构成以及诗人们各自的流变分合与历史地位。关于明清之际历史大背景下的诗人心态和诗歌走向的相关研究，前辈学者及其他一些研究者也做过一定的工作，其中某些观点精辟深刻，见解独到，令人耳目一新，但该课题的研究是一个庞大复杂且内容异常繁富的系统工程，还有大量研究者未曾涉及的研究层面，留下了许多值得发掘和探讨的空间。同时，现有对此课题相关问题的研究往往零散而不成系统，多是就某些具体问题有感而发，缺少专门深入的探讨。不过，近年来出现的不少探讨文人心态或诗歌走向的专著，对此问题的研究时有深化，可为我们的探索提供重要的启示和借鉴。在以前的研究中，"明清之际"作为一个历史概念，研究其事件、人物，探究原因及其影响者比较多，这种对历史真相的揭示，有助于正确把握历史本真。而对作为此特定历史条件下活跃于诗坛的诗人心态及诗歌走向的关注却很不够，我们将集中讨论这一问题。

二 成果的主要内容

明清文学研究，尤其是明清文学中的诗文研究是整个中国古代文学研究领域的薄弱环节。对于明清诗歌的研究，除了诗人诗作的个案研究和对诗歌流变史程的宏观研究外，从历史文化学、文化心理学和文艺生态学视角切入，以明清之际作为历史文化背景，系统考察诗歌转型的整体趋势和真实细节，探讨诗人心态，梳理诗歌内部规律，多角度阐释明清诗歌转型与时代环境的关系，多层次描述明清诗歌转型的过程和面貌，乃至明末清初文学与文化的内在联系与影响，揭示明清诗歌发展与演变的文化机制，并探求其负面效应，将会取得相当水平的学术成果。

具体而言，该成果主要包括以下四个方面的内容。

一是晚明诗人心态的复杂性与诗歌风格的多样化。晚明是一个大时代，各种因素、各种矛盾交织在一起，受此激发，士人心态十分复杂，诗歌创作也呈现出多样化趋势。比较而言，晚明社会政治环境相对宽松，社会思潮、文艺思想流派纷呈，诗坛也异常活跃，诗人有较自由的生存和生活空间，能够畅所欲言，抒写心志，但身处末世的忧患和朝政腐败的现实，造成他们心态的矛盾性和复杂性。虽然这一时段的诗歌内容不及清初繁富，但诗歌风格则呈现多样化的趋势。当我们梳理晚明诗人心态及诗歌走向时，三个在当时产生过普遍影响的诗歌流派进入了我们的视野，即以"公安三袁"为代表的公安派，以钟惺、谭元春为代表的竟陵派和以陈子龙、李雯、宋征舆为代表的云间派。"公安三袁"的吏隐心态，竟陵诗人的末世心态，"云间三子"的心灵挣扎，这三个诗派的心态走向足以代表整个晚明时期士人阶层具有普遍性的心态表现。这三种负载不同心态的诗人群体，仿佛三部乐曲，随着历史的推进，各自领起一个阶段，而其心态，虽均为末世色调，然而其"渲染"却颇有层次。

二是清初诗人群体的各种复杂心态。清初诗人群体大致可分三类：遗民、贰臣和国朝诗人。从社会政治、历史环境、文化氛围、传统观念和自身修养等方面考察不同群体诗人的构成和心路历程及前后期诗歌创作的变化，可以勾勒出清初诗风流变的轨迹与转型过程。

清初遗民诗群是一个以明清易代为契机在社会大转型中毅然崛起的诗人群体，也是一个体量庞大的诗人群体。明亡清兴所激发的士人内心所固有的忠君爱国思想是这个诗群的信念支撑和凝聚力量，政治立场是群体存在的象征。群体的构成以地域为纽带，以各地著名遗民诗人为领袖的地域亚诗群是清初遗民诗群构成的基本单元。顾炎武、王夫之、黄宗羲、傅山、屈大均、王弘撰、方以智、钱澄之、方文、杜濬、徐枋、申涵光、阎尔梅、徐夜、张尔岐等，既是各自所在亚诗群的领袖，也是清初遗民诗群的中坚。作为明清易代之际的特殊群体，清初遗民诗人有着极其复杂的心路历程，其心态呈现也极为多元，大体可以归纳为耻事新朝、志在恢复的烈士心态，怀念故国、悲歌当哭的孤臣心态，壮心消退、放逐行迹的隐士心态和牵念故乡、心属故地的游子心态，这数种心态都与明清易代的历史巨变紧密联系，就像是"国变"之后躲不过的"宿命"，成为一代士人深深的生命印记。从清初遗民诗创作的审美情趣与心态寄蓄来看，出于时代感应与人品仰慕，清初遗民诗人宗杜学陶者甚多，在宗杜学陶的同时，不少诗人仍以屈原为效法对象，诗风深受《离骚》浸染。另外，清初宗宋诗风的形成与当时不少遗民故老的鼓扬有关，而且真正把宋诗推向与唐诗相对等地位的是遗民诗人黄宗羲。当然，清初宗宋风尚的形成，原因甚多，但民族情感的转注当为主因，明清易代当为契机。在众多的遗民诗人中，我们选取归庄和徐枋为代表，从归庄和徐枋的生平与作品中透视遗民诗人的心态、品味其文化品格及诗风变迁。

清初"贰臣"是一个与"遗民"相对应的概念。李自成起义军攻占北京和清军入关之后，中国历史上出现了空前庞大的贰臣群体。第一个贰臣群体是投降李自成的明朝官员。据顾炎武《明季实录》卷一载，李自成进京之后，投降起义军的明朝官员有九十八人，著名的有龚鼎孳、熊文举、方拱乾、陈名夏、金之俊、曹溶、周钟、宋之绳、梁清标、张缙彦等。第二个贰臣群体是投降清朝政权的京师官员。清军入关之后，摄政王多尔衮对前明官员和曾出任伪官的人既往不咎，一体收录。那些曾经投降李自成的文士大多投降了清朝，作了双料"贰臣"。第三个贰臣群体是投降清朝的南明官员。弘光二年（1645），豫亲王多铎率兵攻破扬州，进逼南京，赵之龙、钱谦益、王铎、阮大铖等南明官员投降清军。第四个贰臣群体是清朝定鼎之后出仕新朝的汉族士人。清军入关后不断用怀柔政策拉拢汉族士人，许多士人在清廷的威逼利诱下出仕新朝，大江南北被征聘入朝或参加科考的士人纷纷道途，著名者有王崇简、周亮工、李雯、宋征舆、陈之遴、韩诗、张恂、吴伟业、侯方域等。清初贰臣群体人数众多，成分复杂，出仕新朝的原因也不尽相同，因此当时和后世的评价也颇不一致。一些为了贪图富贵，腆颜事敌，为虎作伥的卑劣士人如周钟、孙之獬、陈之遴、阮大铖等受到了历史的唾弃。但像曹溶、龚鼎孳、钱谦益、周亮工等人虽然曾为贰臣，但是在入清之后，曾经为朝廷和百姓做了许多好事，赢得了不少士人的理解、同情和赞赏。清初贰臣的处境颇为尴尬，其心态也非常复杂。由于他们背离了"忠臣不事二主"的正统道德观念，成为真正的"两截人"，备受道德和良心的谴责，不少人为自己不能一死殉国而终身愧悔。这种深深的愧悔和自责折磨着清初贰臣诗人的灵魂，使他们后半生内心不得安宁。钱谦益的降清、反清，吴伟业的忏悔，龚鼎孳的自我救赎，都是他们复杂的仕宦道路和贰臣心态的真实表现，对于其诗学理论和诗歌创作都有深远的影响。他们的诗歌题材多样、内容丰富、情感沉郁，不仅表现了自己艰难的人生经历和痛苦的贰臣处境，而且寄寓了深沉的沧桑之感和黍离之悲，具有特殊的认识价值和审美价值。

当遗民诗人、贰臣诗人活跃在清初诗坛的同时，国朝诗人也成长起来了。遗民诗人和贰臣诗人是特定时代的产物，随着时间的推移、时代的转换，很快被国朝诗人所替代。当国朝诗人登上历史舞台后，他们以更大的规模，更为广阔的诗学视野，独具时代特征的诗人心态，引导清代初年的诗歌走向。相较而言，国朝诗人的数量更多，这从清初人编选的清初诗集中可以看出，也可从"金台十子"、"江左十五子"和"国朝六家"等诗群并称中体会到。"国朝六家"是清初国朝诗人群体的代表。施闰章、宋琬、朱彝尊、王士禛、查慎行和赵执信，他们都是在由明入清诗人中崛起并形成了广泛社会影响的"国朝"诗人。乾隆三十二年（1767）刘执玉（1709~1776）选辑六人诗歌编成《国朝六家诗钞》，标志着这个诗歌集团的正式确立。"国朝六家"由此诗选而名扬后世。六家中以"南施北宋""南朱北王"诗歌成就较高，又合称"国朝四大家"。"南查北赵"的诗歌成就和影响虽较前四位逊色，但也有各自的特色，对清初诗风走向影响巨大。"国朝六家"的出现是清初"国朝"诗人不断涌现的必然结果，代表着清初"国朝"诗人的最高成就，他们的心态与诗歌理论和创作与遗民或贰臣作家有显著不同，这反映了清初诗歌的走向，对清中期诗歌的发展产生了重要的影响。明清易代的沧桑巨变和重大历史事件也在国朝诗人心中烙下了深深的印痕，影响了诗人的心路历程和诗歌创作，施闰章、朱彝尊、查慎行等人的心路历程和诗风演变是清初国朝诗人的典型代表。

三是文学社团的兴衰嬗变与诗风流变。明清之际的党社运动在我国历史上是空前绝后的，它既是一个政治事件，也是一种文化现象，同时，又是一个突出文学现象，这一现象的出现与当时的政治气候、学术环境和文化土壤密不可分。晚明时局危难，士人们为救亡图存集聚在一起，试图以清议的力量左右朝政，力挽狂澜，形成上党下社、朝野呼应的局面，一场剧烈的党社运动如春潮涌动，震撼着风雨飘摇的晚明政坛，同时，也带动着学术思想和文艺思潮的激荡。倡导个性解放的阳明心学的兴起，如平地惊雷，冲击着程朱理学的正统地位，在其影响下，公安派、竟陵派通过频繁的结社活动，使性灵诗潮风行天下。然而，心学末流却将陆王之学带入狂禅的泥淖，非礼非孔，混淆是非，而被认为是心髓之毒、天下大乱的源头，从而招来以东林党人为首的有志之士的口诛笔伐，与此相应，性灵诗潮风流云散。东林党人主张以尊经复古来救亡图存，因此，作为其流亚的复社、几社等政治性社团皆以文学复古来应和其救世主张，复古之风遂为明季之主流。在轰轰烈烈的党社运动中，社稷陵替，文人面对着进退出处的两难抉择，心态也发生了复杂微妙的变化。一部分文人继续以结社报团取暖，过着纵情适意、诗酒逍遥的名士生活；一部分文人则以结社为名，联属同志，志在恢复大业；还有一部分文人报道固穷，耻仕新朝，以结社砥砺气节；当然也有一些变节降清的文人，在结社雅集中自我检讨，借他人酒杯浇胸中块垒。他们心态的变化一一流露于诗，导致明清之际诗歌的主题和风格呈现出鲜明的时代特色，抒发爱国之情和亡国之悲成为这一时期诗歌的主旋律；在号召以学术救天下的实学思潮的影响下，经世之风成为诗坛的主流，诗歌向着风雅传统复归。

四是明清之际的诗学批评与诗风新变。诗学及诗学批评标志和引导着诗风新变及诗歌走向。晚明时期，针对前后七子的"复古拟古"之风，无论是文学创作还是文学批评中，都出现了一种追求个性解放的趋势，公安派、竟陵派均主张不为古人古法所拘囿，发挥独创精神，重视自我价值，肯定自由意识。但是，追求太过导致其流于俚俗、浅露、纤弱，而这种弊端在明清易代之际显露无遗，缺乏深厚社会内容的文学作品已不能适应当时社会的需要，已不能满足当时现实意识和理性精神强烈的诗人的需要。因而，当时的诗论家大多是在批判与反思明代诗坛的基础上进行诗学批评的，由此进而提出了适应时代精神的诗学理论主张，出现了新的趋向，诗歌风格也发生了很大的变化。受经世致用的影响，诗歌更加注重学问，更加强调反映社会现实的作用；受"诗史"精神的影响，诗歌的叙事意识逐渐增强；受社会环境的影响，诗歌更多抒发"社会之情"；受民族气节的影响，诗歌更加注重诗人的人格气节；受"真情"之说的影响，儒家诗教传统得以引申与扩展。另外，一些诗学问题在此时期尤为凸显，比较突出者如唐宋诗之争，顾炎武、朱彝尊、李因笃力主唐音，黄宗羲、吕留良、吴之振提倡宋诗，唐宋诗之争，实质上包含着明清易代之际深厚的历史文化意蕴。

通过以上四个部分六章的讨论，我们认为：第一，晚明社会思潮、文艺思想严重影响了诗人心态和诗风走向；第二，明清易代的重大历史事件深刻地激荡着诗人的心灵，出现了沉痛反思明朝覆亡的作品及诗论方面力重真情、尚务实际的新因素；第三，清初社会、政治对诗人心态的摧折，使诗歌创作的思想内容与艺术特色均异于晚明，导致了文学创作与诗学理论的新变，促使该时期诗歌的转型；第四，叙事诗的繁荣与新变。文学是社会生活的客观反映，"明清之际"这样一个风云变幻的特殊时代陶铸了一批诗史英才，也涌现出丰富多彩的历史事件与人物。由于朝代更迭等历史因素的重大刺激，后者无疑成了前者热衷歌吟的对象和寄寓易代之悲与兴亡之感的心灵载体，这促使了该历史时段叙事诗的繁荣，并与此前或此后的叙事诗相比蕴含着巨大的新变。

三　成果的主要价值

该成果将从历史文化学、文化心理学和文艺生态学角度切入明清之际诗歌研究，首先，在方法上是一种革新。原有的明清诗歌研究主要从社会学视角，多以时间为序依次介绍作家作品。这种研究对于作家作品和文学现象赖以产生的历史文化氛围、作家人格与创作心态的成因、文学特质的内在联系、文学传播与接受的途径与效果等均缺乏深入的揭示。而历史文化学、文化心理学和文艺生态学批评方法的引入，则使这些复杂的文学现象的学术解释获得新的深度。其次，这一课题的完成既可夯实明末清初这一历史时段诗歌研究的基础，还使一些极具文化质地与特征的文学现象得到纵深的开掘与全面探究。最后，这一研究还可拓宽古代文学的研究领域，丰富古代文学研究方法，开阔古代文学研究者的视野，对古代文学学科建设将起到积极的推动作用。

中国当代文学的"潜叙事" 与"潜结构"研究

北京师范大学张清华主持完成的国家社会科学基金项目"中国当代文学的'潜叙事'与'潜结构'研究"（项目批准号为：12BZW020），最终成果为同名专著。

一 研究的目的和意义

该成果属于跨学科范畴，涉及面较广，主要涉及精神分析学、人类学、符号学、叙事学和新叙事学、文化诗学、文化研究等，为此负责人大量阅读了关于中国当代文学、心理学、社会学、意识形态、艺术生产等相关的理论书籍，以及关于中国当代文学的文学评论、文学文本和报刊等相关资料，为研究的展开打下了坚实的基础。在具体的研究过程中注重细读式分析，将文本细读与精细的理论解析结合起来，达成微观分析与宏观架构互为结合的格局。此外，课题的理论性较强，该成果结合了西方社会学、心理学、文艺学理论家和中国当代文艺理论家的相关学说，从中国的本土经验、文学发展和社会状况出发，对中国当代文学的"潜叙事"与"潜结构"进行了历史、文学和社会学等层面的概述。

该成果旨在探究中国当代文学中存在的大量"无意识结构"，包括"个体无意识"和"集体无意识"的各种不同表现的文学构造，故称之为"潜结构"。这些潜结构在革命文学时期主要是作为"叙事中的无意识"

其核心目标却是要通过对无意识结构的深度分析，来确立研究对象"有限度的文学性价值"——对于那些革命时期的作品，我们的目标是要完成一个"革命文学并非简单的文学"的阐释，其中有大量来自传统、民间、作家个体无意识的"隐秘内容"，而这些是支持其文学性的基本要素。至于新潮与先锋文学中的无意识内容、无意识结构的分析则更是解读的关键所在。

（3）可以使当代文学的研究格局进一步得到整合，避免"十七年文学"和"新时期文学"是两种完全不同的研究的分裂局面，可以使两个不同时期的文学和文本通过"潜结构"的解析而"同时复杂化"，从而形成一个崭新的文学史格局。

（4）可以有助于构建一个更富有"历史传统"的"当代文学史"，避免将"红色叙事"作为一个断裂的天外之物来处理。通过分析"潜结构"，可以使红色叙事和先锋文学同样获得更可靠和久远的"传统质地"——如通过诸如"才子佳人""英雄美人""神魔与妖魅"等"传奇"结构的分析，可以在革命文学和中国传统叙事之间建立更准确的联系，通过寻找先锋文学中的个体无意识活动，诸如"创伤治疗""儿童情欲""弑父情结""春梦改装""日常生活的精神病理学现象"等，可以建立新潮先锋文学中的意识深度，以及稳定准确的分析模型。相信以上几点对于深化当代文学的研究与批评，建立新的批评理论范式，会有一定的积极意义。

在国内学者的研究中，对于革命文学的文化研究与精神分析中，也偶然会看到有学者对于"无意识结构"的关注，这些研究对小说中的各种叙事因素的叙事功能进行了普罗普和列维-施特劳斯式的细读研究，解析出了其中的各种叙事模型和人物的行为动机。但都是单篇的或者是针对个别性的领域，有的由于过于借重理论而有刻板和模式化的弊端。目前还没有一部专门的学术著作对这一问题进行细致研究。该成果即着力于此，通过对革命叙事的无意识结构探究和新潮先锋小说中的无意识结构分析，较为全面和丰富地呈现了对当代文学进行精神分析的意义与可能，由此解开革命叙事、历史叙事、先锋文本等叙事中的无意识、潜意识的隐秘景观。这种方法极大地结合了中国本土文学经验与西方的心理学、精神分析学、社会学等理论，为当代文学研究提供了一种新的研究路径和方法，也带来了一种新的启示。

四　成果存在的不足

（1）对于两个时期的不同文学现象与文本语境的打通，实现在同一个理论平台上、统一的价值体系上来对其进行分析评价，在这方面还需要进一步强化两个时期的内在逻辑。

（2）由于涉及大量的跨界性理论知识，要在其与文本之间建立准确的阐释关系，这有一定的难度，也是该成果中相对受限的地方。

（3）需要细读大量的文本，建立以"文本而非事件"为本位的文学史模式，这对于现行文学史研究格局和本课题的研究都是一个比较大的挑战。

基于以上薄弱环节和不足之处，该成果还需要进一步打通两个不同时期的内在逻辑，对相关的心理学、精神分析学、人类学、符号学、叙事学和新叙事学、文化诗学等理论进行更加深入的研读和运用，并结合中国当代文学文本进行更为全面细致的分析。

民俗学志：二十世纪三四十年代中国民间文学与民俗学社会科学化的有序推进

北京师范大学岳永逸主持完成的国家社会科学基金项目"北平燕京大学及辅仁大学的民间文学、民俗学研究（1931~1949）"（项目批准号为：14BZW153），最终成果为研究报告《民俗学志：二十世纪三四十年代中国民间文学与民俗学社会科学化的有序推进》。

或者是因为教会大学、沦陷区以及语言障碍和查阅不便等多种原因，多年来，地处北平的燕京大学和辅仁大学关于中国民间文学和民俗学的相关研究长期都少有人关注。有鉴于此，作为学科性颇强的断代史，国家社科基金一般项目"北平燕京大学及辅仁大学的民间文学、民俗学研究（1931~1949）"（14BZW153）力求在一定程度上弥补这个遗憾。对燕京大学（燕大）李素英《中国近世歌谣研究》、虞权《平郊村的住宅设备与家庭生活》等80余篇毕业论文以及相关文献，该成果进行了细读。同时，课题对辅仁大学（辅仁）《民俗学志》（*Folklore Studies*）以及《华裔学志》（*Monumenta Serica-Journal of Oriental Studies*）上刊发的司礼义（Paul Serruys）《山西大同城南之谜语与儿歌》《山西大同城南民间故事十五则》，贺登崧（W. Grootaer）《万全（察哈尔）的庙宇与历史：地理方法应用于民俗学》《宣化（察哈尔南）乡村庙宇，它们的神像与历史》，赵卫邦《扶箕之起源及发展》等中外学者共计13篇用英、法、德文之论文进行了翻译，以求直接呈现辅仁的相关研究。

在中国民俗学运动的演进脉络以及中国人文社会科学的知识谱系中，对这些论文的细读和翻译，意在表明：其一，在这 20 年间，中国民间文学和民俗学在认知论、方法论和实践论诸多层面都有序地在向社会科学化推进与转型，并形成了兼具资料性、科学性、可读性和基于共情性理解而"热描"民间文学、民俗的"民俗学志"；其二，在经历了以周作人为代表的文学的民俗学、以顾颉刚为代表的史学的民俗学之后，中国民俗学也实实在在地形成了以燕大师生为主体的"社会学的民俗学"和以辅仁《民俗学志》为标志的民俗地理学与方言（音）民俗学；其三，朝向当下，基于小社区的微观研究，基于方言区的中观研究，田野作业——局内观察法/居住法——及其与文献研究相结合，纵横比较，图文互释，已经是燕大和辅仁民间文学、民俗学研究的基本特色。

1. 偏重形态学的燕大民间文学

燕大的民间文学研究，虽然大体还是以文本为主，且数量不多，但形态学抑或说文体学意识鲜明的这些研究分量很重。

李素英《中国近世歌谣研究》（1936）是首次对歌谣运动的全面回顾与反思。在周作人、胡适、顾颉刚等人同中有异的诸多观念的影响下，也受冯梦龙《山歌》的发现与出版这一"事件"的影响，李素英将"近世"的时长拉伸到明季。这使得近世不仅是一个时间概念，还有了学理的内涵。利用歌谣运动以来收集到的大量歌谣实例以及她本人熟悉的古诗词，李素英对歌谣的分类、性质、内容、形式和辞格等进行了言必有据的诠释，并以北平歌谣、吴歌、客音和藏地歌谣为主，对全国歌谣进行了人文区位学研究，创新性地提出歌谣是"介于旧诗词与新体诗之间的一种执中的诗体"（第 152 页）。尤为重要的是，本意要将赋予歌谣与文人文学一样的地位而强调其审美性的李素英，基于其人生体验，尤其是对歌谣、文学与社会的理解，无意中提炼出了歌谣之入世、激进、革命的另一面，指出因应民族国家的生死存亡和历史演进的必然，"歌谣运动"向"歌谣革命"嬗变的可能，即新文艺的主潮应该是以民众为本位、对象和主体的旧瓶新酒的大众化，直至民众自己创作。

1936 年，在郭绍虞的指导下，精通英、法、德、俄、日、世界语、希腊语及拉丁文等多种语言的薛诚之，在其积攒的一万多张谚语卡片的基础之上，完成了硕士论文《谚语研究》。这篇体大虑周的论文，拓展、夯实了郭绍虞 1921 年完成的《谚语的研究》。站在整个人类文明的高度，运用世界范围的多种谚语，薛诚之不仅将内容和形式打通，析变出了谚语的意识、简短、均衡、和谐、机灵之五要素，创设出了缜密、实用而开放的谚语分类体系，还拓荒性地仿效词话、诗话进行了"谚话"写作的尝试，建构出了他自己的"谚语学"。从其同时兼顾语言和言语双重属性的谚语之定义，我们可窥其研究的深度与高度："谚语是人类于各时代所积累下来的实际观察以及日常经验的成果，为的便于保存和传达，乃自然地以一种具着意识、简短、均衡、和谐、机灵诸特征性的便于记忆的语言表达出来，以作为人类推理、交往及行动时候的一种标准。"（第 101 页）

在古史辨之方法论的引导下，燕大历史系齐思河《黄帝之制器故事》（1931）和韩叔信《龙与帝王的故事》（1931）两篇毕业论文都在证伪，力图澄清事实、还原历史。燕大国文学系杨文松《唐小说中同型故事之研究》（1935），则与此大相径庭，在对唐传奇等古籍中的古镜、金刀、梦与枕、南柯、离魂、杜子春、小幽灵、斩蛇、昆仑奴、盗马、狐书、化虎、虎道士、虎媒、虎妻、猎人、报恩虎、龙洞、柳毅传书等同型故事的古今中外的纵横比较中，杨文松受进化论和同源说的影响，提出了跨越时空的"故事流"之概念："每一故事的典型像虎妻型及斩蛇型之类能够沿着历史的时代传下来，而其流行的地域包括东方和西方，无论纵横两方面，都像江河流水，很可以名之曰故事流。这种故事流表明传说的超时间与空间的特性。"（第 58 页）

值得注意的是，在社区—功能论的主导下，除有杜含英《歌谣中的河北民间社会》（1939）这样的专文，李慰祖《四大门》（1941）、马树茂《一个乡村的医生》（1949）等对北平郊区灵验故事的研究则是情境性的，讲述者的主位视角跃然纸上。家政学系洪德方的《学龄前的儿童与故事》（1950）不但在尝试厘清童话等儿童故事这一体裁的特质，儿童情绪和环境、故事本身和讲者技巧也都是研究的对象。这些都俨然当代中国民间文学语境研究和"表演理论"的本土先声。换言之，燕大的民间文学研究，也有着从文本向语境、从形态到生态的演进。

2. 基于"考现"的民俗学志

在一直重视民俗研究的燕大社会学系，主要集中体现"社会学的民俗学"的毕业论文大致经历了一个从"风俗"到"礼俗"的演进。大地域取向的风俗研究，既有二三十年代方兴未艾的方志学的影响，也与 1930 年前后国内学界对孙末楠"民俗学说"，尤其是 *Folkways* 一书的译介紧密相关。

1933年，费孝通《亲迎婚俗之研究》和陈怀桢《中国婚丧风俗之分析》都取材于数百种方志，粗线条地勾画出了相关民俗事象的分布版图。因此，这些侧重于文献的风俗研究，大致都是"区域的"与"历史的"。当然，研究者们也试图借用新的认知重新定义"风俗"。

与此同时，受同期乡建运动和社会调查运动的影响，结合涵盖40多个村落的燕大清河实验区的具体实践，燕大社会学系也有完全基于乡村建设实践本身而对村落的全方位观察。万树庸《黄土北店村的研究》（1932）和蒋旨昂《卢家村》（1934）对村落自然、人口、物产、政治、教育、经济、宗教等各个方面进行了全方位的扫描。与此不同，邱雪峨《一个村落社区产育礼俗的研究》（1935）则是在吴文藻等人的引领下，将社区研究与功能研究整合的尝试，浓描的是清河这个集镇的产育礼俗。以此为标杆，燕大"社会学的民俗学"焕然一新，进入以社区—功能论为主导的"礼俗"研究。

卢沟桥事变在加速燕大清河实验区终止的同时，也促生了赵承信主导的平郊村（前八家村）这个"社会学的实验室"的诞生。熟稔法国社会学和汪继乃波（von Gennep）之民俗学的杨堃的加盟，使对平郊村相关民俗的研究呈井喷之势，涉及人生仪礼、宗教信仰、岁时节庆、农耕生产、村宅民居、家用器具等多个方面。这些主要基于具体时空的民俗的研究——"考现学"，不但"平视"民众，还将研究者的田野研究过程，即与研究对象的交往互动过程纳入研究的范畴，并且兼顾文献研究，有着比较的视野。长期被视为中国文化两极的礼与俗，在这些经验研究中成为互动的与水乳交融的。当代中国民俗学倡导的过程视角、个体叙事、生命史、口述史等也在这些研究中滥觞，甚至不乏娴熟的使用。

可贵的是，这些论文并没有机械地套用某种理论，或是刻意建构某种理论，而是力求通过细节、事件、行动者和方言俚语，清楚呈现有着行动主体的某一民俗的全貌，巧妙地将研究者的理解、认知融入叙写之中，形成了资料性、可读性和科学性兼具的一种独特的文体——民俗学志。不但多重证据的"考现"、整体研究和鲜活的日常无处不在，空间、时间、人生、生命观、变迁、社会网络与交际等都是这些民俗学志的基本主题。

耦合的是，作为辅仁民间文学、民俗学研究集中的展示平台，其1942年创办的英文刊物 Foklore Studies 的中文译名就是陈垣校长题签的"民俗学志"。

3. 基于方言、地理的民间文学与民俗学的中观研究

对禄是遒（Henri Doré）主要是依赖文字资料多卷本的《中国民间信仰研究》，贺登崧表达了不满。他坚信要了解一种敬拜在人民生活中的地位，非实地调查不可。延续闵宣化（Jos Mullie）开创的传统，贺登崧带领辅仁的学生，融汇地理学、语言学的方法，身体力行地实地踏查，力求将民俗、方言、地理、历史、宗教研究打通，进行整体的研究。这促生了贺登崧、李世瑜等辅仁师生对大同、万全、宣化三地数百个村庄务求其全的"中观"研究，即《山西大同东南乡之庙宇，它们的碑铭与历史》（1945）、《万全（察哈尔）的庙宇与历史：地理方法应用于民俗学》（1948）和《宣化（察哈尔南）乡村庙宇，它们的神像与历史》（1951）等。其地图法的使用，清楚地呈现了同一地域宗教敬拜的诸多异同，以及文化区域的分布与演进，俨然今天盛行的大数据和"读图时代"的先声。在相当意义上，说贺登崧开创了"民俗地理学"也不为过。

作为贺登崧先后在大同与辅仁的同事，司礼义对方言、方音似乎更加重视。在大同城南乡村方言的调研中，口传的谜语、儿歌、故事等对他日显重要，进而对桑干河畔数十个村庄的诸多民俗进行了深入的观察、体认和调研。遵循人类语言习得是从声音开始的基本规律，其关于当地婚俗、谜语、儿歌和故事等的调研不但重视方言，还逐一用方音记录，标注国际音标、进行语法注释，再翻译成英文或法文，进而比较与诠释。《山西大同县南婚俗及有关方言》（1944）、《山西大同城南之谜语与儿歌》（1945）和《山西大同城南民间故事十五则》（1946）都是如此。甚至，司礼义还可以用自己熟练掌握的方言，反向检测信息提供者是否用了方言给他提供信息。

基于长期与村民互动交际的文本比较与分析，司礼义不时回应着中国民俗学家们已有的认知。在其深耕的桑干河畔，他既能看到儿童谜语和成人谜语、儿童故事和成人故事这些不同文类内部的差异，也能洞察韵语和故事这些文类之间的相互影响及互文性；既能看到在孩童中流传的相互戏谑的绰号之类韵语的必然性和偶然性，也能洞悉韵语故事和儿童故事之间的连带性。对中国学者极少对民俗资料本身投入"全部的心力"，反而"大谈语言、文学、教育，甚至政治"的惋惜，对格林童话对民间源流有意的轻视以及歪曲的警醒，使司礼义对自己研究之科学性的追求到了严苛的地步。其民俗学浓厚的方言学色彩，使得将之视为"方音民俗学"也不为过。

在一定意义上，贺登崧更加偏重作为人文地景的方言与民俗之地理分

布，司礼义则更加重视民俗传承主体——人——的重要性。因此，虽然都是以对某一地域的方言、方音考察为基础，司礼义更加关注儿歌、谜语、故事等人们口耳相传的活态"音声"，贺登崧则更加聚焦经幢、碑铭、庙宇、神像等外在于人的更加物化的乡野文化形态。但是，以这两个"外人"为代表的辅仁民间文学和民俗学研究不但开创了基于方言和地理的中观研究的范式，而且还是能洞察心意现象的"土著之学"。

总之，燕大、辅仁的民间文学和民俗学研究的丰富成果表明：（1）20世纪三四十年代中国民间文学、民俗学在燕大、辅仁已经实现了向社会科学化的转型；（2）中国民间文学与民俗学不应该仅仅是中国学者研究的学科，它更应该是以研究中国民间文学和民俗为对象的学科；（3）有必要进一步完善甚或重新书写中国民间文学与民俗学史；（4）中国人文社会科学不同程度地都存在类似忽视学科优秀传统的问题，因此，突破英雄史观，正视丰富的学科传统，也就具有了普遍意义上的现实性、紧迫性与必要性。

中国当代文艺实践中的国家形象构建研究

江苏师范大学徐放鸣主持完成的国家社会科学基金项目"中国当代文艺实践中的国家形象构建研究"（项目批准号为：12AZW003），最终成果为同名专著。课题组成员有：张玉勤、周建萍、郝敬波、温德朝、李雍、陈娟、杨森、张乐金。

一　研究的目的和意义

中国国家形象塑造和传播问题是伴随着大国崛起的历史进程而进入学术视域和实践场域的。从最初的国际关系学和新闻传播学的国家形象传播研究逐渐延伸到文艺领域，应和着文化强国建设和中国文化"走出去"的步伐，在中国形象构建的实践探索中提出了迫切需要解决的形象建构的学理形态和实践方略问题，这一紧迫的现实需要催生了文艺领域的国家形象构建研究。本研究作为这一领域第一个获批立项的国家社科基金重点项目，就是在这种背景下开展研究的。

该成果的意义如下。第一，以当代中国文艺实践为视界对国家形象构建进行整合研究，可以为积极践行坚定文化自信，努力构筑文艺高峰这一新时代文艺使命，为充分发挥文艺凝聚民族力量、提升国家形象、扩大中国的世界性影响的作用，从一个特定的视角提供基本理路和实践方略。第二，当代中国文艺主动进入国家形象构建层面，这是中国当代文艺理论和文艺实践不断走向自觉与成熟的标志。中国文艺领域构建国家形象具有丰富的形态、独特的优势和特殊的规律，这是中国当代文艺在"自律"基础上实现"自为"的一个更为宏阔的实践领域，也是其在新时代的使命担当，彰显了文艺的现实关怀品格与建构主义取向，可以在国家意识、民族精神、国民素质的提升方面发挥独特的影响作用。第三，深化"形象诗学"的理论创新，系统地建构当代文艺实践塑造国家形象的理论基础和实践方略。本课题立足于"形象诗学"的逻辑视阈，在跨文化背景中系统构建"国家形象谱系"，搭建当代文艺塑造国家形象的总体框架，寻求中国文艺用世界语言讲述中国故事的有效形式和内在机制，使得文艺实践中的国家形象构建更加自觉地融入国家形象塑造的总体话语体系，进一步促进和深化当前国家形象的整体性塑造。

二　成果的主要内容

该成果除引言外分为《理论篇》《文学篇》《影视篇》《域外篇》四个部分。其中《理论篇》有6章，分别就"研究背景与研究意义""形象溯源与形象辨析""文艺实践构建国家形象的三种属性""国家形象建构中的主体性与主体间性""国家形象建构中的自我与他者""国家形象建构的内在机理"等问题开展了专题研究，系统地梳理了文艺构建中国形象所涉及的相关理论问题，在拓展"形象诗学"研究视域的基础上搭建起文艺中的"国家形象论"基础性框架，提出了需要把握的若干关系问题。《文学篇》有5章，分别就中国当代文学构建国家形象的总体状况、茅盾文学奖获奖作品中的中国形象构建、莫言小说中国家形象的审美构建、茅盾文学奖作品构建国家形象的文本分析、不同类型中国形象构建的文学文本分析等专题展开研究和阐释，在历史与现实、宏观与微观、点与面的结合中对"文学中的中国"的丰富复杂形态做出了细致的分析归纳，从中把握了文学构建中国形象的审美特性。《影视篇》有5章，分别就海外获奖华语电影呈现的中国形象、台湾香港电影中的国家形象塑造问题、大陆电影作品中的国家形象塑造问题、城市宣传片中国家形象的审美构建、新世纪纪录片中的乡土中国形象呈现等问题展开研究，涉及的作品代表性强，覆盖面广，类型多样，凸显了在"影像中国"的形象建构中存在的丰富性和复杂性，展现了不同文化身份的创作主体对于中国形象的体察和呈现。《域外篇》是立足于言说中国的"自我形象"与"他者形象"的互相映照而设立的，有5章，分别就赛珍珠笔下的中国形象构建、李安华语电影对文化中国形象的影像呈现、域外中国形象影像构建的新样本分析、跨文化视野下的文化中国形象呈现、美国艺术中的中国元素与中国形象等问题进行典型案例分析，从域外的形象构建经验中引出对于中国文艺构建国家形象的有益启示。（具体章节纲目详见最终成果目录）

该成果以"国家形象构建"为问题域，以"中国当代文艺实践"为切入点，以"形象诗学"和"综合研究"为方法论，对中国当代文艺实践中的国家形象构建问题予以总体研究。我们在研究中的总体思路是：从"具体案例"入手，渐次展开"问题域"，逐层进入理论厘析，自然导出实践方略，从而做到有理有据、史论结合。具体体现为：一是文本梳理，即全方位地考察不同作品（文学作品、艺术创作）、不同视野（自身展示、西方视野）、不同维度（从创作到文本、从接受到传播）中的国家形象塑造问题；二是个案剖析，即以"茅盾文学奖"获奖作品（如陈忠实《白鹿原》、路遥《平凡的世界》等）、诺贝尔文学奖获奖作品（《蛙》《大地》三部曲）、国家形象宣传片（纽约时报广场中国宣传片和纪录片）、原生态民族艺术（印象丽江、云南映象等）、海外获奖华语电影、国产主旋律电影作品，分析其间所蕴含着的中国精神和中国气派、媒介策略等；三是专题研究，从形象定位、形象修复、形象塑造、形象借鉴、形象传播、形象接受以及形象批评等方面开展具体深入的专题性研究；四是整合研究，对国家形象塑造的"外在表现"与"内部机理"、国家形象"史"与国家形象"论"、国家形象塑造与国家形象传播等予以整合研究，从而建立起当代文艺实践中国家形象建构的学理形态与实践方略。

遵循上述研究思路，我们在如下三个方面努力追求学术创新。第一，首次将国家形象研究引入"形象诗学"的理论视野，形成了基于国家形象塑造的"形象诗学新建构"，建立起国家形象的诗学研究理论框架，拓展了形象诗学的应用范围。第二，注重国家形象构建的内在机理分析，揭示了形象构建的功能机理、主体定位、内涵表达机理、接受机理等诸多方面的内在机制，从而将文艺中的国家形象构建实践引向遵循内在机理的自觉和自为的新阶段。第三，选择不同艺术领域中的典型个案做充分而深入的样本分析，从中把握并阐发了不同艺术形态的作品构建中国形象的审美规律。例如在文学领域，以具有较高文学性的"茅盾文学奖"获奖作品为典型个案，揭示了其中的"三大情结"（史诗情结、英雄主义情结、现实主义情结）在中国形象塑造方面呈现的审美规律。又如在影视艺术领域，将乡土题材纪录片作为一个类型，对其中构建的历史和现实语境中的乡土中国形象做审美分析，揭示了其"真实呈现与艺术呈现的双重性表达""乡土文化与国家意志的多样性融合""自我形象与他者形象的差异性互照"的审美特性。

在研究特色方面我们重点从三个方面有所体现。一是在国家形象构建的主体分析方面，不限于本土的、体制内的作家艺术家，而是将体制内外、本土、台港澳以及海外华人作家艺术家都作为中国形象构建的主体，从中分析和把握其不同的身份归属、观察视角和情感认同对于国家形象塑造的深刻影响，突出强调了形象构建主体的观察视角、自觉意识和形象构建能力问题。二是聚焦"文艺实践"，追求理论建构与实践指导的紧密结合，力求体现对于新时代中国文艺实践的启发性和引领性。我们并不单纯追求理论探索上的知识生产，而是希望能够对于文艺创作如何塑造好中国形象，如何发挥好应有的凝聚和影响作用有所助益，突出了实践方略的探索。三是努力体现史论结合的研究思路，将文艺中的国家形象史与国家形象论做整体性的把握，打通文艺塑造国家形象的过去、现在、未来，在历史经验的总结分析和域外他者的参照中进一步明晰面向未来的国家形象构建之道。

该成果的重要观点可以概括为如下六个方面。第一，提出了文艺中国家形象构建的对内与对外"双功能说"，阐述了文艺中的国家形象塑造所具有的对内凝聚功能和对外影响功能，纠正了国家形象塑造单纯对外的习惯性看法，针对当下的紧迫需求，更加凸显文艺的国家形象塑造对于国民精神的启迪、凝聚、提升作用。第二，有别于新闻传播学、国际关系学等领域的国家形象定性研究，突出阐发了文艺实践中国家形象构建的审美特殊性，建构起中国形象的艺术呈现所涉及的理论基础和实践方略。第三，在艺术的诸多种类和形态中，主要聚焦于文学和影视艺术，选择了最具代表性的非直观性语言艺术和视听直观的影像艺术作为主要研究对象，从中选取典型案例进行样本分析，研究对象的集中度高，关联性强，便于在比较中深入阐释其中蕴含的形象构建的审美规律。第四，将西方哲学的"主体性"理论和现代西方哲学的"主体间性理论"引入形象诗学的新视域，集中阐发国家形象的"自我建构"与"他者建构"之间的关系，始终在"自我形象"与"他者形象"的互动关系中理解和把握国家形象塑造功能如何有效实现的问题。第五，深入揭示了文艺实践自觉构建国家形象的内在实现机理，从形象建构的功能机理、主体定位、内涵表达机理、形象接受机理以及形象批评机理等方面做出了开创性的阐述，促进了国家形象的诗学研究的深化。第六，立足文艺实践致力于形象建构的理论创新，在消化吸收传统艺术形象理论、比较文学形象学理论和形象学基础理论的基础上，将国家形象研究引入形象诗学，形成了形象诗学的新建构，建立起国家形象的诗学研究理论框架，具有学术前沿性。

三　成果的主要价值

该成果具有重要的学术价值。第一，将文艺实践中的国家形象构建问题上升到理论高度，建立起国家形象的诗学研究基本理论框架，揭示了国家形象构建的内在机理和审美规律，具有理论创新价值。第二，将国家形象研究引入"形象诗学"的学术视域，拓展了形象诗学的应用场域和阐释空间，形成了形象诗学的新建构，在当代中国文论的创新发展格局中建立了一个富有前景的生长点。这种学术价值的应用性更多地体现在针对新时代中国文艺自觉构建国家形象提供实践方略上，从确立自觉的形象构建意识，到把握形象构建的审美特性和内在规律，再到主体与受众的双向互动达成形象塑造效果，以及形象批评意识的建立，构成了国家形象的诗学研究在实践应用中的完整结构，对于新时代文艺践行自身使命和责任具有重要的应用价值。

生态语言学与生态文学、文化理论研究

南京大学赵奎英主持完成的国家社会科学基金项目"生态语言学与生态文学、文化理论研究"（项目批准号为：1213ZW007），最终成果为同名专著。课题组成员有：吴承笃、刘昌奇、张超、Chau Meng Huat。

一　研究的目的和意义

语言与生态的关系，既是目前国外生态文学、文化研究中最具挑战性、前沿性的问题之一，也是生态文学、文化理论研究需要面对的一个基本问题，但这一问题尚未引起国内学术界的足够重视。西方学界虽然敏锐地认识到语言问题对生态文学、文化研究的重要性，但也并没有找到一种能够为生态文学、文化研究提供全面支持的生态语言理论作为基础。同时，由于文学艺术的语言特性，生态文学批评的文本分析尽管不可避免地是一种话语分析，但当今的生态批评似乎也尚未找到一种系统的语言学方法作为依据。因此，目前的生态文学、文化研究可以说处于一种语言理论基础困境和语言学系统方法的缺乏之中。而生态语言学作为在语言学、生态学等学科之间形成的一门新兴交叉学科，其意义不止于语言学内部，其生态辩证的语言观念和系统的批评方法，使其能够为生态文学、文化研究提供语言理论基础支撑和方法论依据。这促使我们把生态语言学与生态文学、文化理论结合起来进行一种跨学科研究，以期对当今的生态文学、文化研究的语言理论基础建构，生态文学、文化批评的方法与实践，以及对当今中国的生态文明建设起到某种推进的作用。

这一研究的重要意义在于如下。第一，把生态语言学与生态文学、文化理论结合起来进行跨学科研究，具有填补学术空白的重要学科开拓意义，它既可以拓展生态语言学的应用范围，深化生态语言学研究，又可以拓展生态文学、文化研究的理论观念和方法视域，看到从各自视野内无法看到的东西。第二，生态语言学辩证生态的语言观念可以为生态文学、文化研究的语言理论基础建构提供支撑，生态语言学的批评方法可以为生态文学批评实践提供方法依据，因此把生态语言学运用于生态文学文化理论研究，有助于在理论与批评的双重层面上推进生态文学、文化理论研究。它对于推进生态文学、文化研究的语言理论基础建构，理论难题解决，文学、文化批评方法模式构建，具体批评实践的深入展开，以及当今中国的生态文化、文明建设，具有重要理论价值和现实意义。第三，生态语言学作为一种生态语言科学，有利于生态文学、文化研究的科学化，而生态语言学的哲学化倾向，又有助于加强生态文学、文化研究的哲学根基，这无疑都有助于生态文学、理论研究的学科建设。

二　成果的主要内容

该成果在总体结构上除"导论"之外由上下"两篇"共"七章"内容构成。"导论"部分对语言与生态的内在关联进行揭示，对生态文学、文化研究兴起的时代语境进行梳理，对于生态语言在生态文明建设中的作用进行阐释，致力于为生态语言学与生态文学、文化理论的跨学科研究确立依据。上篇"生态语言学观念与生态文学、文化研究的语言理论基础建构"，由三章构成，在对生态语言学的产生、发展与动向，内容、方法与范式进行梳理分析，对当今的生态文学、文化理论研究的语言理论基础困境进行反思的基础上，致力于探讨生态语言学的理论观念及其对当今的生态文学、文化研究语言理论基础建构的意义；下篇"生态语言学批评与生态文学、文化批评的方法与实践研究"，由四章构成，致力于探讨生态语言学批评对于生态文学、文化批评的方法论意义及其在生态文学、文化批评实践中的具体运用。通过上下两篇的研究，力图从"理论建构"与"批评实践"两个大的方面对"生态语言学的生态文学、文化理论研究"的整体框架进行搭建，并对当今中国的生态文学、文化理论研究，生态文学、文化批评实践和生态文化、文明建设从生态语言学角度做出推进。

通常意义上的"生态语言学"概念，主要是指"生态语言科学"而非"生态语言哲学"，目前生态语言学的最新发展表现出某种哲学化的趋势，但尚未系统地关注到生态语言哲学。本课题顺应生态语言学发展的这一最新趋势，并结合生态文学、文化研究的特点，提出一种包含"生态语言哲学"的广义"生态语言学"概念，重新界定了生态语言哲学视野中的"深层生态语言观"，认为深层生态语言观是一种反人类中心主义，反理性中心主义，反分离主义，强调语言与自然之间的自然联系，把语言看作所有生命存在本身的表现或显现，能把人与自然统一起来的诗性的自然语言观。并把海德格尔和艾布拉姆的生态语言哲学引入生态语言学观念中来，既拓展了生态语言学的研究领域，也推进了生态语言学观念的"深生态化"，使生态语言学具有更深厚的哲学根基并向纵深方向发展，从而也为当今的生态文学、文化研究提供更好的语言理论基础支撑。

目前的生态语言学批评，主要是根据索绪尔对"语言"与"言语"的区分，把生态语言学批评区分为"语言系统批评"与"话语批评"两个基本层面。但实际上，批评的生态语言学，不仅批评作为其分析对象的语言系统或话语文本中的非生态因素，而且批评生态语言学自身作为研究手段的语言是否也包含或体现了非生态因素。这样就使得生态语言学批评还具有一个包含着对自身学科理论话语的反思的"元批评"层面。但这一层面一直没有得到明确命名，影响了对生态语言学批评方法更系统的认识。本课题研究明确提出了这一层面，把生态语言学批评界定为"生态语言系统批评"、"生态话语批评"与"生态语言学元批评"三个层面，并沿着这三个层面，具体探讨了生态文学、文化文本中的"名词化"、非文学性环境文本中的"话语修辞"，生态文学、美学研究领域的"生态"与"环境"之辨三个重要理论问题，第一次系统地展现了生态语言学批评对于生态文学、文化批评的方法论意义，并在名词化研究、话语修辞批评、"生态"与"环境"之辨方面提出了具有创新性的观点。

在生态语言学批评对象方面，目前的生态语言学批评虽然表现出向图像文本或多模态文本拓展的趋势，但就目前国内的生态语言学批评来看，批评的对象还多以语言文字为媒介的环境话语文本为主，本课题在批评实践研究中，不仅对文学文本进行批评，还选取以图像呈现为主的、综合运用多种媒介的当代欧美动物电影作为批评分析的个案，既使生态语言学批评的对象文本得以拓展，也使"生态语言学"与"生态图像学"的结合研究成为可能。当今时代的"图像转向"使得图像越来越倾向于与语言等其他媒介形式结合起来，塑造着我们对自然、环境和生态的认知。这就使得这一拓展具有重要的理论意义和现实意义。在目前有限的动物图像生态语言学批评中，人们关注较多的是动物纪录片，对动物电影较少涉足，这也使得本课题的批评实践具有更强的开拓性意义。此外，本课题还把批评对象拓展到《新华字典》中的动物词汇解释，探讨了生态语言学批评与生态伦理学原则的关系，既使具体批评实践的对象涵盖话语文本与语言系统两个最基本层面，也使生态语言学批评成为一种真正的接地气的生态文化批评。

在生态语言学观念与生态文学、文化研究的语言理论基础建构方面，本课题指出当今生态文学、文化研究在理论建构方面的一个主要困境，是没有找到一种合适的语言理论作为基础，并梳理概括出生态语言学的语言观念有助于突破这一困境的三大重要贡献。该成果指出生态语言学强调语言与环境、语言与世界之间的双向交互作用，把语言作为"自然"与"文化"之间的中介环节来理解，并把语言的"环境"置于自然、社会和心理因素的复杂关系之中，这使它既超越了其他语言学在"语言与世界"关系问题上那种"世界建构语言"或"语言建构世界"的单向决定论，也超越了在语言的"自然性"和"约定性"问题上那种非此即彼的二元论，以及把语言现象封闭起来加以研究的局限性，成为一种具有丰富"参数"的真正生态辩证的语言学理论，从而为人们更好地理解文学、文化研究中的文本与世界、自然与文化、自然生态与社会生态和精神生态之间的关系问题提供更为科学的依据，并因此对当今的生态文学、文化研究的语言学基础建构具有重要意义。

在这一部分，该成果还从通常的"生态语言科学"拓展到包含"生态语言哲学"在内的广义的"生态语言学"概念，并具体探讨了艾布拉姆的生态语言哲学的核心内容及其对当代生态文学、文化研究语言理论基础建构的作用。艾布拉姆建立在梅洛-庞蒂哲学基础上的身体现象学语言观认为，自然是有语言的，语言是所有生命现象和整个感知世界的表现，语言与自然之间存在自然的关联。艾布拉姆的语言观反对"人类中心主义"、"理性中心主义"和"分离主义"，反对把语言视作人类的专有财产、抽象的规约结构、既与内在自然也与外在自然无关的空洞形式系统，致力于重建人与自然之间的交流、联系与和谐共生关系，是一种典型的深层生态语言观。这种深层生态语言观，对西方生态批评中语言基本问题的提出产生了激发性、先导性和范型性作用，对当今生态文学文化研究的语言基础建构亦具有重要的启示意义。

在生态"语言系统"批评中，本课题对生态语言学领域著名的"名词化"争端进行了考察，提出把名词化区分为"原始名词化"和"意识形态名词化"，到"原始名词句"中寻找名词化产生的原始根源，并通过分析"名词句"与"原始名词化"在诗歌中的运用，说明名词化对于重建"绿色语法"和生态世界观的积极作用。并在此基础上指出，"名词化"既可能是一种意识形态的"欺骗"，也可能是"绿色语法"的资源，其"生态"或"反生态"功能要联系具体语境来看。在文学语境中，它有助于生态审美效果的生成和生态整体世界观的重建，但它在非文学语境中，主要发挥"抹除"与"欺骗"的非生态功能。这些看法突破了语言学领域仅仅局限于语言学内部在其"生态"或"非生态性"上长期悬而未决的争论，这不仅推进了语言学领域的名词化研究，也深化了生态诗歌语言研究。在生态"话语批评"方面，本课题第一次从话语修辞角度对非文学性环境话语进行系统批评分析，揭示出其三大典型的非生态性修辞功能——"建构"、"抹除"和"粉饰"，并具体探讨了它们常用的修辞策略和修辞方式。在语言学"元批评"方面，则对生态文学、美学研究领域的"生态"与"环境"之辨进行了考察，不仅从生态语言学角度分析了"环境"概念背后隐含的二元论和中心论问题，并具体探讨了这一争论对于生态观念确立与生态理论话语建构的意义。

三　成果的主要价值

目前国内学界的生态语言学研究，主要是在语言学，尤其是在外语教学与研究领域展开的，语言学界的生态语言学研究，对文学研究关注较少。而当今文艺学、美学界的生态文学、文化理论研究，虽然也有运用到语言视角或关注到语言问题的，但从生态语言学角度系统探讨生态文学、文化理论的尚为鲜见。该成果把生态语言学与生态文学、文化理论结合起来进行跨学科研究，具有填补学术空缺的意义，它无论对生态语言学还是对生态文学、文化理论研究来说，都是一种重要的学科开拓和理论创新。它既拓展了生态语言学的应用范围，扩展了生态语言学概念，深化了生态语言学研究，把生态语言学方法进一步系统化，并解决了在语言学内部难以解决的名词化争端等问题；也拓展了生态文学、文化研究的理论视域，推进了生态文学、文化研究的语言理论基础建构，有助于"文本与世界""自然与文化"的关系等理论难题的解决，并有助于文学、文化批评方法的构建，文学、文化具体批评实践的深入展开和当今中国的生态文明建设。因此该成果具有重要的学术价值和现实意义。

中国说唱文学史

扬州大学董国炎主持完成的国家社会科学基金项目"中国说唱文学史"（项目批准号为：13BZW084），最终成果为同名专著。课题组成员有：车锡伦、许建中、陆永峰、王定勇、戴健、贾立国。

一　研究的目的和意义

中国说唱文学涉及文学艺术诸多领域，虽然有相当重要的学术价值，但是以往较长时间以来，缺少足够的理论研究。因为说唱文学跨文学和艺术两个门类，而且涉及的艺术门类，有很多是民间说唱艺术，民间说唱过去地位不高，长期得不到重视和研究，有关研究资料奇缺。在过去文学院系不重视说唱文学，不开设这类课程，长期没有这类教材。而艺术类院系，更重视表演实践，缺少理论研究。北京的曲艺家协会和文艺表演单位曾经组织出版过姜昆主编的《曲艺通史》《曲艺通论》等著作，内容主要是曲艺门派、表演技巧、使用乐器等。缺少文学深度内容，不适合文学院系使用。本课题以文学理论指导，重视理论也重视作品，重视艺术实践。在此基础上展开文学深度分析。既可供专门研究使用，也可以供文学院系作为研究生参考教材使用。该成果在理论方面也有若干突破进展，比如分析很古老的说唱文学作品，发现宣扬天命注定的命定论非常多。宋代以下说唱文艺主要宣扬善恶报应思想，这是很大的发展和进步，以往研究对此缺少关注。

二 成果的主要内容

该成果的研究内容为《中国说唱文学史》13 章及参考文献。前四章对说唱文学涉及的宏观问题，包括说唱文学的社会生活基础、说唱文学反映的哲学倾向演变、说唱文艺的语音问题、说唱文艺的叙事艺术等，作了总体性考察研究。

该成果有较强的现实关注和应用追求。尤其说唱文艺语音研究部分，现实关注强烈。语言统一，书同文语同音，是现代强盛国家的标志。该成果研究了江苏语音差异，江苏语音分吴语、江淮官话，差异较大不易融合，这是历史上战乱迁移带来的后遗症，但是这种现象应该坚决改善。实际中国近代以来，主张统一国语、推行普通话的重要学者，很多出自江苏，该成果以分析王念孙、王引之声训派为前导，对民国以来国语统一会首脑吴稚晖、赵元任，推行拼音字母重要人物瞿秋白，汉语拼音之父周有光等贡献进行理论分析。该成果还重点分析江苏南通语言学家魏建功的重大贡献。魏建功在1945年从台湾回到大陆，他在语言和语音最混乱的数年间，担任台湾国语会主任，使台湾国语普及取得巨大成效，至今台湾地区国语水平可以无障碍与大陆人们交流。后来，台湾地区推行所谓"语言平等法"草案，把闽南语、客家语、高山族语、掺杂日语的台湾方言14种语言都定为国语，以往的国语降为其中之一，称为北平话或北京话，使普通话运动进展迟缓。说唱文艺本来应当做语音改革的先锋，不少人却坚持纯方言，反对改革。比如苏州话竟然分为新苏州话、苏州话、评弹话三种，这是根据声母、韵母差别划分的，有很强学理依据。评弹话是古老的苏州话，现代很多苏州人不会讲，如果苏州评弹坚持这种评弹话，那就与普通话运动背道而驰，问题的严重性值得重视。本研究对各地说唱的语音情况作了一些调查研究，分析正反两面例证。比如东北评书演员刘兰芳、田连元等，自觉改进东北方言为普通话。田连元播讲的《成语故事》评书在江苏教育电视台连播十几年，中小学生讲故事都学习他。而苏州评话扬州评话却被放弃。再如四川评书，虽然老派抵制"川普"评书，但客观分析，川普也是进步。总之该成果有较强现实关注，对当代各种说唱文艺的语音情况、表演效果和改革尝试，做了分析研究，注意理论高度的评价。该成果对当代说唱文艺的分析中，认为坚持纯粹方言路线，是双刃剑效果，在本地受欢迎，到外地无人懂，弊大于利。论证有理论深度。本项目对重要说唱文学作品的研究较多，在主题分析、人物意义、典型性、艺术手法各方面，都有比较详细的研究。在评价标准方面，努力靠拢说唱文学特有的平民大众立场、大众审美标准。

该成果包括很多演唱种类，对说唱作品的研究是课题重点，还有很多综合性研究，跨学科研究性质明显。有很多问题、很多文献形式，基本性质不够清楚，以往无人研究或者研究不够。例如时间久远的说唱性质的特殊文献，董国炎在研究中以"韵诵"研究为题目，列专章研究《荀子成相》、魏晋诵俳优小说、隋唐俗赋韩朋赋，根据韵律特点，把它们统一为韵诵类，用韵但是不唱，作为快板和快书的前奏性文学作品来认识。这种观点大胆，也有合理逻辑，这种研究方法和收获，应该给以鼓励。该成果对于平民大众参与的口头讲唱表演，给以充分肯定，有重要理论意义，对于当前非物质文化建设，很有应用价值。

该成果字数很多，整个成果厚重扎实。绝不回避理论难题，对各种概念的内涵外延，做出详细研究，注意进行比较，例如比较平民文学与市民文学，中国城市与欧洲城市、中国市民与欧洲市民的差别，给人豁然开朗的感觉，很有学术力度。对说唱文学的社会生活基础、具有世界观性质的哲学观念基础，也进行了比较深入的研究。例如说唱文艺作品，很有必要很有价值。该成果研究者视野开阔，对文人文学、民间文学、哲学和宗教观念、政治和经济等问题，经常有宏观的关注，触类旁通的论证经常出现，反映作者知识结构和理论修养全面，经常能够触类旁通式运用，学术效果不错。

该成果研究文学作品也研究说唱类表演艺术，具有跨学科特点，课题涉及非物质文化遗产中说唱文艺品类，内容驳杂。很多内容以往没有人研究过，在时间跨度上，关注从古到今很多文艺种类，这也需要对文献、对文艺的演变，都有比较强的把握能力，

该成果在说唱文学作品研究方面，挖掘一些很少有人问津的冷僻种类，如先秦的荀子《成相》研究，如敦煌文献中《韩朋赋》这类俗赋的性质，如各种数来宝和快书的研究，由于发掘较深，常有新鲜独特见解，这是很有价值的。在对说唱文学作品的分析中，也很注意分析的深度，还注意比较研究，如关于宋元说书作品《五代史平话》的研究，与元明时代另一部重要说书《残唐五代史演义》进行很多比较。由此可以认识宋元时期和明

清时期，中国说唱文学发展很有深度，值得重视和深入研究。本成果对一些重要问题提出深入见解，有些观点很独到，如对《聊斋俚曲》的深刻分析，不但很有深度，还注意到中国社会老龄化进程，认为蒲松龄对中国农村社会老有所养问题很重视，有形象化的反映和很高的艺术成就，在艺术道路上发挥巨大意义。

该成果在资料收集和数据采集方面，做出不少努力，也有一些收获，但是相比民间说唱资料丰富复杂、千差万别的情况，还是存在很多不足。民间说唱差别极大，而且长期以来传播中变化很多，还有自生自灭现象。比如蒲松龄《聊斋俚曲》《墙头记》并不标注曲牌，经过分析他使用的基本是【耍孩儿】曲牌，但是有关蒲松龄俚曲的曲调曲牌乃至曲种问题，却有太多不同说法。鲁西南部分学者说鲁西南是源头，沿运河向北传播，以临清为据点，传播到淄博等地。蒲松龄肯定是流。但是也有很多学者是完全相反的观点。在山西晋北应县大同一带有专门的【耍孩儿】剧团，以曲牌命名曲种的现象相当少见，当地学者对音乐传播和曲种曲牌的源流问题，又有大不相同说法，研究中还运用田野调查方法，甚至一些考古方法，提出明代在大同宣化长城沿线长期驻军，驻军家乡音乐民歌以及各地音乐民歌交融问题。很多争论问题都是多方论战，各不相下。

三　成果的主要价值

该成果的学术价值和应用价值很高。民间说唱文艺的地位，一般称之为民间文艺，或者称之为曲艺，高等院校中文学科一般不研究，艺术学科也很少研究这些下层材料。实际上文学艺术是相互关联的，有很多作品传播于很多曲种，面貌差别很大，有很高的比较研究价值。说唱文艺是活的文艺形态，在现代社会文艺活动中有很强生命力。

诗歌叙事学研究

云南大学谭君强教授主持完成的国家社会科学基金项目"诗歌叙事学研究"（项目批准号为 14XZW004），最终成果为同名专著。

一　成果的主要内容

1. 学术史梳理

诗歌叙事学是伴随跨文类叙事学（transgeneric narratology）研究而出现的新的研究方向。这一研究主要在 21 世纪以来逐渐出现，并引起了国内外研究者的关注，形成了一定的发展态势。该成果对国内外诗歌叙事学研究的学术史进行了基本的梳理，展现了国内外的研究状况，为开展进一步的研究打下基础。国内外对这一领域所进行的研究，大体上是同步发展的。但国内国外对基本上同一的研究运用了不同的名称。国内研究者明确地将这一研究称为"诗歌叙事学"，而国外的研究，通常采用"抒情诗叙事学分析"（narratological analysis of lyric poetry）、"诗歌叙事理论"（theory of narrative in poetry）或"诗歌叙事研究"（study of narrative in poetry）这样的名称。采用不同名称的原因主要与国内外对文类区分所使用的"三分法"和"四分法"有关，也与各自文学发展的状况有关。

2. 诗歌叙事学的研究对象

诗歌叙事学可以从诗歌的形式出发，将所有诗歌、包括抒情诗和叙事诗涵盖在内。然而，该成果所进行的研究，选取的研究对象基本上限于抒情诗歌。这一选择主要出于如下三个方面的考虑：第一，从诗歌叙事学研究的创新性来说，唯有成功地展开对抒情诗歌的研究，方可表现出这一理论创新的一面。因为，叙事诗作为叙事文本的一种类型，已经涵盖在叙事学已有的研究中。叙事学的理论与方法完全可以适用于对叙事诗的研究，只要注意二者在形式上的差异，进行适度调整便可展开相应的分析。而抒情诗歌却长期被排除在叙事学研究的范围以外，如果能够将抒情诗歌纳入叙事学研究，并展开令人信服的分析，那么，诗歌叙事学这一开启新路径的研究就可以在叙事学研究的宽广领域中站稳脚跟，占有自己的一席之地。第二，从研究的实践看，对抒情诗歌的叙事学研究很晚才进入国内外研究者的视野。这一领域的研究数量仍然有限，质量也有待提高。因而，在目前国内外仍显薄弱的这一领域多作努力，将可以加强这一具有重要意义却仍显单薄的研究领域，促进其学术上的发展。第三，中国传统上是一个抒情诗的大国，"中国抒情传统"说有着广泛的影响，也使对抒情诗歌的叙事研究几乎被抒情传统淹没。如果能够成功地对包括丰富的中国历代抒情诗歌展开叙事学分析和研究，从中寻找出中国诗歌丰富的叙事传统，无疑将为中国诗歌研究增加一条新的有效的研究途径，从而丰富数量巨大的中国抒情诗的叙事研究。

3. 诗歌叙事学研究的可行性

诗歌叙事学借鉴和运用已有的叙事学理论资源来展开对诗歌尤其是抒情诗歌的研究。处理好叙事与抒情之间的关系，方可将这些具有科学价值的成熟的方法延伸到对抒情诗的研究中。该成果的可行性表现在如下四方面。第一，从人类的认知活动来看，叙事与抒情有着密切的关系，缺一不可；从文学作品的实践来看，抒情与叙事从内容到形式往往相互关联，从未被完全割裂。第二，无论在诗人的创作，还是读者对诗歌的欣赏与解读中，都不会将抒情与叙事对立起来。第三，从发生学的角度来说，情感的发生并非无迹可寻，它有其内在产生、发展、变化的过程。这样一个过程，既表现在诗人由情感的触发而创作出抒情诗歌的过程中，也表现在抒情诗歌本身透过抒情人所展现的情感体验中。第四，从交流的意义来说，叙事不可或缺，它与人类休戚相关的认知联系在一起，与叙事这一无所不在的符号实践联系在一起。诗歌包括抒情诗歌从广义上都属于叙事这一无所不在的符号实践的范围。从上述意义出发，可以看出诗歌叙事学研究是可行的。

4. 抒情诗的叙述交流与抒情主体

在抒情诗歌中，情感的抒发以一种特定的方式叙说，内在地隐含着叙事的要素。通过抒情主体对抒情对象的情感抒发实现叙事交流，并最终实现作者与读者的交流。这种以情感抒发表现的交流，既可针对特定的个人与群体，也可针对抒情人将之人化的自然物体和各种其他现象，还可针对抒情人自身。无论在何种情况下，诗人透过抒情人所意图实现的是与最广大的读者的交流，引起读者的共鸣，实现情感的共享。抒情诗中的抒情人通常被更多地与抒情诗的创作者，即作为文学主体或写作主体的诗人关联起来，这一观念在中外抒情诗传统中有着悠久的历史。但是，需要注意的是，这样说并不意味着抒情文本中的抒情人与诗人本身契合无间，两者完全一致。在两者的内在关联中，实际上表现出种种复杂的情况。抒情人与诗人是不可能完全认同的，透过抒情人所表现的情感也不等于是诗人自身体验的不具中介、无过滤的展现。成果以大量的抒情诗为例，揭示出文学主体与抒情主体之间所存在的种种错综复杂的关系。

5. 抒情诗的"外故事"

从对叙事文本分析所产生的故事与话语的二元区分中，催生出抒情诗歌中"外故事"与话语的区分。该成果从这一理论视野出发，以中国古典抒情诗为例，探讨了表现在其中的"外故事"。这些"外故事"的主要类型包括：典籍记叙的外故事；诗人标记的外故事；与叙事文本相融的外故事；记叙评述的外故事。同时，还从文学的互文性关系出发，对中国古典抒情诗中所存在的"外故事"做进一步的挖掘，探讨在抒情诗的情感抒发与叙说中，外故事与抒情文本的交互影响，它们所起到的作用及其所具有的意义。对外故事及其与抒情文本相互关系的探讨对揭示抒情文本中蕴含的故事要素，并由此深化对抒情文本的理解无疑是具有帮助的。

6. 抒情诗的叙述时间

对时间的思考是世世代代的核心关注之一，无论是对时间主题的追寻与探究，还是对于时间的具体表现，在任何时代的文艺作品中都广泛存在。在抒情诗这种篇幅短小，更适宜于吟诵个体情感的作品中同样显得十分常见，其表现也显得更为精巧别致。该成果从时间与空间的关系入手，探讨了抒情诗的时间性。以叙事学研究的文本时间与故事时间作为参照，跨越不同的文类，对抒情诗的时间表现进行了探讨。从时序、时长与频率三个维度入手，探讨抒情诗所表现的叙述时间。在抒情诗歌中，时序的错位没有叙事文本中那样频繁易见，因为短小的抒情诗篇中不会充斥太多复杂的情境与事件。但这种时间变化和错位在抒情诗歌中依然存在，它的运用往往可以产生别具意味的效果。时长涉及叙述节奏的问题，以时间的概要、延缓、场景、停顿、省略这五类时长关系作为参照，揭示出抒情诗的各种时间节奏。对抒情诗的频率关系，主要探讨的是其中的重复。通过对抒情诗叙述时间的探讨，在展现各种不同的时间表现的同时，致力于揭示其中所蕴含的丰富意义。

7. 抒情诗的空间叙事

从文本实践来看，空间叙事是一种重要的抒情叙事方式，空间呈现在抒情诗中有明显的表现，因而，从理论与实践相结合的意义上对抒情诗的空间叙事和空间呈现进行研究，值得引起认真关注。成果从诗歌创作的想象力出发，探讨了抒情诗的空间叙事，认为抒情诗的空间叙事，不是一般意义上的叙事，而是空间意象叙事。意象的呈现有一个逐步展开的过程。抒情诗中呈现出多个单个的空间意象，这些单个意象尽管可以形成孤立的空间意象，却未必具有进一步的意义。因而，在抒情诗歌的空间意象叙事中，意义的出现离不开由各个部分，到各部分的配合，最后再到整体，从而形成一个完整的意象的过程。这一过程通过多个意象之间的参照与交互参照构成为意义。成果探讨了抒情诗的空间呈现，认为抒情诗空间呈现形式多种多样，其中尤为突出的是抒情文本的地理空间呈现、心理空间呈现、以及图像空间呈现。这些不同的空间表现各有其构成特征，并形成各有所不同的叙事动力。

8. 抒情诗的叙事动力

抒情文本与叙事文本一样，存在着特定的叙事动力。成果探讨了抒情文本中抒情人的情感变化与发展，这一作为情感抒发的叙事进程的展现，文本动力与读者动力相互结合，推动文本的发展进程，以及在这一进程中读者的接受。对抒情诗叙事动力结构的分析，可以细察抒情诗歌以特定的结构和不同方式所显示的情感力量，以及这一情感力量在不同结构中如何层层推进，实现其情感叙事，展示其文本动力；与此同时，在读者阅读的过程中，在与读者动力的结合中，实现二者的和谐共鸣，展现其独特的艺术力量。

二　成果的主要价值

该成果力图从一系列最为重要的层面出发，构建诗歌叙事学的基本框架。其中涉及许多国内外研究者此前几乎从未涉足的领域，如抒情诗的"外故事"及外故事的主要类型，抒情诗的叙述时间及其具体表现，抒情诗的空间叙事及空间呈现，抒情诗的叙事动力等。该成果对上述问题做了开拓性的探讨，为进一步展开对这些富于意义的问题的研究提供了参照。对于一些研究者有所关注的问题，也进行了新的阐述与研究。在此基础上，构建了较为系统的诗歌叙事学的理论框架，其中对抒情诗所做的实践性分析也具有某种方法论的意义。该成果成为诗歌叙事学研究领域国内的第一部专著。

该成果始终贯彻理论与实践相结合的原则，注重叙事理论与文本实践的密切结合。理论探讨以文本实践作为支撑，力图在文本分析的基础上概括出带有规律性的现象。该成果所引用作为例证分析的抒情诗歌总数约 90 首左右，其中中国诗人的诗歌占 2/3 以上。在中国诗人的诗歌中，大部分为自《诗经》以来的古典抒情诗。从不同的理论视角切入，进行叙事学分析，以展现叙事学分析与研究的可行性。该成果引用的外国诗人的诗歌近 30 首，包括古希腊、古罗马、波斯、印度、俄罗斯、英、美、法、爱尔兰、西班牙、匈牙利、荷兰等国诗人的抒情诗。从篇幅来说，既有庞德仅仅两行的《地铁车站》，也有 18 世纪英国诗人斯威夫特长达 488 行的抒情诗《斯威夫特博士死亡之诗》，国别和地域的广泛与诗歌篇幅的长短不一，意在表明各个国家各个地区各种形式的抒情诗歌都可展开叙事学分析，同样也可展现这一研究的可行性与适用性。

该成果在正文之后，尝试编订了"人名与作品题名索引"和"主题与概念索引"。索引在学术著作中应该是一个重要的组成部分，国内累有学者提出应在学术出版物中编订索引，但似乎未引起足够的重视。做这一尝试，力图使学术著作更为规范，也可为读者带来更多的便利。

现代汉诗的叙事形态研究

安徽师范大学杨四平主持完成的国家社会科学基金项目"现代汉诗的叙事形态研究"（项目批准号为：15BZW123），最终成果为同名专著。课题组主要成员有：方维保、朱力、陈忠强、谭五昌、郭传梅、蔡静、朱菊香、杨惠。

一 研究的目的和意义

唯"情"是瞻，唯"情"是从，抒情独大，制造了诗歌抒情的神话，遮蔽了叙事性诗歌与诗歌叙事性的真相，当然，也遮蔽了议论性诗歌与诗歌议论性。百年现代汉诗，在叙事方面的丰厚成就，常常被简约为文类意义上的叙事诗或流派层面上的写实主义诗歌。因而，除了继续研讨现代汉语叙事诗和写实主义的现代汉诗外，深入探究现代汉诗的叙事形态就成为现代汉诗研究"祛蔽"的一项不可或缺的工作。然而，现代汉诗叙事涉猎的范畴、内容和形式无边无际，每一个研究者只能寻找一个很小的切口，尽自己绵薄之力，进去一探究竟，说出某一方面的"所以然"。此间，现代汉诗的叙事话语、形式和策略等诸如此类的叙事形态，是题中应有之义。该成果从现代性和段位性的维度研讨百年现代汉诗的叙事手段、机制、规律及其文学史意义。

二 成果的主要内容

首先，从百年现代汉诗叙事的发生因由及其历史演进两大方面探究其追寻现代性的踪迹。（1）从发生学的维度，分析现代生活的沧桑巨变、现代诗人身份的角色转换、现代汉语的推广普及、国外诗歌启蒙运动及其"新体诗"的启发、现代汉诗意志化/事态化"诗的共和国"取代物态化/社会化"诗的王国"的诗学新变，以及现代汉语与现代汉诗叙事能力的不断增强，探赜百年现代汉诗叙事发生的外因和内因。（2）从溯原竞委的角度，梳理现代汉诗叙事追寻现代性的百年踪迹：从晚清至20年代现代汉诗叙事成型、30年代现代汉诗叙事的"多声部"协奏、40年代现代汉诗叙事的深度融合，到50~70年代现代汉诗叙事的乌托邦、新时期现代汉诗叙事的理性回归和诗学分野、新世纪现代汉诗叙事的扁平化和口语化；既为本课题的系统论述勾勒历史全景，也阐明百年现代汉诗叙事历史承递的内在脉理，还为从创作现象和诗歌历史方面引发现代汉诗叙事的"问题意识"提供事实依据。

其次，归纳和辨析百年现代汉诗的五大叙事形态及特征。（1）百年现代汉语叙事诗中的叙事及其"运事"特征：先纵向考察现代汉语叙事诗的百年形象化历程——从五四被启蒙的贫贱农民、启蒙与自我启蒙的城市知识分子、20世纪30~40年代城市青年、工人与暴动和抗战的农民，到新中国工农兵形象、新时期"讲真话"的人、80年代中期后的平民；再纵向梳理现代汉语叙事诗的百年史诗化追寻——从晚清"杂歌谣"史诗性写作、五四长诗化写作、30年代呐喊型、颓废型和"称述型"史诗化写作、40年代民族国家史诗性写作，到新中国成立以来的"创世"的、英雄的和历史的史诗性写作，以及新时期"文化寻根诗"和"现代史诗"写作。（2）百年现代汉语抒情诗中的叙事及其"咏事"特征：从历时性角度，先论述百年现代汉语抒情诗叙事的大众化——从五四开始急切呼唤个性解放的抒情诗，到50年代牧歌体抒情诗和50~60年代颂歌型和战歌型政治抒情诗，最后到80年代控诉的、申诉的、不满的政治抒情诗；再论述百年现代汉语抒情诗叙事的纯诗化——从早期象征派的纯诗化、新月派的纯诗化、后期象征派的纯诗化，到50~70年代台湾"乡愁诗"的纯诗化、"白洋淀诗群"的纯诗化、朦胧诗的纯诗化和第三代诗的纯诗化。（3）百年现代汉诗的写实叙事及其"纪事"特征：主要考察现代汉诗写实叙事的三类叙事形态及嬗变：失声平民成为怨恨叙事主体的人道写实，在道德盘诘与政治针砭之间的批判写实，以及现代史诗性营构的革命写实。（4）百年现代汉诗的呈现叙事及其"暗事"特征：以意象隐喻事件为核心的现代汉诗呈现叙事，在 20 年代表现为于中西夹生中音色形的象征化，在 30 年代表现为"非个人"的客观化，在 40 年代表现为线团型的有机综合化，在新时期表现为蒙太奇的冷风景化。（5）百年现代汉诗的事态叙事及其"演事"特征：论述现代汉诗事态叙事的历史合理性和社会现实性，及其独特的叙事风貌与戏剧性／戏剧化的总体特征：从意境到"事境"、叙述主体时隐时现、现代诗剧、独白体和对话体及其变体，以及肉身化修辞和求真意志的杂语狂欢。其中，前两大叙事形态特殊意义上（文类／诗体意义上）的现代汉诗叙事，后三大叙事形态属于一般意义上的现代汉诗叙事；它们之间存在由特殊到一般的逻辑关系。

最后，从现代汉诗叙事"段位"的现代诗意角度，全面归结百年现代汉诗叙事的最终或者说最高追求。毕竟对诗而言，叙事最终的目的是获取诗意。因此，在本成果主体研究的最后，以现代汉诗的语言及文法这种诗歌意义产生的最基本单位——段位与空白及其背后的声音——来收束前面所说的"五大叙事"；剖析标点符号叙事、字词叙事、诗行叙事、诗句叙事、诗节叙事、诗章叙事等现代汉诗"视觉段位"、"听觉段位"和"联觉段位"叙事的诗意表现，进而探究音响性诗歌声音叙事、隐喻性诗歌声音叙事和有机性诗歌声音叙事在现代汉语文学史上的独特价值。

要言之，百年现代汉诗叙事，在现代性统摄下，形成了较为成熟的由叙事诗叙事、抒情诗叙事、写实叙事、呈现叙事和事态叙事构成的现代汉诗叙事体系，并最终归结于其"段位性"。

三　成果的创新之处

学术思想方面：在诗歌与叙事的本体关系上，首次揭橥与"诗言志""诗缘情"具有同等诗学意义的"诗叙事"／"诗言事"一说；以诗歌类型学替代诗歌分类学，明确区分传统文类意义上的叙事诗与现代开放意义上的多种诗歌叙事形态；视叙事传统与抒情传统为贯穿现代汉诗发展的两条线索。

学术观点方面：认为"诗叙事"／"诗言事"，虽然由最初的"趣味化"已经过渡至"历史化"，但其"系统化"却有待时日；首次将百年现代汉诗叙事形态概括为兼具现代性和段位性的叙事诗叙事、抒情诗叙事、写实叙事、呈现叙事和事态叙事五大类，且分别将其特征概括为"运事"、

"咏事"、"纪事"、"暗事"和"演事"；还首次提出了标点符号叙事、字词叙事、诗行叙事、诗句叙事、诗节叙事、诗章（十四行诗/图像诗）叙事等"视觉段位"叙事、"听觉段位"叙事和"联觉段位"叙事，并将其提升至诗歌本体论高度。

研究方法方面：既不把现代汉诗叙事研究简化为"外部研究"，也不一味地使之成为"内部研究"，而是着力使之成为一项内外兼顾的诗歌话语研究；不聚焦于"是什么"，而着眼于"为什么"；不把现代汉诗叙事锁定在"叙事主义"上，而是着力于开放性的对话协商。

第一，研究现代汉诗的叙事传统就可以从诗歌叙事这个层面把中国诗歌前后扭结起来，叙事成了古代汉诗与现代汉诗的牵肘线。如此一来，我们至少可以从抒情与叙事的双重角度，尤其是从叙事的角度，为"重写文学史""重写现代汉诗史"，寻找一个结构性的线索与框架；同时，能从现代汉语和现代汉诗的角度，为现代中国文学史的历史分期与学科命名，找到一种本体论上的支撑。这是它在文学史认识及研究方面的意义。第二，把诗歌叙事纳入当代叙事理论研究，突破以"抒情性"统领现代汉诗格局的僵化模式，彰显"叙事性"在现代汉诗发生与嬗变中不可替代的历史功用，以及有别于常规抒情所表现出来的本体特质、艺术手法、诗学形态和美学光彩；在现代汉诗的抒情传统外，挖掘、梳理和归结出现代汉诗的叙事传统，显示现代汉诗叙事与抒情互动互益的诗学景观，强化问题意识，提出若干理论和实践问题，努力在诗歌叙事理论建设方面有所建树。笔者提出的叙事诗叙事、抒情诗叙事、写实叙事、呈现叙事和事态叙事，有利于人们从这五大叙事类型上理性把握百年现代汉诗，至少可以将其作为某种"工具"去阐释具体的诗歌现象以及诗人的特殊创作。这是它在思维、问题与方法论方面的意义。第三，有助于其他叙事研究，尤其可以为丰富非诗文体的叙事研究，提供现代汉诗叙事经验方面的诗学剔抉。这是它在跨文类研究和跨学科研究方面的意义。第四，为反思"抒情至上"的神话，乃至为破解当前"现代汉诗迷雾"这一难题，提供观点与方法层面上的学理支撑。这是它在批判现实方面的启迪意义。

四 成果的主要价值

第一，为当下诗人写作提供现代汉诗叙事的传统资源，增强自觉意识，调适努力方向。第二，从叙事角度重新解读百年现代汉诗经典，呈现有别于以往从抒情角度细读的特异风貌；这种"另类"的陌生，一方面给现代汉诗经典赋予更多的价值和意义，另一方面激发读者重读现代汉诗经典的兴趣与激情。第三，为读者提供解读叙事性现代汉诗的钥匙，减少长期横亘在诗歌文本与接受读者之间的晦涩问题，发挥涵化现代汉诗叙事与读者期待视野的能效。第四，在全球汉语热和中国文化热中，昭显现代汉语、现代汉诗与现代中国经验的世界价值。

综上，该成果将从诗歌叙事形态的角度，揭示百年现代汉诗叙事发生的因由，勾勒其发展的历史轮廓，重点分析现代汉诗百年进程中形成的五种主要叙事形态，探赜现代汉诗现代性和段位性的艺术规律，进而，为解读现代汉诗文本，分析现代汉诗现象、重写现代汉诗历史以及归结现代汉诗传统，提供一种全新的视角、方法、观念和图景。当然，由于现代汉诗时间跨度百年，叙事形态多样，叙事经验丰富，对此，仅用五大类型加以归结，显然有化繁为简之利与弊，毕竟，百年现代汉诗叙事形态是难以穷尽的；还有就是，在将百年现代汉诗叙事与百年现代汉诗抒情和百年现代汉诗议论通盘考量以及"个案研究"等方面，该成果虽然在"结语"和三个"附录"中有专门的论述，但仍有待强化和深入。

现代散文学综论

福建师范大学汪文顶主持完成的国家社会科学基金项目"现代散文学的中外整合与理论建构研究"（项目批准号为：09AZW001），最终成果为专著《现代散文学综论》。课题组成员有：姚春树（已故）、王炳中、吕若涵、辜也平。

一 研究的目的和意义

该成果针对现代散文研究长期缺乏切合自身特性的系统理论和批评方法的学术难题，提出"现代散文学"的新课题，旨在从中外整合、古今转化的视阈考察现代散文创作和理论批评的发展历史，从中寻绎现代散文学的基本问题，加以综合研究和理论阐发，努力建构契合散文体性、适应散文解读、具有理论方法含义的现代散文学。这一论题具有整合中外散文学术资源、开拓散文理论批评视野、推进现代散文学理建设和创新的学术意义，同时也具有促进当代散文创作和批评发展繁荣的现实意义。

二 成果的主要内容

该成果先行开展中外散文理论资源建设的基础工作，广泛搜集、发掘和整理大量的散文理论批评史料，在充分占有史料的基础上，综合运用文献学、语义学、修辞学、文体学、文艺学、阐释学、比较文学等理论方法，对中外散文理论资源进行系统整理和有机整合，对散文学范畴概念进行科学界定和理论阐述，以集成创新的方式努力建构具有涵盖面、阐释力和学理性的现代散文学。

该成果以中国现代散文创作和理论批评为研究范围，综合研究现代散文学的中外整合和理论建构问题。作者认为，建构现代散文学，首先要面对三大问题：一是文学共性与散文特性的辩证关系，二是中外古今散文的通变关系，三是现代散文创作与理论批评的互动关系。还要辩证把握新旧、中西、诗文、正变等方面的复杂关系，以历史通变和比较研究的眼光考察现代散文的发展变化，梳理各体散文的沿革正变，贯通古今文脉的传承创新，探寻中国散文研究现代化、民族化、学理化交融发展的现代形态和话语系统。基于整体设计，全书由引论、源流论、本体论、类型论、风格论和结语六部分构成。

该成果的基本观点是：现代散文是在中外文化交汇、古今文学转型的现代语境中发展起来的，必然带有传承创新、引进交融、多元竞合、与时俱进的现代特性和多样风采。"五四"新文化运动不仅解放思想，放眼世界，还转换语言，解放文体，更新美感，推崇独创，开启文学现代化进程。散文就在这时代大变革中从散体文章转化为文学散文，从文言古文变更为语体美文，从义法成规脱化为师心自造，从载道代言变革为抒情言志，逐渐形成文学散文、白话美文、自由文体和个性艺术的基本观念。这从属性、媒介、体式和体性等层面辨识和阐释现代散文的艺术特性和时代特征，已成为现代散文学的核心概念和基本范畴，迄今仍在沿用和阐发。

第一章从源流论入手，梳理中国古代和外国近现代散文的理论资源，探讨现代人如何吸收和转化中外散文思潮而建构现代散文观念和理论话语的基本问题。作者认为中国散文写作和研究有文道关系、义法关系、体性关系和通变关系四个主要问题贯通古今，欧美 Essay 文体的个性表现精神、絮语作风和幽默谐趣对中国现代散文很有影响。现代意义的文学散文，无论广狭义，都是在新旧社会交替、中外文化交汇的现代语境中发展起来的，必然带有革故更新、引进交融的时代特点和现代特性。

第二章从本体论角度集中探讨现代散文学的四个核心观念，即文学散文、白话美文、自由文体和个性艺术，从属性、媒介、体式和体性四个层面界定和阐释散文的现代含义和文体特性，这是全书的重点篇章和核心内容。现代的"散文"概念是从传统的散体文章中分立出来的文学散文，是以现代意义的文学观念来界定散文的文学属性和文学价值，确立散文是与诗歌、小说和戏剧并立并行的一种文学形式，既具有文学共性又具有文体特性。同文学的其他门类一样，散文也是凭借语言艺术审美地品评人生，富于形象性、情感性、思想性和形式美。现代散文革新与五四白话文运动同步发展，同其他文体一道建设白话文学，而在创作实践中率先破除"美文不能用白话"的旧观念，成功实现了以白话取代文言的艺术转型，确立了白话美文的新观念，为白话文学的发展和成功起到了示范辐射的带头作用。五四白话文运动的倡导者，面对建设"国语的文学，文学的国语"的双重使命，提出了多种建设方案和发展思路。胡适力主"白话国语化"，刘半农主张"文白交融论"，傅斯年提倡"欧化白话文"，朱自清追求"口语化"，多向探索，积极实践，成功地更新了散文语言，也促进了散文艺术的全面革新。作为文学形式的散文，与姐妹文体相比，其特性在"散"字，具有散体文章自由不拘、随意自然的弹性活力和自由思想、自由创造的精神空间，堪称自由文体的典型代表。不过，散文的自由性又有自己的自律性，也受文学共性的制约，追求文体艺术的完美，追求"散"与"文"的辩证统一。散文的自由书写便于作者的个性表现。现代散文的个性表现，既传承转化中国古代散文修辞立诚、抒情言志一路的优秀传统，又吸收消化外国近现代散文表现自我、张扬个性的精神滋养，普遍认同散文是一种"任心闲话"的"自己告白的文学"。人们总是在散文体式的自由灵活、作者心灵的自由活泼和个性表现的率真自然的同构关系中把握散文的特性，把散文视为自由自主地自然流露作者真性情的个人文体。散文的个性表现比小说戏剧来得直接真切，比诗歌更为自由自在，带着不经意、不造作、不文饰、不拘束的天然本色。现代散文学强化散文的文学属性、白话美质、文体自由和个性表现，确证散文以自由抒写人生见闻感性和思想感情见长，是现代文学中最为自由灵活、富于个性色彩的一大文类。这是现代散文创作和理论批评的指导思想，是现代散文学理论建设的重大创获，也是研究现代散文的指针和标尺。

第三章对现代散文进行分类研究，提出三级分类法，探讨各类各体散文的特性和功能，把散文本体观念落实到文体学研究上。一级分类以内容性质和表达方式相统一的文体属性为分类依据，先将各体散文概括分为叙事性、抒情性、议论性三个类型。二级分类是将各体散文按主体属性归类，分立为散文品种。叙事性散文亦称记叙散文，主要有传记、游记、杂记、日记、报告文学等品种；抒情性散文通称抒情散文，主要有抒情小品、散文诗等；议论性散文主要有杂文、随笔等。三级分类将各种散文再分出具体文体，作为亚种或变体。例如，叙事类散文中，杂记有记事、状物、绘景、写人之别，游记有山水记、旅行记、风土记、地理志等，传记有自传、他传、回忆录等，报告文学有通讯、特写、速写等。抒情性散文中，抒情小品有情趣小品、咏物小品、闲适小品等。杂文随笔中有随感录、杂感、短评、讽刺小品、幽默小品、哲理小品、序跋、书话等体式。这样的分级分类具有自身的属、种、亚种的层级系统。体性类型为属类，体裁品种为种类，具体文体为亚种，虽然各体的名目、含义、特征和外延错综交叉，在创作实践中更是因材设体，随物赋形，情至文生，变化无穷，不断地生成、转换、交融和更新，难以分明了断，但从体性上加以分门别类，以纲系目，才更有利于辨体释义和比较分析。对三类各体散文的论述，均从现代散文的创作实际和理论批评出发，加以史论结合的考察分析，力求切合现代语境中的文体学发展实际。

第四章开展散文风格论研究。现代散文是新文学中主体性最强、风格最丰富的一个文类，在创作实践和理论批评中都注重个性风格的创造和品评。因此，风格研究成为散文研究尤其是散文批评的适切视角和适用方法。本章既梳理现代风格论的中外资源和理论建树，阐述风格批评方法在散文研究中的运用和成效，又着重研究"鲁迅风"杂文、"知堂风"随笔和散文抒情风格，通过代表性作家、文体和文本的具体分析，展示现代散文风格的个体独创性、文体多样性和艺术差异性，审视各自对现代散文发展的贡献和意义。风格论研究应从个人文体切入，分析作家作品的语言、结构、意象和意趣，把握散文家的创作个性和艺术风格，评估各家散文的文学成就和历史贡献，这是散文研究可遵循的思路和方法。

三　成果的主要创新

该成果以本体论为核心，以文体论为表征，以风格论为旨归，并在这三论中结合现代散文史论的综合考察，融入散文创作论和批评论的有关内容，形成有机整体，初步建构起切合现代散文发展实际的理论框架、话语系统和逻辑结构。主要特色和创获有以下三点。

一是提出现代散文学的新命题，认为现代散文学应该也可以像诗学、小说叙事学、戏剧学那样建立自身的学术话语、理论方法和批评模式；散文学要切合散文体性，就要深入研究散文艺术的内在问题和特殊规律，从中外散文理论批评和经典文本获取资源和启迪，提炼和熔铸散文学的话语系统。

二是提出现代散文学理论建构的新思路，要有中外整合、古今转化的理论视野，并把散文的学理建设建立在散文史学的扎实基础上，从中寻绎现代散文学的基本问题，正确把握文学共性与散文特性的辩证关系、中外古今散文的通变关系和散文创作与理论批评的互动关系。

三是坚持论从史出、实事求是的治学原则，既广泛搜集、深入发掘和精心鉴别大量有价值的理论批评史料，又把学理问题还原为现代散文的历史语境之中，对各种概念和各家观点进行精审辨析和合理阐释，将理论概括与史料分析有机结合，努力把抽象化为具体，把逻辑与历史统一起来。

《格萨尔》史诗的国外传播研究

鲁东大学于静主持完成的国家社会科学基金项目"《格萨尔》史诗的国外传播研究"（项目批准号为：12CZW090），最终成果为同名研究报告。课题组主要成员有：扎西当知、王国锋、王军涛、崔娟。

一　研究的目的和意义

该成果对《格萨尔》史诗的国外传播进行系统梳理并进行学术探讨，其目的就是要在学术上进一步丰富格萨尔学的研究领域，将格萨尔学研究与当下的社会发展建立起链接关系，为实现史诗的"嵌入式"发展奠定理论基础。多年以来，国外格萨尔学发展状况到底如何，我们不甚了解，通过本研究理清眉目，找出差距，互相交流，各取所长，避免重复研究，这对于优化格萨尔学的学科结构，加强学科建设有一定的推动作用。在新的历史时期，国家提出了"一带一路"倡议，这是构建人类命运共同体的伟大探索。"一带一路"倡议提倡沿线国家的文化包容，增进文化互信。《格萨尔》史诗作为藏族与整个中华民族的优秀传统文化将在新时代国家宏伟战略中扮演重要角色。该成果将对于我们探讨如何实现史诗的"嵌入式"发展意义重大。

二　成果的主要内容

该成果涉及四个方面的内容，依据研究内容分为四大篇章，分别是

《格萨尔》史诗的文本传播研究、学术传播研究、翻译传播研究与"一带一路"倡议下的发展研究，具体分为九章。

（一）主要内容

第一篇章包括前三章，主要是对《格萨尔》史诗文本在喜马拉雅山西麓的拉达克、巴尔蒂斯坦及吉尔吉特的地区，蒙古国以及俄罗斯的布里亚特、卡尔梅克及图瓦等地区的传播状况进行了系统梳理。内容涉及史诗文本的传播者、传播环境、传播途径、传播效果及传播内容等问题。尤其是对于《格萨尔》史诗在拉达克地区的文本传播情况进行了较为深入的探讨，对于摩拉维亚传教士弗兰克的传教活动着墨较多，目的不在于研究新教传教问题，而是在于揭示拉达克史诗文本发现的前期背景问题，这个问题是以往格萨尔学界极少关注的问题。在本篇章中，对巴尔蒂斯坦个别文本的关注属于国内首次，具有开创性。

第二篇章包括第四、第五、第六章内容，主要是对国外学术传播状况进行系统梳理与考察。本部分内容兼顾了整体性与特殊性，首先对国外《格萨尔》史诗研究的整体成果状况进行梳理，呈现了一个较为完整的史诗研究的脉络图景，内容涉及了《格萨尔》史诗的"源流"问题、思想内涵问题、宗教问题、版本问题及人民性等问题。法国著名藏学家石泰安教授对于《格萨尔》史诗研究建树颇大，开启了"现代格萨尔学"学科。以往对于石泰安的研究成果多会从资料引用的途径间接提及，但是忽视了对其成果自身的考察，其学术观点的学术价值与学术地位及评价较少涉及，本部分对此予回应。蒙古国的达木丁苏荣院士是国外《格萨尔》史诗研究的大家，由于社会制度，他的考察具有典型的东方特征，尽管其研究受到了意识形态的影响，但是其并没有受制于此，没有附和时下的"喧嚣"，由于他与苏联同行的努力，《格斯尔》史诗在蒙古与苏联的域外研究没有中断，他坚守了一位学人的学术底线。本章对他的主要学术观点进行了关注。近几十年来，在美国等西方国家出现了"藏学热"，其中涌现出了一些藏学家，科尔曼教授就是其中一位。他从人类学视角研究《格萨尔》史诗，继承了石泰安教授的研究范式，并将之进一步专业化，是当代格萨尔学发展的代表人物，既有研究成果很少涉及他，本研究首次在国内对他的主要成果进行系统介绍与探讨。

第三篇章由第七、第八章构成，主要是探讨《格萨尔》史诗的国外翻译传播问题。本部分选择了史诗的英文译本与法文译本作为研究对象对史诗国外翻译传播过程中的文化阐释与解读及如何解决文化缺额的翻译技巧等问题进行了深入探讨。在西方社会中，《格萨尔》史诗的英文译本较多，而法文及其他语言的本子较少。探讨英文翻译传播参照了多个英文译本，对于法语翻译问题仅涉及了大卫·尼尔的译本。

第四篇章主要探讨"一带一路"视野下的史诗当代传播问题，仅有第九章。《格萨尔》史诗是一部国际化史诗，在几百年前就已经进入世界视野。但在那个历史时期，主导这一国际化的中坚力量是西方人士，难免会用"西方中心主义"的眼光来看待我们的民族文化，出现了一些常识性谬误。随着我国学术的发展，格萨尔学在我国获得了巨大发展，《格萨尔》史诗话语终于回到了国内。尤其是随着"一带一路"倡议的实施，我们有必要重新推动《格萨尔》史诗的国际化，只不过这一次国际化是由中国主导，这个过程不仅有利于我们"讲好中国故事"，而且还将大大推动沿线国家文化命运共同体的构建。本篇章认为，要加大《格萨尔》史诗文化内涵的发掘，寻求沿线国家文化共同点，满足他们的文化需求，实现文化价值的包容性。同时要进一步重视外文翻译工作，使更多国家的人民能够阅读到这部人类文学巨著，以切实的行动推动不同国家的文化互信。

（二）重要观点

（1）首次从国家的宏观发展战略的视角来探讨《格萨尔》史诗的国外传播问题，在"一带一路"视野下，史诗的国外传播不仅是一项文化活动，更是一项文化战略。史诗的当代发展要解决好在宏观战略背景下，实现"嵌入式"发展的问题。

（2）证明了《格萨尔》史诗经过千年发展，已经形成了完全不同于欧洲史诗的发展路径。《格萨尔》史诗不仅是指藏族史诗自身，而是涵盖在世界多民族、多国家中形成的《格萨尔》史诗系列文本，这是世界民间文学史上的一大奇迹。

（3）目前来看，世界上多数国家的史诗在历史上已经逐渐"固化"，失去了生命力，而《格萨尔》史诗多种异文本的存在进一步佐证了《格萨尔》史诗的巨大生命力。一个民间文学的文本能够在全世界如此广大的地区进行传播，本身就已经说明了《格萨尔》史诗的神秘性与特殊性。

（4）首次提出了一个全新的命题，那就是《格萨尔》的发现与西方传教士的传教活动具有直接关系。以往我们关注史诗发现者的时候，只是提及个别西方传教士曾经发现了文本，将他们作为一个普通类群进行表述。事实上，恰恰是他们为了更好地传播新教，为了实现教义的本土化，便利用当地人便于理解的民间话语来翻译教义，也就是在这个过程中发现了《格萨尔》史诗。弗兰克的工作十分典型。西方传教士发掘民间文化的活动毋庸置疑存在明显的政治宗教目的，暂且不论，客观上确实推动了《格萨尔》史诗的国际化。

（5）史学研究是格萨尔学最初涉及的研究领域之一，西方学者与本土学者都对《格萨尔》史诗系列文本进行过史学研究。然而他们身份的不同使得他们采取了完全不同的研究路径，研究成果也各具特色。西方学者是考据的，然而由于资料并不多，因此结论十分牵强，甚至出现常识性谬误。本土学者多数是一些僧侣学者，他们拥有十分丰富的本土资料，但是由于其宗教身份，这种史学研究往往又变成了一场神学研究。

（6）我们目前所知道的域外版本十分有限，课题组经过努力从多种渠道获得了更多的国外文本资料。尤其是获得了近几十年来西方学者在田野调查活动中得到的最新文本。课题组将其中的三个文本翻译为汉文，其中一个巴尔蒂斯坦的汉文译本作为成果附件提交。

（7）近几十年，西方学者在巴尔蒂斯坦从史诗艺人那里录制的本子显示，在全球现代化进程之中，在异文化浓厚的克什米尔地区史诗仍然以活态形式存在，这说明史诗离开孕育他的母体文化以后，仍然有独立存在与发展的可能与动力。课题组选择了一个巴尔蒂斯坦的本子并将其翻译为汉文本，期待我国学界重视对巴尔蒂斯坦史诗文本的研究。

（8）《格萨尔》史诗的德文、俄文、英文及法文翻译活动在《格萨尔》史诗西渐的过程中起到了重要作用。早期译者均注意到了文化翻译及翻译过程中的文化缺额问题，他们均采取了与当地人合作的形式开展翻译活动。与文辞相比，他们更注意文化的传递问题，这就是为什么有些早期译本一直享负盛名的原因之一。

（9）在新时代，为了配合国家整体战略的实施，有必要切实采取措施全方位推动以《格萨尔》史诗为代表的我国三大史诗的国际化战略。这种国际化要超出目前史诗流传国的界限，首先扩大至"一带一路"沿线国家，在构建人类命运共同体的过程中实现"嵌入式发展"。对史诗文化精神与思想内涵进行再阐释，在文化翻译的过程中坚持中华文化主体性，不仅是史诗在当下社会实现"嵌入式"发展的需要，更是在"一带一路"倡议背景下实现《格萨尔》国际化的必然要求。

三 成果的主要价值

（1）拓宽了国内格萨尔学的研究视野。在以往的研究成果中，国内文本研究占据了很大比例，该成果将研究视野转向国外，丰富了格萨尔学的研究内容。

（2）首次提出了《格萨尔》史诗的国际化问题，这是一个十分有意义的命题。近几十年，国外格萨尔学发展相对冷清，但是也不乏一些较高水平的成果，对科尔曼研究成果的考察属于国内首次。本研究倡导对国外最新成果的介绍与研究，要通过国内介绍与研究带动国外格萨尔学的发展。这也算是对早期西方学者带动国内研究的一个积极回应。使国外学者认识到"墙外开花墙内香"的效果，吸引更多的国外学者参与到史诗研究中来，进而有效推动《格萨尔》史诗的国际化。

（3）法国的石泰安教授是世界知名的藏学家与格萨尔学专家，在格萨尔学上建树颇多，起到了承上启下的作用。他的成果在格萨尔学史上具有里程碑的重要地位，堪为"现代格萨尔学之父"，这是学界首次正式提出这一概念。

（4）倡导在格萨尔学研究中进行多语种的翻译传播研究，对于扩大"一路一带"倡议视野下的史诗传播意义重大。

（5）"一带一路"倡议的实施为《格萨尔》史诗的生存与发展提供了重要的历史机遇。对史诗文化精神与思想内涵进行再阐释，在文化翻译的过程中坚持中华文化主体性，不仅是史诗在当下社会实现"嵌入式"发展的需要，更是在"一带一路"沿线国家构建文化命运共同体的需要，这个观点颇有新意。

文学期刊与中国当代文学

河南大学武新军主持完成的国家社会科学基金项目"文学期刊与中国当代文学"（项目批准号为：13BZW155），最终成果为同名专著。课题组成员有：李菊红、王杰、郝魁锋、穆海亮。

近年来，当代文学报刊成为研究热点。就已有研究成果来看，文学报刊个案研究成果很多，对名刊大刊研究较为充分，对大量地方文学刊物、报纸文艺副刊的研究比较薄弱，因此很难客观呈现不同时期文学报刊管理体制、文学报刊的整体面貌与发展态势，更不可能完成"文学报刊史"与"当代文学"关系的整体建构。由于缺少完整有效的富有解释性的"历史框架"，许多个案研究成果支离破碎，不少成果在研究个别或少数期刊的基础上，得出不可靠的整体性结论。

对文学报刊"整体性"研究成果较少。多数整体性研究只是对不同时期的文学报刊进行简单分类概述，未能在文学报刊发展史与政治、经济、社会发展史之间建立有机联系，未能找到文学报刊发展演变的动力、方向与内在规律，把"文学报刊史"写成"文学期刊史话"，缺乏真正"历史性"品格；许多研究成果是"问题主导型"的，满足于问题的解决而缺乏历史意识，对文学报刊发展史的"过程性"研究不足，未能准确提炼出不同时期文学期刊的特征及其发展历史。

一　研究内容的创新性

该成果分为"1950～1960年代""1980年代""1990～2005年"三个时

段展开论述，每个时段均设"文学报刊出版格局及其演变""文学编辑与文学报刊""文学报刊与作者队伍""文学报刊与文学批评""读者与文学报刊""文学报刊与各文学文体"（小说、诗歌、散文、戏剧）等章节，分别从文艺期刊管理体制和文学期刊格局的演变、编辑作家批评家队伍与读者群体的代际传承、各文学文体的变革等角度，分别对三个时段文学期刊格局与文学史的关系进行整体归纳、分析和论证，首次成功地梳理出当代文学期刊发展"史"的线索，并在意识形态与文学传媒结构变革，编辑、作家、批评家、读者代际传承，各文学文体变革的"相互关系"的分析中，真正实现在"史"的格局中对当代文学期刊史与当代文学史的关系的整体描述，从而成为一本独立的富有历史感和阐释深度的学术专著。本专著前后贯通、理路清晰、符合历史实际。

该成果抓住了当代文学期刊史与当代文学史之间深层次的内在关联，找到了文学期刊发展过程中的因果、动力和方向，科学地呈现出文学报刊管理体制、文学报刊出版格局的变迁史；梳理出文学编辑、作家、批评家、读者关系的变迁史；厘清政治经济文化环境、文艺传播结构、文学报刊、文学生态、文学思潮、文学文体之间的内在关联及其历史变革的过程。在完成上述工作的基础上，该成果把主要的精力放在剖析社会历史变革、文艺传媒结构变革、文学期刊变革对各文学文体的深刻影响上，从社会政治经济文化环境—文艺传媒结构—文学报刊—文学文体之间的关系出发揭示各文学文体的变革，并努力把相关研究深入到文体内部，通过对各文学报刊不同时期推出的引起较大重大争议的作品进行分析，沟通社会学、传媒学和文体学研究，揭示出不同时期文学报刊上各文学文体的功能、形式和情感基调，揭示出不同历史时期的时代精神如何通过文艺管理者、文学编辑、作家、读者的相互影响而渗透到文本内部。

二 研究方法上的创新性

为了真正的从"史"的角度呈现文学报刊与文学发展的关系，为了使最终核心研究成果真正具有"历史性"品格，避免"个案研究"的支离破碎，避免把"整体研究"变成"个案研究"的简单拼凑，避免把文学期刊"史"的研究变成期刊"史话"，该成果坚持历史唯物主义方法，经过长期阅读史料和艰苦的思考，终于找到从整体上解释文学期刊发展的"历史的框架"和研究方法：即通过重点发掘不同时期文学报刊周围各传播因素之间的"主要矛盾"，梳理文学报刊与当代文学发展变化的历史线索，揭示其发展演变的原因、动力、方向和规律。

这些主要矛盾包括六个方面：（1）政治、经济、文化环境与文学报刊之间的关系与矛盾，及其历史变化过程。（2）文艺传媒结构（文学出版、剧场、书场、广播、影视、网络等）与文学报刊之间的关系和矛盾，及其历史变化过程。（3）文学报刊与整个报刊结构的关系和矛盾，及其历史变化过程；不同类型的文学报刊（中央党报文艺副刊、中央刊物、地方党报文艺副刊，文学选刊、地方文学期刊）之间的关系和矛盾，及其历史变化过程。（4）文学报刊的新闻属性与文学属性之间的矛盾，及其发展变化的过程，以及由此产生的文学报刊的"宣传鼓动""舆论监督"功能与审美、娱乐功能之间的矛盾。（5）文艺报刊管理部门、文艺报刊编辑、作家、批评家、读者群体等传播因素之间的关系和矛盾，及其历史变化过程。（6）文学报刊内部各文学文体之间的关系和矛盾，及其历史变化过程。

当代文学传播史正是在上述六个主要矛盾所形成的"合力"中向前发展的，该成果紧紧抓住并梳理上述主要矛盾，从而科学地完成了关于"文学报刊与中国当代文学史"的整体性的历史建构，有效避免从各种抽象的观念出发对文学报刊史进行随意性和主观性的解释，确保了历史叙述符合历史实际。

三 突出特色：史料基础扎实，历史结论可靠

该成果意在从文学报刊的角度，考察中国当代文学的发展演变，为当代文学史研究的深化做最基础的史料整理工作，并为整体研究文学报刊与当代文学史的关系奠定了坚实的基础。该成果选取对当代文学产生重要影响的90余种文学期刊和报纸文艺副刊作为研究对象，对每个报刊的发展历史进行了系统的梳理，梳理出大量关于文学期刊发展演变的历史线索。每个刊物均撰写"刊物述评"，概述刊物历史沿革、推出的具有文学史意义的文学思潮、文学论争、作家作品等，特别关注尚未收入各种选本、尚未进入文学史叙述的文学现象，突出不断变化的政治、经济、文化环境对文学刊物的影响，不同时期的文学报刊出版格局及其对文学的影响。高度关注每个刊物的主编和重要编辑的代际传承，不同代际的文学编辑的价值观念

和文学观念的变化，以及他们与作家群体、批评家群体的代际传承关系，揭示出当代文学在不同的文学观念的较量中向前发展的过程。每刊均设"获奖作品""编者、作家、研究者论文摘编"栏目，在摘编时突出刊物的特色，所推出的文学新人和名篇佳作，突出刊物如何集聚和推动文学思潮发展，如何影响和干预文学作品的生产，突出刊物在文学经典生成中的作用，为文学史研究者提供有价值的史料。每刊之后附有"相关链接"栏目，将公开发表的与刊物相关的文章，分"编者言说""作家评价""刊物选萃""研究者剖析"四类编目，按发表先后顺序列入，为研究者提供重要的史料索引。同时，文艺传播结构中的报刊、出版、剧场、书场、影视等相互关系的方面的大量资料。近年来，文学报刊成为研究热点，《文学报刊与中国当代文学·史料卷》是目前最完善的当代文学报刊研究史料的工具书，为当代文学研究者、新闻传播学研究者提供了非常重要的史料线索，具有较高的史料价值和参考价值。

该成果把"史料卷"中尚未进入研究者视野的大量地方文学期刊和报纸文艺副刊纳入考察范围，拓宽了史料研读与采集的范围，最终研究成果在"历史化"方面向前迈出了坚实的一步。

四　成果的主要价值

该成果在整合大量文学报刊个案研究成果的基础上，提炼出可靠的"史"的线索，形成对文学报刊发展史的整体性叙述，客观呈现了文学报刊在多种传播因素的相互矛盾中向前发展的原因、过程与规律，有助于深化当代文学史的研究。该成果紧扣文艺管理者、编者、作者、批评者、读者（观众）等文学生产与传播各要素之间的主要矛盾，对当代文学生产与传播史进行过程性研究，建设关于"当代文学"的传播史，从文学传播的角度丰富和深化了新闻传播史的研究。

该成果具有一定的理论与实践意义：论著以不同时期的文学报刊为中心，致力于深入发掘当代不同时期文学生产与传播方面的经验和教训，主要包括八个方面的内容：不同时期文学报刊在凝聚民心民力、解决时代主要矛盾、增进社会民主、提升国民精神、营造文学氛围等方面的作用；如何协调和促进文艺领导、文艺编辑、作家、批评家与接受者之间的互动交流；如何拓展读者群体，扩大传播范围、提高传播效能；如何限制"非人民性"文学的发展，与有害的有害的作品做斗争，限制恶劣的阅读趣味；如何处理知识分子读者与普通读者的关系，适应、迎合与引导读者的关系；如何引导作家直面社会主要矛盾、把握时代脉搏，增强与人民群众的情感联系；如何增强人民群众参与文艺活动的积极性；如何疏通各文学传播因素之间的障碍，与贵族化、圈子化的文学倾向做斗争。

艺术视野下的文字与图像关系研究

湖南师范大学赵炎秋主持完成的国家社会科学基金项目"艺术视野下的文字与图像关系研究"（项目批准号为：13BZW011），最终成果为同名专著。

文字与图像是人类表达与交流主要途径和两大手段。20 世纪后半期，随着图像的高调崛起，图像艺术成为与文字艺术并峙的另一高峰，图像与文字、图像艺术与文字艺术之间的关系，自然成为社会与学界关注的热点。研究文字与图像之间的关系，能够使我们更好地发挥文字艺术和图像艺术各自的长处，推进我国文字艺术与图像艺术的发展与繁荣。

一　文字与图像

莱辛在《拉奥孔》中，曾从四个方面探讨过诗画之间的差异。认为其一，画适合表现在空间中展开的事物也即真实或想象中存在的物体，诗适合表现在时间中先后承续的事物；其二，画的题材主要是以并列的方式在空间中存在的静止的事物，诗的题材主要是以动态的方式在时间中存在的运动的事物；其三，观众对画诉诸观众的眼睛，诗诉诸观众的耳朵；其四，画的目标是美，而诗的目标则是表情与个性。莱辛对诗画差异的探讨在历史上发挥过重要的积极作用，但也有其时代、范围的局限。在世界已经进入信息、电子、图像时代的今天，诗画之间的界限主要表现在两个方面：其一，画或者说视觉艺术（图像）使用的媒介具有自然性，诗或者说文学所使用的媒介是人为的；其二，画或者说视觉艺术用能指表现与建构世界，诗或者说文学用所指表现与建构世界。

与图像和文字相应的是视觉文化和语言文化。从艺术的角度看，两种文化的核心要素是表象和思想。两大要素在两种文化中的比率与地位是不同的。根据这种比率，可以把握两种文化之间的区别，以及两种文化内部的分层。

莱辛讨论的诗画，扩大点说，也即文字与图像。文字与图像看似对立，其实二者既有异质的一面又有互渗的一面。文字与图像的异质性表现在二者反映世界的方式是直接、直观的还是间接、抽象的；人们用感官把握到的二者的形式与其最终在脑海中形成的形式是否一致；二者与思想的关系是间接、分离的还是直接、同一的等三个方面。文字与图像的互渗性表现二者的相互支撑性、相互渗透性和相互转化性三个方面。从艺术史的角度看，文字与图像并不是平衡与平行发展，而是此消彼长的。这种此消彼长，其内因在各自的长处与不足，外因则是人类的艺术生产与消费方式，以及与这种方式相联系的科技的发展水平。

图像用表象也即能指表征世界，文字则是用词义也即所指表征世界。文字与思想直接联系，图像与世界的表象直接联系。从表达思想的角度看，文字是实指的，图像是虚指的，从表征世界的表象的角度看，图像是实指的，文字是虚指的。当二者同处一个文本的时候，谁居主导地位纯粹是一个观察角度的问题，而不是一个优劣问题。

二　语言与文字

索绪尔认为，文字属于语言之外的另一个系统。他从三个方面论证自己的观点：其一，文字只是表现语言的手段，是依附语言而存在的；其二，语言无须文字也能存在；其三，从历时的角度看，语音先于文字而产生。索绪尔的论证看似雄辩，其实是站不住脚的。首先，文字与语言（更准确地说，是语音）的关系绝不是简单的表现与被表现的关系。文字至少参与了语言的差异系统，使语言系统的差异更加精细；其次，语言无须文字固然也能存在、流传甚至发展，但没有文字的语言很难发展成为成熟、复杂、精细的语言；最后，在语言形成的时期，既存在先有语音再有文字的现象，也存在先有文字再有语音的现象，或者语音与文字同时产生，分别发展，才结合形成字词统一体的现象。语言的语音与文字之间的关系是任意的，在共时的层面它们是一个有机的统一体，文字的字形与语音是语言符号能指的两种表征方式之一，其所表征的意义或者说所指是完全一致的。文字与语言属于同一个系统，研究语言和文学可以通过研究文字进行。

文学作品由文字构建，非文学作品也由文字构建。那么文学作品的语言与非文学作品的语言有什么不同？西方语言论文从四个方面论述了文学语言的特性。即文学语言是陌生化的语言，文学语言是以自身为目的的语言，文学语言是符号指向自身的语言，文学语言是多义性的语言。这些观点都有一定的道理，但都难以成立。它们局限于文学语言本身去寻找文学语言的特性。但是文学语言并不是一个独立的自足体，它总是要表现出生活的某些内容，塑造出某种形象。文学语言的特性不是其他，就是它的构象性。

三　文字构成形象

一般认为，文学语言是普遍一般、线性排列、透明的，而文学形象是具体特殊、空间延展、不透明的。如何从语言的此岸过渡到形象的彼岸？解决语言的普遍一般性与形象的具体特殊性之间的矛盾主要靠语词的序列。语言是生活的凝集，在走向普遍一般的时候，也保留着与生活现象联系着的具体特殊的一面。文学语言通过语词的序列放大语言潜在的具体特殊的一面，使其成为建构形象的语象。语象构成具象，具象与其蕴涵的思想结合，构成文学形象。解决语言的线性排列与形象的空间延展之间的矛盾主要靠人的记忆力与想象力，人们阅读文学作品时，一个个的语符由记忆力保存下来，达到一定的程度，再由想象力整合成空间的形象。解决语言的透明与形象的不透明之间的矛盾主要靠近语言的二次转换。一次是语言符号转化为形象的外在的感性层次，二次是这感性层次与它内含的意义一起构成新的有机体即形象。通过两次转换，透明的语言就变成不透明的形象了。

那么，语言为什么能够构成形象呢？因为语言是生活的凝集与反映，人在生活中学习、运用语言，因此人能够用语言表现生活。这生活可以是真实的生活，也可以是想象的生活。因为语言是以概念的形式表现生活的，语言形成之后，它就具有自己的独立性，可以脱离生活而存在，其表现生活的能力不受其所表现的生活是否真实存在的影响。而形象是用语言对生活进行形式化的结果。因此人也能够用语言建构形象。语言建构形象，形象通过语言表现出来，在共时的关系上，二者是同一的。形象的修改取了语言修改的形式，语言的修改也就是形象的修改。

四　文字与文学中的具象与思想

文字建构文学形象，主要靠其语义也即所指，但文字的能指在文学形象的建构中，也能起到次要、辅助的作用。在构建形象的过程中，文字的能指与所指必须一起转化为具象。但这种转化存在不完全性，即构建形象的文字在向具象转化的同时，文字的独立性并未完全消失，有的或多或少直接或间接地参与了形象思想（形象所指）的构建。之所以存在这种转化的不完全性，从文字的角度看，有三个原因：其一，文字是一个独立运作的有意义的符号系统，承载着一个民族的历史与文化，不大容易在表象中消除自身的独立性；其二，文字与思想有着天然的联系，文字在转化为具象的时候，具象所意指的思想与文字所表达的思想（所指）有时会出现重合或者近似的现象，这个时候，文字就直接或间接地参与了形象的思想的建构，从而出现转化的不完全性；其三，文学作品中往往存在的一定的提示性、交代性的文字，提示或暗示着形象的内涵与思想。

在形象中，形象要表达一定的思想，而构成形象的文字也有自己的词义。文字的词义与形象的思想之间由此形成比较复杂的关系。在视觉性形象中，文字转化为具象比较完全。在非视觉性形象中，则存在三种情况：文字直接进入思想的构建；文字参与思想的构建；文字不参与思想的构建。

五　图像中的表象与思想

图像的表象指其外在感性呈现，有常态与异态两种。图像是事物表象的直接现实，图像用表象表征世界，因此它无法如语言一样成为思想的直接现实。图像的思想隐含在图像的表象之下，需要观众去发掘、阐释。一方面观众的阐释要受到图像规定性的制约。而艺术家要将自己的主观因素在图像中表现出来，也必须在一定程度、一定范围内遵守图像创造的规则也即与图像相关的公共话语。但另一方面，艺术家个人的感受过于特殊或者过于强烈，就有可能导致他抛开公共的话语方式，而采用个人的话语方式。成功的图像作品需要在这两方面取得平衡。

中国古代有得意忘象，得象忘言之说。图像中没有言这一要素。在其象意关系中，象始终是居于主导地位的，意需要通过象才能得到，欣赏者得到意之后也无法"忘象"。图像思想的来源与基础是图像所表现的生活的意蕴和艺术家的思想感情。生活的意蕴是自然地进入图像之中的，而艺术家的思想感情的渗入图像，则有待艺术家的努力。艺术家可以突出图像所表现事物的文化内涵，或者对图像进行适当地类型化，或者突出特定的语境，通过这些方法，将自己的主观因素渗入到图像之中。

图像艺术与文字艺术都要表达思想，但所表达的思想是不同的。其一，图像的能指所表现的，一般是视觉可以把握的客观事物的外在表现形态；而文学形象还能表现人的内在心理、思想与情感，和客观事物内在的隐秘的无法用感官把握的思想性内涵。其二，图像的构建材料本身没有意义，图像无法通过构建材料表达出某种思想。文学形象的构建材料文字本身是一个意义系统，在构建形象的时候，本身的词义仍能发挥作用。但图像表达的思想虽然比较模糊，却更加丰富；而文字表达的思想虽然更为清晰，但丰富性却受到一定的限制。

该成果以马克思主义为指导思想，采用比较研究的方法，吸收 20 世纪语言和图像方面的相关理论，结合具体的文字与图像作品，运用归纳、推理，注意微观与宏观的结合，力争切入研究对象，拿出符合中国国情、经得起实践检验、具有原创性的观点与结论，建构起比较完整的有中国特色、体现出中国学者思考的文字与图像关系理论。该成果有助于推进国内学界在图像理论、文字与图像关系方面的研究，推进有中国特色的文字与图像关系理论体系的建构，填补了国内学界在这一方面研究的空白，具有较高的学术价值，理论与实践价值。

华侨华人与百年中国文学的海外传播

暨南大学王列耀主持完成的国家社会科学基金项目"华侨华人与百年中国文学的海外传播"（项目批准号为：12AZD087），最终成果为同名专著。课题组成员有：池雷鸣、彭贵昌、易淑琼、欧阳光明。

一　研究的目的和意义

当前的世界局势风云多变，一方面"全球化"深入推进，另一方面"逆全球化"甚嚣尘上，让砥砺前行的中华民族伟大复兴事业充满了世界性的挑战和机遇。在这样的形式下，中国坚持改革开放，积极拥抱全球化，不只走向世界，更要融入世界，而有效推行中华文化走出去战略、推动中国文学海外传播正是题中之义。就目前来看，中华文化走出去，中国文学海外传播虽然取得了可喜的成绩，但仍面临诸多战略困境。

该成果希冀在对此困境认知的基础上，开拓一个"华侨华人文学"的新视角或新途径，尝试积极讨论有关"百年中国文学"的某些观念，拓宽"百年中国文学"的版图，并由此展开，对"百年中国文学"海外传播课题的新关照、再认识。历史地看，百年中国文学的海外传播，或者说现代时期的"东学西渐"正始于旅居海外的中国人，或者说华侨华人。对如此的文学史认知，虽然已被严家炎等学者所关注与阐发，但就整体而言，其影响仍然微弱，其拓展依然逼仄，而这正是本课题聚焦之所在。在传播语境下阐述"本土"与"海外"之间的关联，以便建构一个世界性的"传播中国"；通过呈示华侨华人文学具体的作家作品、文学现象、文学场域等阐述及其在海外传播中的实际作用与效度，以探讨百年中国文学与华侨华人文学之间的历史性互动与对话，以及如何在"文化中国"中实现深层次的融汇与贯通。

该成果意义是更新观念、总结经验、打开新局。从百年中国文学史的书写路径可以看出，我们对"中国"内涵的理解是随着时代脉搏的跳动而演进的。在中华文化走出去的新时代语境下，"中国"要真正地实现由"本土"走向"世界"的延展，进而由民族性的"中国"向世界性的"中国"转化。在这种延展与转化中，首要的观念更新即在于重新厘定"华侨华人及其文学"与"中国及其文学"的关系，并在其中重新认识与界定"文化中国""传播中国""民族中国""国家中国"等文化的、精神的、审美的、疆界的范畴及其相互间的关联。只有有关新时代中国的观念更新了，才有可能实现百年中国文学的"海外"延展与"传播"建构，而在这种不断的延展与建构中，华侨华人文学由于天然的处于"本土"与"海外"之中的"居间性"，与跨文化传播所要求的语言间性、文化间性等具有相似性与共通性，因此将为百年中国文学在海外传播中实现由"本土"向"海外"，或者说由"民族"向"世界"的转向提供历史的经验与教训。目前学界对传播困境的认识不能说不全面和深刻，但破局的对策与路径似乎理论性多于实践性，而一旦"华侨华人文学"在海外传播方面的成功得以揭示，那么它们将成为当下中国文学海外传播的历史之鉴，且蕴藏着开创新局的动力与希望。

二　成果的主要内容

我们认为："百年中国文学"，理所当然指的是百年来包括大陆、台湾、香港、澳门在内的文学，也包括中国作家在海外侨居时期的文学。近年来，诸多文学研究者与文学史家，对此已经较为重视；不仅尽力将台湾、香港、澳门文学纳入百年中国文学史中，也注意到百年中国文学的海外资源。但是，仅此并不完全。其一，所谓百年中国文学的海外资源，是一个非常复杂与深厚的"富矿"，既有像鲁迅、郭沫若、朱自清等著名作家单纯的侨居型创作，更有像白先勇、张翎、严歌苓等作家侨居加定居型的创作。在侨居期间，他们持有中国的护照；他们的创作，理所当然的归属于中国文学；

在定居之后，他们成为所在国的公民，他们的创作已经成为所在国的少数族裔文学。但是，文学创作，尤其是长篇小说的创作，很可能会跨越侨居与定居两个时期。更何况，作家身份的转变与创作心态的转变，并不可能同步。其二，所谓百年中国文学，并非只是百年的汉语文学，它不仅要包括中国各民族文学，也应该包括百年来中国人使用各种语言进行的文学创作，例如，英语、法语、日语等。这个问题，如果放在国内，也许并不突出。但是，从"华侨华人文学"的视角来看，则非常重要，非常突出。因为，并不仅仅只有林语堂用英文写作在西方引起轰动，陈季同、容闳、程抱一、熊式一、蒋彝、叶君健、黎锦扬、凌叔华等一大批华侨华人作家，在他们的侨居与定居期间，用所在国语言进行文学创作，均获得了成功、引起了轰动。其三，海外华裔作家是纯粹的定居型作家；他们土生土长于所在国，而中国也不再是故乡，仅是原乡；由于区域的差异，他们有些用所在国语言写作，有些坚持用华文创作，但不管语言为何，他们都不可能是严格意义上的中国作家；可是，语言和身份的改变不代表中华文化精神、中国文学资源不再是他们文化认同的源泉，相反他们根本无法断裂，只不过更加看重中国性与在地性之间的调适与融汇；因而他们可视为"文化中国"意义上的世界性的中国文学。这一现象，在近百年来，尤其新时期以来，越来越突出。如果，我们不关注这一现象，不能将这些海外中国人的海外创作成果，及时纳入中国文学版图，不仅仅是一种遗憾，也是中国文学宝库的一大损失。如果，我们能够从"华侨华人文学"这个视角或途径认识"百年中国文学"，深入挖掘中国文学海外资源这个非常复杂与深厚的"富矿"，并且，将中国人使用各种语言进行的文学创作，尤其是海外中国人使用所在国语言进行的文学创作，纳入百年中国文学，我们就会对百年中国文学的海外传播产生一些新的了解与视角。例如，百年中国文学的生产方式——在海外生产，传播方式——在海外发表或出版，传播效果——在所在国主流社会传播，并引起轰动等。或许可以说，因此，"百年中国文学"的海外传播，不仅是国内生产——先国内、后国外传播，也可以是国外生产——先国外、再国内传播。甚至，还从一个侧面丰富着我们的理论认知：中国文学走向世界的方式与特色是多样的，在这个过程中，越是民族的，越是世界的；越是世界的，也应该越是民族的。

在已展开的尝试中，我们将"海外"这原本不可分割的空间技术性地分为"华侨华人社会"和"主流社会"两个互有区别又紧密统一的子空间。

之所以如此人为性的切割，固然是为了研究便宜的需要，但在某种程度上也是"海外"的真实情形使然。之所以如此说，原因在于"华侨华人社会"与"主流社会"之间的关系因国别的不同而呈现出多样的面貌，实际上很多的时候，二者之间都存有历史的间隙。以传播为例，在"主流社会"的传播往往是跨文化、跨语际传播，而在"华侨华人社会"却存有语言内传播的可能性，特别是在东南亚地区。本课题选取马来西亚作为一个"华侨华人社会"语言内传播的代表。

由于历史的种种，马来西亚华人社会的生存空间，特别是文化空间处于被挤压的状态，但或许正是由于这种生存的挤压，马来西亚华人社会至少从教育、传媒、观念三个方面传承中国文学，进而守护作为少数族群的中华文化之根。在这个跨域的文学传承中，我们一方面可以认识到中国文学、中华文化的韧性，另一方面也可看到传播过程的文化适应性的问题，而这正是本课题关注之所在。传播是一种互动与对话的过程，尤其是在华侨华人社会传播时更要关切这一点，而非因为亲缘的关系，就可以忽视在地性的需求。可惜的是现有的大多海外传播方面的研究，最为关注的是"海外"中的"主流社会"，而往往对"华侨华人社会"视而不见。这种忽视，很大的可能在于很多人只看到"华侨华人社会"理所应当的属于中华文化圈，或者说中国文学、中华文化将因着语言的便利而自然地在华侨华人社会传播与接受，但这种"自然"是有着期限的，即便华文的保持可以跨越代际，但传播依然会遇到文化调适性的问题，因为在一个长时段时间里民族国家疆界将是跨文化交往中显性的重要的影响因素，而这个看不见的疆界线将消解文化的自然性、血缘性。

在"海外华文教材与百年中国文学的海外传播""海外华文传媒与百年中国文学的海外传播""文学论争与百年中国文学的海外传播"三章里，我们将展示文化的守固在边缘处境中的韧性与艰难，但也希冀能够揭示出海外华侨华人社会对中国文学、中华文化需求的主体性，尽管这个主体性很多时候是在与主流社会的斗争以及族群文化的延续中生成的，但也足以宣告他们之于文化调适的"拿来主义"姿态。海外华文教材的编纂，特别是之于中国现代文学作品的选取，既呈示了百年中国文学对海外华文教育、华人文化认同的巨大影响，同时也暴露出片面性的缺陷。华文教材对在地性的关注不足，导致中国性过于凸显，带来了在地性与中国性调适不当的问题，而这问题对反思中国文学、中华文化在华侨华人社会的传播具有较强的现实意义：只有在尊重在地性的前提与基础下，"传播"中国才有可能得以更好地建构。作为百年中国文学海外传播重要媒介的华文传媒，刊载哪些作家哪些作品，是一件有意味的事情。之所以积极刊载百年中国文学作品，一方面是编者与读者共同寻求华人共同体建构的需求，而另一方面则反映出编者对建构"文化中国"的希冀，但无论是共同的需求还是有意识的希冀，他们的刊载选取与接受可折射出原乡（本土）中国与在地（海外）中国之间的关联与差异。20世纪90年代那次喧哗一时的"文学论争"是颇为深厚的传播思想与观念之源。无论"反抗"也好，"断裂"也罢，其时都关乎文化传播与接受适应的问题，蕴藏着华侨华人社会在地性的强烈需求，这其实正是中国文学、中华文化全球性播撒所要遭遇的本土性与海外性调适问题。

作为"华侨华人社会"中的新子群，新移民群体与中国本土之间有着浓郁的成长式关联，但也因离散而具有了移植式的海外性。即便新移民群体的海外性缺乏华裔群体那种根植性，但随着日积月累的新居体验，他们在传播与接受的同时，依然开始对本土有了反哺。这在"新移民文学与百年中国文学的海外传播"中有着很好的呈示。新移民之于现代性的反哺，令"华侨华人社会"的主体性，特别是之于本土性的构建，有了更多的可能性，至少明确了"华侨华人社会"与中国本土之间存有对话的可能性，或者说二者之间存有文化内的他者情境。

同时，还应该认识到海外传播不仅是一种语言间的行为，同样也可能是一种语言内的行为。尽管由于在地性的因素，华文（中文）的全球播散将带来一定的语法、词汇、语义等差异，但与其他语种间的区别相比，仍然是语言内的分别，应当归属于同一种语言。这可以说是"文化中国"世界性存在的夯实基础。可是，由于国籍、代际、距离等客观因素的存在，全球化中的"中国"应当有民族国家的疆界考量，这也是"本土"与"海外"、"华侨"与"华人"之间的分野。这种地理版图疆界线的清晰勾勒，让百年中国文学语言内的海外传播成为可能。马来西亚华人社会通过华文教育、文学副刊、文学论争等构建了一个复杂的文学接受场域，而正是这种对百年中国文学主动的接受与抵抗，马来西亚华人维系了族群认同，以更好地应对国家认同。散居在欧美的用华文写作的新移民作家，在面向现代性的追寻中，既是百年中国文学的传播者，也是接受者，而在传播与接受的转换中，实现了自身对现代性的历史体认，同时又启示了中国文学现代性的未来建构。在海外传播中，语言不仅不应该是障碍，还应当被视为跨文化交往不可或缺的重要工具。中国文化海外传播、中华文化走出去，要用好同文同种的优势，在"华侨华人社会"传播好，更要积极地跨越语言的边界；在跨语际中既要扩展"华侨华人社会"的空间范畴，又要把优秀的中国文学、中华文化传播到海外的"主流社会"中去，以真正实现文化间的对话与互动。从现有的研究来看，目前着力点也在跨语际传播上，却又面临着诸多困境，虽然取得了一些成绩，但依然路途漫漫。对此，我们的关注点没有过多地停留在困境及其对策上，而是聚焦于有关海外传播的认知与观念上。正如民族国家疆界的难以消失那样，我们必须要承认一些跨文化交往的困境是客观存在，且将长期存在，与其在文化他者那里，步履蹒跚、愚公移山，甚至在文化逆差的抱怨中寸步难行，不如在"自我"这里发掘历史，更新观念，以另辟蹊径。

"华侨华人外语写作与百年中国文学新观念"是我们的一次尝试，希望通过陈季同、严家炎、陈思和、王德威等有关世界性"中国文学"的讨论，可以开阔目前之于"中国"的认知，特别是撬开语言之于"中国"的禁锢，以扩大"百年中国文学"的版图，重新审视与反思百年中国文学的海外资源，进而更好地总结中国文学海外传播的成功经验，推进中华文化走出去。"华侨华人英语文学与百年中国文学的海外传播"是在前述观念探讨的基础上，对熊式一的《王宝川》、蒋彝的《湖区画记》、叶君健的《山村》、黎锦扬的小说《花鼓歌》、黄哲伦的音乐剧《花鼓歌》等华侨华人作家及其英语作品在海外传播实践方面的一些解读，进而为当下的中国文学海外传播开创新局提供一些历史的启示与借鉴。

百年中国文学的海外传播是一个有机系统和复杂范畴，任何忽视和简化，都有可能在未来带来致命的创伤，尽管这需要在更长的时间段里来发现与反省。虽然百年中国文学依然在生成与发展中，但"东学西渐"的历史却早已开始，我们能否在"西学东渐"的刺激与激励下，实现"东学西渐"的历史转向，进而走入文化间交往的新时代，一方面取决于有关"海外"的认知，另一方面取决于在全球化视域下我们对"本土"的认知。唯有文化自觉，才可能实现文化自信，而唯有文化自信，才有可能在跨文化的对话与互动中，实现美美与共。

总之，在海外传播语境下，"百年中国文学"的内涵应该得以扩展：从地理区域上看，不仅仅是中国本土，即大陆台港澳的文学，还应该涵盖中国人（华侨）在世界各地的文学写作；从语言上看，不仅是汉语和少数民族语言的文学，还应涵盖中国人所使用的日语、英语、法语等其他国家的语言所进行的文学写作；从文化精神、民族情感上看，不仅是具有中国国籍的文学写作，还应该涵盖具有民族情感、认同并自觉传承、传播中华文化的海外华人作家的文学写作。

三　成果的主要价值

该成果的学术价值在于以新的视角对"百年中国文学""海外传播"这一命题进行了一次新的尝试。它引入"华侨华人视角"，以"海外"而不是"本土"重新观照中国文学及其海外传播之间的关联性与可能性，并在此基础上对世界性的中国、文学中国、文化中国、传播中国等观念有了新的阐述。

由于"华侨华人"处于本土与海外之间，而这种空间位置的居间性，与中国文学海外传播所需要的翻译的中间性具有高度的契合，因此探讨华侨华人文学在百年中国文学传播与接受方面的经验与教训，对当下的中华文化走出去、中国文学海外传播走出困境具有一定的借鉴与启示意义。同时，有助于政府相关部门和社会理解与认识华侨华人在新时代的新角色、新定位，从而在世界性中国的构建中发挥华侨华人的积极性与参与性。

新加坡藏"外江戏"剧本研究

中山大学康保成主持完成的国家社会科学基金项目"新加坡藏'外江戏'剧本的搜集与研究"（项目批准号为：14AZW009），最终成果为专著《新加坡藏"外江戏"剧本研究》。课题组成员有：陈燕芳、陈志勇、容世诚、李英。

该成果不仅局限于外江戏剧本本身，而且也覆盖了外江戏在中国大陆的流传情况，以及外江戏传播到新加坡的历史背景和文化背景，以及剧本抄藏者的生平情况、抄藏剧本的目的等方面的内容。该成果使用的研究方法，主要是文献考据法和剧本比较法。其中剧本文献，以新加坡抄藏的外江戏剧本为核心，同时利用了中国大陆、台湾等地影印出版的《车王府曲本》《俗文学丛刊》，以及我们在调查中发现的清末外江戏抄本、闽西汉剧抄本、湖北汉剧剧本等资料。

该成果第一次将清末民初"外江戏"剧目和剧本的样貌展示给广大读者和研究者，正确地介绍了这批剧本的基本情况，并梳理了这批剧本的来龙去脉。

根据这批抄本的题记、批注和其他相关文献，重新考证了这批剧本的主要抄藏者陈子栗和其他相关人员的生平事迹。例如，首次指出陈子栗约出生于1872年前后，他应当名璧，字子栗，以字行，排行老二。近代音乐史上颇有名气的"潮州细乐"是陈子栗、洪沛臣、郑祝三三人在新加坡而不是在广东潮汕创立的。陈子栗的老师，近代著名民族音乐家洪沛臣，以往的研究无一例外地说他卒于1916年。该成果指出洪沛臣应卒于1924年或1931年。此外，《中国京剧史》认为，新加坡传入京剧的时间是1910年，我们根据新加坡最早、最有影响的华文报纸《叻报》的记载，指出京剧传入新加坡最迟当在清光绪中期，而并非 1910 年。如此等等，不一而足。

通过剧本文献的比较，而得出的一些以往未被提出的新看法和新理念，兹简述如下。

以《访赵普》为个案，将外江戏剧本与同题的明清杂剧、楚曲、昆曲、高腔戏、京剧，以及全国其他皮黄声腔剧种的同题剧本纳入研究视野，在情节、人物、曲词等方面进行深入细致的比较，指出：以时间为线索，"访普"戏文由明前期仅录曲文的北曲清唱本，发展到万历年间曲、白、舞台提示俱全的北杂剧本，继而昆腔曲本、剧本，继而又出现清代宫谱本及异彩纷呈的地方戏剧本；这一文本形态的变迁过程，一方面可能反映了元明戏曲从坐唱到角色扮演的形态递变，另一方面折射出古代戏曲音乐从北曲到弦索、昆腔、高腔、南北皮黄的声腔衍化脉络。以空间为线索，清代花部《访普》的声腔、语言、角色使用情况在南、北传播路线中均出现分化，分别呈现出复古、创新两种不同倾向的传承模式。清代剧坛中的《访普》分皮黄、高腔、昆腔三大声腔流布区域，南方剧坛比较完整地保留了《访普》原本的文本细节，又延续了北曲杂剧"一人主唱"的表演体制，具有复古的传承模式特点。近代以北京、武汉为代表的城市剧坛对《访普》一剧的角色体制、声腔音乐乃至文本内容进行了大胆创新，反映出清中叶以来北京剧坛活跃的戏曲创编活动和求新尚奇的剧坛审美趣味

以《青石岭》为个案，将外江戏与楚曲、车王府皮黄戏、赣剧、桂剧、邕剧、闽西木偶戏、川剧、湘剧、汉剧、怀梆、蒲州梆子、玉垒花灯戏、盐池道情、豫南花鼓、枣梆、豫剧、徽剧、滇剧等地方戏文本进行比较，指出：在清代剧坛同时流行的《青石岭》剧本中，楚曲时间最早，其所反映的文本历史形态也最接近该剧目祖本。相比之下，清代车王府剧本、潮梅外江戏及其他地方戏文本呈现的文本类型应为清中叶以后的添改版本。根据同题剧本的文本和声腔特点判断，《青石岭》源出早期西北地区梆子戏，在南传过程中加入了后起皮黄声腔的场次段落，这一特殊戏曲流变过程在岭南、西南地区的外江戏、川剧、滇剧中得到忠实记录，证实此类边缘剧本文献的特殊认识价值和重要研究意义。

将外江戏《西篷击掌》与楚曲、早期粤剧、闽西汉剧相比较，早期粤剧《西篷击掌》与楚曲原本高度相似，说明早期粤剧基本承袭了清中叶楚曲文本。与潮梅外江戏毗邻的"闽西外江戏"，即后来的闽西汉剧，也与清

代楚曲、早期粤剧高度相似，说明此地戏班的演出亦较大程度保留了楚曲文本的原貌。然而，与早期粤剧、闽西汉剧相比，潮梅外江戏的剧本却出现多处细节变化。结合前述剧本现象，可以推断这些变化是在外江班流入潮梅地区后，由当地艺人改编而成的。

以《百里奚会妻》为个案，将外江戏、粤剧、潮剧、粤曲说唱（八大曲）相比较，指出：广东省境内流传的三种《百里奚会妻》剧本，皆属于"粤调皮黄"的共同体。其中，广府地区流行的粤剧和粤东地区流行的潮梅外江戏显示了较强的文本共性，而同处粤东地区的潮剧却体现出明显的地方特色与民间特色。同时，粤曲本、广府粤剧本、粤西粤剧本和外江戏本在情节、语言上有相当高的一致性，说明这些文本同出一源，必然存在一个相对稳定的"祖本"。而八大曲本《百里奚会妻》从粤剧班本演化而来的痕迹十分明显，说明从戏曲演出转化为曲艺演出的过程中，该文本在情节、语言层面上发生的变化并不剧烈。

在上述研究的基础上，成果提出"粤调皮黄"这一概念。所谓"粤调皮黄"指的是广东地区流行的、先用官话后用粤语唱念的皮黄戏。这就把粤剧的源头指向了外江戏。本文指出：广府、潮梅两地皮黄剧目的共通性及剧本的内部联系，奠定了粤调皮黄概念的文本基础。不过，作为清代皮黄声腔戏曲在广东境内的分支，粤调皮黄戏在本地化的过程中不断发生地域分异，由此形成了早期粤剧与外江戏文本的差异。在现存剧本性质、场上术语使用、剧本分段形式、具体故事情节、曲白语言风格和人物形象塑造等方面，早期粤剧和潮梅外江戏都在不同程度存在差异，反映了二者同源异流的历史联系。

从音乐声腔的角度，指出新加坡所藏清末民初外江戏抄本中的襄阳调曲谱保留了清代襄阳腔的原始形态特征，而湖北汉剧、常德汉剧等剧种中的"襄阳调"却已发生了关键形态的变化。并进一步指出：至迟乾隆年间，襄阳地区的流行腔调已实现了北方梆子腔（西皮因素）与南方吹腔（二黄因素）的初步融合。

结语部分，再次指出新加坡抄藏的这批外江戏剧本的戏曲史意义：这批抄本，一方面是目前最能反映清代入粤皮黄戏早期文本特征的地方剧本文献，另一方面也记录了那些因应潮梅地区社会历史文化条件而产生的文本调整、衍生与择汰，成为清代广东剧坛乃至清代地方戏曲史上具有特殊意义、富于历史文化信息的剧本文献。

但是，该成果注意到了剧本的重要性，却忽略了对百年前的外江戏老唱片的利用，这对于从音乐唱腔的角度判断外江戏与京剧、粤剧、潮剧的关系，就显得证据不够充分。

未来，可利用现代科技，将百年前的外江戏老唱片数字化。经过试听和记谱，与京剧、粤剧、潮剧、湖北汉剧等剧种在唱腔方面进行深入细致的比较。这样，不仅"粤调皮黄"的遗传基因将会从根本上得到破解，而且上述各剧种之间的关系，它们的异同之处，也必将更加清晰地显示出来。

新媒体发展对中国文学叙事方式的影响

吉林大学张斯琦主持完成的国家社会科学基金项目"新媒体发展对中国文学叙事方式的影响"（项目批准号为：14CZW049），最终成果为同名专著。课题组成员有：曲宁、李清敏、修磊、张华威。

一　文学叙事与文学传播

　　文学虽然主要以文本的形式呈现，但其创作与接受都与文学的传播息息相关。文学的叙事形式由政治环境、道德舆论、人与人间的信息交流途径等多种因素促成，能够体现一个时代整体文化氛围的话语共同体，也同承载它的传播途径有莫大的联系。无论是口传手抄，还是印刷或网络流传，文学的叙事形式随着媒体以及媒体形式的不同所造成的创作与受众的不同而悄然演化，能够反映出一个时代的整体文化氛围与社会诉求。每种文化内部的文学发展节奏又是适应包括各自的传统媒介演变情况在内的民族文化历程而形成的，即使是若干文化共同经历了的传播发展阶段，但也各有各的周期节点，文学样态自然也势必受到不同程度的作用，形成不同的媒体适应能力。该成果以中国叙事文学的发展与文学传播的关系为题，试图从其中发现解释当代新媒体传播条件下叙事文学总体特征的密钥。

　　早在20世纪中叶起，传播与文学的关系在西方文艺理论界即有人涉猎。受到西方影响，国内学者也从20世纪八九十年代起对这一问题产生兴趣，特别是进入21世纪，这方面的研究成果渐趋丰硕。但国内外学界均缺乏自口传时代到自媒体时代的通史性梳理。从早期的口传文学到汉唐手抄文学、宋代以后印刷时代的文学，直至电子媒介的产生，文学的叙事形式如何随着媒体以及媒体形式的不同所形成的创作与受众的差异而悄然演变，对此进行纵向梳理，不仅能够以一种新的视角重写文学史，也能帮助我们深入细致地探求文化现象间的有机联系，从全局角度把握文化史的演进逻辑。

在国外，关于媒体同文学叙事间联系问题的讨论也受到了一定的关注。但是这方面的研究多集中于电影叙事、电视叙事、图像叙事、数字叙事同文学叙事之间的关联和比较方面，对于网络、自媒体叙事与文学叙事的内在联系之研究尚在草创阶段。在国内，涉及对新媒体自身叙事特征的研究和对于新媒体与文学叙事之关系的研究也仅做了尝试性的讨论。从横向上概括当今新媒体形势下中国文学叙事特征的新变，有助于更加深入了解本国文学特质，利于人们理解传统文学在新媒体时代的嬗变和新思维形成，摆脱对当下所处文学环境的不信任和消极心态。

二 中国传统文学叙事与媒介的历史关系

中国传统文学两千多年的发展与文学传播呼吸相关，兴衰与共，经络关节自成一体。

（一）文学草创时期口传文学与简牍写作的叙事特征

（1）中国传统文学以诗经为源头。诗经本是民间口头创作和口头传播的。仅就叙事角度来说，我们可从诗经文本分析中得因果性叙事单薄、视角的无聚焦、场景的普遍性与相对独立性等因素，这些文学草创期的叙事因素既是本土文学应对口头传播特点的结果，也将反过来对后世文学创作产生影响。

（2）简牍流行时期的先秦写作，一方面对诗经等口头文体有所沿袭，另一方面也开始具备了自身的独特之处。《左传》等史传在叙事方面形成了因果相袭的叙事情节、"言事相兼"的场景描写、"以大观小"的全知叙事视角、见微知著的细节描述、顺叙为主的叙事时间等特征。史传之外，以《离骚》为代表的文人个体化创作所表现出的叙事特点体现为：主体性、叙事的跳跃性、情感结构的叠进。这样一来由史传所开创的义理道德的情节编纂原则与《离骚》所承继的抒情写意的布局谋篇精神齐头并进，各自从不同的方向上左右着后世叙事作品的架构走向。

（二）汉唐手抄文学的叙事特征

从汉至唐，是中国传统文学逐渐形成自身自觉性、并形成系统的文体规范的时期，也是文学传播史上手抄文学逐渐大行于世、臻于辉煌的时期。

（1）汉赋是文学自身摆脱政治附庸、蒙醒其独立存在价值的重要标志，靠书写与朗诵流传的赋丰沛发展了写物状物文体特征为后来专注于言情写事提供了便利。

（2）六朝志怪文章同样半依赖口头传播、半依赖文字传播，志怪写作偏向于对反常故事素材趣味性的赏玩，也侧重志怪与志情的结合。作为明确的叙事作品，六朝志怪文学在文学表现素材、叙事的手段选择与情感传达倾向等方面都对已经存在的中国叙事因素进行了扩展与改造。

（3）唐传奇拥有更为开明朗健的传播背景。其选材逐渐囊括了社会的各个方面，反映的社会面大大扩展，为后来更为接近市井生活的话本小说的出现开拓了空间。从形式上看，其普遍采用文言来进行创作，积极吸取骈俪诗藻的文学表现形式，写人写事铺叙刻画，情节务求曲折离奇。其叙事结构完整，叙事过程更具体丰沛，呈现出程式化、板块状的特点，不同叙事视角运用灵活、空间时序多样，是中国叙事文学渐趋成熟的标志。

（三）宋代以后印刷时代的小说叙事

宋代开始，雕版印刷成为文学传播的重要途径，这刺激了口头传播与手抄传播各显其能，促成宋元话本的兴盛与明清小说这一最臻于成熟的传统叙事文体的崛起。

（1）话本文学在宋代崛起，在勃兴的市民文化与宽松的传播语境下，话本小说继承民间说话人叙事风格，借由说话在讲述者与观众、对象之间形成的平等关系，承载起更为多元的价值观；其在现实素材的范围扩展、叙事话语的多元开掘、以及通过叙事展现对生活本质的复杂领悟等方面积累下的成就，无疑成为明清小说形式与内容全面蜕变过程中的重要给养。

（2）明清小说在出版传播的空前繁盛环境下成为传统文学中最为成熟的叙事文体。其中短篇小说在话本范式与独立构思之间谋求平衡与创新，一方面继续挖掘叙事传统的传承价值，另一方面也在对叙事线索的多样化结构、叙事技巧的个性化使用等方面进行了诸多尝试。长篇小说则在章回体形式中找到了最适合大众传播条件下的生产模式。章回小说具有多文体兼容功能，同时能够在既定框架下容纳因果链条的延展，尽管情节片段有时相对独立零散，但通过富有一定张力的缀段性情节结构的连续和因果相袭的处理范式的统合，也可以保证作品的整体性，与多角度叙事相结合，实现更为多样丰满的人物塑造，部分作品还善用叙事者与人物间的反讽间距来提升作品主题，充分体现了发展成熟期的中国传统文学在叙事所能挖掘出的可观潜力。

三　新媒体发展对中国当下叙事文学的影响

当代新媒体的出现，对传统叙事文学而言既是挑战又是机遇。在全新的媒体环境下，文学的创作、接受、叙事话语与模式技法的方方面面都将迎来变化。

（一）新媒体对文学创作的影响

在台式电脑、手提笔记本、平板电脑乃至手机上随地编辑，利用网络随时上传分享给受众阅读，并与在线受众的点评形成互动，新媒体文学的创作展现了创作的极大自由性。无论是制度化的文学网站还是相对更无章法的微博等自媒体文学发布平台，都在使越来越多的普通人卷入文学创作。写作群体与创作方式的变化自然会引起质量稀释、娱乐性激增、意义消解等问题。理性观之，这是每一种新兴媒体出现之际给文学创作带来的阵痛。

（二）新媒体对文学接受的影响

受到新媒体传播的影响，文学接受也呈现了更为独特的体征，从文学理解的角度来看，阅读从传统文学的田园式"深阅读"逐渐向"浅阅读"和"娱乐阅读"过渡；从文学批评的角度来看，传统文学的精英批评已被粉丝制的批评取代，逐渐形成了以粉丝为主体的狂欢式批评话语场。另外，新媒体条件下文学的接受前所未有地介入到文学创作中来，文学接受的广度与宽度大大扩展。如今，若干文学发布平台中文学接受中点评、评选等制度的逐渐成熟也使文学市场体系逐渐丰满起来，而对文学需求的体系化发展自然也为某一类型的文学创作从粗到细、从鄙而精的走向提供了驱动力。

（三） 新媒体时代主体间性的建构

豆瓣网，一个围绕读书、电影、音乐等文化产品的描述、评价、推广，其信息皆由用户提供，集 BLOG、交友、小组、分享、收藏于一体的新型社区网络平台，于 2005 年起上线运营，号称中国的 Web 2.0。短短十年内，它聚集了一亿用户，用共同的兴趣将遍布世界的陌生人扭结为一个共同体，试图建构一种能够保证主体间思想情感无碍交流的"交往合理性范式"。淡化消费背景、疏离政治语境，解构地域性，从人与物的精神意义维度切入，贴近于生活的各个细节，然而又稍稍游离于生活之外，其自身特定的闭合性话语体系也促生了影响广泛的亚文化氛围，这恰恰可以视作新媒体时代文学创作与接受的传播语境的一个重要部分，帮助我们理解文学的某些新变。

（四） 电脑文学的叙事特征

自电脑普及以来，人们从"书写"时代走进了"键入"时代，这可以说是文学史迄今为止最大的一次工具革命。电脑文学中，最值得关注的就是电脑游戏文学，部分电脑游戏之所以可被列为文学范畴是因为文学和电脑游戏都具备虚拟性、审美性、消费性，这种文学改编自传统文本文学，并对原著进行再现再创作，从视角和结局角度皆体现了后现代主义的多元化和不确定性，形成了"一对一""一对多""多对一"等格局，每一种叙事线索的处理都对理解文学叙事的本质有启发意义。

（五） 微博文学的叙事特征

微博作为一种新新媒体的典范，其对文学的叙事各方面都产生了诸多影响，从叙事素材上来看，多数微博文学呈现了一定的娱乐化浮躁倾向，在素材处理上耐心缺失的"浅叙事"特点，同时微博文学也倾向于"宜喜不宜悲"的"娱乐至死"特征。为便于写作生产，微博文学在叙事特征上借助传统文学的程式号召性的文体；受到篇幅影响叙事语言力图精炼，其叙事结构也非常注重巧妙，用暗示留白给人以开放的想象空间，促使读者成为延伸性的作者。叙事表征上，微博文学呈现碎片化，而正是这种"形碎神不碎"的碎片化特征赋予了微博文学的信息重组性和无限再生性，是对传统文学的超越，但过度的信息重组和再生也会导致微博文学的不良发展。

（六）网络文学对中国叙事传统的继承与发展

网络文学叙事题材类型化发展是文学创作与接受市场化的产物：一方面符合市场细分原则；另一方面，也在成熟的创作框架前提下刺激了更有个性的写作风格的发现和多样化的思想主题的争鸣。长篇网络文学即时更新，其情节主线往往并无明确的设定，有渐写渐续的特点。但也有部分作者能在写作之初提前构建整体写作框架，并运用大量的预叙、回溯等手段加强作品的整体性，使作品得到叙事整体性和艺术性的保障，这可看作是对古代长篇章回小说的创作技巧的延续发展。不同的是，多数网络小说情节推动的来源是人物的个体行动力，其也是重要的 IP 影响力来源，因此大量作品的叙事话语并不会和主人公价值观拉开距离。随着写作模式的日益成熟，各种亚文体形成了自己的叙事套路，并相互对话整合，势必能够激发出某种更为庞杂多元、也更能表现网络时代无限潜力的全新叙事形式。

结　语

针对当下人们对文学的存在和发展信心不足这个现实困顿，项目组从中国文学叙事题材的包容性、结构手段的时代性、叙事空间的拓展性和视角聚焦方式的多样性等多个方面说明，从古至今在任何一种新的文学媒体乍起之时，文学创作总会出现迷惘，文学接受也总要随之失调，文学的形式与内容也总会难于找到恰切的平衡点，但是一个沉淀时期过后，尘埃落定，这几者之间自然会获得一种合乎时代特色的圆融关系。同理与当下时代，新媒体为我们提供的舞台越是宽广，所衍生出的文学作品也是绮丽纷呈，经历了彼此的协调与理解之后，自然会产生全新的同调。

总之，该成果在学界现有相关研究的基础之上，专注于中国媒体的发展有其独特之处，发现中国文学自身叙事特征的演变的自身规律，具有一定的开创意义和学术价值。从应用价值和社会影响及效益上说，在普通大众经由数字科技强化、与全球知识体系相连之后，新的传媒方式对文学叙事本身的影响是一个亟待讨论的现实问题。该成果在传统文学叙事发展的延长线上进一步细观当代新媒体条件下文学叙事的多种发展趋势与潜力，也有助于进一步加深对本国文学特质，以及对我们现在所处的时代的理解。

俄罗斯民族文化语境下的巴赫金对话理论

南开大学王志耕主持完成的国家社会科学基金项目"俄罗斯民族文化语境下的巴赫金文学思想"（项目批准号为：13AWW002），最终成果为专著《俄罗斯民族文化语境下的巴赫金对话理论》。课题组成员有：程正民、夏忠宪、姜敏、许力、樊倩蓉、张冠男。

一　研究的目的和意义

该成果研究目的是发掘俄罗斯民族文化中的历史对话文本，厘清巴赫金对话理论与俄罗斯民族文化历史对话文本之间的结构性关系，将被西方学界定位为后现代思想构架内的巴赫金对话理论还原为"俄罗斯"的理论。

该成果通过语境还原，重新阐释巴赫金的对话理论，发现其理论中的人类文化建设性意义，从而使这一理论的文学价值含义获得提升；通过历史考据与文化诗学方法的研究，揭示民族文化结构与该结构之中的文本现象之间的制约与影响机制，从而为相关领域的研究提供综合性跨学科研究的范例。

二　成果的主要内容

国际上的巴赫金研究称为"巴赫金学"，相关研究可称汗牛充栋。但巴赫金之所以自 20 世纪六七十年代被介绍进西方即引发巨大的研究热情，原因是西方人发现，他们的后现代理论居然在半个世纪前的巴赫金的论著中早已形成体系，于是，大量的研究都是在把巴赫金向西方的解构主义理论框架内"套"。而在俄国本土，巴赫金被"发现"时正是西方理论大量涌入的时期，他们在巴赫金身上发现的超前于西方人的思维特性，给了他们极大的自尊心满足，这些都使他们热衷于借着西方人的惊叹，而专注于巴赫金契合于西方思想的一面。正是在这样的背景下，人们忽略了一个十分重要的问题，即巴赫金毕竟是一个俄国人，虽然他对西方文化史、思想史十分熟悉，他首先是一个百科全书式的俄国思想家。那么，他作为一个创造了伟大的对话理论的思想家，其"俄罗斯性"是什么？我们必须对此做出回答。

实际上，这个问题并非没有人注意，当年最早发现巴赫金的学者柯日诺夫称，他在 70 年代就提出了巴赫金与俄罗斯本土的东正教思想存在密切关系的观点，并且将这观点讲述给了美国学者迈克尔·霍奎斯特，而后者在他 80 年代发表的文章中，以及与夫人克拉克于 1984 年出版的《米哈伊尔·巴赫金》一书中，多次重申了柯日诺夫提出的这一观点，此后，西方学者也发表了若干研究巴赫金与基督教、东正教关系的著述，如卡瑞尔·爱默生的《俄罗斯正教与早期的巴赫金》（1990）、查尔斯·洛克的《狂欢与道成肉身：巴赫金与东正教神学》（1991）、亚历山大·米哈伊洛维奇的《巴赫金与俄罗斯正教》（1997）、露丝·科茨的《巴赫金的基督教属性：上帝与被放逐的作者》（1998）等。这些著作对巴赫金思想中与基督教及东正教相关的内容做了关联性考辨，部分地弥补了仅在后现代视域中看视巴赫金的研究的缺陷。但是，这些研究却并非通过具体的历史文本的考证来推出他们的观点，他们实际上把巴赫金的影响源文本视为当然的参照系，这样就失去了追究其中"俄罗斯性"内容的可能性。而在俄罗斯本土，也有学者试图去研究这一课题，如巴赫金研究专家伊苏波夫、马赫林等，都在他们的论述中接触过这一命题，但是，坦率地说，这些人的研究都是理论阐述大于实证考辨，原因是苏联解体后整体的研究环境恶化，没有学者像当年的潘钦科和利哈乔夫等人那样下文本考据的苦功夫了。因此，关于巴赫金与俄罗斯民族文化之间的关系研究便一直停留在"设想"阶段，而没有任何人做出基于历史文本研究的考证性工作。

正因为如此，该书稿把巴赫金的对话理论置于俄罗斯民族文化的历史文本的参照体系中去加以重新认识，从而把西方和俄国学者的"设想"落到文本的实处，从而使巴赫金对话理论的"俄罗斯性"得以确立。

就此而言，该成果的主要创新性内容和观点体现在以下方面。

（1）运用历史考据方法，将巴赫金理论与民族文化的关联这一问题置于最基本的起点上，即从俄罗斯本土的民族文化资源中寻找与巴赫金对话理论的产生相关的所有重要内容，加以原始性审辨。比如，许多学者都涉及东正教的"道成肉身"理念与巴赫金对话哲学的结构关系，但是，这些人从来都是把"道成肉身"看成一个已无须论证的对象，要么强调它的"下降"结构，要么强调它的人学内容，但没有人追问，这个概念的文化史意义是什么，它是如何从一种教义文本转化为文化文本的。而本课题的研究对这一概念的原始发生、在教会思想史上的论争以及教义差别的隐含价值等方面加以全面考证，从而揭示出在这一概念中所隐含的价值内容和叙事结构，从而寻找到它与巴赫金理论的结构性关联。再如柯日诺夫曾提到巴赫金的"对话"与俄罗斯东正教的"交谈"文体存在关联，但是他却没有对此进行进一步研究，而我们则在俄罗斯的书面文献中，把与这种"交谈"文体相关的代表性历史文本均进行了基于原始文本的考辨，如 12 世纪的俄罗斯伪经文本《圣母马利亚启示录》、15 世纪的尼尔·索尔斯基的修道院《规章》、16 世纪的伊凡四世与库尔勃斯基的通信、17 世纪的圣愚圣徒传等。而在民间文化文本中，我们对巴赫金从未做过研究，甚至从未提到的一些与其对话理论（包括狂欢化理论）相关的内容进行了发掘、考辨，如对送冬节、伊万-库帕拉节的结构性考证，对以阿法纳西耶夫民间故事集为蓝本的傻瓜类故事的考辨等。通过这些原始文本的基础性研读，把巴赫金的理论置于一个俄罗斯本民族文化的坚实的基础之上。

（2）运用文化诗学的方法，对俄罗斯民族文化与对话与狂欢相关的原始文本进行模式考辨与归纳，然后将其与巴赫金的对话与狂欢化理论的结构进行关联。发掘俄罗斯的历史对话文本只是一个基础性工作，更重要的是寻找到它内在的对话结构。此前学者们之所以在这一问题面前望而却步，一个很重要的原因是，俄罗斯的历史书面文化文本基本上都是教会文献，是以上帝为核心的独白性文本。所以柯日诺夫举出了巴赫金与俄罗斯神学家尼尔·索尔斯基之间的联系，却又说无法将他们的文本"一一对应"，因为尼尔·索尔斯基的文本有"另外的性质和另外的意义"。其实这个另外的性质和另外的意义就是指东正教的信仰理念，显然，柯日诺夫本人没有能力把巴赫金的回应性对话与这种宗教的独白性对话加以关联，而只停留在"对话"与"交谈"的表面形式的相似性上。实质上，俄罗斯的独特的对话性历史已经把这个对话的"回应性"密码嵌入了每一个书面文本之中，无论是教会文本还是世俗文本。关键就是要在这些文本隐含的叙事结构中找到这个密码。因此，我们在最典型的教会文本，如上述伪经文本、修道规章、圣徒传中，均成功地发现了其中隐含的对话与狂欢结构。而更重要的是，文化诗学的研究方法，告诉了我们一个解读这种文化文本与理论文本关联的秘诀，这就是：巴赫金对俄罗斯民族文化中的历史文本的接受不是在价值观层面上，而是在方法论的层面上，或者说，一种文化结构对这种结构中的微型文本的影响不仅是在价值观上，而更重要的是在叙事结构上。这种发现是本课题研究的重要成果。

（3）在上述历史考证与模式归纳的基础上，对巴赫金的对话理论加以"俄罗斯性"定位。巴赫金理论中的每一个问题都被以往的研究反复阐述，因此，本研究不在这方面做过多的重复性工作，而是集中于巴赫金理论中体现其"俄罗斯性"的部分，如他的"含义"理论。我们发现，无论他的"复调"理论也好，狂欢理论也好，这些理论在"开放式对话"这个被简单化的构架中，其"俄罗斯性"被遮蔽了。实际上，巴赫金的"对话"是一个复杂的叙事结构，是一个意义发生结构，是一个由含义作为前提条件的结构。这个结构在神学框架内体现为"聚合性"的粗略构架——"多样性中的统一体"。但就是这个粗略结构启发了巴赫金建构他的含义整体理论，而这一理论使他既超越了康德哲学的构架，也迥异于西方的解构主义构架，而成就为一种既强调了含义先在、又强调了诸个体激活含义而将其转变为"意义"的"回应性"行为的俄罗斯式的"对话哲学"。

三 成果的主要价值

该成果的价值除了体现在几个方面的"发现"的学术价值之外，还具有方法论意义上的应用价值。

（1）该成果可以说有三大"发现"：一是对俄罗斯民族文化中的历史对话文本的发现，在俄罗斯古代的教会文献、宗教文化及民间文化文本中找到了巴赫金对话模式的原始形态，弥补了巴赫金自己在阐述其理论渊源时只用西欧文本为例的缺陷；二是发现了巴赫金与俄罗斯民族文化文本之间的影响关系不是存在于价值观层面，而是存在于方法论层面，即巴赫金接受的不是信仰理念，而是叙事范式；三是在此基础上揭示了巴赫金的"俄罗斯性"的理论奥秘,对以往研究中对其对话理论的粗暴性解读进行了重新考释,从而发现其复杂的含义理论乃是他超越西方哲学的俄罗斯基石。这些发现必将大大推动巴赫金学的整体研究。

(2)该成果的上述发现有赖于把历史考据的研究方法引入文学理论的研究,这对于将来的相关研究提供了一个有价值范例。此前的研究缺少历史文本的发掘与考辨,只重阐释,不重考证。这种阐释性研究固然可以把理论更好地运用于文本解读,但是在面对将一种宏大的理论重新加以民族性定位的时候,这种仅凭阐释的做法就显得过于苍白无力。而一旦成功运用该方法,则可以使理论的研究建立在坚实的历史文本的基石之上。

(3)文化诗学是项目主持人多年来一直坚持的研究方法,有赖于这种方法,解决了巴赫金的对话思想与东正教信仰独白之间的悖谬性问题。文化诗学方法的关键不在于把文学文本与历史、文化等因素相关联,而在于如何在文化的原型文本与文学的具象文本之间寻找到结构性对应关系。以往这一领域的研究之所以缺少进展,就在于无法解释东正教理念与巴赫金的社会价值观层面上的关联。而文化诗学的方法启发我们在叙事结构上去寻找神学文本与巴赫金理论文本之间的对应关系,从而突破性地解决了这一难题。这种研究方法也将对相关文学研究领域具有重要的示范性价值。

四 成果存在的不足

巴赫金的理论体系十分庞杂,虽然其对话理论是这个体系中最重要的部分,但其他内容,如语言哲学、艺术社会学等,均具有重要意义,而这些理论与俄罗斯民族文化之间的关系,同样值得做进一步的研究,从而将这个大的研究类型最终形成一个完整架构。

此外,俄罗斯的历史文献同样庞杂、零乱,其文化内容因为混杂了东西方以及本土的多种元素而显得同样复杂。因此,其中显然还有许多对话性内容有待发掘,通过这个工作,也使我们对俄罗斯的民族文化重新加以完整认识。如果奠定了这个基础,那么,在俄罗斯文化结构中存在的大量文学现象,都可以获得更为顺畅的阐释。

百年澳大利亚文学批评史

上海交通大学彭青龙主持完成的国家社会科学基金项目"澳大利亚现代文学批评史"（项目批准号为：12BWW037），最终成果为专著《百年澳大利亚文学批评史》。

一 走向多元化的澳大利亚文学批评

文学是思想、情感存在的家，文化是价值、精神存在的家。与文学和文化相伴而生的批评既表达对文学的审美诉求，也凝聚着不同文化的价值观。作为世界文学批评谱系的重要组成部分，澳大利亚文学批评自发端之初就对欧美"走马灯式"的文学理论热表现出"理性支配"的淡定，对"实用批评"情有独钟，其"开放、多元"的态度、"回归传统和文学性"的诉求与当下"理论异常喧嚣与骚动"的局面形成了鲜明的对比。经过百年的发展，澳大利亚文学批评呈现出"非此非彼、非原创性杂糅"的特质，所彰显的"以我为主、不跟风、主张多元"的思想值得中国乃至世界文学界借鉴。百年澳大利亚文学批评走向多元化既是其文学内部权力机制转换使然，也是东西方文明互学互鉴和全球化的结果。

二 开放包容的社会文化语境

经过近两百多年的垦殖，英裔澳大利亚人终于在 1901 年建立了独立的联邦政府，从此昂首于世界民族之林，民族自信心空前高涨，试图脱离英国干预的氛围弥漫着整个澳洲大陆。然而，无论是政治、经济还是文化、教育都无法摆脱英国影响的现实，使得澳大利亚人陷入了自主性和依附性的两难境地。两次世界大战的枪炮声，让偏安一隅、奉行封闭孤立政策的澳大利亚人幡然醒悟，曾寄希望于英国保障其安全的幻想破灭，澳大利亚加速了与美国结成联盟的进程，逐步打开了向国际社会，尤其是欧美国家开放的大门。美国文化热开始在澳大利亚社会升温，大有替代英国文化影响之势。

二战后至 20 世纪 70 年代中叶，澳大利亚试图通过实施白澳政策，建构三 A（Anglo-America-Australia）文化帝国。由于在地理位置上远离欧美，毗邻亚洲，澳大利亚担心被亚洲文化包围，试图通过歧视和排斥亚洲人和土著人的"白澳"政策，确保西方文化的纯洁性和合法性。60 年代的反越战争和民权运动，席卷西方世界，澳大利亚的白澳政策受到了来自国内外的巨大压力，被迫于 1973 年废除，取而代之的是多元文化政策。尽管在法律上已经承认了土著人的平等权利，但民族和解之路依然漫长而艰辛。表面上确实是在三 A 文化帝国中增加了土著文化一极，由三 A 演变成了四 A（Aboriginal-Anglo-America-Australia）文化共同体，事实上，对少数族群的偏见照样根深蒂固。

随着多元文化政策的全面实施和全球化进程的进一步加快，澳大利亚迎来了文化繁荣的良好局面。得益于"拥抱亚洲"的转向，抓住了加强与中国等亚洲国家经济往来的机遇，澳大利亚经济稳步发展，人民生活水平显著提高。为了增强经济发展后劲，澳大利亚政府先后多次修改移民政策，吸引了包括亚洲人在内各国人民移居到澳大利亚。亚洲文化的融入使澳大利亚多元文化色彩更加丰富、多样，以文化认同、社会公正和经济效率为核心内容的多元文化政策正趋向成熟。澳大利亚作家、批评家、艺术家的文化活动十分活跃，不仅他们的作品在国内外屡获各类大奖，而且促进了澳大利亚在国际上的人文交流与合作。澳大利亚多元文化已从四 A 文化共同体演变成五 A（Aboriginal-Anglo-America-Aisa-Australia）文化共同体。

2010 年之后，西方国家出现了"多元文化主义"失败的论调，澳大利亚的多元文化政策出现了退缩的迹象。受到欧洲右倾主义思潮的影响，澳大利亚政府和社会在多元文化政策上出现摇摆和分歧。迫于国际恐怖主义形势和内部党派政治的压力，澳大利亚政府似乎有意淡化在国家政策层面直接谈及多元文化政策，转而强调"全体澳大利亚人的多元文化主义"背景下的共同价值和国家形象。尽管多元文化政策遭受逆流，甚至出现一些杂音，但由于它符合时代潮流和人类社会发展的方向，再加上 40 多年的实践，该政策已经深入人心，澳大利亚多元文化政策总体上取得了成功，对于促进澳大利亚各族群之间的和谐发挥着积极作用。

三 游离于本土性与国际性的文学纪事

发生在文学实践活动的重要纪事对于研究文学批评思想的发生、发展和嬗变具有重要的学术价值。围绕这些重要纪事所展开的讨论和辩论体现了不同流派学者的审美旨趣和价值判断。澳大利亚历史上发生了许多"里程碑式"的文学事件，他们是文学创作和文学批评思想演变的风向标，具有明显的时代印记。综观彰显百年澳大利亚文学批评思想演变轨迹的文学纪事，澳大利亚人一直无法摆脱本土性和国际性的争辩困境，反映了澳大利亚文化的断根之痛。

发生于 20 世纪三四十年代的"金迪沃罗巴克"诗歌运动和"愤怒的企鹅运动"是主张本土性和国际性两派人物的第一次交锋。前者试图将土著语言、主题和神话融入诗歌创作之中，以期对澳大利亚民族文化做出独特的贡献。与欧美国家现代主义以知识分子的精神世界为创作主要内容所不同的是，这种澳大利亚式的乡村现代主义则把其丛林自然风貌和原住民的神话、音乐、舞蹈等作为体现澳大利亚本土性的源泉和基础，这既违背了现代主义本来的主旨，也容易遭到其他诗学派别的诟病。"愤怒的企鹅运动"是由一批年轻诗人和艺术家在澳大利亚南部阿德莱德发起的文艺先锋实验运动，他们企图将欧洲现代主义引入澳大利亚，并通过自身的实践，为澳大利亚文学和艺术树立新风尚。尽管两个"运动"都遭到了传统势力的抵制和反对，先后"失败"了，但澳大利亚年轻作家和批评家展现了强烈的先验意识和革新精神。

"澳大利亚文学价值标准之争"是澳大利亚文学批评史上的重要事件之一，延续了 20 世纪 30 年代关于"澳大利亚文学的未来"的辩论，从"澳大利亚文学是否有资格进入大学"，深入到了"如何在大学开设澳大利亚文学课程"的问题。著名诗人兼评论家霍普提出了大学应该开设澳大利亚文学课程的观点，遭到了秉承英国文学传统学者的反驳，反对者认为稚嫩的澳大利亚文学毫无价值，缺乏文学上的"伟大"之处。具有民族主义者意识的作家弗兰克林呼吁文坛应当携手克难攻坚，为澳大利亚创造属于自己的民族文化传统。她提醒作家与批评家应对"英国文本性"保持警惕，尤其是那些描写澳大利亚景物的"帝国版本"。表面上看，这是文学标准之争，实质上是澳大利亚人挥之不去的"本土性"和"国际性"之争的又一案例。

自20世纪70年代以降，澳大利亚文学批评呈现多元狂欢景观。后殖民主义、女性主义、文化批评等各种理论先后粉墨登场，并引发了社会各界的诸多争辩。从"新左翼批评与新批评""多元文化主义批评"，再到90年代的"《第一块石头》与女性主义纷争"和"德米登科事件与移民身份辩论"无不体现出跨学科、多元化的特点。"新左翼批评"与"多元文化主义批评"遥相呼应，主张建立更加开放多元的批评思想体系，将土著人、女性和新移民纳入批评视野，对新批评中狭隘的民族主义和地方主义大加挞伐，认为本土文学的"澳大利亚性"是澳大利亚文学的一个重要主题，但并不是澳大利亚文学批评的唯一核心。"《第一块石头》与女性主义纷争"和"德米登科事件与移民身份辩论"是两部书籍而引起的文学事件。前者以墨尔本大学的一起两位法律专业的女生指控他们的院长性骚扰的案件为非虚构性作品的主要内容，质疑女性主义行动的目标，反映了女性主义作家海伦·加纳同情男性的后女性主义立场，遭到了社会各界和女性主义内部的质疑。英裔作家海伦·德米登科的长篇小说《签署文件的手》获奖后，作者假扮乌克兰族裔作家的报道引起了轩然大波，指责他借助少数族群作家处于多元文化"中心"的地位，颠覆了主流白人作家的形象，引发了对多元文化政策"反向"的思考。

这些文学纪事昭示了澳大利亚民族心理的变化，反映了澳大利亚挣扎于文化独立性和依附性的现实。一方面，澳大利亚人渴望建立独立的文化身份，强调地方本土主义，试图与英美文化保持距离，对土著文化和亚洲文化进行压制来维护独立的尊严和合法性。另一方面，澳大利亚人又对本土文化缺乏信心，难以切割与英美国家文化的联系。两股势力在澳大利亚文坛不断交锋，形成了澳大利亚所特有的"钟摆"现象。随着土著文化、亚洲文化逐渐获得认可，澳大利亚文化身份建构问题就变得更加复杂起来。

四 走向多元化和跨学科的文学批评思想

本土性和国际性贯穿于澳大利亚文学批评的主线，这既是其移民文化本身的宿命，也是其割裂土著文化之根的结果，其背后是民族主义意识在作祟。尽管"本土性"和"国际性"如同笼罩在澳大利亚上空的幽灵，但经过百年的发展，澳大利亚文学批评思想走向多元化的态势似乎不可逆转。

注重实用批评是澳大利亚文学批评的本色。文学批评可分为理论批评和实用批评，前者主要以人类社会历史中的文学活动作为研究对象，是对作者、读者、文本之间关系的研究，旨在揭示一般的文学原理。后者则以具体的文学作品为研究对象，试图挖掘作家的文学创作思想和艺术风格。综观百年澳大利亚文学批评史，澳大利亚出版了大量的作家作品研究的书籍，有些单个著名作家甚至有多部评价其作品的书籍。20 世纪 70 年代之后，欧美文学理论被传入澳大利亚，年轻一代的学者开始运用文学理论撰写文章。但在总体上澳大利亚并没有形成像欧美热衷于研究文学理论的氛围和环境，实用批评依然占据澳大利亚文学批评的主流。

在民族性和世界性上挣扎是澳大利亚文学批评的底色。当民族主义高涨时，文学评价多从民族性和本土性出发，强调学术思想独立性，因而刻意与英国传统和欧美理论保持距离；当在国际化潮流中看到"狭隘的地方主义"的短视时，又会纠正这一偏差，积极融入世界主义文学，强调普世性的审美价值观。造成这种两面性的根本原因是民族自主意识与外在影响之间难以调和的矛盾。再加上澳大利亚从来都没有就土著文化的合法性问题进行彻底的清算，在话语世界依然保持挤压的态势。这就使得澳大利亚成为一个在文化和民族心理上最分裂的国家之一，反映在文学批评之中就不足为怪了。

后殖民主义、文化批评和女性主义理论批评是澳大利亚文学批评的特色。20 世纪 90 年代以降，文学研究到了"言说必理论"的地步。尽管澳大利亚文学研究坚守传统实用批评范式，对晦涩的理论术语和过于专业的文学批评不感兴趣，但也不乏学者则积极融入文学理论发展的大潮，试图展现"澳式"理论突破。海伦·蒂芬和贝尔·阿什克拉夫特等人的《回写帝国——后殖民理论与实践》《后殖民研究读本》是至今最权威的后殖民理论书籍之一；特纳的《民族化：民族主义和澳大利亚流行文化》和《作为社会实践的电影》打破了高雅文学和流行文化的界限，试图探讨电影研究中的理论问题，在世界范围内有很大的影响力；杰曼·格雷尔的《女阉人》被视为女权主义思想的代表作，被广泛引用等。格兰·穆哈根的《后殖民生态批评》是对后殖民主义思想研究的最新成果，获得国际学术界的广泛关注和好评。澳大利亚在文学理论研究方面取得了令人瞩目成就的事实，不仅使它不再是欧美文学理论的对立或者补充，而且在世界范围内发挥了更加积极的作用。

多元化、跨学科是澳大利亚文学批评的成色。除了以族群和性别为主要标志的多元文化之外，20世纪90年代中叶至今，文学批评中的"越界"日益增多，即从政治学、历史学、媒体学、传播学等跨学科的角度研究文学及其文学性，出现了所谓的"泛文化"文学研究。文学研究不再是纯艺术的高雅批评，越来越多的学者将文学经典跟影视、文化节、娱乐活动联系起来，试图吸引更多的大众参与其中。文学也不再是单一的文类，自传、传记、游记、纪实文学、传奇文学、犯罪小说、科幻小说成为文学的重要组成部分，文学批评的方法也变得丰富多样。文学史家伊丽莎白·韦伯在谈及近十年文学批评时说："在没有新理论出现的十余年，澳大利亚与其他地方一样，又出现反对从政治和理论角度解读文学作品的转向。很多学者对以研究为导向的方法更感兴趣，如书籍史，以及从国际视阈而不是国内视角来研究澳大利亚文学的范式。"

运用认知诗学对跨文化叙事理解的探索

清华大学张叶鸿主持完成的国家社会科学基金项目"运用认知诗学对跨文化叙事理解的探索"（项目批准号为：13CWW002），最终成果为同名专著。

一 研究的目的和意义

人类的叙事传递着人的经验、情感和价值。人类进化中最为重要的成果是人可以理解并认同他人的主观状态和内心世界，包括内心的愿望、信仰、价值判断。个人的直接经验永远是有限的，提升自身生命价值必须在别人的经验和感受中得到启发，这是人们离不开故事阅读的根本原因，这也是叙事文化在人类生活中最坚实的存在根源。

20 世纪的文学批评理论经历了一系列重要的范式转换，如语言学范式、文化范式、接受范式等。其中文学批评中的文学本体论和文学认识论的发展显著并日益重要。这两方面的研究均在回答这样的问题：叙事作品有何特征？接受者的理解过程因何产生？欣赏者如何能动地阐释作品？对叙事文化本体的研究影响并启发着接受维度的研究。以往的经典文学理论虽均对文本理解进行了阐述，但导致叙事想象的来源仍然是今天文学研究中悬而未决的问题。若要对此进行精确阐释，需要跨学科研究支持。进入 21 世纪以来，文学研究的"认知"转向日益受到关注。认知诗学从其发展初始就是为了文本对读者的效用。该成果突破目前认知诗学常用范式，探索运用跨学科理论和研究方法，从深层次揭示理解的广义认知过程。

　　在全球化背景下的跨文化文学理解方面，国际认知诗学和国际比较文学学界目前尚缺少深入而系统的研究。该成果对跨文化叙事理解所做的探索为国际前沿研究，结合跨学科理论框架与实证检验，拓展对叙事理解的理论基础。在理论框架中，将经典的文学理论与读者接受密切相关的哲学传统、文化学观点、认知语言学模式、进化生物学发现、认知心理学理论有机结合。在对叙事理解十分重要的文学阐释理论的传统上，与当今跨学科研究成果做出针对性强的交流，以期在扎实学理基础上，拓宽学科视野，将跨文化叙事理解的世界性因素这一具有强烈的社会现实意义的研究做出实质性成果，发挥人文科学研究的社会意义，对社会进步发展和国际文化交流起到切实的推动作用。

二　成果的主要内容

　　该成果中建立了原创的理论框架，使用了原创的实证方法。

　　该成果中导论阐述了叙事与文学认知研究的必要性，介绍了跨文化阅读研究领域的最新动向。第一章至第四章分别为对叙事与认知的跨学科综述、阐释学经典理论发展、跨文化阐释和文化符号学以及隐喻想象和语篇理解的认知基础等方面进行论述。在此理论框架下，第五章选取童话作为跨文化叙事理解的范例进行分析。在跨学科理论框架和文本题材分析的基础上，第六章和第七章分别是跨文化文学理解的跨学科实证研究，并在第六章为人文学者对文学实证研究方法做了精练的介绍。第七章以更具文学和叙事想象的诗歌体裁为对象，融合设计严密的心理学研究和国际先进的脑电读取方法，进行跨文化叙事诗歌阅读的跨学科实证研究，所得出的实证结论和文本分析验证和拓展了经典的阐释接受理论，与整体跨学科理论框架进行了全面的呼应。

　　该成果介绍认知诗学的研究对象和发展，以及叙事理解的跨学科来源。认知诗学的目的是解释文本理解的效果，是文学批评重心中接受范式转向的深化。与认知过程结合，认知诗学不断发展的广泛的跨学科性拓展了对文学理解研究的深度和广度。借助与认知相关的学科的理论和研究方法，对跨文化叙事理解的研究应更为进入理解深层，从心智理论、镜像神经元等认知基础阐释对文本世界的共情、感知以及情景想象的产生来源，从而较深入地触及文学叙事作为一种人类基本思维方式的本质。

该成果紧密结合与叙事理解相关的文学经典理论传统，梳理文学本体论和认识论的演变与传承的纵向脉络，深入挖掘叙事理解的文学理论基础。20世纪西方学术语境中现象学、阐释学和接受美学批评一脉相承，均注重主体感受，将读者接受逐步纳入文学批评视野，不断强化文学阅读的意向性建构。相对于西方文论传统中的意义阐释，中国古代文论和古典美学很早就关注艺术效果的产生，始终蕴藏着强烈的读者意识。本课题的跨学科视角建立在对文学理论相关发展脉络的把握之上，从而继承和深化对理解的研究。

该成果将文学本体论和认识论扩展至跨文化背景之下，从跨文化阐释学与文本符号学角度阐述叙事理解的推理建构，得出有关跨文化叙事理解和想象的初步建构基础，即具有较高跨文化传播广度的叙事文本的易接受性应建立在接受者共同的感知基础上，这是对由高度普遍化的符号组成的感官世界的感知。

该成果将神经语言学、认知语言学、心理语言学的相关成果融合于文学理解模式中，从认知和神经科学基础上解释现象学、阐释学和读者接受理论中"生活世界"、"视域融合"、"前理解"和"空白填补"等文学理解和想象的核心概念。存储于长期记忆中的图式记忆是从具体的生活情景建立起来的，这奠定了语义建构的认知基础，并以此揭示出具有跨文化传播的隐喻映射结构，由此阐述文学思维的神经和心理语言学机理。

该成果在文学理论传统、文化学分析、认知基础之上，将童话作为跨文化叙事理解的典型文本，分析其具有跨文化传播能力的原因。本章以格林童话在东亚的早期接受史为出发点，考察童话独特的叙事风格。由于具有与跨文化接受模式相对应的文本内在连贯性的叙事形式，格林童话能够超越文化和社会差异，在跨文化文学接受史上一直具有很强的跨文化传播性。在对叙事本体和接受的分析之上，本章还将心智理论、具身认知以及解释叙事起源的进化理论融入分析跨文化文学现象的理论基础中，更为充分地论述叙事的跨文化普遍性来源。

该成果描述的跨文化童话理解的实证研究是跨文化叙事理解领域内的探索。所进行的实证研究从实验设计到数据评估都按照心理学实证研究的标准进行。借鉴跨文化心理学的理论和实证方法，结合文学文本的叙事学要素，以童话这一世界性文本为样本，实现了基本的研究设想，自行设计出一系列的问卷结构，中外被试阅读东西文化的民间童话，把由此得到的数据进行统计学处理，结果应用到对跨文化叙事理解的初步量化描述中。实证结果显示出跨文化叙事理解共性和差异的重要因素，初步验证了现象学和阐释学传统下对理解的设想。

该成果进一步深化跨文化文学实证研究，进行了跨文化叙事诗歌阅读的跨学科实证研究。研究运用心理学方法来评估读者阅读经典叙事诗时的阅读体验和投入度，并结合脑状态的量化指标参与评估检测。实证研究选取东西方有代表性的经典叙事诗歌，整合心理学和实证文学最新研究量表，做成问卷，由中外被试回答。实证研究对所得结果进行统计学处理，从而得出不同文化背景的被试在处理同一文本时情景想象和情感投入的共同和差异，探讨影响文学理解和叙事想象的认知元素。这项跨文化叙事理解的实证研究的方法学创新难度相当高，为国际首创。运用不同方法而得出的研究结果，表明审美想象可以激发更多审美愉悦。由实证研究结合文本诗学分析，证明能够即刻沉浸于跨文化叙事诗歌阅读的关键在于文本特有的描写方式，这种描写方式与前面章节论述的认知理解框架紧密相关。来自跨学科的研究的结果提供了进一步的证据，提炼出跨文化文学理解的关键因素，验证并拓展了经典的文学理论。这些发现为跨文化诗学阅读和叙事想象提供了全新视角。

该成果将跨学科思想贯彻到教学实践中，用双外语教授与叙事文化和认知理解相关的本科生和研究生课程，对研究问题的高度整合性受到学生的欢迎。根据与课题相关的教学实践，课题负责人完成了教学论文，论述一流大学的创造性思维的培养，收录在附录中。这种跨学科背景下积蓄的整体性科学观念是原创精神的源泉。

该成果通过认知角度探索跨文化叙事理解过程，明确了其文学理论基础，拓展了其文化学、认知科学的理论框架，试图揭示超越具体文本阐释背后的深层认知机制。

在跨文化叙事理解意义构建的动态过程中，读者将个人生活经验带入文本，熟悉的叙事元素决定陌生的内容解读。在自身与他者之间的共同交点便是普遍存在的"生活世界"。这一共同点是跨文化叙事理解的基础。第二代认知科学的具身认知理论尤为强调人类的认知理解基于实践中的经验。认知科学与现象学、阐释学传统有关"理解"与"想象"的交汇之处正是将人类的生活经验置于感受与理解的首位。身体和大脑之间的联系是理解过程的核心。该成果对跨文化叙事理解的阐释学原理以及阐释学的交流模式给予了认知语言学和认知科学的解释与支持，并运用跨学科设计严谨的实证研究对现有的文学和文化理论与语篇理解模型进行验证和扩展，使跨文化理解的研究能从实证研究中获益。

该成果的理论论述和实证研究系统探索了跨文化叙事理解的基础。叙事理解是从人的图式知识出发。接受者将其世界知识带入理解中。这些知识又是通过"身体经验"在"生活世界"中概念化、范畴化的提取而获得。叙事的传播广度基于跨文化存在的情节图式，那些看似与生俱来的情节图式接近于人类的共同经验。具有较高跨文化传播广度的叙事文本具有超越文化界限的可被想象的叙事模式，有着较强内在连贯性的叙事结构，这种基本结构与跨文化接受模式相对应。

三　成果的主要价值

在当今中国文化在全球传播日益增加的背景下，该成果具有强烈的社会现实意义，试图回答：叙事想象和共情从何而来？如何用不同文化都能理解的叙事方式讲述中国故事和传播中国文化？如何增强对中国文化的亲和力？一种文化对另一种文化的选择性接受有哪些规律性的特点？易于被接受的文化作品有何种共性特征？该成果的跨学科研究成果积极探索跨文化叙事理解的世界性因素，从而对社会进步发展和国际文化交流起到切实的推动作用。

多克特罗小说艺术研究

中国人民大学陈世丹主持完成的国家社会科学基金项目"多克特罗小说艺术研究"（项目批准号为：13BWW038），最终成果为同名专著。

一 研究的目的和意义

该成果"多克特罗小说艺术研究"以马克思主义的辩证唯物主义和历史唯物主义为立论依据，以杰姆逊的晚期资本主义文化逻辑、德勒兹与加塔利的资本主义精神分裂分析、哈桑的后现代主义、利奥塔的后现代状况与元话语的终结、德里达的解构主义、福柯的权力话语、巴赫金的对话、巴特的符号学、哈琴的历史编撰元小说、鲍德里亚的超仿真、罗蒂的启迪／教化哲学、弗洛伊德的心理分析、列维纳斯的"他者"伦理学、纪登斯的关于全球化和后现代社会的讨论、怀特等人的新历史主义、布克金的社会生态学、斯普瑞特奈克的生态后现代主义等理论为观点支撑，系统研究美国后现代左翼作家多克特罗的 11 部小说文本，深刻探讨多克特罗用不断创新的多元变化的叙事技巧和多样杂糅的文本结构及其构成的后现代伦理叙事，表现后现代政治左翼思想，揭示人被资本主义经济和社会力量所异化的命运，批评资本主义权力政治，提出社会主义主张，追求社会公正的小说艺术。

该成果研究的目的是为促进我国新时期的文学创作、文艺理论研究、文学批评以及外国文学教学，为我国政治建设、经济建设、社会建设、文化建设和生态文明建设提供有益的借鉴，具有重大的现实意义。

二 成果的主要内容

该成果以马克思主义的辩证唯物主义和历史唯物主义为立论依据，以杰姆逊的晚期资本主义文化逻辑、德勒兹与加塔利的资本主义精神分裂分析、哈桑的后现代主义、德里达的解构主义、福柯的权力话语、巴赫金的对话、怀特等人的新历史主义、斯普瑞特奈克的生态后现代主义等理论为观点支撑，系统研究多克特罗 11 部小说文本，深刻探讨多克特罗用不断创新的后现代主义多元变化的艺术技巧和多样杂糅的文本结构及其构成的后现代伦理叙事，表现后现代政治左翼思想，批评资本主义制度，宣扬社会主义思想，追求社会公正的小说艺术。

多克特罗（E. L. Doctorow, 1931.1.6～2015.7.21）是美国后现代左翼文学的杰出代表，是美国当代公认的一位富于社会责任感的后现代主义小说家，他带着明显的社会主义意识进行小说创作，善于运用马克思主义的阶级分析方法，表现后现代人类经验。他的作品多数以包括工人阶级在内的社会底层劳动人民的生活和资本主义社会历史为题材。在小说创作中，多克特罗以独特的后现代主义艺术技巧、后现代伦理叙事手法，深刻探讨政治主题：批判资本主义，宣扬社会主义，表现后现代伦理思想，追求社会公正。

多克特罗用后现代主义寓言小说《欢迎到哈德泰姆斯来》（1960）和后现代主义科幻小说《像真的一样大》（1966）解构美国梦，表现资本主义社会中人的内在的邪恶和权力机构的险恶。多克特罗探寻人类社会不能持久地令人满意地发展甚至自我毁灭的主要原因：一是寓言小说《欢迎到哈德泰姆斯来》所揭示的以剥削和自私为特点的资本主义社会中人的内在的邪恶，二是科幻小说《像真的一样大》所暴露的资本主义社会权力机构的险恶。

多克特罗在《但以理书》（1971）中，用历史编撰元小说和创伤叙事重构和重新解释历史。他用真实的历史事件与虚构的情节结合构成的历史编撰元小说和创伤叙事文本重构和重新解释历史，展现 20 世纪 60 年代中期美国的社会风貌：社会主义思想的传播、汹涌的反战浪潮、反传统文化的学生运动、风靡全国的摇滚音乐、人民对政府的不满和反抗、嬉皮士的出现、进步人士遭到政治迫害等，暴露资本主义把人民当成敌人、对人民实施政治暴力的法西斯统治的本质，同时强烈呼吁实行真正的人道主义民主政治。

在《拉格泰姆时代》（1975）中，多克特罗将自己对资本主义社会政治和阶级斗争的思考与历史的不确定性结合，揭示人被资本主义经济和社会力量异化的命运；用蒙太奇等多元叙事技巧、神话化的历史、拉格泰姆音乐化的节奏和结构，重写美国 20 世纪初期的历史，表现了多克特罗反对资本主义剥削和种族歧视，主张取消阶级和等级的政治观点，宣扬承认差异、相互包容、人人平等、相互关爱的后现代伦理主张。

多克特罗用成长小说、无产阶级教育小说和政治小说构成《鱼鹰湖》（1980）的后现代主义种类混杂的叙事文本，将政治与艺术构为一体，暴露和讽刺美国资本主义社会中的互利关系和社会犯罪。他以三角恋爱的惊险故事为叙述框架，用散文和诗歌两种文体、第一人称和第二人称两种叙事形式、大量亮晶晶的语言碎片拼成的文本结构，使历史小说化，批评资本主义剥削造成的社会不公正，重写工会斗争的历史，表现苦思冥想与探索追求、男性与女性、父亲与儿子、统治者与被统治者、压迫者与被压迫者、剥削者与被剥削者等二元对立的事物。

多克特罗在小说中消解作者的权威，去除叙述者中心，从多角度观察、多声音叙述，用多样杂糅的结构和多元变化的技巧构成狂欢化叙事，用平行结构、戏仿和直接引用构成互文叙事，用这样的后现代伦理叙事表现和深化作品的主题，表现后现代伦理思想，揭示后现代人类经验中伦理关系和道德秩序的变化及其引发的各种问题和导致的不同结果，为后现代人类文明进步提供教诲。

在《世界博览会》（1985）中，多克特罗将小说与回忆录混合构成后现代伦理叙事，消解形式虚构，表现生活的可实际触知感，描述企业资本主义的失败。多克特罗用后现代主义叙事技巧与现实主义细节描写结合的后现代伦理叙事，暴露资本主义社会中黑社会与官场相互勾结的社会丑恶。

多克特罗在《比利·巴思盖特》（1989）这部惊险恐怖小说中，打破现实与历史的界限，既有后现代主义叙事技巧对资本主义的解构和批判，也有现实主义细节描写所暴露的社会黑暗面，暴露美国资本主义制度下黑社会与官场相互勾结、掠夺百姓的社会丑恶以及他们之间的激烈冲突。

在《自来水厂》（1994）中，多克特罗用揭丑新闻报道与哥特式惊险故事混合的后现代伦理叙事，暴露在 19 世纪 70 年代的美国，外科医生萨托里斯给一些奄奄一息的资本主义大亨们注射从纽约街头的穷孩子们身上残忍获得的生命液和组织，使那些大亨们在他的霍尔丁水库下面的地下墓穴实验室里苟延残喘。小说揭示无控制的资本主义扩张在很大程度上是靠下层社会的穷人和孩子们的苦工和生命来添加燃料的，表现了资本主义扩张对人性的毁灭。

多克特罗用多语类、多形式和多体裁杂糅构成后现代狂欢化伦理叙事结构，揭示现实文本的多元性和历史文本的不确定性。在《上帝之城》（2000）中，多克特罗提供了一种由语言碎片式的传记概略、荷马韵文式史诗、宗教祈祷和按流行标准爵士乐模式的即席创作等，构成种类混杂的非线性后现代伦理叙事文本解构现实，重构历史，描述科技，探讨哲学，质疑上帝的存在，重组宗教和家庭等。小说表明，现实是一个多元的原子化的文本，一个无定形、充满暴力的世界；历史是知识话语与权力话语加盟的产物，是按照统治阶级的主导意识形态的核心价值观反复撰写的文本，其本质是虚构的和不确定的。

在表现南北战争历史画面的小说《大进军》（2005）中，多克特罗用后现代多元化伦理叙事，用诗性的语言结构消解元历史并重写历史、解释历史，允许"他者"和差异的正当存在，以可能发生的事件替代传统历史叙事中所谓实际发生的事件，给予曾经发生的历史事件一种想象的解释。小说用阶级分析方法表现人类生存这场大进军中美国多元文化中的各种社会问题：从黑人身份认同、女性社会地位等具体问题到科学控制的社会中人的价值、人的权力欲望、人的生存目的与生存方式等抽象问题。

在基于1947年纽约曼哈顿第五大街北部一间破旧房子里凄惨死去的考里尔兄弟的故事创作的《霍默与兰利》（2009）中，多克特罗将事实与虚构混合，构成后现代伦理的具有挑战性的幽闭叙事，表现资本主义社会中悲剧的个人"自立"与社会冷漠。小说用这一最引人注意的反讽提醒人们：当代人类所处的真实状况不是"自立"而是相互支持和关爱，明确主张承认差异，尊敬他者，承担对他者绝对责任的后现代伦理的正义观。

多克特罗不断创新的后现代主义多元变化的叙事技巧和多样杂糅的文本结构及其构成的后现代狂欢化、互文性伦理叙事与作品中所表达的后现代政治左翼思想及其后现代伦理思想相得益彰，实现了深刻的主题思想与创新的艺术形式的辩证统一。

后现代左翼作家多克特罗在小说创作中用不断创新的多元变化的叙事技巧和多样杂糅的文本结构及其构成的后现代伦理叙事，表现后现代政治左翼思想，解构资本主义社会的现实和历史，批评资本主义权力政治，用阶级分析方法表现美国多元文化中的各种社会问题，宣传社会主义思想，追求社会公正，主张重构现实和历史，实现了形式创新与意义深度的辩证统一。多克特罗的小说艺术为当代世界进步文学的发展指出了正确的方向。

三　成果的创新之处

创新之处：（1）将后现代主义、西方马克思主义、新历史主义、生态后现代主义等理论探讨与多克特罗小说文本分析相结合，跨学科、多角度地研读小说文本；（2）系统地探讨多克特罗不断创新的多元变化的艺术技巧和多样杂糅的文本结构及其构成的后现代伦理叙事；（3）全面地阐释后现代政治左翼思想；（4）深刻地论述多克特罗批评资本主义权力政治，表现美国多元文化中的各种社会问题，宣传社会主义思想，追求社会公正，主张重构现实和历史的政治主题。

突出特色：（1）系统探讨了多克特罗不断创新的后现代主义多元变化的艺术技巧和多样杂糅的文本结构及其构成的后现代伦理叙事；（2）深刻阐释了美国后现代左翼思想；（3）跨学科、多角度的研究方法。

主要建树：（1）通过对多克特罗小说的系统研究，全面梳理了后现代主义多元变化的艺术技巧和多样杂糅的文本结构；（2）建构了后现代主义文学伦理学批评理论；（3）深刻探讨了美国后现代左翼思想。

四　成果的主要价值

该成果以马克思主义的辩证唯物主义和历史唯物主义为立论依据，借鉴杰姆逊的晚期资本主义文化逻辑、德勒兹与加塔利的资本主义精神分裂分析、哈桑的后现代主义、利奥塔的后现代状况与元话语的终结、德里达的解构主义、福柯的权力话语、巴赫金的对话、巴特的符号学、哈琴的历史编撰元小说、鲍德里亚的超仿真、罗蒂的启迪/教化哲学、弗洛伊德的心理分析、列维纳斯的"他者"伦理学、纪登斯的关于全球化和后现代社会的讨论、怀特等人的新历史主义、布克金的社会生态学、斯普瑞特奈克的生态后现代主义等理论为观点支撑，系统研究美国后现代主义左翼作家多克特罗的11部小说文本，深刻探讨多克特罗用不断创新的后现代主义多元变化的叙事技巧和多样杂糅的文本结构及其构成的后现代狂欢化和互文性伦理叙事，表现后现代政治左翼思想，揭示人被资本主义经济和社会力量所异化的命运，批评资本主义权力政治，提出社会主义主张，追求社会公正的小说艺术，具有重大的学术价值。

该成果以其对多克特罗小说中后现代主义多元变化的艺术技巧和多样杂糅的文本结构及其构成的后现代伦理叙事的全面梳理，对后现代文学伦理学批评理论的建构以及对美国后现代左翼思想的深刻探讨，而对我国新时期外国文学研究、文学批评理论建设产生重大学术影响。

当代美国小说中的9·11叙事研究

南京大学但汉松主持完成的国家社会科学基金项目"当代美国小说中的'9·11'叙事研究"（项目批准号为：13CWW021），最终成果为同名专著。

一　研究的目的和意义

距离 2001 年 9 月 11 日发生在纽约和华盛顿的恐怖袭击已经过去了 20 多年，一个重要的共识或许已经形成：生活在新世纪的任何一个人，无论国籍、肤色、信仰或阶级，都没有对全球恐怖主义置身事外的幸运或冷眼旁观的特权，这正是由我们所处的"全球命运共同体"所决定的。恐怖分子以恐怖的暴力劫持大众的关注和想象，不仅严重伤害了社会个体共存的基本原则，也与文学艺术构成了竞争关系。恐怖主义暴力背后隐藏的宗教激进主义或无政府主义逻辑（以及反恐暴力的敌友二元逻辑），构成了现代人文主义的天敌，而一般意义上的大众传媒因为受到资本的挟裹，无法真正清理这种暴力对于社会肌理的伤害。"后 9·11"世界迫切地需要文学批评家展开行动，去对新世纪陆续产生的"9·11"文学作品展开系统的阐释和批评，并以此为契机去谋求更广阔光谱上的意义生产，让"9·11"文学研究不仅局限于曼哈顿"归零地"一时一地的灾难事件，而是在更为广阔的历史断裂线中寻找现代性和恐怖暴力的缘起与流变。

该成果将"9·11"和与之有关的文学作品/文学事件放在宽泛的历史语境下加以解读，从而希望获得更大的历史景深。一方面，发生于新世纪伊始的"9·11"恐怖袭击有着自己的独特性（譬如它具有真正意义上的全球景观性和媒介化），它不是任何战后地缘冲突的简单复制，而是构成了"当代历史的断裂点"；另一方面，围绕"9·11"的国家悲悼和媒体再现暴露了简单化的文化逻辑，具有不言而喻的短视性，体现了西方中心主义的自恋和全球帝国意识形态的褊狭。在美国及欧洲文学中，一些具有真正历史思维的小说家和批评家将"9·11"放到奥斯威辛、广岛、德累斯顿、俄克拉荷马等历史坐标构成的连续体中加以再现。本书所实践的批评方法，正是这样一种基于历史联结的文本话语和审美分析：既承认现代恐怖主义滥觞自法国大革命之后高歌猛进的时代性，也密切观照恐怖自古典时代开始对人类宗教、文化和心理意识的深远影响。在本书中，恐怖不仅仅是某些当代反全球化极端力量的暴力展演，而是自古以来就浸淫于人类文明的自我形塑及其不满中。本书的核心观点是：只有当我们以更复杂、更历史的思维来看待"恐怖"这种特殊的暴力形式，才能更准确、更深刻地把握现代性和全球资本主义带来的他者愤怒，从而进一步谋求更为和谐和可持续发展的人类命运共同体。

二 成果的主要创新

"9·11"文学研究在国内外属于比较前沿的跨学科课题，除了与当代小说叙事研究有着紧密关系之外，还广泛涉及美学、哲学、政治、人类学、媒介研究、心理学、脑科学等领域。本成果是目前国内第一部系统性地研究"9·11"文学的专著，不仅体现出了相当的广度和深度，而且在研究方法上也有着鲜明的特色和创新。具体来说，该成果的创新体现在以下三个方面。

（1）贯穿全书的历史性思维。无论是"9·11"事件还是其文学再现，常常令人诟病的一点就是扁平化地看待恐怖袭击本身，认为一切都是凭空而至的无妄之灾，从而在自恋式创伤文化中沉溺于灾难的特殊性本身，忽略了在更为深远的历史语境下看待全球恐怖主义的兴起和未来。本成果力图返回历史的源头，不仅从艺术追寻的"崇高"与恐怖的复杂关系切入，还将现代性带来的文明及其不满者作为核心要素，划定了从法国大革命、19世纪资本主义全球化的前史，到无政府主义、奥斯威辛、广岛、德累斯顿和曼哈顿"归零地"之间的连续断裂带，从而将"9·11"事件代表的恐怖暴力及其思想逻辑历史化，以获得更大的景深。

（2）打破文学断代的文本解读。很多研究者将"9·11"作为一次特殊的当代全球性事件，也认为其后出现的"9·11"文学是当代文学的产物，是"时代写作"的范畴。然而，该成果恰恰要打破这种时间性的幻觉，将"9·11"不再视为一种历史线性时间的起止符，而是作为某个延亘于现代历史废墟的"鬼魂"。譬如，该成果开创性地提出"前'9·11'小说"的概念，将梅尔维尔笔下"占领"华尔街的书记员和康拉德笔下试图炸毁"格林尼治天文台"的无政府主义者作为"9·11"恐怖分子的原型，从而不再以固有的文化偏见（如将"9·11"视为基督教文化和伊斯兰教文化的文明冲突）划定"我们"和"他者"，以透析出各种现代文明内部的恐怖主义文化。

（3）兼收并蓄的跨学科理论框架。"9·11"文学批评虽然是西方文学研究的热门话题，但却一直缺乏合理的理论整合，最突出的问题是往往未加批判地挪用其他理论资源（比如创伤理论或后殖民批评），却忽视了这些理论话语与"9·11"本身的语境缺位。该成果一方面努力打通不同学科的壁垒（如引入阿甘本、米勒等人对大屠杀见证的研究、阿萨德对自杀袭击的人类学研究和近年来关于创伤和共情的脑科学研究），另一方面从元批评的角度反思不同理论话语产生的语境和施用的限度。

三　成果的主要内容

该成果主体部分共分为 7 章，涵盖了"9·11"文学研究中的重要关键词（如创伤、他者、事件性、见证、共同体、暴力、共情和战争书写等），重点研读了从 19 世纪中期美国文学到 21 世纪美国当代文学中涉及恐怖主义和暴力主题的作品（如梅尔维尔、康拉德、德里罗、厄普代克、麦凯恩等），并用多元化的研究方法（参考了如卡鲁斯和卡普兰的创伤理论、拉卡普拉和安克斯密特的历史再现研究、列维纳斯和萨特的他者哲学、德里达的事件哲学、米勒的大屠杀文学研究、加缪和阿伦特等人的暴力批判等）体现了与国际学术前沿的接轨，改变了国内已有的"9·11"文学研究过于关注少数作品或研究方法单一的局限性。

"艺术与恐怖"要做的，就是这样的追本溯源，即在我们准备谈论"9·11"之前，需要先返回历史的源头，思考艺术与恐怖暧昧关系。从艾柯论丑的历史，再到伊格尔顿对"神圣暴力"的考证，一个需要被打破的历史幻象浮现了出来——恐怖和文明从来都是如影随形的，虽然后者常以自诩理性的价值观为借口，来妖魔化自身文明之外的他者，但文明得以确立秩序的过程中无处不见恐怖的鬼影。浪漫主义以降的现代艺术热切地期待能够用想象的暴力进行越界，从而反抗资本主义的同一逻辑以及挽救现代性中湮没的有机个体。艺术家和恐怖分子的共谋/竞争关系，构成了我们审视"9·11"文学的重要出发点。

"见证与共同体"则是另一种对"9·11"文学的历史语境化。这里，笔者之所以强调奥斯威辛到曼哈顿"归零地"的连续性，并非暗示两个事件具有无懈可击的可类比性，而是试图从大屠杀文学批评中嫁接可为"9·11"文学批评使用的理论资源。虽然阿多诺一再强调再现的绝境和"屠犹"对于西方文化合法性的瓦解，但正如希利斯·米勒所说，"毒气室"悖论所带来的不可再现性不应该成为阻挡见证的借口，对这些人为灾难进行"见证"不是在用审美符号复刻那些被纳粹化作青烟的极端情境，而是利用文学的施为性，在法律无法触及的灰色地带，言说在奥斯威辛集中营"人之为人"的困局和耻辱。"9·11"事件虽然在暴力的极端性无法和"屠犹"相提并论，但围绕燃烧的双子塔内那些绝望的受困者和坠落者，不可再现性、见证和共同体的问题同样至关重要。

"前9·11"小说研究了梅尔维尔《抄写员巴特尔比》和康拉德《间谍》，似乎仍然是在"朝后"看，然而这种批评策略与前两章一样，仍然是基于对狭义"9·11小说"概念的一种解域；或者说，"9·11"的前史对于理解这个当代事件至关重要，梅尔维尔笔下那个消极抵抗的抄写员早在基地组织之前就在曼哈顿发动了恐怖袭击，这种恐怖如德勒兹等人所言是语言内部生发出来的，但笔者更倾向于认为它本身蕴含着本雅明式"神圣暴力"的潜能。这篇19世纪中期的中篇小说极好地预示了资本主义的文化矛盾和极端他者性的颠覆可能。同样，康拉德的《间谍》从另一个方面揭开了资本主义的另一个敌人——无政府主义者——如何试图对公众的想象力进行破袭。被誉为"第一部9·11小说"的《间谍》还体现了反恐战争可能的内爆，这种危险源自恐怖分子对"行动宣传"的自我想象和资本主义国家机器内部秘密运作的反恐力量之间有着不可调和的裂隙，恐怖行动成为一种可以被任意赋值、调用、转化的文化能指，多方参与的"叙事集团"在合力中让暴力的意义变得更为含混。

从"9·11 小说与创伤叙事"开始，本成果开始讨论传统意义上的"9·11"文学作品，所选文本也是当代美国文学中的经典——德里罗《坠落的人》、福厄《特别响，非常近》和麦凯恩《转吧，这伟大的世界》，等等。笔者试图在这一章激活国内学界对于"创伤叙事"的讨论，不仅限于揭示"9·11"恐怖袭击如何造成了所选文本中虚构人物的心理障碍和记忆缺陷，更是要关注"创伤"作为批评话语是如何在 20 世纪被建构和获得广泛流通的。卡鲁斯的创伤理论承袭了弗洛伊德、拉康、德曼等人，但其独创性在于对创伤声音的发掘，从而将创伤症候变成了一种朝向他者和他者发出的叙事。然而，卡鲁斯对于不可再现性、不可理解性的过度强调，让创伤叙事最终成为反对阐释的堡垒。如果不见甄别和反思地在"9·11"文学批评中继续沿用卡鲁斯的创伤模型，或许将进一步阻塞全球化时代"我们"与他者对话的通道。这里，笔者重点借鉴了卡普兰的创伤理论批判，从多元的、跨学科的创伤模型中入手，在极左和极右的创伤政治中寻找第三条道路，从而为"修通"（working-through）创伤寻找建设性的方案。

"极端他者和暴力"关注点从受害者转为施害方，探究极端他者的恐怖暴力到底如何影响了当下社会对于普通他者的认知。笔者重点评析了哈米德《拉合尔茶馆的陌生人》和厄普代克《恐怖分子》，这两个文本的共性在于居于中心位置的他者视角。"9·11"小说的反叙事倾向就在于此：打破西方中心主义再现对于穆斯林他者的刻板化，把他者问题放入当前复杂的多元文化中加以考量。无论是哈米德还是厄普代克，他们笔下的穆斯林他者更像是"9·11"之后创伤文化的产物，这些人物深受美国文化的浸淫，并非真正意义上的中东阿拉伯本地人士，或慕尼黑清真寺那些密谋袭美的圣战者，却因为矫枉过正的反恐而走向对于极端他者的认同。在这种他者视角的叙事中，我们得以窥见恐怖叙事中复杂的地缘矛盾和历史记忆，也进一步认清了在"后 9·11"文化中西方全球化的深刻危机。通过对阿萨德、本雅明、阿伦特和加缪等人批评文本的解读，该成果让"9·11"文学的他者问题不仅仅停留在东方主义或西方主义的异质想象中，更试图为暴力批判本身找到一个切实的基础，这也是体现了中国学者独立的立场言说。

"他者伦理和共情"将焦点微调，从他者政治领域转移到他者伦理，并加入情感研究的维度，进一步丰富"9·11"文学研究的理论内涵。在本章中，笔者以文学文本和批评文本作为双轴同时展开，不仅涉及了萨特在存在主义中论说的"他者"，还把列维纳斯、德里达、米勒、哈贝马斯等人放入讨论场域，将"后9·11"的他者伦理变成了一种"众声喧哗"的复调效果。这些关于他者的伦理学思考并不是为处理"9·11"文学他者问题提供了现成的伦理解决方案，而是烛照了这个问题极端的复杂性和异质性。如果说他者伦理试图回答的是"我们"如何与"他们"相处，那么共情则在很多人看来是修复全球化恐怖主义造成的族群和文化撕裂的最佳解药。然而，该成果认为，"共情"在这里依然是一个问题，而非现成的答案。通过对麦克尤恩《星期六》和瓦尔德曼《屈服》等作品的分析，该成果试图传递一个看似悲观却更为审慎的观点：跳出主体性的藩篱去与他者"共感"或"共情"，固然是一种更为开明进步的做法，但情动本身是基于身体的物性，绕过了复杂的情感、记忆、认知等大脑过程。共情的限度在于它的选择性，共情式文学再现也只能基于作家本人的主观想象，即使能够摆脱文化帝国主义的嫌疑，也必须格外警惕这种共情的危险。该成果最后一章是"后9·11文学中的战争书写"。笔者将目光投向了伴随美国反恐战争而产生的新型战争小说，选择了首部荣获"美国国家图书奖"的伊拉克战争题材短篇小说集《重新派遣》。虽然美国文学中有着重要的战争文学传统，但该成果试图说明"9·11"及其反恐战争的特殊性赋予了这些新型战争小说某种独特性——这不仅体现在反恐话语本身具有极大地争议性，也因为战争形式的变化（譬如，美军都是自愿服役赴海外作战、与恐怖分子的不对称战争以及无人机战术的实战化，等等）而让我们得以重新思考战争中的创伤、忠诚和士兵责任等问题。

语言、符号与脑文本概论

浙江大学聂珍钊主持完成的国家社会科学基金项目"文学伦理学与文本研究"（项目批准号为：13AWW001），最终成果为专著《语言、符号与脑文本概论》。课题组成员有：王松林、尚必武、苏晖、陈礼珍、陈后亮、张连桥。

文学伦理学批评既是一种文学批评方法，也是一种批评理论，尤其是它的跨学科性质，决定了它不仅研究文学，同时也研究语言学以及与之相关的其他学科，如符号学、文本学等。

一　语言研究与语言的定义

回答什么是文学的问题，就需要回答什么是语言、符号及文本这些有关文学本质、特征、载体的根本问题。只有首先解决了什么是语言的问题，才能掌握解决其他问题的钥匙。

大多数语言学家认为，"虽然今天的语言学已经是高度发展的科学，但是语言学界至今对语言还没有一个清晰而公认的定义，因为不同的时代、不同的学派对语言会有不同的看法"。总体而言，学界大多接受了索绪尔的观点。索绪尔把语言看成由"能指"（Signifiant）和"所指"（Signifie）两部分组成的符号系统，并在把语言和言语区分开来的基础上建构自己的语言符号学理论，把语言定义为"一种表达思想的符号系统"。索绪尔的语言定义至少有两大问题：第一，他没有把语言和语言学区别开来，而是混在了一起。其实，他说的语言就是我们传统上说的语言学，他说的言语其实就是我们所说的语言。第二，他通过语言和言语的概念把语言抽象化，在讨论语言问题时忘记了语言存在的前提，这个前提就是人。只有人才能成为语言的主体。

通俗地说，语言就是我们通过发音器官发出的能够表达意义的声音。但是这还不是语言的科学的定义，原因在于语言不是预先存在的，而是实时生成的。因此语言定义为：语言是脑文本在转换成声音形态过程中生成的，当脑文本通过人的发音器官转换成声音，脑文本就变成了语言。也可以更简洁地表述：语言是脑文本的声音形态。即使书写文本也同样可以通过视觉器官将其转换成脑文本然后再通过发音器官生成语言。

现在的语言研究有一种语言泛化的倾向，即把人以外的各种符号也称为语言。非人的动物也能通过发音器官发出能表达意义声音，虽然这种声音被一些学者称之为动物语言，但是绝不能等同于人的语言。语言专指人讲的语言，具有以下基本特征。（1）语言以脑文本为前提，没有脑文本，则无语言。（2）语言是以声音形式表现的脑文本，是脑文本的声音形态。（3）语言是约定俗成的声音信号，是人通过声音进行交流的方法。（4）语言通过人的发音器官表达，因此语言专指人的语言。其他动物也可能有它们的语言，但不包括在人的语言中。（5）声音是语言的媒介，通过音量、音程、音调以及重音的变化表达不同的意义，因此语言的性质是声音形态。由于文字不是声音形态，因此文字不是语言。（6）语言主要以空气为媒介，以声波的形式传播。（7）语言不是预先存在的，而是实时生成的。当我们通过发音器官把脑文本转换成声音时，语言就生成了。（8）语言以发音器官和听觉器官为前提，二者缺一不可。没有发音器官和听觉器官，就不能生成语言。

语言需要借助声音传播，声音是表达存储在头脑中的脑文本的媒介。通过发音器官朗诵我们头脑中生成的或记忆的一首诗，这是通过发音器官表达脑文本的过程，是表达脑文本的方式，是发音器官的发声运动。运动的结果就是朗诵出来的声音，也就是生成的语言。语言是发音器官运动的结果，它被人的听觉器官接收并记忆下来，然后将其存储在大脑中，就形成新的脑文本。这个脑文本仍然是以声音为媒介通过记忆对另一个脑文本的复制。借助声音的传播，一个人的脑文本可以被其他人记忆下来存储在大脑中，变成新的脑文本流传下来。

二　符号与文本

20世纪70年代，西方文论界在语言学和符号学中找到了突破口。总的来说，学界大多沿用索绪尔和巴尔特给符号下的定义：（1）符号是能指和所指相联结产生的整体。（2）符号是概念和声音形式的结合。索绪尔和巴尔特创建符号学，为语言学研究开辟了新的领域和提供了新的研究方法，但什么是语言符号以及什么是语言，这个问题他们仍然没有在学理上给以解决。

为了解决语言符号理解混乱的问题，我们需要解释语言符号同语言的关系，尤其是要厘清什么是语言符号的问题，只有这些问题解决了，才能解决语言的定义问题。语言符号不是普遍性符号，而是特指表达语言的符号。从狭义上说，语言符号尽管也把盲文、文字标记、表意图像、图形等包括在内，但它主要指表意文字和表音文字两大类。把中文汉字的笔画和英文字母同语言符号区别开来是理解语言符号以及认识语言的重要条件。汉字的笔画和英语字母的组合都可以作为符号的载体并变成某种符号，但它们在组成文字或单词之前因为无法用来记录或表现语言，所以笔画和字母不是语言符号。

文学伦理学批评坚持认为，文学是文本的艺术而不是语言的艺术。没有文字则没有文本，没有文本则没有文学。文字是构成文本的基本材料。单个的文字在没有组成文本之前，只是表意的符号，所以由文字组成的文本才是文学的载体。但是，目前大多数文学理论认为，文学是语言的艺术，是审美的语言作品。这种观点显然混淆了语言同文字的区别，更是忽视了文学存在的文本基础。语言就其性质而言，它可以为文学的出现创作条件，例如利用语言讲述故事，但仅靠语言无法产生文学作品，只有借助文本文学才得以存在。

在电子技术出现以前，以声音形式生成的语言只能凭借记忆保存，不能转换为可见的物质形态。借助语言讲述的故事并不能真正凭借记忆保存下来。正是语言的这一特性，决定了语言本身不能成为文学。直到文字出现以后，语言才能借助文字转化成文本，为文学的出现创造了条件。

有观点认为，文字仅仅是因为记录语言而被创造出来的。但事实并非如此。文字既可以记录语言，也可以记录以非语言形态存在的意识和思想，即脑文本，把它们转化为物质形态。无论语言还是意识或思想，只有当它们被文字记载下来以后，抽象的思想和借助声音生成的语言才能转变成固定的物质形态，才能形成可视、可读的文本，成为文学。

文本是由符号组成的，它既是语言的物质形态，也是思想的物质形态。只有文本才能构成文学，语言只能表达文学而不能直接构成文学。当语言转换为文字的形式以后，作为语言表意符号的文字才能组成文本。文本是语言或思想的可视、可读形式，是文学赖以存在的基础。

三　脑文本与语言

就文本而言，语言、符号与文本只是表象，而它们的本原隐藏其后，不易发现。这个更深层面的东西就是脑文本。语言、符号和文本都是在脑文本基础上产生的，因此要解决语言、符号和文本的问题，就应该从脑文本的研究入手。

脑文本，即保存在大脑中的思想。脑文本以人的大脑为载体，是一种特殊的生物形态。脑文本也是思想的物质形式，是抽象思想的物质转换。脑文本存在于大脑中的活性物质中，是一种有生命的文本，是活的文本，因此在性质上不同于其他形式的文本。脑文本不能遗传而只能口耳相传，因此除了少量的脑文本后来借助书写文本被保存下来之外，大量的具有文学性质的脑文本都随其载体的死亡而永远消失湮灭了。直到今天，无论是书写文本还是电子文本，从根源上说都是对脑文本的复写、加工、存储和再现。没有脑文本，就没有书写文本和电子文本。没有脑文本，就没有文学创作，就不可能产生任何形式的文学。

在脑文本的表达形式上，语言是表达脑文本的声音形式。声音能否形成文本，答案是否定的。由于声音只是表达文本的媒介，因此声音本身不能形成文本。声音只是表达脑文本的方法，声音也可以用书写符号记录下来，形成由书写符号构成的书写文本。但是，声音本身只是一种形态而不是文本。

脑文本不是在思维过程中形成的，也不是思维的工具，而是整个思维过程中最后阶段产生的认识结果。就思想而言，思维是人这个主体获取思想的方法，概念是主体进行思维的主要工具。人的认知从感受器接收信息开始，在感知过程中形成抽象概念，从而为思维创造条件。思维就是主体利用概念进行分析、综合、判断、推理等认识活动的过程，是人类特有的心理和精神活动。思维是一个过程，因此人的思维始终是动态的。当思维由动态转为静态，思维的过程结束，思想因此产生。思想不是抽象的，不是动态的，而是在人的大脑中保存下来的文本。由于这种文本以人的大脑为载体，因此我们称这种文本为脑文本。脑文本是以静态形式保存下来的思想，能转换成语言、书写文本等其他形态。通过这种转换，脑文本才能成为在人身上发生作用的指令。

精神的存在是以脑文本为前提的，没有脑文本，就不可能有对精神的认知。对心理的分析也同样如此。人的心理活动也是以脑文本为载体的，没有脑文本，心理活动就不可能存在。无论精神分析还是心理分析，都离不开对脑文本的分析。脑文本是决定人的思想和行为的既定程序，不仅交流和传播信息，也决定人的意识、思维、判断、选择、行动、情感。脑文本就如同戏剧表演的脚本，怎样的脚本，决定怎样的表演。人的思想、选择和行为，包括道德修养和精神追求，都是由保存在人的大脑中的脑文本决定的。脑文本决定人的生活方式和道德行为，决定人的存在，决定人的本质。

文学教诲功能的实现是通过文学的脑文本转换实现的。文本产生之后，口耳相传的道德经验变成了由文字固定下来的文本形式，例如诗歌、故事、格言、寓言、小说、戏剧等。这些由文字构成的文本就是文学，记载的都是有利于人自身生存和发展的个人的或集体的道德经验，它们的价值就在于为人类能够提供教诲。学习文学的目的，是获取我们所需要的脑文本。因此，如何选择用于某种教诲的文学作品就变得特别重要。文学伦理学批评的作用，就是通过对文学文本的分析、解读和批评，为读者建构脑文本提供优秀的文本，以促进人的道德完善。文学伦理学批评运用新的批评方法，通过优秀脑文本的选择，解决文学用于教诲的问题。

四　成果的主要价值

文学伦理学批评研究语言、符号及文本，从基础理论上厘清文学同语言、符号及文本的关系，从跨学科角度上解决文学的基本理论问题，其目的仍然是促进文学文本的阅读，充分开发文学的教诲功能，发挥文学的教诲作用。作为一种批评理论，文学伦理学批评把文学理论研究和文学批评紧密结合在一起，回答文学理论与批评如语言、符号、文本等的根本问题。语言、符号与文本问题的深入探讨是文学伦理学批评基础理论研究的基础。随着研究语言、符号和文本核心问题的深入及跨学科拓展，不仅文学伦理学批评的系统理论将会得到进一步完善，而且还将为文学及相关学科中重要基础问题的研究提供启示和参考。

亚里士多德《论诗术》笺释

——中文学界基于《论诗术》阿拉伯传系的首次尝试

浙江省社会科学院陈明珠主持完成的国家社会科学基金项目"亚里士多德《诗学》疏证研究"（项目批准号为：13CWW035），最终成果为专著《亚里士多德〈论诗术〉笺释》。

古希腊哲人亚里士多德（Αριστοτέλης，前 384~322）的《论诗术》（Περὶ ποιητικῆς）作为西方第一部专业、完整、系统的诗学著述，在诗学史上据有经典地位。对于像《论诗术》这类古代文本，深入的专题探讨必须建立在严谨的译注笺疏文本之上，最基础的文献资料整理工作，也是回到文本本身的理论研究。笔者在研究中大大得益于前辈学者们的译注，但随着研究深入，却产生了更多困惑。并且由于对《论诗术》阿拉伯传系价值的发现和意义的挖掘，促成笔者自己来做一个《论诗术》的译注笺释本。

《论诗术》虽成于前 4 世纪后半期，被奉为西方第一部专门系统的诗学理论著作，但其在古代世界似乎谜一般地隐匿着，甚至独立于亚氏其他哲学著作的流传，其抄本迟至文艺复兴时期才得见天日。现存最早的见证中，有希腊抄本、拉丁译本和阿拉伯译本。阿拉伯本从年代上来说比欧洲抄本还早一些，但由于语言层层转译及阿拉伯世界对悲剧和希腊文化背景的隔膜，此系统价值颇受怀疑。因此，《论诗术》的研究缺乏连续传统，本身有漫长难解的断裂，古注古疏稀见。《论诗术》虽是如此古老的文本，其研究却始于文艺复兴时期对古代文献的发掘，是文艺复兴以来近现代思想语境下的产物。《论诗术》影响在 17 世纪新古典主义达到顶峰，其中某些观点以种种提炼归纳后的"成品"方式广为传播。在其影响如日中天之际，诸如"三一律"这样带有明显误解的条条框框亦被冠以亚氏规范的名义，堂而皇之地被奉为金科玉律，如是奠定了其经典地位。

反思文艺复兴以来《论诗术》近现代研究的状况，除了受时代风尚影响的误读外，对《论诗术》颇有问题的解读方式也确有隐衷。深层原因就在于《论诗术》的文本状况和写作风格。现存《论诗术》似乎残缺不全，行文粗疏随意、含混晦涩。其间充斥着大量诸如论述不平衡、缺失、离题、脱节、语焉不详之类的问题。糟糕的文本状况和简省的写作风格对其解读和研究影响甚巨，常陷入两个极端，要么谨小慎微、陈词滥调；要么自以为是、肆意发挥。历经古今学术分科和研究范式巨大转变，更是疑义丛生；及至近现代研究，受限文学文化视野，愈加画地为牢。无论《论诗术》流传历史还是文本状况、文体特征，虽是例行学术问题，但疑点颇多，且这些问题彼此割裂，并脱离《论诗术》内容解读和意义探究。《论诗术》根本上仍是个谜一样的文本！

还原到《论诗术》产生的历史背景、作者意图、理论框架，则《论诗术》本是亚里士多德从哲学视野，以哲学方式对"诗"这种事物进行的探究，是哲人对万千世界思考的一部分，与其整全之思联系紧密。在哲学和思想史上，柏拉图在《理想国》中对"诗"进行了古典时代最激烈最强硬的攻击，《论诗术》作为对此批评的直接回应，乃"诗与哲学之争"这一重大问题的经典文本。现代以来，对"诗"的反思一再回到哲人视野中心，力图重新绷紧诗与哲学间张力的现代哲人如尼采、海德格尔等，深切认识到《论诗术》乃哲学之思、哲人之作，在诗与哲学之争中据有关键位置。从哲学语境和思想史角度，无论在古典思想的横向坐标还是现代变迁的纵向语境中，《论诗术》都是思索"诗"之问题要遭遇的首要文本。重启诗之反思，需要不断返回《论诗术》本身，重新进行解读和评估。《论诗术》既非特定文化观念宣示或文学理论规定，更非写作学、创作学教条手册。《论诗术》凝练简省的形式、抽象枯燥的风格、充满疑义的表述、晦涩含混的论说与此哲学性质密切相关。

重回《论诗术》本身，重启哲人意图、问题框架，必须重视其文本形式、理论构架、意义表述。亚里士多德所有传承下来的作品，除了《雅典政制》外，其他都是内传（ακροαματικός，意为"口传"）文本，即所谓"隐微"（ἐσωτερικός）文本，这本是文献学上的常识，《论诗术》也不例外。"内传"和"隐微"的原因在于内容的哲学性、理论性，目的是引导性、启发性、思考性的哲学教导。与提供给学园外部的、宣教性质的、形式和内容通俗易懂、相当程度贴合大众意见和接受程度的"外传"（即公开发表的）的"显白"作品相对，"内传"和"隐微"著作仅限于学园内部，是给已经有相当程度学理和思考准备者的口传讲义。对于《论诗术》这样一个文本的解读，穿透其隐微风格至为关键。一旦隐微视野得以开启，《论诗术》的诸多文本特征或许根本不是传抄错误或者流传损害，而很可能恰恰是隐微风格的有意为之；一旦有此意识，则传统的疑难之处就变得具有问题性、引导性，成为开启隐微解读的入口。

研究发现，19～20世纪爱尔兰的阿拉伯学者玛高琉斯（D. S. Margoliouth）阿拉伯传系译注本中保留了极可能是古代传统中流传的对《论诗术》隐微风格的例释。即便只是个别例释，也强有力地证实了《论诗术》写作风格的隐微性，理论内容的哲学性，文本性质的特殊性、目的性，形式和内容关系的密切性；其例释表明了《论诗术》同亚氏其他哲学著述一样逻辑严谨，与亚氏整个著作全集有紧密严格的文本互涉互证关系，这种关联性也从一个侧面反证《论诗术》根本上的"哲学性"。其形式隐微，内容哲学，二者密不可分。《论诗术》文本流传的隐匿和断裂，正是因为这种"内传"性质，甚而可以说正是其隐微风格的超级成功。而阿拉伯传系，不仅仅因为其时间上比文艺复兴的研究传统早，更因为就思想传统而言，相比于西方世界的断裂和古今之争，中世纪的阿拉伯传统才是古希腊传统的真正传继者。因而，在阿拉伯传系中发现对古代隐微著述传统的内行解释、哲学解释其实并不那么令人意外。但长期以来，一方面因语言层层转译、文化背景隔膜等因素，阿拉伯传系的意义价值颇受怀疑；另一方面隐微风格始终具有潜力，并不那么容易被穿透和接受。从现实看来就是如此：尽管西方学者也发掘和整理了阿拉伯传系的东西，但这些解释还是没有得到足够的重视，从文艺复兴到今天，这一解释传统在《论诗术》研究中始终边缘，可有可无。

而对于达成这个目标，笔者认为最重要的就是重新重视和认真发掘阿拉伯传系的遗留。玛高琉斯本中虽然只是保留了一些释例，但这些释例是颇具一贯性的，因而是一套完整阐释所遗留片段。作为范例，对如何解读《论诗术》来说非常具有启发性。玛高琉斯本的释例，能让我们获得一种"穿透隐微"的眼光，首先，尊重亚里士多德的权威，尊重《论诗术》文本本身，尊重其文本形式、情节论证和表述方式，不轻言文本错误，而且特别要从那些看起来有疑问的地方找到阐释的线索；其次，高度重视《论诗术》自身以及《论诗术》与亚氏哲学大全之间绵密的文本互涉，找到可靠的阐释依据，以亚里士多德解释亚里士多德。这种阐释方法在近现代的《论诗术》注疏和研究中别具一格，毋宁说直指近现代《论诗术》研究之弊。

对于古典文本的古注古疏，尤其是口传性质的阐释，无论中西，都有必要考虑其家法师法，毋相羼杂。因此，笔者的笺释力图谨守玛高琉斯本中呈现的阿拉伯传系的家法师法。首先，该成果释义专主玛高琉斯本以为参考；其次，即便是玛高琉斯本，其中出于阿拉伯传系及其阐释原则之外的近现代观念的理解和注释，均予以剔除。考虑到迄今为止，从阿拉伯传系而来的校注本，除玛高琉斯本之外，还有 Tkatsch 本。因此，该成果最大的遗憾是因为笔者不懂德文，无法处理 Tkatsch 本的内容。但是，因为Tkatsch 本有意反对玛高琉斯本，则处理这二者的关系，以及二者对于阿拉伯传系的意义，可能属于一个专门的问题。因此，无论如何，基于前述玛高琉斯本释例对于阿拉伯传系阐释原则的充分呈现，基于玛高琉斯本并在其阐释原则启发下的完整笺释仍然是有独立意义的。

该成果的翻译仍基于希腊原文。玛高琉斯本的英译文亦从希腊文译出，另以拉丁文翻译了阿拉伯译本。由于阿拉伯本是译文，且是转译，基于阿拉伯本的文本重建是极为烦琐的，属于一项非常专门的研究，因此该成果《论诗术》文本并不纠结这些问题，而是从希腊文翻译《论诗术》文本。以Kassel［OCT］为底本，对照重视阿拉伯传系的 Leonardo Tarán 和 DimitriGutas新校勘本，参考玛高琉斯本英译。玛高琉斯本的英译文并不紧贴希腊原文，有部分译文是释译性质，一些释译与其注释中很可能是来自阿拉伯传系阐释的理解保持一致。笔者对《论诗术》文本的翻译从希腊文直译，只从意义上参考玛高琉斯本，但并不跟从其译文。但对于其译文中具有阐释性质，可以作为辅助理解的部分，笔者译出并以"M 本释译"的条目放在注释当中做参考和对照。出于尊重《论诗术》文本的重要性，本书中译文力图紧贴希腊原文，中文词法和句法结构做不到像西方现代语言和希腊语之间的相似性，但求做到不随意增删改移，保留文本缺陷和障碍，辅以校勘说明；关键语词一以贯之，与希腊原文严格对应或附注希腊原词，附详细索引。玛高琉斯本有一题为"亚里士多德的隐微风格"的长篇导言，保留了相当多释例，且总结了隐微风格的阐释原则，非常有价值，因此译出作为本书导言。该成果的注解笺释包括四个部分，除了上述"M本释译"外；"M本注"译出了玛高琉斯本注释中符合阿拉伯传系阐释原则的注释；"译疏"是笔者对玛高琉斯注的疏解；"译注"是笔者根据阿拉伯传系阐释原则做出的注释，其中有相当大的部分是对《论诗术》情节论证的笺释。

该成果以反思文艺复兴以至近现代《论诗术》研究主流、反思中国《论诗术》研究和接受为起点。重视《论诗术》本身哲学性，关注哲人意图、问题框架、理论表述；关注与柏拉图、与"诗与哲学之争"等哲学史思想史背景关联。重新挖掘《论诗术》阿拉伯传系意义和价值，重视《论诗术》内传性质，隐微风格；重《论诗术》内部文本互涉互证、与亚氏其他著作文本交互引证。以文本疑难做突破口，将文本形式风格研究，将章句考释、文本互涉等证据挖掘与哲学探究及情节论证结合，对传统上割裂的各方面疑点和问题通盘考虑。

对《论诗术》这类古代文本的深入探讨须建立在详瞻严谨注疏基础上。中译本从希腊原文翻译得少，带注疏的更少且不完备。本成果可为中国学界《论诗术》研究再提供一个学术性标准注疏本。并且，当前通用的以陈中梅本集注为主，非贯通义疏。台湾疏本有现代观念先行、凭己臆断之弊。该研究从希腊原文翻译，紧贴文本笺证，贯通文意疏解的完备版本仍具基础性、开创性意义。该研究是中文学界基于阿拉伯传系阐释原则对《论诗术》进行完整贯通笺释的首次尝试，从思想史意义来说，阿拉伯传系的重新挖掘对于《论诗术》研究来说很可能并非另辟蹊径，而是正本清源。

楚卜筮简整理与研究

潍坊学院蔡丽利主持完成的国家社会科学基金项目"楚卜筮简整理与研究"（项目批准号为：13CYYO45），最终成果为同名专著。课题组成员有：曲冰、袁金平。

一　研究的目的与意义

楚卜筮简是楚人书写在竹简上的占卜、祭祷记录。楚人"信鬼神重淫祀"，凡仕途是否顺利、疾病是否痊愈、迁居是否适宜等都要进行占卜，卜问哪路鬼神作祟，应当举行什么祭祀以祈福禳灾，并根据占卜的结果进行相应的祭祀祷告。

楚卜筮简几乎贯穿整个战国时期，能够比较全面地反映楚国的时代特色，它真实地记录了当时楚国各个阶层的占卜情况，为研究楚国各种制度、风俗，提供了第一手数据，对于楚国历史、楚地文化、古文字学的研究都有十分重要的意义。同时，楚卜筮简对重新构建天神、地祇系统及楚先祖世系的再探源也有着不可估量的作用，弥足珍贵。综观楚卜筮简研究概况，目前还没有对楚卜筮简文字进行全面整理、研究，该成果对楚卜筮简所涉及能释读的每一个文字，上自甲骨文、金文，下至小篆或传抄古文，形体一一溯源，推敲其流变，厘清其演变、讹变等情况，为文字释义提供字形依据；将每一个文字所出现的语言环境全部辑齐分类，不避其繁，为文字释义提供全面的语言环境，并根据语言环境分析词义、词性归属；同时统计出每一个文字使用频次、出现特点，为进一步语言学研究提供词频等依据；每一字头下据《古韵通晓》《说文解字》给出声韵和反切，为文字通转提供音韵学依据。

二 成果的主要内容

该成果以所有出土并公开发表的楚卜筮简为研究对象，对其进行整理、研究。总体分两部分进行，主体部分是对楚卜筮简文字详细梳理、释义，将所有可辨识的楚卜筮简文字进行分类整理，将字词大体分为"名物词""运动词""特征词"以及其他（含虚词、代词）等，不能确定的或疑惑不解的均归入"存疑"组中。"名物词"下又分时间、空间、动物、植物、宗教、人伦、文化与艺术、人名、地名、谥号、山丘、河流、墓葬等二十六个小类，"运动词"下又分变动、及物、及人、目动、口动、心动、手动、足动、身动等八个小类，"特征词"下又分状人、状物、表数（加上量词部分）等三个小类。同一个字依据所属不同的词义、词性归属分别划入不同的大类与小类，如"子"既可表时间用于干支纪日，又可用作人名，还可表示子女等义，这样依据其词义分别归入"时间"、"人名"、"人伦"三个小类中；再如"言"既可表歌谣辞赋，又可表说话、谈论，则分别归入"名物词"大类中的"文化艺术"小类以及"运动词"大类中的"言动"小类，其他文字以此类推来处理。另外，词语的释义，需要以简洁、合理和高度概括的语言加以描述，不仅要为读者提供尽可能完备的义项，而且每个义项的概括也应该准确、严密。该成果不惮其烦，将每一个文字所出现的语言环境全部列出，对有争议或争议较大字词详加梳理，取舍说明理由。成果主体部分字词释义举例：

高 ｛2 例｝（《古韵通晓》：宵见；《说文》：古牢切）

"高"，甲骨文作"高"（合 21826）、"高"（屯 1102），金文作"高"（牧父丁罍，商）、"高"（师高器，西周早期），形体像一个高高的楼台建筑。楚卜筮简在承袭甲骨文、金文的基础上字形省简，如"高"（包山·241）、"高"（新蔡·甲三·387）。

位置在高处的。凡 2 例。

（1）亯（享）祭筲之高丘、下丘（包山·237）

（2）亯（享）祭酌之高丘、下丘（包山·241）

《玉篇·高部》："高，上也。"《礼记·曲礼上》："不登高，不临深。"

《马王堆·老子甲本后古佚书》："台室则崇高，污池则广深。故《诗》云：'高丘之下，必有大峡，高台之下，必有深池。'"简文中因有"下丘"相对，故"高丘"当为位置在高处的。《鄂君启舟节》亦有"高丘"，是否与简文中的"高丘"一致，还有待进一步研究。

酉 ｛28例｝（《古韵通晓》：幽喻；《说文》：与久切）

酓 ｛17例｝ 𠴤 ｛7例｝ 酓 ｛2例｝ 酉 ｛2例｝

"酉"，甲骨文作"𝍖"（合19866）、"𝍖"（合32859），金文作"酉"（父辛酉卣，商）、"酉"（矢令方彝，西周早期）、"酉"（郑师□①父鬲，春秋早期）。形体像酒尊之形，本义应是装酒的容器。酒、酉一字分化。楚文字用于地支用字时，严格将酒、酉分开，用作地支"酉"时增加区别符号，或加撇作"酓"（新蔡·乙三·29）、"酓"（新蔡·甲三·46），或增加木旁作"梎"（包山·218）、"梎"（包山·221），只有极个别与"酒"同形如"酓"（秦一三·三）。

地支名用字。凡27例。

丁酓（酉）☒②（新蔡·甲三·34）

当同一文字有不同归类分属时，字形溯源只出现在顺序靠前的类别中，如上文所举"子"字，同时归属"时间""人伦""人名"三个小类，而"时间"小类顺序是最靠前的，则"子"的形体溯源出现在"时间"小类中，其余"人伦"、"人名"小类中不再出现。

该成果对部分内容进一步深入探讨，专题研究。专题研究分贞人、筮具研究、贞卜原因、祭祷名称、祭祷对象研究。在贞人研究中我们发现贞人有这样几个特性：世袭性、职业性、分散性、兼职性。贞人与贞具之间有使用的传承性、兼容性、稳固性及多样性等特点。在贞卜原因研究中，通过对疾病名称、发病部位以及发病症候的分析，可以发现各墓主患有多种疾病，也可能是一种疾病引发的并发症。各墓主几乎都有胸闷、心疾、不能食、憋气等症候，说明他们所患疾病相同或相似，由他们祭祷先祖先王系统可知，新蔡、望山、包山三墓主之间关系密切。由此可认为各墓主所患之病为当时楚王公贵族通病，或者说可能楚王族内部有某种疾病家族史。在祭祷对象研究中，我们构拟楚先祖系统表，根据笔者的理解进行一

定的分析。

将出土竹简文字分类整理研究，是研究方法的一次有益尝试。楚卜筮简涉及众多方面内容，该成果将所有文字按人名、地名、贞卜工具、时间、祭祀方式等分类研究，内容清晰，条理清楚，方便读者和业界学者使用、查阅。楚卜筮简长期以来总是带着神秘面纱出现在人们视野中，读者想了解却难懂其语词之古奥，偶有学者对个别词语进行释读、释义，但一词之解终难解整篇卜筮简之难，为此，该成果将字词梳理作为主体，从字形、字音、词（字）义、语言环境等角度出发，对每一个能释读的文字，不惮其烦，逐一探究。

通过对每一个文字归类梳理，我们认为工具类中的"大英"或由"大央"的讹书变化而来；疾病类中"百骨体疾"之"百"或可理解为概数"多"指由于某种病症引起多处骨头疼痛，因此不必通过各种辗转他读释义，结合"百骨体疾"所出现所有语境，"百骨体疾"多是由心闷、胀气等原因引发，将"百"理解为额骨、盆骨、或全身骨头疼都不是很合适；而简文"樂之，百（白）之，贛（戇）之"中的"百"当读为"白"，告也，"樂之，百（白）之，贛（戇）之"是一套娱神仪式，楚地巫风盛行，求神祭祷仪式隆重而又热烈，伴随着音乐巫师一边舞蹈一边念念有词，以此娱神、告神并与神交流，用以祈福禳灾去患。简文"☒犠馬。先之以一璧，迈而归之"中"迈而"有学者认为是连词，表顺承关系，通过其本身的语言环境、相关卜筮简大语境及语法角度研究，我们认为"迈而"不当作连词理解，"迈"应看作"实词"训"前往"义，与之相似的辞例还有：

邇（逐）彭定之祝（说）於北方一静（𤲬），先之☒。（新蔡·乙二·30）

墼（举）祷於堕（地）宝（主）[一]青義（犠），先之一璧。（新蔡·乙二·38、46、39、40）

这里的"先"均可用为"先后"之"先"，在用牲前先用玉进献神灵。需要注意的是"先用玉，再用牲"是针对"玉"和"牲"的顺序，而不是"先用玉再归之"这样一个顺序，"先"和"归"都是针对"玉"而言。因此，从罗辑上似乎并不存在顺承关系，而"归"却有一个时间问题，并不是时时都可以"归"，例如：

八月归備（佩）玉於晋（巫），丁占之吉。（天卜）

璧琥，罺（择）良月良日遅（归）之。（包山·218）

从上述辞例可以看出"归"需要有时间选择，"归"需要选择"吉日"，简文"先之以一璧，迈而归之"即可体现这一点，"以一璧先之于用牲，即刻前往'归'之"如此理解，"归"的"时间性"充分体现。若以上论述不误，"迈"训"前往"，整个文意通畅，音如字读，不再需要通假他读，《广韵·蒸韵》："迈，往也。"再如简文"隆（随）厌（侯）之筮"之"隆（随）"有学者认为是姓氏用字，经过研究我们认为此处"隆（随）"当为地名用字，应是古随国被楚灭后设的一个封邑，因其地位的特殊性，故随地仍可沿袭旧称。在梳理"祭"与"祀"二字时，发现二者的细微差别是：①来源不同。祭，际也。"祀"与"飤"可能同源。②"祭"后多连接具体对象、物品，如"速祭公宝（主），冢豕，酉（酒）飤（食）"；"祀"多与"祭"连用。③意义承担不同。"祭"主要承担"祭祀"义，"祀"泛化为多个义项。④使用频率不同。在供奉鬼神、先人这一义项上，"祭"常用，"祀"使用频率越来越低，即便使用也常常是"祭祀"连用，组成偏义复词。

楚卜筮简人名异写现象也十分严重，如"魏"氏，就有"逞、壨、隈"三种写法，楚先"老童"之"童"也有"禈、嫧、僮"三种写法。"大川有沿"一词一直悬而未决，意见有七八种之多，通过字形溯源、语境比对等，我们认为"大川有沿"当指"大川不顺畅的地方或受阻碍之处"。限于篇幅，不一一举例论证。

三 成果的主要价值

该成果通过文字的梳理，词义的阐释，语句的串解，使读者对楚卜筮简内容有一个大致了解，不会再望而却步，不会再因字词的古奥而迷惑不解。楚卜筮简是遥远筮占文化的一个具体再现，该成果的研究作为筮占文化的一部分，是打开筮占文化之门的关键之一。出土文献与传世文献相结合，才能使筮占文化体系更加完善、完美。楚卜筮简所承载的历史文化信息以准确的文本为基础，准确的文本则是以准确的释字为基础，字词的解读则是基础中的基础，只有对出土文献正确的解读，才会有后续的各项研究，该成果研究价值可见一斑。同时，该成果还可作为其他楚文字释义的参考依据，也为一些古文字释读提供帮助。楚卜筮简文字作为楚文字的重要组成部分，为将来楚文字系统研究、整理、研读、释义夯下基础、做好基石。

中古汉语连词研究

湖南师范大学徐朝红主持完成的国家社会科学基金项目"中古汉语连词研究"（项目批准号为：12CYY045），最终成果为同名专著。课题组成员有：张国良、罗晓林。

一　研究的目的和意义

（一）研究目的

首先，调研中古口语性相对较强的白话系文献和文言性质相对较强的史书等文献中的连词，以期了解中古汉语时期的连词系统。

其次，以在中古汉译佛经中调查到的连词为对象，在共时平面上比较这些连词在中古两种文献里的使用情况，以进一步了解中古汉语连词的特征。

最后，探讨连词产生、发展和演变的规律。从历史的角度、宏观地探讨中古新生连词在汉语史上的发展演变，此外，运用功能主义语言学和接触语言学的理论和方法，通过对各具特征且有代表性的新生连词的个案研究和专题讨论，探讨汉语连词语义演变的模式、机制和动因，揭示汉语连词语义演变中的认知操作、语用策略和接触动因。

（二）研究意义

中古汉语是汉语历史一个重要的关键转型时期，以汉语连词为切入点，探求中古时期的语言特征，是中古汉语研究尤其是汉语语法史研究的一个重要内容，对于构建汉语史特别是汉语语法史、汉语词汇史具有重要的意义。虚词是汉语语法表达的重要手段，而连词是重要的虚词。因此汉语连词发展演变规律的探讨，对于丰富汉语语法系统、深入认识语言演变规律具有重要的启发意义。

二　成果的主要内容

（一）主要内容

该成果仔细爬梳反映当时实际语言程度大小不一的白话系和文言系材料，对其中的连词仔细甄别、详细描写、合理解释，以期了解中古汉语时期的连词系统；同时，通过共时比较，探讨新生连词在中古两种文献里的使用情况，从一个侧面更全面地了解中古汉语连词乃至整个中古汉语的语言特点。此外，通过历时考察中古新生连词的发展演变，特别是通过连词的个案研究，总结了中古汉语连词在汉语史上的地位以及连词产生、发展演变的规律，探讨了连词语义演变模式。具体研究内容分为共时研究、历时比较、个案研究和专题探讨等几个部分。

共时研究。共时研究既包括全面系统考察中古汉语联合、中古汉语主从关系连词，同时也包括对中古汉语两种文献材料中的连词比较。我们把中古汉语连词分为九个次类：并列连词、选择连词、承接连词、递进连词、假设连词、因果连词、条件连词、转折连词、让步连词，从连词的文献使用范围、使用频率、语法意义和语法功能，以及连词的来源、同义连词的相互比较等方面详细描写我们在中古文献材料里调查到的 180 个连词，以期达到了解中古汉语连词概貌之目的。除此之外，中古汉语时期的汉译佛经文献和本土文献，是既有相同因素又有不同因素的两种汉语历史文献，所以我们在研究中古汉语连词的时候就有可能也有必要在共时平面上比较两种文献里的连词使用情况。共时比较以我们在中古汉译佛经本缘部里调查到的连词为对象，在共时平面上比较这些连词在两种文献里的使用情况，从一个侧面更全面地了解中古汉语连词乃至整个中古汉语的语言特征。

历时比较。历时比较既包括单个连词描写时历时考察其连词的语法意义和语法功能，同时也包括宏观地探讨整个中古新生连词在汉语史上的发展演变，从而凸显中古连词在汉语史上的地位以及汉语连词产生发展演变的规律。

个案研究。我们选取中古汉语中七个各具特征且有代表性的新生连词，挖掘它们语义演变特征及其相应的原因和机制。包括因语言接触而引起语义演变的典型代表并列连词"亦"，借助中古汉译佛经文献并参考中古本土文献探讨连词产生时间的并列连词"并"、较好解释连词来源的并列连词"合"，汉语史上具有时间特色的假设连词"脱"、有违语言倾向性发展的假设连词"如或"、中古特色连词"正使"、句法结构对连词产生有重要影响的让步连词"虽然"。

专题探讨。运用功能主义语言学理论和方法，探讨时间范畴到假设条件连词语义演变。"持续义"时间词以"还""尚""犹"为例、"追溯义"时间词以"向""乡"为例探讨它们的语义演变，概括语义演变过程的特征，分析两类时间词向连词演变过程中呈现的差异，进而解释时间范畴向条件范畴演变的动因和机制。

（二）重要观点

（1）中古汉语连词是一个历时与共时、本土和外来以及方言和通语相互融合而成的、具有历史层次的复杂的连词系统。这个复杂的连词系统，从一个侧面体现了中古汉语的语言特点，同时也反映了中古汉语承上启下的过渡性特征。

（2）中古汉译佛经文献是一种非自然独特的变体，这种变体造就了中古汉语连词一些独有的特征。从宏观角度说，形成了一批中古汉译佛经特有的连词，如并列连词"亦"、选择连词"或当""或复"、假设连词"若脱"、条件连词"正使"；从微观角度来说，连词的语法功能也呈现特殊性：如改变了汉语常规的句法结构，如并列连词"并"为满足四字格的需要，句法位置特殊，一改汉语并列连词"联系项居中"的原则；双音节连词大大增加，双音节的形成主要是通过同义复合和附加词缀两种方式构成，并且作为构词语素的词缀不只是凑足双音节的作用，还会影响到连词的语法功能。如"并"可以作并列连词和递进连词；加上词缀"复"后的"并复"只作递进连词，而不作并列连词。

（3）对比中古汉语时期两种重要文献中连词使用情况，我们发现了一条倾向性的语言演变规律：中古汉语时期，在中古汉译佛经里使用频率高、语法功能强的连词，一般沿用到近代汉语乃至现代汉语；而在中古本土文献里使用频率高、语法功能强的连词，一般使用时间短，至近代汉语时期就成了文言词，只存在于唐五代时期文献性质较强的史书文献，近代后期几近消亡。

（4）从历时的角度看，中古汉语承上启下的过渡性特征，不仅有新旧连词的更替，更为重要的是有连词语法意义和语法功能的变化。从新旧连词的更替的角度看，中古汉语产生了一批新生连词，有些甚至沿用到现代汉语，如因果连词"所以"。从连词的语法意义和语法功能来看，把中古汉语连词的语义和语法特征置于历时的角度，我们能够更好地从一个侧面了解汉语史的发展演变。如递进连词"而且"，中古汉语时期的"而且"为词语连词，连接单音节形容词；而现代汉语里可以为词语连词时连接成分双音节词，同时也可以句间连词。"而且"这种语法功能的变化或许从一个侧面反映了汉语历史语法的发展和演变。

（5）通过对中古汉语180个连词系统考察，特别是对各具特征且有代表性8个新生连词的个案研究，挖掘连词产生、发展和演变的规律。我们认为，连词的来源多样化，汉语连词可以通过动词、代词、介词、副词等词类语法化而来，也可以通过连词内部语义功能的演变、语言接触引发的语义演变而来，同时，汉语双音节连词主要通过同义复合、附加词缀、"临近结构"词汇化而来。此外，我们认为，连词产生的机制主要是重新分析、类推以及借用，其中借用或许是中古汉译佛经中特殊连词形成的一个最主要的机制；其动因主要是语用推理和语言接触，其中语言接触或许对中古汉译佛经中特殊连词形成尤为重要。

（6）运用现代语言学理论对时间范畴向条件范畴演变的考察，我们发现不同义的时间词在向条件演变的过程中，既具有时间范畴向条件范畴演变的跨语言反复出现的共性特征；同时"输入端"语义和功能的差异，也导致了在演变过程中各自的差异，最终导致"输出端"即条件连词功能的差异。通过重新分析和扩展这两个机制，时间范畴向条件演变，演变动因是基于"不过量原则"推理。

三　成果的主要价值

连词是重要的虚词，在全面探讨汉语连词系统的基础上，运用现代语言学在句法环境下对汉语连词语法化研究过程中所出现的现象做出合理的解释，这是对汉语连词研究方法的一种新的突破。该成果能帮助我们找出汉语历时句法演变的规律，摸索出汉语历时句法研究的新经验，探索汉语历时句法研究的新途径，这是提升汉语历时句法研究整体水平的重要手段；同时既可以丰富西方历史句法理论的成果，也可以挖掘出汉语历史句法新的理论。此外，对连词产生的原因和机制等方面的研究，对当今计算语言学研究具有重要的参考价值。

从书写角度对简帛碑刻隶书
笔形变化的动态考察

河北师范大学郑振峰主持完成的国家社会科学基金项目"从书写角度对简帛碑刻隶书笔形变化的动态考察"（项目批准号为：13BYY102），最终成果为同名专著。课题组成员有：何林英、魏晓艳。

一　研究的目的和意义

汉字作为记录语言的重要工具，在历史的长河中，经历了激烈的角逐，最终优胜劣汰，适者生存，对华夏民族历史文化的传承起到了至关重要的作用。因此有必要去了解汉字的发展史，而做好这项工作，最好的办法莫过于从动态的角度描写出每个汉字的演变流程，揭示它们在不同时期不同阶段的发展面貌。可见，进行有关汉字字体演变的研究是必需的，也是有意义的。

二　成果的主要内容

从字体产生、发展的角度看，隶书在战国中期已见端倪，战国晚期已经使用，西汉中后期走向成熟，东汉石刻隶书是隶书的艺术高峰，直至魏晋仍然被广泛使用，之后隶书逐渐走向衰落。我们选取早期简帛隶书和成熟的碑刻隶书来从书写角度对隶书进行动态考察。我们结合汉字构形学、字体学、书法学的相关理论，综合运用提取特征法、特征描写法、层次分析法、数量统计法、系统比较法，对隶书的笔画、构件、整字各个层面进行细致的描写。在此基础上，笔者归纳了隶书字体演变的特点，并分析了其中所蕴含的一些规律，探讨了隶书字体演变的原因。该成果从书写角度细致地描写了早期隶书字体由篆到隶以及成熟隶书字体逐步定型的动态演变过程。

首先，对早期简帛隶书进行研究，早期隶书是在战国秦系文字俗体基础上发展而来，民间书写带有很大的随意性，同字异形现象突出。早期隶书处于隶变时期，形体变化剧烈，异体字大量存在，我们对睡虎地、马王堆、银雀山这三大简帛中的异体字做了穷尽性的统计与描写。《睡虎地秦简文字编》收录单字 1763 个，其中异体字组 1068 个，异体字中异写字组 1036 个，占异体字组的 97.00%，异构字组 32 个。《马王堆简帛文字编》收录单字 3226 个，其中异体字组 1826 个，异体字中异写字组 1715 个，占异体字组的 93.92%，异构字组 111 个。《银雀山汉简文字编》收录单字 1368 个，其中异体字组 921 个，异体字中异写字组 825 个，占异体字组的 89.58%，异构字组 96 个。其次，我们对两汉碑刻隶书进行了全面的考察，虽然就分析隶书的演变过程而言，汉碑的价值要逊于秦汉简牍，但是将碑刻材料与简牍材料结合起来，则能更全面、更完善地反映隶书演变的全过程。因此，我们结合甲骨文、金文、小篆、秦简等文字材料，对 520 个基础构件进行了系统的考察，详细描述了它们的演变路径，基本弄清楚了这些演变的原因以及演变发生的大致时间，从而了解了以这些构件为部首的一批汉字的演变过程，为汉字的应用实践提供了极大的帮助和有力的支撑。

汉字形体演变是一个以笔画变化为先导，由细微而至显著的渐变过程。笔画形态的描写与分析，及其演变规律的总结是我们对字体演变研究着手考察的起点。早期隶书处于由篆到隶的转变时期，书写元素由线条向笔画的过渡，我们重点描写了笔形变化，内容包括笔画的曲与直、连笔与断笔、延长与缩短、圆转与方折。笔画曲直变化部分，我们主要统计了从线条逐渐演变为横画、竖画的比例：在具有传承关系的 1888 个单字中，从线条向横画的发展共有 601 个单字，占传承字总数的 31.83%；从线条向竖画的发展共有 267 个单字，占传承字总数的 14.14%，在趋向横画、竖画发展的单字中，去除重复单字 64 个，剩余不重复的单字共有 804 个，线条趋向横画、竖画的平直率为 42.58%（804/1888=0.4258）。笔画圆转与方折部分，1888

个传承字中涉及圆转与方折变化的单字共有 510 个，其中从圆转到方折转化的单字有 482 个，占圆转与方折变化单字总数的 94.51% （482/510 = 0.9451）；从方折趋向圆转的单字有 28 个，占圆转与方折变化单字总数的 5.49% （28/510 = 0.0549）。笔画的方折率为 25.53% （482/1888 = 0.2553）。从以上描写与统计中，我们归纳出早期隶书笔画演变的两大重要特点就是：平直化和方折化，这既是古文字笔画演变的继承，也是这一时期的突出特点。同时我们对成熟碑刻隶书中的笔形进行了描写，按照符合自己需要的笔画体系，对横、竖、波、掠、点、折进行了逐一描述。并可见成熟隶书笔势上，起笔必藏锋，收笔有藏露。笔态上，笔画有起伏，肥瘦亦有变。转折上，转与折并用，有圆亦有方。

书写元素的变化引起了构件的变化，我们从书写角度出发，通过笔画变化来判断构件隶变程度，进而对构件做出分类。早期隶书构件类型有：完全隶变构件、半篆半隶构件、半篆半草构件。我们对睡虎地、马王堆、银雀山简帛的构件变化进行了详细的统计与分析，从中归纳出早期隶书构件的特点。第一，半篆半隶是早期隶书构件组合的主要类型。半篆半隶构件所占比例最高，睡虎地秦简中半篆半隶构件组成的整字有 1558 个，占单字总数的 88.37%；马王堆简帛中半篆半隶构件组成的整字有 2618 个，占单字总数的 81.15%；银雀山汉简中半篆半隶构件组成的整字有 778 个，占单字总数的 56.87%。第二，隶变是一个渐进的过程，早期隶书中隶变程度越来越高，隶变速度在加快。一方面，各种类型构件的比例逐渐发生变化，半篆半隶构件所组成的整字所占比例逐渐下降。另一方面，隶变过程中不同的构件隶变速度不同，这是隶变时期字体发展的不平衡性。同时通过对碑刻隶书的分析，我们可以看到笔画组合形式的改变，即构字部件的变化，对隶书的形体产生了全面的影响。从构字部件的分析入手，描述碑刻隶书形体的演变路径，力求弄清楚这些演变的原因以及演变发生的大致时间，并总结碑刻隶书部件转化的特点，即符号化程度提高、单元化程度提高、规范化程度提高、"服务"意识增强，等等。

通过对隶书的笔画、构件的描写与分析，我们对早期简帛隶书、成熟碑刻隶书的字体演变特点进行总结，做一些理论阐述。在早期隶书中笔画平直化、方折化的动态变化中伴随着书写元素性质的变化，书写元素由线条化向笔画化过渡。在这个过程中，既有篆书笔形的保留，同时新笔形也在逐渐形成。我们初步归纳了早期隶书的笔形系统：横、竖、点、撇、捺、钩、折、弧、曲、封等。其中，弧、曲、封等是篆书特色笔形的遗留，横、竖、点画等是篆书笔形的继承发展，撇、捺、钩画等隶、楷笔形也在孕育形成，另外，一些线条虽未完全演变成笔画，但却出现了成熟隶书的特点，如波磔、长竖、长撇、长捺等。早期隶书笔画化过程中具有不平衡现象，同一构件的笔画演变不同步，笔画演变过程中具有反复性。早期隶书中的草化现象比较普遍，既有笔画层面的，也有构件层面的。草化方式主要是连笔书写和笔划、构件的省简，还有快速书写中形成的特殊符号。睡虎地、马王堆、银雀山简帛材料中都有字体草率的写法，半篆半草构件在缓缓增加，睡虎地秦简中半篆半草构件组成的整字 46 个，占单字总数的 2.61%；马王堆简帛中半篆半草构件组成的整字 191 个，占单字总数的 5.92%；银雀山汉简中半篆半草构件组成的整字 199 个，占单字总数的 14.55%；半隶半草构件组成的单字 54 个，占单字总数的 3.95%。从早期隶书中，我们可见草书的萌芽与发展，但还没有形成真正意义上的草书字体。另外，我们也对汉碑字体的演变特点进行了总结，从动态的角度去考察形体的演变。我们总结出汉隶隶书笔画演变的几个特点：平直彻底化、方折明显化、笔势横向化、点画经常化，再者，还可见碑刻隶书中表现出来书体复杂的面貌。我们考察了 160 种汉代碑刻中最典型的书体类型，并探讨它们之间的关系，揭示出向楷书过渡的中间状态。得出的结论如下。（1）两汉碑刻隶书是复杂的，但并不是杂乱无章的，彼此之间存在相互渗透、相互影响和相互促进的密切关系。（2）俗体隶书和标准隶书一开始是发展关系，也就是由无波挑的俗体隶书发展为有波挑的标准隶书；然后，两者分化，各走一路，又形成并行的关系。（3）俗体隶书不仅发展培育出标准的八分隶书，而且还孕育衍生着楷书的成长。可以说，俗体隶书的发展演变过程，就是楷书从量变到质变的形成过程。

我们对字体演变的规律、趋势进行探讨。首先，隶书的字形上存在繁化和简化，具体表现在笔画和构件两个层面。笔画的繁化是纯粹外形上的繁化，大多无意义；构件的繁化属于文字结构方面，这种字形变化表面上是繁化而实际上是字形结构的一种演变。早期隶书正处于隶变时期，字形上简化更为明显，存在大量的简化现象，笔画的简化主要表现在一些构件中笔画的消失或减省，构件的简化主要表现在整字中重复构件的减省。此外还有几种特殊的简化方式：共笔与合文、黏合与分离等。

其次，隶书多处于隶变中，隶变对汉字形体的影响巨大，有时同一个形体演变成不同的写法，有时不同的写法演变为相同的形体，即异化和同化。同化作用造成的字形混同，它贯穿于汉字发展演变的过程，隶书中的字体同化虽造成了一些字构形理据模糊，降低了汉字的象形性，但同时也提高了构件的单元化、推动汉字符号化进程。隶书中字体异化常常是因为在构字时位置不同、独体与合体不同，而造成了同一构件的变异。同化和异化是从不同角度对隶书字体演变的分析，实际上二者是同时进行的。我们从纷繁的字体变化中归纳出一些变化通例，其实这也是汉字发展中普遍存在的共性，这些变化还受制于文字演变的普遍规律：字形的笔画遵循了趋直律、反逆律等规律，同化和异化是文字上的平衡律和类推律在改造字形时的结果，简化和繁化则是字形为了适应记录与交际要求。

最后，隶书字体还展现了符号化、规范化、美化，这些变化主要体现于成熟的碑刻隶书中。符号化是简化的一个结果，反过来又促进简化的进程；规范化是汉字结构发展的目的，它一面肯定简化的成果，另一面又制止简化引起的混乱；美化是汉字结构所追求的现实目标，有时与简化并驾齐驱，有时却背道而驰。

隶书形体演变是一个复杂的过程，其演变原因既有汉字系统内部规律的作用，又有其他的影响因素。字体结构必须借助书写才能体现，而书写又必须在一定的工具和材料上实现，因此用什么笔，什么书写姿势以及写在什么样的质地和规格的材料上等诸多书写因素都对字体的结构起到制约或推动其演化的作用。因此我们从书写载体、书写工具、书写方式以及书写章法等诸多书写角度出发，结合隶书文字材料，探讨隶书字体演变和形成的内在动因和外部因素。字形结构和字体演变相互影响、相互作用共同推动了汉字的发展，字形结构的定型化也推动了字体演变。同时书写中的意识与生理作用也会对字体演变产生影响。此外，书写材料与工具、书写者以及社会因素对隶书的字体演变也有着重要的影响。书写工具、材料对隶书的字体有直接影响。如早期隶书是在战国时代秦系文字俗体的基础上发展而来，这种草率的、简单约易的俗体在民间通行，书写者身份多样，字体日积月累的变化就发生在用字大众不经意间的日常书写中。文字属于社会现象，字体演变与社会经济、政治因素也有一定联系。再如碑刻隶书中幅面宽裕、制作精良的碑刻载体，为隶书字内的点画、空间的构造以及形态的仰俯、向背、斜正、曲直等诸多典型特征的显现创造了条件，促使了隶书的成熟和定型；毛笔的柔软性，使得隶书在平直方整的基本形式上，增添了圆转的弯笔或曲笔，像丿、丶、乚等，使字形体态方中见圆、雅俗相偕；刻刀的尖锐性，使隶书产生了方笔，从而加速了隶书平直方折结构的进程，同时也影响了字体风格的变化；书写过程中一个简单动作，或拖曳，或提笔，或顿笔下按，或转换角度，或讹变改造，等等，都可以改变一个字的形态和结构等。经过我们对诸多书写因素的分析，发现隶变并不是毫无目的和方向的变化，它在遵循汉字自身变化规律的大前提下，又受到特定条件或因素的制约，表现出自己的变化规律。

三 成果的主要价值

通过我们从字体学角度对隶书字体演变过程的系统考察，基本上整理出隶书从开始到成熟的总体演变面貌。这至少有以下几个积极意义。第一，有助于文字学理论的进一步完善。从文字学角度研究汉字，主要有两大内容：汉字的结构和汉字的字体。汉字结构是对构件合成规律的总结；汉字字体是对构件生成过程的考察。由此可见，汉字字体研究可以为汉字结构的解释提供生动、鲜活的事实依据。那么我们从书写因素考察字体风格变化对汉字结构的影响，并总结出汉字结构变化的一些规律，这就为完善汉字结构理论及丰富汉字学教学提供了真实的材料，从而推进了整个文字学研究的进程。第二，有助于对汉字简化优化的科学认识。在汉字发展的过程中，隶书阶段是汉字字体发生变化的一个重要阶段。在这一阶段，汉字由象形化向符号化转变，由屈曲的线条向平直的笔画转变，加之字体结构的不断规范，这都对于汉字的简化产生了巨大的影响，可以说，汉字在隶书阶段的演变满足和促进了汉字简化的需要和发展。因此，我们对隶书形体演变的路径做详细的描写，对于科学地解释汉字简化的由来具有一定的现实意义。第三，有助于书法理论的进一步提升。在现代书法艺术中，隶书是书法家及爱好者学习和创造的一种主要书体，而学习隶书要从汉碑入手，这是古今书家的共识，汉代（尤其东汉）的碑刻丰富，流派纷呈，一碑一态，各具奇姿，因此成为笔法与形体极为正宗、完美的隶书书体。所以，我们对隶书的点画形态及其演变的具体描述可以为书家的学习、临摹提供理论指导。除此之外，论文的研究对于古文字的考释、碑别字的识别以及书体风格的理性解释也有着一定的实践价值和影响意义。

明清《方言》校注本整理完成并予以集成

北京语言大学华学诚主持完成的国家社会科学基金项目"七种明清《方言》校注本整理集成"（项目批准号为：14AYY013），最终成果为专著《明清〈方言〉校注本整理完成并予以集成》。课题组成员有：魏兆惠、魏鹏飞、王彩琴等。

一 研究的目的和意义

世界语言学史上的第一部方言学著作，是我国西汉学者扬雄所著，东晋学者郭璞为之作注，传本题《輶轩使者绝代语释别国方言》，十三卷。隋朝的骞师也整理过《方言》，但没有传下来，今天只能在唐代慧琳《一切经音义》里看到一些零星材料。流传下来的是郭璞注本，这个注本历经传抄翻刻，直到明代万历之前未有校勘整理的记录，明清学者看到的传本，里面错漏讹舛很多，有些地方甚至已无法卒读。明代陈与郊采用雅书编排方式进行过一次整理，间有零星校勘；清代乾嘉学者很重视这本书，戴震、卢文弨、刘台拱、段玉裁、王念孙等学者都对这部著作做过深入研究；道咸时期的学者钱侗、钱绎兄弟和光绪年间学者王维言也先后撰写过疏证本。明清学者的这些整理，包括作者考辨、文字校勘、内容疏证等，是研究扬雄《方言》以及秦汉语言史的宝贵资料，而这些古本大多没有得到现代科学整理，更没有实现专题集成，无法满足今天科学研究的需要。

国外学界很少有对中国古代《方言》校注本进行现代的科学整理，日本有零星的相关研究，比如佐藤进的《宋刊方言四种影印集成》和松江崇的《扬雄方言逐条地图集》是对扬雄《方言》版本的集成或整理，远藤光晓也曾论及扬雄《方言》编纂与版本问题。唯一与清代校注本有关联的是佐藤进先生的一篇论文《各种覆刻影印宋刊〈方言〉之异同与卢文弨所据宋本之检讨》，该论文的主旨在于论定卢文弨所据李孟传本《方言》到底是一个什么性质的本子，研究对象也不是清代校注本本身。

二　成果的主要内容

该成果完成了明清六种校注本的现代整理，即明·陈与郊《方言类聚》四卷，清·戴震《方言疏证》十三卷，清·卢文弨、丁杰《重校方言》十三卷附校正补遗一卷，清·王念孙《方言》遗说辑考，清·刘台拱《方言补校》一卷，清·王维言《方言释义》十三卷。这六种明清校注本的整理情况简介如下。

1. 明·陈与郊《方言类聚》四卷

《方言类聚》取扬雄《方言》原本，依《尔雅》体例，分为"释诂""释言""释人""释衣""释食""释宫""释器""释兵""释车""释舟""释水""释土""释草""释兽""释鸟""释虫"十六类。《方言类聚》所分的十六类，有利于从词义的角度观察《方言》同义词，并进行相关研究；陈与郊对某些词的读音、释义所提出的看法，也可丰富《方言》研究的成果。此次整理以明万历刻本为底本，格式、字体等遵从《方言类聚》原著，同时进行标点，并与国家图书馆藏南宋庆元庚申浔阳郡斋刻本对照，撰为校记，指出宋本与陈与郊原著在释义、注音和用字方面的不同。陈与郊所做夹注 13 处，整理本均有脚注予以注明。陈与郊的整理本在用字词使用上有两个特点，一是喜用生僻字体，二是与宋本用语间有不同。

2. 清·戴震《方言疏证》十三卷

戴震是清代第一个对郭注《方言》进行全面研究整理的学者，他的《方言疏证》取得了重要的学术成就。《疏证》有两个版本系统，一是以《微波榭丛书》本为代表的"遗书本"，二是以武英殿聚珍版为代表的"四库本"。以最后写定本为底稿的四库本品质优于遗书本。此次整理选用四库本作为底本，旨在真实呈现戴震的学术成果。对《方言》本文和郭璞注，努力还原戴氏最后校订的内容；对《疏证》文字，则努力还原戴氏最后写定的内容；对《疏证》所引述的文献，进行核校，文字差异出校记予以说明，不改动原文。整理本厘清版本源流及其系统，科学选择最理想的底本进行校勘，并加以断句标点，成为可供现代学术研究使用的定本。

3. 清·卢文弨、丁杰《重校方言》十三卷附校正补遗一卷

卢文弨、丁杰的《重校方言》是继戴氏《方言疏证》之后，清人的第二个校本。学术界对《重校方言》的评价很高，向来以为卢本和戴本是清人的两个善本而互有短长。《重校方言》在校勘方面取得了不少成果，尤其是在版本资料的占有上，比戴校本更加完备，并能努力运用语言文字学的知识和方言今语勘正舛误、諟正积非，确定的一些校勘原则也很有意义。在疏释《方言》词语方面，《重校方言》也不乏精彩之处，其最大的特色在于能用今语释《方言》。此次整理以乾隆甲辰杭州刻本为底本，参校《古经解汇函》本，每条之下依次编排《方言》正文原文、郭注原文、卢氏校注语，并进行标点断句。底本误字及与参校本文字相异之处，出校勘记予以说明。

4. 清·刘台拱《方言补校》一卷

刘台拱《方言补校》内容包括注释和校勘。其注释有批评卢注的，也有自己补注的；其校勘直接针对卢氏校本，分为三类情形，即补阙拾遗、订正卢校、证成卢说。刘校最富特色也最能体现其精审之处的是，他能以深厚的文献功底和语言文字学素养，娴熟地运用以理校为主的各种校勘方法，諟正讹误。刘氏《补校》可谓是继戴、卢两家之后，最为精审的校本之一。此次整理以道光十四年《刘端临先生遗书》本为底本，以光绪十五年广雅书局本参校，并进行标点断句。底本误字及与参校本文字相异之处，出校勘记予以说明。因为刘氏补校直接针对卢氏校本，故编于卢本之后。

5. 清·王念孙《方言》遗说辑考

王念孙传世著作中除了《方言疏证补》一卷二十条之外，关于《方言》研究的成果还散见于手校明本《方言》、手校戴震《方言疏证》以及《释大》、《群经字类》、《说文解字校勘记残稿》、《广雅疏证》、《经义述闻》、《读书杂志》、《经传释词》、《尔雅郝注刊误》等著作中。此次整理，坚持单纯重建的理念，以"述而不作"为基本原则，在两条基本条例和六条基本凡例的基础上，以明代胡文焕《格致丛书》本《方言》为纲，按照王氏著述的时间顺序，依次辑录王氏《方言》学说。明本《方言》中的郭璞注以及王氏著述中的双行小注均以圆括号标出。除底本外，其他材料中有关《方言》及郭璞《注》的内容，均用加粗字体显示，便于与《方言》原文

对照。通过对王念孙《方言》遗说的整理，有了不少发现，比如王念孙学术观点的嬗变，还有一些以往没有注意到的材料，等等，甚至还有一些汉语史和语言学中悬而未解的难题，值得重视。王念孙《方言》遗说的重建，不仅能为王念孙的学术研究提供新材料，也能为《方言》研究者利用资料提供便利。

6. 清·王维言《方言释义》十三卷

王维言《方言释义》是清代最后一部对《方言》进行全文疏证的著作，十三卷，分装为金、木、水、火、土五册，稿本藏于山东省图书馆。《方言释义》解释词义时引例宏富，还引用了一些碑志；在推语源、明词义、辨假借、求本字、指出命名理据时，能娴熟地运用乾嘉以来的训诂方法；还特别注意用清末山东方言、其他地区方言俗语和实物作为疏解的佐证；也有少量校勘内容。此次整理以山东图书馆藏稿本为底本，搜集相应的参校资料，重点参考了华学诚《扬雄方言校释汇证》，对《方言释义》中的扬雄《方言》文字、郭璞《注》和王氏《释义》进行核校，撰为校记，并进行标点。

以上六种明清校注本，国内出版过戴震《方言疏证》的整理本。这部书有两个整理本，即1995年黄山书社出版的《戴震全书》本戴震《方言疏证》和1997年清华大学出版社出版的《戴震全集》本戴震《方言疏证》。这两个整理本都不是很理想，版本系统没有厘清，校对功夫没有下足，清华本的问题尤其突出。经过我们的努力，新整理的戴震《方言疏证》将成为学界首肯的善本。另外五种均无现代整理本，为学术研究服务的明清校注本集成整理则是此次计划的创新之举。该成果最重要的贡献是，提供了以往没有得到关注到的新材料：一是王念孙《方言》遗说的辑考。这是第一次创造性地把王念孙关于扬雄《方言》的研究成果全面辑录整理出来，相信这项成果出版之后必定会深刻地影响《方言》研究和王念孙研究。二是王维言的《方言释义》整理面世，该书为晚清成果，又是全版本疏证，一直以稿本存世，此次整理出版之后，不仅把明清《方言》成果完整呈现，也把王维言推入语言学界的视野。

三　成果的主要价值

首先，该成果将为汉语研究史提供重要资料。迄今为止，汉语研究史对于方言研究史的评述都很不充分，其中一个重要的原因就是资料分散，搜集不易，而且大多没有经过科学整理，该成果将为改变这一现状提供一定的支持。其次，为汉语方言史研究提供重要资料。汉语方言史是汉语史研究中最为薄弱的领域，原因是研究难度很大，其难之处最突出的就是资料少、资料分散而不便利用，该成果能够部分解决这一难题，特别是关于明清这一历史时期的难题。最后，方言资料中蕴含着语言之外的丰富资源，历史民俗、物质文化、社会生活等文化史研究都可以从中找到可以利用的宝贵资料，该成果在文化史研究方面也一定能发挥重要作用。

明清民国时期方志所载方言文献整理及词汇研究

合肥师范学院曹小云主持完成的国家社会科学基金项目"明代-民国时期方志所载方言词汇研究"（项目批准号为：13BYY108），最终成果为专著《明清民国时期方志所载方言文献整理及词汇研究》。课题组成员有：曹嫄、孙玲、杨军、赵日新、秦名娟。

一　研究的目的和意义

新材料的发现与使用是推进学术进展的重要条件，语言研究也不例外。

该成果旨在全面搜集、整理明清民国时期旧方志中所储存的汉语方言及民族语言文献，进而开展旧方志中所见的方言词语及其释义整理研究，为明清民国时期汉语方言音义演变研究、民族语言词汇音义演变研究、小说戏曲文献研究以及大型历史方言辞书编撰等提供新材料、新语料。

二　成果的主要内容

1. 首次大规模汇集旧方志中的方言文献

我国现存明代以来的旧方志有近 9000 种，这是研究明清民国时期历史、地理、语言、文学、民俗、文化、宗教、政治等中国传统文化与学术的宝贵资源。

最早注意并整理研究旧方志中方言文献的是日本学者波多野太郎先生，他用十多年时间，从数百种旧方志中辑录了 272 种方言文献，并于 1963～1972 年以影印的方式陆续出版了 9 卷本《中国地方志所录方言汇编》。此后，国内学者逐步认识到这宗资料对方言演变研究、明清小说戏曲文献研究、近代汉语词语考释以及大型历史方言词典编撰的重要价值。但迄今为止，国内外学者对这宗资料体量的认识尚不到位。

实际上，《中国地方志所录方言汇编》所录的 272 种方言文献，远非旧方志中所储存的方言文献的全貌。根据项目组大规模的搜集，共得明清民国时期旧方志中方言文献 964 种，种数上超过《中国地方志所录方言汇编》3 倍，字数上接近《中国地方志所录方言汇编》6 倍。

964 种方言文献中，所记录的主要为汉语方言，包括官话、晋语、吴语、粤语、湘语、闽语、赣语、客家话、平话和土话等；此外，还包括我国境内民族语言，如西南地区的壮语、苗语、瑶语、彝语、夷语、藏语，中部地区的土家语，北部地区的蒙古语、满语、索伦语、鄂伦春语等。

地域上，964 种方言文献，覆盖今 32 个省、直辖市和自治区。编纂时间上，南宋 1 种，明代 29 种，清代 484 种，民国 450 种。

964 种方言文献中，保存了方言研究的第一手珍贵资料。著述方式上，或为方言字音词义的绵密考证，如光绪《畿辅通志》、宣统《东莞县志》、民国《潍县志稿》、民国《奉天通志》等，每考一音一义，实际上就是一篇精干的学术短论；或为直解式的注音释义，如崇祯《太仓州志》、道光《永州府志》、光绪《罗店镇志》等。篇制上，或为鸿篇大论，如民国《鄞县通志》"方言篇"达 700 多页，光绪《嘉应州志》、光绪《畿辅通志》、光绪《顺天府志》、民国《潍县志》、民国《新纂云南通志稿》、民国《福建通志》等均达数万字；也有少量仅为几十个甚至十几个字的零星短札。著述结构上，或严密科学，如民国时期的《洛川县志》《宜川县志》《同官县志》《鄞县通志》《定海县志》，对所录方言的声韵系统、同音字汇及方言词均有比较系统的反映；更多的是仿《尔雅》体例，按照以类相从的原则，排列所录的方言语词，如民国《象山县志》、民国《新修大埔县志》等。

964 种方言文献中，约有 50 种左右为民族语言资料的记录。这部分文献主要是以汉语译音的方式记录民族语言词语，如光绪《古丈坪厅志》、光绪《绥远志》、民国《黑龙江志稿》、民国《贵州通志》、民国《八寨县志稿》等；也有一些旧方志记录了壮语、彝语、夷语、藏语，蒙古语、满语、索伦语、鄂伦春语、缅语的文字资料。

经过大规模的搜集，基本上弄清楚了旧方志中方言文献的存量、著录体式及著录内容，为进一步研究明清民国时期汉语方言音义演变与民族语言词汇音义演变提供了宝贵的资料。

2. 精心整理旧方志中的方言文献

964 种方言文献，其主体是县志。县志的实际修撰者往往并非高儒硕士，县志的撰写与刻印校勘也不如经书等精细。加之旧方志中征引历代文献数量巨大，而修撰者引书十分随意，节引、误引、改字等现象十分普遍。因此，为保证所辑出方言文献更便于学界使用，必须对 964 种方言文献加以校勘整理。

一是校勘。凡有碍原文理解的错漏之处均加以校勘，重点复核了数量巨大的古籍引文，共出校记近 5000 条。

二是标点。波多野太郎《中国地方志所录方言汇编》仅仅是原始文献的影印，未对所录资料进行整理，不便于学界使用。本成果对 964 种方言文献进行了新式标点。旧方志中大多数引文不完整，项目组在校勘的基础上，对凡未出现明显误引或不影响文意理解的引文，对节引、改写的引文，虽不是被引者原话，均从提示引文起讫的角度，施加了前后引号，从而使文本的层次更加清楚，更便于学界使用。

三是处理用字。旧方志用字情况十分复杂，大量使用记音字、异体字、俗体字和字书罕见的自造字。本成果对记音字保留原貌，不做校改；对仅存在位置关系变化的异体字以及少量常用字进行了字形统一；对大多数其他类型异体字、俗体字，考虑到或存在别义作用，或存在标识方音作用，或体现方言用字特色等，均保留原字，不予统一或改为正字。

3. 逐篇叙录旧方志中的方言文献

964 种方言文献篇幅较大，为便于学界全面研究和整体认知这宗材料，项目组从文献学的角度，对 964 种方言文献逐篇进行了文献叙录，全面叙述了所出旧方志属今省市县、方志作者、方言部分所出卷次、所录方言的内容、条目数量、分类原则、著录方言的体例、现存版本等基本情况。

以现代省级行政区划为第一级编排单位，省级行政区划按由北向南的地域顺序排列；再以地级市为第二级编排单位，各地级市按由北向南的地域顺序排列。省级行政区划内部，按先通志（包含少量区域志）、后市县志的顺序排列；各地级市内部，按各县所处地域由北向南的顺序排列；同一市县志，按成书或刊刻时代先后的顺序排列。这种编排顺序符合方言学研究的要求，有利于从对比中分析方言演变、发展的轨迹。

4. 系统整理旧方志中的官话方言词及其释义

旧方志中不仅有丰富的方言词，还有方志修纂者对所录方言的注音释义，这种当时当地人的记录与释义无疑对研究当时当地的方言音义有极大的学术价值。本项目依据《中国语言地图集（第二版）》分区标准，选取明清民国时期相当于今官话方言区中的 335 种旧方志，对其中所录的 22700 余条方言词语（包括少量短语、俗语）及其释义情况进行了穷尽性的考察研究，完成了《明清民国时期方志官话方言词典》一书。《官话方言词典》收录词目，集中呈现了明清民国时期今东北官话区、北京官话区、冀鲁官话区、胶辽官话区、中原官话区、江淮官话区、西南官话区和兰银官话区中方言词形、方言语音和方言词义情况的基本面貌。如表示"昨天"概念的 44 个记音形式，如挨里、捱儿、唧隔、列个、厌每、晏儿（个）、谚来哥、业、夜儿、夜儿个、夜格（隔、个、过）、夜拉个（过儿）、夜来、夜来哥（隔、个、科）、夜里、夜里哥（格、隔、各）、夜了、夜日、夜一、早隔、贼慢、昨、昨晡日（夜）、昨儿个、昨隔（个）、昨里、昨日、昨天等。《官话方言词典》还对 335 种旧方志中方言文献的方言属性进行了细致的查考，均细化到属今之何种方言区、何种方言片和何种方言小片等。

5. 开发旧方志中方言文献的检索软件

课题组对《明清民国时期方志官话方言词典》中所收录的 22700 余条词语进行数字化处理，开发了"明清民国方志官话方言词汇检索系统（网络版）"。

该系统具备以下功能。

第一，可以顺序浏览词条，查看感兴趣的词条及其相关信息。

第二，可以关键词模糊检索，查看包含某一关键词的全部方言词及其通行时期通行范围。

第三，可以设定查看某一方言志全部词汇。

第四，可以根据不同研究旨趣从不同角度检索相关词条。

三　成果的主要价值

第一，较为全面地搜集整理了旧方志中所储存的方言文献，为学界更为全面深入地研究明代以来方言方音、词义演变情况提供了新的材料。

第二，对近千篇文献进行了文献叙录，为学界全面研究和整体认知旧方志中方言文献研究资源、快速查阅了解旧方志中方言文献基本情况提供了便利。

第三，22700条官话方言词及其释义，为研究明清民国时期的方言分区以及方音、词义的演变提供了直接资料，为修订大型历史方言词典提供了丰富的语料，为准确理解明清时期小说戏曲等文学作品提供了帮助。

汉语词缀的历史发展研究

河南师范大学崔应贤主持完成的国家社会科学基金项目"汉语词缀的历史发展研究"（项目批准号为：14BYY114），最终成果为同名专著。课题组成员有：张恒君、白雁南。

一 研究的目的和意义

自 20 世纪 90 年代而兴起的汉语语法化、词汇化研究，该成果丰硕且多有创获。随着时间的推移，一些亟待解决的问题也逐渐显豁起来。像语言本体发展变化中的一种终极归宿词缀化现象，甚至传统的训诂学对它都有所涉及，现时的人们谈的当然更多，但总的情状是各自主张，繁富却显得散乱；关注的也多为单个对象，有机系统性的历史概貌缺乏彰显。该成果试图通过对有关研究的汇集、梳理和评述，为人们提供一个较清晰的背景；特别是通过对汉语史中有典型性的词缀它们虚化衍生的过程描写，给出一种相对详细且完整的规律性的说明，以便为更深入地探索提供助力，为学科教学内容的更加坚实提供学理上的保障。

二 成果的主要内容

该成果主体内容可用"一纲四目"外加"参考文献"来概括。

"纲"指"绪论"。它主要是要给该课题一个很好的定位。我们认为，深入讨论汉语词缀现象，可以更准确地认识汉语的具体特征，宏观系统上可以更好地认识汉语的特点。词缀小，反映出的语法价值、文化意义却不小，甚至还是非常重大的。印欧语系和汉藏语系主要对立就是有无形态。虽然不能说形态就等同于词缀，但形态却主要是由词缀所体现的。汇总各种各样的材料可知，现代英语形态在弱化；而今汉语表现出的情状却是词缀在增多。这种事实说明，所谓形态非形态语言之区分，是从侧重上来讲的，没有绝对性。再则就是足以矫正西方语言学家历来的偏见：以形态的有无来认定语言级别的高低。汉语传统的语言学重在训释词义，疏通文义，好的地方是讲究"心理的实在性"，用例的互参性；但对语言本体的系统性关注不足。自《马氏文通》问世以来，现代科学意义上的语言学则对此做出了有力的矫正，赵元任（1968）、吕叔湘（1979）等对词缀不同层次类型的再划分，体现了他们对现代汉语词汇语法正处于重大发展变化时机专业认识上的敏感性。众多专业学者继承、发扬其学说理念，不懈探索，获得了丰厚的科研成果。现时非常需要厘清的是：同样是词缀形式，不同语言之间，它们在价值功用上是否等同？我们在"汉语词缀属性的讨论"里边，通过中外比较，更是基于对汉语具体应用实际的考察，提出了这样的观念认定："汉语附加式构词，不在于满足句法组合结构关系的鲜明体现上，而在于奇偶音节单位的适配与参差错综上，同样在于主观情感对词语色彩意义赋予的显隐上。它是一种表达性的努力需求。"这一观点的确立，一如演绎法在论说文中的应用一样：立论于前，从而成为后边具体分析之先导与总纲；相应的，后边的内容又是该立论之根据和具体表现。两者相辅相成。该成果后边的"四目"即以此为基点，真实反映着这种鲜明特色。

后边四章分别为初创期（先秦）、发展期（两汉至明清）和兴盛期（现代）以及典型词缀。之所以这样划分，是充分考虑到汉语词缀于历史上的不同表现而做出认定。参照了两个方面的因素：一是不同历史阶段呈现出的词缀运用情况，二是词缀本身的来源及其于汉语中的发展演变情况。即基于历史与逻辑相统一的原则，充分考虑到社会与语言两大因素各自的特征分别给以凸显。比如先秦时期的春秋战国之交，诸子百家于这一时段学说创立与碰撞交锋显得特别积极活跃，丰富的思想内容需要大量词汇给予充分的显示。于是在比较短的时间内便有了以"～然"为代表的系列性附缀构词大量涌现的情状，构成了汉语造词史上第一道亮丽的景观。再如现代，五四时期倡导科学与民主，从其他语言里借入大量新词新语，一些过去已有的附缀式构词受到新思想新观念的激发，顿然焕发新的生机，创词能力似乎是突然增强。形式还是原来的形式，然而在内涵上则有了很大的改变。"～化"词缀是相当一些语言学家都关注过的。一开始大家多把它看作是外源性的；在语法化、词汇化的讨论中人们注意到古汉语中已有类似的构词，从而使认识得以更新：它是本源词缀，它的能产性只是有其他语言的参照给它助推了一把。然而事实是同样的形式前后在内容表现上却有了很大的不同：新产生的该词族词里边浸润着更多的科技含量，由"化"前同它组合的语素类型即可看得很清楚。即便是早已有之，似乎已成羡余性的词缀在当今汉语的运用里边照样能使得它焕发勃勃生机。"老～"构词就是这样，当今人们赋予了这种构词以多样化的色彩意义：

可恶可怕：老财、老鼠、老鸨、老鸦

可怜可笑：老土、老抠、老蔫、老粗

平易共识：老乡、老婆、老农、老百姓

欢快戏谑：老公、老爸、老外、老记

可亲可敬：老师、老伯、老辈、老总

特别是改革开放以来，信息化社会带给人们交际的便捷，连字母字都有可能成为构词的词标，就更是汉语有史以来所没有的。新世纪头两个十年之交，附缀式构词达到了有史以来的最高值，既反映了社会发展变化的速率，也在一定意义上提醒人们：理论研究、社会规范也要跟上。所以，先秦和现代两个时期的划分主要侧重的是社会所带来的功能效应。而发展期与最后的典型词缀的单列，则主要侧重的是特定词缀本身的产生发展状况。像现代汉语中的常见词缀"子""儿""头""老"等，它们由实变虚到彻底的词缀化，则主要体现在两汉至明清这个漫长的时段中。有些虽昙花一现，但有特点的词缀借助这种纵坐标的参照也体现得更为显豁。而"性""于""化"等，它们作为汉语里边的活跃单位，几乎贯穿于汉语书面语整个历史发展的长河之中，分期对它们来说只能肢解其前后变动内在之有机关联，故单设一章以体现其演化的完整性。

通过我们对汉语词缀历史的梳理与考察，得出了诸多的认识看法。这些观念往往在具体的内容里边顺理成章地给出了表述。这里再做一下抽取，更集中地做一些概括：（1）语言往往体现着民族的哲学思维方式。西方语言形态与汉语词缀的不对称性：前者是结构形式标志，汉语是表达性的方式手段。它们是由不同民族的认知特征所决定的。任何语言里边都隐含着规律，其规律即具体体现为语言的符号序列呈现为不同类的词语于句法位序分布的相对稳定性，即聚合关系的差异。用数学语言进行表述的话，即为组合关系而非排列关系。正因为如此，用不用显性的形式表现，都不改变对象的性质。汉语词缀之所以不重在体现这种功能而改作其他，就在于让语言中的所有单位都能充分体现其价值。（2）造词方式的选择体现着社会发展变化的速率。正像莫里斯在《开放的自我》中指出的那样："符号研究兴趣的最高时期是在普遍进行社会变革的时期。"当社会发展速度异常加快之时，语言对它的反映也必须同步进行。新词语的创制呈井喷之时，最适宜人们思维形态跟上节奏的造词方式首选为附缀式类推，其次为复合式中的联合与偏正，最后才是相同于句法结构中的动宾、补充和主谓。（3）语言是一个整体系统，词缀于其中不可能形成独立的发展空间。正因为如此，尽管词缀大多是由特定词语虚化而来的，但什么样的语言单位能够成为词缀，什么样的不能；什么样的词缀造词高产，什么样的封闭；什么样的生命力长久，什么样的短暂，理据不鲜明也不充分。对于具体的词缀来讲似乎都有个性。一如汉语的词缀相对于其他语言的形态具有突出的特色一样。所以，对具体词缀特征的认识需要一个一个地进行，详尽描写才行。

考察中我们还注意到，汉语的表达精细丰富，里边隐含着我们前人的智慧与思维的缜密。语言研究不能仅满足于逻辑的思辨与理论的推衍，得眼光向下，得从具体的大量的实料中来认识特征，概括规律。这也有一个接地气的问题，也有一个科学态度是否老实的问题。比如汉语词缀中的"儿"，很有些特殊性，甚至书面语言里边加与不加，有的是强制的，有的是灵活的；有的不加但念读的时候得带上。近代汉语中有"先儿"这个词，甚至直到如今还活跃在部分区域人们的口语里。有人，包括《汉语大词典》的解释都认为，该词即等同于"先生"。然而我们考察史料的过程中出乎意料地发现了前人于两者之间的细微辨析：

> 你的礼忒多，到底还和我是两个人。你听我教你：比如他要叫你邹先儿，这和你们叫老公公一样，你称呼他老司长。他叫你邹老先生，这是去了儿字加敬了，你称呼他乔老爷。他若叫你邹老爷，你称呼他乔大人。（《绿野仙踪》第九十一回）

也就是说，叫"先儿"要比"先生"的规格低半格儿，或者说还没能达到后者的层次。可见我们前人在造词用词上拿捏得多么有分寸！汉语言文化是一座丰富的大宝库，要以敬畏的态度对待它，认真地研究它，才能发掘更多的宝藏。

中国境内语言数词系统句法语义界面研究

湖南大学贺川生主持完成的国家社会科学基金项目"中国境内语言数词系统句法语义界面研究"(项目批准号为：16BYY181)，最终成果为同名专著。课题组成员有：邓丽芳、谢丽丽、谭丹丹、綦建君、张敏。

一 研究的目的和意义

自然语言数词系统由于其本身形态的丰富性、句法的独特性和语义的完备性一直是语言本体研究的重点，更是众多跨学科研究的热点。数词系统是人们的语言符号系统与数学认知之间的直接体现，反映了人类计数概念的不同以及语言与心智的关系，直接反映了人们对本体的看法，是研究人类思维起源发展的一个重要窗口。该成果从数词系统的句法结构和语义诠释方面揭示了自然语言数词系统的普遍性特征和类型学意义，以及语言系统和认知系统之间的互动关系，并且为一些重大的哲学问题（例如本体论中的"数"指称问题）提供启示甚至是最有力的证明。

二 成果的主要内容

中国语言资源多样性是最丰富的，存在印欧、汉藏、阿尔泰、南岛、南亚语系语言，加上汉语，我们境内共有语言 130 种。这些语言为我们提供了得天独厚的条件。该成果旨在基于中国的语言资源在数词系统研究中揭示出一些根本规律从而对普通语言学做出贡献。该成果从形式语言学的角度研究自然语言数词系统句法语义接口现象，涉及大约 100 种各语系语言，基本上代表了自然语言数词系统的主要语言特征，包括句法构成和语义诠释。本书重点探讨数词的句法语义现象，目的是以汉语为代表性语言建立一种数词系统的结构-诠释接口理论（structure-interpretation mapping）。

该成果的核心内容在于首先为数词（特别是复杂数词）确立正确的句法分析，然后在此基础上提出组合语义程序。特别是有一些国外生成语言学者主张把复杂数词割裂开来，把数词和量词割裂开来，该成果尽管也是走形式研究的路子，但是却从丰富的语言事实出发论证了复合数词是完整成分的观点以及数词和量词构成完整成分的观点。为了达到这个目的，本书从汉语、中国南方民族语言以及部分境外语言中提出句法的、语义的、形态音系的证据论证数词（特别是复合数词）的成分结构分析以及数量词的句法分析。特别是本研究充分挖掘了中国南方民族语言数词内部的形态和音系事实，包括复杂数词内部的显性连词，涉及藏缅语族、侗台语族、苗瑶语族、南亚语系、南岛语系；同一数目有不同的数词的现象，涉及苗瑶语族、侗台语族、藏缅语族、南亚语系、南岛语系、闽方言；以及复杂数词内部的音系现象，包括音变、语音同化、连续变调、合音减音、元音和谐。特别重要的是，我们境内民族语言数词系统往往具有丰富的形态音系表现，值得深入下去，发掘出来，让国际语言学界了解，因为有时候一个有说服力的形态音系证据非常宝贵，能够对数词的句法和语义的确定获得重要事实证据，因为形态音系是直接看得见的语言形式，不需要曲折迂回的论证。该成果能够从中国南方民族语言数词的形态音系上提出了事实作为佐证，这是利用中国境内语言资源对数词的普通语言学研究的贡献。

确立了正确的句法分析之后，该成果在此基础上提出数词的组合语义具体分析步骤和程序，并且通过大量语言事实论证数词在更大结构中的句法语义表现和作用，以及数词的一些特别结构和用法，例如分数小数名词短语及平均句中的分数名词短语指称（1.43 个孩子），概数词"多"的形式句法和形式语义，作为数词、量词和数量助词的"半"。在研究中，充分利用了中国南方民族语言的佐证。

数词的语义研究不仅仅是语言学问题，也是哲学本体论问题。该成果还从哲学本体论角度看数词的语义指称，这是国内学术界没有涉及的一个领域。具体地说就是数词指称数还是集合的问题。这个问题比我们想象的要复杂得多。把数词看成是直接指称数或者集合并不是随随便便说的，涉及语言哲学和数学哲学中的重大问题：数是不是存在的。一般人的直观会是数词能够直接指称数，但是这种观点的一个不利因素是需要对"数"做出本体论承诺，即承认数是存在的实体（唯实论）。哲学家一般不愿意轻易做出本体论承诺以免带来意想不到的困惑甚至悖论，例如历史上集合这种实体的引入曾经就带来了极其深刻的后果，即罗素悖论引发的"第三次数学危机"。该成果研究了四种羌语（史兴语、却域语、贵琼语、普米语）的数词，论证了数词指称数的可能性。因此该成果拓宽了国内语言学对数词研究的视野。

数词研究不但是语言学的课题，也是哲学、人类学、数学史等学科的课题。因此该成果为了达到研究的深刻，在合适的地方也讨论在哲学、人类学、数学史等学科的大背景下数词的理论基础。研究数词不可避免地和这些学科发生千丝万缕的联系。这些知识有助于我们对自然语言数词系统句法语义接口中的语言现象有一个深刻理解。

在研究中，我们发现中国境内有的语言数词具有特别重要的形态句法方面的特殊性，这种特殊性甚至是境外语言所不具备的，因而它们对于数词系统的语言研究具有重要的启发意义，能够为语言学、人类学、民族学理论乃至其他学科提供丰富的实证研究。这里只提一个事实。在研究中，我们发现中国甘肃境内的西部裕固语具有一种罕见的古老计数法，这种古老计数法被人类学、数学史和认知科学家认为是"活化石"，能够揭示人类祖先的原始数学思维以及他们如何认识世界的，特别是早期人类头脑中数是如何发展的问题一直是认知科学中一个难题。这种计数法虽然在少数几种语言也发现过，如古挪威语、玛雅语、阿眉斯语、不丹的宗卡语和印度的阿沃语，但是都已经消失。而西部裕固语是活的语言，至今仍然保留有这种计数法。更加可贵的是西部裕固语这种计数法一直可以追溯到祖先古突厥语。而古突厥语民族自6世纪就开始发展出书面语言，留下了海量的历史书面材料，最真实地记录了古代突厥人的计数方式。研究古老计数法在突厥语历史发展将对数词语言学研究、人类学、数学史和认知科学产生重大影响。

三　成果的主要价值

基于这么一个背景下，该成果数词的语言学核心问题：形态音系事实和句法语义界面理论，拟对中国境内语言数词系统的语言事实（特别是形态音系）进行专题描写，从而利用这些事实研究数词句法语义诸多界面问题，揭示中国境内语言数词系统的普遍性特征，揭示自然语言数词系统的类型学意义，并且以期为一些重大的哲学问题（例如本体论中的指称问题）提供启示。相对于已有研究，该成果具有独到的学术价值，体现在：对特定区域一系列亲属语言数词系统的大规模专题描写尚属首次。这本身对语言学就是很有价值的；特别是很多语言是濒危语言，每一种语言的计数方式都反映了一种文明和思维方式，需要记录。该课题不仅仅只是描写事实，更是运用现代语言学（形式句法学和形式语义学）最新理论探索数词系统的内部普遍规律和类型学意义，并且从形态音系事实研究数词系统内部的句法语义，理论更有说服力。对数词句法语义的研究可以帮助我们掌握大数目数词的构成规律，有助于人工智能的应用，可以帮助我们确定语言的谱系关系。

汉语儿童语言中的语法—语用接口

湘潭大学吴庄主持完成的国家社会科学基金项目"汉语儿童语言中的句法语用接口研究"（项目批准号为：13CYY024），最终成果为专著《汉语儿童语言中的语法—语用接口》。

一 研究的目的和意义

语法—语用接口是一种外部接口（External interface），涉及语法系统与语言运用系统之间的相互作用关系。学界有关语法—语用接口的理论探讨近年来并不少见。对儿童语言中语法—语用接口的关注出现于20世纪90年代。这些研究提供了大量有关印欧语儿童句法语用知识习得的一手资料，对于儿童句法知识习得与语用能力发展的关系也不乏精辟论述，但由于在理论背景、资料收集的方式和方法上的差异，学者们在儿童语言句法系统与语用系统是否存在直接的互动关系、互动的方式、语法—语用接口的具体内容及习得过程、顺序等方面仍存在重要分歧。汉语学界历来重视对句法、语义和语用三个平面之间关系的研究，近年来对语法与语用的关系也出现了许多新的看法。但对儿童语言中语法—语用接口的关注与西方相比则较为有限，散见于汉语儿童句法习得或语用发展的研究。总的来看，国内研究总是侧重句法习得或语用发展的一个方面，对于两者之间互动关系的认识还有待进一步深化。

基于以上回顾，该成果亟须解决的问题有：第一，汉语语法—语用接口知识具体涉及哪些内容，这些内容彼此间存在怎样的关系。目前在这一系列问题上还有诸多争议，且选题零散、术语繁杂，缺乏统一的可操作性强的分析框架。第二，研究大多停留在对儿童语言事实的挖掘与描写，未能在儿童语言习得理论和接口理论的高度对现象做出解释。第三，现有研究在方法上或注重跟踪调查，或采用实验研究，尚未实现小样本深度追踪和大样本广度测试相结合。第四，对儿童语言中语用意义的编码关注较多，对句法结构的语用制约关注不够。该成果将从上述四个方面推进汉语语法—语用接口知识的儿童习得研究。

考察汉语儿童语言中的语法—语用接口具有理论和实践意义。理论层面的意义体现在两个"深化"，即深化对于语法习得与语用发展关系的认识。本研究关注语法习得与语用发展的双向互动，研究儿童语法知识和语用知识两个模块的关联，为整合目前儿童语法习得与语用发展的研究成果、全面深入认识汉语儿童语言习得的过程提供新的理论框架。深化对于语法和语用互动关系的认识。儿童语言向来被视作语言理论的试金石，好的语言理论必须回答语言知识的可学性问题。该成果对汉语儿童在话题、焦点、含意、先设、名词结构与指称等方面知识的考察，为进一步揭示语法和语用的接口提供依据。应用层面，该成果将为幼儿语文教育提供启示。语言交际能力是幼儿语文教育的重点。了解儿童句法语用知识的发展规律将对儿童语文教育中教学语言的使用、内容的取舍、教材结构设计和教学方式选取等方面有所启示。

二 成果的主要内容

该成果从界定语法—语用接口出发，通过对跟踪调查和实验研究获得的3~6岁儿童的语料和语言理解数据进行分析，在统一的理论框架下对汉语儿童的语法—语用接口进行分析，描写各部分知识的习得过程，发掘习得的规律，探讨各部分知识间的相互关联，最后总结句法习得与语用发展的双向互动关系，从儿童语言的视角反观句法与语用的界面。研究发现，语法—语用接口知识涉及语法和语用两个模块，包含语用信息的句法编码与句法结构的语用制约两个方面；该知识是隐性的，但可以通过分析自然语料和测试语言产出和理解等手段考察；儿童对语法—语用接口知识的习得受句法习得和语用发展的双重制约；语法—语用接口知识的习得是逐步完成的，在不同个体间表现出较强的规律性。

"词汇语义习得中的语用原则"部分考察了儿童在习得名词的指称意义时所可能依靠的两条基本认知原则"相互排斥假定"和"一一对应原则"的语用性质，及它们在儿童词汇语义习得中的反映。实验表明，当语境中同时存在熟悉物体和陌生物体时，汉语儿童会把一个新的语音形式理解为指称陌生物体，而非熟悉物体。不仅如此，通过这种方式学习的新词能得以保留，成为儿童语言知识的一部分。关于词汇习得的相互排斥假定整体上不受语言学习经历影响。儿童早期词汇习得存在语义保守的现象，即认为一个声音形式只表达一种意义。

"已知信息/新信息在汉语儿童语言中的表达"部分考察处于不同发展阶段的儿童对已知信息和新信息这一对语用概念的编码。研究发现，汉语中指称维度的已知信息/新信息表达机制，即名词性成分的定指性，在 3 岁前就已经被儿童习得；而关系维度的已知信息/新信息表达机制，如主语表达已知信息，而宾语表达新信息，则在 7 岁儿童的语言中仍与成人之间存在差异。儿童对复杂名词性成分中修饰语的位置与已知信息/新信息之间的关系同样习得较晚，5 岁前，儿童极少使用外部修饰成分，他们也没有掌握外部修饰成分只能表达已知信息，而内部修饰成分既可以表达已知信息又可以表达新信息的知识。

"汉语焦点小品词的儿童习得"部分考察汉语儿童拥有的关于排他性、包容性和添加性焦点小品词的语义/语用知识。研究表明，汉语儿童对排他性焦点小品词的"只"和"是"的排他性非常敏感，但同时他们对于排他性焦点小品词所关联的焦点位置却存在和成人不一样的偏向。儿童在焦点选择上表现出遵循"就近原则"。汉语儿童能否正确理解包含添加性焦点小品词的句子与焦点成分的对比项是否足够凸显有关。当对比项是语境中的凸显信息时，汉语儿童完全能够得到添加性焦点小品词触发的"添加"预设。在等级性焦点小品词表达的等级预设方面，汉语儿童则表现出迟滞的现象，但这并非是因为他们没有掌握该类词语的词汇意义，而是因为他们在构建和维持选项的等级序列时存在困难。在等级序列得以凸显的语境中，儿童能够感知这类焦点小品词表达的等级意义。

"汉语儿童语言中的等级含意"部分考察汉语儿童对等级谓词触发的语用含意的理解和加工。我们通过 4 个实验发现，相比于成人，儿童总体上对于等级弱项触发的含意不够敏感。但这并非是因为他们缺乏量准则、相关准则等语用知识，而是因为他们受到认知发展水平的局限，难以自动将等级强项相关联。除此之外，实验还说明等级含意具有局域性和一定程度的特殊性，另外数词并非像经典的等级含意理论所认为的属于等级谓词。

该成果主要观点是：（1）语言的基本架构是模块化的，各系统之间通过接口实现互动和整合。（2）语法和语用的接口在两个层面实现。语用信息对狭义句法（Narrow syntax）推导的语段是可及的，而狭义句法完成后再与宏观层面的语用实现交互。（3）儿童的词汇语义习得受到"对立原则""语义最简"等语用原则制约，因此迅速、高效。（4）表达已知信息/新信息的词汇机制很早就被汉语儿童掌握，但句法机制则较晚习得，支持"接口假说"关于涉及语法—语用接口的知识较难习得的观点。（5）儿童很早就习得了焦点小品词表达的预设，但他们是宽容的语言使用者，在真值判断任务中即使感知测试句没有满足合适性条件，也不会因此拒绝测试句。（6）学前儿童对等级谓词表达的等级含义不敏感，这并非是因为他们缺乏推导等级含义所需的语用知识，而是因为加工等级含义需要激活语用等级并构建选项集，超出了儿童所能承受的认知负担。

三　成果的主要价值

（1）在重新审视前人研究的基础上构建了一个语法—语用接口的理论框架，涉及词、短语和言语行为等不同层次，从而明确了语法—语用接口涉及的内容，比以往的研究更为系统。（2）系统考察了语用原则在汉语儿童的词汇语义习得中的作用，表明儿童的词汇语义习得受到一系列天赋的认知机制制约，且几乎不受后天的语言经历影响。这些认知机制反映了人类交际中遵循的"对立"和"语义最简"等原则。（3）从语法—语用接口的视角分析了汉语儿童早期语言中的名词结构，并指出前人研究所认为的儿童早期没有习得完整的名词短语结构其实是研究方法没有真正揭示儿童的语言能力。采用诱导产出法证明了儿童早期就完全能像成人一样产出"数量名"等结构。研究也发现儿童较晚习得由句法位置表达的"定指/不定指"等语用特征。（4）检验了前人关于儿童不能得到添加性焦点小品词和等级性焦点小品词的"添加"和"等级"预设的看法。用诱导推论法证明了儿童其实很早就习得了这两类小品词所表达的添加或等级预设。但儿童是宽容的语言使用者，他们在真值判断任务中只会拒绝不满足真值条件的测试句，而接受不满足合适性条件的测试句。（5）证明了汉语学龄前儿童具有推导等级含义的能力。他们在前人研究中表现出对等级含义不敏感是因为加工等级含义需要整合句法和语用等各方面的信息，激活对比项并构建选项集超出了儿童的认知能力。

中央苏区红色文化传播研究

南昌大学陈信凌主持完成的国家社会科学基金项目"中央苏区红色文化传播研究"（项目批准号为：12AXW002），最终成果为同名专著。课题组成员有：胡一伟、邓年生、余玉、张兰、郑斐、杨娜、黄慧。

一　研究的目的和意义

在 20 世纪 20 至 30 年代之交，中国共产党领导工农大众在赣南、闽西等地区展开了轰轰烈烈的土地革命斗争。为了配合红色政权的生存与发展，中央苏区开创了崭新的红色文化传播运动，这是中国共产党领导下最早的有组织有系统有规模的思想宣传与文化传播工作。在非常艰困的环境中，苏区红色文化传播淋漓尽致地发挥了动员与激励的效能，"唤起工农千百万"。

苏区的传播与宣传理念经历了一个从不重视到更为重视的过程。根据现存历史文献透露出的一些相关信息，可以推测中央苏区红色文化传播的整体格局。1929 年 10 月，红四军前委宣传科制定了一个关于宣传的小册子，其中对宣传方式的表述为："（1）标语；（2）传单宣传大纲；（3）口头宣传；（4）壁板、日报；（5）画报；（6）群众大会；（7）演新剧；（8）刊物；（9）化妆宣传；（10）写木板丢在河内流到远处去；（11）写信笺到各处去。"1931 年 12 月 21 日发布的《中央关于苏区赤色工会的任务和目前的工作决议》，其第八部分谈及宣传教育工作，其具体实施意见为：

"创办工会报纸，发行漫画、小册子、壁报，宣传拥护苏维埃政权"，"建立工会的宣传队、俱乐部、各种文化教育组织，扮演新剧化装演讲，以扩大宣传"。从上面的材料可以看出，中央苏区的文化传播工作的运行状态不是单一、局部、零散的，而是多样态、多平台、多面向的。其主要的形态有报刊传播、标语传播、歌谣传播、戏剧传播、漫画传播，它们既别具一格，自成体系，又相互融通，相互呼应。共同构成了中央苏区红色文化传播的整体格局，而这也是本课题所要研究的五个对象。

目前，对中央苏区的戏剧、歌谣、标语、漫画等文化形态所进行的研究，基本上是在文艺学、历史学、社会学等框架下展开的。这样的研究当然是合理并且必需的。不过，苏区的红色文化具有显著的特性，即具备强烈的受众意识、明晰的目标预期，注重创新传播渠道和传播形式，并追求切实的传播效果，只有在传播学的视野下，才可能对其存在的价值、意蕴与形态进行更为全面与确当的阐释；另外，现在的研究只涉及了苏区戏剧、歌谣与标语等方面，对于苏区极具特色的晚会、漫画、列宁室、化装演讲、墙报等鲜有触及，而它们都是传播学研究难得的素材。所以，对中央苏区红色文化进行传播学的解读与阐释，既是一种研究趋势，也是一种必然选择。

二 成果的主要内容

（一）主要内容

（1）报刊传播。报刊是中央苏区文化传播的主要平台，也是宣传鼓动工作的主要载体。毛泽东在第二次全国苏维埃代表大会上的报告提到"中央苏区现在已有大小报纸三十四种"，这应该只是指中央苏区党政和群团层面的报刊数量。在它们中既有铅印的，也有石印的、油印的；既有图文并茂的多版大报，也有传单式的油印小报。就整体而言，这些报刊的纵横相间、高低错落，形成一个立体性的结构。从纵向来看，可分为中央级报刊、省级报刊、特委报刊和县级报刊；从横向而言，又表现为党组织系统报刊、政府系统报刊、军队系统报刊、群众团体系统报刊等。它们因性质不同而呈现不同特色，但总体方向都聚焦中央苏区的中心工作，承担主流媒体的传播职责。

（2）歌谣传播。歌谣传播通过歌谣的传唱展开，由于只需在人际间口耳相传，对传播条件与渠道无特别要求，它成了中央苏区的一种参与性与渗透性最高的传播方式。传唱者可以是一个组织，红军的宣传队和地方上的业余唱歌队即是其典型代表；也可以个人的身份出现，当时苏区活跃着一批名震遐迩的红色歌手。传唱的歌曲少量是新创，多数袭沿旧有的曲调填写新词。运用的场域极为广泛，鼓动百姓参军、提振红军士气、瓦解白军斗志，乃至于苏区政府的行政公文、红军的宣传告示等，都会借助歌谣传播的形式。由于它们贴近实际，因此能屡屡获得预期中的传播效果。

（3）标语传播。中央苏区的红色标语传播，体现出了组织传播的一些特征。标语传播的重要性异乎寻常，与组织的生存、壮大与发展息息相关。标语传播队伍的构成与运转严密而规范。在一些特殊关口，标语的传播以覆盖式弥漫性的排布出现。标语传播是与共产党及红军的任务、目标紧密相连的，内容涉及面很广。根据现存的文献尤其是当事人留下的材料，可以推断：中央苏区的标语传播的效果是具体而实在的。

（4）戏剧传播。戏剧传播是中央苏区较为成熟的一种文化传播样式，形成了完备的传播组织与传播机制。在苏区中央、省、县乃至一些区乡都成立了剧社，其核心受众为苏区的工农兵群众，传播的内容主要反映前线战斗、农民觉醒以及城市工人运动。苏区戏剧的传播方式与传播渠道不拘一格，在演出形态上，既有话剧、地方戏，也有对象感更强的活报剧；在表演的场所方面，既有常规的剧场，也会送戏到田间地头、街头巷尾，以及硝烟弥漫的前线战地。这些特殊的传播方式，使得戏剧所传播的革命理念深入苏区的每一个角落。

（5）漫画、晚会、列宁室、化装演讲、墙报等渠道的传播。它们都是红色文化常用的传播路径，是当时的宣传工作者根据苏区的环境、条件，特别设计出来的传播样式。从留存下来的苏区报刊中可以获知，当时的文化传播者对于这些文化形态的传播内容、方法、要领、途径等，都进行了精到而细致的设计。整体而言，它们都深度楔入接受者常态生活的情境之中，使他们在自然的状态中感受其传播的内容及影响。

（二）基本观点

（1）苏区的红色文化传播是第一次在人民政权下开展的，它是苏区人民用以巩固与扩大工农民主政权和进行革命战争的锐利武器。它有效地为苏区党组织的中心工作服务，为中央苏区数次反"围剿"的军事斗争，展开了一系列极富创造性的工作。

（2）苏区的红色文化在一个特殊的战争环境中，充分利用了当地的文化传统与人力、物力条件，改造和创新了一些行之有效的传播形态。这些形态在传播者、传播渠道、传播内容、信息接收者与传播效果等五个方面，都有自身明显的特征，至少在内容的直白、诉求的急迫、频度的密集、形式的粗放等方面，与常规状态下的文化传播迥异其趣。

（3）苏区的红色文化传播以覆盖式与弥漫性的传播气势，在苏区社会中形成了一种含蕴明晰的信息环境与舆论氛围。最大限度地发挥了宣传教育和鼓动组织的作用，提高了广大群众的政治水平和文化水平，使红军战士与工农群众焕发出了极大的热情。无论是在前方打击敌人，还是在后方扩大红军队伍、节省经济、发行公债、突击春耕等运动中，都发挥出了其不可替代的作用。

（4）中央苏区的红色文化传播事业积累了不少行之有效的传播经验。简而言之，这些经验就是：从苏区的实际状况出发，紧密配合党政中心工作，根据群众的爱好和接受水平，采取各种便捷易行、通俗易懂的方式，以取得最佳的传播效果。这些经验在今天仍有可资学习、借鉴的价值。

（三）突出特色和主要建树

（1）在现有材料的基础上，进一步收集中央苏区戏剧、歌谣、标语、晚会、列宁室、墙报的历史实物与相关材料，力求在更大程度上还原这些红色文化样式的历史真貌。

（2）从传播学的角度，探讨中央苏区戏剧、歌谣、标语、晚会、列宁室、墙报等的生成机制与传播模式，尤其注重对其传播内容、传播路径和传播技巧的剖析。

（3）从整体上梳理与总结中央苏区革命文化传播经验与传播规律，并结合当前文化思想传播的实际状况，分析苏区文化传播经验的当代价值。

三　成果的主要价值

1. 可以为传播学研究的本土化做出富有价值的探索

中央苏区红色文化传播是传播实务中的一个经典性案例，在传播技术上积累了丰厚的中国经验。中华苏维埃共和国自在江西瑞金成立以来，长时间置身于大敌环伺情境中。红色政权必须在有限的时间内，对苏区进行充分而有效的动员。苏区的红色文化传播以覆盖式与弥漫性的传播气势，在苏区社会中形成了一种含蕴明晰的信息环境与舆论氛围。在扩充红军队伍、节省经济、购买公债等议题的传播中，取得了显著的成效。对这些传播经验的总结，可以丰富现有传播学理论的容量，并且使之带上中国的特色与印记。

2. 可以为中国传播史的研究增添重要一环

苏区红色文化以多种富有特色的传播渠道与形态，在当时凝结成巨大的传播力，现在学术界对于苏区戏剧、歌谣、标语的研究，大多并非在传播学视野中展开，而且对列宁室、漫画、化装演讲、墙报等极具苏区特色的红色文化形态，更是绝少触及。而传播学界此前对此只有极其有限的涉猎，缺乏系统而深入的探究。该成果可在一定程度上弥补这一缺憾。

国家形象建构与跨文化传播的
理论创新与路径选择研究

武汉大学单波主持完成的国家社会科学基金项目"国家形象建构与跨文化传播的理论创新与路径选择研究"（项目批准号为：12AXW006），最终成果为同名专著及研究报告。

一 研究的目的和意义

该成果将"跨文化传播"作为"国家形象"研究的突破口和创新点，探寻基于跨文化传播的国家形象建构的观念创新与现实路径，以及超越现实难题的政策调适与传播策略。该成果针对三大现实问题展开讨论。其一，国家形象建构已成为中国和平发展的战略性任务，在通过建立与世界（特别是与西方的）的政治、经济与文化对话中，中国国家形象得到了一定程度的改善，但却难以突破形象建构与传播效果之间的瓶颈，尚未实现跨文化传播的观念转向。其二，中国国家形象的定位越来越清晰、越来越符合中国和平发展的现实需要，但国际舆论传播格局"西强我弱"的态势没有根本改变，国家形象塑造和传播过程中始终面临充满权力支配关系的跨文化交流困境，缺乏从跨文化传播角度建立的评价方法，缺乏近期和远期目标以及实现目标的方式与途径，是当前国家形象建构的制约因素之一。其三，信息化、网络化社会的来临迫使我国媒体纷纷"走出去"，但未能进入跨文化交流语境，有效解决"走进去"的问题，难以取得海外受众的信任与认同。

该成果的学术意义在于：从理论上明晰新的国家形象建构目标、形成有层次感的国家形象建构策略，进而提出国家形象建构的跨文化理论，即创建集互动、他者、关系、伦理、权力于一体的国家形象建构学说。这一理论探索有助于突破美国"软权力"理论的霸权逻辑，即"软权力"所包括的文化吸引力、意识形态或政治价值观的吸引力演变成了塑造国际规则和决定政治议题的强制性权力，从而成为"硬权力"微妙的、隐性的实践。与此同时，寄希望于通过发展"软实力"提升国际地位的发展中国家，却并未取得美国般的辉煌战绩，中国国家形象的塑造和传播也未获得理想的结果。要解决这一现实问题，现有的理论研究必须拓展思路，将跨文化传播的和谐理念、文化间互动等全面引入国家形象建构的现实框架中，从而实现理论创新。

该成果的应用价值在于改变路径、强化效果，具体说来，主要表现出四个层面的价值：在国家发展层面，把建构中国形象推向中国创新自我、优化自我的方向；在国际关系层面，建构中国形象的国际交往能力的基础；在社会发展层面，通过国家形象的跨文化传播提高国家共同体的辨识力以及社会内部的亲和力、对外交往的沟通力的有效方法；在日常生活层面，通过提升国民的跨文化交流能力，使国民融入国家形象建构过程之中。本课题试图通过针对性强、点面结合的深入调查，进行层次分明、由表及里的实证研究，探讨在跨文化语境中强化效果、提升国家形象的可操作性战略。

二　成果的主要内容

该成果思路上以马克思主义理论为指导，立足于和谐社会、和谐世界理论，通过实现国家形象传播的跨文化转向，建立具有创新意义的理论模式，使中国形象建构融入多元化、多极化、信息化、网络化的世界，在理论创新层面、形象感知层面、文化关系层面、品牌传播层面、文化交流层面、路径选择层面，形成国家形象建构的跨文化传播话语体系。

该成果分为六个部分。第一部分"国家形象传播：跨文化层面的理论创新"分为四章，分别评述国家形象理论、反思全球化时代的跨文化思维、探讨国家形象跨文化转向的可能性、他者化表征及其跨文化路径。第二部分"外部公众的中国形象建构",重点讨论中国形象感知的历史层面、汉学家与文化中国建构的多样性。第三部分"涉华报道:从权力关系到跨文化关系",通过三个不同案例探究权力关系体系中的中国形象建构、多元化的中国形象建构、转向对话性的中国形象。第四部分"品牌传播、文化产品与中国形象",重点讨论国际品牌的跨文化传播路径、中国形象的意义建构与意义输出。第五部分"文化交流与中国形象",网络社区的文化交流与中国文化认知,第六部分"路径选择与中国形象传播",论说"一带一路"倡议与中国形象传播的跨文化路径。

三 成果的重要理论观点

(1)批判性地反思西方流行的"国家形象"理论,破解其中的"国家形象的权力支配导向",创新性地提出国家形象更本质的东西,即民族国家的人民想象与被想象的方式,追寻认同之路与分享理想化的人民共同体的心理表现。认为国家形象不是抽象化的指标或根据品牌指数进行塑造的东西,而是可感知的文化心理事实;不是区隔化的形象谱系,而是在多元互动中形成的认识与理解;不是由少数精英或公司设计的,而是在日常交流中形成的形象对话。在互联互通的语境下,国家形象指向对话性,因为只有进入"我-你"对话关系之中,国家形象才能体现人的交流需要。

(2)从西方传教士和汉学家感知中国形象的历史过程,揭示出西方的中国形象来源的多样性与复杂性,特别是结合文化适应模型与汉学家的跨文化经验,提出以主体位置与情感介入作为区分汉学家接受中国化的程度与类型的标准,提炼出基于外部文化的介入者、基于外部文化的中立者、基于中国文化的介入者、基于中国文化的中立者四种类型,勾勒出汉学家认知与解读中国的不同取径,也显现出文化中国外部圈层构建的丰富可能性。

(3)从涉华报道反思权力关系体系中的中国形象建构,通过隐喻理论与对话理论分析中国形象建构的多样性与复杂性,发现对话性中国形象的核心要素在于差异性、关联性、流动性。

(4)运用扎根理论揭示国际品牌跨文化传播过程中的影响因素,即跨文化传播意识、文化冲突的强度、文化融合的主动性、消费者认知、不可控因素和文化选择的前瞻性,提出了"意识-行为-理念"的作用机制模型;

同时通过焦点小组讨论，分析不同文化背景的留学生通过观看《舌尖上的中国》感知中国的特点，发现他们对中国式文本的解码有四种类型，即移情式、反思式、质疑式、批判式，由此提出建构对话性中国形象的路径，即承认差异性并假定相似性、引导跨国受众的移情体验与反思体验、面对质疑反观自我、在文化价值观的多元对话中重建自我。

（5）通过参与式观察，揭示网络社区的中国文化认知，发现网络社区也可以看作是对国家形象建构的另类尝试，来自不同文化背景的个人的讨论是开放的、液态的。在这里，国家形象建构打破了权力主导的方式，原子化、去中心的探讨将国家形象引入广阔的互动空间中，不再是线性的传递；与此同时，国家刻板印象被一再打破，网友们一边表达着自己对中国文化的既有认知，又有意识地探究某些固有成见的形成机制。

（6）探讨国家形象的跨文化传播路径，认为中国提出的"一带一路"倡议，其中所包含的"利益共同体""命运共同体""民心相通"的理念暗合了跨文化传播的理性，也为中国形象传播提供了跨文化路径。

四 成果的对策建议

（1）建议在跨文化关系中建构对话性中国形象，即面向中西方差异，不回避中国在发展中的困难、矛盾和问题，在讨论中消解对中国的不理解；虽然通过对话融合差异是较难实现的，而通过对话改善争论则充满可能性，可以让不同意见在经过陈述、询问、综合、协商之后，向着双方愿意达成一致的方向转变。

（2）国家形象的他者化难题与认同息息相关，原因在于认同不只是人们意义与经验的来源，建构自身的合法性，更重要的是存在"同一性""独一性"的陷阱，也就是说，认同也制造了"他者化"。要解决他者化问题，必须反思认同、超越认同，回到主体间、文化间平等交流的意义上，建立人类交流共同体。

（3）应发挥海外网络社区对国家形象建构的积极作用，打破关于中国形象的刻板印象。在这里，国家形象建构打破了权力主导的方式，原子化、去中心的探讨将国家形象引入广阔的互动空间中，不再是线性的传递；与此同时，国家刻板印象被一再打破，网友们一边表达着自己对中国文化的既有认知，又有意识地从元认知的角度，探究这种固有成见的形成机制，应重视海外网民的这种积极探索。

（4）要寻求品牌传播与中国形象传播的结合。除了品牌形象和核心价值观等主要的品牌要素实行全球统一化以外，其他要素可以根据当地市场的具体情况加以调整，提高品牌对东道国文化的适应性。如以本土化的传播手段传递全球化的品牌理念、以本土化的表现元素传递统一的品牌内涵。多极化平衡传播方式的优势之处在于能以最小的成本达到最大的认同，既不要求更改国际品牌与生俱来的母体文化色彩，也不忽视本土文化诉求，而是以接触对话的方式在表层文化的趋同中发现共识，在深层文化的差异中保持尊重。这样能够给国际品牌创造缓冲空间，将文化冲突的概率降到最低，从而尽量实现多元化个性与趋同化共性的共赢。

建设"一带一路"，构建人类命运共同体，关键在于通过主体间的平等对话、相互交流，最终形成相互理解并相互宽容的关系，无论是进行"一带一路"建设的总体规划和具体安排，还是各国、各地区政府之间进行政策沟通协调，抑或是沿线各国人民通过各种形式交流往来，都有必要弘扬丝绸之路相互平等与彼此尊重的精神，构建符合"一带一路"跨文化交流现实需要的传播关系；在"一带一路"跨文化交往中，还必须了解彼此文化，树立跨文化交往的意识、掌握跨文化交往知识和技巧，才能在矛盾、冲突、差异、多元、焦虑等跨文化交往语境中消除误会、增进理解和宽容，进而构建互惠性交往关系，达成互惠性理解和合作。具体来说就是建构人的跨文化敏感、共同感知、移情能力和文化适应能力。

当代中国报纸新闻文体史研究
（1949~2012）

安徽大学刘勇主持完成的国家社会科学基金项目"当代中国报纸新闻文体史研究（1949~2012）"（项目批准号为：13CXW005），最终成为同名专著。课题组成员有：李娟、周正昂、王磊、章玉政、邹君然。

一 研究的目的和意义

新闻学历来被分为理论、应用和历史三大领域。其中，应用新闻学离新闻实践最近，却常常被置于"术"的范畴，而备受轻视。长期以来，作为应用新闻学重要组成部分，"新闻文体"始终龟缩在"新闻体裁"的狭小空间中，高校的新闻业务课也仅仅停留在讲授新闻写作技巧层面，"新闻文体史"更是长久无人问津。王中先生早在20世纪80年代就提醒学界要重视这个问题，否则学生们就会陷入"知其然而不知其所以然"的境地。有鉴于此，本项目首要的研究目的即在于唤起学界对于应用新闻学研究的重视。当然，更为重要的是，"新闻文体史"本身是一个具有研究张力的命题：其背后既蕴藏着深邃的新闻观念的变化，涉及新闻理论内的诸多问题，同时，也具有史学的价值，还浸润了业务层面的质的规定性。换言之，这是一个能够真正勾连新闻学三大领域的研究论题。

与此同时，在传统的新闻文体乃至应用新闻学研究中，规范性（normative）

研究居多，描述性（empirical）研究偏少，"应然"研究与"实然"研究常常出现割裂的状况。这样，往往容易导致此类研究中化约主义倾向的出现。而且，研究视野也趋于单一，多将新闻文体置于新闻业务层面，仅仅将之视为"术"，从体裁写作技法角度加以密集研究，理论视野不够宽拓，历史思维又极度匮乏。该成果希望能够直面这些问题，探索新闻文体史研究的新路径。

二 成果的主要内容

对于当代中国新闻文体史，惯常的做法是运用纯粹的编年史路径加以阐述，这种研究的优势是一目了然、易于呈现历史细节，但同时又容易限于琐细，遮蔽重点。该成果力图跳脱这种单纯的新闻业务编年史的写法，尝试由具体问题切入，在展示当代中国报纸新闻文体演变的实存状态的基础上，观测文体演进背后观念的变迁，探寻促发文体嬗变的关联因素和基本规律，继而为互联网时代新闻呈现方式的变革、新闻实践的革新提供一份借鉴。具体来说，"1949年以来新闻文体究竟呈现出怎样的历史图景与发展脉络？哪些因素在影响新闻文体的嬗变？那些以新闻为业的人如何从事文体实践？他们又是如何思考新闻的制作？"凡此种种的问题，构成了该成果所关注的核心"问题域"。

该成果的主要观点是：新闻文体发展史的研究需要从新闻文体内在逻辑出发，展示不同新闻样式、呈现方式及至文体观念之间交光互影的历史脉络。基于此，本书首先引入"范式"概念对当代中国报纸新闻文体展开"深描"，结合文体发展的内在理路和外在形态考察文体的演变。这是因为，"范式"概念为我们打量新闻文体的演变与本质提供了一个新的视角：一方面，不同时代、不同媒体、不同记者生产的新闻文本恒河沙数，种类、形态也千变万化、不胜枚举。"新闻文体范式"超越千差万别的新闻作品层面，跳脱新闻体裁、报道方式、报道模式等单一维度，是对单纯新闻文本的提炼与超越，从而能够更加清晰地呈现1949年以来我国新闻文体演进的脉络与文体观念的移位。另一方面，"新闻文体范式"能够为我们寻找不同文体样态创变与发展规律提供了一个新的理路。文体范式的变换与迁移，依循新闻与政治、文学（文化）的互动关系，也契合新闻文体内生逻辑的自洽性。与此同时，着眼于不同"新闻文体范式"之间共生与互动关系，展开对当代中国新闻文体史的阐释，这一研究路径具有一定的创新性，实质是为了探寻新闻业务史研究的多维度可能性。

基于此，该成果按"总—分"结构，分为四章展开论述。

《范式与当代中国报纸新闻文体嬗变》主要基于"范式"互动的维度，检视当代中国报纸新闻文体的演进脉络，探查新闻文体嬗变的内在机理。我们首先阐释在当代中国新闻文体史研究中引入"范式"概念的可能性与合理性。这需要简要论证"范式"的概念史，展示其内在张力和外在传播力之间的关联。新闻文本中所透露出的整体性特征、内在机理、规范性要求以及成功的文体范例等，结合不同报纸的性质与风格定位、中国新闻文体的文化传统等其他因素，构成了我们判断范式类型的一个重要标准。循此标准，将1949年以来的新闻文体划分为三大范式："宣传范式"、"文学范式"和"专业范式"。

"宣传范式"指的是新闻文体的逻辑起点与功能指向都以宣传为根本目的，其实质是运用新闻进行宣传，强调新闻承载的是意识形态功能，体现的是政治力量对于新闻话语的"征用"。"文学范式"是指新闻报道中调用文学观念和创作手法来呈现新闻的方式，它表现在文体样态上，是指散文式新闻、新闻特写、报告文学等杂交文体的出现，表现在方法上则是散文、小说等写作技法在新闻中的借鉴与改造。"专业范式"源自新闻职业化进程中逐渐型构的专业理念以及由此产生的一套操作原则，呈现的是新闻作为一种独立文体所具备的本质特征和独特气质。

整体观之，三大范式并非完全按照时间线索渐次出现，也不是简单的迭代关系，相反，它们有时会共生于同一阶段，有时会共存于一家媒体之中，有时甚至会出现在同一篇新闻文本中。更为重要的是，从历史维度看，三大范式之间的互动常常表现为相互勾连、交织与融通，彼此借鉴、吸纳与改造。依据新闻文体的特质、新闻媒体的特点以及新闻生态环境的特征，结合不同文体范式的生成与变化历程，将1949~2012年新闻文体的历史分成五个阶段：从范式并存到"宣传范式"主导地位的确立（1949~1965年）、"宣传范式"的畸变（1966~1976年）、"范式"的调整与复兴（1977~1989年）、"范式"的定型与融合（1990~1999年）、"范式"的转型与重构（2000~2012年）。

《承继与调适："宣传范式"的文体嬗变》，着重展示作为当代中国新闻文体主导范式的"宣传范式"的基本特质。首先从文体变迁中分别考察

"以正面宣传为主"这一基本方针的内涵与演进历史，两大报道模式（"政论模式"和"信息模式"）的文体特征以及两种报道方法（"印证式"和"用事实说话"）的不同内涵与使用情境。本章还对"宣传范式"的标志性文体样式——"新华体"进行了历时性考察，力图全景呈现"新华体"从风格厘定到内涵型构再到变革调适的全过程，从而探查"新华体"特征型构与内涵革新。这部分还有一个重要发现：亦即2000年以来，伴随新闻文体"专业范式"的日渐成熟，"新华体"开始借鉴"专业范式"，"征用"客观报道手法，用专业的方式进行"宣传"。

《互动与交融："文学范式"的文体创变》关注的核心问题是：当代新闻文体实践中，文学因素如何被调用与凸显，新闻如何与文学互动与博弈。与以往的研究相比，这部分的一个显著特点在于第一次从新闻文体维度，提出并阐释了新闻文体"文学范式"的内涵与演变。本章首先历时性展示"文学范式"的呈现路径及其基本特质。紧接着，我们在结合具体案例分析中，提炼出了"文学范式"的两种报道模式："散文模式"与"故事模式"。与之相对应，我们分别考察了"文学范式"两种典型的文体样式（"散文式新闻"和"非虚构写作"）的历史变迁及其在不同时期的特质、代表性作品等。本章的第四节选择"文学范式"的代表性记者南香红作为个案研究，运用内容分析和叙事学方法，选择其31篇特稿代表作进行"文本细读"，在展示南香红特稿风格的基础上，探讨特稿的文学面向。

尤其值得一提的是，本章通过比较分析"故事模式"在不同范式中的不同用法，借此进一步廓清了三大"范式"的基本理路。其中的重要观点是：文学范式中的"故事模式"着意于文学意义上的"再现"，强调运用一切适宜的文学表现技巧叙事写人、呈现新闻；"宣传范式"使用"故事模式"的首要前提是为政治宣传服务；"专业范式"视域中的"故事模式"实质属于人类文化的重要组成部分，它契合了传播的"仪式观"，强调通过讲故事的方式，呈现新闻事实的意义，凝聚社会共识。

《型构与创新："专业范式"的文体演变》较为全面地论述了一个基本观点，亦即"新闻文体'专业范式'是在新闻职业化进程中所形成的关涉新闻职业价值与专业定位的文体理念与操作规则"。为此，着重剖析了新闻文体"专业范式"的当代路径与核心内涵，阐释其两种报道模式（"信息模式"和"深度模式"）不同定位与特点，并结合"客观"与"深度"两种专业诉求，展示了"客观报道""深度报道"两种主要报道方式在当代中国的演化。其中，对于两种"深度"追求方式的总结具有一定的新意：80年代以"思想"求"深度"，90年代至今以"专业"求"深度"。为了论证"专业范式"下会产生不同的文体呈现方式，本章最后选择了两位名记者（王克勤与李海鹏）作为个案，前者以"调查性报道"见长，后者以"新闻特稿"闻名，力图从他们的报道文本中来分析其各自的风格特征，继而探寻新闻文体生产的微观理路。

三 成果的主要价值

作为新闻业务史不可或缺的组成部分，新闻文体史不仅是勾连新闻学研究中"学"与"术"的一个重要契合点，也是应用新闻传播学研究的基础性"路径"。

从以下三个方面来阐释该成果的价值。

（1）学术价值：在我国社会历史变迁的大背景下，历时呈现1949年以来中国报纸新闻文体的实存状态和发展脉络，着力探寻记者群体和"名记者"个体在文体发展进程中的特点与作用，从理论上厘清了新闻文体发展中的诸多问题以及文体演变背后的规律性因素，彰显60多年来我国新闻观念的演进轨迹，为我们提供了深刻理解当代新闻实践、反身打量新闻观念嬗变的另一种思路。同时，这种研究路径也为新闻文体乃至应用新闻学研究提供了一种新的借鉴。

（2）应用价值：立足历史视域，从新闻文体的内生逻辑出发融合"记者研究""新闻文本研究"，史论结合，论从史出，不仅能够通过探源测流来夯实新闻文体研究的基础，还能够切实解决新闻写作学领域纵、横两个维度不平衡的问题。此外，新闻文体史作为新闻业务史的重要组成部分，多年来一直没有得到学术界应有的重视。从这个意义上说，该成果在推动新闻业务史这一专门史的研究方面，具有积极意义。

（3）社会影响和效益：该成果对于新闻文体本体的关注，能对职业记者的新闻写作专业化产生直接的推动作用，同时，对于当下正在流行的"非虚构写作"的研究，也为写作者提供了一份重要的专业认知和现实借鉴。

媒介融合背景下的我国媒体政策法律研究

中国传媒大学李丹林主持完成的国家社会科学基金项目"媒介融合背景下的我国媒体政策法律研究"（项目批准号为：13AXW005），最终成果为同名专著。课题组成员有：郑宁、何勇、刘文杰、张文祥、宋全成、魏永征。

一 研究的目的和意义

根据相关统计数据，近年来我国网民的人均周上网时长近30小时，在各种移动 App 的使用中，有关新闻和内容方面的 App 的使用量占到总量的60%以上。移动应用程序的广泛应用表明了媒介融合发展的深度和广度。媒介融合是数字和网络科技发展的必然进程，它带来的网络空间的信息和内容的流动导致舆论生态、媒体格局、传播方式发生了深刻变化，信息变得无处不在、无所不及、无人不用，媒介融合不断向深度广度发展。媒介融合带来传媒日益繁荣的同时，也给国家安全、公共安全、政治安全带来了前所未有的风险；给个人权益、社会秩序、经济秩序、文化建设带来了许多新的问题。同时，传统媒体和新兴媒体融合又是中央应对传播生态这种颠覆性改变而提出的一项基本思路。在这样的时代，应该如何改进和完善我国的媒体政策与法律，才能够既适应历史发展的要求，保障好广大人民群众的权益，满足人民群众的需求；又能够使主流媒体适应执政党把握新闻舆论主导权的要求，这是建设有中国特色的社会主义国家进程中，我们必须认真思考、深入研究的问题。

二　成果的主要内容

基于研究目的，要对未来传媒政策和法律的完善和发展做出相应的思考和判断，需要回顾和审视以往的政策和法律并反思其得失，以之为鉴，思考未来的方向。围绕这一中心展开的研究构成了该成果的内容。其中主要方面是：以历史思维考察媒介融合、传媒政策、传媒法律；选取媒介融合进程中的重要领域进行相关政策和法律问题的剖析；对于媒介融合背景下的媒体政策和法律中最重要的问题资本准入问题、新型法律关系主体、新型权利与媒体的责任关系、传媒规范体系及其适用的研究等。

绪论对于该成果的一些基本问题和思考进行了介绍，并对"媒介融合""媒体融合""三网融合"的意义和具体应用、研究状况进行了学术史考察和意义辨析。上篇探讨一些基础性问题：我国媒体融合的实践发展；传媒政策的意涵、我国传媒政策的历史演进与结构；我国媒体融合政策的实质、推进媒体融合政策的形成和发展；传媒法律的意涵，与媒介融合相关的传媒法律体系、立法进程等。下篇探讨若干媒介融合过程中的重要政策、法律的专门问题：传媒监管问题；三网融合的重要表现 IPTV 制度问题；新媒体资本准入政策和传媒领域的国有特殊管理股问题；媒介融合背景下的新型权利——数据权利的保护与媒体权利的冲突与平衡问题；新型法律主体——平台的法律义务与政治责任问题；传媒规范体系与表达权行使界限问题；传媒法这一概念与相关概念——信息法、文化法、娱乐法、网络法的关系问题，等等。

三　成果的主要观点

（1）"媒介融合"作为一种社会历史发展进程中的现象，在不同时期，人们对于这种现象本身的认识、态度是不一样的，这也使得"媒介融合"本身成为一个历史性的概念。对这一现象的认识，对于这一术语的应用，不同学者都力求做出自己的观察和解释。这种观察和解释基于其不同的学科背景、研究视角、行业实践、研究目的，所下定义各有不同。基于在一定时期媒介融合自身发展的阶段性，人们对于媒介融合的认识和态度也是不同的。

（2）媒介融合过程中，技术、市场、政策法律三大因素发挥着重要作用。一般认为技术是引领因素，市场需求是内部动力，政策法律是外部制约因素。也就是说，数字技术和网络技术的开发应用是媒介融合产生的前提条件，媒介融合能够推进和快速发展，是因为媒介融合能带来更多的内容和信息，更便利地采集传播，更好地满足人们的知情、娱乐、社交等方面的需求。虽然技术和市场可以看作融合的原动力和基础，但是能否融合，融合发展得快慢，融合的模式和形态等，则在很大程度上受政策法律的制约。

（3）以"媒介融合""媒体融合""三网融合"三个词语为主题的学术研究成果的数量、规模及年度变化情况，从中我们发现，关于这三者的研究，与实践的发展态势，尤其是相关政策的制定与推行关系密切。

（4）我国的媒介融合背景下的传媒政策，主要在努力建构防范新技术带来的媒体传播可能面临舆论导向失控的制度和措施。其中采取的政策包括产权方面关于非公资本准入的限制；关于产权交叉的限制；对于从事互联网新闻信息服务的特别许可制度；对于新兴媒体时代的平台的主体责任的要求；对于网上网下内容的同一把尺子的要求；对于涉及内容制作、集成、播放、传输主体和各个环节的审批、许可；将传媒领域的内容的多元复杂统一到"国家安全"和"文化安全"范畴之内；我国关于媒体融合的政策，执政党关于如何能够更好地把握舆论主导权的，坚持党管媒体原则的体现。三网融合的推进，从建设信息化角度推进，进程缓慢，从创新广播电视发展机制、更好地占领舆论阵地角度推进，加快很多。从中共中央正式提出关于加快媒体融合发展的意见之后，媒体融合、融媒体建设迅猛发展。

（5）媒介融合背景下的相关传媒立法，主要聚焦于通过相关的立法确立内容标准、建构内容规范、管控机制。每一种新的技术的发展带来新的传播方式、新的媒体类型出现，我们都会有相应的规范性文件出台，确立相应的审批、登记、备案、注册的措施。与此同时，在基本法律《民法总则》中，也规定了相应的内容规范，这就是民法总则一百八十五条的规定。从"法制"角度来说，应该是越来越健全。

（6）媒介融合的发展，产生了新的权利种类（个人数据权利），带来了新的权利冲突（数据权利的保护与媒体权利的保护之间的冲突），我国对于这些问题还未给予足够的重视。互联网的发展产生了新的行为主体——网络服务提供商和平台型主体。平台从公法角度、私法角度、政治角度应该如何担负职责、履行义务，尚未形成科学理性的界定，在实践中这些不同领域的问题混杂在一起，不利于法治建设的推进，不利于网络安全、网络秩序的切实维护。

（7）传媒领域的资本准入制度自2005年之后基本保持不变至今，但是传媒自身的图景发生了天翻地覆的变化。在媒体融合的实践过程中，相对粗糙并远远滞后于时代发展的政策，给媒介融合、产业发展带来的影响是巨大的。这就是由于政策界限的模糊不清过度遏制了传媒的发展，各类媒体都会进入政策灰色地带，但是这往往给行为人带来极大的风险。

（8）传媒泛在化，要求规范传媒行为及相关行为的规范也应该是多种类型的相互协调相互配合协同发挥作用的统一体。我国已经从过去单纯强调政策实施演进到开始注重立法、行业自律规范、平台运营规范的作用的发挥。但是，媒介化社会是技术支撑的社会形态，相关法律规范、技术标准、媒体伦理和道德、公民的媒介素养在传统媒体时代还未发育建设成熟的情形下，又快速进入网络时代，这愈加显示出媒体失序治理的艰难。

基于对媒介融合背景下的我国媒体政策和法律领域存在的问题的认识，该成果也提出了如下建议和思考。

第一，要充分认识和尊重技术的引领作用和人民群众的愿望（市场的需求），在此基础上思考未来的媒体政策和法律的取向和完善。我国IPTV的实践和发展深刻表明，想通过政策限制技术的应用和违背人民群众的愿望和市场需求，这样只会压抑创新的冲动、束缚发展的能力、影响发展的速度。对于主流媒体限制过多，使流媒体失去用户和阵地。这无论从维护意识形态的政治角度，还是从加快发展的产业角度，维护公民权益角度都是不利的。

第二，在未来的政策实践中，注重实质性地推动媒体发展的政策，尽可能克服政策内在的不一致。在制定政策时尽可能通过充分论证和权衡，使政策的推行尽可能不伤害效率，不损害公平。如此，产业的发展才能拥有良好的政策法律环境，人民群众的权利才能够得到保障，切实感受到公平正义。这样，社会的不安定因素就会减少，国家政权更加安定，进而稳固中国共产党的执政之基。政策不稳、立法不科学，是影响社会秩序最重要的因素之一。

第三，未来，我们应该更科学合理地确立资本准入制度、设计更为科学的产权制度；在内容规范方面要更加细化、更有针对性，形成良好的硬法与软法的协调；尽可能减少不必要的审批许可环节。自 21 世纪以来，国务院开始进行取消或下放行政审批权力的工作，在 2002～2012 年进行了六次，此后每年都要进行此项工作。这说明，我们对于行政审批许可的设置在很大程度上具有随意性、武断性。那么我们应该从中进行反思吸取教训，对于传媒领域的既有的审批许可进行审视和清理，对于设立新的审批许可要进行充分论证。

第四，未来，随着大数据、云计算、人工智能、5G 以及现在还不能清晰地认识和判断的技术的发展，带来的信息获取的极大便利和传递的大容量、无延时，我们的政策和立法、监管措施的主导思想就不能再是依靠封闭思维来解决问题和维持秩序。所以，政策和立法应该以更开放的思维来确立。当然，在开放的过程中，针对可能出现的问题通过严谨科学合理的制度设计来解决。由此来增强整个国家和民族认识、应对自身和世界危机的能力。

第五，未来，传媒领域的政策制定方面、立法方面，应充分践行"以人民为中心"的理念。在现代社会，人民不再仅仅是抽象的政治概念，它实际上是指一个个具体的人、一个个实实在在的用户的集合。如果缺乏这样的意识，不考虑用户的感受，这实际上就是对于用户的包括尊严在内的各项利益的不尊重，在此基础上的政策立法的实施，就会导致媒体失去用户，丧失舆论阵地，影响其公信力、引导力。

总体而言，未来在制定媒体政策与法律时，要平衡好协调好安全价值与自由价值的关系、效率价值与公平价值的关系；要处理好规范专业媒体行为与规范自媒体和个体传播者——网民行为的关系。在设立监管制度和推行具体措施时，既要克服惰于创新、追求部门行业利益的狭隘心态，尽量避免对于媒体发展创设非理性、不合理的条件和程序，同时也要防止消极懒政、不作为。以法治化建设为构建现代传播体系保驾护航。

四 成果的主要价值

该成果运用马克思辩证唯物主义和历史唯物主义的世界观和方法论，结合政治学、政策学、法学等理论和原理，立足中国现实，对媒介融合背景下的关涉我国媒体发展、舆论引导的重大政策问题和法律问题进行综合研究和思考，其中对于媒介融合的进程和现状，相关政策、立法的历史发展演进、现状，一些重要的具体的制度都有全方位的审视和把握，为更全面透彻地认识我国媒体政策和法律以及思考未来提供了基础。该成果采取务实的态度思考当下和未来，尽量避免脱离实际的理想主义和不服水土的对策建议。

中国现当代图书馆学史专题研究

中山大学程焕文主持完成的国家社会科学基金项目"中国图书馆学史专题研究"（项目批准号为：13AZD066），最终成果为专著《中国现当代图书馆学史专题研究》《中国图书馆学史著名人物与经典著作》。课题组成员有：潘燕桃、王蕾、肖鹏、张琦、冯云、刘喜球、高雅、蒋啸南、林梦笑、周余姣、王静芬、彭嗣禹、文琴、苏日娜、陈润好、唐艳、张靖、周旖、唐琼、何韵、罗惠敏、杨新涯、廖柏成、潘雅茵、王梅玲、谢宝暖、庄道明、蔡明月。

一 研究的目的和意义

中国图书馆学史是中国图书馆学的基础理论和重要组成部分，对于图书馆事业的发展具有重要指导作用。在图书馆学史的研究中，中国现当代图书馆学占据关键的位置，与当下中国图书馆学、图书馆事业的联系最为密切。

在本项目立项之前，尽管有部分研究已经展开相关史料的搜集和整理，考察现当代图书馆学的重要著作和学人思想，但总体来说，还未有相对全面、系统的研究著作。该成果以专题的形式，逐一梳理中国现当代图书馆学史中的关键议题，不仅有助于填补中国图书馆学研究的学术空白，更可以史为鉴，继承和弘扬中国图书馆学术，促进图书馆学基础理论研究的发展和繁荣。

二 成果的主要内容

《中国现当代图书馆学史专题研究》共包括十章，每章为一个专题。

专题一是"新中国成立初期图书馆学的恢复和建立"。该专题主要探讨1949~1957年新中国图书馆学思想的形成。这一时期，在外有苏联图书馆思想的传播，在内有我国"为工农兵服务"、为科学研究服务的政策影响，内外因素的共同作用下，我国图书馆学开启了一个有别于民国图书馆学术思想脉络的新时期。

专题二是"大跃进时期到'文革'时期图书馆学的发展和停滞"。从1958年"大跃进"运动开始到"文化大革命"结束，这是中国历史上政治运动连续不断、波澜迭起的动荡时期，也是图书馆思想的异化时期。但在"文革"末期，随着以 MARC 目录思想为代表的国外图书馆学新思想的初步引入，图书馆学研究开始发生转折，为改革开放初期图书馆学学术体系的重新崛起奠定了基础。

专题三是"改革开放初期图书馆学研究的重新兴起"。改革开放初期，图书馆学研究领域不断拓展、中国图书馆学的学术体系逐步重新确立、专业学会和管理机构相继成立、图书馆学教育开始复兴，学术出版、书刊交流和教材建设等工作也逐步展开。这一时期的图书馆学研究尤其注重图书馆学基础理论的探讨，学界围绕图书馆学的研究对象、学科性质、体系结构、研究方法、理论基础以及新技术革命等议题展开争鸣。此外，这一时期具有代表性的重要议题还包括有偿服务、资源共享、信息组织、开架阅览和图书馆自动化等。

专题四是"学术与实践深度整合时期：近30年图书馆学研究回顾"。1996年国际图联大会在北京召开之后，中国现当代图书馆学研究进入了兴盛时期，学术与实践开始发生深度整合。近30年来，图书馆学研究受到信息技术的深刻影响，随着图书馆管理模式的变化，学术研究的内涵出现了巨大的改变；与此同时，图书馆权利、公共图书馆立法等极具现实意义的研究工作逐步展开，深刻影响了图书馆事业的实践进程。这一时期，中国图书馆界在图书馆学研究的支撑下，取得了以"图书馆之城""免费服务"等为代表的十大成就。

专题五和专题六分别为"少数民族地区公共图书馆事业与思想史研究"

和"香港特区信息资源共享理念与实践：以 JULAC 为中心"。这两个专题关注了中国少数民族群体和香港特区的图书馆学发展状况。

专题五探讨了少数民族地区公共图书馆事业的历史分期和发展阶段，在此基础上，爬梳少数民族地区公共图书馆学研究的七个关键议题，包括基础理论研究、公共图书馆发展、文献信息资源建设、公共图书馆服务、信息化建设、馆员培训与交流、案例研究等。课题组发现，少数民族地区公共图书馆研究被严重忽视，应当着力发掘少数民族地区图书馆事业发展存在的问题，总结成功经验与失败教训，为社会转型期的少数民族地区公共图书馆事业建设提供借鉴与参考。

专题六则以香港特区的大学图书馆长联席会（Joint University Librarians Advisory Committee，JULAC）为中心，探讨香港特区信息资源共享理论与实践。JULAC 是 1967 年成立的香港高校图书馆馆际合作与资源共享机构，主要功能是讨论、协调各种馆际合作事宜，并提供共享图书馆信息资源和服务的合作平台。通过梳理 JULAC 五十余年的区域合作和国际合作的发展历程，可以发现，该香港特区的信息资源共享理念可概括为三点：强化内部机构的信息资源共享、巩固以地缘为基础的区域合作、面向国际展开跨区域合作。

中国图书馆学的发展，不能脱离世界图书馆学术的宏观图景。而在中国图书馆学的发展进程中，对本土影响最大的便是苏联和美国的图书馆学。因此，专题七为"苏联图书馆学在中国的传播与影响"、专题八为"美国图书馆学在中国的传播与影响"，分别考察这两个国家图书馆学与中国图书馆学的交流与互动。

专题七发现，苏联图书馆学术思想在中国的传播与影响历程可以分为五个阶段，高峰期在 1950~1964 年，主要通过国内的专家学者翻译、研究，专业人员的交流与教育，文献资源的交换与共享，宣传推广苏联文化等途径实现广泛传播。中国对苏联图书馆学的引介和研究，以图书馆学基础理论、图书馆管理思想、图书馆服务理念、图书分类学、目录学、儿童图书馆、图书馆学教育等领域最为活跃。苏联图书馆学思想对中国的影响是双面的，从正面来讲，它促进了中国新政权下全新图书馆理论体系的构建，从反面来讲，"苏联化"的中国图书馆学在理论深度和技术创新上仍有所欠缺。

专题八发现，中美正式建交后，两国图书馆界的交流与合作日益频繁，这些活动为中国图书馆事业的发展做出了重要贡献。中美图书馆学交流的过程中，最主要的形式是论著和人员的交流：一方面，对美国图书馆学理论与实践的翻译与介绍研究，为中国图书馆学研究注入了新鲜的血液，给图书馆事业的发展提供了强大的动力；另一方面，美国华人图书馆员是中美交流中的重要媒介，长期以来，在增进两国图书馆界的交流与合作发挥了重要作用。

2017 年以来，《中华人民共和国公共文化服务保障法》《中华人民共和国公共图书馆法》相继出台。在某种程度上，这两个法律是中国图书馆现当代学史中最重要的文本。它们凝练并系统反映了中国图书馆学人的思想精华和学术成就，并将直接作用于未来中国的图书馆事业。因此，专题九"《中华人民共和国公共文化服务保障法》解读与研究"和专题十"公共图书馆立法研究回顾"尝试深入研究并解读这两个学术文本的内涵与精神。

《中华人民共和国公共文化服务保障法》是我国第一部有关公共文化服务的国家法律，也是我国第一部与公共图书馆有关的国家法律。这部公共文化服务最高法律规定了国家和政府的公共文化服务责任，其立法的基本精神源于国际公认的公共文化服务责任主体，更是改革开放以后、进入 21 世纪以来，党和国家公共文化服务政策不断发展和完善的结晶。而《中华人民共和国公共图书馆法》的发布不仅是中国图书馆事业的分水岭，也将成为世界近现代图书馆发展过程中的关键节点之一。这一法律文本从"制度保障"、"实践探索"与"文化认同"三个方面回答了如何建立现代公共图书馆体系的问题，体现了"中国图书馆路径"的重要特征，即在推进图书馆建设过程中，关注图书馆塑造民众本土文化认同感、实现民族文化传承的功能。

《中国图书馆学史著名人物与经典著作》尝试以一种崭新的学术体例，回顾中国图书馆学史的发展脉络，系统梳理中国图书馆学发展历程中各个研究领域的重要人物、经典著作和里程碑式作品。

《中国图书馆学史著名人物与经典著作》收录人物和著作的时间大致涵盖 1840~2015 年，核心时间段为 1909~2009 年的一百年之间。该成果划分为世纪大师，图书馆学概论，图书馆学理论，图书馆学术史，图书馆史，图书馆管理，信息资源建设，信息描述，信息组织，信息检索，图书馆服务，图书馆自动化、网络化与数字图书馆，图书史，目录学，图书馆古籍整理，文献保护等十六章。

"世纪大师"对韦棣华、沈祖荣、杜定友、刘国钧四位宗师的生平、事业和学术成就进行了介绍，位列篇首，以示不忘根本、饮水思源。余下的十五个章节覆盖图书馆学主要的研究领域，包含图书馆学发展过程中的两条学术脉络。第一条以近代"图书馆制度"的组织和形成为中心，包括图书馆学概论、图书馆学理论、图书馆学术史、图书馆史、图书馆管理、信息资源建设、信息描述、信息组织、信息检索、图书馆服务、数字图书馆等研究领域；第二条以"图书"的研究和保存为中心，包括图书史、目录学、图书馆古籍整理、文献保护等四个章节。

后续每章之前有"小序"，目的在于界分类目，同时简述每个研究领域的基本脉络，澄清不同领域的交叉或重叠情况。通过这种方式，"小序"实际上提供了一个特定领域的学术史概要。各章之下，又划分为"重要人物""经典著作""里程碑"三个部分："重要人物"收录对本研究领域做出较大贡献的学者，以学者的生辰先后进行排序；"经典著作"收录本研究领域内有较大影响力的著作，以出版先后列序；"里程碑"以时间轴的形式，列出了相应研究领域发展过程中有一定影响力或时代价值之著述，包括正式出版的规范、标准、论文集、教材，等等，是对"经典著作"的重要补充。

三 成果的主要价值

该成果通过专题研究的形式，较为全面地梳理了现当代中国图书馆学史中的关键议题，同时以《中国图书馆学史著名人物与经典著作》的创新体例，系统地呈现了现当代中国图书馆学史的发展脉络，在一定程度上填补了现当代图书馆学史研究的空白、完善了中国图书馆学的学科体系，补充和丰富了中国图书馆学史教材和参考著作，为相关领域的研究提供了新的视域和思路，有力地推动了图书馆学研究的发展，同时，为当代中国图书馆事业与公共文化事业的发展提供了重要的理论支撑。

开放数据与数据安全的政策协同研究

黑龙江大学马海群主持完成的国家社会科学基金项目"开放数据与数据安全的政策协同研究"（项目批准号为：15ATQ008），最终成果为同名专著。课题组成员有：周丽霞、赵建平、贺延辉、牛晓宏、张静萍、孙瑞英、洪伟达、唐守利、杨志和、蒲攀、石岱。

一 研究的目的和意义

随着大数据、人工智能概念的兴起，世界各国对数据掌控尤为重视，数据不但在质和量上增长迅速，而且在人类生活和社会创新发展中更是占据着重要地位。谁掌握了数据和数据分析方法，谁就将会在大数据领域领先，无论是国家文明还是商业组织，只要充分发挥大数据技术的价值，迎接大数据时代面临的挑战，如数据安全和隐私问题，并及时进行应对，就会处于大数据时代的不败之地。大数据环境下，随着数字经济的兴起和数据产业的发展，数据范式正在形成，数据治理成为重要的政府治理和社会治理手段；数据治理的两个核心主题即为开放数据与数据安全，数据治理的重要工具是政策手段，数据治理最佳效能状态的一种体现方式则是对开放数据与数据安全的政策协同的研究。信息与数据的开放与保护、共享与安全，是透明化现代社会健康发展与前进的两股交织互动的重要力量，是信息资源建设需要面临的重要课题，要加强中文网络信息资源建设，特别是数据和知识挖掘，需要技术支持和政策扶持。那么在技术方面，数据库技术及网络技术已相对成熟，那就需要从政策视角出发，激励数据建设和服务。数据安全政策与开放数据政策的相互作用与协调发展，则是国家对信息资源宏观规划与配置的核心手段。

二 成果的主要内容

该成果分别从政策扩散、语料库、知识图谱的角度出发，对开放数据和数据安全政策及数据政策中开放数据和数据安全主题进行协同性研究。

（1）政策扩散角度：在研究内容上，选取"开放数据"和"数据安全"这两类看似呈现出对立性的政策，根据发布机构层级不同，在自建语料库中按照中央层级和地方层级分别选择符合要求的政策文本作为研究样本，共计得到中央层级发布的 101 条政策文本，地方层级发布的 230 条政策文本，总计 331 条政策文本，覆盖范围上较为全面；在研究方法的设计上，本研究拟从政策扩散的角度出发，同时结合研究内容的特点，定义相关指标，考量不同政策之间文本主题词的扩散程度，利用"桑基图"的特点，尝试将定量分析与结果可视化结合起来，对两类政策之间的协同情况进行直观的展示。该成果的突出特色在于将"政策扩散"的思想应用到两类政策的协同探究上，改变了以往的"政策扩散"思想主要应用在"同类政策"研究上的局面。通过定量研究的手段，直观鲜明地体现出了两类政策之间的协同程度，并由此体现出了两者之间不协同性主要表现的方面；主要建树表现在对协同理论和政策扩散理论的内涵进行了分析的同时，并未单纯从理论层面上进行解读，反而借鉴热力学第二定律的有关理念形象，直观地对二者之间的逻辑关系进行了阐述，同时根据设计的方法和提出的指标结合具体实例进行了相关的实证分析，证明了所提出的方法的可行性。

（2）语料库角度：利用语料库研究方法结合内容分析法和聚类分析法，通过自建语料库采集并筛选数据类政策文本 446 条，其中包括根政策 19 条，干政策 41 条，枝政策 386 条。为提升政策分析的精准度，选用主题关系协同度和复合系统协同度两个视角对现有数据类政策中开放数据和数据安全两类主题进行协同关系分析，最终通过计算结果算出政策协同关系的取值范围，结合数据给出数据类政策对策及建议并列出现存政策中协同关系较好的政策文件。基于实证表明，我国正处于不断完善相关数据政策体系阶段，开放数据和数据安全政策多数相对独立，并没有形成体系融入现有的数据类政策中来，要促进开放数据与数据安全子系统间协同，须建立开放数据及数据安全协同创新机制。开放数据及数据安全子系统和子子系统的平衡发展有助于复合系统协同能力发展。复合系统协同强调子系统间相互作用，加强子系统之间良好协作的意义大于单个子系统有序度的提升。政府应促进开放数据和数据安全体系的紧密结合，从实际政策数据分析来看，单独提升某一个子系统的关注度，很难提升二者之间的协同效应。如某大数据政策中开放数据子系统的有序度持续上升，但该政策中并未提及安全相关事宜，因此数据安全子系统有序度并未持续上升，而是呈现平稳或波动状态。在数据开放政策制定的同时，还要确保开放的数据安全稳定，要更加注重开放及安全子系统各子子系统之间的协同。

（3）知识图谱角度："基于知识图谱的开放数据与数据安全政策协同研究"应用知识图谱针对政策中两类不同主题——开放数与数据安全的协同情况做出探索性研究，并选择政策国务院关于印发促进大数据发展行动纲要的通知的国发〔2015〕50 号《促进大数据发展行动纲要》完成实践应用，该研究基于人工智能下的知识图谱技术为核心，运用全文本数据作为研究分析对象，选择数据挖掘中关联规则构建推理模型，探索性地完成关于研究主题——开放数据与数据安全协同情况的推理分析：首先，完成政策全文数据的文本核心意图、政策热点等统计与分析，并以此为基础选择政策文本中的"任务"这部分内容完成该政策中两类不同主题协同情况的分析。研究结果表明，通过基于知识图谱技术的政策协同情况探索研究，该方法可以推广应用于多篇政策文本中不同主题协同情况分析。该研究方法创新性在于探索完成政策分析领域知识图谱的应用可行性，研究突出特色在于将自然科学中强人工智能技术——认知智能与政策文本潜在知识的挖掘难题相结合的研究。研究思路中体现自然科学发展最新技术方法与社会科学有机融合：一是研究设计按照标准化软件工程规范可行性分析、需求分析、概要设计、详细设计与代码实现、结果可视化展示、研究结果与研究问题有机结合的应用分析；二是研究核心问题按照知识图谱生命周期中知识提取、知识表示、知识存储、知识融合、知识推理与知识应用完成政策中以文本形式阐述的不同主题的协同程度情况研究；该研究中突出贡献在于提出——将"关联规则"数据挖掘算法作为知识图谱技术核心部分知识推理机的动力，构建政策协同情况的推理模型，针对目前无法客观性、权威性界定政策协同度参考值的前提下研究政策的协同问题这一难题提供了一种科学的、可行的、可移植应用的解决方法。本研究探索了自然科学领域中的技术前沿方法与社会科学界研究热点与难点解决的无缝对接；针对政府政策协同问题辅助决策研究，其学术与应用价值一方面拓展性地实现了领域知识图谱应用的宽度，另一方面延展性地实现了政策文本研究问题的深度，该研究在政策文本深层次语义层挖掘具备开创性的应用价值。

三　对策建议

基于以上不同角度对开放数据和数据安全协同度的分析，该成果提出如下政策对策建议。

（1）建设统一政府数据开放共享平台

平台用于汇聚、存储、共享、开放政府数据，要明确数据开放领域及数据标准格式，社会公众和市场主体关注度、需求度高的政府数据，应当优先向社会开放。如信用、交通、医疗、卫生、就业、社保、地理、文化、教育、科技、资源、农业、环境、安监、金融、质量、统计、气象等民生保障服务相关领域的政府数据应当优先向社会开放。共享数据分为无条件共享和有条件共享两部分，其中无条件共享的政府数据，应当提供给所有政府机关共享使用；有条件共享的政府数据，仅提供给相关政府机关或者部分政府机关共享使用。技术层面：政府提供通用的符合技术标准的访问接口与共享平台和开放平台对接；数据管理层面：政府数据实行分级、分类目录管理，所开放共享的数据能够使大数据为各行业活动提供强有力的支撑；业务水平提升层面：数据行政主管部门应定期组织行政机关工作人员开展政府数据共享开放培训和交流，提升共享开放业务能力和服务水平；考核标准层面：各级各类政府机构要制定考核办法，将政府数据共享开放；监管评估层面：需要有第三方对政府数据进行监管与评估。

（2）构建政府数据安全保障体系

政府要从制度建设、安全应急演练、安全监管、人才培养、知识产权等方面尽快构建完善数据安全保障体系，给各行业的商业活动提供安全保障环境。在政府构建数据共享开放平台的前提下，应当依法维护国家安全和社会公共安全，保守国家秘密、商业秘密，保护个人隐私，任何组织和个人不得利用共享、开放政府数据进行违法活动。制度建设层面：政府应当依法建立健全政府数据安全管理制度和共享开放保密审查机制，行政机关和共享开放平台运行、维护单位应当落实安全保护技术措施，全力保障数据安全。安全监管层面：相关部门要开展大数据安全的等级保护、日常巡查、执法检查、信息通报、应急处置等监督管理工作。人才培养层面：要创新人才培养模式，建立健全多层次、多类型的数据安全人才培养体系，重点培养具有统计分析、计算机技术、经济管理、数据安全等多学科知识的跨界复合型人才。知识产权保护层面：要加强新领域创新成果的知识产权数据保护，加强互联网、电子商务、大数据等领域的知识产权保护规则研究，推动完善知识产权数据保护体系。

（3）保障开放数据和数据安全政策协同且稳定运行

开放数据与数据安全主题在明确职责、数据立法、知识产权、监督预警等方面都存在不同程序的关联关系。明确职责：政府应明确所要开放数据的采集汇聚、目录编制、数据提供、更新维护和安全管理等工作职责，政府部门应当按照技术规范，在职责范围内采集政府数据，进行处理后实时向共享平台汇聚，采集政府数据涉及多部门，要按照规定的职责协同采集汇聚。数据立法：由于政府数据共享开放与信息安全之间的法律界限不明，在开放数据过程中时常与数据安全问题产生冲突，因此应加快推进大数据相关立法工作进程。知识产权：要加强对开放数据知识产权的保护来有效确保数据安全稳定。通过发掘新知识和创造新价值及大数据领域的智力成果，采取合理的规则保护其知识产权。不但要通过开放数据防止数据资源垄断，保护基于大数据的创新动力，实现基础数据资源共享，不断完善数据资源建设体系，发挥其最大效能；还要通过知识产权保护数据获取、挖掘和开发主体的利益，实现具有商业价值的大数据的有偿转让和交易，提升数据资源集聚和管理水平。监督预警：要建立开放数据和数据安全的监督和预警体系，应由专业数据行政主管部门负责政府数据共享开放的监督管理和指导工作。政府应着手从以上方面来保证数据开放平台及数据安全保障体系的协同、稳定运行。

四 成果的主要价值

该成果以政策扩散、知识图谱、内容分析、协同学理论为依据，从政策协同视角探讨开放数据及数据安全政策以及数据政策中开放数据与数据安全主题间的相互支撑、协同发展，学术价值在于可以延伸信息政策体系在大数据背景下的内涵拓展，在现有语料库中提取数据类政策文本 446 条

（其中包括根政策 19 条，干政策 41 条，枝政策 386 条），从理论和实证层面上构建协同框架模型并通过计算结果算出政策协同关系的取值范围。贵州省是我国大数据政策贯彻落实较好的地区之一，该成果以贵州省为例利用所建立框架模型及取值范围，对贵州省的大数据政策进行了实证分析。最终给出开放数据与数据安全政策协同的对策及建议。

数字档案馆生态系统培育与管理研究

上海大学金波主持完成的国家社会科学基金项目"数字档案馆生态系统培育与管理研究"（项目批准号为：13ATQ007），最终成果为同名专著。课题组成员有：倪代川、张茜、崔佳、董慧珠、何正军、胡晨、崔萎、戚颖。

"数字档案馆生态系统培育与管理研究"是立足于数字档案馆建设与发展的重要战略机遇期而提出的时代性研究课题。该成果在对数字档案馆理论研究与建设实践系统梳理的基础上，运用生态学、管理学、社会学、信息学等学科理论与知识，系统探索数字档案馆生态系统培育与管理系列问题，对数字档案馆生态系统发展态势、培育路径、管理内容等进行了分析研究，推动数字档案馆生态系统研究的深化，为国家数字档案馆建设与发展提供了理论支持和决策依据。

一 研究的目的和意义

数字档案馆是未来档案馆的发展方向，关系档案馆在档案事业中的主体地位及功能发挥。课题从生态学视角对数字档案馆生态系统运行、培育与管理等展开系统研究，一方面从整体上思考数字档案馆生态系统，丰富和完善数字档案馆生态系统理论体系；另一方面从战略上规划数字档案馆生态系统建设，为数字档案馆建设实践和可持续发展提供指导，对数字档案馆研究、数字档案馆建设乃至档案学研究、档案事业发展具有重要理论意义和实践价值。

一是探索数字档案馆生态系统建设。当前，数字档案馆建设面临着重要发展机遇，一方面社会信息化发展与国家信息化战略为数字档案馆建设提供了政策保障，另一方面档案信息化的深入发展，促进了数字档案馆个体、种群快速成长，数字档案馆生态系统日趋成熟，对国家档案事业可持续发展具有战略意义，迫切需要对数字档案馆生态系统进行全面分析和系统研究，强化数字档案馆生态系统建设顶层设计，完善数字档案馆生态系统建设环境，梳理数字档案馆生态系统建设路径，着力解决数字档案馆建设发展过程中面临的区域不平衡、行业不平衡以及与相关信息机构之间的不平衡等制约数字档案馆生态系统协调发展的核心问题，推进数字档案馆生态系统建设与社会协调发展，促进数字档案资源的互联互通与共建共享，突破数字档案馆建设中的体制机制障碍，拓展数字档案馆生态系统发展空间，充分发挥数字档案馆生态系统的社会功能。

二是完善数字档案馆理论体系。课题以生态系统理论为基础，将数字档案馆视作人工生态系统，借鉴相关学科理论与知识，面向数字档案馆未来发展，对接国家信息化发展战略，多角度思考数字档案馆生态系统建设研究，系统探索数字档案馆生态系统发展态势、培育路径与科学管理，不断推动数字档案馆生态系统研究理论创新，丰富数字档案馆生态系统研究内容，深化数字档案馆生态系统研究内涵，扩大数字档案馆生态系统研究范围，开辟数字档案馆研究新的学术增长点，不断完善数字档案馆理论体系，为国家数字档案馆建设发展提供理论指导与决策支持。

三是推动数字档案馆发展。当前，数字档案馆建设正处于战略机遇期，从生态学视野观察和思考数字档案馆建设，聚焦数字档案馆生态系统的培育与管理，探究数字档案馆生态系统培育路径、运行机制、管理体制、管理技术、管理方法和管理手段等内容，促进数字档案馆生态系统智能化发展、融合发展与可持续发展，从宏观上指导国家数字档案馆建设实践，提高数字档案馆管理运行效率。这不仅有利于拓展数字档案馆社会生存空间，提升数字档案馆社会生态位；而且有利于对接"互联网+行动计划""国家大数据战略""国家信息化发展战略"，提升文化软实力与信息竞争力，促进文化繁荣，建设创新中国。

二　成果的主要内容

1. 主要内容

随着档案信息化进程的快速推进，一方面，数字档案馆建设蓬勃开展，数字档案馆生态系统日趋完善，功能不断增强，在国家档案事业发展中占据重要地位；另一方面，数字档案馆也面临着发展不平衡、不充分的现实矛盾，制约着国家档案事业的整体发展，难以满足用户日益增长、日趋多元的档案信息利用需求。课题立足国家档案事业可持续发展目标，聚焦数字档案馆建设实践，运用生态系统理论和现代管理思想对数字档案馆生态系统建设进行深层次揭示，科学阐释数字档案馆生态系统发展态势，全面探索数字档案馆生态系统培育路径，系统探析数字档案馆生态系统管理方式、方法与手段，为数字档案馆生态系统建设提供理论支持与决策依据。课题研究内容集中体现在以下三个方面。

（1）数字档案馆生态系统发展态势研究。随着信息技术广泛应用、社会信息化全面推进与网络社会深入发展，数字档案馆生态系统发展态势主要有：一是智能化发展。数字档案馆生态系统智能化发展旨在以智能化技术为手段，以数字档案资源为载体，以数字档案资源长期存储和利用服务为目标，全面提升泛在网络社会的档案治理能力和档案服务能力，促进数字档案馆生态系统与社会生态系统之间的协调运行与和谐共生。二是融合发展。随着数字档案馆生态系统与社会生态系统之间的协调适应和协同运行，融合发展日趋深化，突出表现为内部融合与外部融合两个方面：内部融合是在数字档案馆生态系统生态因子之间协同互动的基础上，推动数字档案馆与传统档案馆的融合以及数字档案馆个体、种群之间的融合，实现数字档案馆与国家档案事业之间的协同发展；外部融合是指数字档案馆与其所处的生存环境之间的融合，实现与外部环境之间的开放、交流与互动，拓展数字档案馆社会发展空间，提高数字档案馆生态系统的社会竞争力。三是可持续发展。数字档案馆生态系统可持续发展突出表现在社会档案意识明显增强、现代信息技术广泛应用、档案资源体系持续优化、档案信息服务不断创新、档案法治环境日趋完善等方面，需要创新思维，不断优化资源配置，保障数字档案馆收管存用等工作的协调运行，降低管理成本，增强系统活力，提高数字档案馆生态系统运行效率，满足不断增长的社会档案信息利用需求。

（2）数字档案馆生态系统培育研究。现代信息技术快速发展对档案工作理念、技术、方法及其管理模式产生了深远影响，为新时期国家档案事业发展带来了战略机遇；同时，对档案信息安全保密、长期保存、有效利用等也带来了严重挑战。该成果聚焦数字档案馆生态系统建设面临的机遇与挑战，强化数字档案馆生态系统培育思维，着重从主体人、客体环境和档案资源三个方面探讨数字档案馆生态系统培育路径，科学构建数字档案馆生态系统培育内容体系，破解数字档案馆生态系统成长过程中的各类风险危害，对数字档案馆生态系统整体发展实施人工干预，优化数字档案馆生存环境，增强数字档案馆风险抵御防范能力，构筑数字档案馆生态系统调控机制和监管体系，维护数字档案馆生态安全，提升数字档案馆服务能级，提高数字档案馆生态系统社会竞争力，为数字档案馆生态系统建设提供行动指南。

（3）数字档案馆生态系统管理研究。随着数字档案馆建设的快速推进与深入发展，数字档案馆生态系统逐步壮大，推动着国家档案事业创新发展。同时，数字档案馆生态系统也面临着生态失衡、生态疾病乃至生态灾难等制约其协调发展的现实威胁，存在数字档案馆个体建设与生态系统整体发展、数字档案馆建设与社会协调发展、海量资源与文化功能实现等之间的现实矛盾，制约数字档案馆生态系统良性运行与协调发展。为此，需要强化科学管理思维，深入探析数字档案馆生态系统管理内涵，破解数字档案馆生态系统风险威胁与现实问题，推动数字档案馆生态系统健康发展。成果紧跟数字档案馆建设实践，综合分析数字档案馆生态系统发展态势与培育路径，科学构建数字档案馆生态系统管理体系：以战略管理为核心，强化战略思维，加强数字档案馆生态系统建设顶层设计，制定数字档案馆生态系统战略规划，确立战略目标，构建实施路径，为数字档案馆生态系统健康运行和长远发展提供战略支撑；以文化管理为驱动，凝聚共同价值观，发挥组织文化的协调功能、引导功能和激励功能，激发档案工作者的主动性与能动性，推动资源文化、技术文化、服务文化、协同文化和知识文化的形成与传播，激活数字档案资源文化价值，提升数字档案馆的信息竞争力与文化影响力；以协同管理为手段，强化数字档案馆生态系统内部各生态要素之间的组织、协调和配合，促进各生态要素之间密切协作、互动交流，激活数字档案馆生态系统活力，建立和谐共存、协调运行的数字档案馆生态系统协同管理体系；以风险管理为保障，综合运用法律、行政、技术等手段强化安全管理，科学构建人防、物防、技防相结合的安全防控体系，着力提高化解风险、防范事故的能力，增强数字档案馆生态系统风险抵御防范能力；以生态管理为导向，系统探索数字档案馆生态系统的低碳管理、伦理管理、资源管理、人文管理和效益管理，科学应对数字档案馆生态系统中的失衡问题，协调数字档案馆发展与生态环境之间的冲突，提高数字档案馆生态管理效率，助力生态文明建设。

2. 重要观点

该成果立足于数字档案馆建设的现实环境与发展状况，运用生态学、管理学、社会学、信息学等学科理论与知识，对数字档案馆生态系统培育与管理系列问题进行了理论探索和系统研究，提出了一些新的见解和观点。

一是建立数字档案馆生态系统理论分析框架。该成果以生态系统理论为基础，将数字档案馆视作人工生态系统，借鉴相关学科理论与知识，面向数字档案馆未来发展，对接国家信息化发展战略，聚焦数字档案馆生态系统智能化发展、融合发展与可持续发展等发展态势，探索数字档案馆生态系统培育内涵、功能与路径，探究数字档案馆生态系统战略管理、文化管理、协同管理、风险管理与生态管理，科学构建数字档案馆生态系统管理体系，多角度思考数字档案馆生态系统建设研究，推动数字档案馆生态系统研究理论创新，丰富数字档案馆生态系统研究内涵，扩大数字档案馆生态系统研究范围，开辟数字档案馆研究新的学术增长点，不断完善数字档案馆理论体系，为国家数字档案馆建设实践提供理论指导与决策依据。

二是构建数字档案馆生态系统管理体系。该成果紧跟数字档案馆建设实践，综合分析数字档案馆生态系统发展态势与培育路径，聚焦数字档案馆生态系统战略管理、文化管理、协同管理、风险管理、生态管理，科学构建数字档案馆生态系统管理体系，破解数字档案馆生态系统风险威胁与现实问题，推动数字档案馆生态系统健康发展。以战略管理为核心，强化数字档案馆生态系统顶层设计；以文化管理为驱动，提升数字档案馆生态系统文化内涵；以协同管理为手段，激活数字档案馆生态系统活力；以风险管理为保障，增强数字档案馆生态系统风险抵御防范能力；以生态管理为导向，提升数字档案馆生态系统管理服务能级，提高数字档案馆生态系统科学管理水平，促进数字档案馆生态系统可持续发展。

三是强化数字档案资源生态培育。数字档案资源是数字档案馆生态系统形成、演化、运行和发展的基石，是数字档案馆生态系统建设的核心，是数字档案馆生态系统最重要的生态因子，也是未来档案信息资源的主要形态。数字档案馆生态系统应着力强化数字档案资源培育：①加快传统存量档案资源的数字化转换，激活静态档案信息资源的潜能与活力，将沉睡在档案库房中的社会记忆变为流动的信息和知识，满足现代档案用户的个性化、社会化、便捷化、智慧化的利用需求；②加强数字环境下电子文件等增量数字档案资源的接收归档，形成有序、持续的数字档案资源积累机制，确保入馆数字档案资源的数量和质量；③充分利用现代信息网络技术整合数字档案资源，实现数字档案资源的信息集聚和知识集聚，充分释放档案数据资源能量，提升数字档案馆的数据竞争力和知识贡献力；④建立健全数字档案资源标准规范体系，加快数字档案资源标准规范的顶层设计，适时制定相关标准，促进数字档案资源标准化。

四是揭示数字档案馆生态系统文化管理内涵。数字档案馆生态系统既是信息生态系统，也是文化生态系统，在其建设中需要担当生态文化建设的任务，体现出生态理念和人文关怀。课题以数字档案馆组织文化管理为核心，通过共同价值观来引导数字档案馆人员的行为表现，并在实践中形成与之相匹配的工作准则、标准规范等，提出构建以组织文化为核心，以资源文化、技术文化、协同文化、服务文化、知识文化为要素，形成以主文化与亚文化共同构成的数字档案馆生态系统文化管理体系，破解数字档案馆文化发展的困境，塑造和巩固档案文化意识，创造档案文化价值，培植档案文化竞争力，促进数字档案馆生态系统文化发展，提升数字档案馆的社会生态位。

五是探究数字档案馆生态系统协同管理序参量。在数字档案馆生态系统协同管理过程中，序参量是影响整个生态系统演化方向和演化速度的关键生态因子，其中目标、资源、机制、技术、人才、服务等要素在数字档案馆生态系统协同管理中发挥着不可替代的作用。因此，数字档案馆生态系统协同管理的序参量主要是目标协同、资源协同、机制协同、技术协同、人才协同、服务协同6个方面，在数字档案馆生态系统协同管理中发挥的作用各有不同，但它们之间相互融合、相互配合、相互作用，共同推动数字档案馆生态系统的良性运行与发展演进。

六是解析数字档案馆生态系统风险管理机制。数字档案馆潜在安全风险因素始终存在、量大面广，不利于数字档案资源的长期永久保存，对数字档案信息的真实性、完整性、长期可读性带来了严峻挑战。树立风险意识，加强风险管理，提高风险治理水平，已经成为数字档案馆风险管理的重要内容。课题以风险管理理论为指导，全面分析数字档案馆生态系统风险管理的内部环境和外部环境，在风险识别、风险分析与风险评估等基础上，从风险应对原则、风险应对方式、风险应对措施、风险审计和监控等方面构建数字档案馆生态系统风险应对体系与应对策略，防范数字档案信息失真、失效、失读、泄密、丢失等风险，规避和化解数字档案馆生态系统建设发展中的各类风险，保障数字档案资源的长期安全与有效利用。

七是提出数字档案馆生态系统生态管理策略。数字档案馆生态系统在成长发展过程中难免会遇到各种生态威胁，面临各种挑战，课题运用生态管理原理和方法，结合数字档案馆生态系统特点和数字档案馆建设要求，探讨数字档案馆生态管理内涵，从低碳管理、伦理管理、资源管理、人文管理、效益管理等方面构建数字档案馆生态系统生态管理策略，力图平衡数字档案馆发展和生存环境之间的关系，破解数字档案馆建设发展中面临的问题，为数字档案馆生态系统营造良好的环境氛围，保障数字档案馆生态系统的可持续发展和健康运行。

三　成果的主要价值

随着大数据、云计算、物联网、人工智能等现代信息技术的快速发展与广泛应用，社会数字化、网络化、智能化发展日趋深入，数字档案资源的快速增长，数字档案馆个体、种群、群落、整体系统的不断发展与壮大，档案事业发展正面临着战略机遇期，需要深化数字档案馆理论研究与建设实践，推动国家数字档案馆建设发展。课题通过运用生态学等学科理论知识，对数字档案馆生态系统发展态势、培育路径、管理内容等进行重点分析研究，在《档案学通讯》《档案学研究》等专业期刊发表了 7 篇学术研究论文，形成了"数字档案馆生态系统培育与管理研究"（专著）成果，其学术价值和应用价值主要体现如下。

一是深化数字档案馆生态系统研究。课题成果引入生态系统理论，将数字档案馆视为一种生态物种和生态系统，运用档案学、生态学、社会学、信息学、组织学、管理学等学科理论知识，对数字档案馆生态系统主体、客体、数字档案资源进行多维度思考，深化数字档案馆生态系统理论探索，拓宽数字档案馆研究空间和研究路径，开辟数字档案馆研究新的学术增长点，丰富数字档案馆理论体系，完善数字档案馆理论研究框架。

二是为数字档案馆建设提供理论指导和决策依据。开展数字档案馆生态系统培育与管理研究，既是对数字档案馆理论研究的深化，也是大数据时代档案事业发展的内在要求，有利于推动数字档案馆生态系统建设，激活大数据时代社会档案信息消费，满足用户日益增长的多元档案信息利用需求。该成果坚持整体观、系统观和生态观，对接"国家大数据战略""国家信息化发展战略"，立足国家档案事业发展的现实需求和数字档案馆建设实际，探索研究数字档案馆生态系统建设的理论体系与实践策略，指导国家数字档案馆建设实践，提高数字档案资源价值和管理效率，提升数字档案馆信息竞争力与社会影响力，促进数字档案馆建设与社会发展的协调推进，推动数字档案馆生态系统融合发展、智能化发展与可持续发展，为国家数字档案馆建设提供决策支持。

三是完善档案学学科内涵。该成果围绕数字档案馆建设的前沿和重大理论问题，引入生态学、信息学、社会学、管理学、计算机科学等学科领域研究成果与思想智慧，立足数字档案馆个体、种群的快速成长，展开数字档案馆生态系统培育与管理研究，在学科交叉中推动数字档案馆研究的深化，拓宽档案学研究领域，丰富档案学理论和知识内涵，完善档案学学科体系，增强档案学学科的现实生命力与社会影响力，促进档案学理论创新与发展。

我国公共体育服务标准体系研究

苏州大学王家宏主持完成的国家社会科学基金项目"我国公共体育服务标准体系研究"（项目批准号为：14ATY003），最终成果为同名研究报告。课题组成员有：李燕领、杨明、樊炳有、邵玮钰、付冰、王梦阳、丁青。

一 研究的目的和意义

1. 研究目的

理论和实践表明，任何一种基本公共服务提供，都是建立在某种标准之上。在我国迈进全面优化的重要阶段，建设与国际接轨，标准化、科学化的公共体育服务标准体系显得尤为迫切。公共体育服务标准研究不仅是推进国家治理能力和治理体系现代化建设的一个重要实践手段，本质上是社会治理能力和治理体系现代化在公共体育服务领域的具体实践探索，同时也是建构我国国家治理体系的基本理论议题。该成果公共体育服务标准体系建设问题，是解决当前公共体育服务供需矛盾的有效途径之一，对于防范政府权力寻租行为发生，确立政府的价值理念，维护公共利益，规范政府行为，实现依法、依规行政有着重要的现实意义。

2. 研究意义

（1）有利于提升公共体育服务的管理水平。服务标准为服务生产活动规定了必须达到的明确、具体的质量目标和要求。开展服务标准化，可以把各种服务环节的业务活动内容、相互间的业务衔接联系、各自承担的责任、工作的程序等用标准的形式加以确定，是加强组织管理、提升行政效能的有效措施。

（2）有利于推动公共体育服务的均等化。通过制定公共体育服务标准，可以促进公共体育服务能力的提高，为均等化创造条件。公共体育服务标准为财政转移支付提供了计算依据，为均等化提供了计量标准。促进基本公共体育服务标准化、均等化，是立足于现有国情基础之上，全体公民都能公平可及地获得大致均等的基本公共体育服务，而制定国家层面、地方各级层面的基本公共体育服务保障标准，是为了查漏补缺、补齐短板、兜好底线，保障好每一个公民的基本公共体育权益。制定合乎实际需要的保障标准，可以使各级政府更好地履行与其职能相适应的服务，明确供应何种内容，供应达到何种程度，达到何种标准，从而建立制度化的约束，实现公共体育服务的最佳秩序和最佳效能。

（3）有利于改善服务质量，提高公众满意度。研制和实施公共服务的相关标准，借鉴发达国家在服务标准化方面的良好做法，促使服务组织管理的规范化、程序化、科学化，有利于全面提高服务组织的服务质量，更好地满足顾客的需求，提高公众满意度。提供基本公共服务标准的实施，使得城乡居民在最基本的公共服务如公共体育实施等方面享受到同等待遇，体现社会公平性，可逐步消除城乡居民，特别是弱势群体的不公平感，减少社会矛盾，维护社会稳定，构建和谐社会。

（4）有利于改进标准，提升标准化水平。贯彻实施标准是标准化活动的关键环节，是标准化持续发展的基本机制。基本公共体育服务保障标准是体现基本权益、政府职责、地方特色以及未来发展方向的标准，内容涵盖了公共体育服务设施及布局基本标准，产品和资源配置基本标准，人员配备和经费投入标准等。我国公共体育服务标准化建设成果集中在技术标准、业务规范和评估指标等方面，如用于规范设施建设规模的"建设标准"、用于规范设施网点布局的"建设用地指标"、用于开展公共体育服务机构绩效考核的"效能交评价指标"等。当前，基本公共体育服务标准化工作的难点和最薄弱环节是制定保障标准。

二　研究方法

1. 文献资料法

主要从政策文献、行业标准和条例、地方实践标准三方面搜集、整理与分析了公共服务标准化理论，公共体育服务标准的相关研究。

2. 比较分析法

主要从国家标准、行业标准、行业规划和规章条例等进行在规模、水平、产生效益等纵向分析；横向比较根据同一时期不同对象异同点进行比较分析，主要考察不同区域公共体育服务标准地方标准建设问题。

3. 案例分析法

该成果在梳理基本公共体育服务标准的基础上，重点对国家体育总局-江苏省公共体育服务示范区，江苏省常州市、苏州市，重庆市九龙坡区，广西壮族自治区来宾市，浙江省宁波市，北京市生活化社区等公共体育服务标准建设典型进行分析。

4. 系统分析方法

该成果首先构建了公共体育服务标准体系的框架，对其做了较为细致的分析；确立通过公共体育服务标准通用标准、提供标准、保障标准三大类别。其次，结合政府层级，针对各个层级的提供标准及特殊人的提供标准展开了具体的研究，从而使整体和部分层次分明，分析透彻，得出具有一定实践意义和理论价值的研究成果。

三 研究思路

第一，该成果对核心概念进行了界定，确立了理论基础，分析了公共体育服务标准体系的结构和功能及公共体育服务标准体系的运行。第二，归纳分析了国际公共体育服务标准体系的建设经验。第三，从国家层面、江苏省公共体育服务示范区、我国一些典型地市和社区（行政村）公共体育服务标准体系实施情况进行了分析。第四，主要分析了市（地）公共体育服务提供标准、县（区）公共体育服务提供标准、街道（乡镇）公共体育服务提供标准、社区（行政村）公共体育服务提供标准与残疾人公共体育服务提供标准。第五，从公共体育服务人力资源保障标准、公共体育服务安全应急保障标准、公共体育服务设备设施保障标准、公共体育服务财政保障标准、公共体育服务信息保障标准等方面进行了分析。第六，主要分析了公共体育服务评价的程序与方法、我国公共体育服务内容评价与我国公共体育服务满意度评价等。第七，主要从政府公共体育服务职能标准、公共体育服务标准实施、社会力量参与公共体育服务准入标准以及公共体育服务标准运行机制等层面对公共体育服务标准的运行管理进行了分析。
第六，主要分析了昆山市城乡一体化 15 分钟生活圈标准和苏州市公共体育
服务体系建设案例。

四 研究结论

（1）公共体育服务标准体系的结构包括了空间结构与板块结构，空间
结构证明了公共体育服务标准是一个动态发展的过程。板块结构是在空间
结构基础上领域细化、具体化，使空间结构变得更有可操作性。

（2）公共体育服务标准化体系的功能主要是由通用标准、提供标准与
保障标准构成，体现了公共体育服务标准体系以满足公众的公共体育服务
需求为中心，保障人的基本生存权，满足基本尊严、基本健康需要价值属
性，也体现了服务的技术属性。

（3）公共体育服务标准的运行是一个循环的过程，即"标准的产生－标
准的实施－信息反馈"。标准体系在建立和发展过程中，只有通过"三要素"
经常地反馈，不断地调节与外部环境的关系，通过适应性，才能高效地发
挥标准体系的效应。

（4）地级市和县级市的公共体育服务供给基本是由 2 个一级指标和 8
个二级指标和 36 个三级指标组成；乡镇街道公共体育服务供给基本是由 2
个一级指标和 8 个二级指标和 22 个三级指标构成；行政村公共体育服务供
给基本是由 2 个一级指标 8 个二级指标和 21 个三级指标构成；并对每个公
共体育服务供给基本的指标进行具体解释。

（5）针对我国弱势群体残疾人的公共体育服务供给基本与推荐标准进
行研究，残疾人公共体育服务供给基本是由 2 个一级指标和 8 个二级指标和
33 个三级指标构成，并对其公共体育服务供给基本的指标进行解释。

（6）公共体育服务保障标准中的社会体育指导员是人力资源的基本保
障，但是无论从数量还是质量上，与公众的需求还是具有一定差距；制定
安全应急标准的出发点和落脚点是提高公共体育服务应急管理能力，在建
设公共体育服务安全应急保障标准的基本内容时，总结出七个侧重点，根
据各个侧重点制定相关标准内容和指标。

（7）公共体育服务设备设施保障标准和公共体育服务财政保障标准是
近年来国家和地方政府持续关注的焦点，我国公共体育服务设备设施的服

务绩效和服务评估长期以来存在一定的漏洞，财政标准也模糊不清，财政投入长期处在投入总量相对较小，使公共体育服务产品的供给缺乏保障。

（8）公共体育服务绩效评估指标主要包含2个一级指标，44个二级指标，以及市（地）公共体育服务绩效评估指标、县（区）公共体育服务绩效评估指标、街道（乡镇）公共体育服务绩效评估指标和社区（行政村）公共体育服务绩效评估指标。

（9）在公共体育服务领域中，中央政府与地方政府分别扮演不同角色，中央政府侧重于公共体育服务标准的制定者，其目的在于实现省域间公共体育服务均衡发展；省级政府作为中间环节的区域性的地方政府，有承上启下之效，作为中间协调者，充分发挥公共体育服务资源再分配的功能；市、县及乡镇政府更侧重于"执行者"的角色，即要按照公共体育服务国家标准，承担起公共体育服务具体组织落实的职能。

（10）各个政府需要明确各自公共体育服务标准的职能，避免权利、责任混淆。社会力量的角色也在不断改变，随着社会力量的地位壮大，公共体育服务也出现社会力量参与，如体育社团、体育类民办非企业单位、体育基金会、自发性群众体育组织等。

（11）我国公共体育服务政府的标准运行管理方式和运行机制也在不断发生转变，CAF是发达国家专门为公共部门设计的集管理和自我评估为一体的管理系统框架，并构建适合于政府公共体育服务标准运行管理的框架。

（12）公共体育服务标准体系运行机制形成环境与政策环境、决策主体、决策方式、经济社会环境息息相关，具体通过法律保障、政策制定、资金分配、经济发展水平和社会文化发展水平来影响公共体育服务标准体系运行机制的形成。公共体育服务标准体系运行机制主要由运行主体、运行目的、运行动力、运行手段四个要素构成，通过构建标准不断促进公共体育服务事业可持续发展。

儒家人文精神与中国特色体育文化产业品牌战略研究

 曲阜师范大学曹莉主持完成的国家社会科学基金项目"儒家人文精神与中国特色体育文化产业品牌战略研究"（项目批准号为：12BTY010），最终成果为同名专著。课题组成员有：孙晋海、傅永聚、韩春利、张显军、梁同福、姜付高、李士建等。

一 研究的目的和意义

 综观我国体育文化产业品牌的相关研究可以发现，立足本土文化环境，探索中国特色体育文化产业品牌战略的相关研究较为缺乏。该成果在全面梳理儒家人文精神发展脉络和中外体育文化产业品牌研究现状的基础上，结合品牌战略和文化产业金字塔理论，系统地研究了我国体育文化产业品牌的发展现状，儒家人文精神与中国体育文化产业品牌的互动关系、中国体育文化产业品牌战略环境分析、战略总体设计、战略实施、案例分析与设计举例等问题，对丰富体育文化产业品牌研究视角、充实体育产业研究理论、制定民族体育品牌发展规划、促进其因应环境变化实现可持续发展具有重要的理论与实践价值。

二 成果的主要内容

 该成果共分八个方面。

（一）儒家人文精神与体育文化产业品牌学术研究回顾

该成果结合研究实际和相关学术积累，将儒家人文精神界定为：由孔子创立，并经其弟子和后学的传播与阐扬而形成的"人之所以为人"的基本思想和观念。儒家人文精神的发展历程经历了"古代学理阐发-近代研究解释-当代价值探索"三大阶段。孔子及其身后的孟子、荀子、董仲舒、王阳明等对其进行了继承、创新和传扬，明清时期的顾炎武、黄宗羲、王夫之、戴震、颜元等学者，对程、朱、陆、王的思想进行了全面的总结和批判，许多具有启蒙意义的新观点成为近代儒家人文精神的催化剂。19世纪中后期至20世纪中叶，我国先后向西方和苏联等发达国家进行学习，现代人文社会科学研究的方法和范式被引入儒家文化领域的研究中，在批儒、释儒的过程中开启了传统儒学的现代化转型进程，同时又将现代人文社会科学的研究方法引入其中，使得现代学者得以从科学的态度把儒学作为传统文化遗产进行研究、总结和批判，主张取其精华、去其糟粕。20世纪80年代以来，儒家人文精神在教育、企业管理、促进社会和谐和消解新世纪"技术危机"方面的价值和功能逐渐被发现，相关著述日趋丰富，并存在向更广泛的学科领域交叉渗透的趋势。体育文化产业品牌研究集中出现于90年代国内体育场地、服务有偿经营初步发展时期，初期以传统体育赛事和体育制造业品牌研究为主，此后逐渐转向国内外知名体育品牌的符号增值和品牌关系打造策略，以及新兴的休闲运动和群众体育赛事品牌传播与发展，此外体育博彩、中介品牌的研究也逐渐被纳入研究视野，研究领域逐步拓展，紧随社会经济发展与体育改革进程。

（二）体育文化产业品牌发展研究

中国体育文化产业品牌历经三个发展阶段：代理体育品牌业务"OEM"的萌芽阶段（20世纪80年代后期至90年代初）、民族体育文化产业品牌的转型自创时期（包括20世纪90年代中后期至21世纪初的体育文化品牌奠基时期和21世纪初至2008年北京奥运的现代体育文化产业品牌转型期）以及体育文化产业品牌国际化时期（北京奥运会后至今）。我国现有体育文化产业品牌主要包括：体育赛事品牌、体育影视品牌、电子竞技品牌、体育经纪品牌、体育博彩品牌和具有较高文化附加值的体育器材装备品牌。中国体育文化产业品牌存在的问题：品牌形象升级能力欠缺，政策扶持依赖过强，国际发展策略失当，商业模式创新不足。

国外体育文化产业品牌主要以嵌入主流文化产业的方式谋求发展，将文化产业实务与市场紧密结合，通过产品、价格、渠道、促销的"4P组合"将体育文化品牌呈现于市场中，通过故事营销实现品牌塑造，多渠道增加体育文化产业无形资产。

（三）儒家人文精神与中国体育文化产业品牌的互动关系

该成果以双向互动的视角，引入辩证观点系统分析了儒家人文精神与中国体育文化产业品牌二者间的互动关系。儒家人文精神与体育文化产业品牌的良性互动，可以促进儒家人文精神和体育文化产业品牌在当代实现"双赢"跨越式发展，联通二者内在联系，激发二者内在潜能，实现二者的共同提升。儒家人文精神可以为体育文化产业品牌提供智慧支持，儒家人文精神的有效融合有利于体育文化产业品牌社会利益和物质利益的平衡，保证德行如一和传统文化元素的有效融入。体育文化产业品牌可以为儒家人文精神创新提供际遇。体育文化产业品牌不仅能为儒家人文精神的价值表达提供新途径新方式，还能为儒家人文精神的普及提供新平台，为其传播提供新产品。

（四）中国体育文化产业品牌战略环境分析

该成果运用 SWOT-PEST 模型，经过反复论证研讨确定了模型中各维度的现实状况和潜在趋势。从外部宏观环境来看，我国体育文化产业品牌战略环境总体态势良好，但不利因素依然存在。在政治法律环境中，管理体制机制日益完善，相关方针政策日趋健全，相关法律法规逐步建立，体育战略地位不断提升；经济环境中，国民经济水平日趋提高，产业结构水平日益优化，社会消费需求日渐旺盛，供给侧结构性改革力度加大，体育消费提升空间巨大；社会与文化环境中，社会发展环境和谐稳定，文化教育水平日益进步，新兴消费需求日趋旺盛，体育产业融合日渐夯实；科学技术环境中，科学技术地位日益提高，科技创新主体日趋壮大，科学技术效益日渐提升，科学技术平台逐步健全，体育科技地位不断提升。

从内部微观环境来看，我国体育文化产业品牌发展，拥有国家发展战略支持，产业体系日益健全，产业消费日趋旺盛，产业环境日渐改善，体育文化资源丰富等品牌发展的优势；具有战略地位提供保障，科技发展产生催化，产业发展潜力巨大，体育赛事注入动力，职能转变释放潜能等机遇；存在内部结构不合理，发展布局不平衡，规模化程度不高，创新能力比较弱等劣势；面临发展全球化、文化资源消失、品牌弱而不强、社会责任缺失的威胁等。

（五）基于儒家人文精神的体育文化产业品牌战略总体设计

在品牌战略总体设计环节中，该成果细致梳理了中国体育文化产业品牌的发展动力和依托资源，将儒家人文精神元素活化提炼，融入战略设计的过程中。在总体设计思路方面，提出以"仁道"作为指导思想，以"厚德"作为开发原则，以"经世致用"作为开发路径，以"和而不同"作为实施主体的品牌战略总体设计思路。在"仁道"作为指导思想方面，该成果提出采用儒家"仁者爱人""人本"精神进行体育文化产业品牌管理，采用儒家"天人合一"精神进行体育文化产业品牌的布局，采用儒家"刚健有为""自强不息"精神进行体育文化产业人才培养。在"厚德"作为开发原则方面，该成果提出将儒家"义利观"作为市场营销原则，以"天下为公"进行产业资源配置和以"中庸""和谐"进行产业风险管控。在"经世致用"开发路径方面，该成果提出重视体育文化产品市场调查，体育文化产品要贴近生活和创新体育文化产品的"经世致用"指导策略。在"和而不同"作为实施主体方面，从政府、市场和企业不同层面，提出基于儒家人文精神的体育文化产业品牌战略主体的设计建议。

（六）基于儒家人文精神的体育文化产业品牌战略实施研究

该成果认为，因体育文化产业品牌载体的无形性、品牌生成的逆反性和品牌效用的主观性等特征，基于儒家人文精神的体育文化产业品牌战略实施，应从品牌文化、品牌形象、产品品牌以及消费者品牌关系等角度展开。其中，儒家人文精神对体育文化产业品牌的文化融入是品牌战略实施的核心，并通过品牌形象、产品品牌的设计得以彰显，而消费者品牌关系的建立是当消费者购买和消费体育文化产业品牌产品后，通过个人主观功能体验与文化产业品牌所彰显的文化气质或品牌个性达成共识后形成的品牌认同与忠诚度。

基于儒家人文精神的体育文化产业品牌战略实施包括品牌文化融入、品牌形象设计、产品品牌塑造、品牌关系建立四个步骤，品牌文化融入阶段具体应检视产业自身发展，匹配儒家人文精神内涵，继而梳理核心价值理念，全方位融入品牌文化。品牌形象设计阶段应在品牌导入期、品牌成长期、品牌成熟期、品牌衰退期采取差异化策略。在产品品牌塑造阶段，应实现质量品牌化、产品特色化、运作专业化。在品牌关系建立阶段应着力塑造品牌核心价值体系，凸显品牌社会价值；提供优质产品，强化品牌信任；准确定位品牌个性，强化顾客文化认同；巧用承诺互动，演绎共同成长故事，开启品牌情感双通道，提升品牌忠诚度。

（七）案例分析——以第 29 届北京奥运会和第 24 届北京冬季奥运会为例

该成果将理论阐发与案例分析相结合，旨在提升成果实效性，避免研究流于空洞。该成果选取第 29 届北京奥林匹克运动会和第 24 届北京冬季奥林匹克运动会作为调研对象，两届赛会不仅是具有历史意义和重大国际影响的由中国承办的体育盛会，同时也在体育文化产业开发和赛会品牌符号打造方面提供了成功范例。案例分析了两届体育盛会在打造赛事体育文化产业品牌中体现出的儒家人文精神。中庸和谐、重民重生、仁爱利民、经邦济世的儒家人文元素融入了赛事理念识别系统、视觉识别系统和行为识别系统的设计与实施过程中，同时赛会立足跨文化视角的品牌打造思路和对赛会文化遗产维护传承的重视使得品牌传播的深度、广度和持久度得到提升。这些成功经验也为今后中国各类大型体育赛事的品牌打造，特别是儒家人文精神元素的融入提供了借鉴。

（八）基于儒家人文精神的体育文化产业品牌案例设计

设计案例部分，该成果聚焦于近年来政策大力扶持、业者积极开拓的体育特色小镇品牌建设和体育产业基地品牌建设。该成果认为，特色小镇和体育文化产业基地建设的前提是谨慎评估并合理利用区域性资源禀赋，尊重地域历史人文资源，关注地域产业特点和资源分布，注重不同业态的有机整合和休闲娱乐性，以高黏性、高创新性、高体验性的设计辅之以完善专业的体育运动服务，打造出满足国内消费者多元化需要的体育文化产品、专业化体育产品研发生产基地、体育运动聚集地等。

泗水深耕厚植儒家文化土壤，依托山地自然资源和文化底蕴，将儒家人文精神与运动休闲产业紧密结合，发挥特色小镇平台效应，促进镇域运动休闲、旅游、健康等现代服务业良性互动发展，初步实现了产、城、人文一体发展的目标；曲阜孔子射艺文化产业基地则利用曲阜圣人故里的地利优势，充分发挥孔子射艺作为中华优秀传统文化的载体作用，以立德树人为根本宗旨，以打造"新时代·新射艺·新君子"为目标，并计划将其打造成为集产业开发、人才培养、科学研究、竞赛训练、社会服务和对外交流于一体的射艺文化传承聚集地。在推进实施乡村振兴战略和传承中华优秀传统文化工程的当下，该模式值得借鉴和推广。

三　成果的主要价值

（一）学术价值

（1）该成果建立了具有中华民族特色的体育文化产业开发理论与方法体系，建构的中国特色体育文化产业品牌战略体系，可为我国体育文化产业科学、有序和可持续发展提供智力支持。

（2）通过儒家人文精神与体育文化产业品牌的融合研究，丰富儒家人文精神的跨学科研究成果，充实儒家人文精神促进行业健康发展的研究成果，为优秀传统文化复兴与当代价值重构提供理论支持。

（二）应用价值

（1）将儒家人文精神元素融入体育文化产业产品开发，打造体育文化产业品牌，可为世界各国提供有形的儒家文化产品，使各国更好地了解儒家文化，使用儒家文化，尤其是能较好地迎合国际社会当下对儒家文化教育日益强烈的现实需求。

（2）开展儒家人文精神与体育文化产业研究，形成具有中国特色的体育文化产业品牌，创新儒家文化国际化传播途径，提高文化传播范围和水平，既符合党和国家对繁荣发展哲学社会科学文件精神的需要，又与我国对文化产业发展的政策和品牌战略的实际需要相适应。

（3）体育产业的发展需要文化唱戏，儒家人文精神可为体育产业的可持续发展注入新的活力。设计和生产具有儒家人文精神元素的体育文化产品品牌，通过其国内外的良好销售，为提高国民经济提供新的增长点。

老社区居家养老服务评估的理论、方法与政策研究

上海交通大学章晓懿主持完成的国家社会科学基金项目"社区居家养老服务评估的理论、方法与政策研究"（项目批准号为：12BGL120），最终成果为同名专著。课题组成员有：刘帮成、李文军、钟慧澜、晏子。

一　研究的目的和意义

基于我国人口老龄化日益加剧这一新的重要国情，社区居家养老已经成为绝大多数老人选择的养老方式，由此带来对社区居家养老服务的需求日益增加。作为一种社会性公共服务，社区居家养老服务质量直接关系到老年人晚年生活的幸福感。因此，建立科学合理的服务评估机制是当前社区居家养老服务发展的关键所在。社区居家养老服务评估的研究，有利于推动社区居家养老服务管理的科学化，进而有利于促进社区居家养老服务质量的提高；有利于提高公共财政的投入效率、促进社会服务的公平、高效发展，对于保障老年人福利、推进社会公平、保证和提高老年人的养老生活质量，有着重要的现实意义。

二　成果的主要内容

（1）该成果从社区居家养老服务的属性特点出发，以社会性公共服务

评估理论为基础，构建了社区居家养老服务评估的理论。在理论研究基础上，引入了基于程序逻辑模式 PLM 的评估模型，同时引入了基于 SERVQUAL 的顾客服务满意度评估方法，并运用这一原理构建了社区居家养老服务评估系统。

（2）该成果以上海市社区养老服务为研究对象，沿着理论研究和实证研究两条线索展开：理论研究方面构建了基于 PLM 的居家养老服务评估模型和基于 SERVQUAL 的居家养老服务满意度的理论模型；在实证研究方面，依据所建立的理论框架，以上海市的四个区为研究对象，采用德尔菲法，制定了社区居家养老服务评估指标体系，进而采用该指标体系对四个区的居家养老服务绩效进行了评估；依据社区居家养老服务满意度模型设计了问卷，开发了社区居家养老服务满意度测评量表，通过调查访谈，收集数据，运用统计分析软件 SPSS12.0 与 AMOS7.0 软件建立结构方程，具体分析了上海城市社区居家养老服务满意度及其影响因素，并在上述研究基础上提炼出城市社区居家养老服务质量模型。

（3）该成果针对研究中发现的社区居家养老服务存在的问题，以及影响老年人对服务满意度的因素，提出了加大社区居家养老服务投入、加强居家养老服务队伍建设、完善社区居家养老服务体系、完善社区居家养老服务评估机制，提升老年人满意度与获得感等对策建议。

三　成果的重要观点或对策建议

（一）主要创新与主要观点

（1）归纳了社区居家养老服务具有的服务产品一般特征：无形性、不可分离性、差异性和不可储存性；进一步提出了社区居家养老服务的独有特征：服务内容的多样性、服务供给主体的多元性、服务环境的不确定性等。这些特征的界定为社区居家养老服务评估的研究提供了基础。

（2）从老年人的基本需要出发，将社区居家养老服务划分为满足老年人生活需要的生活照料服务、满足健康需要的医疗护理服务和满足精神需要的精神慰藉服务三个大类，进而将社区居家养老服务质量内容分解为助餐服务质量、助洁服务质量、助医服务质量和康乐服务质量四个核心部分，为社区居家养老服务评估研究建立了基本的理论框架。

（3）将程序逻辑模式方法首次运用于社区居家养老服务评估研究中，并进一步优化该模式，将"服务成效"转变为"满意度"维度，在此基础上，发展出了适合社区居家养老服务评估的"基于程序逻辑模式的社区居家养老服务系统整合评估"模型。

（4）依据所建立的理论模型，从"服务投入-服务过程-服务产出-服务满意度"四个维度设计了社区居家养老服务评估指标，采用"修正型德尔菲法"对初始指标的适当程度进行了判断与修改，最终确定了36个指标。结合层次分析法（AHP）与专家问卷调查法，确定了4个准则层指标、8个因素层指标和36个指标层指标的权重。最后形成了社区居家养老服务评估的指标体系。

（5）将SERVQUAL方法引入社区居家养老服务满意度研究，并以"可感知性"代替了原来SERVQUAL中的"有形性"维度，从而形成了可靠性、保证性、响应性、可感知性和移情性等社区居家养老服务满意度的5个维度，进而构建了社区居家养老服务满意度的理论模型。

（6）依据所建立的理论模型，首次开发了社区居家养老服务满意度测评量表，通过对上海市老年人入户访问调查采集数据，借助SPSS和结构方程专业统计软件，采用探索性因子分析、验证性因子分析等方法，验证了社区居家养老服务满意度模型，得出：现阶段社区居家养老服务满意度是一个包括助餐服务、助洁服务、助医服务以及康乐服务质量的二阶结构方程模型。

（7）运用对上海市四个区采集的调研数据，对社区居家养老服务进行了实证分析，得出以下结论。

①对不同类别服务质量进行比较：上海社区居家养老服务总体发展比较均衡，助洁、助医和康乐服务的满意度比较接近，康乐服务的满意度最高，其次是助洁服务，再次是助医服务，而助餐服务的满意度明显低于前三者。

②对不同维度服务质量比较：在可靠性、保证性和移情性等三个维度的满意度比较接近。其中评价最高的是可靠性，其次是保证性，再次是移情性，三个维度评价结果比较接近，总体满意度比较高。但是服务满意度的可感知性比较低，最为欠缺的是响应性。

③进一步对服务满意度影响因素进行研究，发现影响社区居家养老服务质量的因素来自服务供给方和服务接受方两个方面。来自服务供给方的

影响因素有：社区居家养老服务体系的不完善，服务人员队伍不稳定且素质较低，这些因素影响了社区居家养老服务质量的提高。来自服务接受方老年人的影响因素，有老年人的个体差异和老年人的生活状况，如年龄、生活自理能力等不同程度地影响到社区居家养老服务的质量。老年人的生活状况，如居住安排、经济状况、接受政府补贴状况以及所在区域等差别，也会影响老年人对社区居家养老服务的满意度。

④通过运用 PLM 的社区居家养老服务评估模型的实证分析，获得不同区域的社区居家养老服务的评估结果：从总体上看，Y 区社区居家养老服务最高，Ci 分值为 0.5526；H 区排名第二，Ci 分值为 0.5029；P 区排名第三，Ci 分值为 0.4518；排第四位的是 X 区，Ci 分值为 0.2993。从准则层来看，P 区和 Y 区在服务投入层表现较好，服务过程方面，Y 区和 H 区比较高，在服务产出方面，Y 区和 H 区继续领先，在服务满意度方面，Y 区和 P 区得分比较高。

（二）对策建议

针对上海市社区居家养老服务的实证研究，该成果提出了加快发展社区居家养老服务的政策建议。

第一，加大整个社会对社区居家养老服务投入力度。加大对社区居家养老服务投入力度。政府要继续加大对社区居家养老服务的投入力度；建立政府对社区居家养老服务机构投入的长效机制；充分发挥政策引导作用；更大力度地吸引社会资本投资于社区居家养老服务产业；在上海市全面推出长期护理保险制度的背景下，进行跟踪调查研究，及时总结经验和规律，为长期护理保险在全国实施提供经验。同时，要积极鼓励商业保险进入长期护理保险市场，以满足老年人不同层次的需要。

第二，要大力加强社区居家养老服务队伍建设。现阶段在社区居家养老服务机构的管理过程中，急需建立健全社区居家养老服务管理队伍的培养、评价使用、激励机制为重点，统筹规划，造就一支规模适度、结构合理、素质优良的管理人员。一方面，鼓励和支持相关高校增设养老服务专业与课程，培养老年医学、营养学、心理学等方面的专业管理人才，教育部门对上述高校在招生、收费、基础设施等方面给予一定的政策优惠；另一方面，对于现有的管理队伍，相关部门及其服务机构应该有意识地对管理人员进行培训和提高，通过与上海市各大高校的合作或者赴相关机构进行学习进修，每年进行交流、学习与考核，引进竞争机制，有针对性地培养一批专业知识过硬、年轻有为的管理队伍。

第三，坚持"以需求为导向"理念，完善社区居家养老服务供给机制。完善社区居家养老服务的供给机制，必须建立社区居家养老服务需求调查机制，以老年人的真实需求为基础，并定期调整。政府及其服务机构必须以老年人的真实需求为本，坚持"以需求为导向"理念，在满足老年人基本养老需求的情况下，不断开发新资源，满足老年人的特殊服务需求。

第四，加强服务整合，建立无缝化社区居家养老服务体系。在发展社区居家养老服务的过程中，要摆脱"民政福利"的误区，加强社区居家养老服务的整合力度。所谓整合性社区养老服务，就是将原来独立的服务单元，按照服务对象的需要，将其相关性连接起来成为一个服务体系，以发挥最大的服务效益。目前上海市已建成社区老年人综合服务中心，其目的就是在"社区为本"与"老年人为本"的前提下，建立一个服务整合的有效机制。整合服务机制必须首先从老年人的需要特性入手，构建一个功能互补的运作体系，其中包括单元服务、合作协调和危机介入三方面，以多层次介入的服务体系取代以前的以服务单元为本的运作模式。同时，服务整合机制强调老年人的参与，重视老年人的意见和建议，来达到优质服务和老年人的期望。

第五，建立完善的社区居家养老服务评估机制。社区居家养老服务评估，是社区居家养老服务品质的基本保障。完善的社区居家养老服务的绩效评估体系不仅仅是政府的事情，也与社会组织、老年人密切相关，在此，我们需要在评估主体、评估指标、评估方法、评估结果的运用四个方面加以完善。在评估主体方面，可以优先考虑与利益主体没有利害关系的第三方进行评估，以保证评估的客观性与科学性。在评估指标方面，应该包括服务投入、服务过程、服务产出以及老年人满意度四个方面。在评估方法方面，建议采用本研究成果的基于程序逻辑结构 PLM 评估模型，从投入、过程、产出和满意度对社区居家养老服务进行全过程、全方位的评估，是比较科学和全面的评估方法。同时，从老年人的需求出发，辅之以基于SERVQUAL 的居家养老服务满意度测评方法，被证明具有很好的有效性。评估结果的运用方面，对于评估结果不达标的机构，应赏罚分明，严格执行规章制度。

四 成果的主要价值

该成果将管理学的理论和研究方法运用到公共服务领域，是对公共管理理论的发展和研究方法的新拓展，具有较强的理论价值。

由于社区居家养老服务属于典型的社会服务范畴，不能简单地套用私营部门的评估模式，社区居家养老服务评估在目标上需要从技术理性走向制度公正导向，在评估侧重点上结果与过程并重，评估方法上采用参与式评估，这些特点都进一步丰富了制度公正取向的评估范式。

该成果的社区居家养老服务评估采用了系统整合评估模式，这种模式是既注重服务的过程也关注服务的结果，采取定性与定量相结合的评估方法，既关注评估结果的效度与信度，也注重对现实问题的指导与解释，在"程序逻辑模式"的基础上，通过进一步优化这一模式，形成了"基于程序逻辑模式的社区居家养老服务系统整合评估模型"，并通过这一模型设计了系列指标。优化后的模型不仅仅遵循了系统整合评估的特点，而且也符合社区居家养老服务的特征，坚持了社会服务评估的实用主义导向，强调对各类研究范式的灵活性整合，从而尽可能地满足社区居家养老服务各利益相关者的要求；既关注服务的结果与效益，也关注服务的过程，两者相连使利益相关者更加接受评估对社区居家养老服务表现，也可为未来的社区居家养老服务改进形成合力。

健康资源跨期配置优化路径
与政策选择研究

南京审计大学吴传俭主持完成的国家社会科学基金项目"健康资源跨期配置优化路径与政策选择研究"（项目批准号为：17AGL024），最终成果为同名专著。课题组成员有：徐晓莉、张京奕、罗琰、郭风龙、王玉芳、于娱、朱友艳。

一 研究的目的和意义

该成果根据习近平总书记关于"将健康纳入一切政策"和"把人民健康放在优先发展战略地位"等系列指示、实施健康中国战略和"健康中国2030"规划纲要，在阐明健康资源跨期错配原因的基础上，对全生命周期、健康风险周期的配置方式进行优化，使健康资源、健康服务产品、健康风险在全生命周期上实现最优匹配，推动形成健康风险社会共治格局，确保包括弱势群体在内全体人民显著公平获得全方位全周期健康服务并大幅提高健康水平，为实现高水平全民健康和保障全面建成小康社会提供理论与对策建议。

二 成果的主要内容

健康产品是所有消费产品中用来维护健康、治疗疾病和保障生存的特殊产品，因而健康产品生产和消费应该放在优先地位。但健康产品尤其是与疾病治疗的相关产品，由于疾病发生的不确定性，在经济资源分配方面也存在很大的不确定性，可能导致其健康资源配置和产品生产的数量不足或偏离最优配置水平问题，以及人们在可支配财富中预先用作健康保障资金的储备和配置方式也相应存在总量不足或缺乏效率等问题。

从更加理性的角度，人类社会首先要解决的基本问题是生存与发展，健康既是维持人类生产的基本条件，也是实现可持续发展的基本前提。因而健康资源在所有经济资源配置中，应该始终处于优先战略地位，正如习近平总书记所强调的"把人民健康放在优先发展战略地位"。针对健康产品生产与供给中存在的总量不足、结构不合理和质量不平衡等供给侧问题，以及健康产品消费或使用中的过度医疗、非理性竞争和健康保障资金储备不足与配置方式不合理等问题，有必要通过适度的强制措施、合理的经济激励和必要的健康服务管制，对健康资源的配置总量、配置方式结构和优质健康服务产品供给进行错配纠偏和优化改进，确保全体国民都能够获得必要的高质量健康服务产品，推动健康风险治理和疾病的早诊断、早治疗和早康复。

健康产品生产和消费使用的供给侧与需求侧中存在问题的主要成因，在于健康风险损失在时间和数量上的不确定性，从而容易受到现实中确定性消费需求的不利影响。在经济资源配置上，人们将经济资源总是优先配置到确定性消费需求的满足上，而不是用于优先满足或然性消费需求。行为经济学对人们的这种资源配置行为的原因解释，在于人们很容易不能满足需求，在心理账户上将其编码为"损失"，导致确定性心理损失或需求得不到满足时的心理紧张，与未必发生的风险损失及需求相比较，更容易占据优先安排的位置，从而很容易导致用于应对健康风险的资源错配问题，尤其是用来满足未来需要的跨期配置健康资源，更容易受到时间偏好不一致的影响。只有将经典经济学和行为经济学理论方法相结合，阐明健康资源跨期配置的成因，并采取针对性措施，才能对资源错配进行合理纠偏，并根据资源优化配置理论方法不断促进配置方式优化调整。

经济资源的配置目标在于用最小的资源投入总量获得最大的经济产出，从而使人们的消费需求在资源消耗程度最低的水平上实现消费需求的充分满足。健康资源作为经济资源中的特殊资源，所有健康保障政策无非就是将有限的经济资源，通过有效的资源配置方式选择和不断优化，在确保最大程度生产出具有高水平身心健康的全体国民基础上，不断提高资源配置效价水平，以不断降低健康资源占用数量，或者用有限的健康资源实现最大的产出水平。

要优化配置好健康资源，必须充分满足有效配置的三个基本约束条件：一是确保健康保障所需求或者需要的健康产品与服务的充分满足，总供给与总需求必须保持在有效平衡的水平上；二是最大限度地降低健康产品与服务生产的经济资源消耗，尤其是收入水平较低的家庭的健康保障资金的占用，其中最典型的途径就是用健康保险的少量保费替代大额医疗储蓄，以及少量的健康风险治理投入使医疗费用支出显著减少；三是最大限度地提高健康资源的生产能力和生产效率，既要实现健康产品生产的各种物质要素的组合，又要实现生命健康生产的优质健康产品、优质健康服务和疾病治疗或健康促进的正确匹配，并激励健康产品生产者和健康服务提供者的积极性。

由于经济资源配置的有限性、健康生产信息的不对称性、经济利益的不完全一致性等，再加上对健康服务产品需求总是超越现实生产能力，因此现实生产能力与人们日益增长的高质量健康服务产品需求总是存在供给与需求矛盾冲突，尤其是对更健康、更长寿和更幸福的特殊追求的矛盾冲突更加明显。诸如购买健康保险和具有保单抵押价值的人寿保险等消费型资源跨期配置方式，普遍存在保险密度和深度偏低问题，从而导致保额严重低于健康风险损失。因此，健康资源配置还需要通过健康产品生产要素的优化配置，优质健康服务区域分布的优化，推动医疗技术和新药研发技术创新，以及健康保障资金配置方式的优化调整，不断提高健康生产产品和服务的生产力和生产效率。

现代文明社会已经摆脱了原始社会抛弃老弱病残的野蛮蒙昧状态，既不轻言放弃一个人的生命和健康，也会尽力规避任何严重危害生命安全的健康风险。也正因人们不能轻易放弃健康和生命，所以现代社会采取了多种形式的集体互助疾病治疗付费方式，以应对一个集体成员可能随时发生的健康风险和疾病。医疗费用的预付费制度和众人共筹等集体保障方式，正是人们的经济能力和社会责任的共同体现。没有社会责任或者家庭责任也就没有共同的社会保障制度，更不存在所谓保障国民健康的国家责任。也正因如此，与经济目标密切相关的健康资源跨期配置，总是与面临医学伦理或道德规范的冲突问题。一个生命到底是否值得花费大量的经济资源加以挽救，以及用多大的经济代价进行挽回，并且被挽救者在治疗过程中承受多大的痛苦，都需要加以慎重考虑。

对健康风险因子抑制或积极防治通常面临两难性问题困扰，这是由于健康风险因子产生及其对生活和消费行为的影响具有辩证关系。人们在消费某种产品或者服务获得所需要的效用的同时，也可能会带来负面的效应，诸如吸烟、饮食、居住和就业环境，等等。因而，到底用多大的经济代价和消费需求的抑制，才能消除各种消费或生活方式中的不利于健康的负面效应，也与认识和经济收入的水平密切相关。而这些健康风险因子是非常广泛的。显然治理起来的难度也是很大的，越是不健康的消费产品或行为往往越具有成瘾性和短视性，既对健康造成伤害，也大量占用了本可用于健康保障的资金。

事实上，人们对健康风险的厌恶，使人们总是在设法干预不健康的风险因子，但对健康风险因子的干预不仅需要付出很大的经济代价，有时还需要具有更高水平的生产能力。不但解决药物的不良反应需要不断提高医学科学水平，即便是应对诸如手机辐射性伤害，也同样需要提高应对负面影响的生产技术。我们在健康风险因子的干预上，显然只能采取更少使用的方式，免于直接遭受健康风险因子的危害，而随着经济发展和生产技术提高，这些方式终将发生改变。

对此，该成果更多侧重于更加迫切的经济资源配置问题，也就是将有限的资源按照问题的急缓轻重，确定优先配置使用的领域，以期望用最小的经济代价换取更健康的身体，并实现全生命周期财富最大化，然后以此实现全生命周期健康保障和财富的良性发展。尽管维持人的生存和发展既需要日常消费食品的满足，更要满足对必要的高质量健康产品的需求，而正如传统经济学在分析经济资源稀缺性时所强调的那样，二者往往存在可支配资源或者收入上的冲突，而且健康产品和食品消费都是不可或缺的，只是食品消费比健康产品与服务消费具有更大的稳定性和现实迫切性等。

通过合理配置健康资源实现高水平健康保障目标的命题，包含着两层基本含义：一是确保全体国民获得必要的高质量健康服务，以保障身心健康这个基本前提得到充分满足；二是利用健康的身心创造更多劳动财富以保障全面建成小康社会，在实现共同富裕的基础上为自己生产出更多真正自由的时间，为自身全面发展提供物质条件和自由支配时间。幸福是劳动创造出来的，中国特色社会主义进入"奋斗者的新时代"，要确保人人都能通过自己辛勤劳动获得更多实现自我全面发展的机会，就必须首先确保人人都能够获得全方位全周期优质健康服务，这是健康资源配置和健康保障的基本要求。

健康储蓄方式能够形成更好的健康保障资金筹集预期，并且可以更好地调节各种现实消费或者资金使用需要，但也容易受到大额医疗费用支出困扰，需要大病保险提供补充保障。诸如健康保险等消费型的配置方式，虽然可以通过支付少量的连续保费或期权费，获得当期最大消费体验和需求满足，但也面临保险覆盖范围偏离实际需要困扰，也需要储备一部分用于应对保险补偿范围之外的费用支出。面对健康保障和生命健康生产的特殊需要，有时不得不通过向政府或社会寻求医疗救助或借债，弥补健康保险和储蓄与必要的优质健康服务需求之间的缺口。

因此，健康资源配置难以通过某种或几种方式就能充分满足未来应对健康风险的需求，只有通过多种配置方式的有效补充，才能充分利用各种配置方式的优势，使有限的经济资源实现充分的健康保障，从有限资源中获得最大的健康保障和财富投资回报，从而在实现有效健康保障资源配置的基础上，实现全生命周期财富最大化，为实现人的全面发展提供健康和财富准备。这是中国特色社会主义进入新时代以后的阶段性目标，也是未来健康保障事业发展的长期目标。

三　成果的主要价值

该成果的突出特色在于构建了两阶段健康生产函数，从而在两阶段健康生产函数基础上，从影响健康资源配置的信息距离、利益距离、决策的时间跨期偏好和空间偏好等四个维度构建主体分析框架，在细节上融入行为经济学等方法体系，进而完成了对健康资源跨期配置问题的系统性研究。

在学术价值方面，该成果提出了健康普惠金融理念，这对改变人们的健康资源配置理念和优化资源配置方式，具有重要的理论和学术价值。据此，该项目将健康资源配置的理念从直接的健康保障目标，进一步提高到实现全生命周期财富最大化的目标，这对健康资源配置和健康保障理论也具有一定的理论学术价值。在应用价值上，为更好地解决资源配置总量不足和配置方式不合理，以及解决办法提供从理论、方法手段和实证结果上的支持，从而为人们如何根据自己的配置方式选择偏好和经济能力选择更好的资源配置路径，具有重要的现实意义，而且也对现实资源配置情况和健康保障效果进行了实证调查分析，提供了国内外健康资源跨期配置的实际案例和经验借鉴。

基于知识代际转移问题的国家"名医工作室"政策效应评估与研究

南京中医药大学申俊龙主持完成的国家社会科学基金项目"基于知识代际转移问题的国家'名医工作室'政策效应评估与研究"(项目批准号为:15BGL158),最终成果为同名论文集。课题组成员有:程海波、曾智、张岩、朱佩枫、王希泉、魏鲁霞、王振宇、史伟。

一 研究的目的和意义

该成果从名医传承工作室团队层面对知识转移概念进行了补充界定,围绕知识代际转移问题,以S-O-R理论范式为框架展开研究。实施"名医工作室"政策措施背景下,中医药传承政策影响知识代际转移的效果,并建立评估指标体系。为明确政策效应本研究做了增量分析,对试点和非试点组织对照人员前后的知识转移效果进行比较、评价。

二 成果的主要内容

1. 当前我国中医药知识传承问题呈现政策杠杆驱动的新特征

根据对全国1019个国家名医工作室的问卷调查和访谈的16个国医大师工作室和50个国家级名老中医药专家工作室的情况分析,国家"名医工作室"建设政策为中医药传统知识代际转移创新了一种名医团队传承学习的平台，取得了比较好的效果。

为了继承年事已高的名老中医药专家的学术思想和技术专长，不使他们一生积累的临证经验和技术诀窍失传，2010 年国家中医药管理局开始为第一届国医大师建立"国医大师传承工作室"。同年又推行建设国家级"名老中医药专家传承工作室"政策，到 2014 年底已建立了 1019 个"名老中医药专家传承工作室"，国家财政转移支付投入 4.77 亿元人民币。

在新时代中国特色社会主义建设背景下，如何进一步发挥国家"名医工作室"的作用，应对当代慢性病对广大居民健康的危害，需要建设中国特色的健康医学体系，支撑健康中国建设大业，所以中医药事业发展呈现出新的时代特征。

中医药事业发展的基础中医药文化和中医药传统知识的继承与创新，当前各级中医药组织如何运用国家政策保障中医药文化和知识有效传承，促进名老中医药专家的隐性知识显性化，推动中医药隐性知识的转移成为中医药组织知识管理的核心。

调查发现，国家"名医工作室"为中医药知识性转移创新了一种团队集体学习情境，在这种团队氛围下的学习机制不是简单的个体的刺激-反应的联结，而是团队成员在"名医"及"名医工作室"的文化氛围及社会荣誉的品牌意识下主动认知到自己的社会责任，"名医"和团队继承人交互讨论的情景下进行新的意义建构的学习，学生真正体会到"名医"蕴含的中国传统文化、中医药文化及中医药传统知识在临证中的魅力，有效促进了双方积极继承传统中医药文化和传统技术特色，同时适应现代社会需求不断去发现、获取以及同化新医学知识，并且根据团队知识服务所产生的防治疾病效果和外界的正负反馈信息来及时调整团队学习行为以及更新团队自身知识结构。

2. "院校教育" + "名医工作室"师徒授受模式的组合是当代中医药知识有效传承新模式

中医药教育在借鉴西方医学教育的"院校教育"基础上同时继承古代师徒授受的"师徒制"模式，在我国中医药传承中形成了两种形式，即"师徒结对"及"继承班学术讲座"的师承模式，国家"名医工作室"的师承模式。效果最好的是"名医工作室"传承模式。

"名医工作室"项目基于传统师承教育模式与现代院校教育模式的结

合,通过在医院设立一些国家级名老中医药专家的工作室,挑选一部分具有发展潜力的中医学子加入进行跟师学习,在工作室的团队学习中系统整理名老中医药专家的学术思维和临床经验,传承中医药知识,领悟中医药"智慧医学"的精髓。调查证明国家"名医工作室"的学习平台可以补充"院校教育"的不足,有利于增强团队凝聚力,促进中青年医师学习热情,这种跟师学习与实践相结合的环境能够有效促进学生对传统中医药文化的理解,体验和吸收名老中医药专家的"悬壶济世""慈悲普济"的医学人文情怀,在学习名医学术思想与临床经验的实践中,学生通过现场观察名师的诊疗行会感同身受,名医运用中医药干预疾病的临床效果增强了学生对中医药发展的信心和信念。

通过"名医工作室"这一平台培养一大批中医药传承队伍,形成老师学生传帮带格局,在传承名老中医药专家的学术思想与临床经验的同时积极寻求创新,促进中医药事业的进一步发展。

三　研究的主要结论和对策建议

1. 建立中医药政策系统,避免政策"孤岛效应"

(1) 在国家层面建立国家机构之间的协调组织和会议制度,定期讨论重大中医药政策问题,并制度化中医药政策系统,建立政策协调与政策互补的适应机制。

(2) 国家应该明确各省的中医药管理局的地方政府责任。国家名医工作室政策是一项国家公共政策,地方中医药管理局有责任、有义务支持国家名医工作室的发展,以形成国家政策的协同效应。我们团队在研究国家名医工作室政策条文和访谈中发现地方政府的关心和支持不够,地方政府对国家名医工作室的发展有较大的影响力,应该发挥地方政府的主动性和积极性,协同国家和医院组织把中医药知识传承与创新工作做好。而且可以充分挖掘地方中医药文化和知识的特色优势,在更高的视阈下传承创新传统中医药文化和知识。

(3) 国家应明确"名医工作室"所在单位的责任并制定组织激励政策。在访谈过程中发现,有些专家表示自己所在医院对国家名医工作室建设很重视,有些专家表示医院不是很重视名医工作室的建设。为确保工作室所依托环境能够都有积极性支持国家名医工作室的工作,国家需要制定激励国家名医工作室所在组织的措施，对国家名医工作室建设好的组织给予表彰，并给予后期财政资助，以促进中医药组织积极支持名老中医知识传承的政策。

（4）利用行政保护条例加强"名医工作室"的知识产权保护和利用措施。名老中医药专家所拥有的丰富的临床经验和技能是自己一生积累的独特的学术思想，具有很强的竞争优势，其中许多知识是一些难以明确用语言表达的"技巧"和"诀窍"，而这些"技巧""诀窍"往往是需要在继承者实践中体悟的感知性的东西。如果有些名医不愿意主动与继承人传承隐性知识，名医工作室就会流于形式。为了能够改变这种独享机制，国家可以针对中医药隐性知识拥有者的特性，设置相对应的保护和激励方式，采取行政保护措施，制定政策保护条例，激励名老中医药专家进行隐性知识的转移分享；国家在制定名医工作室政策时，也要考虑保护知识产权的措施，在目前知识产权法保护不到的地方进行行政保护，以增强名医知识传承分享的动力。

（5）国家需要制定"名医工作室"政策措施执行监督机制。相比于制定新的中医药政策、制度与法律法规，如何贯彻落实已有的中医药政策、制度与法律法规显得更为关键，之所以国家"名医工作室"政策对中医药知识传承创新有那么多利好的情况下发展仍然存在很多问题，如对"名医工作室"政策访谈中发现一些团队绩效不如预期的显著，各个团队之间发展很不平衡，有的甚至流于形式。最重要的原因之一就是具体单位对国家"名医工作室"政策的执行力不够，国家保护和促进传统中医药知识传承创新的良苦用心并没有转化为中医药事业发展的良好效果。

（6）建立国家名医工作室知识传承的第三方评价机制。根据国际经验，要科学客观评价政策效果需要第三方进行评估，一般都是行业协会和中医药学会等社会组织对国家名医工作室政策效果进行评估。

2. 制定"院校基础模式"+"名医工作室"师承模式融合的名医培养体系，保障中医药特色发展

高等院校中医药人才培养具有大批量、规范化、标准化的优势，名医工作室师承模式具有因材施教、特色化、本地化优势。

名医工作室的建立，既符合中医隐性知识转移的规律，也是名老中医独到学术思想和技能技法薪火相传的重要途径，是中医隐性知识代代相传、长盛不衰的重要方式，抓住这一关键才是提升中医隐性知识提升效果的焦

点和要件。

但是目前"院校教育"和"名医工作室"是两张皮,没有进行有机组合。应该进行有机结合,将"名医工作室"作为继续教育的内容。国家"名医工作室"具有继续教育提升学习的效应,具有显著隐性知识传承特色,有利于中医的心法、心悟、直觉和灵感等体验功夫和思维方式,"医理无穷,脉学难晓,会心人一旦豁然,全凭禅悟"。

3. 规范国家"名医工作室"生产的高级别中医药知识"证据",打造中国特色健康医学平台

国家"名医工作室"产生了一系列成果,需要运用循证医学和循证社会科学方法进行分类和分级,同时开展评价和评估,然后运用知识产权保护和政策保护的方法加以保护和利用。中医药发展不是平行运行,总是先形成知识高地,产生极化效应,引领发展。构建国家名医工作室会形成中医药知识传承创新的知识高地,产生平台效应。在健康中国建设中,中医药知识平台形成后需要共享与传播,需要有强大的新媒体技术平台的支持。名医工作室应与信息技术部门加强合作,建立内外部中医药知识网络、建构名医工作室的诊疗经验数据库等相关的知识管理系统。

四　成果的主要价值

学术价值:该成果将知识代际转移和中医药公共政策评估两个相对独立的研究主题结合起来,运用计划行为理论分析中医药传承政策对国家"名医工作室"团队知识转移促进的影响及内在机制,并采用公共政策评估最新分析工具:利用增量对比分析方法评价政策作用效果,并对评价过程中的差异性及不确定性做敏感性分析。这种宏微观结合的综合研究方法为中医药政策的改革和优化提供更科学缜密的依据,丰富了中医药公共政策理论。

应用价值:该成果在中医药事业发展实践中具有十分突出的应用价值。对当前我国中医药发展面临的困境运用中医药公共政策解决"中医药传统知识代际转移"问题,对国家名老中医药专家在"中医药知识传承"转移的意愿和继承者的学习意愿有了深度认识,对中医药政策在执行中的政策转移问题有更清晰的了解,对当代国家"名医工作室"中医药知识代际转移的基本规律和特殊规律具有更深入的理解。

城乡统筹背景下我国医疗费用增长影响因素测度及控制机制仿真研究

山东财经大学张莹主持完成的国家社会科学基金项目"城乡统筹背景下我国医疗费用增长影响因素测度及控制机制仿真研究"（项目批准号为：13CGL136），最终成果为同名研究报告。课题组成员有：张莹、贾海彦、高宇、岳毅、李真、张肇中、罗微、金博轶。

一 研究的目的和意义

社会医疗保险是社会保障体系中重要的组成部分，也是公民基本健康权的保障，其制度设计具有复杂性、受益可及性等基本特点。随着经济社会的不断发展，城乡二元的医保制度的弊端日益显露，为了进一步解决原有医疗体系的问题，满足农村居民的医疗需求，使农村居民也能享受到和城镇居民一样的医疗服务，必须进一步推动城乡基本医疗均等化工作，并针对性地对我国社会医疗保险制度进行改革。党的十九大报告中指出基本医疗保险在维护社会稳定、保障民生方面的重要意义和价值，强调要继续推进覆盖城乡的社会医疗保障体系的建立，进一步形成一体化的社会保障体系，最大限度地满足人民群众的需求，积极引导全民参保，真正落实社会保障对人民的保障功能。"两保合一"已经成为当前阶段有效优化原有医保制度的关键策略，医保合并后形成的全新的城乡居民基本医保制度能够充分发挥医保的保障功能，提高了我国居民特别是农村居民的医疗保障程度，进而提升全民健康水平。

长期以来我国医疗费用快速增长，若两保合一之后无法有效控制医疗费用的支出，则有可能造成社会医疗保险基金的入不敷出，医疗保险无法正常运转，最终导致政策失灵。党的十八大报告也强调需引导医疗机构主动控制费用，加强控费改革精细化管理、强化质量监管，形成责任主体明确、管理服务高效、利于控制费用、统筹协调发展的卫生管理体制。故而，控费是整个医疗改革中的关键问题，也制约着我国社会医疗保险制度的改革效果。如何在扩大基本社会医疗保险覆盖面、提高保障程度的前提下，有效合理地控制医疗费用增长，已经成为目前医改的重中之重。

基于此，本课题在我国社会医疗保险城乡统筹的大背景之下，以山东省为例，对 2010~2017 年的人均卫生支出总费用（PHE，元/人）、65 岁及以上老年人口比例（A65P,%）、婴儿死亡率（IMR,‰）、政府卫生支出占一般公共预算支出比重（RATE,%）、卫生支出总费用占 GDP 比重（HEPG,%）五个指标的宏观统计数据，通过理论分析人均卫生支出总费用的影响因素后，采用逐步回归的方式对人均卫生支出总费用进行了验证性回归分析，进而得到影响我国卫生支出总费用增长的影响因素。在此基础上，选择了具有代表性的三级甲等医院住院病患的诊疗数据进行分析，数据选择 2014~2018 年四个病种的病患共计 13938 条诊疗记录，病患来自该省近 30 个市县区，覆盖省直医保、城市职工医保和城乡居民医保三个医保类型。分别对同病种、相似年龄段的病患进行了医疗支出总费用、报销费用、药品费用、检验费用、检查费用等明细进行了非参数检验中独立样本中位数检验（Independent-Samples Median-Test）和独立样本 K－W 检验（Independent-Samples Kruskal-Wallis Test）对不同参保类型病患各项费用进行差异性分析，以最终确定影响医疗费用增长的最主要因素中存在道德风险导致的卫生费用增加。基于委托-代理理论采用博弈论工具，系统分析社会医疗保险市场中主体行为及策略选择，最终得到主体策略均衡解。基于 NetLogo 仿真平台，构建了三类主体（医疗保险监管机构、医生、病患）的动态博弈仿真模型，通过模拟，建立一个可行的控制医疗费用的调节策略机制，以促使系统均衡发展。

二 成果的主要内容

该成果采用交叉学科移植综合分析方法，以经济学、管理学、社会学的交叉为论证视角，综合运用系统论、计量经济分析、博弈论、仿真实验等前沿理论、方法探究我国医疗费用增长的主要原因及影响因素——道德风险，并针对该因素进行控制机制设计，并提出切实可行的费用控制的政策建议。成果的主要内容包括以下几个方面。

（1）我国医疗费用增长影响因素测度。本课题在城乡统筹背景下将医疗费用增长因素分为合理增长因素和不合理增长因素，其中合理增长因素包括：经济增长、人口老龄化程度和医疗技术进步；而不合理增长因素包括：医疗保险的引入、医方诱导需求等。首先构建我国卫生支出总费用影响因素线性模型，然后选择人均卫生支出总费用（PHE，元/人）来代表卫生支出总费用并进行实证分析，对我国医疗费用的增长进行多因素分析，结果可知，道德风险为拉动医疗费用上涨的主要因素。在此基础上，选取山东省代表性三甲医院的住院病患费用数据，对同病种、相似年龄段的病患进行了医疗支出总费用、报销费用、药品费用、检验费用、检查费用等明细进行了非参数检验中独立样本中位数检验（Independent-Samples Median-Test）和独立样本 K–W 检验（Independent-Samples Kruskal-Wallis Test）对不同参保类型病患各项费用进行差异性分析，以最终确定影响医疗费用增长的最主要因素中存在道德风险导致的卫生费用增加。

（2）我国医疗费用增长主因素——道德风险博弈分析。根据影响因素测度的结果可知，引入社会医疗保险后，大量存在的道德风险是造成我国医疗费用增长的最主要因素，具体表现为医方诱导需求、患者过度消费、社会医疗保险供给方的监管惰性及逆向选择。故而本部分从微观角度利用博弈论工具，建立起包括医疗产品供给者、医疗产品需求者、医疗保险三主体的多个动态博弈模型，剖析引入社会医疗保险后，医疗市场中的主体在利益最大化前提下的行为及策略选择，并探究主体博弈均衡解，为有效控制医疗保险道德风险提供依据。

（3）我国医疗费用增长控制的仿真模型构建。在利用博弈论分析明确医疗费用增长问题形成的理论机制与逻辑模型的基础上，运用仿真建模技术，构建医疗费用增长问题系统仿真模型，设定模型合理假设，筛选系统模型重要变量，确定影响因素主要函数关系。构建一个包含监管机构的监管概率、监管成本，医生主体道德风险概率、合谋收益与惩罚成本，病患主体道德风险概率、合谋收益与惩罚成本八个参数的多主体博弈动态模型（Dynamic Model of Multi-Agent Game）。通过对模型中关键参数——监管发现概率设定初始值，对该模型进行了仿真模拟，施加不同强度的干预，以发现在监管概率不同水平下，医生主体和病患主体的道德风险概率的变化，以及相应主体数量的变化趋势，同时也通过指数函数对监管成本的变化进行模拟，为医疗费用增长问题解决的卫生政策制定提供理论与实验依据。

（4）我国医疗费用增长控制机制设计与政策建议。本部分在博弈及仿真结论的基础上，在城乡统筹背景下，提出我国医疗费用增长的有效控制机制及相关建议。首先设计出以混合式医疗费用偿付方式为基础的费用控制机制，在此机制框架下，具体提出偿付机制改革、完善医疗监督体系、建立药品生产流通体系、设置医务工作人员激励机制的具体政策建议，以实现有效控制医疗费用上涨的目标。探索建立城乡一体化的基本医疗保障管理制度，为有效控制医疗费用增长提供综合、合理、可行的政策建议，探索建立城乡一体化的基本医疗保障管理制度，最终确保我国医疗卫生发展实现效率与公平相结合。

该成果基于实证分析、博弈分析及仿真模拟的基本结论，提出的费用控制政策建议如下。

（1）混合式医疗费用偿付机制是控制医疗费用上涨的重要机制。该机制由四个主体构成：政府在我国社会医疗保障制度体系中处于绝对的主导地位，从宏观层面对社会医疗保险体系进行总规划与总设计；医疗保险机构一方面严格履行政府所制定的各种目标、方针、法律、法规，另一方面担负着对医疗保险的参与者即医患双方进行监督的任务；医疗机构直接面对患者，直接参与医疗费用控制机制的实施，其利益受具体医疗费用偿付机制的直接影响，是保证医疗费用控制机制有效运行的关键部门，在很大程度上影响着机制的运行，决定了机制运行的成败；参加医疗保险的患者为医疗产品、医疗服务的直接需求方，是费用控制机制的主要对象，该机制能够显著地抑制患者在诊疗过程中的道德风险。

（2）在全国试点并全面实施混合式医疗费用偿付方式需要首先以政策的形式予以确定，使其具备法定地位，以试点先行、逐步推进为基本方向与方针，确保混合式医疗费用偿付方式有步骤分阶段地全面实行。在社区医院实施以按人头付费的偿付方式，辅之以按服务项目付费的偿付方式，积极推进社区首诊制度。大型综合性医院启动混合费用偿付的创新形式，遵循费用总额预付的支付原则，在收费标准上充分考虑不同病种、不同就医人数、不同项目的区别，与按病种付费、按人头付费、按服务项目收费相结合，建立混合式医疗费用偿付方式。

（3）完善医疗监督体系，建立合理的药品生产流通体制。将社会医疗保险机构从政府部门中独立出来，逐渐减少政府对其经营管理的干预，在符合一定条件的基础上，也可以尝试把商业保险机构或基金管理机构纳入社保管理体系的工作中，对社会医疗保险基金进行有效管理。商业医疗保险公司与大型基金管理公司的引入能够充分发挥监管的职能，也能够有效降低政府在财政和管理方面的负担。建立合理的药品生产、流通体制。全面构建标准化、现代化、规范化的药企体系，研发企业的核心技术，提高生产效率，增强市场竞争力。从严制定药品的治疗标准，构建科学、完善的药品质量认证标准。进一步推进"医""药"分离，特别是大型综合性医疗机构，完善其药房的托管模式，加强对药房的监督。

（4）建立医务人员有效激励机制，强化职业道德。全面建立医务人员薪酬绩效考核体系。将个人的绩效收入水平与医疗服务能力挂钩，构建长效的绩效考核机制。新的薪酬模式，应割断医务人员个人收入与科室收入直接挂钩的关系，切断医务人员个人收入与处方用药、检查项目等间接挂钩的关系，全面打造紧紧围绕公益为中心，并在一定程度上保障经济效益的考核机制。建立健全医疗机构内部的考核评价标准。将效率与医疗质量、医疗费用等因素相结合进行综合考虑。对医务工作人员的考核应引入公众的积极参与，重视公众对医务工作人员、对医疗机构的满意度评价，以此激励医务工作人员树立良好的医德医风。

三 成果的主要价值

该成果基于我国医疗费用过快增长和公平性下降的现实，从宏观的医疗卫生制度的总体安排和微观的社会医疗保险制度主体互动行为分析两个方面进行阐述，探讨有效的医疗费用增长控制机制，确保医疗系统稳定健康发展。该成果的理论与实践价值主要体现在：（1）在理论方面：利用现代计量方法、博弈论工具分析医疗费用增长的主要影响因素及控制策略，通过模型仿真得到具有针对性的医疗费用控制策略，为有效控制医疗费用增长提供理论参考。（2）在实践方面：①对切实减轻居民医疗负担，确保基本医疗服务保障公平性和我国医疗卫生制度改革顺利推进具有重要的现实意义；②对医疗卫生监管体制综合改革推进、国民健康政策完善、医疗保障城乡统筹实现，最终确保安全有效方便价廉的公共卫生和基本医疗服务供给具有重要现实意义。

图书在版编目（CIP）数据

国家社会科学基金项目优秀成果选介汇编. 第二辑 /
全国哲学社会科学工作办公室编. --北京：社会科学文
献出版社，2023.11
　ISBN 978-7-5228-1798-9

　Ⅰ.①国…　Ⅱ.①全…　Ⅲ.①社会科学-科技成果-
汇编-中国　Ⅳ.①C12

　中国国家版本馆 CIP 数据核字（2023）第 085955 号

国家社会科学基金项目优秀成果选介汇编（第二辑）

编　　　者 / 全国哲学社会科学工作办公室

出 版 人 / 冀祥德
责任编辑 / 薛铭洁
责任印制 / 王京美

出　　　版 / 社会科学文献出版社·皮书出版分社（010）59367127
　　　　　　地址：北京市北三环中路甲 29 号院华龙大厦　邮编：100029
　　　　　　网址：www.ssap.com.cn
发　　　行 / 社会科学文献出版社（010）59367028
印　　　装 / 天津千鹤文化传播有限公司

规　　　格 / 开　本：787mm×1092mm　1/16
　　　　　　印　张：52.75　字　数：889 千字
版　　　次 / 2023 年 11 月第 1 版　2023 年 11 月第 1 次印刷
书　　　号 / ISBN 978-7-5228-1798-9
定　　　价 / 398.00 元

读者服务电话：4008918866